JN098646

リーガルマインド会社法

弥永真生

第15版

有斐閣

第 15 版 はしがき

第 15 版では，主として，会社法の令和元年改正ならびに会社法施行規則および会社計算規則の令和 2 年改正を反映させたほか，第 14 版刊行後に出た重要なまたは興味深い裁判例について加筆をしました。第 14 版の内容について質問をくださり，またはコメントくださった読者の方々，そして，第 15 版の刊行にあたってご尽力いただいた井植孝之さんをはじめとする有斐閣の方々に心よりお礼申し上げます。

2021 年 2 月

弥 永 真 生

初版 はしがき

この本の目的は，会社法を素材に「どうやって説得するか」についてイメージをもっていただくことです。つまり会社法に関連した議論における論理の運び方を整理し，条文を解釈する「思考過程」をできるだけていねいに示そうとしたものです。したがって，大学の授業で，通常取り上げられる範囲については，ほぼカバーしていますが，分量が多くなりすぎるので，社債にかんしては平成5年商法改正をふまえながらも概略のみを示し，会社の解散，清算については必要最小限とし，整理は取り扱っていません。

この本の特徴は，第1に，ていねいで組織的な理由づけを与える点にあります。すなわち視点を設定し，理由付けの体系化を図るとともに理由付けは必要性と許容性の両面を配慮したものとなっています。法律は「説得の学問」であり，相手を納得させるためには，「結論への筋道」と「結論の妥当性」が必要ですが，一人一人の価値観が異なる以上，「説得力ある結論」は必要性（なぜ，そのような結論をとる必要があるのか）と許容性（なぜ，そのような結論をとってもよいのか）とによって支えられるからです（「条文がスタートライン」法学教室130号8頁，「行間を読む」同131号8頁参照）。第2に，重複をいとわず，読みやすくするとともに，クロス・リファレンスを多くつけました。第3に，判例の価値判断に配慮し，会社判例百選に掲載されている判例にはできるだけふれました。

なお，会社法と現実社会との結び付きを知るには，竹内昭夫・会社法講義（上）（有斐閣）（および「法学教室」に掲載された続編），岸田雅雄・ゼミナール会社法入門（日本経済新聞社），河本一郎ほか・日本の会社法（商事法務研究会）などが適当です。また，この本は普通に必要とされる程度の詳しさで記述されていますが，さらに詳しく掘り下げて学ぶ場合には，後掲の参考文献（入手しやすく基本的なものに限った）に加え，注に示した文献を参照するのが能率的です。

この本をまとめるにあたっては多くの方々のおかげを受けています。

まず大学時代から現在に至るまで指導していただいている竹内昭夫先生をはじめ多くの先生方に感謝いたします。この本はこれまでご指導をいただいたこと，ご著作から学んだことをまとめて，自分なりに考えたことをほんの少し付け加えたにすぎないものです。

また忙しいなか，助手時代から議論の相手となり，今回も原稿の段階で目を通して下さり，有益な示唆をいただいた神作裕之助教授（学習院大学），藤田友敬助教授（成蹊大学）に感謝します。

さらにワープロ入力の便宜を図って下さった新虎ノ門法律事務所の明石一秀弁護士，入力作業をして下さった桝井信吾さん（現司法修習生）に感謝します。

最後になりますが，このような冒険的な本の刊行に尽力して下さった奥貫清さん，大井文夫さんをはじめ，有斐閣の方々に感謝を申し上げます。

1993年7月1日

弥 永 真 生

「結論への筋道」入門

条文をスタートポイントとすることが大前提ですから，「条文にこのように書いてある」というのが最も基本であり（文理解釈），本来はこれが普通のはずですが，それでは妥当な結論が得られないとか，直接規定した条文がないという場合に，どのように処理するかが，法律学を知っている者の腕のみせどころです。そのための道具としては，拡大解釈，縮小解釈，類推解釈，反対解釈などがあります。もちろん，これらの道具は，条文の立法趣旨・目的にしたがった形でしか使えません。したがって，法律の文言どおりに考える場合以外は立法趣旨をまず示すことが求められるのです。

⑴　条文を文言どおり適用すると，妥当な結論が得られない場合には縮小解釈を使うことになります。縮小解釈とは，条文の文言が意味する範囲を（一般常識より）縮小して考えるもので，本書では，たとえば「無効」と規定されていても「無権代表」と解すること（法定の手続を経ない財産引受けの効力），「善意」をその文脈では善意無重過失を意味すると解すること（354 条），「株券の発行前」（128 条 2 項）とは「合理的時期を経過前であって株券発行前」を意味すると解すること，361 条の「報酬等……の額」を報酬の総額または最高限度額とみること，創立総会における変態設立事項の変更は縮小・削除的変更に限ると解すること，事柄の性質または会社法の規定の趣旨から定款によっても株主総会の権限とすることができないものがあると解すること，などがあります。縮小解釈によることができない場合は信義則や権利濫用（代表権の濫用）によって条文の適用を排除します。

⑵　直接規定した条文がないようにみえる場合には，拡大解釈，類推解釈，反対解釈が使える可能性があります。同じ条文について拡大解釈，類推解釈または反対解釈のいずれによることも可能でありえ（たとえば監査役と 463 条 1 項の問題），どれによるかは立法趣旨をどのように捉えるか，すなわち結論の妥当性によって決まります。

拡大解釈は，条文の文言が意味する範囲を（一般常識より）拡大して考えるもので，明らかに文言にあたらない場合には使えません。拡大解釈は，354 条の「付した」には黙認も含むと解すること，461 条の「配当」には，配当という名目でなくとも，株主としての地位に注目して無償で供与されるものであって，会社財産を流出させるものを含むと解すること，などがあります。

類推解釈は，拡大解釈を使えない場合に，ある条文が明文で規定する場合以外の場合にも，その条文の規定する効果を生じさせるというものです。不実の登記の作出・残存に加功した取締役は登記が不実であることを理由としては，取締役としての責任を免れえないと解すること，代表取締役と認められるような名称を付された使用人や事実上の取締役の行った行為の効果が会社に帰属する場合があると解すること，423条の取締役には，株主総会の適法な選任決議を経た者のみならず取締役として就任することを承諾した者や取締役として行動している者を含むと解すること，などがあります。

反対解釈は，ある条文が一定のことを定めている場合に，それにあたらない場合は条文が規定するのと反対の効果が生ずると考えるとか，ある条文が一定の場合または人に一定の行為を禁止あるいは義務づけているときは，法定の場合以外の場合，またはその人以外の人には禁止あるいは義務づけられていないと考えるものです。1つの条文のみをみて反対解釈する方法（128条2項の「株券発行会社に対し，その効力を生じない」は当事者間では有効とすること，制限能力を理由とする株式引受けの取消しは許されると解することなど）と複数の条文を見比べて反対解釈する方法（「その効力を生じない」とする128条2項などと異なり130条1項は「株式会社その他の第三者に対抗することができない」と定めているから会社の側からは認めうると解することなど）があります。

目　次

第5章　機　関

凡　例

本書では，全体構造や制度間の相互関係を把握しやすいように，制度趣旨の解明や利益衡量をする場合に便利なように，視点を1～17まで設定し，また，仕組みや法律効果をまとめるため，制度をA～Fまでに分類しました。

視点○○　　この具体的内容については，18頁から26頁までを参照して下さい。
制度○　　この具体的内容については，2頁から5頁までを参照して下さい。
○○事件　　その判例の会社法判例百選〔第3版〕における項目番号。

会社法の条文は，原則として条数のみを引用し，その他の法令は，一般に用いられる略語で表記しました。また，会社法施行規則・会社計算規則については，それぞれ，「会社規」「計規」と表記しました。

参考文献［略語表］

石井＝鴻　石井照久＝鴻常夫『会社法』第1巻（勁草書房）
伊藤ほか　伊藤靖史＝大杉謙一＝田中亘＝松井秀征『会社法〔第5版〕』（有斐閣）
江頭　江頭憲治郎『株式会社法〔第7版〕』（有斐閣）
大隅＝今井　大隅健一郎＝今井宏『会社法論』上，中〔第3版〕，下Ⅱ（有斐閣）
大隅＝今井＝小林　大隅健一郎＝今井宏＝小林量『新会社法概説〔第2版〕』（有斐閣）
河本　河本一郎『現代会社法〔新訂第9版〕』（商事法務）
神崎　神崎克郎『商法Ⅱ・会社法〔第3版〕』（青林書院）
神田　神田秀樹『会社法〔第22版〕』（弘文堂）
北沢　北沢正啓『会社法〔第6版〕』（青林書院）
黒沼　黒沼悦郎『会社法〔第2版〕』（商事法務）
柴田　柴田和史『会社法詳解〔第2版〕』（商事法務）
鈴木　鈴木竹雄『会社法〔全訂第5版〕』（弘文堂）
関　関俊彦『会社法概論〔全訂第2版〕』（商事法務）
全集　鈴木竹雄＝竹内昭夫『法律学全集　会社法〔第3版〕』（有斐閣）
竹内・講義　竹内昭夫『株式会社法講義』（有斐閣）
田中　田中亘『会社法〔第2版〕』（東京大学出版会）
龍田＝前田　龍田節＝前田雅弘『会社法大要〔第2版〕』（有斐閣）
前田　前田庸『会社法入門〔第13版〕』（有斐閣）
宮島　宮島司『会社法』（弘文堂）

森本　　森本滋『会社法〔第２版〕』（有信堂）

（**論文集・コンメンタール等**）

上柳・論集　　上柳克郎『会社法・手形法論集』（有斐閣）

鴻・諸問題　　鴻常夫『会社法の諸問題Ⅰ，Ⅱ』（有斐閣）

鈴木・研究　　鈴木竹雄『商法研究Ⅰ，Ⅱ，Ⅲ』（有斐閣）

竹内・理論　　竹内昭夫『会社法の理論Ⅰ，Ⅱ，Ⅲ』（有斐閣）

竹内・判例　　竹内昭夫『判例商法Ⅰ，Ⅱ』（弘文堂）

平出・設立　　平出慶道『株式会社の設立』（有斐閣）

講座　　『株式会社法講座Ⅰ～Ⅴ，補巻』（有斐閣）

新注会　　『新版注釈会社法（1）～(14)，補巻』（有斐閣）

一問一答　　相澤哲編著『一問一答 新・会社法』（商事法務）

（**演習書・雑誌**）

演習　　『会社法演習Ⅰ，Ⅱ，Ⅲ』（有斐閣）

演習会社法　　龍田節＝藤井俊雄＝森本滋『演習会社法』（有斐閣）

演習商法　　竹内昭夫＝松岡誠之助＝前田庸『演習商法』（有斐閣）

基礎演習　　倉沢康一郎＝奥島孝康『基礎演習商法』（有斐閣）

弥永・演習　　弥永真生『演習会社法〔第２版〕』（有斐閣）

弥永・トピックス　　弥永真生『会社法の実践トピックス 24』（日本評論社）

百選　　『会社法判例百選〔第３版〕』（有斐閣）

百選〔第○版〕　　『会社判例百選〔第○版〕』（有斐閣）

争点　　『商法の争点Ⅰ，Ⅱ〔第３版〕』（有斐閣）

判例　　『商法の判例〔第３版〕』（有斐閣）

法協　　法学協会雑誌　　**民商**　　民商法雑誌　　**論叢**　　法学論叢

ジュリ　　ジュリスト　　**法時**　　法律時報　　**法教**　　法学教室

法セ　　法学セミナー

（判例集・判例雑誌の略語は，巻末の判例索引を参照）

なお，弥永・演習の項目番号を□で，示しました。

第1章 会社法の意義と目的

1-1 会社の必要性

会社法のスタートポイントは，会社をつくって経済活動を行わせることが国民経済上好ましいという価値判断である。すなわち，会社は，大規模な，リスクのある事業を行うことを可能にするもので，資本主義経済の発達にとって重要な役割を果たすものである。そこで法は，会社に法人格を与え（**2-3** 参照），また会社に対する規制等を通じて，会社の健全な発達を図っている。

図 1-1　各種の企業

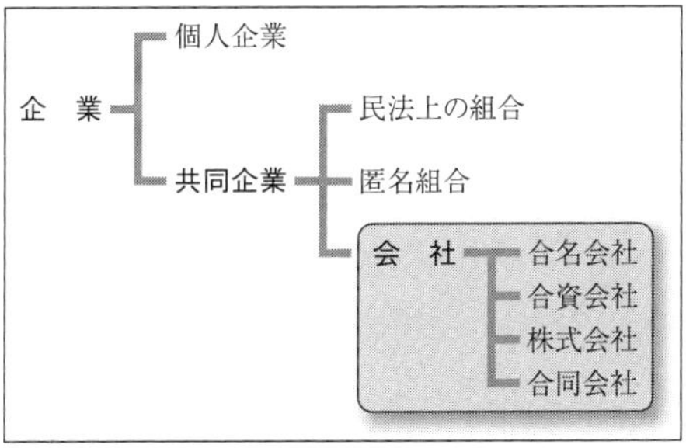

1-2 会社法の視点と役割

1つの会社に，多くの人（社員）[1] がいると，ある点ではすべての者の利害が一致しないこともあるし，会社と会社の外部の人との利害が対立することもある。そこで，法律によって，会社をめぐるいろいろな利害関係を調整し，法律関係を円滑に処理しようとするのが会社法である。

1）日常用語では会社の従業員を「社員」というが，会社法上の「社員」は会社という社団の構成員をいい，特に株式会社の社員を株主という。

会社法において想定されている利益の対立の例としては，①会社の利益⟷取引の安全，②社員の利益⟷会社債権者の利益，③多数派社員の利益⟷少数派社員の利益，④効率的な経営⟷経営者の専横（独断専行）の防止などがある。

1-3　会社法における制度の構造

保護されるべき利益が損なわれないように，会社の機関等の行為に対し，一定の制限を加えるとともに，その実効性を確保するため，会社法はいくつかの制度を設けている（次章以下でA～Fとして引用する）。

(1)　事前（予防）の制度

A　監視・相互牽制のための組織構造

取締役会（***5-4***），監査役・監査役会・監査委員会・監査等委員会（***5-8***，***5-9-6***，***5-10***），株主の監督是正権（違法行為差止請求およびそれを支える少数株主権・単独株主権〔***5-2-8-3*** など〕）。また，***5-6*** 参照。

B　一定の手続の履践（通知・公告）[2] **の要求**（詳細は ***5-2-8-4***）**・登記制度・ディスクロージャー**

重要事項等の登記（会社法第 7 編第 4 章），募集株式の発行等・募集新株予約権の発行に関する事項の通知・公告（***7-3-3-4-3***，***7-4-2-1***，***7-4-2-2***），全部取得条項付種類株式の取得・株式等売渡請求・株式の併合，資本金額または準備金額の減少等・合併・分割・株式交換・株式移転・株式交付・組織変更の際の株主・債権者・新株予約権者に対する通知・公告（***4-5-3-3-7*** ②，***4-13-2***，***4-11-2***，***8-1-3-6***，***8-1-3-8*** (2)，***8-3-1***，***9-3-1-3-1*** (2)，***9-3-2-3***），計算書類等の備置・公告（公開）（***9-2-8***，***9-2-9***），全部取得条項付種類株式取得事項書面・株式等売渡請求事項書面・株式併合事項書面などの備置（***4-5-3-3-7*** ①③，***4-13-2***，***4-11-2***），吸収合併契約・新設合併契約・吸収分割契約・新設分割計画・株式交換契約・株式移転計画・株式交付計画に関する書面等，合併事項書面・分割事項書面・株式交換事項書面・株式移転事

2)　公告の方法は，官報または時事に関する事項を掲載する日刊新聞紙のいずれかに掲載してなすもののほか，電子公告（電磁的方法〔電子情報処理組織を使用する方法その他の情報通信の技術を利用する方法であって法務省令（会社規 222）で定めるもの〕により不特定多数の者が公告すべき内容である情報の提供を受けることができる状態に置く措置であって法務省令〔会社規 223〕で定めるものをとる方法。2 ㉞）によることが認められている。これは，電子公告には周知性が認められると同時に公告コストを削減できるという利点があるからである。

項書面・株式交付事項書面などの備置（*8-1-3-4*，*8-1-3-8*），定款の必要的・相対的記載事項（*6-5*）など。

C　差止め

会社の不利益に注目するものとして，株主による違法行為差止め（*5-6-3*），監査役・監査委員・監査等委員による違法行為差止め（*5-8-1-1*(1)，*5-9-6-1-1*(2)）。株主の不利益に注目するものとして，全部取得条項付種類株式取得差止め（*4-5-3-3-7*③），売渡株式等取得差止め（*4-13-3-4-1*），株式併合差止め（*4-11-2*），新株発行差止め・自己株式処分の差止め（*7-3-3-4*），新株予約権発行差止め（*7-4-2-3*），組織再編行為・株式交付差止め（*8-1-7*）。

(2)　事後の救済策

D_1　**行為等の無効**[3)]

定款所定の目的の範囲外の行為（*2-3-2-1*(3)），株主平等原則違反（*4-2-1*），株主の権利の行使に関してなされた利益供与（*5-2-7-1-2*），瑕疵ある取締役会決議（*5-4-3-5*），株主総会決議を経ないでなされた代表取締役（代表執行役）の行為（*5-5-1-1-4*(1)，例外あり），取締役会の承認を経ない取締役（執行役）・会社間の直接取引（*5-6-2-2*），法定の手続を経ない変態設立事項（*6-5-3*，例外あり），違法な剰余金の配当等（*9-4-2*）など多数。

D'_1　**相対的無効**[4)]（善意の第三者に対抗できない）

子会社による親会社株式の取得（*4-5-3-4-4*），法令上取締役会決議を経るべき場

3)　会社法の規定は原則として強行法規であり（ただし，合名会社，合資会社および合同会社の内部関係に関する規定の多くは任意法規である。また，株式会社についても，定款自治の範囲が拡大されている〔*3-5* 参照〕），特に規定がない限り，強行法規や定款に違反した行為は無効であること（いつでも，だれでも，どのような方法によっても無効を主張できること）が議論の出発点である。このように解すべき根拠としては，会社の社員間あるいは社員と経営者の間には利害の対立が生じやすく，一般の株主の利益を守るためには，法の後見的作用が必要になること，会社特に株式会社は，これに関係する社員（株主）や第三者（取引の相手方など）が多数にのぼること，などをあげることができる（田中（耕）・商法研究1巻235以下）。ただ，平成29年改正前民法95条の錯誤無効は表意者のみが主張できると解されていたことからもわかるように，あらゆる場合に絶対無効とする必要はなく，本章注4で述べるように相対的無効という構成も考えられるし，会社との関係でのみ無効と考えることもできる。

4)　通常，取引の安全と会社の利益が衝突する場合に，この構成がとられる。すなわち，取引の安全が会社の利益に優先すると考えるべき場合が多いが，取引の相手方の利益を考慮する必要がない限り，会社の利益を保護すべきである。そこで会社の対外的行為の効力を，善意

合に経ないでなした代表取締役（代表執行役）の行為（*5-5-1-1-4*(2)），取締役会の承認を経ない利益相反取引のうち間接取引（*5-6-2-2*）など多数。

D_1''　会社の組織に関する訴え

株主総会等の決議取消しの訴え（*5-2-9-2*），株主総会等の決議無効・不存在確認の訴え（*5-2-9-3*），設立無効の訴え（*6-7-2*），新株発行無効の訴え（*7-3-3-6-1*），自己株式処分無効の訴え（*7-3-3-6-1*），新株予約権発行無効の訴え（*7-4-2-3*），合併無効の訴え・会社分割無効の訴え・株式交換無効の訴え・株式移転無効の訴え・株式交付無効の訴え（*8-1-9*），組織変更無効の訴え（*8-3-2*），資本金額減少無効の訴え（*9-3-1-3-4*），新株発行・自己株式処分・新株予約権発行不存在確認の訴え（*7-3-3-7*，*7-4-2-3*），持分会社の設立取消の訴え（*11-3-1-2*），解散の訴え（*10-2-1*，*11-2-7-2*）。売渡株式等取得無効の訴え（*4-13-3-4-3*）。

D_2　対会社関係で無効（法に明文の規定がある場合）

株券発行前の株式譲渡（*4-5-3-2*，例外あり）。

D_2'　会社に対して対抗できないとすること[5)]（法に明文の規定があることが原則）

権利株の譲渡（*4-5-3-1*），譲渡制限株式の承認なき譲渡による取得（*4-5-3-5-2*），名義書換未了の株式譲受人（*4-10-2-1*）。

E　損害賠償責任・支払義務

発起人の責任（*6-6-2-3-4*，*6-6-3*，*6-8-1*），取締役・設立時取締役の責任（*5-12-1*，*5-12-3*，*6-6-2-3-4*，*6-6-3*，*6-8-3*，*7-3-1-2*(2)①，*7-3-3-5-4*，*7-4-2-3*，*9-3-2-2*），執行役の責任（*5-12*，*7-3-1-2*(2)①，*7-3-3-5-4*，*7-4-2-3*，*9-3-2-2*），監査役・設立時監査役の責任（*5-12*，*6-8-3*，*9-3-2-3*），会計参与の責任（*5-12*，*9-3-2-3*），会計監査人の責任（*5-12*），現物出資・財産引受けの目的物の証明者・鑑定評価者の責任（*6-5-3-1-3*(3)），払込取扱機関の責任（*6-6-2-3-5*），出資の履行を仮装した者等の支払等義務（*6-6-2-3-4*，*7-3-3-5-1*，*7-3-3-5-4*，*7-4-2-3*），現物出資者の目的物価額不足額塡補義務（*6-6-3*，*7-3-3-5-3*，*7-4-2-3*），不公正な払込金額で株式等を引き受けた者の差額支払義務（*7-3-3-5-2*，*7-4-2-3*），株主の権利行使に関する利益供与を受けた者の

の第三者に対する関係では有効と考えるが，他の関係においては無効と考えることが具体的に妥当な結論を導く（鈴木・研究Ⅱ 49）。無効という概念は，ある利益を保護するためのものであるから，だれがだれに対して主張できるかを相対的に決することが妥当であり，法律行為の効果がすべての関係で絶対的に否定されると考える必要はない（竹内・判例Ⅰ 267）。たしかに実定法上の根拠を欠くように思われるが，明文の規定がなければ善意の第三者に対抗できない無効を考えることができないとすることはあまりに形式的すぎる。

5)　会社からは，その行為を有効として，権利の行使を認めるなどできる。

返還義務（***5-2-7-1-2***）。

F　その他の制裁（**罰則，取締役等の解任**）

罰則（960条以下），取締役・監査役・会計参与の解任（および解任の訴え）（***5-2-8-2-2***（4））。

D'_1は最も根本的な救済であり，ある利益を必ず保護すべきであると考えられる場合に用いられるが，他の利益（とりわけ取引の安全）に悪影響を与えることがあるため，その利用には限界があり，また相対的無効（**制度**D_1）という構成がとられることがある。また，事後的に無効とすることは最小限としつつ，株主等の利益を保護するという観点から，Cが広く用いられるようになってきている。そして，裁判上の差止めに違反してなされた行為等には無効原因がある（とりわけD''_1）とされることがある。D_2およびD'_2は会社の利益，特にD'_2は事務処理上の便宜を図るために設けられた制度について採用されている。Eは直接的には，経済的利益の回復を可能にするにすぎないが，他の利益に与える影響がほとんどないため広く用いられる（経済的利益の保護のためであれば行為は無効とせず，損害が賠償されれば足りる）。ただ間接的には，監視・監督・監査機関が義務を怠った場合等に責任を負わせることを通じて，監視・監督・監査義務を尽くす動機付けをするという点で，A，Bの実効性を高めている。Fも取締役等の業務執行を適切に行うインセンティブを与えるものである。

以上に加えて，近年，株主・会社債権者その他の利害関係者が十分な情報に基づいて意思決定し，行動する（自己の利益を守る）ことができるようにするにとどまらず，取締役（とりわけ，社外取締役）・執行役・監査役などが会社や株主の利益を適切に図るよう，その任務を果たすよう仕向けるという面で，Bの重要性が高まっている（***3-5***の17参照）。

第2章 会社の意義

会社法の規定に基づいて設立された法人（3）を会社といい，株式会社，合名会社，合資会社および合同会社がある。

2-1　会社の営利性（5・105 Ⅱ）

2-1-1　会社の営利性

会社がその事業としてする行為およびその事業のためにする行為は商行為とされる（5）。これは，会社は営利を目的として対外的活動を行うのが通常だからである[1)]。会社の営利性は，会社が対外的な営利活動により利益を得ることを目的とするにとどまらず，その事業から生ずる剰余金が社員に分配されることを意味する（105 Ⅱ）。剰余金の分配は，剰余金の配当・自己株式の取得の形でなされることも，残余財産の分配の形でなされることもある[2)]。

2-1-2　会社の非営利行為

会社は，その事業のために必要あるいは有益な行為であれば，それ自体としては営利性を有せず，またその事業に直接つながらない行為（たとえば，寄付）でもできる（非営利活動が，少なくとも中長期的には，営利活動にとってプラスに働くことも少なくない。***2-3-2-2***）。

---

1)　会社の営利性を規定していた平成17年改正前商法52条2項にあたる規定が設けられなかったことを重視すれば，会社形態を営利目的とともに慈善的・利他的な目的や構成員の共同の利益のために利用できると解する余地があることについて，神作・ジュリ1295号140以下参照。弥永・演習1も参照。

2)　ただし，企業経営のために合理的な限度を超えて社内留保をし，剰余金の配当を行わないと，（抽象的な）剰余金の配当を受ける権利の侵害となりうる（全集372）。

2-2　会社の社団性（平成17年改正前商法52参照）

2-2-1　社団の意義

会社法は，会社が社団であるとは明示的には規定していない。しかし，575条以下では，持分会社（合名会社・合資会社・合同会社）（第11章）の構成員を「社員」と呼んでおり，会社が社団[3]であることを前提としている。たしかに，会社法は，会社の株主・社員が複数存在することを要求していない。しかし，一人会社（社員・株主が1人の会社）であっても，株式あるいは持分の譲渡によって容易に社員を複数とすることが可能であるから，社団を「人の結合」であると解しても，潜在的社団性が認められるということができる（**2-2-2**）。

2-2-2　一人会社

合名会社・合同会社・株式会社については一人会社を認める上で障害となる会社法の規定はない。他方，合資会社については，無限責任社員と有限責任社員がそれぞれ1人以上存在しなければならないので，一人会社は認められないが，社員が1人となったことは会社の解散原因とされていない（471・641）。実質的にも一人会社を認める必要と実益（たとえば完全〔100%〕子会社）[4]がある。

2-3　会社の法人性（3）

2-3-1　会社の法人性

会社は法人（自然人以外で権利・義務の主体となりうるもの）である。

3）一般社団法人及び一般財団法人に関する法律では，法人は社団法人と財団法人とに分けられるので，財団と対比されるものとして，会社は社団と位置付けることができる（龍田54参照）。

4）合名会社については一人会社を認める実益が少ないが，株式会社など社員の有限責任が認められる会社形態の場合は，一人会社はある財産を他の財産から分離して管理することを可能にする。

2-3-2　会社の権利能力の範囲

2-3-2-1　会社の権利能力の制限

法人の権利能力は自然人の権利能力に比べ，いくつかの制限を受ける。

⑴　性質による制限

自然人が肉体・生命をもつことから有することができる親権，扶養請求権，相続権などを法人は有することができない。

⑵　法令による制限

法人は立法政策上認められるものであるから（民33），法令上の制限があれば，その範囲においてのみ権利を有し，義務を負う（民34）。たとえば，会社が解散または破産したときは，清算の目的の範囲でのみ権利を有し義務を負う（476・645，破35）などである。

⑶　定款所定の目的による制限

会社は，その目的を定款（**6-5**参照）に記載または記録し，かつ登記しなければならない（27①・576 Ⅰ①・911 Ⅲ①・912①・913①・914①）。会社の目的は，会社が行う事業が何であるかを確知できる程度に具体的に定めなければならない。

民法は，法人について，定款その他の基本約款で定められた目的の範囲内で権利能力を有すると定める（民34）。

また，実質的には，法人は一定の目的のために設立されたものであるから，その目的の範囲内においてのみ能力を有すると解するのが自然であるし，また，出資者も定款所定の目的のために会社財産が運用されることを期待して出資し，会社の債権者も会社財産が定款所定の目的のためにのみ運用されることを期待していると解される（社員等の保護）。

他方，会社の目的は登記（**制度B**）により公示されているから，第三者が不測の損害を被るおそれは必ずしも大きくない。たしかに，会社の権利能力が目的により制限されると解すると，会社の代表者が定款所定の目的外の行為をした場合，その行為は絶対的に無効（**制度**$\mathbf{D_1}$）となり，取引の相手方は，代表者に対し民法117条ないしその類推適用により責任を追及できるだけとなる。しかし，取引の安全のためには，目的の範囲内の行為であるか否かの判断基準を明確にすれば十分である。

すなわち，定款所定の目的の範囲内の行為とは，定款に明示された目的たる行為のみならず，その目的を遂行するうえに直接または間接に必要な行為すべてを含む（社員も会社がそのような行為を行うことを予測し，期待するから，社員の意思の合理的解釈の点からも問題はない）。また，必要か否かは行為の客観的性質に即して抽象的に判断され，ある行為が客観的・抽象的に「定款所定の目的」の範囲内であれば行為者の主観的意図（すなわち，行為者がその行為を法人のためにする意思でなしていたか否か）を問わず，「定款所定の目的」の範囲内の行為とされるとして，取引の相手方の信頼を保護すれば十分である（最判昭和 27・2・15〈1 事件〉）（ただし，「会社の目的」の範囲内であるかの判断基準は他の局面では異なってよい。***5-6-3-1***）。

2-3-2-2　会社の非営利行為

会社は社会的な存在であるから，社会通念上期待される行為をすべきであり，非営利行為であっても，会社の円滑な発展・存続のために効果があるから，非営利行為を行うことも社員の合理的意思に合致し，定款所定の目的の範囲内であるということができる[5)]。

⑴　寄　付

会社も社会の構成単位であるから，一見定款所定の目的と関係がないような行為でも，会社に社会通念上期待あるいは要請されるものである限り，することができる。すなわち，会社は対外的活動によって利益をあげようとするものであるから，会社外との関係を円滑に保つことが必要である。そして，会社に社会通念上期待される活動をすることは，会社の企業体としての円滑な発展を図るうえで相当の価値と効果をもたらす可能性があるから，このような行為も，間接的ではあるが，目的遂行上必要な行為といってよく，会社が行うことを株主も予想するからである。たとえば会社がその社会的役割を果たすために相当と認められる程度の寄付をすることは，社会通念上当然なことといえる。その会社の規模，経営実績，その他，社会的・経済的地位および寄付の相手方等，諸般の事情[6)]を考

---

5)　ただし，厳密には，寄付など無償行為またはこれに近い性格の行為の場合には取引の安全の要請はないのであって（上柳・論集 83 参照），法律関係の安定の点から無効主張を許さないというべきであろう。

6)　赤字会社がした政治資金の寄付の事案につき，福井地判平成 15・2・12 判時 1814 号 151 およびその控訴審判決である名古屋高金沢支判平成 18・1・11 判時 1937 号 143 参照。また，株主の利益保護という観点からは，取締役，取締役会または代表取締役（指名委員会等設置会社においては執行役，代表執行役）が決定するのではなく，株主総会の決議（459 Ⅰ③・452 参照）を経るべき寄付があるのではないかとも考えられる（北欧諸国においては，重要性のある寄付は株主総会の決議によるものとされていることについて，弥永・「資本」の会計 210 参照）。会社債権者保護という観点からも，分配可能額がプラスでない場合でも，寄

慮して，不相応と認められる寄付[7]をすれば取締役・執行役の義務違反[8]が問題となるにすぎない（最大判昭和45・6・24〈2事件〉）[9]。

なお，いわゆる政治献金も，他の寄付と同様，定款所定の目的の範囲内の行為であり，したがって会社の権利能力の範囲内に属し，有効である。なぜなら，少なくとも，会社の存続・発展が阻害されるという事態が政治献金をしないことによって生ずることを回避することができるという点で定款所定の目的の遂行に有益なものといえるからである。（鈴木・研究Ⅲ 297以下参照）。

(2)　債務免除

債務免除も広い意味の寄付にあたるが，これについては，取締役・執行役の経営判断が尊重されると考えられている。すなわち，取締役の経営判断をめぐる従来の判断枠組み（***5-12-1-1-1***(1)）にてらせば，取締役会・代表取締役（執行役）には相当広い裁量が認められ，債権放棄をすれば持ち直す可能性があるか，再建計画が利害関係者に受け入れられ，再建が実現する可能性が高いかなどにつき十分に情報を収集し，債務者に対する指導や監督の強化などの対応策を討議しており，そのうえで，債権放棄することが合理的な選択の範囲内であると考えられる場合には，善管注意義務違反とはならない（福岡高判昭和55・10・8高民集33巻4号341参照）。長期的に見れば（この点からは，債権者である会社自体の存続が危ぶまれる場合には，債権放棄の合理性は低いということになろう），再建が実現すれば，債権者である会社にとって有利になることから，再建計画が合理的であり，債権放棄による損失を考慮しても，会社の利益になることが予想される場合には，代表取締役

付であれば，自由に行えると考えることは必ずしも妥当ではなく，分配可能額の範囲内でなければ許されない種類の寄付があると解することには合理性がありそうである。

7）不相応と認められる寄付も，行為の効力との関連では，権利能力の範囲内の行為と考える必要がある。なぜなら範囲外の行為と考えると，複数の寄付がなされる場合にはどの寄付が無効になるのかを判断する必要があるが，その基準が不明確であり，寄付を受ける側の法律上の地位が不安定になるからである。

8）前掲福井地判平成15・2・12は，寄付，とりわけ政治資金の寄付については，取締役の裁量の幅が通常の業務執行より狭いと解している。他方，生命保険相互会社がした政治資金の寄付に関する大阪地判平成13・7・18金判1145号36は，寄付についても一般的な業務執行行為についてと同様に取締役には「広い裁量」が認められるとしている。

9）なお，会社のためでない寄付は，取締役・執行役の報酬（***5-3-6-1***），株主の権利行使に関する利益供与（***5-2-7-1***）と構成できる場合があろう。また相手方が，「相当と認められない」寄付であることにつき悪意の場合には代表権の濫用（***5-5-1-1-3***）にあたり，信義則違反あるいは権利濫用として会社はその返還を求めうると解すべきである。

（執行役）の善管注意義務違反はないと考えてよいであろう[10]。

2-3-3　法人格否認の法理[11]

2-3-3-1　総　説

独立の法人格をもっている会社においてもその形式的独立性を貫くことが正義公平に反すると認められる場合に，特定の事案の解決のために会社の独立性を否定して，会社とその背後にある社員とを同一視する法理を「法人格否認の法理」という。より現実的には，社員の個人財産の会社財産からの独立が認められている株式会社について，それを否定するために用いられることが一般的である[12]。

たしかに社団法人において法人とその構成員である社員とは法律上別個の人格であり，このことは社員が1人である場合でも同様である。しかし，法人格の付与は，ある社団・財団を権利主体として取り扱うに値すると認めるときになされる。いいかえると会社を法人とするのは，そうすることが国民経済上有用であるという価値判断に基づく。したがって，法人格が全くの形骸にすぎない場合（事実上，会社と社員個人が別人格とは認められない場合），またはそれが法律の適用を回避するために濫用されるような場合には，法人格の本来の目的に照らして法人格の利用を許すべきでなく，法人格を否認することが許されるのみならず，否認する必要がある（最判昭和44・2・27〈3事件〉）。

このような法人格否認の法理が認められる条文上の根拠としては民法1条3項の権利濫用禁止，あるいは1条2項の信義則をあげる見解も多いが，適用範囲を広くするため，法が法人格を認めた趣旨に反するような形で利用されている場合には，特定の問題解決のために法人の独立性を否定する必要があるというのが，法人という制度に内在する公序であるとして，3条（平成17年改正前商法54条1項）に根拠を求める見解（龍田・商事法務534号12）もある[13]。

---

10)　詳細については，弥永・演習②参照。

11)　詳細については，江頭・会社法人格否認の法理を参照。

12)　法人格否認の法理は会社・株主（社員）の相手方を保護するためのものであると理解し，主張できるのは相手方（それも法人格の形骸化や濫用に加功していない者）であって，株主（社員）に有利な法人格否認は認められないと解するのが多数説のようである（東京高判昭和51・4・28判時826号44など）。しかし，江頭教授は，法人格否認の法理を，既存の法理では妥当な結論が得られない場合につき「事案の衡平な解決をはかるための最後の手段」であるとして，会社・株主（社員）側に有利な形で法理を適用する余地を認める（江頭44）。

13)　これに対して，3条（法人格の独立性を示す規定）の適用を制限する規範こそが実定法

2-3-3-2　濫用の場合

2-3-3-2-1　要　件

支配の要件(1)と目的の要件(2)の両方をみたす場合である。

(1)　**背後者が会社を自己の意のまま「道具」として用いうる支配的地位にあって会社法人格を利用している事実（支配の要件）**

(2)　**違法な目的という主観的要素（目的の要件）**（以下の例については判例6-7〔龍田〕，争点Ⅰ 24-25〔江頭〕参照）

①　**会社法人格の利用による法律の回避**

たとえば，組合活動家を追放するための偽装解散（労働組合法7条の回避），法律上の競業避止義務（17・21・356 Ⅰ①・489 Ⅷ・594，商16・28）の回避，などがある。

②　**会社法人格の利用による契約義務の回避**

たとえば，競業避止など契約上の不作為義務を負う者が自ら支配する会社にその行為をさせる場合や，一定の作為義務を負う会社の支配株主が会社を解散し，組織や事業内容が同様の新会社を設立する場合がある。

③　**会社法人格の利用による債権者詐害**

たとえば，債務者が強制執行を免れるために会社を設立し，自己の財産を現物出資等をすることなどがある。

2-3-3-2-2　効　果

会社（法人）と背後の者（社員・株主）を同一視する。

たとえば，***2-3-3-2-1*** の①～③について，①新会社と旧会社従業員との間に雇用関係の存在を認める，②会社に競業避止義務違反を認める，③新会社に供給義務を認める，新会社が債務者の債務全額を負担する（最判昭和53・9・14判時906号88），などである。

しかし，会社または株主と第三者との法律関係を規律する際に，会社と株主の実質関係を十分考慮して，法律の規定や契約の条項を弾力的・合理的に解釈すれば，事案の妥当な解決が可能であるとして，法人格否認の法理の適用範囲を限定する考え方が強い。その考え方によれば，たとえば②については，契約の趣旨を検討する以上に法人格否認の法理を持ち出す必要はない。

また，③については，法人格否認の法理によれば，その法律効果は，民法424

上の根拠でなければならないという批判が加えられている（江頭43注4）。江頭教授は，「民法1条3項を始めとする何らかの規範という以上に特定できない」とする。

条に基づく場合と異なり，旧会社からの出資財産の限度における執行受忍にとどまらず，旧会社の債務全額を新会社が負担することとなるが，このような取扱いは，新会社設立後にその債権者となった者の利益を害するおそれがあり，具体的妥当性の観点から検討すべき点が残る[14)]。

2-3-3-3　形骸化の場合

2-3-3-3-1　要　件

形骸化とは会社の実質が全くの個人企業（あるいは子会社が親会社の一部門にすぎない）と認められることをいう。具体的には広義の一人会社（実質的社員・株主が1人の会社）であるものについて，たとえば，①業務活動混同の反復・継続，②会社と社員（株主）の義務・財産の全般的・継続的混同，③明確な帳簿記載・会計区分の欠如，④株主総会・取締役会の不開催など強行法的組織規定の無視などの事実の存否を考慮して判断する。

2-3-3-3-2　効　果

実質的社員・株主と会社を同一視する。たとえば，社員・株主と相手方との間で締結された和解契約の効果が会社に対しても及ぶとすること，単独社員・株主のなした債権譲渡の通知は，その社員・株主が代表取締役（執行役）でなかったとしても有効とされるとすること，会社と契約を締結していた相手方は会社が倒産した後に社員・株主に対し不動産賃貸借契約・売買契約・消費貸借契約・手形振出し・請負契約・雇用契約等に基づく債務の承認を主張できるとすること，等である。

ただ，これらの効果は，法人格否認の法理を使わなくとも，契約の解釈によって認めることができよう。

2-3-3-4　法人格否認と訴訟法・執行法

判例（前掲最判昭和53・9・14）は，法人格否認の法理が適用される場合であっても，訴訟手続・強制執行手続においては，権利関係の公的な確定およびその迅速確実な実現を図るために，手続の明確・安定が重要なので，ある会社に対する

---

14)　結局，法人格の属性の一部を否認して，社員と会社を同一のものと法律構成しなければ解決できず，かつ，法政策的にみても法人格否認の法理の適用が妥当だと思われる場合は偽装解散の場合である。なぜなら，この場合には，旧会社との雇用契約をいくら弾力的に解釈しても，契約締結時には新会社は存在しておらず，契約の解釈として「旧会社」を「新会社」に読み替えることは困難であり，また，将来会社が新設されることを両当事者が認識していた場合は格別，そうでない限り，「旧会社」に将来設立される新会社が含まれると解することもできないからである。

判決の既判力および執行力の範囲を（法人格が否認されるべき）他の会社にまで拡張することは許されないとしている（ただし，江頭48)。

他方，第三者異議の訴えは，債務名義の執行力が原告に及ばないことを異議事由として強制執行の排除を求めるものではなく，執行債務者に対して適法に開始された強制執行の目的物について原告が所有権その他目的物の譲渡または引渡しを妨げる権利を有するなど強制執行による侵害を受忍すべき地位にないことを異議事由として強制執行の排除を求めるものであるから，第三者異議の訴えの原告の法人格が執行債務者に対する強制執行を回避するために濫用されている場合には，原告は，執行債務者と別個の法人格であることを主張して強制執行の不許を求めることは許されない（最判平成17・7・15〈4事件〉)。

第3章 株式会社法の前提と視点

3-1 株式会社の特質

株式会社は大規模な，あるいはリスクのある事業を行うことを可能にするための共同企業形態であり，資金を多く集めると同時に多くの人に参加してもらう必要がある。そこで，株式会社は，株式と間接有限責任という特質を有する。

3-2 株　式

株式会社の社員の地位（持分）は細分化された割合的単位の形をとる。このような株式会社の社員の地位を株式といい，社員を株主と呼ぶ。

3-3 間接有限責任（104）

株式会社の社員である株主は，会社に対してその有する株式の引受価額を限度とする有限の出資義務を負うだけで，会社債権者に対しなんらの責任も負わない（ただし，違法配当等の場合につき**9-4-2-1-2**)。これを株主有限責任の原則という。

ここで，社員の直接責任とは，社員が会社債務について，会社債権者に対して直接弁済責任を負うことをいい（ただし，会社の債務は会社財産から弁済されるのが本来であるから会社財産をもって債務を完済できないとき，または会社に対する強制執行が効を奏しなかったときに限る)，社員の間接責任とは，法律上，社員は会社債権者に対して責任を負わないが，社員は会社に対して出資義務を負い社員の出資が会社を通して間接的に会社債権者に対する担保となることをいう。

社員の無限責任とは，社員が会社債務について無限にこれを弁済する義務を負うことをいい，社員の有限責任とは，社員が会社債務について一定限度においてのみ義務を負うことをいう。

株主の責任を有限責任としたのは，社員の地位の個性を失わせ，多数の者が安心して容易に会社に出資できるようにするためである（必要性）。また，会社財産の確保（資本金）（***3-4***，視点 7〔***3-5***〕）および情報開示（視点 17）ならびに取締役・執行役の対第三者責任（***5-12-3***）によって，ある程度，会社債権者保護が図られるから，有限責任を認めてよいということもできる（許容性）。他方，間接責任が採用されるのは，有限責任の下では，個々の株主に債権者が責任を追及するのでは効率が悪く，会社に対して請求するのが合理的であると理由づけられるからである。株式会社ではしばしば多数の株主が存在するからなおさらである。また，全額払込制度（34 Ⅰ本文・63 Ⅰ・208 Ⅰ Ⅱ・281 Ⅰ Ⅱ）を前提とする間接責任であれば，債権者としては会社の財産状態さえみておけば足りるようになる。

3-4　資本金額

資本金は，会社財産維持の基準となる計算上の一定の数額をいう。

株主は間接有限責任[1]を負うにすぎないから，株式会社においては会社の債務の引当てとなるものは会社財産しかないことになり，会社債権者を保護し，会社の信用を確保するため，その担保となる会社財産の維持に特別の配慮をすることが必要となる[2]。

そこで，会社法は，登記および貸借対照表を通じて公示される一定の数額（911 Ⅲ⑤）を資本金とし，会社財産を維持することを狙っている。もっとも，法は，資本金の額の最低限度を定めておらず，会社財産が減少した場合にとるべき措置を定めていないため，会社債権者保護のためには，むしろ開示制度が重要である（***9-1*** 参照）。

3-4-1　資本の 3 原則と会社法

会社法の下では，資本確定の原則[3]および資本充実の原則は廃棄され，資本

1）　理論的には会社の法人化により，社員と会社債権者との間には法人たる会社が介在するため，社員と会社債権者との間の直接関係はなくなるはずである（講座Ⅱ 456〔大塚〕）。したがって，社員の会社債権者に対する責任は間接化することになるのが理論的であり，持分会社の社員の直接責任は会社債権者保護のため法が特に認めたと位置付けることもできよう。

2）　会社財産を確保することは，会社のため，すなわち企業の維持・発展のためにも必要であるから，資本金額はこの点でも意義を有する（資本金額の減少には原則として株主総会の特別決議を要する。***9-3-1-3-1***（1））。

維持の原則[4]の意義は大幅に低下した（なお，資本不変の原則[5]）。

すなわち，会社の設立にあたっても，設立に際して出資される財産の最低額を定めれば足り（27④），株式の発行においても打切り発行が認められるから，株式全部の引受けは設立や成立後の株式の発行が有効とされるための要件ではなく，発起人・設立時取締役・取締役・執行役の引受担保責任も定められていないため，資本確定の原則のなごりも存在しないこととなった。

また，出資を履行しなければ株主となることができないとされ，発起人・設立時取締役・取締役・執行役の払込担保責任・給付未済財産価額支払義務も定められていない（もっとも，平成26年改正により，仮装出資の場合の支払等義務が定められた。***6-6-2-3-4***）。すなわち，資本金額に見合う会社財産を確保するというのではなく，むしろ，拠出された財産の額に応じて資本金の額は決定される（445）というように発想の転換が行われている。しかも，たとえば，合併の際には，（増加）資本金額よりも承継純資産額が少なくなることすら認められており（計規36・47），資本充実の原則も認められなくなっている。

さらに，最低資本金制度が廃止され，資本金額を低く定めることが可能になる一方で，純資産額300万円を基準とする分配可能額算定が定められているため（458，計規158⑥），資本金額と無関係な制約が加えられており，会社財産維持における資本金額の意義が低下している。

なお，一定の場合に株主総会の普通決議または取締役会決議によって資本金額の減少を決定することができるとされたものの，資本金額の減少にあたっては債権者保護手続が要求されるため（449），資本不変の原則は残っている（もっとも，このように呼ぶことが適切であるかどうかは問題である）。

3-4-2　資本金と株式

資本金の額と株式との間の結びつきはほとんどない。すなわち，発行済株式総数などとは無関係に，成立後に資本金額をゼロまで減少させることもできる。も

3）　会社の設立または新株発行には，定款所定の資本金額または増加資本金額に相当する株式全部の引受けがなされなければならないという原則。

4）　会社の設立または新株発行の際には（増加）資本金額に相当する財産が会社に現実に拠出されなければならないとする原則を資本充実の原則といい，資本金額に相当する会社財産が確保された状態がその後も維持されなければならないとする原則を資本維持の原則という。

5）　いったん定めた資本金額は，会社債権者保護のための厳格な法定の手続を経なければ減少できないとする原則。

っとも，原則として，設立または株式の発行に際して株主となる者が会社に対して払込みまたは給付した財産の額が資本金とされる（445 I）。ただし，設立または株式の発行に際して株主となる者が会社に対して払込みまたは給付した財産の額の2分の1を超えない額は資本金として計上しない（資本準備金として計上する）ことができる（445 II III）。

そして，新株の発行の無効の訴えに係る請求を認容する判決が確定した場合，自己株式の処分の無効の訴えに係る請求を認容する判決が確定した場合または設立時発行株式もしくは募集株式の引受けに係る意思表示その他の株式の発行または自己株式の処分に係る意思表示が無効とされ，もしくは取り消された場合であっても（株式の発行が無効とされる場合であっても），資本金額や資本準備金の額は減少しないものとされている（計規25 II）。この点でも，資本金額と株式との間の関係が断ち切られており，資本不変の原則は強化されている（減少させるためには，債権者保護手続を含む資本金額・準備金額減少の手続が必要）。

3-5　株式会社法の視点

1　企業維持

いったん成立した株式会社には多くの利害関係者が生ずるから，企業を維持することによって企業をとりまく利害関係を調整する必要がある。さらに，いったん事実上存在した企業（特に大規模株式会社）が消滅することによる私経済上および国民経済上の損失は大きい。設立無効原因などが制限され，株式会社については設立取消しが認められないこと（***6-7-2***，***6-7-3***）などはこの表れである。

2　企業発展

企業の発展が国民経済上有用であると考えられたことから，株式会社は法的にも認められたものであるから，企業発展のための活動の保障が必要である。準則主義[6)]や資金調達の円滑化（**視点16**）に，この理念は反映している。

3　取引の安全

会社は取引によって利益を得ていくものであるから，取引の安全の保護が重要となる。取引の安全が保護されていないと，取引の相手方の発見がきわめて困難になったり，不可能になる。また，会社企業自体も取引の安全が保護されてこそ，

6）　法があらかじめ定めた要件をみたせば，法人格が当然に付与されるとするもの。

経済的・合理的に利益の追求を行える。さらに会社（株主）の利益を害する取引をするような者を取締役に選任した株主（会社）の利益より，取引の安全を優先すべきであるともいえる。会社法においては公示主義[7]や外観主義[8]を通じて取引の安全が図られるほか，株式の流通（***4-5-1-2***），代表取締役（代表執行役）の代表（対外的業務執行）（***5-5***）について取引の安全保護の要請が強く打ち出される。

4　債権者の保護

これは会社債権者が一般私法上の債権者より強い保護を受ける必要があるという意味ではない。むしろ，株式会社においては株主の有限責任が認められているため，会社債権者の利益が一定限度において制約されることになるから，会社債権者が一般私法上の債権者に比べて不当に不利な立場に置かれないようにすべきであるという意味である。この点から，会社法は，会社財産を維持するため資本制度（**視点7**）を含む分配規制を加えるとともに企業内容の開示を要求し（**視点17**），公示主義，外観主義を採用する。また取締役・執行役・会計参与・監査役・会計監査人の第三者に対する責任（***5-12-3***），分配可能額を超えてなされた剰余金の配当等の場合の株主の支払義務（462 Ⅰ・463 Ⅱ），資本金額の減少（***9-3-1-3-1***(2)）・準備金額の減少（***9-3-2-3***）・合併[9]・会社分割・株式交換・株式移転・株式交付（***8-1-3-7***）・組織変更（***8-3-1***）における会社債権者の保護のための手続が定められ，解釈論上，法人格否認の法理（***2-3-3***）が認められる。さらに，詐害的な会社分割・事業譲渡・営業譲渡における会社債権者保護のための規定が設けらけている（23の2・24 Ⅱ・759 Ⅳ・764 Ⅳ）。以上に加えて，特別清算申立て（511 Ⅰ），破産（破18・15）・会社更生（会社更生17 Ⅱ①）・民事再生（民再21 Ⅱ）の手

7）　取引にとって重要であると認められる事項を公示することを要求するものである。企業取引の相手方等が取引上重要な事項を個別的に調査することは困難または非効率的であり，また企業側もいちいち開示するのでは煩雑であるから，公示主義がとられる。公示の方法としては，商業登記，重要書類の備置，官報等による公告（第1章注2参照）などがある。

8）　外観を信頼して取引をした者を保護するものである。たとえば，表見代表取締役（354）・表見代表執行役（421）や表見支配人（13，商24）などはこれを具体化した規定である。取引は継続的・反復的・大量的に行われることが普通であり，迅速性を要する。そして，当事者は内実を十分に調査することなく外観を信頼して取引をすることが少なくないからである。なお外観法理が適用される要件としては，一般論として，外観の存在，外観への信頼および外観作出への帰責（外観への与因）があげられている。

9）　合併・会社分割・組織変更（793 Ⅱ・789・802 Ⅱ・799・813 Ⅱ・810・781 Ⅱ・779）における債権者保護は有限責任制度とは直接結びついておらず，すべての会社に共通するものである。

図3-1　株式会社法の視点

（本書では視点○として引用する）

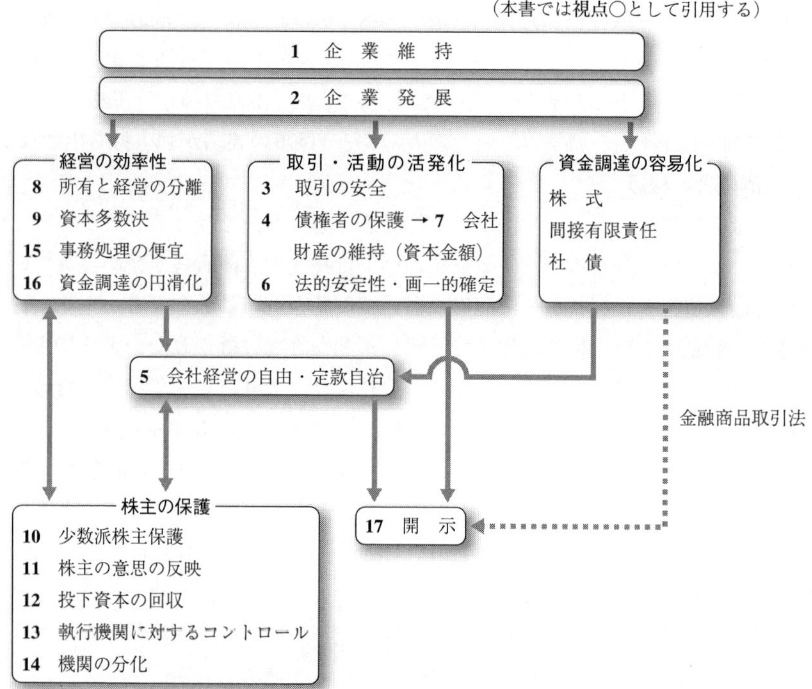

続開始の申立てをすることができる。

5　会社経営の自由・定款自治

たしかに，一律な規制を加えることは利害関係者の調査の手間を省き，法的安定性を高めるかもしれない。しかし，企業の維持・発展のためには，それぞれの会社の実態・環境に応じた組織の採用や対応策を認める必要がある。そこで，企業内容の十分な開示などを前提としつつ，特に少数派株主や会社債権者が害されない限り，広く，会社経営の自由・定款自治を認める方向で改正がなされてきている。なかでも，公開会社（2⑤）以外の会社については，株主の持分比率保護は重視されているものの，広く定款自治が認められている。

なお，会社法を含む法令ではなく，東京証券取引所などの取引所の規則によって開示の充実と良いコーポレート・ガバナンスの実現を図ること（ソフト・ローの活用）が近年，重視されてきている（独立取締役の設置など）。

6　法的安定性・画一的確定

株式会社には多数の者が社員（株主）として参加することが予定されているうえ，株式会社をとりまく利害関係者は多数にのぼる。そこで会社が社会の中でも円滑に活動していくためには画一的確定が要請されると同時に，法的安定性が必要である。法的安定性が確保されることによって，ある行為についてその効果がはっきりとわかるから，予測可能性・計算可能性が確保され，合理的な利益追求活動が可能になるのである。法的安定性を確保するため，一定の手続をふむことを要求したり（株主総会の招集，***5-2-2***），無効・取消しの主張の主体・時期・方法を制限したりしている（***1-3*** の D_1'' およびそこにあげた事項参照）。

7　会社財産の維持（資本金額）

株主が有限責任しか負わないこととなると会社債権者にとっては，すべての株主がその責任を確実に果たしてくれることが望ましい（有限責任の場合に一部の株主のみが責任を履行するにとどまるとすると会社債権者の保護に大きく欠ける）。そこで，あらかじめ，株主が自己の責任額に相当する財産を会社に拠出して，債権者は会社財産にかかっていける（間接責任）こととすることが会社債権者の保護に資することとなる。また，多数の株主が存在する場合には，株主が直接責任を負うとしても，その責任を追及することはコスト的に見合わず，訴訟技術的にも困難であるから，間接責任が合理的である。

さて，間接責任を前提とすると，会社財産を維持することが会社債権者にとって不可欠であり，企業維持の点からも望ましい。そこで法は一定額を資本金額と定め，会社財産が，株主に対する分配により，この資本金額を下回ることを極力防止しようとしている。具体的には（詳細は ***3-4*** 参照），会社の存続中には，剰余金の配当等による会社財産の社外流出は分配可能額の範囲内でのみ行うことができるとされていることなどがあげられる。また，この実効性を確保するために，発起人・設立時取締役・取締役・執行役や払込取扱機関に責任を負わせている（***5-12-1-4***，***6-6-2-3-5***，***7-3-1-1*** など）。

さらに，資本金あるいは準備金の額を減少させるときは，原則として，債権者保護手続がとられる。

8　所有と経営の分離（***5-1-2-1*** 参照）

株主は企業経営に自らあたることを必ずしも欲せず，また事実上不可能であることも少なくないので，企業経営は取締役（さらに指名委員会等設置会社では執行役）に委ねられる（所有と経営の分離）。とりわけ，公開会社については，社員資格と機関資格とが法律上明確に分離されている（331 Ⅱ・335 Ⅰ・402 Ⅴ）。

9　資本多数決（309）（***5-2-8*** 参照）

株式会社は多数人の参加を予定しているから，株式会社においては多数決原理がとられざるをえない。そして，株式会社では株主の間接有限責任が認められるため，株主の負担するリスクは出資額に限られる。そこで負担するリスク，すなわち出資額に応じた会社に対する影響力を与えることが通常は公平である。また，自己の出資額に応じた会社の決定に対する影響力を与えれば，出資の意欲が高められ，資金調達が促進される（資本多数決の例外として，種類株式および株主総会における議決権に関する別段の定め。***4-4***）。

10　少数派株主保護（具体的には，***5-2-8-2*** 参照）

資本多数決の下では多数派株主が少数派株主を犠牲にして自己の利益のみを追求するおそれがある。とりわけ，公開会社においては，企業の合理的運営を図るために，所有と経営が制度的に分離され，専門的な業務執行の意思決定は取締役会（さらに指名委員会等設置会社では執行役に〔416 Ⅳ〕，一定の監査等委員会設置会社では代表取締役等に〔399 の 13 Ⅴ Ⅵ〕委ねられることがある）に委ねられ（362 Ⅱ），株主は株主総会において基本的事項に関し会社の意思を決定する（295 Ⅱ）ほか，若干の監督是正権を有するにすぎない。その結果，機動的な業務執行が確保された反面，多数決により選出された取締役が地位の安定を追求する会社運営を行うおそれが生じる。そこで，少数派株主を保護するために，会社法は，多数決の原則に限界を設け，さらにはそれを修正し，あるいは少数派株主の経済的利益を守る制度を設けている（**視点 12** も参照）。しかし，たとえば，各種の訴えの提起の濫用を防ぐため，担保提供命令が定められている。

他方，ベンチャー企業などを想定して，取締役・監査役の選任に関する事項について内容の異なる種類株式の発行が認められているほか（***4-4-3***(7)），株主総会または取締役会の決議事項につき，ある種類株主総会の決議を要するものとすることができる（***4-4-5-2***）。

11　株主の意思の反映

株主は株式会社の実質的所有者であるので，株主に重大な影響を与える可能性のある事項は株主総会の決定事項とされ，また株主に一定の監督是正権が与えられている。

12　投下資本の回収

株式会社に出資しあるいは株式を取得して株主となろうとする者がもっている

目的の1つは，株主となることによって経済的利益を得ることである。株主たる地位は株式という形をとるが，この株式の価値を現金化することが投下資本の回収である。投下資本の回収は剰余金の配当等の形（会社からの持分の一部払戻し。会社財産維持に反しない限りにおいて認められる）でもなされるが，これは投下資本の一部を回収したにとどまる。投下資本全部の回収の方法としては，会社から持分の払戻しを受ける方法と持分（株式）の譲渡という方法がある。株式会社では，会社財産維持の観点から会社から出資の払戻しを受けることは例外的とされ（会社財産維持に反しないものとして，残余財産の分配〔504〕〔これと関連して解散（判決）が意味をもつ。***5-2-8-2-2***(5)，***10-2-1***〕，分配可能額の範囲内でなされる自己株式の取得），原則として株式の譲渡（***4-5***）によって投下資本を回収する建前になっている。株式買取請求権が会社財産維持に反するにもかかわらず認められるのは，株式の譲渡によっては投下資本を十分に回収できない場合である。すなわち，単元未満株式については譲渡が困難であるから，買取請求権を認める必要があるし（***4-6-3***），一定の重要な会社の行為によって株式の価格が下落したような場合には，市場で売却すれば，下落した価格でしか投下資本を回収できないから，その議案に反対した株主を保護するためには買取請求権で保護するよりほかはない（***5-2-8-2-3***(3)，***8-1-8***(1)，***8-4-7***(1)）。また，一定の場合に裁判所に対する価格決定の申立てが認められているのも（***4-5-3-3-7***，***4-13-3-4-2***），投下資本の回収を十分に行えるようにするためである。

13　執行機関に対するコントロール（詳細は，***5-6***）

取締役会設置会社においては，株主総会の権限は会社の基本的事項の意思決定に限定されており，定款に定めがない場合には，取締役会および代表取締役（指名委員会等設置会社では執行役）に業務執行権が一任されている。このような状況の下では，取締役・執行役の独断専行から会社の利益を守る必要がある。もっとも，経営の効率性が，少数派株主にも利益をもたらす可能性がある。

14　機関の分化

株式会社では株主間に必ずしも人的信頼関係がないため，機関が分化し，かつ機関相互間の分担と牽制が図られている。

指名委員会等設置会社および監査等委員会設置会社を除き，取締役会設置会社には，会社の最高意思決定機関としての株主総会，業務執行機関としての取締役会・代表取締役，業務執行の監視機関としての監査役（会）の4つの機関が設けられるのが原則である（例外は，公開会社以外の会社のうち大会社でないもの〔327 II

但書〕)。4機関の分立を認めたのは，牽制・監視により，業務執行機関の専横の抑制を図り，もって機関相互の調和を狙ったものである。すなわち，基本的事項の決定を行う株主総会は取締役・監査役を選任し，原則として計算書類および事業報告を承認する。業務執行の意思決定を行う取締役会は，業務執行と代表を職務とする代表取締役の選任・解任権を有し，代表取締役の職務執行を監督する。監査役は取締役会や代表取締役の職務執行を監査する。

さらに，資本金額5億円以上または負債総額200億円以上の会社（大会社）または定款の定めにより会計監査人を置いた会社においては会計の専門家である会計監査人によって会計監査が行われる。また，公開会社である大会社（指名委員会等設置会社および監査等委員会設置会社を除く）は監査役会を置かなければならず（大会社以外の取締役会設置会社〔指名委員会等設置会社および監査等委員会設置会社を除く〕も監査役会を置くことができる)，監査役は3人以上，社外監査役は半数以上であることを要し，常勤監査役を定めることとされている。

また，取締役会設置会社は指名委員会等設置会社（*5-1-2-2*）または監査等委員会設置会社となることを選択することができる。指名委員会等設置会社には株主総会，取締役会，（代表）執行役ならびに（取締役会の内部機関の性質を有する）指名委員会，報酬委員会および監査委員会が置かれる。他方，監査等委員会設置会社は株主総会，取締役会，代表取締役および監査等委員会を置かなければならない。さらに，指名委員会等設置会社および監査等委員会設置会社は会計監査人を置かなければならない。

15　事務処理の便宜

株式会社における株主は多数であり，しかも，株式譲渡自由の原則により，絶えず変動することが予定されている。そこで事務処理を円滑に行うため，大量・集団的・反復的な事務処理が可能となるような工夫が必要である。事務処理が円滑に行われることは結局，株主の利益になるという考え方に基づいて，法は株主名簿制度（*4-10*），株券発行前の株式譲渡（*4-5-3-2*）などを規定する。

16　資金調達の円滑化（詳細は，第7章参照）

会社企業が存続し，発展していくためには，資金調達が円滑かつ容易になされ，経営の健全化が図られることが必要不可欠である。そこで，株式会社は種々ある資金調達の方法の中から最もふさわしい方法を自由に選択し実行することが可能でなければならない。

図 3-2　株式会社における開示の必要性

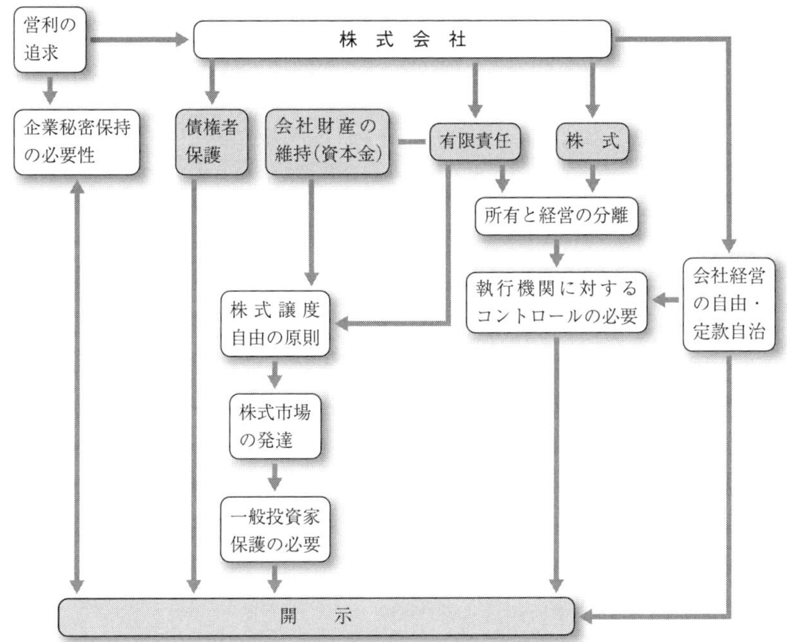

17　開　示

企業内容開示（*9-1* 参照）により，一般投資家，株主，会社債権者は情報を入手することができ，合理的な意思決定をすることが可能となる[10)]。開示は会社債権者保護の中核をなす。また，重要な事項を開示させることにより執行機関に対するコントロールの実効性を高めることができ，また，開示自体がコントロールとなる[11)]。この点に注目したのが，取締役・執行役の競業規制（*5-6-1-1* (2)）および利益相反取引規制（*5-6-2-1* (2)）などにおける重要事実の開示である。特に，経営者の裁量の範囲を拡大し，株主総会の権限を縮小し，また，会社にさまざまな選択肢を認めると開示の重要性が高まる。

開示には取締役等が適切に任務を果たすよう仕向ける機能がある。株主の締出

10）投資あるいは与信の意思決定を適切ならしめるのみならず取締役等の業務執行を監督是正する機会を与える（弥永・ジュリ 1000 号 188）。

11）ある行為をしようとするときに，その行為に対する反応を推測して行動するなら，経営者の行動は適法・適切なものとなる可能性が高い。竹内・理論Ⅱ 143 以下参照。

しを生じさせる行為の事前開示書面の記載事項（表4-3参照）のうち，たとえば，「全部取得条項付種類株式を取得する株式会社に親会社等がある場合には，当該株式会社の株主（当該親会社等を除く。）の利益を害さないように留意した事項（当該事項がない場合にあっては，その旨）」（会社規33の2 Ⅱ③）は留意した事項がないと記載することははばかられるので，留意するように仕向けているということができる。また，「定めの相当性」や「見込み」に関する取締役（会）の「判断及びその理由を含む」（会社規33の2 Ⅱ④イ・33の7①②③・33の9①ロなど）とされていることによって，取締役（会）で意識的に検討するように仕向けられる。また，事業報告における社外役員等に関する開示（会社規124）や株式会社の支配に関する基本方針および取組みの開示（会社規118③），参考書類における社外役員候補者に関する開示（会社規74・76）も，適切な者を社外役員候補者とすることを動機付け，また，社外役員の独立性確保および任務遂行のインセンティブを高めるものと評価できる。さらに，株式会社の業務ならびにその株式会社およびその子会社から成る企業集団の業務の適正を確保する体制についての開示（会社規118②）も適切な体制整備のインセンティブとなる。以上に加えて，事業報告にも，取締役（会）の「判断及びその理由」の記載が求められているものがあり（会社規118③ハ・⑤ロ），しかも，株式会社とその親会社等との間の取引の一部について，社外取締役を置く株式会社においては取締役（会）の判断が社外取締役の意見と異なる場合には，その意見の記載が求められている（会社規118⑤ハ）。また，役員または会計参与・会計監査人と責任限定契約を締結しているときに，その契約によってその役員等の職務の適正性が損なわれないようにするための措置を講じている場合には，その内容を事業報告に含めなければならないとすることによって（会社規121③・125①・126⑦），措置を講ずるように仕向けている（取締役会が取締役等に報酬決定を委任した場合についての会社規121(6の3)ニも同様の趣旨）。

なお，取引所の規則においても，開示を要求することにより，良いコーポレート・ガバナンス実現のインセンティブを与えることが目指されている。

第4章 株　式

4-1　株式の意義

株式とは，細分化された（均等な）割合的単位の形をとる株式会社の社員（つまり構成員）としての地位である。

株式会社の社員の地位を，細分化された割合的単位としているのは，株式会社が，多数の，しかも常に変動する社員から成り立つものでありうることを予定しているため，会社内部における権利行使を容易にし，また株式の譲渡を容易にするためである[1)]。

4-1-1　社員たる地位（社員権）

会社の社員たる地位を「社員権」と呼ぶが，この社員権には，自益権（会社から経済的利益を受ける権利）と共益権（会社の経営に参加する権利）に分類される多数の権利が含まれる（全集95以下。ただし，弥永・演習5参照）。

表4-1　自益権と共益権

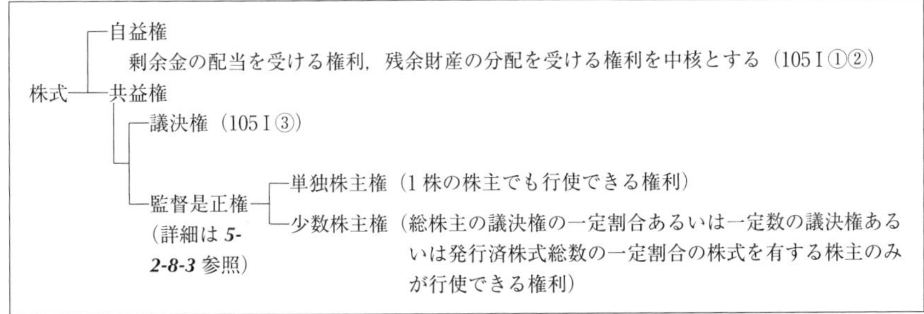

1）究極的には投下資本の回収（**視点12**）につながる。

4-1-2　監督是正権についての視点

図 4-1　監督是正権の位置付け

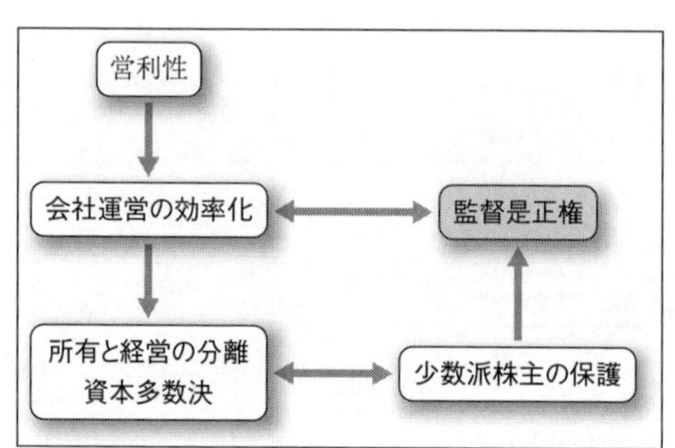

株式会社が大規模な団体であることから，株式会社においては，意思決定は多数決によってなされ（**視点 9**），経営は専門家である取締役（指名委員会等設置会社ではさらに執行役）に委ねられるが（**視点 8**），多数決による決定結果や取締役等による経営が必ずしも適法あるいは妥当とは限らず，株主（特に経営者とは反対の考えを有する株主）の利益を害することがある（**視点 10**）。そこで，少数派（非経営者）株主の救済のために監督是正権が認められている。しかし，監督是正権をあまり広範に認めると，会社運営の効率化が図れないおそれがあるのみならず，監督是正権が濫用的に行使される危険もある。そこで，監督是正権は必要不可欠のものにとどめられており，行使が許される要件も制限されていることが少なくない（全集 109 以下）（***5-2-8-3***）。

4-2　株主平等原則

株主平等の原則とは，株主としての資格に基づく法律関係[2]について，会社は，株主をその有する株式の内容および数に応じて平等に取り扱わなければならないという原則である（109 Ⅰ）。

109 条 1 項の規定に加え，株主の中核的な権利（105 Ⅰ）である剰余金の配当を受ける権利（454 Ⅲ），残余財産の分配を受ける権利（504 Ⅲ）および議決権（308

2）ただし，すべての株主権について，ここでいう株主平等原則が適用されるわけではない。監督是正権のように株主 1 人 1 人の間の平等が中心となり，持株数に比例した取扱いがなされていないものもある。***5-2-5-3*** 参照。

Ⅰ）につき平等取扱いの規定が設けられている。このことから，多くの自益権および議決権については，持株数に応じた平等が原則であると推測される。

4-2-1　株主平等原則の意義

株主平等原則は，多数決の濫用や会社経営者（代表取締役〔執行役〕など）による恣意的な権限行使から，少数派株主を保護する機能を有する。株主平等原則に反する会社の行為（株主総会決議，取締役会決議，代表取締役〔執行役〕の行為等）は無効（**制度** D_1，取引の安全と衝突しないし，少数派株主の利益を守るためには無効とすることが必要）である（***9-4-2-5*** も参照）。

4-2-2　株主平等原則の例外

例外としては，公開会社以外の会社における定款の定めに基づく，剰余金の配当・残余財産の分配および株主総会における議決権についての異なる取扱い（109 Ⅱ）が重要である（***4-4-4***）。

また，個々の行為について不利益を受ける株主が任意にそれを承認する場合がありうるほか，種類株式発行会社がする一定の行為については，ある種類株式の株主に損害を及ぼすおそれがあるときであっても，種類株主総会の決議があれば[3]，各種類株主の個別的同意は要求されない（これは「全員の同意」を緩和したものである）（322）（***4-4-5*** 参照）。また，相対取引による自己株式の有償取得（***4-5-3-3-4*** など参照）は法律が定める例外である。

さらに，一定の株式交付や株式の分割・併合によって生じた端数の処理（234・235），少数株主権の要件（***5-2-8-3-2*** など），株主の権利行使に際しての株式保有期間の要件（***5-2-8-3*** など）も例外といえよう。また，単元未満株式（188・189）（***4-6-2***）も例外である。

なお，109 条 1 項のように株主平等原則を定義すると，種類株式は株主平等原則の例外にはあたらないことになる。

4-2-3　株主平等原則の限界――買収防衛策との関連において

最決平成 19・8・7〈100 事件〉は，買収防衛策との関係で，「個々の株主の利益は，一般的には，会社の存立，発展なしには考えられないものであるから，特定

3)　定款の定めにより種類株主総会の開催も要しないものとすることができる場合があることにつき，***4-4-5-1*** 参照。

の株主による経営支配権の取得に伴い，会社の存立，発展が阻害されるおそれが生ずるなど，会社の企業価値がき損され，会社の利益ひいては株主の共同の利益が害されることになるような場合には，その防止のために当該株主を差別的に取り扱ったとしても，当該取扱いが衡平の理念に反し，相当性を欠くものでない限り，これを直ちに」株主平等「原則の趣旨に反するものということはできない」としたうえで，「特定の株主による経営支配権の取得に伴い，会社の企業価値がき損され，会社の利益ひいては株主の共同の利益が害されることになるか否かについては，最終的には，会社の利益の帰属主体である株主自身により判断されるべきものであるところ，株主総会の手続が適正を欠くものであったとか，判断の前提とされた事実が実際には存在しなかったり，虚偽であったなど，判断の正当性を失わせるような重大な瑕疵が存在しない限り，当該判断が尊重されるべきである」との判断を示している。

4-2-4　株主平等原則と株主優待制度

映画館などの入場券，無料乗車券，無料航空券などを，それらに関連する事業を行っている会社が，持株数に比例的にではなく，一定の株式数に応じて交付することが，株主平等原則に反しないか否かが問題とされてきた。これらの優待を受けることは，株主権の内容になっておらず，会社の営業上のサービスあるいは宣伝の一環にすぎないから，本来，株主平等原則とは関係ないようにも思われる。

しかし，株主であることに注目して優待する以上，株主平等原則のゆるやかな適用はあろう。垂直的平等すなわち持株数が異なる株主間での平等な取扱いとしては，厳密な比例は要しないが，逆転は生じさせるべきではないし，また優待制度によって与えられる利益が大きく，かつそれを受けうる株主が少数のときは問題がある。水平的平等すなわち同じ持株数の株主間での平等取扱いは強く要求される（そして場合によっては，120条にふれることもあろう）（演習Ⅰ 207〔落合〕）。とりわけ，金券ショップで優待券を換金できるため，剰余金配当（とりわけ，現物配当）に近い経済的効果が株主側にはもたらされることがありうることにも留意すべきであろう。また，従来は株主優待制度の枠内の行為と考えられてきたものが現物配当の規制（***9-4-1-1***(4)）に服すると解される場合もありうる（詳細については，弥永・トピックス 30）。

4-3　全部の株式の内容とすることができる事項

会社は，その発行する全部の株式を譲渡制限株式，取得請求権付株式または取得条項付株式とすることができる（107 Ⅰ）。

4-3-1　譲渡制限株式

譲渡制限株式とは，ある株式について，譲渡による取得について株式会社の承認を要する旨の定めが設けられている場合におけるその株式をいう（2 ⑰）。詳細については ***4-5-3-5***。

4-3-2　取得請求権付株式と取得条項付株式

取得請求権付株式とは，株主が会社に対してその株式の取得を請求することができる株式をいい（2 ⑱），取得条項付株式とは，会社が一定の事由が生じたことを条件としてその株式を取得することができる株式をいう（2 ⑲）。

会社は，全部または一部の株式を取得請求権付株式または取得条項付株式とすることができ，そのためには一定の事項を定款に定めなければならない（107 Ⅱ②③・108 Ⅱ⑤⑥）。

取得請求権付株式については，株主が会社に対してその株式を取得することを請求することができる旨および請求することができる期間を，取得条項付株式については，一定の事由が生じた日に会社がその株式を取得する旨およびその事由，会社が別に定める日が到来することを会社がその株式を取得する事由とするときはその旨，および，一部の株式を取得することとするときはその旨および取得する株式の一部の決定方法[4)]を，それぞれ定款に定めなければならない。

また，会社法の下では，取得の対価として，その会社の社債，新株予約権，新株予約権付社債その他の財産（一部の株式を取得請求権付株式あるいは取得条項付株式とする場合〔取得請求権付種類株式あるいは取得条項付種類株式〕には，会社の株式も

4）　たとえば，按分比例・抽選等によることを定めることはできるが（会社規 20 Ⅰ⑥ハかっこ書参照），その定めは株主間の平等を明らかに損なうものであってはならないと解すべきであろう。たしかに，取得条項付株式とするためには総株主の同意あるいはその種類の株式の種類株主全員の同意を得なければならないものとされているが，これは，機会の平等は確保できても，結果の平等を確保できない可能性があるためであると解される。また，同一種類の株式について，株主の個性に注目した異なる取扱いは，剰余金配当・残余財産分配・株主総会における議決権に関する格別の定め（**4-4-4**）に限り認められるからである。

対価とすることができる。108 Ⅱ⑤ロ・⑥ロ）を会社は交付することができるので，対価の類型に応じて，その内容，数，算定方法（一定の数値をあてはめること等により，一義的に数を算定できるもの。108 Ⅱ⑦イと対照）などを定款に定めなければならない。

なお，種類株式発行会社以外の会社において，全部の株式を取得条項付株式とする定款の定めを設け，またはその内容を変更する（廃止する場合を除く）定款変更をしようとする場合には，株主全員の同意を得なければならない（110）。

4-4　種類株式と剰余金の配当等に関する格別の定め

4-4-1　種類株式の意義

株主間では，経済的な需要が異なり，また，会社の支配あるいは経営参与についての欲求も異なる。そこで，①剰余金の配当，②残余財産の分配，③株主総会において議決権を行使することができる事項，④譲渡によるその種類株式の取得について会社の承認を要すること，⑤その種類株式について，株主が会社に対してその取得を請求することができること（取得請求権付株式），⑥その種類株式について，会社が一定の事由が生じたことを条件としてこれを取得することができること（取得条項付株式），⑦その種類株式について，会社が株主総会の決議によってその全部を取得すること（全部取得条項付種類株式），⑧株主総会（取締役会設置会社においては株主総会または取締役会）[5] において決議すべき事項のうち，その決議のほか，その種類株主総会の決議があることを必要とするもの（弥永・トピックス50参照），および，⑨その種類株主総会において取締役または監査役を選任すること [6] について異なる定めをした内容の異なる種類株式を発行することが認められている（108）[7]。

5）　清算人会設置会社においては株主総会または清算人会。

6）　指名委員会等設置会社および公開会社（その発行する全部または一部の株式の内容として，譲渡によるその株式の取得につき会社の承認を要する旨の定款の定めを設けていない会社）は⑨の定めがある株式を発行することができない。これは，指名委員会等設置会社においては，指名委員会が取締役の選任議案の内容を決定することとされているため⑨の定めと矛盾するからである。また，⑨の定めが濫用されるおそれや議決権制限株式の発行限度（115）とのバランスを考慮して，公開会社には認められていない。

7）　標準となる株式を普通株式と呼ぶことがあるが，複数の種類の株式が発行される場合には，

4-4-2　種類株式の発行に関する規制

(1)　定款の定め等

種類株式を発行するためには，その種類株式の内容および会社が発行するその種類株式の数を定款に定め，登記しなければならない（108 Ⅱ・911 Ⅲ⑦）。ただし，剰余金の配当について内容の異なる種類株主が配当を受けることができる額[8] その他法務省令（会社規 20）に定める事項に限り，種類株式の内容の要綱を定款に定め，その種類の株式を初めて発行する時までに，株主総会（取締役会設置会社においては株主総会または取締役会）の決議によって，その全部または一部を定める旨を定款に定めることができる（108 Ⅲ）。

また，種類株式を発行する旨の定款の定めがある場合には，原則として，設立時募集株式の引受けの申込みをしようとする者あるいは募集株式の引受けの申込みをしようとする者に対して，種類株式に関する事項を通知しなければならない（59 Ⅰ⑤・203 Ⅰ④）。これは，株主の利益を保護し，将来株主となる可能性のある者を含む第三者にとっての予測可能性を担保するためである。

(2)　定款の変更による種類株式の内容の変更

定款の変更によって，すでに発行されている株式の内容を変更することができる。定款変更は，株主総会の特別決議（466・309 Ⅱ⑪）によってなされるが，株主の利益保護のために株主全員の同意が必要とされたり，種類株主の利益の保護のために，種類株主全員の同意や種類株主総会の決議が必要とされる場合がある。また，（種類）株主に株式買取請求権が与えられることもある。

すなわち，第1に，種類株式発行会社以外の会社において，全部の株式について，株式の譲渡による取得につき会社の承認を要する旨の定めを設ける（すなわち，全部の株式を譲渡制限株式とする）定款変更には，その株主総会において議決権を行使することができる株主の半数（これを上回る割合を定款で定めた場合にはその割合）以上かつその株主の議決権の3分の2（これを上回る割合を定款で定めた場合にはその割合）以上にあたる多数による特殊決議を要する（309 Ⅲ）。他方，種類株式発行会社において，ある種類株式を譲渡制限株式とする定款変更を行う場合には，その種類株式に係る種類株主総会の決議のみならず，その種類株式を対価とする取得請求権付株式または取得条項付株式に係る種類株主総会の特殊決議を要

当然，普通株式も種類株式の1つである。

8)　これは，たとえば，剰余金配当優先株の機動的な発行を可能にするためである。

する（324 Ⅲ①）[9]。いずれの場合にも，株主の投下資本回収（**視点12**）の利益を保護するため，反対株主[10]に買取請求権が認められる（116 Ⅰ①②）（***5-2-8-2-3***(3), ***8-4-7***(1)）[11]。

第2に，種類株式発行会社が，ある種類株式の発行後に，その種類株式を取得条項付株式とする定款の定めを設け，またはその内容を変更する（廃止する場合を除く）定款変更をしようとする場合には，その種類株主全員の同意を得なければならない（111）。

第3に，全部取得条項付種類株式についての定款の定めを設ける定款変更は，その種類株式およびその種類株式を取得対価とする定めのある取得請求権付株式・取得条項付株式の種類株主を構成員とする種類株主総会（***4-4-5-1***）の決議がなければ効力を生じないものとされ（種類株主の全員の同意が要件とされていないのは，取得が株主総会の決議によりなされ，かつ当該種類株式が取得される場合には全部取得されるため，当該種類株式の種類株主間の不平等は生じない一方，このような種類株式とする必要性が高い場合があるからである）（111 Ⅱ），反対株主には株式買取請求権（***8-4-7***）が与えられる（116 Ⅱ①イ）。

なお，取得条項付株式・取得請求権付株式でなくとも，総株主の同意があれば，ある種類の株式の一部のみを他の種類の株式に変更することはできると解される（昭和50・4・30民四第2249号法務省民事局長回答）。総株主が同意する場合には，株主間の平等は問題とならないからである。

(3)　登記および株券への記載（制度B）

株主となろうとする者が不測の損害を被らないように，株式の内容を登記しなければならず（911 Ⅲ⑦），登記がなければ，たとえば，譲渡による取得につき会

---

9)　したがって，定款変更につき議決権を行使することができない議決権制限株式の種類株主も種類株主総会においては議決権を行使することができる。

10)　会社が一定の行為をするために株主総会（種類株主総会を含む）の決議を要する場合には，その株主総会において議決権を行使することができる者のうち，その株主総会に先立ってその行為に反対する旨を会社に対し通知し，かつ，その株主総会においてその行為に反対した株主，および，株主総会において議決権を行使することができない株主，株主総会の決議を要しない場合には，すべての株主（116 Ⅱ）。

11)　行使されうる新株予約権がある場合であっても，譲渡による取得制限の定めを設けることができるが，譲渡による取得制限の定めが設けられる株式を目的とする新株予約権（新株予約権付社債に付されているものを含む）を有する新株予約権者には買取請求権が与えられる（118 Ⅰ）。

社の承認を要する旨を会社は善意の第三者に対抗できない（908 Ⅰ）。また，譲渡制限株式に係る株券には譲渡による取得につき会社の承認を要する旨を（216③），種類株式発行会社では，その株券に係る株式の種類およびその内容を，それぞれ，記載しなければならない（216④）。

4-4-3　種類株式の内容

(1)　剰余金の配当[12)]

剰余金の配当について，他の種類の株式に優先して，あるいは劣後する株式が典型的なものである。特に優先株は，ある事業年度に優先して配当を受けることができなかった場合には，次の事業年度以降にその優先額が繰り越される累積型とそうではない非累積型とに，利益の額にかかわりなく優先額の範囲内でしか配当を受けることができない非参加型と優先株以外の株式の株主に配当がなされる場合のうち一定の場合には優先額を超えて配当を受けることができる参加型とに分類することができる。「剰余金の配当または残余財産の分配について内容の異なる株式」とされているので，優先株，劣後株という設計だけではなく，会社の特定の事業部門あるいは子会社などの業績にその価値が連動するように設計された，いわゆるトラッキング・ストック[13)]なども認められる。

(2)　残余財産の分配

残余財産の分配について，他の種類の株式に優先して，あるいは劣後する株式が典型的なものである。

(3)　議決権を行使することができる事項

すべての総会決議事項について議決権を行使できる株式のほか，いかなる事項についても議決権を有しない株式（全部議決権制限株式）[14)]や一定の事項について

12)　ただし，営利法人としての株式会社の特質に鑑み，剰余金の配当も残余財産の分配も全く受けられない株主を設けることは認められない（105 Ⅱ）。

13)　会社の特定の事業部門あるいは子会社などの業績にその価値が連動するように設計された，いわゆるトラッキング・ストックは，剰余金の分配および残余財産の分配について内容の異なる株式である。これは，会社が，子会社等特定の事業に対する支配を維持しつつ，その事業の経済的価値を換金・回収することを可能にするものである。さまざまな法律上の問題があるが，詳細については，たとえば，西村総合法律事務所・ファイナンス法大全上 430 以下参照。なお，子会社等の業績に連動して剰余金が分配されるとはいえ，会社の分配可能額がプラスでない限り，剰余金の配当はなされないので，トラッキング・ストック株主は，子会社等の業績と会社自体の業績という 2 つのリスクにさらされることになる。

のみ議決権を有する株式（一部議決権制限株式）がありえ，全部議決権制限株式と一部議決権制限株式とを併せて，議決権制限株式という。公開会社において，議決権制限株式の数が発行済株式総数の2分の1を超えるに至ったときは，会社は，直ちに，議決権制限株式の数を発行済株式総数の2分の1以下にするための必要な措置をとらなければならない（115）[15)]。少額の出資で会社を支配できることは好ましくないと考えられたからである。他方，公開会社以外の会社（＝すべての種類の株式について，その譲渡による取得につき会社の承認を要する旨の定款の定めがある会社）では，議決権制限株式の発行総数の発行済株式総数に占める割合の制限はない。これは，株主間の人的なつながりが強い会社においては，少数者による会社支配の弊害に対する配慮の必要性はそれ以外の会社より低く，株主間で自由に定めることを認めることが合理的であると考えられたからである。

(4)　取得請求権付株式・取得条項付株式

会社は，一部の株式を取得請求権付株式または取得条項付株式とすることができる（108 Ⅰ⑤⑥）。この場合には，取得の対価として会社の株式が認められており，それに関する事項が定款に定められることがあるという点（108 Ⅱ⑤ロ・⑥ロ）で，全部の株式が取得請求権付株式または取得条項付株式とされた場合と異なるが，その他の点は共通する（***4-3-2***）。

(5)　全部取得条項付種類株式

株主総会決議によってその種類の株式全部を会社が取得できるものとされる種類株式を会社は発行することができる（全部取得条項付種類株式。108 Ⅰ⑦）。これは，債務超過の場合などに倒産手続によらないで，100％減資を行うような場合などが想定されていたが，買収防衛策や少数株主の締出しに用いられることも多い[16)]。全部取得条項付種類株式を発行する場合には，定款に，取得対価の価額

---

14)　ただし，剰余金の配当などについての格別の定めに係る定款変更（***4-4-4***）については株主総会における議決権を有するものとされているし，種類株主総会における議決権を奪うことはできない。

15)　発行済株式総数の2分の1を超えた数の議決権制限株式の発行も有効であり，議決権制限株式の議決権が当然に復活することもないことを前提とした規定であると考えられる。また，直ちに，必要な措置をとらないことによって財産的損害を被る者はないと考えられ，必要な措置を講じなかった取締役・執行役が会社または第三者に損害賠償責任を負うことは考えにくい。もっとも，必要な措置を講じないことは法令に違反することであり，取締役・執行役の解任の正当事由および取締役解任の訴えの理由（854 Ⅰ）となりうる。

16)　東京高決平成20・9・12〈89事件〉（最決平成21・5・29金判1326号35により上告不受

の決定方法（具体的な価額・内容を定める必要はなく，「決議時の会社財産の状況をふまえて定める」というようなものでもよい）およびそのような総会決議をすることができるかどうかについての条件を定めるときはその条件を定めなければならない（108 Ⅱ⑦）。

⑹　拒否権付種類株式

株主総会（取締役会設置会社においては株主総会または取締役会，清算人会設置会社においては株主総会または清算人会）において決議すべき事項の全部または一部について，その決議のほか，特定の種類株主総会の決議があることを必要とする旨を定めることができる（108 Ⅰ⑧）。このような種類株式が発行されたときは，その事項は，定款の定めに従い，株主総会，取締役会または清算人会の決議のほか，その種類株式の種類株主総会の決議がなければ効力を生じない（ただし，その種類株主総会において議決権を行使することができる種類株主が存在しないときは，種類株主総会の決議を要しない。323）。すなわち，このような株式が発行されると，ある種類の株式の株主が賛成しない限り，一定の行為を会社は行ってはならないとされるため，その種類の株式の株主が拒否権を有することになるので，拒否権付種類株式と呼ばれる。

⑺　取締役・監査役選任権付株式

公開会社でも指名委員会等設置会社でもない会社は，その種類株主総会における取締役（監査等委員会設置会社では，監査等委員である取締役とそれ以外の取締役）・監査役の選任につき内容の異なる株式を発行することができる（108 Ⅰ⑨）。これは，たとえば，株主間契約で合意した数の取締役・監査役を各株主が選任できるようにするためのものである。この種類株式が発行された場合には，種類株主総会で選任がなされ，株主総会ではなされない（解任については，***5-3-5-2*** 参照）。

4-4-4　剰余金配当・残余財産分配・議決権に関する格別の定め

公開会社以外の会社においては，剰余金の配当を受ける権利，残余財産の分配を受ける権利および株主総会における議決権に関する事項について，株主ごとに異なる取扱いを行う旨の定めを定款に設けることができる（109 Ⅱ）（なお，本章注12 参照）。これは，定款自治を広く認めようとする趣旨である。このような格別の定めは，株主の個性に注目した定めであり，その株式に注目したものでないた

理）。また，弥永・トピックス 310 以下参照。

め，種類株式制度とは異なるが，このような定めを置いた場合には，その定めごとに，種類株主とみなして，法定種類株主総会の制度などが適用される（109 II）。このような定めを新設し，または変更する（廃止する場合を除く）定款変更は，総株主の半数（これを上回る割合を定款で定めた場合はその割合）以上であって，かつ総株主の議決権の4分の3（これを上回る割合を定款で定めた場合はその割合）以上の賛成による特殊の決議によらなければならない（309 IV）。もっとも，東京地立川支判平成25・9・25金判1518号54は，「属人的定めの制度についても株主平等原則の趣旨による規制が及ぶと解するのが相当であり」，属人的定めを設ける「定款変更が，具体的な強行規定に形式的に違反する場合はもとより，差別的取扱いが合理的な理由に基づかず，その目的において正当性を欠いているような場合や，特定の株主の基本的な権利を実質的に奪うものであるなど，当該株主に対する差別的取扱いが手段の必要性や相当性を欠くような場合には，そのような定款変更をする旨の株主総会決議は，株主平等原則の趣旨に違反するものとして無効になる」と判示している。

4-4-5　種類株主総会

種類株主総会は，会社法に規定する事項および定款に定めた事項に限り決議することができる（321）。

種類株主総会の決議は，定款に別段の定めがある場合を除き，その種類株式の総株主の議決権の過半数を有する株主が出席し，出席株主の議決権の過半数をもってなされるのが原則である（324 I）。

ただし，全部取得条項付種類株式についての定款の定めを設ける定款変更，譲渡制限株式に関する募集（新株発行・自己株式の処分）事項の決定またはその委任（種類株主総会の決議を要しない旨の定款の定めがある場合を除く），新株予約権の目的である株式が譲渡制限株式である新株予約権に関する募集事項の決定またはその委任（種類株主総会の決議を要しない旨の定款の定めがある場合を除く），ある種類の種類株主に損害を及ぼすおそれがある会社の行為，種類株主総会により選任された監査役の解任，存続会社の株式を対価とする吸収合併，承継会社の株式を対価とする吸収分割および完全親会社となる会社の株式を対価とする株式交換に関する決議については，その種類株主総会において議決権を行使することができる株主の議決権の過半数（3分の1以上の割合を定款で定めた場合は，その割合以上）を有する株主が出席し，出席株主の議決権の3分の2（これを上回る割合を定款で定めた場合は，その割合）以上の多数によってなされる。また，この要件に加えて，一定の数以上の株主の賛成を要する旨その他の要件を定款で定めることができる（324 Ⅱ）。

また，ある種類の株式を譲渡制限株式とする定款変更，対価が譲渡制限株式等である合併または株式交換・株式移転に関する決議については，その種類株主総会において議決権を行使することができる株主の半数（これを上回る割合を定款で定めた場合は，その割合）以上で，その株主の議決権の3分の2（これを上回る割合を定款で定めた場合は，その割合）以上の多数をもって行う（324 Ⅲ）。

株主総会に関する規定が準用されており（325），たとえば，その種類株主総会において議決権を行使することができる株主が1000人以上の会社は書面による議決権行使を認めなければならないし，それ以外の会社も取締役会決議によって書面による行使を認めることができる。また，会社は，取締役会決議によって電磁的方法による議決権行使を認めることができる。

4-4-5-1　法定種類株主総会

種類株式発行会社（108条1項各号に掲げる事項について内容の異なる2以上の種類の株式を発行する会社）が，株式の種類の追加，株式の内容の変更（取得条項付株式とする場合[17]を除く〔その種類株主全員の同意が必要なため〕）または発行可能株式総数・発行可能種類株式総数の増加を内容とする定款変更を行うためには，その定款変更がある種類株式の株主に損害を及ぼすおそれがあるときは，株主総会の特別決議のほか，その種類株式の株主を構成員とする種類株主総会（その種類株主に係る株式の種類が2以上ある場合は，株式の種類ごとに区分した種類株主総会）の決議を経なければならない（322 Ⅰ①）。

また，株式の併合・分割，株式の無償割当て，株式・新株予約権の株主割当て，新株予約権無償割当て，合併，吸収分割，他の会社がその事業に関して有する権利義務の全部または一部の吸収分割による承継，新設分割，株式交換，株式交換による他の株式会社の発行済株式全部の取得または株式移転によってある種類株式の株主に損害を及ぼすおそれがある場合には，その種類株式に係る種類株主総会の決議を要するのが原則である（322 Ⅰ②～⑬）。

いずれの場合にも，その種類株主総会において議決権を行使することができる種類株主が存在しないときは，種類株主総会の決議を要しない。また，種類株式

17）　この場合は，種類株主全員の同意が必要とされる（111 Ⅰ）。

発行会社は，ある種類株式につき，種類株主総会の決議を要しない旨を定款で定めることができ，そのような定めがある場合には，単元株式数についての定款の変更および322条1項2号から13号の行為につき，種類株主総会の決議が不要とされる（322 Ⅱ Ⅲ）。円滑に組織再編行為などを行うことを可能にしようとする趣旨である。もっとも，その種類株式の発行後にこの定款の定めを設ける場合には，予測可能性を失わせ，その種類の株主の利益を損なうことがありうるので，その種類株式の株主全員の同意を要する（322 Ⅳ）。また，このような定款の定めが設けられた場合に，株式の併合・分割，株式無償割当て，単元株式数についての定款変更，株式・新株予約権の株主割当て，新株予約権の無償割当てがなされることによって，ある種類株主に損害を及ぼすおそれがある場合には，反対株主に株式買取請求権が認められる（116 Ⅰ③）[18]。これは，そのような会社の行為においてどのように取り扱われるかを種類株主があらかじめ予想することが困難であることに鑑み，その種類の株主の利益を保護するために設けられたものである。

他方，ある種類株式を全部取得条項付株式または譲渡制限株式とする定めを設ける定款変更は，その種類株式およびその種類株式を取得対価とする定めのある取得請求権付株式・取得条項付株式の種類株主を構成員とする種類株主総会の決議を経なければならない。同様に，合併・株式交換・株式移転において譲渡制限株式等が割り当てられる場合の合併契約・株式交換契約・株式移転計画は吸収合併消滅会社・新設合併消滅会社・株式交換完全子会社・株式移転完全子会社の種類株主総会の承認を経なければならない（783 Ⅲ・804 Ⅲ）。

また，種類株主総会の決議を要しない旨の定款の定めがある場合を除き，吸収合併・吸収分割・株式交換において譲渡制限株式が割り当てられる場合の吸収合併契約・吸収分割契約・株式交換契約は吸収合併存続会社・吸収分割承継会社・株式交換完全親会社の譲渡制限株式の種類株主を構成員とする種類株主総会の承認を（795 Ⅳ），譲渡制限株式またはそれを目的とする新株予約権の募集については，譲渡制限株式の種類株主を構成員とする種類株主総会の承認を，それぞれ，経なければならない（199 Ⅳ・200 Ⅳ・238 Ⅳ・239 Ⅳ）。

4-4-5-2　任意種類株主総会

会社は，株主総会（取締役会設置会社では，株主総会または取締役会。清算人設置会社では，株主総会または清算人会。以下同じ）において決議すべき事項について，そ

18）　組織再編行為等の場合の株式買取請求権については，***8-1-8***⑴参照。

の決議のほか，その種類株主総会の決議を要する種類株式を発行することができる（108 Ⅰ⑧）。定款には，その種類株主総会があることを必要とする事項，および，必要とする条件を定めるときはその条件を定めなければならない（108 Ⅱ⑧）。このような定款の定めがあるときは，その事項は，定款の定めに従い，株主総会，取締役会または清算人会の決議のほか，その種類株式の種類株主総会の決議がなければ効力を生じない。ただし，その種類株主総会において議決権を行使することができる種類株主が存在しないときは，種類株主総会の決議を要しない（323）。

なお，前述したように（*4-4-3*(7)），公開会社以外の会社（指名委員会等設置会社を除く）は，定款の定めにより，その種類の株主の総会（他の種類の株主と共同して開催する総会を含む）における取締役および監査役の選任について，内容の異なる種類株式を発行することができる（108 Ⅰ⑨）。

4-5　株式の譲渡

4-5-1　株式の譲渡

4-5-1-1　株券発行会社とそれ以外の会社における株式の譲渡

株式会社は，株券（*4-7* 参照）を発行する旨を定款に定めない限り株券を発行できない（214）。これは，公開会社以外の会社においては，その株式の流通性が乏しく株券発行の必要性が少なく，株券の発行を強制する必要はないと考えられるからである。また，株式取引の迅速な決済を実現するため，上場株式など社債，株式等の振替に関する法律の対象となる株式については，株券を発行することができないものとされている（平成16年6月9日法律第88号6条1項参照）。

(1)　株券発行会社の株式

その株式（種類株式発行会社では，全部の種類の株式）に係る株券を発行する定款の定めのある株式会社を株券発行会社といい，株券発行会社の株式の譲渡は，株券の発行後は（発行前については *4-5-3-2*），自己株式の処分による株式の譲渡を除き，その株式に係る株券を交付しなければ，その効力を生ぜず（128 Ⅰ），その株式を取得した者の氏名・名称および住所を株主名簿に記載・記録（株主名簿の名義書換）しなければ，株式会社に対抗することができない（130）。

⑵　振替株式

株券を発行する旨の定款の定めがない会社の株式（譲渡制限株式を除く）で振替機関が取り扱うものを振替株式といい（社債株式振替128 Ⅰ），振替株式の譲渡は，振替の申請により，譲受人がその口座における保有欄（機関口座では，銘柄ごとの数を記載・記録する欄）に当該譲渡に係る数の増加の記載・記録を受けなければ，その効力を生じない（社債株式振替140）。そして，総株主通知が振替機関から会社に対してなされたときには，基準日などに株主名簿の名義書換がなされたものとみなされ（社債株式振替152 Ⅰ），株式の譲渡を株式会社その他の第三者に対抗することができる。もっとも，株主名簿の名義書換の有無にかかわらず，加入者の個別の申出に従って振替機関が会社に対して通知をすれば，株主は少数株主権等（＝基準日株主にのみ認められる権利以外の株主の権利。社債株式振替147 Ⅳ）の行使をすることができるから（社債株式振替154 Ⅲ），実際には，振替口座簿への記載・記録が会社に対する対抗要件として機能する。

⑶　株券発行会社以外の会社の株式であって振替株式でないもの

株式の譲渡は，当事者間の譲渡の意思表示のみによって，その効力を生じ，その株式を取得した者の氏名・名称および住所を株主名簿に記載・記録（株主名簿の名義書換）しなければ，株式会社その他の第三者に対抗することができない（130 Ⅰ）。

4-5-1-2　権利の推定と善意取得

⑴　株券発行会社の株式

株券発行会社においては，株券の占有者は，その株券に係る株式についての権利を適法に有するものと推定される（131 Ⅰ）。そこで，株券発行会社においては，悪意または重大な過失なく，株券の交付を受けた者は，その株券に係る株式についての権利を取得するものとされている（善意取得）（131 Ⅱ）。譲渡人が無権利者であれば株式の譲渡は本来無効であるが，それでは株式の流通の安全が害されるから，株主であると推定される者（株券の占有者）から株式を譲り受けた場合には，譲渡人が株主ではないことにつき譲受人が悪意であるかまたは重過失があることが立証されない限り，株式についての権利を譲渡人は取得する。善意取得が成立するためには株式の効力が発生しているとともに株券自体が有効でなければならない（***4-7-2***）。また，善意取得は株式取引を保護するための制度だから，相続・合併など一般承継による取得の場合，善意取得は生じない。さらに，株券の「交付」には現実の引渡し（民182 Ⅰ），簡易の引渡し（民182 Ⅱ），指図による占有移転（民184）が含まれることに異論はない（占有改定による占有移転〔民183〕でも足りるかについては，見解が分かれている）[19]。なお，譲渡人が無権利者でなければ善意取得できないというのが多数説である[20]。なお，株券喪失登録がなされている株券が善意取得の対象となるかどうかについては ***4-7-3-4*** 参照。

(2)　振替株式

加入者は，その口座（口座管理機関の口座については，自己口座に限る）における記載・記録がされた振替株式についての権利を適法に有するものと推定される（社債株式振替143）。そして，振替の申請によりその口座（口座管理機関の口座については，自己口座に限る）において特定の銘柄の振替株式についての増加の記載・記録を受けた加入者（機関口座を有する振替機関を含む）は，悪意または重大な過失があるときを除き，その銘柄の振替株式についてのその増加の記載・記録に係る権利を取得するものとされている（社債株式振替144）[21]。

(3)　株券発行会社以外の会社の株式であって振替株式でないもの

権利の推定や善意取得の余地はない。また，株券の提示をうけて，名義書換が

---

19)　民法上，即時取得については，占有改定では認めないとするのが判例（最判昭和32・12・27民集11巻14号2485，同昭和35・2・11民集14巻2号168）であるが，占有改定によっても即時取得は可能であるが，その所有権取得は確定的なものではなく，その後現実の引渡しを受けることによって確定的になるという見解が学説としては有力である（我妻・民法研究Ⅲ 149以下）。

20)　代理権または処分権の不存在，譲渡人の制限能力・意思表示の瑕疵・意思の不存在の場合にも善意取得を認める見解がある（全集166）。無権代理の場合と無権利者からの場合とで異なる扱いをすることは利益衡量上問題があることに注目し，有価証券制度の確立・発展とともに，制限能力や意思の不存在の場合にも認めようというものである。たしかに，この考え方は，単に「株券の交付を受けた者は，当該株券に係る株式についての権利を取得する」とする条文の文言にてらせば自然である。しかし，譲渡人の制限能力，意思表示の瑕疵については，株券を譲渡の対象としたときに，株券以外の物を譲渡の対象とした場合に比べ，直接の相手方を保護すべき理由が明らかでない。ただし，取引所で株式の売買がなされた場合には善意取得を認める範囲を拡大する考え方が妥当性を有することになろう。

21)　善意取得が生ずると，振替機関の備える振替口座簿における振替機関の加入者の口座に記載・記録されたある銘柄の振替株式の数の合計数がその銘柄の振替株式の発行総数を超えることとなるのが一般的であるが，振替機関は，前者が後者を超過する数に達するまでその銘柄の振替株式を取得し，取得したときは，直ちに，発行者に対し，その振替株式についての権利の全部を放棄する旨の意思表示をする義務を負い，その振替株式についての権利は，放棄の意思表示がされたときは，消滅する（社債株式振替145）。同様の責任を口座管理機関も負う（社債株式振替146）。

図 4-2　譲渡が制限される期間

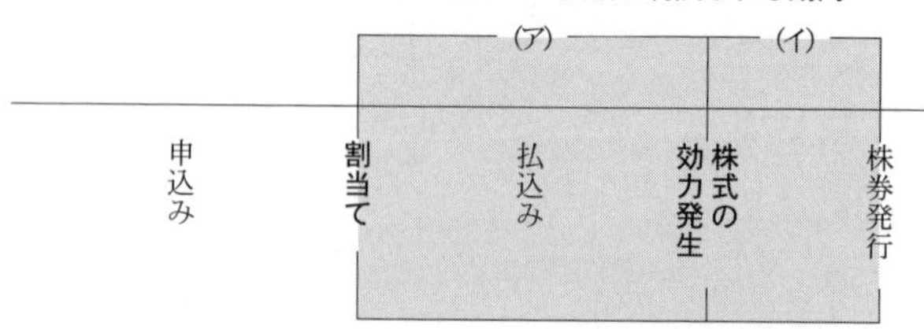

行われるわけではないから，このような株式に係る株主名簿の記載には免責的効力は認められない。

4-5-2　株式譲渡自由の原則

株主は保有する株式を自由に他人に譲渡できるのが原則である（127)。株主のリスクは有限責任（104）によって限定されるが，株式を自由に譲渡できることもリスクの限定にとって重要である。株主は，経営者ではない場合には，経営手腕を用いて投下資本に対する危険の回避をすることができないうえ，払戻しを伴う退社制度がないから，そのような形では投下資本に対するリスクを限定することができない。したがって，株式譲渡による投下資本の回収（**視点 12**）を保障する必要がある。しかも，株式会社では，理念的には所有と経営とが分離し（**視点 8**)，経営は経営者によって行われるので，株式が譲渡されても，会社経営に影響を及ぼさない場合がある。また，株主は会社にあらかじめ出資をしているから，だれが株主になっても（どんな資力状態でも)，会社や会社債権者は悪影響を受けない。しかも，株主は有限責任であるから，他の株主の資力の大小によって自らの損失負担の大きさが左右されない。

4-5-3　株主となる地位・株式譲渡の制限

株式譲渡自由は株式会社にとって本質的要請であるが，会社経営の円滑・事務処理の便宜（**視点 15**）のため，**表 4-2** の(1)①，(2)，(3)の制限が，また株式会社制度の健全化の点から(1)②の制限が，それぞれ投下資本回収（**視点 12**）を不当に害さない範囲で認められている。

4-5-3-1　権利株の譲渡制限

株主となる権利（権利株）の譲渡は，会社に対抗することができない（35・50 Ⅱ・63 Ⅱ・208 Ⅳ)。これは，株主名簿の整備，株券発行事務の渋滞防止を図る趣旨である。そして事務が円滑に行われることは，結局，株主の利益になる（**視点**

表 4-2　権利株・株式の譲渡等の制限

(1)	法律による制限──①時期による制限──(ア)権利株（株式引受人の地位）の譲渡（35・50 Ⅱ・63 Ⅱ・208 Ⅳ）（***4-5-3-1***） 　　　　　　　　　　　　　　　　　　└(イ)株券発行前の株式譲渡（128 Ⅱ）（***4-5-3-2***） 　　　　　　　└②自己の株式の有償取得の制限（156 以下・461）（***4-5-3-3***）・子会社による親会社株式の取得・保有制限）(135)（***4-5-3-4***）
(2)	定款の定めによる制限（107 Ⅰ①・108 Ⅰ④・136 以下）（***4-5-3-5***）
(3)	株主が株券不所持制度を利用している場合（217）（***4-7-4***）
(4)	株主相互間または会社と株主との間の契約による譲渡制限（***4-5-3-6***）

15)。権利株は，厳密には株式でないし，株式の効力が発生してから投下資本を回収させることにしても，引受けから効力発生までの期間はさほど長期でないから，投下資本回収（**視点 12**）に及ぼす悪影響は少ない。

4-5-3-2　**株券発行前の譲渡**（128 Ⅱ）

株券発行会社においては，株券発行前の株式譲渡は，会社との関係では効力を生じない（128 Ⅱ）[22)]。これは，株券発行事務の円滑化を図り，その渋滞を防ぐという技術的な要請に基づく（**視点 15**）。このような制約により，会社は当初の株式引受人を株券発行時点での株主であると一律に考えて発券事務を進めることが可能となる。そして迅速かつ正確な株券発行は株式譲渡自由の意義を高めることに寄与する（***4-5-2***）。公開会社[23)]である株券発行会社は，株式を発行した日以後，遅滞なく株券を発行することを義務付けられているから（215 Ⅰ），制約される期間は短く，この制限が投下資本回収（**視点 12**）に及ぼす悪影響は少ない。

他方，128 条 2 項の反対解釈からは，私法の一般原則通り意思表示のみで譲渡することができ，当事者間では有効と考えられる（これに対して，株券発行後は株券を交付しなければ，株式の譲渡は無効である〔128 Ⅰ〕）。実質的にも，会社との関係で無効であるとすれば，立法趣旨は損なわれない。この場合，株券発行会社以外の会社の株式の譲渡の対抗要件（130 Ⅰ）を類推して，第三者に対する対抗要件は株主名簿の名義書換（***4-10-2-2*** も参照）であると解するのが適当であろう（ただし，秋田地判昭和 48・3・9 下民集 24 巻 1～4 号 137）。

---

22)　もし，制度の趣旨が会社の事務処理の便宜を図ることのみであるとすると，立法論としては「会社に対抗できない」とすれば十分であるが，明文で「効力を生じない」と規定している以上，「無効」と解さざるをえない。

23)　公開会社ではない株券発行会社においては，株主から株券発行の請求がある時まで，株券を発行することを要しない（215 Ⅳ）。

また，128条2項は，会社が株券発行事務を適切に行うことを前提としており[24]，株券が発行される前であっても，意思表示のみによる株式譲渡の無効を株券発行会社が主張することは信義則に反するとされることがあり，その場合には，株式譲受人は自己の実質的権利を証明して名義書換を会社に対して請求できる（江頭230参照）と解すべきである[25]。128条2項は215条1項を前提としており，株券が遅滞なく発行されない場合には，その適用の前提を欠くからである。もし，このような場合に譲渡が無効であると考えると，株券の発行の遅滞により，事実上，株式譲渡の自由を奪い，投下資本回収（**視点12**）を妨げる結果になるからである（最大判昭和47・11・8〈A4事件〉）。とりわけ，会社が譲渡を認めるような行動をとったり，株主名簿の書換えに応じたような場合には，信義則上，無効を主張できないと解すべきであろう。

なお，相続・合併・会社分割など一般承継による株式の移転，株式交換・株式移転による株式の移転など法律上当然の権利移転には株券の交付は不要であり，株券発行前においても有効である。

4-5-3-3 自己の株式の取得

4-5-3-3-1 自己の株式を取得できる場合

会社は，総会決議または定款の授権に基づく取締役会決議により株主との合意により有償取得する場合のほか，譲渡制限株式の譲渡による取得を承認しなかった場合に買取等の請求があったとき，取得条項付株式の取得事由が生じた場合，取得請求権付株式の取得請求があった場合，全部取得条項付種類株式の取得の決議があった場合，定款の規定に基づく相続人等に対する売渡請求をした場合，単元未満株式の買取請求があった場合，所在不明株主の株式の売却において買い取

24） 公開会社ではない株券発行会社においては，株主が株券発行請求した後，会社が株券を発行するために通常必要な合理的期間内に会社は株券を発行しなければならないと解される。

25） 裁判例は，合理的期間の経過ではなく，信義則を理由として，株券発行前の株式譲渡の会社に対する有効性を認める傾向がある（東京高判昭和48・2・5判時701号101，最判昭和49・9・26〈56事件〉，大阪高判昭和55・11・5判タ444号146など。弥永「株券発行前の株式譲渡」商法の判例と論理110参照）。最大判昭和47・11・8〈A4事件〉も主としてそのような立場によっているものと思われる（最高裁判所判例解説民事篇昭和47年度576〔小堀〕参照）。これは，紛争になった事案の中には，取締役会あるいは会社が株式譲渡を認めたと認められるものが少なくないことが一因なのかもしれない。しかし，信義則のみを根拠とすると，会社（および譲渡人）以外の者が無効を主張することを封じることができず，譲受人の保護に欠ける可能性があるので，合理的時期説と信義則説の両方によって説明することが妥当であるように思われる。

る場合，一定の株式の交付における端数の処理として売却される株式を買い取る場合，他の会社（外国会社を含む）の事業の全部を譲り受ける場合においてその他の会社が有する株式を取得する場合，合併後消滅する会社から株式を承継する場合，吸収分割をする会社から株式を承継する場合（この2つの場合には，存続会社・承継会社の承認株主総会において取締役は承継する自己の株式に関する事項を説明しなければならず〔795 Ⅲ〕，また，吸収分割契約には承継する自己の株式に関する事項が定められる〔758③〕）その他法務省令（会社規27）[26] で定める場合に限り自己の株式を取得できる（155）。

4-5-3-3-2 自己の株式の取得規制の根拠

自己の株式の取得によって，会社の余剰資金などを株主に返却するという選択肢を認めるべきであるとも考えられるし，組織再編行為などの場合に，新株発行に代えて自己株式を移転することによって，既存株主の持株比率（または議決権比率）に悪影響を与えないようにすることもできる[27] という利点があるので，自己の株式の取得が認められている。

もっとも，会社の計算において，自己の株式の有償取得が行われると，株主に対して会社財産の流出が生じ，会社債権者を害するおそれがあるため，一定の例外を除き，自己の株式の取得価額の合計額は分配可能額を超えてはならないなどの規律が加えられている（財源規制）。また，多数の株主が投資の回収を望んでい

26） 合併，会社分割，株式交換，株式移転，株式交付，事業譲渡等の際の反対株主の買取請求に応じて買い受ける場合（785・797・806・816の6・469），一定の定款変更の際の反対株主の買取請求に応じて買い受ける場合，株式の併合により1株にみたない端数となるものの反対株主の買取請求に応じて買い受ける場合（182の4），および，種類株主総会の決議を要しない旨の定款の定めがある場合における，ある種類株主に損害を及ぼすおそれのある一定の行為の際の反対株主の買取請求に応じて買い受ける場合（116）のほか，無償で取得する場合，会社が有する他の法人等の株式等につき当該他の法人等が行う剰余金の配当または残余財産の分配により自己の株式の交付を受ける場合，会社が有する他の法人等の株式等につき当該他の法人等が行う組織変更・合併・株式交換・取得条項付株式の取得・全部取得条項付種類株式の取得に際して当該株式等と引換えに自己の株式の交付を受ける場合などが定められているほか，「その権利の実行に当たり目的を達成するために当該株式会社の株式を取得することが必要かつ不可欠である場合」（債務者がその株式以外にめぼしい財産を有しない場合に代物弁済または強制執行により取得するような場合）には取得できることとされている（会社規27⑧）。

27） 金銭による剰余金の配当の形よりも，自己の株式の取得の形で剰余金の分配が行われるほうが，株主にとって，税制上，有利な場合がありうる。

るときに，会社が恣意的にそのうちの一部からだけ株式を買い受けたり，会社が一部の株主から市場価格などよりも高い価格で株式を買い受けると，株主間に不平等をもたらすので，原則として，株主に平等の機会を与えるよう取得方法規制が定められている[28)]。

4-5-3-3-3　自己の株式の取得の財源規制

会社の計算における自己の株式の有償取得は，剰余金の分配の1類型とみることもでき，一定の例外を除き，自己の株式の取得により株主に対して交付する金銭等（その会社の株式を除く）の帳簿価額の総額は，取得の効力発生日における分配可能額を超えてはならない（461）。

また，取得請求権付株式の取得請求があった場合，その株式を取得するのと引換えに交付される会社の株式以外の財産（社債，新株予約権，新株予約権付社債を含む）の帳簿価額がその請求の日における分配可能額を超えているときは，取得できない（166 Ⅰ但書）。同様に，取得条項付株式の取得事由が生じた場合，その株式を取得するのと引換えに交付される会社の株式以外の財産（社債，新株予約権，新株予約権付社債を含む）の帳簿価額がその取得事由発生日における分配可能額を超えているときは，取得できない（170 Ⅴ）。

他方，合併[29)]，会社分割および他の会社からの事業の全部の譲受[30)]により，相手方の有する自己株式を取得する場合，合併・会社分割・株式交換・株式移転・株式交付・事業譲渡等の際の反対株主の買取請求に応じて買い受ける場合[31)]，株式の併合により1株にみたない端数となるものの反対株主の買取請求

28）なお，会社が自己の株式を取得した分だけ議決権の総数は減少し，株主総会で多数を占めるのに必要な株式が少なくてすむため，会社経営者等が間接的に支配を強化することができるという弊害がないわけではないが，自己株式について議決権を認めないこと（308 Ⅱ）で直接的な弊害は生じない。自己の株式の売買によって相場操縦が行われたり，会社自身はその株式の価格に影響を与える情報をよく知っているため，内部者取引が行われる可能性がある（株式取引の公正）という問題については，金融商品取引法上の規制により対応が図られている。

29）吸収合併存続会社では，債権者保護手続（799 Ⅰ①）を経るべきこととされている。

30）これを認めないと事業譲受けにあたって不便だからである。

31）株主の投下資本回収（**視点12**）を重要な利益と考えたものである（***5-2-8-2-3***(3)）。なお，全部またはある種類の株式を譲渡制限株式とする旨の定め，または，ある種類の株式を全部取得条項付種類株式とする旨の定めを設ける定款の変更をする場合，または，種類株主総会の決議を要しない旨の定めのあるときに，株式の併合・分割，株式・新株予約権の無償割当て，単元株式数についての定款変更，または株主に割当てを受ける権利を与える株式・新株

に応じて買い受ける場合，および，単元未満株主の買取請求に応じて買い受ける場合には，財源規制に服さない[32)]。これらの場合には，株主の投下資本回収の利益（**視点12**）を保護する必要性が高い一方，債権者保護手続がふまれることも多いし，単元未満株式の買取代金はさほど高額に上らないのが一般的だからである。

4-5-3-3-4　取得方法規制——株主との合意による自己の株式の有償取得

156条から165条は，株主との合意に基づく有償取得の取得方法を規律している。

(1)「自己の株式の有償取得」の意義

4-5-3-3-2 でみた自己の株式の有償取得が有するといわれる問題点からは，156条にいう自己の株式の「有償取得」とは発行会社の計算において発行会社の株式を有償で取得することであると解される[33)]。したがって，会社名義での取得であっても，他人の計算でなされる場合，たとえば，問屋である会社（たとえば証券会社）が委託の実行として他人の計算において自己の株式を取得する場合はあたらない。株式取得から生ずる損益は第三者に帰属し，第三者が資金を出しており，会社財産維持に悪影響を与えないからである。

他方，会社が自己の計算において他人名義で自己の株式を買い受けることも156条にいう自己の株式の「有償取得」にあたる[34)]。そして，第三者が株式を取

予約権の募集によってある種類株主に損害を及ぼすおそれがある場合に株主に認められる株式買取請求（116 I）に応じて，会社が株主に対して支払った金銭の額がその支払の日における分配可能額を超えるときは，その株式の取得に関する職務を行った業務執行者は，その者がその職務を行うについて注意を怠らなかったことを証明した場合を除き，会社に対し，連帯して，その超過額を支払う義務を負うものとされている（464）。これは，株式買取請求に応じて反対株主に支払う金銭の額が分配可能額を超えるような場合には，そのような定款変更その他の行為を行うべきではないということである。

32）ただし，これらの場合であっても，自己の株式の有償取得により，会社が債務超過に陥ったり，支払不能になるときには，取締役・執行役が善管注意義務違反・忠実義務違反として任務懈怠責任（423）（***5-12-1-1***）を負うことがある。

33）自己の株式の無償取得が規制されていないのは，無償取得の場合には，会社財産は減少しないし，不当な投機のために悪用されることもないと考えられるからである。

34）規制の対象となっている自己の株式の有償取得とは，立法趣旨からみて，会社の計算における取得をいうと考えられ，発行会社の計算において子会社が株式を取得することは156条の規制に服する。また，取得が許されている場合に該当しないにもかかわらず，完全子会社がその計算において親会社株式を取得することは，135条違反であることはもちろんであるが（***4-5-3-4***），完全子会社と発行会社との経済的密接性に注目し，実質的に発行会社の計

得するのに対し，発行会社が融資などの経済的援助を与える場合に，それが会社の計算における自己の株式の有償取得と同視できるときは，脱法を防ぐため規制の対象にあたると解さなければならない（963 Ⅴ①参照）。

⑵　取得方法規制[35)]

一定の会社（***9-4-1-1***⑶）は，特定の株主からの取得（後述**2)**②⒜）を除き，自己の株式の取得に関する事項を取締役会が定めることができる旨を定款で定めることができる（459 Ⅰ①・460）。

1)　市場取引・公開買付けの方法による場合

市場取引・公開買付けの方法による場合には株主に譲渡人となる機会が平等に与えられると考えられているので，株主総会の普通決議により，有償取得する株式の数（種類株式発行会社では，株式の種類および種類ごとの数），株式取得と引換えに交付する金銭等（会社の株式等〔株式，社債および新株予約権。107 Ⅱ②ホ〕を除く）の内容およびその総額を定めれば足りる（156・165 Ⅰ）。また，取締役会設置会社は，取締役会の決議[36)]によって市場取引等により自己の株式を取得することができる旨を定款で定めることができる（165 Ⅱ）。

2)　市場取引・公開買付け以外の方法による場合

①　原　則

株主総会の普通決議により，有償取得する株式の数（種類株式発行会社では，株式の種類および種類ごとの数）および，株式を取得するのと引換えに交付する金銭等の内容およびその総額を決議する（156）。

その後，会社が自己の株式を取得しようとするときは，そのつど，取締役（取締役会設置会社においては取締役会）が，取得する株式の数（種類株式発行会社では，株式の種類および数），株式1株を取得するのと引換えに交付する金銭等の内容および数もしくは額またはこれらの算定方法，株式を取得するのと引換えに交付す

算においてなされたとみて，461条が定める財源規制または156条以下が定める取得方法規制に反する場合には，それらの規定に違反するものであると構成してもよいと考える（最判平成5・9・9〈21事件〉参照）。

35)　原則として，自己の株式の取得価格についても制約があると解すべきである。自己の株式の有償取得は剰余金の分配の1類型であるから，株主平等原則の適用があると考えられるからである（***4-2***）。

36)　指名委員会等設置会社においても執行役に，一定の要件をみたす監査等委員会設置会社においても取締役に，それぞれ，決定を委任することはできない（416 Ⅳ②・399の13 Ⅴ②Ⅵ）。これは，子会社から自己の株式を買い受ける場合と対照的である。

る金銭等の総額および株式譲渡の申込期日を定め（157 I II。株式の取得の条件は，決定ごとに均等に定めなければならない〔157 III〕），株主に機会を平等に与えるという観点から，株主全員に対して通知しなければならない（158 I。公開会社は公告でもよい〔158 II〕）。通知を受けた株主は申込期日までに，その申込みに係る株式の数（種類株式発行会社では，株式の種類および数）を会社に通知して株式の譲渡の申込みをし（159 I），会社は，申込期日に株主が申込みをした株式の譲受けを承諾したものとみなされる（159 II）[37]。

② 例　外

(a) 特定の株主からの取得

株主総会の特別決議（309 II②）により，取締役（取締役会設置会社においては取締役会）が決定した自己の株式の取得に関する事項の通知を特定の株主に対して行う旨を定めることができる（160 I）[38]。

この場合には，取得する株式が市場価格のある株式であって，その株式1株を取得するのと引換えに交付する金銭等の額がその株式1株の市場価格として法務省令で定める方法（会社規30）により算定されるものを超えないとき（161）（機会を平等に与える必要性が乏しいため），または株式（種類株式発行会社では，ある種類の株式）の取得について160条1項の規定による決定をするときは160条2項および3項の規定を適用しない旨を定款で定めたとき（164 I）[39]を除き，株主（種類株式発行会社では，取得する株式の種類株主）は，特定の株主に自己をも加えたものを株主総会の議案とすることを，法務省令で定める時[40]までに，請求することができ（160 III），会社は，このような請求ができることを株主（種類株式発行会社では，取得する株式の種類株主）に対して通知しなければならない（160 II）。

37) 申込総数が授権された数または総額，会社が決定した取得する株式の数を超える場合には会社は按分して株式の譲受けを承諾したものとみなされる（159 II但書）。

38) すなわち，株主総会による授権に係る自己の株式の取得の際に譲渡人となるべき株主を定めることができる。

39) 株式の発行後に定款を変更してその株式についてこのような定款の定めを設け，またはこの定めについての定款の変更（定款の定めを廃止するものを除く）をしようとするときは，その株式を有する株主全員の同意を得なければならない（164 II）。この定款の定めは，株主に機会を平等に与えないことを容認するものだからである。

40) 株主総会の日の5日（定款でこれを下回る期間を定めた場合にあっては，その期間）前が原則であるが，通知を発すべき時が株主総会の日の2週間を下回る期間前であるときまたは招集の手続を経ることなく株主総会を開催する場合には株主総会の日の3日（定款でこれを下回る期間を定めた場合にあっては，その期間）前（会社規29）。

また，その特定の株主以外の株主の全部がその株主総会において議決権を行使することができない場合を除き，その特定の株主は，強い特別の利害関係を有するので，議決権を行使することができないものとされている（160 Ⅳ）。

(b)　相続人等からの取得

公開会社以外の会社では，相続人その他の一般承継人が株主総会または種類株主総会においてその株式について議決権を行使した場合を除き，その相続その他の一般承継により取得した会社の株式を会社が取得することができる。この場合には，株主総会の特別決議によらなければならず，その相続人等以外の株主の全部が議決権を行使することができない場合を除き，その相続人等は議決権を行使することができないのは(a)と同じであるが（160 Ⅳ），他の株主（種類株式発行会社では，取得する株式の種類株主）は自己を譲渡人として追加したものを株主総会の議案とすることを請求することはできない（162）。

(c)　子会社からの取得

子会社による親会社株式の保有の早期解消を促進するため（***4-5-3-4***参照），会社は，有償取得する株式の数（種類株式発行会社では，株式の種類および種類ごとの数）および，株式を取得するのと引換えに交付する金銭等の内容およびその総額を定める株主総会（取締役会設置会社では取締役会）の決議に基づき，子会社から自己株式を有償取得することができる。また，この場合にも，株主（種類株式発行会社では，取得する株式の種類株主）は，自己を譲渡人として追加したものを株主総会の議案とすることを請求することはできない（163）。

4-5-3-3-5　取得請求権付株式の取得

取得請求権付株式を取得するのと引換えに交付される会社の株式以外の財産（社債，新株予約権，新株予約権付社債を含む）の帳簿価額がその請求の日における分配可能額を超えている場合（166 Ⅰ但書）を除き，取得請求権付株式の株主は，会社に対して，自己の有する取得請求権付株式を取得することを請求することができる（166 Ⅰ本文）[41]。

会社は，株主が取得請求した日に，その請求に係る取得請求権付株式を取得し（167 Ⅰ），取得請求権付株式の取得と引換えにその会社の株式等（株式，社債および新株予約権）以外の財産のみが交付される場合を除き，請求した株主は，その

41）　株券が発行されていない場合を除き，株券発行会社の株主がその有する取得請求権付株式について取得請求をしようとするときは，その取得請求権付株式に係る株券を株券発行会社に提出しなければならない（166 Ⅲ）。

請求の日に，定款の定めに従い，会社の社債権者，新株予約権者，または新株予約権付社債の社債権者およびその社債に付された新株予約権の新株予約権者となる。取得請求権付種類株式の場合は他の株式（他の種類の株式でなくともよい）の株主となることもある（167 Ⅱ）[42]。

会社の株式以外の財産を対価とする場合の財源規制については，***4-5-3-3-3*** 参照。

4-5-3-3-6 取得条項付株式の取得

会社は，株式取得事由が生じた日（会社が別に定める日が到来することをもって株式取得事由とする旨の定款の定めがある場合[43]には，会社が別に定めた日を通知または公告した日から2週間を経過した日と株式取得事由が生じた日とのいずれか遅い日）に取得条項付株式（取得条項付株式の一部を取得する旨の定款の定め[44]がある場合には，決定された取得条項付株式）を取得し（170 Ⅰ），取得条項付株式の取得と引換えにその会社の株式等（株式，社債および新株予約権）以外の財産のみが交付される場合を除き，株主（その会社を除く）は，定款の定めに従い，会社の社債権者，新株予約権者，または新株予約権付社債の社債権者およびその社債に付された新株予約権の新株予約権者となる。取得条項付種類株式の場合は他の株式（他の種類の株

42）会社の社債，新株予約権または他の株式の数に1個あるいは1株にみたない端数があるときには，その端数は切り捨てられるが，定款に別段の定めがある場合を除き，会社は，①その社債，新株予約権または他の株式が市場価格のある社債，新株予約権または株式である場合にはその社債または新株予約権1個あるいは株式1株の市場価格として法務省令で定める方法により算定される額に，②①の場合以外の場合には社債あるいは新株予約権のときは法務省令で定める額，株式のときは1株当たり純資産額に，それぞれ，その端数を乗じて得た額に相当する金銭を請求株主に交付しなければならない（167 ⅢⅣ，会社規 31～33）。

43）会社が別に定める日が到来することをもって株式取得事由とする旨の定款の定めがある場合には，会社は，定款に別段の定めがない限り，その日を株主総会（取締役会設置会社では，取締役会）の決議によって定め（168 Ⅰ），その日を定めたときは，会社は，その日の2週間前までにその日を，取得条項付株式の株主（取得条項付株式の一部を取得する旨の定めがある場合には，決定された取得条項付株式の株主）およびその登録株式質権者に対し通知または公告しなければならない（168 ⅡⅢ）。

44）株式取得事由が生じた日に取得条項付株式の一部を取得することとする旨の定款の定めがある場合に，会社が，取得条項付株式を取得しようとするときは，その取得する取得条項付株式を，定款に別段の定めがある場合を除き，株主総会（取締役会設置会社では，取締役会）の決議によって定めなければならない（169 Ⅰ Ⅱ）。この決定をしたときは，会社は，直ちに，その取得条項付株式を取得する旨を，決定した取得条項付株式の株主およびその登録株式質権者に対し通知または公告しなければならない（169 ⅢⅣ）。

式でなくともよい）の株主となることもある（170 Ⅱ）（また，本章注118も参照)。

会社が別に定めた日を通知または公告した場合を除き，会社は，株式取得事由が生じた後，遅滞なく，株式取得事由が生じた旨を，取得条項付株式の株主およびその登録株式質権者（取得条項付株式の一部を取得する旨の定めがある場合には，決定された取得条項付株式の株主およびその登録株式質権者）に対し通知または公告しなければならない（170 Ⅲ Ⅳ)。

会社の株式以外の財産を対価とする場合の財源規制については，***4-5-3-3-3*** 参照。

4-5-3-3-7　全部取得条項付種類株式の取得

全部取得条項付種類株式を発行している[45] 種類株式発行会社は，株主総会の特別決議（309 Ⅱ③）によって，全部取得条項付種類株式の全部を取得することができる。この場合に，その株主総会の決議によって，全部取得条項付種類株式を取得するのと引換えに金銭等を交付するときは[46]，その金銭等（取得対価）について，その種類・内容，数・金額・額またはその算定方法を定め，全部取得条項付種類株式の株主に対する取得対価の割当てに関する事項（株主〔その会社を除く〕の有する全部取得条項付種類株式の数に応じて取得対価を割り当てることを内容とするものでなければならない〔171 Ⅱ〕）を定めなければならない。また，会社が全部取得条項付種類株式を取得する日（取得日）を定めなければならない（171 Ⅰ③)。なお，取締役は，株主総会において，全部取得条項付種類株式の全部を取得することを必要とする理由を説明しなければならない（171 Ⅲ)。

全部取得条項付種類株式の取得によって，株主としての地位を失うことがありうることに鑑み，組織再編行為および株式の併合の場合とパラレルに，株主総会参考書類の記載事項が定められている（会社規85の2・93 Ⅰ⑤イ）ほか，通知・公告に加え，事前の開示と事後の開示が要求されている（**視点17**)。これは，株主総会における議決権行使，差止請求をするかどうか，価格決定の申立てをするかどうか，総会決議取消し等の訴えを提起するかどうかなどの意思決定に必要な情

45)　種類株式発行会社ではない会社が，既発行の株式の内容を全部取得条項付種類株式に変更するには，まず，株主総会の特別決議により，定款を変更して，既発行の株式とは異なる種類の株式を発行できる旨を定めたうえで，既発行の株式の内容を全部取得条項付種類株式に変更することになる。

46)　無償で取得する場合もありうる。対価としては，会社の株式，社債，新株予約権，新株予約権付社債，金銭その他の財産が認められている（171 Ⅰ①)。

表 4-3 事前の開示の比較

特別支配株主の株式等売渡請求	全部取得条項付種類株式の全部取得	株式の併合	株式交換 （株式交換完全子会社）
会社規 33 の 7	会社規 33 の 2	会社規 33 の 9	会社規 184
① ・売渡株主に対して当該株式の対価として交付する金銭の額またはその算定方法およびその金銭の割当てに関する事項（株式売渡請求に併せて新株予約権売渡請求をする場合には，さらに，売渡新株予約権者に対して当該新株予約権の対価として交付する金銭の額またはその算定方法およびその金銭の割当てに関する事項）についての定めの相当性に関する事項（当該相当性に関する対象会社の取締役〔取締役会設置会社では取締役会。以下同じ〕の判断およびその理由を含む）	①取得対価の相当性に関する事項	①併合の割合および会社が種類株式発行会社である場合には併合する株式の種類についての定めの相当性に関する事項	①交換対価の相当性に関する事項 ・会社法 768 条 1 項 2 号および 3 号に掲げる事項または 770 条 1 項 2 号から 4 号までに掲げる事項についての定め（当該定めがない場合には，当該定めがないこと）の相当性に関する事項
・株式売渡対価の総額（株式売渡請求に併せて新株予約権売渡請求をする場合には，株式売渡対価および新株予約権売渡対価の総額）の相当性に関する事項	・取得対価の総数または総額の相当性に関する事項 ・取得対価として当該種類の財産を選択した理由		・交換対価の総数または総額の相当性に関する事項 ・交換対価として当該種類の財産を選択した理由
・株式等売渡請求の承認にあたり売渡株主等の利益を害さないように留意した事項（当該事項がない場合には，その旨）	・全部取得条項付種類株式を取得する株式会社に親会社等がある場合には，当該株式会社の株主（当該親会社等を除く）の利益を害さないように留意した事項（当該事項がない場合には，その旨）	・株式の併合をする株式会社に親会社等がある場合には，当該株式会社の株主（当該親会社等を除く）の利益を害さないように留意した事項（当該事項がない場合には，その旨）	・株式交換完全親会社と株式交換完全子会社とが共通支配下関係にあるときは，当該株式交換完全子会社の株主（当該株式交換完全子会社と共通支配下関係にある株主を除く）の利益を害さないように留意した事項（当該事項がない場合には，その旨）
	・会社法 234 条の規定に	・会社法 235 条の規	

特別支配株主の株式等売渡請求	全部取得条項付種類株式の全部取得	株式の併合	株式交換（株式交換完全子会社）
	より1株にみたない端数の処理をすることが見込まれる場合には，同条1項または2項のいずれの規定による処理を予定しているかの別およびその理由，234条1項の規定による処理を予定している場合には，競売の申立てをする時期の見込み（当該見込みに関する取締役〔取締役会設置会社では，取締役会。以下，同じ〕の判断およびその理由を含む），234条2項の規定による処理（市場において行う取引による売却に限る）を予定している場合には，売却する時期および売却により得られた代金を株主に交付する時期の見込み（当該見込みに関する取締役の判断およびその理由を含む），234条2項の規定による処理（市場において行う取引による売却を除く）を予定している場合には，売却に係る株式を買い取る者となると見込まれる者の氏名または名称，当該者が売却に係る代金の支払のための資金を確保する方法および当該方法の相当性および売却する時期および売却により得られた代金を株主に交付する時期の見込み（当該見込みに関する取締役の判断およびその理由を含む）ならびに当該処理により株主に交付することが見込まれる金銭の額および当該額の	定により1株にみたない端数の処理をすることが見込まれる場合には，同条1項または2項において準用する会社法234条2項のいずれの規定による処理を予定しているかの別およびその理由，235条1項の規定による処理を予定している場合には，競売の申立てをする時期の見込み（当該見込みに関する取締役〔取締役会設置会社では，取締役会。以下，同じ〕の判断およびその理由を含む），同条2項において準用する234条2項の規定による処理（市場において行う取引による売却に限る）を予定している場合には，売却する時期および売却により得られた代金を株主に交付する時期の見込み（当該見込みに関する取締役の判断およびその理由を含む），235条2項において準用する234条2項の規定による処理（市場において行う取引による売却を除く）を予定している場合には，売却に係る株式を買い取る者となると見込まれる者の氏名または名称，当該者が売却に係る	

	相当性に関する事項その他の当該処理の方法に関する事項	代金の支払のための資金を確保する方法および当該方法の相当性および売却する時期および売却により得られた代金を株主に交付する時期の見込み（当該見込みに関する取締役の判断およびその理由を含む）ならびに当該処理により株主に交付することが見込まれる金銭の額および当該額の相当性に関する事項その他の当該処理の方法に関する事項	
②株式売渡対価（株式売渡請求に併せて新株予約権売渡請求をする場合には，株式売渡対価および新株予約権売渡対価）の支払のための資金を確保する方法についての定めの相当性その他の株式売渡対価（株式売渡請求に併せて新株予約権売渡請求をする場合には，株式売渡対価および新株予約権売渡対価）の交付の見込みに関する事項（当該見込みに関する対象会社の取締役の判断およびその理由を含む）			
③株式等売渡請求に係る取引条件（会社法179条の2第1項1号から5号に掲げる事項を除く）についての定めがあるときは，当該定めの相当性に関する事項（当該相当性に関する対象会社の取締役の判断およびその理由を含む）			

特別支配株主の株式等売渡請求	全部取得条項付種類株式の全部取得	株式の併合	株式交換（株式交換完全子会社）
	②取得対価について参考となるべき事項		②交換対価について参考となるべき事項
			③株式交換に係る新株予約権の定めの相当性に関する事項
④対象会社において最終事業年度の末日（最終事業年度がない場合には，対象会社の成立の日）後に重要な財産の処分，重大な債務の負担その他の会社財産の状況に重要な影響を与える事象が生じたときは，その内容（備置開始日後，特別支配株主が売渡株式等の全部を取得する日までの間に新たな最終事業年度が存することとなる場合には，当該新たな最終事業年度の末日後に生じた事象の内容に限る）／対象会社において最終事業年度がないときは，対象会社の成立の日における貸借対照表	③計算書類等に関する事項	②株式の併合をする株式会社（清算株式会社を除く）において最終事業年度の末日（最終事業年度がない場合には，当該株式会社の成立の日）後に重要な財産の処分，重大な債務の負担その他の会社財産の状況に重要な影響を与える事象が生じたときは，その内容（備置開始日後，株式の併合がその効力を生ずる日までの間に新たな最終事業年度が存することとなる場合には，当該新たな最終事業年度の末日後に生じた事象の内容に限る）／当該株式会社において最終事業年度がないときは，当該株式会社の成立の日における貸借対照表	④計算書類等に関する事項
			⑤株式交換について異議を述べることができる債権者があるときは，株式交換が効力を生ずる日以後における株式交換完全親会社の債務（当該債権者に対して負担する債務に限る）の履行の見込みに関する事項

備置開始日後，特別支配株主が売渡株式等の全部を取得する日までの間に，①から④までに変更が生じたときは，変更後のその事項	備置開始日後，株式会社が全部取得条項付種類株式の全部を取得する日までの間に，①から③までに変更が生じたときは，変更後のその事項	備置開始日後，株式の併合がその効力を生ずる日までの間に，①または②に変更が生じたときは，変更後のその事項	吸収合併契約等備置開始日後，株式交換が効力を生ずる日までの間に，①から⑤までに変更が生じたときは，変更後のその事項

報を提供するものである。

①　**事前の開示**

全部取得条項付種類株式を取得する会社は，取得決議をする株主総会の日の2週間前の日と取得の通知・公告（②）をした日のうち早い日との，いずれか早い日から取得日後6ヵ月を経過する日までの間，取得決議で定めるべき事項その他法務省令で定める事項を記載・記録した書面・電磁的記録をその本店に備え置かなければならない。株主はこの書面等を閲覧等請求できる（171の2）。

法務省令では，取得対価の相当性に関する事項，取得対価について参考となるべき事項および計算書類等に関する事項ならびに備置開始日後，全部取得日までの間に，これらの事項に変更が生じたときは，変更後の事項が定められており（会社規33の2 Ⅰ），債務の履行の見込みに関する事項および新株予約権の相当性に関する事項が全部取得においては存在しないことや計算書類等に関する事項の内容に差があることを除けば，株式交換完全子会社の事前開示事項（会社規184）とおおむねパラレルに定められている。ただし，取得対価の相当性に関する事項の1つとして，株式交換完全子会社の事前開示事項と異なり，株主の経済的利益保護の観点から，1株にみたない端数の処理をすることが見込まれる場合における処理の方法に関する事項（会社法施行規則の令和2年改正により詳細になった）ならびにその処理により株主に交付することが見込まれる金銭の額およびその額の相当性に関する事項の記載が要求されている（会社規33の2 Ⅱ④）。他方，親会社等の会社に対する影響力のために少数株主の利益が害されるおそれに鑑みて，株式交換完全子会社の事前開示事項とパラレルに，全部取得条項付種類株式を取得する会社に親会社等がある場合には，会社の株主（当該親会社等を除く）の利益を害さないように留意した事項（当該事項がない場合には，その旨）を記載すべきものとされている（会社規33の2 Ⅱ③）。

②　**取得の通知・公告**

会社は，取得日の20日前までに，全部取得条項付種類株式の株主に対し，当該全部取得条項付種類株式の全部を取得する旨を通知または公告しなければならない（172 Ⅱ Ⅲ）。

③ 事後の開示

会社は，取得日後遅滞なく，株式会社が取得した全部取得条項付種類株式の数その他の全部取得条項付種類株式の取得に関する事項として法務省令で定める事項（会社規33の3）を記載・記録した書面・電磁的記録を作成し，取得日から6ヵ月間，その本店に備え置かなければならない。全部取得条項付種類株式を取得した会社の株主または取得日に全部取得条項付種類株式の株主であった者は，この書面等を閲覧等請求できる（173の2）。

会社は，取得日に全部取得条項付種類株式を取得し（173 Ⅰ），全部取得条項付株式の取得対価として，その会社の株式等（株式，社債および新株予約権）以外の財産のみが交付される場合を除き，全部取得条項付種類株式の株主（その会社および価格決定の申立てをした株主を除く）は，株主総会の決議による定めに従い，会社の他の株式の株主，社債権者，新株予約権者，または新株予約権付社債の社債権者およびその社債に付された新株予約権の新株予約権者となる（173 Ⅱ）。

少数株主保護の観点から，全部取得条項付種類株式の取得が法令または定款に違反する場合であって，株主が不利益を受けるおそれがあるときは，株主は，会社に対し，それをやめることを請求することができるものとされている（171の3）。なお，差止請求手続の経過は事後開示事項の1つとされている（会社規33の3②）。

また，反対株主の経済的利益を保護するという観点（**視点10，12**）から，株主総会決議によって全部取得条項付株式の取得に関する事項が定められた場合には，その株主総会に先立ってその会社による全部取得条項付種類株式の取得に反対する旨を会社に対し通知し，かつ，その株主総会においてその取得に反対した株主（その株主総会において議決権を行使することができるものに限る）およびその株主総会において議決権を行使することができない株主は[47]，取得日の20日前の日か

47） 東京地決平成25・9・17金判1427号54や東京地決平成25・11・6金判1431号52は，総会における議決権行使の基準日後に株式を取得した株主も「議決権を行使することができない株主」にあたるとするが，東京地決平成25・7・31資料版商事法務358号148は，通常，株主総会における全部取得の決議後に取得した株式に係る価格決定の申立ては，株式を取得した時点において，決議の内容（全部取得）が実現することが確定していることから，当該株式について価格決定による保護を与える必要はなく，価格決定申立権の濫用にあたるとしている（もっとも，全部取得についての決議を行う株主総会が開催された後に，全部取得条項を付す旨の定款変更についての決議を行う種類株主総会〔本件種類株主総会〕が開催され

表 4-4　事後の開示の比較

<table>
<tr><th>全部取得条項付種類株式の全部取得</th><th>特別支配株主の株式等売渡請求</th><th>株式の併合</th><th>株式交換完全子会社</th></tr>
<tr><td>株式会社が全部取得条項付種類株式の全部を取得した日</td><td>特別支配株主が売渡株式等の全部を取得した日</td><td>株式の併合が効力を生じた日</td><td>株式交換が効力を生じた日</td></tr>
<tr><td colspan="3">差止請求に係る手続の経過</td><td>株式交換完全親会社および株式交換完全子会社における差止請求に係る手続の経過</td></tr>
<tr><td colspan="2">価格決定の申立てに係る手続の経過</td><td>反対株主の株式買取請求に係る手続の経過</td><td>株式交換完全親会社および株式交換完全子会社における反対株主の株式買取請求手続および債権者保護手続の経過／株式交換完全子会社における新株予約権買取請求に係る手続の経過</td></tr>
<tr><td>株式会社が取得した全部取得条項付種類株式の数</td><td>株式売渡請求により特別支配株主が取得した売渡株式の数（対象会社が種類株式発行会社であるときは，売渡株式の種類及び種類ごとの数）／新株予約権売渡請求により特別支配株主が取得した売渡新株予約権の数／売渡新株予約権が新株予約権付社債に付されたものである場合には，当該新株予約権付社債についての各社債（特別支配株主が新株予約権売渡請求により取得したものに限る）の金額の合計額</td><td>株式の併合が効力を生じた時における発行済株式（種類株式発行会社では，法併合する株式の種類の発行済株式）の総数</td><td>株式交換により株式交換完全親会社に移転した株式交換完全子会社の株式の数（株式交換完全子会社が種類株式発行会社であるときは，株式の種類および種類ごとの数）</td></tr>
<tr><td>上記のほか，全部取得条項付種類株式の取得に関する重要な事項</td><td>上記のほか，株式等売渡請求に係る売渡株式等の取得に関する重要な事項</td><td>上記のほか，株式の併合に関する重要な事項</td><td>上記のほか，株式交換に関する重要な事項</td></tr>
</table>

る場合には，株主総会の開催日後，かつ，種類株主総会の開催日前に取得した株式に係る価格決定の申立てが価格決定申立権の濫用にあたるとはいえないとしている)。なお，東京地決令和 2・7・9 資料版商事法務 437 号 157 は，さらに進んで，全部取得条項付種類株式を取

ら取得日の前日までの間に，裁判所に対し，会社による全部取得条項付種類株式の取得の価格の決定の申立てをすることができるものとされている（172 Ⅰ）。会社は，裁判所の決定した価格[48]に対する取得日後の法定利率により算定した利息をも支払わなければならない（172 Ⅳ）。なお，会社は，価格決定の前に，公正な価格と認める額を支払うことができる（172 Ⅴ）。

4-5-3-3-8　譲渡制限株式の取得不承認の場合の買取り

譲渡等の承認請求する者は，取得を会社が承認しない旨の決定をするときには，会社がその株式を買い取るか，指定買取人を指定することを請求することができる（138 ①ハ・②ハ）（詳細については，***4-5-3-5-3***(2)参照）。

4-5-3-3-9　相続人等に対する売渡請求

会社は，相続その他の一般承継によりその会社の譲渡制限株式を取得した者に対し，その株式をその会社に売り渡すことを請求することができる旨を定款で定めることができる（174）。これは，相続や合併による株式の移転であっても，会社にとって好ましくない者が株主になるおそれがあるのは譲渡による移転の場合と異ならないからである。

このような定めがある場合には，そのつど，請求する株式の数（種類株式発行会社では，株式の種類および種類ごとの数）および株式を有する者（対象者）の氏名・名称を株主総会の特別決議（309 Ⅱ③）によって定めたうえで，会社が相続その他の一般承継があったことを知った日から1年を経過したときを除き，会社

得する旨の株主総会決議がなされるまでの間に名義書換を行っていない者であっても，その株主総会の日までに当該株式の取得に係る法律行為をし，その後取得価格決定の審理終結までの間に対抗要件を具備した者は，会社法172条1項2号の「議決権を行使することができない株主」にあたり，取得価格決定の申立適格を有するとした。

48）　裁判所は取得日における公正な価格を定める。最決平成21・5・29金判1326号35など参照。最決平成28・7・1民集70巻6号1445は，多数株主が株式等の公開買付けを行い，その後にその会社の株式を全部取得条項付種類株式とし，その会社が株式の全部を取得する取引において，独立した第三者委員会や専門家の意見を聴くなど多数株主等と少数株主との間の利益相反関係の存在により意思決定過程が恣意的になることを排除するための措置が講じられた場合であって，公開買付けに応募しなかった株主の保有する株式も公開買付けに係る買付け等の価格と同額で取得する旨が明示されているなど，一般に公正と認められる手続により公開買付けが行われ，その後に当該株式会社が買付け等の価格と同額で全部取得条項付種類株式を取得した場合には，取引の基礎となった事情に予期しない変動が生じたと認めるに足りる特段の事情がない限り，裁判所は，株式の取得価格を公開買付けにおける買付け等の価格と同額とするのが相当であるとした。

は，その対象者に対して，売渡請求をすることができる（175 I・176 I）。対象者以外の株主の全部がその株主総会において議決権を行使することができない場合を除き，その総会においては，その対象者は議決権を行使することができない（175 II）。

売買価格は会社と対象者との協議によって定められるが（177 I），会社または対象者は，売渡請求があった日から20日以内に，裁判所に対し，売買価格決定の申立てをすることができる（177 II）。売渡請求があった日から20日以内に協議が整った場合を除き，その期間内に裁判所に対する売買価格決定の申立てがないときは，売渡請求は効力を失う（177 V）。

なお，会社はいつでも売渡請求を撤回することができる（176 III）。

4-5-3-3-10　自己株式の処分

(1)　新株発行に準じた規制

自己の株式の有償取得が広く認められ，かつ自己株式の保有が認められていることに鑑み，自己株式の処分について，株式交換により完全親会社となる会社，吸収分割の承継会社または吸収合併の存続会社が新株発行に代えて自己株式を移転する場合（代用自己株式としての使用），取得請求権付株式・取得条項付株式・全部取得条項付種類株式・取得条項付新株予約権の対価として自己株式を移転する場合，新株予約権の行使に際して新株発行に代えて移転する場合（以上の場合は，新株発行によるより，自己株式の移転によることが既存株主の不利益になるものではないため），吸収分割に際して分割会社の株式が承継会社に承継される場合（事業に関する権利義務を構成する場合があるためであると推測される。もっとも，吸収分割契約に定められる〔758③〕ので，原則として株主総会の特別決議の対象となる），および，単元未満株式の買増制度（*4-6-3*）を採用している会社が単元未満株主の請求に応ずる場合を除き，新株発行と同じ規制（募集株式の発行等の規制〔*7-3*〕）が加えられている。

(2)　自己株式の処分と株券の交付・名義書換

株券発行会社の株式の譲渡は，その株式に係る株券を交付しなければ，その効力を生じないのが，原則であるが，自己株式の処分による株式の譲渡については，株券の交付がなくとも譲渡の効力が生ずる（128 I但書）。もっとも，株券発行会社は，自己株式を処分した日以後遅滞なく，その自己株式を取得した者に対し，株券を交付しなければならない（129 I）。ただし，株券の発行に関する規律（215 IV）と同様，公開会社でない株券発行会社は，自己株式の取得者から請求がある時までは，その株式に係る株券を交付しないことができる（129 Ⅱ）。なお，自己株式を処分した場合には，株主の請求がなくとも，その自己株式の取得者に係る株主名簿記載事項を株主名簿に記載・記録しなければならない（132③）。

4-5-3-3-11　自己の株式の違法な取得の効力（刑事罰〔不正な取得〕については963 Ⅴ①）

会社法（財源規制を除く）違反の事実を譲渡人が知っていた場合には取引は無効とされるが，株式取引の安全を図るという観点から，知らなかった場合には，会社は譲渡人に対して無効を主張できないと考えるべきである（相対的無効，**制度 D′₁**）（全集180参照）。

そして，自己の株式の有償取得に関する会社の反対給付（買取代金）は民法708条本文（不法原因給付）に該当せず，その返還請求は許されると考えるべきである。なぜなら，返還請求が許されないとなると，かえって違法状態が継続し，自己の株式の有償取得規制の実効性が失われるからである。また，民法708条本文の「不法な原因」は，現在では公序良俗違反の場合に限定して解釈されているからである。

自己の株式の取得規制の立法趣旨からは，会社法の規律によって保護されるべき者は，会社，会社債権者，一般株主などであって，内部者取引や相場操縦の場合を除き（龍田＝前田301参照），譲渡人（売主）の側に無効の主張を許すべきではないと解すべきである[49]。なぜなら，譲渡人は相手方が発行会社であっても株式譲渡によって欲する結果を得たはずであり，その後の株価上昇を利用する投機の機会を譲渡人に与える必要はないからである。会社が主張できるとすることについては，たしかに，会社の側にも，自ら招いた無効を主張するという不当性がある。しかしここでの会社は，取引の主体としてよりも，総株主の利益の集まりとして捉える必要が大きいので，会社による無効の主張は認められる。

他方，116条1項の規定に基づく買取請求に応じて取得する場合（***4-5-3-3-3***）には，対価が分配可能額を超えても，株主保護の観点から有効とされていると解されるが（464条は462条と異なり，株主〔金銭等の交付を受けた者〕の支払義務を定めていない），自己の株式の財源規制（461 Ⅰ①〜⑦・166 Ⅰ但書・170 Ⅳ）に違反した取得は，譲渡人の善意・悪意・過失の有無を問わず，無効であると解するのが適

49）　最判平成5・7・15判時1519号116〔有限会社のケース〕，東京高判平成元・2・27判時1309号137。他方，江頭258注10は法目的を達成するためには相手方の無効の主張を認めるべきであるとする。

当である（ただし，**9-4-2**および弥永・演習⑥参照）。461条1項に違反した自己の株式の取得により金銭等の交付を受けた者（譲渡人）は，交付を受けた金銭等の帳簿価額に相当する金銭を会社に対して支払う義務を負うが（462 Ⅰ①〜⑥），この義務の性質は不当利得返還義務であると解されるからである（**9-4-2-1-1**参照）。また，取得請求権付株式・取得条項付株式の取得対価（自己株式を除く）の帳簿価額が分配可能額を超えるときは「取得することを請求することができる」旨あるいは「取得する」旨の規定の適用がないので，無効であると解するのが自然である。

4-5-3-3-12　違法な自己株式の処分

募集株式の発行等に関する規制（199以下）に従わないでなされた自己株式の処分の効力については，基本的には，違法な新株発行の効力に関する解釈が妥当すると考えられる。すなわち，自己株式処分無効の訴え（828 Ⅰ③）の無効原因は，原則として，新株発行無効原因（***7-3-3-6-2***）とパラレルに考えてよいと思われる[50]。同様に，自己株式処分の差止請求における差止原因も新株発行差止原因とパラレルに考えることができよう（210参照）。

4-5-3-3-13　自己株式の法的地位

自己株式について会社は議決権を有しないものとされ（308 Ⅱ・325），株主総会・種類株主総会に関する権利も認められない。また，その他の共益権も認められない。会社自身が自己株式について共益権を行使するのは背理だからである。剰余金の配当を受ける権利も，会社が自己株式について剰余金の配当を受けることは，いったん計上した利益をさらに受取配当による収益として計上する結果となり不当であり，また自己の株式の有償取得が実質的に出資の払戻しであるとすれば，これに対して剰余金の配当をすることは，いわば架空の出資に配当することになり不当であることから，認められない（453）。また，残余財産の分配を受ける権利を認めると清算が終了しないから，これも認められない（504 Ⅲ）[51]。

---

50)　もっとも，新株発行の場合と異なり，自己株式処分の一体性に相当する問題はないし，無効であるとしても，株式自体が無効となるわけでないし，対象となる株式は特定でき，さらに，転得者は善意取得によって保護される。したがって，一部の自己株式処分のみを無効としても，取引の安全が害されるとはいえないので，悪意の取得者（買主）との関係では，無効を認めてよい（第7章注50も参照）。

51)　自己株式は，発行会社にとっては，資産ではなく，純資産（株主資本）の部の控除項目であるという位置付けとの関連で，自己株式を担保に供することができるか，自己株式が会社債権者にとって差押えの対象となるかという点については，藤田「自己株式の法的地位」商事法への提言96–97参照。

他方，自己株式にも，株式の分割・併合など，全部またはある種類の株式につき一律に，かつ，当然に効力が生ずべき場合には，原則として，その効果が及ぶ。しかし，全部取得条項付株式の取得に際して会社自身に取得対価を割り当てたり（171 Ⅱ），または，会社自身に対して株式・新株予約権の無償割当てをする（186 Ⅱ・278 Ⅱ）ことはできないし，募集株式の発行等・新株予約権の発行にあたって株主に割当てを受ける権利を与える場合でも会社自身には与えることができない（202 Ⅱ・241 Ⅱ）。さらに，会社は，自己新株予約権を行使することはできない（280 Ⅵ）。

4-5-3-4　子会社による親会社株式取得・保有制限（135）

原則として，子会社は親会社株式を取得してはならず（135 Ⅰ），適法に取得したときでも，相当の時期に処分しなければならない（135 Ⅲ）。

4-5-3-4-1　制限の根拠

親会社は，主として株主総会における取締役の選任を通じて子会社の活動を支配する。ところが，子会社株式は親会社の資産に含まれるから，子会社による親会社株式取得は親会社の会社財産確保（資本充実）の点からも問題があるのみならず（弥永・トピックス85も参照），子会社に対する支配力を行使して，子会社に親会社株式を取得させることにより親会社株式について不当な株価操作や投機的行為を行い，または，親会社の経営者の支配的地位の固定化を図るなどの弊害が生ずるおそれがある。他方，この制限を行っても，発行会社の子会社以外の者を探す必要が生ずるにすぎず，投下資本回収に対する悪影響は少ない。

ここで，子会社とは，会社がその総株主の議決権の過半数を有する株式会社その他の当該会社がその経営を支配している法人として法務省令（会社規3 Ⅰ）で定めるもの[52]をいい（2③），親会社とは，株式会社を子会社とする会社その他の当該株式会社の経営を支配している法人として法務省令（会社規3 Ⅱ）で定めるもの[53]をいう（2④）。ただし，子会社による親会社株式取得の原則禁止は，子会社が株式会社でない場合にも及ぶ（会社規3 Ⅳ）。

52）　会社が他の会社等（会社〔外国会社を含む〕，組合〔外国における組合に相当するものを含む〕その他これらに準ずる事業体）の財務および事業の方針の決定を支配している場合における当該他の会社等。「財務及び事業の方針の決定を支配している場合」の意義については会社法施行規則3条3項。なお，一定の要件をみたす特別目的会社（SPC）は，その特別目的会社に資産を譲渡した会社の子会社に該当しないものと推定される（会社規4）。

53）　会社等が株式会社の財務および事業の方針の決定を支配している場合における当該会社等。

4-5-3-4-2 適法な取得

他の会社（外国会社を含む）の事業の全部を譲り受ける場合に譲渡会社が有する親会社株式を譲り受ける場合，合併後消滅する会社から親会社株式を承継する場合，吸収分割または新設分割により他の会社から親会社株式を承継する場合，その他法務省令（会社規23）で定める場合[54)]には，親会社株式の取得が認められる（135 II）。また，子会社が行う組織再編行為に際して親会社株式の割当てをするための取得が認められる。すなわち，吸収合併により消滅する会社の株主・社員，株式交換により完全子会社となる会社の株主，または吸収分割において分割する会社（消滅会社等の株主等）に対して交付する金銭等の全部または一部が存続会社，株式交換により完全親会社となる会社または承継会社（存続会社等）の親会社株式である場合には，その存続会社等には，吸収合併等に際して消滅会社等の株主等に対して交付するその親会社株式の総数を超えない範囲においてその親会社株式を取得し，効力発生日までの間[55)]保有することが認められる（800）。

なお，親会社株式の無償取得には，親会社の会社財産の減少（資本の空洞化）を生ずる危険はなく，かつ，議決権停止（308 I）があることから支配の公平の観点からの問題もないので，制約はないと解される。

4-5-3-4-3 違法な取得の効力（罰則として976 ⑩）

原則として無効であるが，子会社は譲渡人の悪意を立証しない限り，取得の無効を主張できない（**制度** D_1'）。たしかに，違法な取得は無効であると解することが，会社の健全性維持に最も適合する。しかし，外部者である取引の相手方にとっては，取得が子会社の計算によるものかどうかということのほかに，135条にいう親子会社関係の存在を認識することができない場合がまれではなく，その株式取引が135条違反の行為であることを知ることは必ずしも容易ではないからで

54） 親会社株式を無償で取得する場合，吸収分割・株式交換・株式移転に際して親会社株式の割当てを受ける場合，その有する他の法人等の株式等につき当該他の法人等が行う剰余金の配当または残余財産の分配により，または当該他の法人等が行う組織変更・合併・株式交換・株式移転・取得条項付株式の取得・全部取得条項付種類株式の取得に際して当該株式等と引換えに，親会社株式の交付を受ける場合，他の法人等が行う株式交付に際して親会社株式の割当てを受ける場合，親会社が連結配当規制適用会社（計規2 III ㊿①）であるときにその親会社株式を他の子会社から当該親会社株式を譲り受ける場合，および，その権利の実行にあたり目的を達成するために親会社株式を取得することが必要，かつ，不可欠である場合など。

55） 吸収合併等を中止したときは，相当の時期に処分しなければならない（135 III）。

ある（視点3）。

なお，無効を主張できる者に原則として譲渡人が含まれないことは自己株式の有償取得の場合（*4-5-3-3-11*）と同様である（東京高判令和元・11・21 金判 1601 号 50）。

4-5-3-4-4　子会社が適法に取得した親会社株式の地位

まず，議決権は，親会社における現経営陣の経営権維持の手段として悪用される弊害が大きいと考えられるので，株主総会・種類株主総会の議決の公正確保の見地から一般予防的にその行使が禁止されている（308 Ⅰ・325）。

しかし，自己株式の場合と異なって，親子会社はそれぞれ独立の法人格を有するので，共益権を行使させることや会社の組織に関する訴えの原告適格を認めることについては理論上は問題なく，また，株主総会・種類株主総会における議決権行使に密接に関連する権利（297 Ⅲ・303 Ⅳ・305 Ⅲ・325 参照）[56] 以外の権利や訴えの原告適格は会社の運営を監督是正するという観点から，その子会社に認めても特別な弊害をもたらすものとは考えられないから，認めてよいし，認める必要もある。自益権も親子会社関係においては社団法的な障害（会社が自己の社員となるのは不自然）が問題とならないので，当然に認められる。

実質的に考えると，親会社と子会社は全く同一ではなく，親会社以外の子会社株主や子会社独自の債権者も存在することから，それらの株主・債権者のために，最大限の権利を認められると解すべきである。

4-5-3-5　譲渡による取得の定款による制限

会社は，その発行する全部または一部の株式の内容として譲渡によるその株式の取得について会社の承認を要する旨の定めを設けることができ（107 Ⅰ①・108 Ⅱ④），そのような株式を譲渡制限株式という（2 ⑰）。相続や合併のような一般承継[57] による譲渡制限株式の移転については会社の承認を要する旨を定めるこ

56）　総会決議取消しの訴えの提起は，必ずしも議決権を前提とするものと解すべきではなく，子会社にも認められると解してよいのではないか。***5-2-9-2-2*** 参照。また，株主の権利ではなく原告適格の問題とみることができる（弥永・演習5）。

57）　会社分割は一般承継にあたらないという見解もあるが（田中 629），会社分割については債権者保護手続が設けられていること，自己株式または親会社株式の取得が許容される場合に会社分割による取得が含められていること（155 ⑫・135 Ⅱ③④）などからは，会社法は，――立法論としてはともかく，解釈論としては――会社分割が一般承継にあたることを前提としていると考えるのが穏当である。大阪地判平成 29・8・9 金判 1533 号 50 は，中小企業等協同組合法 17 条 1 項所定の組合の承諾を必要とする「その持分を譲り渡す」場合の中に

図 4-3 株式の譲渡による取得の定款による制限

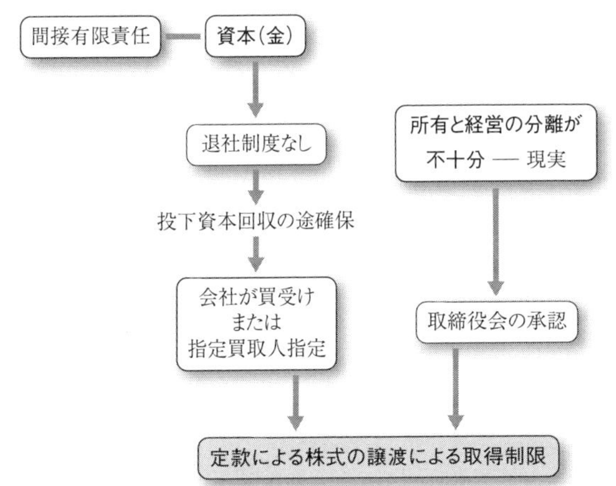

とはできないが，一般承継人に対する売渡請求権を定款で定めることができる（174）（***4-5-3-3-9***）。

4-5-3-5-1 制限の根拠と買取請求

株式会社でも，特に小規模閉鎖会社では株主の個性（株主がだれであるか）が会社経営に影響を及ぼす（所有と経営が十分に分離していない）ので，会社経営上好ましくない者の参加を防止し，もって会社経営の安定を図る必要がある。いいかえると，他の株主がだれで，どれだけ株式を所有しているかについて，他の株主が密接な利害を有している場合が想定されている。投下資本回収（**視点12**）の可能性は，譲渡を承認しない旨の決定をしたときは，請求に応じて，会社は買い取るか，指定買取人を指定しなければならないとすることにより確保されている。

4-5-3-5-2 制限の形態

⑴ 制限の範囲

投下資本回収の必要性からみて，たとえば，譲渡による取得の全面的禁止のように，会社法が明示的に認めている以上に制限を強化することは許されない。

他方，会社法が定める制限を限定・軽減して採用することは，投下資本回収を容易にするものであるから，原則として許される。一部の種類の株式の譲渡につ

は，会社分割により組合の持分を承継する場合も含まれるとしたが，これは組合についての判示であり，また，当該規定は会社分割制度が会社法上創設される以前の規定であるという点で大きな差がある。

いてのみ承認を要するものと定めることができる（108 Ⅰ④）[58]。また，定款の定めによって，一定の場合には会社が譲渡等を承認したものとみなすことができる（107 Ⅱ①ロ・108 Ⅱ④）。たとえば，株主間の譲渡による取得につき承認を要しない旨，特定の属性を有する者に対する譲渡による取得については承認を要しないものとする旨を定款に定めることができる。もっとも，譲渡人に着目した軽減は許されないと解すべきであろう（江頭 236）。なぜなら，株主間の平等を害するからである（なお，全集 149 注四）。

⑵ 譲渡承認機関

取締役会設置会社では取締役会[59]，それ以外の会社では株主総会が承認および指定買取人の指定機関とされる（139 Ⅰ本文）。ただし，定款に別段の定めをすることできる（139 Ⅰ但書）。たとえば，承認および指定買取人の指定権限を代表取締役等に与える旨を定款に定めることもできる。また，定款の定めにより，取締役会設置会社でも株主総会を承認機関とすることができる。これは，株主をだれにするかを株主が自ら決定することにも合理性があり，公開会社でない会社については，株主総会の招集通知の発出期間を短縮することが認められ，法制上の障害がなくなっているという認識に基づく。

4-5-3-5-3 譲渡等承認請求と指定買取人の指定等

⑴ 譲渡等承認請求

譲渡しようとする者（136）はもちろんのこと，取得者（137）も（両者を併せて，*4-5-3-5-3* では譲渡等承認請求者という），譲渡による取得を承認するか否かの決定をすることを会社に請求すること（譲渡等承認請求）ができる（*4-5-3-3-8* 参照）。

定款による株式譲渡制限の趣旨は会社にとって好ましくない者が株式を取得して対会社関係に入ってくることの防止にあり，取得者が譲渡による取得の承認を求めうると解しても会社にとってなんらの危険がないからである。また，後述す

58） たとえば，議決権制限株式には譲渡による取得制限を加えないが，それ以外の株式の譲渡による取得は制限したい場合など，ある種類の株式についてのみ譲渡による取得を制限することについての実務上の要請にこたえるものである。

59） 取締役会が譲渡承認機関とされる場合であっても，株式の譲渡による取得制限は他の株主の利益を守るもの（*4-5-3-5-1*）であることから，取締役会の承認がなくとも，株主全員の同意があれば，少なくとも承認があったのと同視して，その譲渡による取得が会社との関係でも有効であるとみることができる（東京高判平成 2・11・29 判時 1374 号 112）。また，取締役会の承認がなくとも，一人株主が全株を譲渡した場合には会社との関係でも譲渡による取得は有効である（最判平成 5・3・30 民集 47 巻 4 号 3439 頁）。

るように，譲渡承認機関の承認を得ないでなされた株式譲渡も少なくとも当事者間では有効であるから，取得者は有効に株式を取得しており，取得者から譲渡による取得の承認請求がなされることを理論的に拒む理由はないし，すでに譲渡した者には承認を求めるインセンティブがないのが普通であることから，取得者が承認請求することを認める必要がある。

(2)　不承認の場合の会社による買取または指定買取人の指定

譲渡等承認請求にあたって，譲渡等承認請求者は，譲渡制限株式の譲渡による取得を会社が承認しない旨の決定をするときには，会社が対象株式を買い取るか，指定買取人を指定することを請求することができ（138①ハ・②ハ），会社は，承認をしない旨を決定したときは，会社が買い取る場合[60]を除き，指定買取人を指定しなければならない[61]。会社または指定買取人にとっての法的安定性を確保する観点から，会社または指定買取人が譲渡等承認請求者に対して，対象株式を買い受ける旨などを通知した後は，譲渡等承認請求者は，それぞれ，会社または指定買取人の承諾を得た場合に限り，請求を撤回できるものとされている（143）。

会社が買い取る場合には，株主総会の特別決議により，対象株式を買い取る旨および会社が買い取る対象株式の数（種類株式発行会社の場合は，対象株式の種類および数）を決定しなければならない（140 Ⅰ Ⅱ・309 Ⅱ①）。譲渡等承認請求者以外の株主の全部がその株主総会において議決権を行使することができない場合を除き，その譲渡等承認請求者は議決権を行使することができない（140 Ⅲ）。なお，他の株主には売主追加請求権は認められていない。剰余金の配当と同じ財源規制（461 Ⅰ①〔***9-4-1-2***〕）に服し，取締役・執行役の塡補責任が課される（465 Ⅰ①〔***5-12-1-5***〕）。

(3)　みなし承認

会社が譲渡等承認請求の日から2週間（これを下回る期間を定款で定めた場合には，その期間）以内に承認するか否かの決定の内容を通知しなかった場合，会社が承認するか否かの決定の内容の通知の日から40日（これを下回る期間を定款で定めた

60）　その株式譲渡が好ましくないと会社が考えても，適切な指定買取人を探し出すことが困難な場合があることに鑑みたものである。

61）　指定買取人は定款に別段の定めがない限り，株主総会（取締役会設置会社では取締役会）の決議によって指定する。したがって，定款で指定買取人をあらかじめ指定しておくこともできる（140 Ⅴ）。

場合には，その期間）以内に対象株式を買い取る旨などの通知をせず，かつ，指定買取人が承認するか否かの決定の内容の通知の日から10日（これを下回る期間を定款で定めた場合には，その期間）以内に対象株式を買い取る旨などの通知をしなかった場合，または，法務省令（会社規26）で定める場合には，会社は，承認をする旨の決定をしたものとみなされる（145）。ただし，株式会社と譲渡等承認請求者との合意により別段の定めをしたときは，この限りでない。株式交換の場合も承認があったものとみなされる（769 Ⅱ・771 Ⅱ）。

4-5-3-5-4 承認を得ずになした譲渡の効力

会社の承認を得ないで譲渡による取得がなされた場合には，株式取得者の名義書換請求を会社は拒むことができるが（134本文）[62]，そのような株式の譲渡も，少なくとも当事者間では有効である（最判昭和48・6・15〈18事件〉）。これは，好ましくない者が株主であることを会社に対して主張できないものとすれば，譲渡による取得につき会社の承認を要求する目的は達成されるのであって，当事者間においてまで無効と解する必要はないからである。また，株式取得者は承認するか否かを決定することおよび取得を承認しない場合には会社が買い取るか指定買取人を指定することを会社に対して請求できるとされているが（137 Ⅰ・138②），これは，会社による承認前に当事者間では株式を有効に譲渡できることを前提としていると考えられる。

4-5-3-6 契約による譲渡制限

4-5-3-6-1 総 論

契約による譲渡制限は，①会社以外の者と株主との間（株主相互間を含む）の契約による制限と，②会社と株主との間の契約による制限に分類することができる。

62） 平成17年改正前商法の下で，最判昭和63・3・15判時1273号124は，承認がなされていない場合には会社との関係では譲渡が無効であることから，従前の株主が会社との関係では株主としての地位を有し，権利を行使できるとした（最判平成9・9・9判時1618号138も同旨）。たしかに従前の株主はすでに株主としての権利を行使すべき実質的理由を失っているが，新株主が会社との関係で権利を行使できないことの反射的効果として，株主としての権利を行使できると解すべきである。なぜなら，このように考えないと，ある株式について権利を行使できる者が存在しないという権利行使の空白が生ずるが，権利行使の空白を会社がつくり出せるとすべき理由はないからである。また譲渡による取得の制限がなされている場合には，承認がなされるまでは，従来の持分比率を維持することが譲渡による取得の制限の趣旨（***4-5-3-5-1***）に合致する（なお，名義書換未了の株式譲受人の場合については***4-10-2-1***参照）。とりわけ会社が承認を拒絶した場合には，信義則上，従前の株主の権利行使を拒むことはできないと解すべきである。

いずれについても，株式譲受人等の第三者を保護する観点から，それらの契約は債権的効力を有するものにすぎず，譲渡制限契約に違反する譲渡は，取得者の善意悪意を問わず，有効であると解されている。

①については，債権的効力のみを有し，個別的に設定される制限である以上，127 条が直接的に関知するところではないから，契約自由の原則に委ねられていると解し，②の潜脱手段として用いられる場合を除き，有効であるとするのが通説である（新注会(3) 71〔上柳〕，大隅＝今井・上 434）。譲渡制限契約が不当であると認められる場合には，原則として公序良俗違反（民 90）または権利濫用（民 1 Ⅲ）などによって，契約の効力を否定すればよい。

他方，②については 127 条の脱法行為であって原則として無効であるが，例外的に契約内容が投下資本回収を妨げない場合には有効とされるとするのが従来の多数説であったが（大隅＝今井・上 434），契約自由の原則が妥当し，公序良俗に反する場合に無効とされるにすぎないとする見解もある（神崎 168，百選〔第 6 版〕16 事件解説〔前田（雅）〕）。

107 条 1 項 1 号および 108 条 1 項 4 号は，投下資本回収の要請と譲渡制限の必要性とのバランスを図るため，定款の定めによる株式取得の制限を認めているが，これは契約により 107 条 1 項 1 号および 108 条 1 項 4 号が定めるのと異なる形で譲渡等を制限することを禁止するものとは解されない。なぜなら，定款による制限は株主の個別的意思にかかわらず全株主に及び，第三者に対しても主張できるが，契約による場合には個々の株主の現実の同意を要するから個々の株主が不測の損害を被ることはないし，第三者に対してはその効果を主張できないから，取引の安全は害されないからである（特別講義商法Ⅰ 7–8〔神田〕）。さらに，たとえば企業結合や継続的取引関係を背景として，株式を持ち合う場合には，その存続中は株式を譲渡しないという合意と契約の解消等の事由が生じた場合には取得価額等で譲渡する合意をなすことは経済的に合理性を有し，そのような契約の有効性を認める必要性があるからである。したがって，127 条の狙う株主の投下資本回収を不当に妨げるなど公序良俗（民 90）に反すると評価される場合を除き，譲渡制限契約は①②のいずれも有効であると解すべきである（神田・前掲 8）。また，一定の者に売り渡すという特約は，その株式の取引市場が整備されていない場合には，かえって投下資本回収の途を確保するものである場合が少なくないことにも留意すべきであろう。

4-5-3-6-2　従業員持株制度

会社の従業員が，その会社の株式を取得し，保有することを会社が推進する制度は従業員持株制度と通常呼ばれている[63]。

まず，株主総会の特別決議を経て，従業員および取締役など第三者に対して特に有利な条件で新株予約権を会社は発行することができるが（238 Ⅲ参照）（*7-4*），従業員等に対する報酬等であると評価できる場合には特に有利な条件にあたらないことがある。会社は，保有する自己株式を従業員等に譲渡することもできるが，自己株式の処分に関する一般的な規制（199）が適用される（*7-3*）。

また，従業員持株制度では，奨励金が支給されることが少なくないが，株主平等原則は，株主としての地位に注目した場合に適用されるのであって（*4-2*），奨励金支給は従業員という資格に注目してなされるものであるから，株主平等原則とは抵触しないと考えられる。もっとも，持株会または従業員個人は株主であるから，120条2項の推定（*5-2-7-1-1* 参照）が働くが，奨励金の支給の目的が従業員に対する福利厚生の一環等であることが立証できれば推定はくつがえる[64]。

さらに，会社が払込取扱機関または第三者から金銭を借り入れ，それを持株制度参加者に貸し付けて，払込みをさせた場合に，預合い（*6-6-2-3-1*）その他の仮装払込み（*6-6-2-3-2*）にあたらないかが問題となる。債権の現物出資は可能であること，および会社の成立後は，ある程度，会社の財政的基礎も形成されていることなどを考慮に入れると，貸付けを受けた持株制度参加者が弁済の意思と弁済の資力を有する場合には，あたらないとみる余地があろう（最判昭和42・12・14刑集21巻10号1369参照。上柳・論集92–94）。たしかに，債権の現物出資と異なり，検査役の調査を経ないことから，貸付けを受けた者に弁済の意思と資力がない場合を排除できず，既存株主の利益を害する場合がありうるが，その場合に

---

63)　信託型従業員持株インセンティブプランについては，たとえば，弥永・トピックス112以下参照。

64)　従業員持株制度は，大なり小なり，安定株主の確保を目的の1つとするから，このような立証は必ずしも容易ではないが，福井地判昭和60・3・29判タ559号275は，原則として持株会の入退会に特段の制約がなく，議決権行使について，制度上は各会員の独立性が確保されており，一定数を超えた保有株式を処分でき，奨励金の額や割合も妥当であった場合について推定がくつがえると認めた。ここで反証のために，最も重要なファクターは持株会の会員が取締役等から独立して議決権等を行使できる仕組みが有効に存在することであるが（大和・商事法務999号2），奨励金の額や割合が従業員に対する福利厚生の一環とみられる程度であることも，反証にとって有利であろう。

は，仮装出資と評価して，引受人または取締役等の責任を追及すればよい（***7-3-3-5-1***）。

なお，従業員持株制度において，譲渡の相手方を会社または持株会とすること，譲渡価格を一定金額と定めること等の譲渡制限が127条に違反しないかについては，***4-5-3-6-1***で述べた一般論があてはまる。したがって，有効な合意が存在する場合には公序良俗（民90）に反しない限り契約による譲渡制限は127条には違反しないと解すべきである（最判平成7・4・25〈21事件〉）。ただし，従業員持株制度による株主といえども，投下資本が回収できなくなるリスクを負っているのであり，リスクに見合うリターンを得る資格があると思われるから，あらかじめ約定された譲渡価額が譲渡時点の株式の価値と合理的な関連性を有しないとき（たとえば譲渡価額として取得価額など一定額を定める場合）には，配当性向が100％近いという場合（このような場合でないと，保有期間中に会社財産が増加したことの恩恵に十分にあずかることができないので，実質的に株主間の不平等が生ずる。また，会社の計算が債権者保護の観点から保守主義的になされていることを考えれば100％近くでも不十分な場合があろう）以外は譲渡の請求が権利の濫用にあたり，または信義則もしくは公序良俗に反する可能性がないわけではない（神崎168，百選〔第6版〕16事件解説〔前田（雅）〕）。たしかに，契約自由の原則からは，自由意思に基づいて譲渡価額を約定した以上，不都合はないようにみえるが，約定する時点では，将来において配当が実際にどのように行われるかは不明であることを考慮すると，実際の配当状況によっては，当初の約定譲渡価額による譲渡請求が権利の濫用にあたり，または公序良俗に反すると評価すべき場合がある。もっとも，取得条項付株式の取得とのバランスからは，譲渡価額の約定は，通常，有効とされることになろう[65]。

他方，契約によって会社を譲渡の相手方と定める場合には，株式譲渡自由の原則（127）と155条以下の規制（したがって，自己の株式の有償取得に関する取得方法規制と財源規制〔***4-5-3-3-3***および***4-5-3-3-4***〕に服する）との関係で問題が生じうる。

65）最判平成21・2・17判時2038号144は，日刊新聞紙法の適用を受けるY_1会社の株式について，「円滑に現役の従業員等に承継させるため，株主が個人的理由によりY_1株式を売却する必要が生じたときなどにはY_2が額面額でこれを買い戻す」ルールに合理性がないとはいえない，「Y_1が，多額の利益を計上しながら特段の事情もないのに一切配当を行うことなくこれをすべて会社内部に留保していたというような事情も見当たらない」などとして，Y_2が額面額でY_1株式を買い戻すという合意は，「会社法107条及び127条の規定に反するものではなく，公序良俗にも反しないから有効」であるとした。

また，受託者に議決権を行使させることを目的とする議決権信託は，脱法行為（たとえば310条2項の潜脱）にあたる場合あるいは株式会社の精神・公序良俗に反する場合を除いて，有効であるが（大隅＝今井・中77，龍田＝前田174。なお，鈴木・研究Ⅲ 98），株式に表章される権利義務の一体性の観点から議決権のみの信託は許されないと解するのが多数説である。会社関与の下で創設された株式信託契約（信託期間を株主の地位を喪失するまでとし，解除を許さないもの。ただし，配当請求権，残余財産分配請求権は委託者である従業員株主に帰属するとされていた）を締結することが従業員持株制度に加入する要件とされていた事案に関して，そのような信託は平成17年改正前商法の精神に照らして無効であり，共益権のみの信託は無効であるとする裁判例があり（大阪高決昭和58・10・27〈33事件〉），これは会社法の下でも妥当すると思われる。

4-6　単元株制度

単元株制度は，単元未満株式には議決権を認めない（定款の定めによって，さらに権利を制限できる）という点で株主の権利を縮小する制度である。

4-6-1　単元株制度の意義

会社は，その発行する株式について，一定の数の株式をもって株主が株主総会または種類株主総会において1個の議決権（308Ⅰ・325）を行使することができる1単元の株式とする旨を定款で定めることができる（188Ⅰ）[66]。また，株券発行会社であっても，単元未満株式を表章する株券を発行しない旨を定款で定めることができる（189Ⅲ）。これらは，主として，株主管理コストの軽減を可能にするためである。なお，1単元の株式の数が大きくなりすぎることを防ぐため，1単元の株式の数は1000または発行済株式総数の200分の1にあたる数を超えてはならない（会社規34）[67]。

4-6-2　単元未満株主の権利

単元未満株主は，その有する単元未満株式について，株主総会・種類株主総会

66)　単元株制度に係る定款変更については，***8-4-1***，***8-4-2***(2)(3)および***8-4-4***(2)参照。

67)　種類株式発行会社においては，単元株式数は，株式の種類ごとに定めなければならない（188Ⅲ）。

における議決権（189 Ⅰ）および株主総会・種類株主総会に関する権利（297 Ⅲ・303 Ⅳ・305 Ⅲ・325参照）を行使できないほかは，株主としての権利を有するのが原則である。しかし，単元未満株主の権利を定款の定めにより制限することができる（189 Ⅱ柱書・847 Ⅰ柱書かっこ書）[68]。ただし，単元未満株式であっても株式であり，会社に対する持分としての性質を有することから，直接に持分の消長をきたす，全部取得条項付種類株式の取得対価の交付を受ける権利，取得条項付株式の取得と引換えに金銭等の交付を受ける権利，株式無償割当てを受ける権利，残余財産の分配を受ける権利，単元未満株式買取請求権および法務省令（会社規35）で定める権利[69]を制限することはできない（189 Ⅱ各号）。

4-6-3 単元未満株式の買取請求権と買増制度

単元未満株式については権利が制限されていることをふまえ，また，投下資本回収の途を確保するという観点（**視点12**）から，株券の発行の有無にかかわらず，単元未満株式については買取請求が認められる（192〔第5章注42参照〕）。

また，単元株制度を採用している会社は，単元未満株主がその有する単元未満株式と併せて1単元の株式となる数の株式を売り渡すべき旨を会社に請求することができる旨を，定款をもって定めることができる（194 Ⅰ）。定款で定めるべきこととされたのは，募集株式の発行等の手続によらないで（***7-3***参照），自己株式を処分することを認めるという点で例外的な制度だからである。この制度は，単元未満株主が単元株主になる機会を広げるものである。

単元未満株式の買増制度を採用している場合に，単元未満株主の請求があったときは，その請求があった時に会社がその請求により譲渡すべき数の株式を有しない場合を除き，自己の有する株式をその単元未満株主に譲渡しなければならな

68） これは，端株制度が廃止され（経過措置がある），単元株制度のみが残ったため，単元未満株式につき，従来の端株と同じ扱いを可能にしようとするものである。ただし，弥永・演習[5]。

69） 定款・株主名簿の閲覧等を請求をする権利，名義書換請求権，譲渡による取得承認請求権・指定買取人請求権等，株券不発行会社における株主名簿記載事項を記載した書面の交付または記録した電磁的記録の提供請求権，株券発行会社における株券発行請求権・株券不所持申出権，株式売渡請求により特別支配株主が売渡株式の取得の対価として交付する金銭の交付を受ける権利，株式の併合・分割・新株予約権無償割当て・組織変更により金銭等の交付を受ける権利，および，吸収合併（消滅会社となる場合）・新設合併・株式交換・株式移転により存続会社等が交付する金銭等の交付を受ける権利。

い（194 Ⅲ）。

4-7 株 券

4-7-1 株券の特徴

株券発行会社では，株式の流通性を高めるため（**視点12**），株式は有価証券である株券に表章される（214）。

株券はすでに存在している株式を表章するものであって，株券の作成によって，株式が発生するものではないから（要因証券・非設権証券），株式が有効に存在しない限り，株券は無効である[70]。また，株券が表章する権利である株式の内容は，定款および株主総会あるいは取締役会の決議によって定まり，株券上の記載によって定まるものではない。（非文言証券）。法定の記載事項の記載が欠けていても，本質的事項が完全に記載されていれば株券は有効であると考えられ，要式証券性が厳格ではないと解されてきたが，216条は最小限の記載事項を定めており，1号から3号の事項は本質的記載事項である。なお，株券発行会社の株式は意思表示と株券の単なる交付（引渡し）によって移転されるから無記名証券である（128 Ⅰ）。

4-7-2 株券の効力発生時期

株式の効力発生後[71]，株券交付前に株券が喪失した場合には，株主に帰責性

70） 東京地判昭和36・10・23下民集12巻10号2508は，株式を表象する正規の株券が発行されているにもかかわらず，会社の取締役が予備株券を用いて株券を発行した（二重株券）事案について，対応する株式ないしは株主権がないのに発行された株券は無効であるとしている。もっとも，無効な株券を有効な株券であると信じて取得した者に対して，会社が不法行為責任（350，民709・715）を負う可能性はある（大判大正15・10・13民集5巻785，大判昭和8・4・18民集12巻807）。また，東京地判令和元・10・7金判1596号28は，株券発行会社の代表取締役兼一人株主が違法・不当な目的をもって故意に無効な株券を作成し，これを用いて株式譲渡の意思を表示した場合において，その行為が社会通念上著しく正義に反したものというべきときには，譲受人は，意思表示のみによって有効に株式の譲渡を受けることができるとした。

71）なお，株式の効力が発生する時期は，①会社設立のときは会社の成立時（50 Ⅰ・102 Ⅱ），②通常の新株発行のときは払込期日（払込期間が定められたときは出資の履行をした日）（209）であって，その前には，株券の効力も発生しない。

がないことに注目して，株主に交付[72]されたときに株券の効力が発生するという考え方が従来有力であったが（最判昭和40・11・16〈25事件〉）[73]，株主に対する株券の交付は権利者に対する引渡しにすぎないとみて，適法に作成され，どの株券がどの株主のものか確定したとき（株主名が株券に記入されたとき）に効力が発生する[74]と考えるのが現在では通説である（江頭179注2は反対）。なぜなら，未交付の株券が失われた場合に，これについて善意取得の成立を認めないのは取引の安全（**視点3**）を害するからである。また，たとえば，郵送という喪失の危険を伴う方法によって新株券は送付されてくるということを株主は了承しているのであって，善意で株式を取得した者の利益と衡量すれば株式取得者を保護すべきだからである。さらに，保険によって株主の最低限の経済的利益は保護されるから不当ではない（全集124）[75]。

4-7-3　株券失効制度

株券を喪失した者の救済の実効性を確保し，その者にとってのコストの軽減を図るとともに，株券の所持人や株式を取得しようとする者の利益も図るために，株主名簿制度および名義書換を前提とする株券失効制度が定められている。したがって，株券は除権決定の対象とならない（233。株券以外の証券を喪失した場合には除権決定の対象となる。たとえば，新株予約権証券〔288〕，社債券〔699〕）。

72）　現実の引渡しに限られない（大阪高判昭和51・2・18金判499号32は，株主の承諾のもと会社が株券を占有していた事案について交付があったと認めている）。

73）　この判決は，会社が保管していた株券（株主の氏名が記載されていたが，株主に未交付）が差し押さえられた事案に関するものであることに留意しなければならない。したがって，未交付の段階では株券としては無効であると解しても，株券交付請求権（札幌高判昭和39・9・14民集19巻8号1981）または株式（東京地決平成4・6・26判タ794号255）を差し押さえることが株主の債権者としては可能であり，強制執行の方法を本件では誤ったにすぎないということになる。

74）　もちろん，株式の効力発生以後であることが前提である。

75）　もっとも，譲渡制限株式の場合には，金銭による補償を受けても株主は持分比率を回復できないから，むしろ，善意取得は認めないで，株券を取得した者に金銭的補償を与えるほうが合理的であるとも考えられる。株券は，株主に交付されるまでは有効ではないと解しても，未交付の段階で株券が喪失した事案においては，多くの場合，会社または運送人に過失が認められ，その結果，株券（の外観を有するもの）を善意で取得した者は，それらの者に対して不法行為に基づく損害賠償を請求できると考えられる。

4-7-3-1　株券失効制度の手続の流れ

(1)　株券喪失者による株券喪失登録の申請

株券喪失者は[76]，株券発行会社[77]に対し，株券喪失登録を請求することができる（223）。

(2)　株券喪失登録と会社の通知義務

株券発行会社は，株券喪失登録簿を作り，株券喪失登録の請求があったときは，株券喪失登録簿に，申請に係る株券の番号，株券喪失者の氏名・名称および住所，株券に係る株式の名義人の氏名・名称および住所，株券喪失登録日を記載・記録しなければならない（221）。この株券喪失登録簿は，本店（株主名簿管理人[78]が置かれている場合には株主名簿管理人の営業所）に備え置かれ（231 Ⅰ），だれでも利害関係を有する部分について，株券喪失登録簿が書面をもって作成された場合にはその閲覧・謄写を，電磁的記録をもって作成された場合にはその情報の内容を表示したものの閲覧・謄写を，それぞれ請求できる（231 Ⅱ）。

株券喪失登録がされたときに，株券喪失登録者が対象株券に係る株式の名義人でないときは，会社は，遅滞なく，その名義人に対し，その株券につき株券喪失登録がされた旨および請求に係る株券の番号，株券喪失者の氏名・名称および住所，株券喪失登録日を通知しなければならない（224 Ⅰ）[79]。また，株券喪失登録

76）株券喪失登録請求は，株券喪失登録請求者の氏名・名称および住所（株券所持人による喪失登録抹消の申請があったときには，会社は登録抹消の申請をした者の氏名・名称および住所ならびに株券の番号を株券喪失登録者に通知しなければならない〔225 Ⅲ〕からである）ならびに喪失した株券の番号（喪失登録の対象となる株券を特定するため）を明らかにしてしなければならない（会社規 47 Ⅱ）。また，株券喪失登録請求者が株券喪失登録請求をしようとするときは，株券喪失登録請求者が当該株券に係る株式の株主または登録株式質権者として株主名簿に記載・記録がされている者である場合には株券の喪失の事実を証する資料を，それ以外の場合には，株券喪失登録請求者が株券喪失登録請求に係る株券を，当該株券に係る株式につき取得日として株主名簿に記載・記録がされている日以後に所持していたことを証する資料および株券の喪失の事実を証する資料を，それぞれ，会社に提供しなければならない（会社規 47 Ⅲ）。

77）会社がその株式（種類株式発行会社では，全部の種類の株式）に係る株券を発行する旨の定款の定めを廃止する定款の変更をした日の翌日から起算して1年を経過していない場合には，その会社を含む（221）。

78）会社が株券について株主名簿管理人を置いたときは，その株主名簿管理人は，株券喪失登録について会社を代理するものとされている（222・123）。これは，株券失効制度において，株券喪失登録に係る事務が株主名簿制度と結びついているからである。

79）これは，所持している株券につき株券喪失登録がなされた場合に，その株券に係る株式

図 4-4　株券失効制度の流れ*

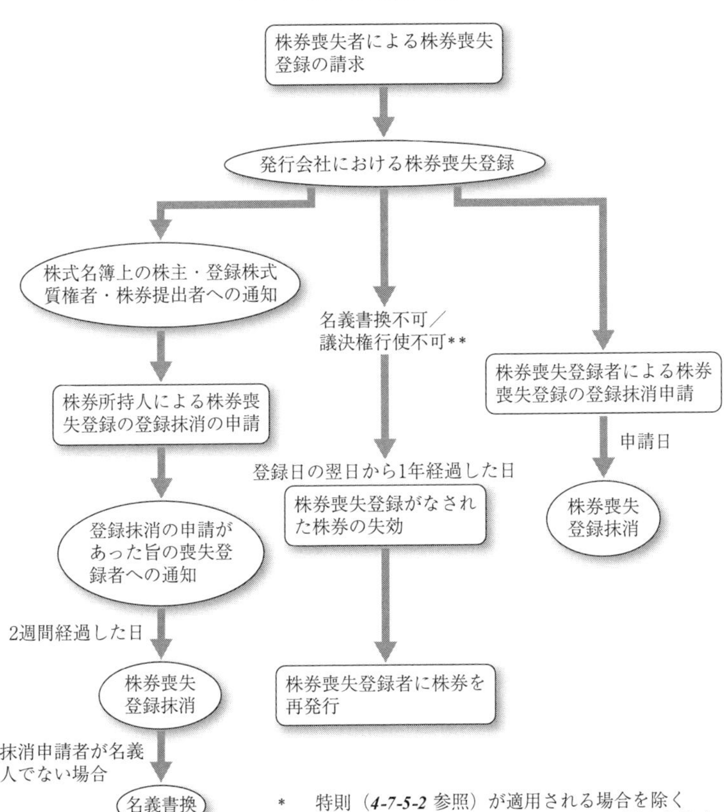

*　特則（**4-7-5-2** 参照）が適用される場合を除く
**　株主名簿上の株主が喪失登録している場合を除く

がされた株券が，その株券に係る株式についての権利の行使（名義書換の請求など）のために会社に提出されたときは，会社は，遅滞なく，その株券を提出した者に対し，その株券につき株券喪失登録がされている旨を通知しなければならない（224 Ⅱ）[80]。

の名義人に株券喪失登録を抹消させるための登録抹消の申請の機会を確保するためである。また，株券喪失登録がなされると名義人の権利行使ができなくなるため，そのような事態に名義人が適切に対応して（登録抹消の申請を行って），権利行使を行うことができるようにするためである。さらに，このような通知がなされることにより，名義人が知らない間に所持する株券が失効させられることが防止される。

(3)　株券所持人による株券喪失登録の登録抹消の申請

株券喪失登録がされた株券を所持する者（株券喪失登録者を除く）は，法務省令の定めるところにより[81]，その株券喪失登録がされた日の翌日から起算して1年を経過するまでは，会社に対し，その株券喪失登録の抹消の申請をすることができ（225），これによって，株券喪失登録を抹消させ，所持する株券が失効させられることを防止することができる。登録抹消の申請をする者は，株券喪失登録がされた株券を会社に提出しなければならない（225 Ⅱ）[82]。登録抹消の申請があったときは，会社は，遅滞なく，株券喪失登録者に対し，登録抹消の申請をした者の氏名・名称および住所ならびにその株券の番号を通知しなければならない（225 Ⅲ）[83]。

株券喪失登録者への通知がされた日から2週間を経過した日に，会社は，提出された株券を登録抹消の申請をした者に返還し，その株券に係る株券喪失登録を抹消しなければならない（225 Ⅳ）[84]。

(4)　株券喪失登録者による株券喪失登録の抹消申請

株券喪失登録者は，法務省令で定めるところにより（会社規49），株券発行会社に対し，株券喪失登録の抹消を申請することができる（226 Ⅰ）[85]。株券喪失登録者による株券喪失登録の抹消の申請がされた日に[86]，会社は，その申請に係

80）これは，権利を行使しようとする株券の所持人に株券喪失登録の抹消の申請をする機会を保障するためである。

81）喪失登録抹消の申請は，株券を提示し，当該申請をする者の氏名・名称および住所を明らかにしてしなければならない（会社規48）。これは，株券所持人による喪失登録抹消の申請があったときには，会社は登録抹消の申請をした者の氏名・名称および住所ならびに株券の番号を株券喪失登録者に通知しなければならない（225 Ⅲ）からである。

82）これは，株券を占有している者は適法の所持人と推定され（131 Ⅰ），株券喪失登録の抹消の申請をして，株券喪失登録の抹消を求める正当な利益を有するからである。

83）これは，株券喪失登録者が登録抹消申請者に対して，その株券に係る株式の権利を株券喪失登録者が有する旨を主張し，登録抹消申請者が所持する株券の引渡しを請求するなどの機会を与えるためのものである。

84）直ちに株券喪失登録を抹消しないのは，株券喪失登録者が登録抹消申請者に対して自己の権利を主張・保全する機会を確保し，株券喪失登録者の利益を保護するためである。

85）会社がその株式（種類株式発行会社では，全部の種類の株式）に係る株券を発行する旨の定款の定めを廃止する定款の変更をした場合には，株券所持人が株券喪失登録の抹消を請求して提出した株券についての株券喪失登録を除く。

86）株券喪失登録者自身が登録抹消を申請するので，株券喪失登録者の利益を保護するために一定期間の経過をまって株券喪失登録を抹消するものとする必要がないからである。

る株券喪失登録を抹消しなければならない（226 Ⅱ）。

⑸　株券発行の定款の定めの廃止と株券喪失登録抹消

その株式（種類株式発行会社では，全部の種類の株式）に係る株券を発行する旨の定款の定めを廃止する定款の変更をする場合には，株券発行会社は，その定款の変更の効力が生ずる日に，株券喪失登録がされた株券に係る株式の名義人が株券喪失登録者であるものについては，株券所持人が株券喪失登録の抹消を請求して提出した株券についてのものを除き，株券喪失登録を抹消しなければならない（227）。

⑹　株券喪失登録がされた株券の失効

①　株券の失効

株券喪失登録がされた株券は，登録が抹消されたものを除き，その株券喪失登録日の翌日から起算して１年を経過した日に無効となる（228 Ⅰ）。

②　株券の再発行

株券が無効となった場合には，株券発行会社は，その株券についての株券喪失登録者に対し，株券を再発行しなければならない（228 Ⅱ）。

4-7-3-2　簡易異議催告と株券喪失登録者

株券喪失登録者が簡易異議催告（**4-7-5-2**）の請求をした場合には，株券発行会社は，その期間の末日が株券喪失登録日の翌日から起算して１年を経過する日前に到来するときに限り，公告をすることができる（229 Ⅰ）。この公告をするときは，その会社は，その公告をした日に，その公告に係る株券についての株券喪失登録を抹消しなければならない（229 Ⅱ）。

4-7-3-3　株券喪失登録がされた株券に係る名義書換の制限，権利行使の制限

⑴　名義書換の制限

株券発行会社は，登録抹消日（株券喪失登録が抹消された日と株券喪失登録日の翌日から起算して１年を経過した日とのいずれか早い日）までの間は，株券喪失登録がされた株券に係る株式を取得した者の氏名・名称および住所を株主名簿に記載・記録（名義書換）することができない（230 Ⅰ）。これは，登録抹消の申請をして，株券喪失登録の抹消がなされなければ，株券喪失登録がされた株券の所持人は名義書換をうけることができないことを意味する。

⑵　議決権

株券喪失登録者が株券喪失登録をした株券に係る株式の名義人でないときは，その株式の株主は，登録抹消日までの間は，株主総会または種類株主総会におい

て議決権を行使することができない（230 Ⅲ）。株券喪失登録者が名義人である場合に議決権行使が認められるのは，株券喪失登録をしなければ株主名簿上の株主として議決権行使が認められるにもかかわらず，株券喪失登録の請求をしたことによって議決権行使ができなくなることは不当だからである。

4-7-3-4　株券失効制度と善意取得

株券喪失登録がなされていることの一事をもって，現在の株券所持人が実質的無権利者であるという蓋然性がきわめて高いとは必ずしもいえないとすれば，株券の占有者は適法な所持人（実質的権利者）と推定されるという131条1項を前提とする限り，株券喪失登録簿をみないで取得することには重過失はないと解すべき場合があろう。そして，株券失効制度は，株券喪失登録者が実質的権利を有することを確認する制度ではないので，株券が失効しても，善意取得者は実質的権利を失うものではないと解することができる（江頭188注15。除権決定との関係について最判平成13・1・25民集55巻1号1〔手形の事案〕参照)。もっとも，株券失効後に株券の再発行がなされた場合に，その再発行された株券によって株券喪失登録者から株券喪失登録者が実質的無権利であることにつき善意かつ無重過失で株式の譲渡を受けた第三者はその株式を善意取得できると考えるべきであろう。真の権利者が株主名簿上の株主等（名義人）であれば，登録抹消の申請の機会があったにもかかわらず，それを漫然と放置していたのだから，不利益を被ることはやむを得ないともいえる[87]。

4-7-4　株券不所持制度

株主は株券を紛失すると，善意取得（131 Ⅱ）によって，反射的に株式を失うおそれが大きいので，この危険を回避することを望む株主のために，株券不所持制度が設けられている。すなわち，株券不所持の申出が株主からあったときに（217 Ⅰ）（その株式に係る株券が発行されているときは，株主は，その株券を会社に提出しなければならない〔217 Ⅱ〕），株券発行会社は株券不発行を株主名簿に記載・記録し（217 Ⅲ），かつ，既発行株券がある場合にはそれを無効にし（217 Ⅴ），株主から請求があったときに株券を発行する（217 Ⅵ）。

87）もっとも，善意取得が成立する前の実質的権利者は実質的無権利者である譲渡人（株券喪失登録者）に対して不当利得の返還請求等をすることができると考えられる。

4-7-5　株券の提出に関する公告等

4-7-5-1　株券の提出に関する公告

株券発行会社が，譲渡制限株式とする定款の定めを設ける定款の変更，株式の併合，全部取得条項付種類株式の取得，取得条項付株式の取得，組織変更，合併（合併によりその会社が消滅する場合に限る），株式交換または株式移転（219条1項各号に掲げられた会社の行為）をする場合には，その行為の効力が生ずる日までにその会社に対し一定の株式（その株式の全部について株券を発行していない場合[88]を除く）に係る株券[89]を提出しなければならない旨を効力発生日の1ヵ月前までに，公告し，かつ，その株式の株主およびその登録株式質権者には，各別にこれを通知しなければならない。

会社は，219条1項各号に掲げられた会社の行為の効力が生ずる日までに会社に対して株券を提出しない者があるときは，その株券の提出があるまでの間，その行為によってその株券に係る株式の株主が受けることのできる金銭等の交付を拒むことができる（219 Ⅱ）。

4-7-5-2　簡易異議催告

譲渡制限株式とする定款の定めを設ける定款の変更，株式の併合，全部取得条項付種類株式の取得，取得条項付株式の取得，組織変更，合併（合併によりその会社が消滅する場合に限る），株式交換または株式移転（219条1項各号に掲げられた会社の行為）を行った場合には，株券発行会社は，株券を提出できない者の請求により，利害関係人に対し異議があれば一定の期間（3ヵ月以上）内にこれを述べることができる旨を公告することができる（220 Ⅰ）。この公告の費用は公告を請求した者が負担する（220 Ⅲ）。そして，この公告をなした場合に，その一定期間内に利害関係人が異議を述べなかったときは，会社は，公告を請求した者に対して，219条1項各号に掲げられた会社の行為によって株主が受けることができる金銭等を交付することができる（220 Ⅱ）。

---

88)　株券発行会社であっても，株券不所持の申出により発行済株式の全部について株券が不発行とされている会社および公開会社以外の会社であって，株主から株券発行の請求がないために発行済株式の全部について株券を発行していないものが存在しうる。

89)　その株式に係る株券は，219条1項各号に掲げられた会社の行為の効力が生ずる日に無効となる（219 Ⅲ）。

4-7-6　株券を発行する旨の定款の定めの廃止

株券発行会社が，その株式（種類株式発行会社では，全部の種類の株式）に係る株券を発行する旨の定款の定めを廃止する定款変更をしようとするときは，その定款の変更の効力が生ずる日の2週間前までに，①その株式（種類株式発行会社では，全部の種類の株式）に係る株券を発行する旨の定款の定めを廃止する旨，②定款変更の効力発生日，および，③定款変更の効力の発生日に会社の株券は無効となる旨を公告し，かつ，株主および登録株式質権者には，各別にこれを通知しなければならない（218 Ⅰ）。ただし，株式の全部について株券を発行していない会社の場合（本章注88参照）は，①および②を株主および登録株式質権者に通知するか公告すれば足りる（218 ⅢⅣ）。

株券発行を定める旨の定款の定めを廃止する定款変更がなされる場合には，株式の質権者（登録株式質権者を除く）は，定款変更の効力発生日の前日までに，株券発行会社に対し，質権者の氏名・名称および住所と質権の目的である株式を株主名簿に記載し，または記録することを請求することができる（特例登録質）（218 Ⅴ）。特例登録質には152条から154条の適用はなく，略式株式質（***4-8***）の効力しか有しない。

4-8　株式担保

株式を目的とする担保には，略式株式質（株券発行会社においては当事者間の質権設定の合意と株券の交付を効力発生要件とし，かつ株券の占有継続を第三者対抗要件とする質権〔146 Ⅱ・147 Ⅱ〕および振替株式を目的とする質権のうち総株主通知の際に株主〔＝質権設定者〕のみが通知されるもの〔社債株式振替132 Ⅲ⑤・141・151 Ⅱ②〕），登録株式質（株券発行会社においては，略式質の要件に加えて，質権設定者である株主の請求によって会社が株主名簿に質権者の氏名・名称および住所を記載・記録する質権[90)]。株券発行会社以外の会社においては，振替株式を目的とする場合には総株主通知の際に加入者の申出に基づいて質権者の氏名・住所等が会社に通知され，会社が株主名簿にそれを記載・記録する質権）[91)]，振替株式以外の株式を目的とする場合には当事者間の質権

90)　ただし，特例登録質（218 Ⅴ）は，登録株式質ではない（***4-7-6***）。

91)　株券発行会社以外の会社の振替株式でない株式を目的とする略式株式質は設定できない。ただし，注90。

設定の合意に加えて，質権設定者である株主の請求によって会社が株主名簿に質権者の氏名・名称および住所を記載・記録する質権，および，株式の譲渡担保[92]などがある[93][94]。

質権の効力としては，留置的効力および優先弁済権（民362 Ⅱ・342）があり，譲渡担保についても同様の効力が認められる。

151条は，取得請求権付株式の取得，取得条項付株式の取得，全部取得条項付種類株式の取得，株式の併合・分割，株式・新株予約権無償割当て，剰余金の配当，残余財産の分配，組織変更，合併（合併によりその会社が消滅する場合に限る），株式交換，株式移転，その他の株式の取得を会社が行った場合に質権の目的物となっている株式の株主が受けることのできる金銭その他の財産について株式を目的とする質権は存在するとして，株式を目的とする質権[95]の効力が及ぶ範囲に

---

92)　株券発行会社においては，略式株式質と同様，株券の当事者間の質権設定の合意と株券の交付のみを効力発生要件とする場合（略式譲渡担保）とそれに加えて担保権者の名義に書換える場合とがある。振替株式を目的物とする場合には，総株主通知の際に加入者の申出に基づいて特別株主（＝譲渡担保権設定者）の氏名・住所等を会社に通知する場合（社債株式振替151 Ⅱ①）が略式譲渡担保にあたる。株券発行会社以外の会社の振替株式でない株式を目的とする譲渡担保は株券の当事者間の質権設定の合意が効力発生要件であるが，会社その他の第三者に対抗するためには株主名簿の書換えが要件となる。

93)　略式質なのか，（略式）譲渡担保なのかは，外形的な区別はつかず，当事者の合意によって決せられるが，通常，当事者の合意は「担保のため」授受するという意思だけであって，両者のいずれにあたるかの事実認定が困難である。そこで，当事者の意思がいずれか明確である場合にはそれに従い，そうでない場合には，担保権者が自ら担保物を取得し，その他法律で定めた方法によらないで担保物を処分でき，担保権者にとって質権より有利な譲渡担保であると推定すべきである（全集172）と考えられてきたが，効力が及ぶ範囲の点では略式質の方が有利であり（本章注95参照），むしろ略式質であると推定したほうがよいかもしれない。

94)　株式質入れの場合は，外部の者が株主として会社内に入ってくる危険があるのは質権実行の段階においてであって，質権設定の段階では，そのような危険は生じない。したがって，譲渡制限株式の質入れ自体に会社の承認を得る必要はない。しかし，質権が実行された場合に競売により株式を取得した者は取得について会社の承認を得なければ，名義書換を請求できない（134②参照）。譲渡担保の場合も全く同様に考えることができる（前掲最判昭和48・6・15〈18事件〉の傍論は反対）。すなわち，譲渡担保の場合にも，譲渡担保権者が名義書換を受ける場合を別とすれば，譲渡担保権者が株主として権利行使することはないから，担保権設定時に会社の承認を要求する理由はなく，譲渡担保の場合も担保権実行時に取得者が承認請求すれば十分である（137 Ⅰ）（竹内・判例Ⅰ31以下）。

95)　振替株式以外の株式を目的とする略式株式質の質権者にとっては，株券の継続保有が株

ついて規定している[96]。そして，登録株式質権者（特例登録質〔***4-7-6***〕を含まない）は，151条の場合に，その金銭を受領し，他の債権者に先立って自己の債権の弁済に充てることができる（154 Ⅰ）[97]。

また，株券発行会社は，株主が取得請求権付株式の取得，取得条項付株式の取得，全部取得条項付種類株式の取得あるいは株式無償割当てにより受け取ることができる株券，併合した株式に係る株券または分割した株式について新たに発行する株券を登録株式質権者（特例登録質の場合を除く）に引き渡さなければならず（153），株券発行会社以外の会社は，それらの株式につき登録株式質権者（特例登録質の場合を除く）の氏名・名称および住所を株主名簿に記載・記録しなければならない（152）。登録譲渡担保権者についても同様である。

4-9　所在不明株主の株式売却制度

会社の株式事務の合理化（**視点15**）を可能にするため[98]，会社は，取締役会の決議により所在不明株主の有する株式を売却して，その代金をその所在不明株主に交付することができるものとされている（197）。

券発行会社に対する対抗要件なので（147 Ⅱ），株券を提示して剰余金の配当を会社に対して求めることができると解される。剰余金の配当に質権の効力が及ぶ以上，支払前に差し押さえる必要はないと考えるべきである（新注会(3) 199–200〔前田庸〕参照)。もっとも，会社が株主名簿上の株主に対して剰余金の配当をすでに行っていた場合には，会社は株主名簿の記載・記録の免責力（***4-10-2***参照）によって保護される（講座Ⅱ 703〔鴻〕参照)。これに対して，略式譲渡担保の場合には，譲渡担保権者は会社に対して権利行使できず（130），バランスがとれていないが，これは，対会社対抗要件が異なる以上しかたがない。

96）　これは，担保権の物上代位的効力から当然のことを定めているにすぎないから，譲渡担保にも同様の効力が認められる。

97）　自己の債権の弁済期が到来していないときは，登録株式質権者は，株式会社にその金銭に相当する金額を供託させることができ，この場合において，質権は，その供託金について存在するものとされる（154 Ⅱ）。

98）　株式会社が株主に対してする通知または催告は，株主名簿に記載・記録した株主の住所（株主が別に通知または催告を受ける場所または連絡先を会社に通知した場合には，その場所または連絡先）にあてて発すれば足り（126 Ⅰ），その通知または催告は，その通知または催告が通常到達すべきであった時に，到達したものとみなされる（126 Ⅱ）。そして，会社が株主に対してする通知または催告が継続して5年間到達しないときは，会社の株主に対する通知または催告をしなくともよい（196 Ⅰ）。これは，登録株式質権者に準用される（196 Ⅲ）。

すなわち，その株式に係る株主に対する通知および催告が，継続して5年間到達していないもの（196条1項の規定により通知および催告を要しないもの）または無記名式新株予約権証券が提出されなかった場合における取得条項付新株予約権の取得の対価となる株式（294条2項の規定により通知および催告を要しないもの）であって，かつ，その株式につき，継続して5年間，剰余金の配当の受領がされなかった株式（ただし，株券喪失登録がなされている株券に係る株式を除く〔230 Ⅳ〕）については，会社は，その株式を競売することができる（197）。ただし，その株式につき株主名簿に記載または記録のある質権者（登録株式質権者）があるときは，その登録株式質権者も196条3項が準用する同条1項の規定により通知および催告を要しない者であって，かつ，継続して5年間，154条1項の規定により受領することができる剰余金の配当を受領しなかった者でなければ，会社はその株式を競売することはできない（197 Ⅴ）。これは登録株式質権者の利益保護のためである。

また，会社は，株式の競売または売却をするには，その株式について，株主の氏名および住所，その株式の種類・数，その株式につき株券を発行したときはその株券番号，その株式を競売し，または売却する旨および利害関係人に対し異議があれば一定の期間（3ヵ月以上）内に述べるべき旨を公告し，かつ，株主および登録株式質権者に各別に催告しなければならない（198 Ⅰ）。この催告は，株主名簿に記載・記録した株主および登録株式質権者の住所（その株主または登録株式質権者が別に通知または催告を受ける場所または連絡先をその会社に通知した場合には，その場所または連絡先を含む）にあてて発しなければならない（198 Ⅱ）。そして，対象株式に係る株券が発行されている場合において，異議申述期間内に利害関係人が異議を述べなかったときは，その株券は期間の末日に無効となる（198 Ⅴ）。このような異議申立手続が定められているのは，この売却制度が株主が有する株式を株主自身の意思に基づかずに，会社が一方的に売却等をして金銭に転換するという株主の利害に重要な影響を与えるものだからである。

会社は株式を売却等した場合には，その代金を従前の株主（所在不明株主）に支払わなければならない（197 Ⅰ柱書）。また，この債務の弁済は，会社の住所地においてなされるべきことになる（196 Ⅱ Ⅲ）。なお，会社が，その過失がなくて債権者を確知することができない場合には，供託をしてその債務を免れることもできる（民494）。

なお，197条1項は「競売」することができると定めるが，会社は，競売に代えて，市場価格（取引所の相場のみならず，市場で形成されている取引価格等も該当する）のある株式はその市場価格をもって売却し，市場価格のない株式は裁判所の許可を得て競売以外の方法によって売却することができる（197 Ⅱ）。また，この場合に，会社は，売却する株式の全部または一部を買い受けることができる。すなわち，自己の株式の有償取得に該当するが，総会の決議によることなく，買い受けることができる。ただし，その取得価額の総額は，分配可能額の範囲でなければならないし（461 Ⅰ⑥），取締役会設置会社においては，これらの決定は，取締役会の決議によらなければならない（197 Ⅳ）。

4-10　株主名簿

株主名簿とは株主（および株券〔株券発行会社の場合〕）に関する事項を明らかにするため会社法の規定により作成される帳簿（電磁的記録でもよい）である（121）。株式譲渡自由の原則および株式の有価証券化（株券）により，株主が変動し，また多数の株主が存在する可能性を考えると，会社との関係で株主を明確化・固定化する技術が必要となるが，その技術が株主名簿である。事務処理が円滑に行われることは究極的には株主の利益になるからである。株主であるにもかかわらず，権利行使できない者が出てくるという欠点に対しては，会社法の規定に従って，株主名簿の記載・記録を求めれば，正当な理由がない限り，会社は拒絶できないのだから，取得者は，権利行使したければ記載等を求めればよいといえよう[99]。

4-10-1　株主の請求によらない株主名簿記載事項の記載・記録

会社は，株式を発行した場合，自己の株式を取得した場合および自己株式を処分した場合には，その株式の株主に係る株主名簿記載事項を株主名簿に記載または記録しなければならない（132 Ⅰ）。また，会社は，株式の併合をした場合には

99）さらに，株主名簿制度は，次のような機能を有している。会社は株主名簿上の株主に議決権行使を勧誘することができるので株主総会あるいは種類株主総会成立のための定足数の確保が可能となる（309・324）。また，株券発行会社の場合，株主がその権利行使を反覆的に行使するごとに株券を会社に呈示するのでは手数と費用が大変なので，このような煩雑さも除去できる。しかも，株主は株主名簿に自己の氏名と住所を記載してもらっておけば，会社はその住所に通知を発するので（126），権利行使の機会を喪失しないですむ。さらに，会社に対する株主資格を決定する機能があるため取引条件の画一的決定が可能になる（配当落ち，権利落ちによる株価下落を考えてみよ）。

併合した株式について，株式の分割をした場合には，分割した株式について，それぞれ，その株式の株主に係る株主名簿記載事項を株主名簿に記載等しなければならない（132 Ⅱ Ⅲ）。なお，会社がこの規定に違反して，株主名簿の記載等を行わなかったとしても，株主は当該株式の株主であることを会社その他の第三者（株券発行会社では会社）に対して対抗することができる（130 Ⅰ Ⅱの反対解釈）。また，株式会社が設立や新株発行時に発行する株式を引き受けて原始株主となる者は，株式会社に対して株主名簿記載事項を株主名簿に記載することを請求することができ，この場合には単独で申請することができる（東京高判令和元・11・20 金判 1584 号 26）。

4-10-2　名義書換の手続

(1)　株券発行会社以外の会社における振替株式以外の株式

株式の取得者は，利害関係人の利益を害するおそれがないものとして法務省令（会社規 22 Ⅰ）で定める場合[100)]を除き，その取得した株式の株主として株主名簿

100)　株式取得者が，①株主として株主名簿に記載・記録がされた者またはその一般承継人に対して当該株式取得者の取得した株式に係る株主名簿記載事項を株主名簿に記載・記録することを請求をすべきことを命ずる確定判決を得た場合に，当該確定判決の内容を証する書面その他の資料を，②そのような確定判決と同一の効力を有するものの内容を証する書面その他の資料を，③株式取得者が指定買取人である場合に，譲渡等承認請求者に対して売買代金の全部を支払ったことを証する書面その他の資料を，④株式取得者が一般承継により当該株式会社の株式を取得した者である場合に，当該一般承継を証する書面その他の資料を，⑤株式取得者が当該株式会社の株式を競売により取得した者である場合に，当該競売により取得したことを証する資料を，⑥株式取得者が所在不明株主の株式売却に係る株式を取得した者である場合において，その売却に係る代金の全部を支払ったことを証する書面その他の資料を，⑦1株にみたない端数の競売・売却に係る株式を取得した者である場合において，その競売・売却に係る代金の全部を支払ったことを証する書面その他の資料を，それぞれ，提供して請求をした場合のほか，⑧株式取得者が株式交換（組織変更株式交換を含む）または株式移転（組織変更株式移転を含む）により当該株式会社の発行済株式の全部を取得した会社である場合に，当該株式取得者が請求をしたとき，⑨株式取得者が株券喪失登録者である場合に，当該株式取得者が株券喪失登録日の翌日から起算して1年を経過した日以降に，請求をしたとき（株券喪失登録が当該日前に抹消された場合を除く）および，⑩株式取得者が1株にみたない端数の売却に係る株式を取得した者である場合に，当該売却に係る代金の全部を支払ったことを証する書面その他の資料を提供して請求をしたときのほか，株式売渡請求により会社の発行する売渡株式の全部を取得した者である株式取得者が請求をしたときがあげられている（会社規 22 Ⅰ）。

に記載・記録された者（以下，名義人という）またはその相続人その他の一般承継人と共同して，名義書換の請求を行う（133 Ⅱ）。

(2)　振替株式

振替機関が総株主通知を会社に対して行った場合には，会社は，名義書換を行わなければならない（社債株式振替 152 Ⅰ）（***4-5-1-1***(2)も参照）。

(3)　株券発行会社

株券所持人単独で名義書換請求をすることができるが，名義書換を請求するにあたって，原則として，株券を提示しなければならない（会社規 22 Ⅱ①。呈示証券性）。株券の占有者は適法な所持人と推定されるので（131 Ⅰ），株券を提示して名義書換を請求する者は真実の株主であることを証明する必要はない（株券所持の資格授与的効力）。すなわち，株券を占有する者の権利が争われるときは，争う側に株券の所持人が真の権利者（株主）ではないことの立証責任がある（東京高判平成元・2・27 判時 1309 号 137）。

株券所持人から株券提示を伴う名義書換請求があったとき，会社はその名義書換請求に応じなければならない。会社は名義書換請求者の実質的権利を調査する権利も義務もなく，したがって，名義書換請求者が無権利者であることを容易に証明して請求を拒むことができることにつき悪意または重過失がある場合以外は免責される（手 40 Ⅲ類推）。もっとも，株券喪失登録がなされた株券に係る株式については株券喪失登録が抹消される日または株券が無効になる日までの間は会社は名義書換に応ずることができない（230 Ⅰ）。

なお，株券発行会社は，株券の提示がなくとも，株式取得者が株式交換（組織変更株式交換を含む）により当該株式会社の発行済株式の全部を取得した会社である場合または株式移転（組織変更株式移転を含む）により当該株式会社の発行済株式の全部を取得した株式会社である場合に，その株式取得者が請求をしたとき，株式売渡請求により会社の発行する売渡株式の全部を取得した者である株式取得者が請求をしたとき，または，所在不明株主の株式の売却により株式を取得した者が，売却に係る代金の全部を支払ったことを証する書面その他の資料を，1株にみたない端数の競売・売却に係る株式を取得した者が，その競売・売却に係る代金の全部を支払ったことを証する書面その他の資料を，それぞれ，提供して請求をしたときには，名義書換に応じなければならない（会社規 22 Ⅱ）。

4-10-3　名義書換の効果

株券発行会社は，株券の提示をうけて名義書換を行うので，株主名簿上の株主に権利行使を認めれば，たとえその者が実質上無権利であっても原則として免責される（免責力)。すなわち，会社が善意無重過失で，株主名簿上の株主に対し剰余金の配当をし，議決権を行使させれば，その者が実質的株主でなかったとしても，配当の支払が無効とされたり，総会決議が取り消されることにはならない（逆に，株券発行会社以外の会社における振替株式以外の株式に係る名義書換については，株券の提示に基づかない以上，株主名簿の記載・記録に基づいて，名簿上の株主の権利行使を認めただけでは，会社は免責されないことになる。江頭 176)。

また，株主は名義書換をしない限り[101]，自己の実質的権利を立証しても，株主であることを会社に対抗することができないが（130)[102]，会社の側から名義書換未了の株式譲受人に権利行使を認めることができるかは問題となる。

4-10-3-1　名義書換未了の株式譲受人の地位

会社の側から，会社の危険の下で，名義書換未了の株式譲受人の権利行使を認めてよいと考えられている（最判昭和 30・10・20 民集 9 巻 11 号 1657)。まず，130 条 1 項の「対抗することができない」[103] との文言は対抗要件を定めたものであるとみるのが文言上自然である（**制度 D'_2**)。また，株主名簿制度は大量の株主との事務処理を画一的にするための技術的要請に基づく会社の便宜のための制度にすぎない。たしかに，反対説[104] は，会社に判断の誤りがあって，譲受人が実質的権利者でなかった場合に，譲受人の参加した総会の決議が取り消されることになる等，問題が生ずるおそれ[105] はあるとするが，慎重に行えばめったに起こるこ

101)　ただし，振替株式についての少数株主権等は，加入者の個別の申出に従って振替口座簿の記録に基づいて振替機関が会社に対して通知することによって行使できるから，株主名簿の書換なしに行使できることになる（***4-5-1-1***(2))。

102)　株主が会社に対する株主権確認・株主名簿の名義書換の認諾調書を有する場合（東京地判昭和 46・8・16 判時 649 号 82）や株主が名義書換請求をしても会社が拒絶することが明らかであって，会社もその者が株主である事実を知っており，かつ，その事実を容易に証明することができる状態にある場合（名古屋高判平成 3・4・24 高民集 44 巻 2 号 43）などには名義書換なくして会社に株主であることを主張できるとする裁判例がある。

103)　株券発行会社における株券発行前の株式の譲渡（128 Ⅱ）が「会社に対し，その効力を生じない」とされているのと対照的である。

104)　大隅＝今井・上 483。名義書換の制度を，法律関係の簡明かつ画一的な処理を図るための制度とみる立場である。

とではない（裁量棄却の余地があるし，経済的損害については，取締役・執行役の損害賠償責任〔423〕によって対応可能である）。また，会社は自分の利益に従って譲渡人または譲受人を選択することができたり，あるいは双方に対し権利行使を拒否することができて不当であるとの指摘に対しては，むしろ株式譲渡によって全く会社と無関係になったことが明らかな譲渡人[106]に権利行使をさせなければならないこと[107]のほうがいっそう不当な結果であると反論できる。以上に加えて，譲受人が名義書換請求をしないのは譲渡人に権利行使させる趣旨であるとみられなくもないが，譲受人が積極的に会社に対し権利行使を求めた場合は，そうはいえない。

なお，名義書換前の譲受人に権利行使が認められるのはきわめて限られた場合，すなわち，基準日が株式取引の条件を決定する機能を果たしている以上，譲受人が基準日において，自分が実質的な権利者（譲受人）であったことを立証した場合に限られる。こうした限られた範囲で，実質的権利者を株主として扱うことは，株主平等原則に実質的に沿うものではあっても，反するものではない（前掲最判昭和30・10・20）（竹内・理論Ⅰ 206以下）。

4-10-3-2　名義書換の不当拒絶

133条2項の要件をみたす名義書換請求がなされた場合には，134条柱書本文にあたるとき，実質的権利者でないことを会社が立証して拒絶したとき，および，株券喪失登録がなされているときを除き，名義書換の拒絶は原則として不当拒絶

105)　たしかに「会社の危険において」ということは，究極的には株主の不利益が生ずる可能性を認めるということであるが，経営者の判断の誤りによって株主が不利益を受ける可能性はこの場合に限って生ずるわけではない。また株主の不利益は取締役の損害賠償によってカバーすればよい。さらに本文のような条件をみたす場合は「会社の危険」はほとんどないといえるであろう。

106)　譲受人に権利行使させる場合に限って，名義人の権利行使を拒絶できると考えることもできるし，そもそも権利行使の空白や会社の代表取締役（執行役）に権利行使者の選択を認めてもよいと考える余地がある。実質的無権利者は権利行使を認めよという立場にないし，また名義書換をすれば権利行使できるのだから，名義書換未了の譲受人に権利行使を認めなくとも，不測の損害を被る者はない。会社の代表取締役等が恣意的に権利行使を認め，または認めない可能性がないとはいえないが，そのようなことが可能なのは譲受人が名義書換未了のときにすぎず，また，会社の代表取締役等の行為が不当な場合は，株主平等原則違反か信義則違反にあたるのが普通であろう（竹内・講義311）。

107)　反対説の立場からは，名義人がすでに株式を譲渡し株主としての地位を失っていても，その者に権利行使させなければならない。

にあたる。その株券につき公示催告が申し立てられていること（最判昭和29・2・19民集8巻2号523），請求者が会社荒し（総会屋）であること（東京地判昭和37・5・31下民集13巻5号1142）などは，いずれも名義書換拒絶の正当事由にあたらない。

名義書換が不当に拒絶された場合には，名義書換請求者が，名義書換が故意または過失によってなされなかったことによって被った損害の賠償を会社に対し請求できること（民709），会社を被告として名義書換請求の訴えを提起し，また，仮に株主の地位を定める仮処分を求めることができること（福岡地判昭和37・5・17下民集13巻5号1010）には異論がない。

さらに，名義書換の不当拒絶の場合には，名義書換前でも株主であることを会社に対して対抗できると解されている（最判昭和41・7・28〈15事件〉）。これは，株主名簿の制度は，会社と株主との間を集団的・画一的に処理する会社の便宜のための制度であるから，名義書換の義務を怠った会社がその不利益を株式譲受人に帰するのは信義則に反するからである。すなわち，会社が名義書換に応じる義務の履行を怠っているにもかかわらず，名簿への記載・記録がないことを主張するのは信義則に反するといえよう。記載・記録が欠けていることは，もっぱら会社の落ち度（なすべきことを怠っている）によって生じている。また会社に認められる免責力は，会社がきちんと名義書換に応ずるという前提で認められており，不当拒絶の場合には会社に認められるべき免責力の実質的基礎が失われているとも説明できる。

なお，過失により，物理的記入を忘れたような場合には，会社が名簿への記入という事実行為だけを忘れたにすぎず，法律的には譲受人名義の株主名簿の書換がなされたものと解すべきである（竹内・理論Ⅰ 198）。

他方，株券発行会社以外の会社の場合は，名義書換拒絶が不当であっても，会社以外の第三者との関係では譲受人は株主であることを対抗できないと文言上（130Ⅰ）は解される（もっとも，悪意の第三者，とりわけ，不当拒絶に加担した第三者には対抗できると解すべきである〔新注会⒁168〔神崎〕。有限会社のケース〕。江頭209および210注10は一般的に対抗できるとする。また，弥永・演習⑪）。これに対して，株券発行会社の場合は，譲受人は株主であることを会社以外の第三者にも対抗できると文言上も（130Ⅱ）解することができる（江頭231注2も参照）。

4-10-3-3 名義書換未了の間に名義株主が得た経済的利益の帰すう

会社との関係は株主名簿の記載・記録によって処理され，譲受人は実質的に株主であっても，名義書換をしていない以上，会社に対し自分が募集株式・新株予約権の割当てや株式・新株予約権の無償割当てを受ける権利者であると主張し，または剰余金の配当を受けることはできない（130）。しかし，対会社関係における資格の問題と，株式譲渡の当事者間において，その株式について与えられる配当または株式・新株予約権の割当てを受ける権利などを最終的にどちらに帰属させるべきかの問題とは別問題である。株式譲渡の当事者間では株主の地位は譲受人に移転しているので，譲受人には株式・新株予約権の割当てを受ける権利等や剰余金の配当を受ける正当な権利があるというべきであろう。

なぜなら，特別な合意がない限り，株主としての権利は，譲受人に移転しているのであり，募集株式の割当てを受ける権利のような具体的株主権もこれに伴って実質的な株主である譲受人に移転するからである。そして，実質的に考えると，名義株主がその権利を有するとすることは名義株主に二重の利得を得させることになり，公平を欠く。すなわち権利落ち前の価格で株式を譲渡しながら，また株式のプレミアムも利得することとなって，名義株主（譲渡人）が二重の利得を得ることになってしまう。

このように考えると，譲受人である名義書換未了の株主（失念株主）は名義株主に対し，どのような権利をもつかが問題となる。一般論としては，名義株主が募集株式の割当てを受ける権利等を行使して株式を取得するのは形式的には正当であるが，実質的には不当であって，形式的に正当な権利の帰属関係を実質的公平の見地からその調整を図る不当利得制度の目的からみて，名義株主がそのような利益を保有することは，法律上の原因なくして失念株主に帰属すべき財産により利益を受けたものというべきであるから，名義株主はその引受け等により得た利益を返還すれば足りるといえよう。

(1)　募集株式・新株予約権の割当てを受ける権利が与えられた場合

名義株主は引受け等により，株式・新株予約権の値下がりのリスクを負うので[108]，以下の②のようなケースでない限り，失念株主は引受け等の意思を有し

108）　払込期日までに，失念株主の請求がないにもかかわらず，株式・新株予約権を引き受け，または新株予約権を行使した名義株主は，時価が払込金額未満に下落した場合であっても，事務管理に基づいて，失念株主に対し，株式・新株予約権と引換えに払込金額の償還を求めることができるわけではない。なぜなら，失念株主の意思に反した場合には，失念株主は，現存利益の範囲内で償還すれば足りるし（民 702 Ⅲ），意思に反しないとしても慢然と保有していたことは善管注意義務に違反するから失念株主は損害賠償請求権を取得し，相殺できるからである（竹内・判例Ⅰ 87-88 参照）。

ないと，名義株主は考えてよいから，善意の受益者であり，現存利益の限度で（民703），不当利得を返還すれば足りる。具体的には，①失念株主が払込期日後に名義株主に対して請求したときは，募集株式・新株予約権の発行等の後，請求までの間の再安値が払込金額を上回る額を，失念株主は請求できる（民703）[109]。②他方，失念株主が払込期日前に，払込金額相当の金銭を提供して，名義株主に対して請求したときは，失念株主は名義株主に対し株式・新株予約権の引渡しを求めることができる（株式・新株予約権をすでに売却した場合には，民法704条により，募集株式・新株予約権の発行等の直後の時価と払込金額の差額＝割当てを受ける権利の価額とそれについての利息を返還すべきである）[110]。

⑵　株式の無償割当て・分割または剰余金の配当がなされた場合

これらの場合には，⑴の場合と異なり，名義株主はなんら経済的出捐を要せず，名義株主に利得が認められる場合には，名義株主は失念株主の損失の下に利得していると考えられる。

まず，剰余金の配当がなされた場合には，配当額（源泉徴収された税額の還付を受けることができない場合には源泉徴収後の手取り額）が名義株主の利得額であると考えられる。また，無償割当てあるいは株式分割によって交付された株式は，失念株主に帰属すると考えられるから，失念株主からの引渡請求を受けた時に，名義株主が当該銘柄の株式を保有し続けていた場合には，名義株主は当該銘柄の株式を失念株主に交付すればよいと解される[111]。

⑶　新株予約権の無償割当てがなされた場合

まず，行使前に失念株主から新株予約権の移転を求められた場合には，無償割

109）　ただし，引き受けなかったときは，名義株主には利得はないから不当利得返還の余地はなく，また，引き受ける義務はないから損害賠償する必要もない。

110）　この場合に，名義株主が引き受けずに株式・新株予約権の割当てを受ける権利が失効したときは，損害賠償しなければならない。

111）　引渡請求を受ける前に当該銘柄の株式を売却していたため，株式を返還することができない場合には，「受益者は，法律上の原因なく利得した代替性のある物を第三者に売却処分した場合には，損失者に対し，原則として，売却代金相当額の金員の不当利得返還義務を負うと解するのが相当」（最判平成19・3・8〈16事件〉）なので，引き渡すことができない株式数に対応する売却代金相当額を不当利得として失念株主に返還すべきであると解すべきであろう。もっとも，名義株主としては自己の所有物でないことは認識していたのであるから，失念株主は，名義株主に対して不法行為に基づく損害賠償を求めることができ，この場合には，口頭弁論終結時における当該銘柄の株式の価格が賠償すべき額の基準となるものと考えられる。

当てによって交付された新株予約権は失念株主に帰属すると考えられるので，(2)と同様，名義株主は失念株主にその新株予約権を移転しなければならない。失念株主から新株予約権の移転を求められる前に新株予約権を売却した場合には，売却代金相当額を不当利得として失念株主に返還すべきであると解すべきであろう。他方，失念株主から新株予約権の移転を求められる前に新株予約権を行使した場合には，(1)①と同様，名義株主は善意の受益者であると考えられるので，新株予約権の行使後，失念株主が不当利得返還請求をするまでの間の株式の最安値が新株予約権の行使にあたって払い込んだ金額を上回る部分が不当利得額であると考えるべきであろう。また，新株予約権を行使せずに，行使期間が経過した場合には，(1)①と同様，名義株主には利得はないから不当利得返還請求を受けないし，また，行使する義務はないので損害賠償する必要はない。

4-10-4　株主名簿記載事項を記載した書面の交付等の請求

株券発行会社以外の会社の株主名簿上の株主は，会社に対し，その株主についての株主名簿に記載・記録された株主名簿記載事項を記載した書面の交付または株主名簿記載事項を記録した電磁的記録の提供を請求することができる（122 Ⅰ）。登録株式質権者にも同様の権利が認められる（149 Ⅰ）。

4-10-5　基準日

基準日制度は，会社が一定の日を定め，その基準となる日において株主名簿に記載・記録されている株主または登録株式質権者を，その権利を行使することができる株主または登録株式質権者と定める制度であって（124 Ⅰ Ⅴ），その一定の日を基準日という。

現実に権利行使する日以外の時点の株主に権利行使させる必要性から認められている。すなわち株主の種々の権利行使の中には，たとえば，事業年度の末日現在の株主に配当金を支払う場合のように，現実に権利行使のなされる日は定時株主総会の開催日であるが，そこで議決権を行使する株主は，事業年度の末日における株主であることが必要な場合があるからである。

定款に基準日および基準日株主が行使できる権利の内容について定めがあるときを除き，基準日株主が行使することができる権利の内容を定め，基準日の2週間前までに公告しなければならない（124 Ⅲ）。法的関係の明確さの確保のため，基準日の翌日から権利行使の日までの期間は3ヵ月を超えてはならない（124 Ⅱ）。

この3ヵ月という期間は事業年度の末日後，計算書類の作成および監査を経て定時総会の終結に至る所要日数を勘案したものである。

剰余金の配当については，基準日における株主は，その有する株式の発行時期にかかわらず，同一に配当をうける（454 Ⅲ。日割配当の禁止〔ただし，109 Ⅱ〕）。他方，基準日株主が行使することができる権利が株主総会または種類株主総会における議決権である場合には，会社は，その基準日後に株式を取得した者の全部または一部を議決権を行使することができる者と定めることができる。ただし，株主の平等取扱いという観点からの制約があるし，その株式の基準日株主の権利を害することができない（124 Ⅳ）。典型的には基準日株主から株式を譲り受けた者に議決権の行使を認めることはできない（同一株式について複数の者に議決権行使を認めることができない以上，譲受人に行使を認めつつ，基準日株主に行使を認めることはできないため）[112]。他方，会社が株式を発行した場合にはその株式について議決権行使を認めることができる。

4-10-6 株主名簿の備置・閲覧（125）

株主名簿は，通常，本店に備え置くが，株主名簿管理人を置いたときはその営業所に備え置かなければならない。株主・会社債権者はそれを閲覧・謄写請求等[113]することができる（親会社の株主の権利については，***8-2-3***）。これは，直接には株主または会社債権者の利益保護を目的とするとともに，会社の機関を監視することにより間接に会社の利益を保護しようとするものである。

ただし，株主名簿の閲覧・謄写請求が，請求者の権利の確保または行使に関する調査以外の目的で行われたとき，その会社の業務の遂行を妨げ，または株主の共同の利益を害する目的で行われたとき，請求者が株主名簿の閲覧・謄写によって知り得た事実を利益を得て第三者に通報するため請求を行ったとき，または，請求者が，過去2年以内に，株主名簿の閲覧・謄写によって知り得た事実を利益

112）なお，たとえば，経営者が自己の会社支配権維持を主要目的として，基準日後に新株発行を行った場合（***7-3-3-4-1***（1）②）などに議決権の行使を認めることも基準日株主の権利を害すると解する見解が有力であるが（江頭・商事法務1725号7など），「当該」基準日株主の権利を害すると評価することにはやや不自然さがあり，このような場合には，新株発行差止めに付随して，あるいは既存株主の妨害排除請求権を本案として議決権行使の差止めが認められると解するのが妥当ではなかろうか。

113）株主名簿が電磁的記録をもって作成されているときは，その電磁的記録に記録された事項を法務省令で定める方法により表示したものの閲覧または謄写の請求（125 Ⅱ②）。

を得て第三者に通報したことがあるものであるときには，会社は閲覧・謄写を拒むことができる（125 Ⅲ）[114]。

4-11　自己株式の消却と株式の併合

4-11-1　自己株式の消却

会社は自己株式を消却することができる（178 Ⅰ前段）。自己株式を消却する場合には，消却する自己株式の数（種類株式発行会社では，自己株式の種類および種類ごとの数）を定めなければならないが，その決定は，取締役会設置会社においては，取締役会の決議によらなければならない（178 Ⅰ後段・Ⅱ）。

自己株式の消却自体によっては，資本金の額は減少しないが，発行済株式総数が減少する。他方，自己株式の消却がなされた場合でも，発行可能株式総数は，定款または株主総会の決議により減少することを定めた場合にのみ減少すると解される（株式の併合〔*4-11-2*〕とのバランス）。自己株式の有償取得の場合には，有償取得した自己株式の数に応じて授権株式数を減少させるという規律が設けられておらず，取締役は自己株式の有償取得とその処分によりいわば授権株式数を何度でも利用することができるものと考えられることとの平仄を図るものである。株主の保護については，自己株式の取得に係る決議をする際に株主総会の決議により授権株式数を変更する機会が与えられることで十分であるという考え方に基づく。

4-11-2　株式の併合

複数の株式を併せて，それよりも少数の株式とすることを株式の併合という。株式の併合は資本金の額に影響を与えないが，発行済株式総数が減少する。もっとも，自己株式の消却がなされた場合と同様，発行可能株式総数は，定款または株主総会の決議により減少することを定めた場合にのみ減少する。

株式併合は，株主総会の特別決議による（180 Ⅰ Ⅱ・309 Ⅱ④）[115]。もっとも，

114)　このような条文が存在しなかった平成17年改正前商法の下でも，権利濫用を理由として閲覧・謄写請求の拒絶を認めた判例が存在した（最判平成2・4・17金判867号14）。なお，個人情報保護法との関連での問題については，木俣・商事法務1710号75参照。

115)　たしかに，株式の併合によって株主の地位に実質的影響がなければ，株式の併合を行う

少数の株式しか有しない株主に不当な不利益を与えるような場合には，多数決の濫用として株主総会決議取消しの訴えの対象となる場合がありうる（第5章注53）と考えるべきであろう[116)]。

会社は，株式の併合の効力発生日の2週間（ただし，株式買取請求が認められるときは20日）前までに，株主（種類株式発行会社では，併合する株式の種類の種類株主）およびその登録株式質権者に対し，併合の割合，併合の効力発生日，効力発生日における発行可能株式総数（180 Ⅱ），および，種類株式発行会社の場合は併合する株式の種類を通知または公告しなければならない（181・182の4 Ⅲ）。

また，株式の併合によって，株主としての地位を失うことがありうることに鑑み，単元株式数を定款で定めている会社につきその単元株式数に併合割合を乗じて得た数に1未満の端数が生じないときを除き，株主保護のための方策が講じられている。

第1に，組織再編行為および全部取得条項付種類株式の取得の場合とパラレルに，株主総会参考書類の記載事項が定められている（会社規85の3・93 Ⅰ⑤ロ）ほか，事前の開示と事後の開示が要求されている（**視点17**）。これは，株主総会における議決権行使，差止請求をするかどうか，株式買取請求をするかどうか，総会決議取消し等の訴えを提起するかどうかなどの意思決定に必要な情報を提供するものである。

すなわち，株式の併合をする会社は，その決議をする株主総会の日の2週間前の日と取得の通知・公告をした日のうち早い日との，いずれか早い日から取得日後6ヵ月を経過する日までの間，併合決議で定めるべき事項その他法務省令で定める事項（会社規33の9。**表4-3参照**）を記載・記録した書面・電磁的記録をその

ことに問題はない。しかし，併合に適しない数の株式を有する株主の保護および併合により譲渡の容易さが失われ，また割り負けするおそれがあることなどを考慮すると，株式の併合には原則として株主全員の同意が必要であると考えるのが立法論としては適切であるとも考えられる。

116) 東京地判平成26・2・10（平成25年（ワ）第8287号）は，株主総会の特別決議を経たからといって，あらゆる株式併合が許容されるとはいえず，株主権を失う者とそうでない者との間に著しい不平等を生じさせるような場合には，その決議が株主平等原則に反するものとして無効となることもあるというべきであるとして，どのような場合にこれが無効となるかについては，当該株式併合の目的，その目的を達成するための手段としての合理性，株主が被る不利益の程度，および，その不利益を回避，緩和するための措置の相当性等を総合的に考慮して判断することが相当であるとした。

本店に備え置かなければならない（事前の開示）。株主はこの書面等を閲覧等請求できる（182の2）。また，併合の効力発生日後遅滞なく，株式の効力が生じた時における発行済株式総数その他の株式の併合に関する事項として法務省令で定める事項（会社規33の10。**表4-4**参照）を記載・記録した書面・電磁的記録を作成し，効力発生日から6ヵ月間，その本店に備え置かなければならない（事後の開示）。株式の併合をした会社の株主または効力発生日にその会社の株主であった者は，この書面等を閲覧等請求できる（182の6）。

第2に，少数株主保護の観点から，違法行為差止め（360・422）のほか，株式の併合が法令または定款に違反する場合であって，株主が不利益を受けるおそれがあるときは，株主は，会社に対し，それをやめることを請求することができるものとされている（182の3）。

第3に，株式の併合により株式の数に1株にみたない端数が生ずる場合には，反対株主は，会社に対し，自己の有する株式のうち1株にみたない端数となるものの全部を公正な価格で買い取ることを請求（株式買取請求）することができる（**視点12**）。ここでいう「反対株主」は，併合決議を行う株主総会において議決権を行使することができる株主のうち，その総会に先立ってその株式の併合に反対する旨を会社に対し通知し，かつ，その総会において反対した者とその総会において議決権を行使することができない株主をいう。株式買取請求は，効力発生日の20日前の日から効力発生日の前日までの間にしなければならず，株主は，株式会社の承諾を得た場合に限り，その株式買取請求を撤回することができる（182の4）。株式の価格決定については，会社法が認める他の反対株主の買取請求と同様の規律（***8-1-8***(1)，***8-4-7***(1)参照）が適用され，買取請求に係る株式の買取りは，効力発生日にその効力を生ずる（182の5）[117]。

株式買取請求がなされなかった株式につき，株式の併合により1株にみたない端数が生ずる場合には[118]，その端数の合計数（その合計数に1にみたない端数が生ずる場合には，その端数を切捨て）に相当する数の株式を競売し，かつ，その競売

117） したがって，買取請求した株主は，効力発生日に株主でなくなるから，効力発生日後を基準日とする剰余金の配当等を受けることできない。もっとも，会社が，代金を支払わないときは，民法の一般原則に基づいて解除することができる。

118） 取得条項付株式の取得，全部取得条項付種類株式の取得，株式無償割当て，取得条項付新株予約権の取得，合併，株式交換および株式移転に際しての株式の交付の場合（234）および株式分割の場合（235 Ⅰ）にも同様の端数処理がなされる。

表 4-5　株式の分割と株式の無償割当てとの相違点

	株式の分割	株式の無償割当て
決定機関	取締役会設置会社では取締役会，それ以外の会社では株主総会	
		定款で別段の定めをすることができる
効果	株主の有する株式の数，したがって，同一種類の株式の数が増加	同一または異なる種類の株式を株主に取得させる
自己株式	分割割合に応じて自己株式の数が増加	自己株式には株式を割り当てることができない
自己株式の交付	自己株式の交付は生じない	自己株式を交付することもできる

により得られた代金を，その端数に応じて株主に交付しなければならない（235 Ⅰ）。ただし，市場価格のある株式はその市場価格で売却することができ，市場価格のない株式についても，裁判所の許可を得れば，競売以外の方法で売却できる（235 Ⅱ・234 Ⅱ）。また，会社は，売却する株式の全部または一部を買い取ることができる（235 Ⅱ・234 Ⅳ Ⅴ）。この処理が株主の利益に適うように行われるインセンティブを与え，また差止請求をすべきかの判断材料を与えるため一定の開示（**視点 17**）が要求されている（会社規 33 の 9 ①ロ。**表 4-3** 参照）。

4-12　株式の分割と無償割当て

4-12-1　株式の分割

株式の分割とは，株式を細分化して従来より多数の株式とすることをいう（183）（生じた端数の処理〔235〕については株式の併合〔***4-12-2***〕と同じ）。

会社の純資産額を変動させずに株式数を増加させるから，1 株当たりの純資産額を減少させ株価を引き下げる効果をもつ。このため，株式の市場性を高めるために用いられる。分割によって端数が生じない限り，株式分割によって株主の実質的地位は影響を受けないし，株式分割は資本金の増加を伴わないので，取締役会設置会社では，取締役会（取締役会設置会社以外の会社では株主総会）で決定できる。

なお，現に 2 つ以上の種類の株式を発行している会社を除き，株主総会の決議によらないで，分割の効力発生日における発行可能株式総数をその日の前日の発行可能株式総数に分割比率を乗じて得た数の範囲内で増加する定款の変更をすることができる（184 Ⅱ）。

4-12-2 株式の無償割当て

株主（または，ある種類の種類株主）にその有する株式数に応じて，新たに払込みをさせないで，株式を無償で割り当てることを株式の無償割当てという（185・186 Ⅱ）。ある種類の種類株主に異なる種類の株式を割り当てることもできる。

定款に別段の定め（たとえば，代表取締役に決定させる旨の定め）がある場合を除き，株主総会（取締役会設置会社では取締役会）の決議によって決定しなければならない（186 Ⅲ）。

会社は，株式無償割当ての効力の発生日後遅滞なく，株主（種類株式発行会社では，株式無償割当てを受ける種類株主）およびその登録株式質権者に対し，その株主が割当てを受けた株式の数（種類株式発行会社では，株式の種類および種類ごとの数）を通知しなければならない（187 Ⅱ）[119)]。

4-13 特別支配株主の株式等売渡請求

4-13-1 少数株主の締出し手法としての特別支配株主の株式等売渡請求

現金を対価とする少数株主の締出し（キャッシュ・アウト）により，長期的視点からの経営の実現，株主総会に関する手続の省略による意思決定の迅速化，株主管理コストや非上場化による金融商品取引法遵守コストの削減などが可能になる。

たしかに，平成26年改正前から，全部取得条項付種類株式の全部取得（***4-5-3-3-7***）によって，キャッシュ・アウトが行われてきたし，株式の併合（***4-11-2***）によっても可能であったが，これらの制度は，本来，キャッシュ・アウトのための制度ではなく，締め出される株主の保護のための方策は必ずしも十分であるとはいえなかった[120)]。また，組織再編行為において金銭を対価とすることも認めら

119） 法令・定款違反または著しく不公正な方法による株式の分割または無償割当ては，247条の類推適用により，株主による差止請求の対象となる（最決平成19・8・7〈100事件〉参照）。

120） 特別支配株主の株式等売渡請求や略式組織再編の場合と異なり（**表4-6**参照），株式の併合や全部取得条項付種類株式の取得については，対価が著しく不当であることを理由とす

れていたが，キャッシュ・アウトの手法としてはやや迂遠な方法である。

そこで，平成26年改正により，特別支配株主の株式等売渡請求が認められた[121]。すなわち，株式会社の特別支配株主[122]は，その会社（対象会社）の株主（対象会社およびその特別支配株主自身を除く）の全員に対し，保有する対象会社の株式の全部を自己に売り渡すことを請求すること（株式売渡請求）ができる（179Ⅰ本文）。また，株式売渡請求をするときは，対象会社の新株予約権の新株予約権者（対象会社およびその特別支配株主自身を除く）の全員に対し，その有する対象会社の新株予約権の全部を自己に売り渡すこと（新株予約権売渡請求）を請求することができる（179Ⅱ本文）。これは，株式売渡請求によって特別支配株主が対象会社の発行済株式全部を有することとなっても，その後に新株予約権が行使されると，新株予約権者が株主となり，発行済株式全部を有するという状態が損なわれることに鑑みたものである。新株予約権付社債に付された新株予約権は，原則として，社債と分離して譲渡することができないものとされていることから（254Ⅱ），その新株予約権付社債に付された新株予約権について別段の定めがある場合を除き，特別支配株主は，新株予約権付社債に付された新株予約権について新株予約権売渡請求をするときは，併せて，新株予約権付社債についての社債の全部を自己に売り渡すことを請求しなければならない（179Ⅲ）。

なお，特別支配株主完全子法人に対しては，株式売渡請求や新株予約権売渡請求をしないことができる（179Ⅰ但書・Ⅱ但書）。これは，特別支配株主としては，その特別支配株主完全子法人が対象会社の株式や新株予約権を有した状態であっ

る差止請求が明文では認められていない。この違いを合理的に説明しようとすれば，株主総会の決議の瑕疵を争うことによって，株式の併合や全部取得条項付種類株式の取得においては，締め出される株主の保護を図ることができるからであるとしかいえないように思われる。そうであれば，全部取得条項付種類株式の取得が利害関係人の議決権行使による著しく不当な決議であるというためには，単に会社に少数株主を排除する目的があるというだけでは足りず，「少なくとも，少数株主に交付される予定の金員が，対象会社の株式の公正な価格に比して著しく低廉であることを必要とする」という解釈（東京地判平成22・9・6判タ1334号117参照）は説得力を欠いていたというべきであろう。

121）　ただし，ヨーロッパ諸国と異なり，少数株主からの株式買取請求（セル・アウト）を認めていない点で，立法論としては大きな欠陥を有すると評価せざるをえない。

122）　株式会社の総株主の議決権の10分の9（これを上回る割合を定款で定めた場合には，その割合）以上を，ある者（その株式会社自身を除く）およびその者が発行済株式の全部を有する株式会社その他これに準ずるものとして法務省令で定める法人（特別支配株主完全子法人。会社規33の4）が有している場合に，その者を特別支配株主という。

ても，その特別支配株主完全子法人を通じて，対象会社を支配することができるからである。

4-13-2　株式等売渡請求の手続

株式売渡請求をしようとする特別支配株主は，株式売渡請求によりその有する対象会社の株式を売り渡す株主（売渡株主）に対してその株式（売渡株式）の対価として交付する金銭の額またはその算定方法，その割当てに関する事項[123]，併せて新株予約権売渡請求をするときはその有する対象会社の新株予約権を売り渡す新株予約権者に対してその新株予約権（売渡新株予約権）の対価として交付する金銭の額またはその算定方法，および特別支配株主が売渡株式等を取得する日（取得日）などを明らかにして，株式売渡請求（および新株予約権売渡請求）をする旨と併せて対象会社に通知し，その請求をすることについて対象会社の承認を受けなければならない（179の3 I）。なお，対象会社が取締役会設置会社である場合には，この承認をするか否かの決定は，取締役会の決議によらなければならない（179の3 Ⅲ）[124]。対象会社の承認が要件とされているのは，売渡株主等の利益保護の観点からは，特別支配株主が一方的に売渡株式および売渡新株予約権の対価その他の条件を定めることができるとすることは適切ではないことによる。したがって，対象会社の取締役（対象会社が取締役会設置会社である場合には，取締役会）は，株式売渡請求および新株予約権売渡請求（併せて株式等売渡請求）をすることを承認するにあたっては，売渡株主および売渡新株予約権者（併せて売渡株主等）の利益に配慮し，株式等売渡請求の条件が適正なものといえるかどうか，対価の支払が確実になされると考えられるかどうか，などを検討しなければならない。

株式等売渡請求の条件を周知し，売渡株主等の実効的な救済を確保するため，対象会社は，売渡株主等に対する情報開示（**視点17**）について一定の役割を果たすものとされている。

第1に，株式等売渡請求の承認をした対象会社は，取得日の20日前までに，

123）　対象会社が種類株式発行会社である場合には，対象会社の発行する種類の株式の内容に応じ，対価として交付する金銭の割当てについて売渡株式の種類ごとに異なる取扱いを行う旨および異なる取扱いの内容を定めることができるが，売渡株主の有する売渡株式の数に応じて金銭を割り当てることを内容とするものでなければならない（179の2 Ⅱ Ⅲ）。

124）　対象会社は，新株予約権売渡請求のみを承認することはできない（179の3 Ⅱ）。

表 4-6　株主の締出しを可能とする諸制度

<table>
<tr><th rowspan="2" colspan="2"></th><th rowspan="2">対象証券</th><th rowspan="2">持株要件</th><th colspan="5">会社における手続等</th><th colspan="3">締め出される株主の保護</th><th rowspan="2">締出しの実現</th></tr>
<tr><th>決議・決定</th><th>株主への通知・公告</th><th colspan="2">事前の開示</th><th>事後の開示</th><th>差止開示</th><th>株式買取請求・価格決定の申立て</th><th>無効主張</th></tr>
<tr><td colspan="2">株式等売渡請求</td><td>株式・新株予約権・新株予約権付社債</td><td>売渡請求株主は特別支配株主</td><td rowspan="2">取締役会決議</td><td>取得日の20日前までに</td><td rowspan="5">通知・公告等の日から</td><td>取得日後6ヵ月(公開会社以外の会社では1年)経過した日まで</td><td>取得日から6ヵ月(公開会社以外の会社では1年)</td><td>株主・新株予約権者は法令違反，通知・公告違反または対価が著しく不当であることを理由に請求可能</td><td>価格決定の申立て</td><td>取得日から6ヵ月(公開会社以外の会社では1年)以内に売渡株式等取得無効の訴えにより主張</td><td>売渡請求株主(およびその子会社)が会社の株式・新株予約権のすべてを取得・保有</td></tr>
<tr><td rowspan="2">金銭対価の株式交換</td><td>略式</td><td rowspan="4">株式</td><td>株式交換完全親会社は特別支配株主</td><td rowspan="3">効力発生日の20日前までに</td><td rowspan="3">効力発生日後6ヵ月経過した日まで</td><td rowspan="3">効力発生日から6ヵ月</td><td>株主は法令・定款違反または対価が著しく不当であることを理由に請求可能</td><td rowspan="3">株式買取請求</td><td rowspan="2">効力発生日から6ヵ月以内に株式交換無効の訴えにより主張</td><td rowspan="2">株式交換完全親会社が会社の株式のすべてを取得</td></tr>
<tr><td>それ以外</td><td rowspan="3">要件なし</td><td rowspan="3">株主総会特別決議</td><td rowspan="3">株主は法令・定款違反を理由に請求可能</td></tr>
<tr><td colspan="2">株式の併合</td><td rowspan="2">株主総会決議に取消原因がある場合には総会決議取消しの訴え／それ以外の無効原因があるときには，特別な訴えによることなく主張できる</td><td>会社またはその他の者に対する端数売却</td></tr>
<tr><td colspan="2">全部取得条項付種類株式の取得</td><td>取得日の20日前までに</td><td>取得日後6ヵ月経過した日まで</td><td>取得日から6ヵ月</td><td>価格決定の申立て</td><td>会社が当該種類株式の全部を取得／会社が他の種類株式を対価として取得するときは，締出し対象株主に交付される対価が1株未満となるように定め，会社またはその他の者に対する端数売却</td></tr>
</table>

売渡株主等に対し，その承認をした旨，特別支配株主の氏名または名称および住所ならびに株式等売渡請求の条件などを通知しなければならない。売渡株式の登録株式質権者および売渡新株予約権の登録新株予約権質権者にも承認した旨を通知しなければならない（179の4 Ⅰ）。ただし，常に通知を要するものとすると，時間的・手続的コストの増大につながると考えられること，会社法には公開会社における株主に対する通知について公告による代替を認める規定があること（158 Ⅱ・201 Ⅳ・469 Ⅳ①）などに鑑み，売渡株主に対するものを除き，公告をもって代えることができる（179の4 Ⅱ）。売渡株主に対しては常に通知を要求するのは，売渡株主の利益を確実に保護しようとするものである（179の4 Ⅱかっこ書）。

第2に，組織再編行為と同様，事前の開示および事後の開示が求められる（**視点17**）。

事前の開示として，対象会社は，株式等売渡請求を承認した旨の通知の日または公告の日のいずれか早い日から6ヵ月（対象会社が公開会社ではない会社の場合は1年）を経過する日までの間，特別支配株主の氏名・名称および住所，株式等売渡請求の条件その他の法務省令（会社規33の7。**表4-3**参照）で定める事項を記載・記録した書面・電磁的記録をその本店に備え置かなければならない。売渡株主等は，この書面等の閲覧等を請求できる（179の5）。

事後の開示として，対象会社は，取得日後遅滞なく，株式等売渡請求により特別支配株主が取得した売渡株式等の数その他の株式等売渡請求に係る売渡株式等の取得に関する事項として法務省令（会社規33の8。**表4-4**参照）で定める事項を記載・記録した書面・電磁的記録を作成し，取得日から6ヵ月間（対象会社が公開会社でない場合には，1年間），本店に備え置かなければならない。取得日に売渡株主等であった者は，この書面等の閲覧等を請求できる（179の10）。

4-13-3　株式等売渡請求の撤回と売渡株式等の取得

4-13-3-1　株式等売渡請求

対象会社が売渡株主等に対し，株式等売渡請求を承認した旨を通知・公告したときは，特別支配株主から売渡株主等に対し，株式等売渡請求がされたものとみなされる（179の4 Ⅲ）。これは，売渡請求の意思表示を個々の売渡株主等に対して個別に行わなければならないものとすることによる時間的・手続的コストの増大を避けるとともに，法律関係の画一的処理を図る観点から，売渡株主等に対する情報開示について一定の役割を果たすべき立場にある対象会社が株式等売渡請求を承認した旨の通知・公告をしたことをもって，個別の意思表示を不要とするものである。

4-13-3-2　株式等売渡請求の撤回

特別支配株主は，会社の承認（179の3 Ⅰ）を受けた後は，取得日の前日までに対象会社の承諾（取締役会設置会社が承諾をするか否かの決定をするには，取締役会の決議によらなければならない。179の6 Ⅱ）を得た場合に限り，売渡株式等の全部について株式等売渡請求を撤回することができる（179の6 Ⅰ）。対象会社は，撤回の承諾をしたときは，遅滞なく，売渡株主等に対し，その旨を通知または公告しなければならず（179の6 Ⅳ Ⅴ），通知・公告がなされたときは，株式等売渡請求は，売渡株式等の全部について撤回されたものとみなされる（179の6 Ⅵ）。なお，特別支配株主が新株予約権売渡請求のみを撤回するときにも同様の規律が適用される（179の6 Ⅷ）。

撤回を認めることとしているのは，対価の交付が困難となった場合などに対応するためであるが，売渡株主等が売渡株式等の取得を前提として行動している（とりわけ，価格決定の申立てをしている）可能性があることから，会社の承諾を要件として，売渡株主等の利益を保護しようとするものである[125)]。

4-13-3-3　売渡株式等の取得

法律関係の画一的処理の観点から，株式等売渡請求をした特別支配株主は，取得日に，売渡株式等の全部を取得するものとされている（179の9 Ⅰ）。

なお，対価である金銭の支払と売渡株式等の取得とが同時履行の関係に立つとは規定されていないが，支払をなすべき日に対価である金銭が支払われない場合

125）　特別支配株主の想定を超える数量の価格決定の申立てがなされた場合にも撤回が想定されるという見方も示されているが，このような理由のみに基づく撤回に対して，会社は承諾を与えるべきではない。申立てがなされただけでは，どのような価格が決定されるかは不明であるから撤回に合理性があるとはいえないし，申立てをする株主等は弁護士等に着手金などを支払っている可能性が十分にあり，そのような株主に損害が生ずるところ，株式等売渡請求の撤回が認められる場合に「特別支配株主に対して」そのような損害の賠償請求が認容される保障はない（179条の6は損害賠償なしに撤回できるという趣旨であると解されることになるのではないか）からである。株式買取請求の場合（当事者である会社の承諾なしに撤回できない）とのバランスを考慮すれば，売渡株主等の同意なくして，撤回を認めるということの立法論的妥当性には疑義があり，そうであれば，対象会社が売渡株主等の利益を害するような承諾をした場合には，対象会社が売渡株主等に対して損害賠償責任を負うと解すべきなのであろう。

には，売渡株主等は解除することができる（民541）。

また，売渡株主等が対価を受けることの確実性を担保するという観点から，以下のような規律がなされている。特別支配株主は，株式等売渡請求にあたって株式売渡対価（株式売渡請求に併せて新株予約権売渡請求〔その新株予約権売渡請求に係る新株予約権が新株予約権付社債に付されたものである場合における新株予約権付社債売渡請求を含む〕をする場合には，株式売渡対価および新株予約権売渡対価）の支払のための資金を確保する方法および株式等売渡請求に係る取引条件（これには株式売渡対価等の支払日が含まれると考えられる）を定めるときは，その取引条件を定め（179の2Ⅰ⑥，会社規33の5Ⅰ），対象会社に通知しなければならない（179の3Ⅰ）。そして，株式売渡対価（株式売渡請求に併せて新株予約権売渡請求をする場合には，株式売渡対価および新株予約権売渡対価）の支払のための資金を確保する方法についての定めの相当性その他の株式売渡対価（株式売渡請求に併せて新株予約権売渡請求をする場合には，株式売渡対価および新株予約権売渡対価）の交付の見込みに関する事項（その見込みに関する対象会社の取締役の判断およびその理由を含む），ならびに，株式等売渡請求に係る取引条件が定められたときにはその定めの相当性に関する事項（その相当性に関する対象会社の取締役の判断およびその理由を含む）が対象会社の事前開示事項の1つとされている（会社規33の7②③）。したがって，対象会社の取締役（会）は，株式等売渡請求を承認するか否かにあたっては，特別支配株主による株式売渡対価等の交付の見込みや取引条件の適切さや相当性を検討しなければならないと考えられる。そして，株式等売渡請求の承認は取締役（会）の職務執行であるから，監査役，監査等委員会または監査委員会の監査の対象となる（善管注意義務違反があるときには，会社または取締役等が損害賠償義務を負うことになる。***4-13-3-4-4*** 参照）。

4-13-3-4　売渡株主等の救済手段

4-13-3-4-1　取得の差止め

対象会社の株主総会等の決議の取消しの訴え（831Ⅰ）による救済の余地がないことから，略式組織再編の差止請求（784の2）とおおむねパラレルな差止請求（対価の定めが著しく不当であることを差止事由にあたるとする明文の定めがある）が売渡株主等に認められている（179の7）。すなわち，売渡株主等は，請求が法令に違反する場合，通知・公告または事前開示（***4-13-2***）の規定に違反した場合および対価の定めが著しく不当である場合であって，不利益を受けるおそれがあるときには，特別支配株主に対して，売渡株式等の全部の取得をやめることを請求することができる。株式等売渡請求においては，対象会社が取引当事者とならないことから，その請求が対象会社の定款に違反することを観念しえないと考えられるため，請求が定款に違反する場合は差止事由としてあげられていない。また，対象会社が通知・公告の義務または事前開示手続を履行しないことは，必ずしも株式等売渡請求それ自体の法令違反には該当しないと考えられるため，法令違反とは別の差止事由として定めている。

4-13-3-4-2 価格決定の申立て

全部取得条項付種類株式の取得（***4-5-3-3-7***）とパラレルに，裁判所に対する価格決定の申立てが認められている（179 の 8）。すなわち，株式等売渡請求があった場合には，売渡株主等は[126]，取得日の 20 日前の日から取得日の前日までの間に，裁判所に対し，その有する売渡株式等の売買価格の決定の申立てをすることができる。この場合には，特別支配株主は，裁判所の決定した売買価格[127]に対する取得日後の法定利率により算定した利息をも支払わなければならないが，特別支配株主は，売渡株式等の売買価格の決定前に，公正な売買価格と認める額を支払うことができる（支払った額に対応する利息は発生しないことになる）。

4-13-3-4-3 売渡株式等取得無効の訴え

株式等売渡請求による売渡株式等の取得は，多数の株主の利害に影響を及ぼすので，法的安定性の確保という観点（**視点 6**）から，株式等売渡請求に係る売渡株式等の全部の取得の無効[128]は，取得日から 6 ヵ月以内（対象会社が公開会社でない場合には，1 年以内）に，取得日において売渡株主（株式売渡請求に併せて新株予約権売渡請求がされた場合には，売渡株主または売渡新株予約権者）であった者，取得日において対象会社の取締役・監査役・執行役であった者または対象会社の取締役・清算人のみが訴えをもってのみ主張することができる（846 の 2）。売渡株式等取得無効の訴えの被告は，売渡株式の取得の主体である特別支配株主であるが（846 の 3），証拠の所在等に配慮して，この訴えは，対象会社の本店の所在地を管

126） 最決平成 29・8・30 民集 71 巻 6 号 1000 は，通知または公告がされた後に売渡株式を譲り受けた者は，売買価格決定の申立てをすることができないとする。

127） 注 48 参照。東京高決平成 31・2・27 金判 1564 号 14 は，最決平成 28・7・1 の考え方が特別支配株主による株式売渡請求の場合であっても，公開買付けの対象となる株式が非上場株式である場合にもあてはまるとした。

128） 他方，たとえば，特別支配株主が対価を支払わないことを理由とする解除は，「全部の」取得の「無効」を請求するものではないので，売渡株式等取得無効の訴えによらずにすることができる。

轄する地方裁判所の管轄に専属するものとされている（846の4）。

法的安定性の確保や法律関係の画一的処理等の観点から，売渡株式等取得無効の訴えに係る請求を認容する判決が確定したときは，その判決において無効とされた売渡株式等の全部の取得は，将来に向かってその効力を失うとされ（将来効。846の8），認容する確定判決は，第三者に対してもその効力を有する（対世効。846の7）。なお，濫訴防止の観点から，担保提供命令（846の5）が定められている一方で，売渡株式等取得無効の訴えを提起した原告が敗訴した場合において，原告に悪意または重大な過失があったときは，原告は，被告に対し，連帯して損害を賠償する責任を負うとされている（846の9・846の5 Ⅱ）。

4-13-3-4-4　損害賠償請求

対象会社は，特別支配株主による株式等売渡請求について承認を行い，一定の情報提供をするという立場にある。したがって，不適切な承認（不当な対価が定められている場合の承認など）を行い，または不十分な情報提供を行ったことによって，売渡株主等が損害を被ったときは，不法行為に基づく損害賠償責任（民709，会350）を負うと考えられる。また，特別支配株主による株式等売渡請求の承認に際しては，対象会社の取締役は対象会社に対してはもちろんのこと，売渡株主等に対する善管注意義務を負うと解すべきであるから（***5-12-1-1-1*** および第5章注153と対比），会社法429条または不法行為に基づく損害賠償責任を負う。

たとえば，対象会社の取締役（会）が対価の支払の確実性について確信をもつことができないときに，株式等売渡請求を承認することは，善管注意義務に違反し，また，会社が売渡株主等に対して負っている義務に違反すると解される。したがって，承認が不適切になされたことによって対価の支払を受けることができず，損害を被った売渡株主等は，会社に対しても取締役に対しても損害賠償を求めることができると考えられる。

もちろん，監査役も，取締役の職務執行を監査する立場にあり，不適切な承認がなされるおそれがある場合には，差止めなどの手段を講ずるべきであり，それを故意または重過失によって怠ったときには，売渡株主等に対して損害賠償責任を負う（429）。

4-14　株主の義務

株主はその有する株式の引受価額を限度とする出資義務を負うのみで（104），

それ以外に義務を負わないのが原則である（株主有限責任の原則）。全額払込制が採用されているので，株主の出資義務は株式引受人としての義務である。

もっとも，設立の場合にも，募集株式の発行等の場合にも，払込みを仮装した発起人・株式引受人は払込金額全額の支払義務を，給付を仮装した発起人・株式引受人は給付を仮装した現物出資財産の給付（会社が給付に代えてその現物出資財産の価額に相当する金銭の支払を請求した場合には，その金銭の全額の支払）義務を，それぞれ負うものとされている（52の2Ⅰ・102の2Ⅰ・213の2Ⅰ）。

第5章 機　関

5-1 総　説

5-1-1 機関の意義

会社は法人であり（3），自然人と異なって観念的存在なので，会社自ら意思を決定し活動することはできない。そこで，ある自然人の意思決定および活動を会社の意思決定および活動として扱う必要がある。その者の行為が法律上会社の意思決定・活動と認められる会社の組織上の一定の地位にある者を機関という。

5-1-2 株式会社の機関の特色

公開会社の機関の２大特色として，①機関資格と社員資格との分離，②機関権限の分掌があげられる（持分会社〔第11章〕と対照）。

5-1-2-1 機関資格と社員資格の分離

株式会社では，所有と経営の分離が可能になっている（公開会社では制度的に分離〔331 Ⅱ本文・402 Ⅴ本文〕）。これは，経営の能力と意欲を有する者に経営を委ねる必要があるからである。

もっとも，公開会社以外の会社は，定款の定めによって，取締役・執行役・監査役の資格を株主に限ることができる（331 Ⅱ但書・335 Ⅰ・402 Ⅴ但書）。

5-1-2-2 機関の分化

株式会社は，定款の定めによって，取締役会，会計参与，監査役，監査役会，会計監査人，監査等委員会または指名委員会等を置くことができる（326 Ⅱ）。株式会社の機関に関する規定は，①発行するすべての株式の譲渡による取得につき会社の承認を要する定款の定めがある，②取締役会も監査役も会計監査人も会計参与も置いていない，③資本金の額が５億円未満であり，かつ，負債の総額が200億円未満という３つの特徴を有する会社を標準形として作られている。すな

表 5-1 株式会社における機関等の組合せ

	公開会社以外の会社		公開会社	
	大会社以外の会社	大会社	大会社以外の会社	大会社
取締役	*			
取締役＋監査役	* （監査役の権限を会計監査に限定可）			
取締役＋監査役＋会計監査人	*	*		
取締役会＋監査役	* （監査役の権限を会計監査に限定可）		*	
取締役会＋会計参与	*			
取締役会＋監査役＋会計監査人	*	*	*	
取締役会＋監査役会	*		*	
取締役会＋監査役会＋会計監査人	*	*	*	*
指名委員会等設置会社	*	*	*	*
監査等委員会設置会社	*	*	*	*

このほか，株式会社は会計参与を置くことができる。＊は採用することのできる機関形態をあらわす。

わち，裏側からいうならば，公開会社（公開会社はすべて取締役会設置会社である）の特則，取締役会設置会社の特則，監査役設置会社等の特則，大会社の特則などが定められている。

・公開会社の特則――定款自治の範囲が狭い一方で，取締役会の権限（とりわけ，募集株式・募集新株予約権の発行等・略式組織再編行為）が広範（反射的に株主総会の権限が限定的）

・取締役会設置会社の特則――取締役会設置会社では株主総会の権限が縮小され，取締役会の権限が広範（株主総会の権限を拡大するためには定款の定めが必要）。そのため，公開会社ではない会社についての例外はあるが，株主の利益保護のために取締役等の業務執行を監査する監査役等の設置が必要となる

・監査役設置会社等の特則――株主自らではなく，監査役・監査等委員会・監査委員会が会社の利益，ひいては株主の利益を守ることを前提とするもの

・大会社の特則――利害関係者に有用な会計情報を保障するために会計監査人の設置強制（さらに，公開会社であり，有価証券報告書提出会社である会社については社外取締役の設置強制）

そして，会社法は，公開会社であって大会社であるものにも 3 つの選択肢を認

図5-1　取締役会設置会社（指名委員会等設置会社および監査委員会等設置会社を除く）の機関の例

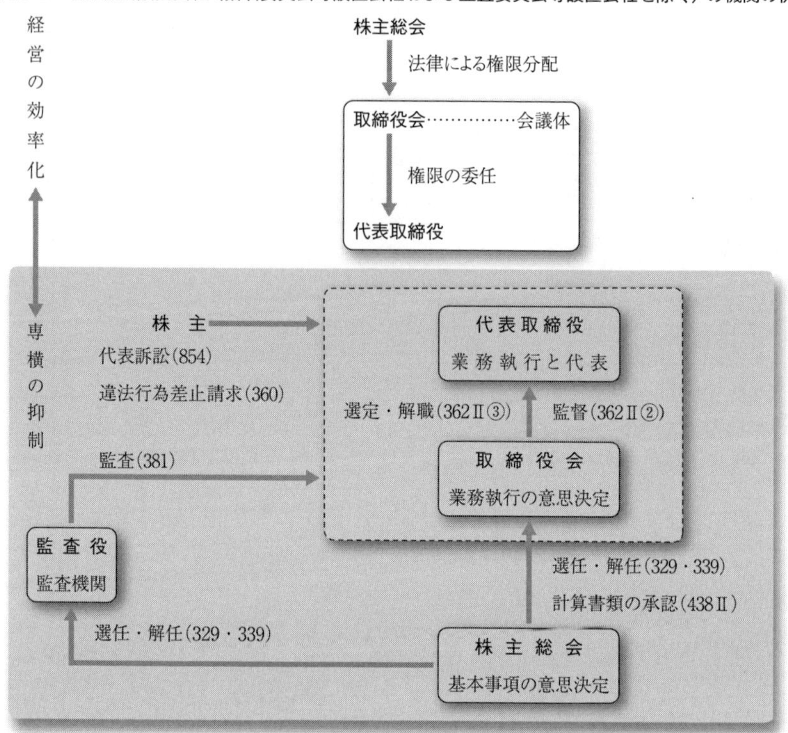

め，その他の株式会社についてはより多くのタイプの機関構造を認めている（表5-1)。これは，どのような機関構造が適切であるかはアプリオリには決まらず，それぞれの会社が最も適切な機関構造を選択する余地を与えることが適切であるという発想に基づくものである。もっとも，市場による規律が働くし，近時では取引所の規則によっても，上場会社については良いコーポレート・ガバナンスの仕組みの整備が促進されることが期待されている（ハード・ローとソフト・ローとの組合せ)[1]。

もっとも，すべての株式会社には，機関として株主総会が設けられ，公開会社は，取締役会を置かなければならない（327Ⅰ①)[2]。

取締役会設置会社は，指名委員会等設置会社および監査等委員会設置会社を除

1）　金融庁と東京証券取引所とが設けた有識者会議において，コーポレートガバナンス・コードが策定されている。

き，代表取締役のほか，原則として，監査役（会）を置かなければならない。これは，効率的な企業活動を実現するとともに，株主総会の権限の縮小と取締役会の広範な権限に鑑みて，取締役会および監査役（会），指名委員会等または監査等委員会による，複数方向からの牽制により，業務執行機関である代表取締役あるいは執行役の独断専行の抑制を図ろうとするものである。

また，類型的に利害関係者が多数にのぼると考えられる大会社（最終事業年度の貸借対照表上の資本金額5億円以上または負債合計200億円以上の会社）（2⑥）は会計監査人を置かなければならない（328 I II・327 V）。企業をとりまく利害関係者保護のため，計算関係書類が適切に作成され，開示されることが重要だからである。大会社以外の会社であっても，監査役（会）を設ける会社は定款の定めにより会計監査人を置くことができる（326 II・327 III V）。会計監査人の取締役からの独立性の担保および監査の実効性の確保のためには，監査役との連携が望ましいと考えられたことによる。

さらに，指名委員会等設置会社または監査等委員会設置会社とならない場合には，公開会社である大会社は，監査役会を設けなければならない（328 I）。監査役会を設ける場合には，監査役は3人以上（少なくとも半数以上は社外監査役）[3]でなければならず（335 III），常勤監査役を定めなければならないが（390 III），大会社でなくとも，指名委員会等設置会社でも監査等委員会設置会社でもない取締役

2） 他方，公開会社以外の会社は取締役会を設けないことができ，この場合には，大会社でない限り，監査役も置くことを要しない（327 II参照）。

3） 社外監査役とは，株式会社の監査役であって，①その就任の前10年間当該株式会社またはその子会社の取締役，会計参与（会計参与が法人であるときは，その職務を行うべき社員。②において同じ）もしくは執行役または支配人その他の使用人であったことがないこと，②その就任の前10年内のいずれかの時において当該株式会社またはその子会社の監査役であったことがある者であるときは，当該監査役への就任の前10年間当該株式会社またはその子会社の取締役，会計参与もしくは執行役または支配人その他の使用人であったことがないこと，③その株式会社の親会社等（自然人であるものに限る）または親会社等の取締役，監査役もしくは執行役もしくは支配人その他の使用人でないこと，④その株式会社の親会社等の子会社等（その株式会社およびその子会社を除く）の業務執行取締役等でないこと，⑤その株式会社の取締役もしくは支配人その他の重要な使用人または親会社等（自然人であるものに限る）の配偶者または二親等内の親族でないことという要件をすべてみたすものをいう（2⑯）。

なお，親会社等とは，親会社および株式会社の経営を支配している者（法人であるものを除く）として法務省令で定めるもの（親会社の定義〔会社規3 II III〕とパラレルに定められている。会社規3の2 II III）をいう（2④の2）。

図5-2　指名委員会等設置会社の必要的機関等

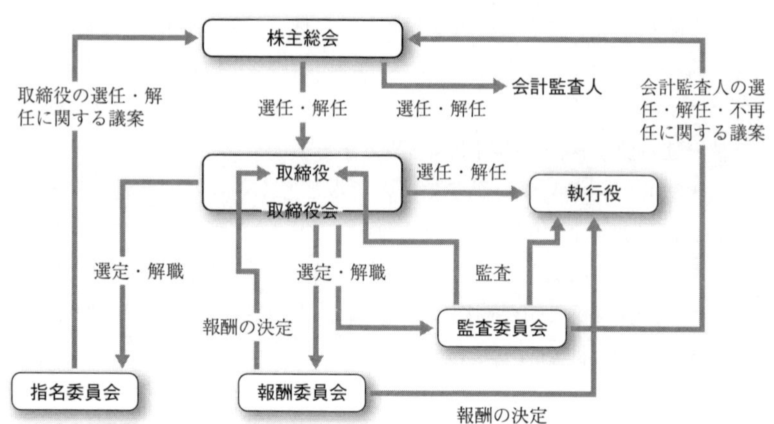

会設置会社は監査役会を定款の定めによって設けることができる（取締役会設置会社に限られるのは，たとえば，業務執行の決定機関が1人の取締役である場合に3人以上の監査役から成る監査役会を監査機関として設けるのはアンバランスだからである）（326 Ⅱ・327 Ⅳ）。

これに対して，公開会社以外の会社は，大会社を除き，監査役に代えて会計参与のみを置くことが許される（327 Ⅱ但書）。これは，計算書類の信頼性を高めるための会計参与と監査役（とりわけ定款で監査の範囲が会計事項に限定されている監査役）による監査とを二重に要求する必要は少ないからである。また，会計監査人を選任せず，監査役会も置かない，公開会社以外の取締役会設置会社には，定款の定めにより監査の範囲を会計事項に限定した監査役のみを置くことも認められている（389 Ⅰ）[4]。公開会社以外の会社では，業務一般を監査を行う能力を有する監査役として適任の者を見つけることができない可能性があるという認識に基づくものである。ただし，この場合には，株主に一定の監督是正権が与えられる（***5-2-8-3-3***）。

4）他方，大会社については，公開会社以外の会社であっても，コーポレート・ガバナンスの適切さを確保する必要があるが株主が自ら業務を監視することは困難でありうる，大会社以外の会社であっても会計監査人を置く会社については，会計監査権限しか有しない監査役を置くことは無意味である，監査役会を置く会社については，監査役の適任者を見つけることができないということは矛盾であるという認識から，すべての監査役は業務一般についての監査権限を有するものとされている。

他方，すべての株式会社は，定款の定めにより，指名委員会等を設けて指名委員会等設置会社となることができる（326 II）。監査役（会）は設けられず（327 IV），それぞれ，取締役である3人以上の委員から成る（401 I II）監査委員会，指名委員会および報酬委員会（3つ併せて，指名委員会等）が設けられる（404 I II III）。いずれの委員会も委員の過半数は社外取締役[5]でなければならない（400 III）。指名委員会等に一定の権限が与えられるほかは，取締役会の構成，権限等は監査役設置会社におけるそれらとほぼ同じであるが，執行役に業務執行の意思決定を大幅に委譲することができる。また，取締役は取締役としては会社の業務を執行することができず（415），執行役が会社の業務執行を行う（418）。その結果，代表取締役は置かれず，代表執行役が会社を代表する。

また，すべての株式会社は，定款の定めにより，監査等委員会を設けて監査等委員会設置会社となることができる（326 II）。監査役（会）は設けられず（327 IV），監査等委員会は監査等委員である取締役3人以上から成るが，監査等委員の過半数は社外取締役でなければならない（399の2 I II・331 VI）。取締役会の権限等は監査役設置会社におけるそれとほぼ同じであるが，取締役の過半数が社外取締役である場合または定款の定めがある場合には，指名委員会等設置会社において執行役にその決定を委任できる事項とパラレルな事項の決定を取締役に委任することができる（399の13 V VI）。

なお，指名委員会等設置会社および監査等委員会設置会社は，大会社でなくとも，会計監査人を選任しなければならない（327 V）。これは，指名委員会等設置

5）社外取締役とは，株式会社の取締役であって，①その株式会社またはその子会社の業務執行取締役もしくは執行役または支配人その他の使用人（以下，併せて，業務執行取締役等）でなく，かつ，その就任の前10年間当該株式会社またはその子会社の業務執行取締役等であったことがないこと，②その就任の前10年内のいずれかの時においてその株式会社またはその子会社の取締役，会計参与（会計参与が法人であるときは，その職務を行うべき社員）または監査役であったことがある者（業務執行取締役等であったことがあるものを除く）であるときは，取締役，会計参与または監査役への就任の前10年間当該株式会社またはその子会社の業務執行取締役等であったことがないこと，③その株式会社の親会社等（本章注3）（自然人であるものに限る）または親会社等の取締役もしくは執行役もしくは支配人その他の使用人でないこと，④その株式会社の親会社等の子会社等（その株式会社およびその子会社を除く）の業務執行取締役等でないこと，および，⑤その株式会社の取締役もしくは執行役もしくは支配人その他の重要な使用人または親会社等（自然人であるものに限る）の配偶者または二親等内の親族でないことという要件をすべてみたすものをいう（2⑮）。

会社または一定の監査等委員会設置会社のように，社外取締役が重要な役割を果たすことが期待され，しかも執行役または取締役に委任する権限を広範に定めることができる（しかも，指名委員会等設置会社では株主総会は取締役等の報酬を決定しない）会社においては，株主あるいは取締役（とりわけ，社外取締役）の意思決定・職務執行（監視・監督）にとって，会社の計算に関する情報の重要性が高いため，会計監査人による監査が不可欠であると考えられるためであろう。

なお，すべての株式会社は，会社法上要求されていなくとも，定款の定めにより会計参与を選任することができ，会計監査人を置く会社も会計参与を選任することもできる（326 Ⅱ）。これは，会計参与の職務と会計監査人の職務とは異なり，いずれも，会社の計算の信頼性を高めるという観点からは重要な職務を担うからである。

5-2　株主総会

株主総会は，株主を構成員として会社の基本的事項について意思決定する必要的機関である[6)]。

5-2-1　権　限

5-2-1-1　総　説

株主総会は，企業の実質的所有者である株主により構成される機関であるから，本来は，すべての事項を決定できるはずであるが（**視点11**），取締役会によるタイムリーな意思決定と適切な意思決定を確保するため（**視点8**），取締役会設置会社では[7)]，会社法が規定する事項および定款に定める事項に限り，決議することができるものとされている（295 Ⅱ）。

---

6)　一人会社（***2-2-2***）では，1人の株主が出席すれば，株主総会は成立するから，法定の招集手続は要しないし（最判昭和46・6・24民集25巻4号596），総会の開催も不要であると考えられる（なお，***5-2-2-1***および***5-2-6***）。定款変更は1人でできるから，定款違反の株主総会決議（あるいは株主の意思決定）も考えられない。

7)　取締役会設置会社以外の会社の株主総会は，会社法に規定する事項のみならず株式会社の組織，運営，管理その他株式会社に関する一切の事項について決議をすることができる（295 Ⅰ）。

5-2-1-2　（取締役会設置会社における）主な法定決議事項

取締役会設置会社の株主総会の法定決議事項としては，会社の組織・事業の基礎的変更に関する事項（定款変更〔466〕，資本金額の減少〔447 Ⅰ〕，解散〔471 ③〕，会社の継続〔473〕，合併〔783 Ⅰ・795 Ⅰ・804 Ⅰ〕，会社の分割〔783 Ⅰ・795 Ⅰ・804 Ⅰ〕，株式交換〔783 Ⅰ・795 Ⅰ〕，株式移転〔804 Ⅰ〕，株式交付〔816の3 Ⅰ〕，事業の譲渡等〔467 Ⅰ〕など），株主の重要な利益に関する事項（計算書類の承認〔438 Ⅱ。ただし，439〕，一定の自己の株式の取得〔156 Ⅰ・160 Ⅰ・171 Ⅰ・175 Ⅰ〕，株式の併合〔180 Ⅱ〕，取締役等の一定額を超える会社に対する責任の免除〔425 Ⅰ〕，公開会社以外の会社における募集株式の発行等・新株予約権〔新株予約権付社債を含む〕の発行に関する事項の決定〔199 Ⅱ・200 Ⅰ・202 Ⅲ④・238 Ⅱ・239 Ⅰ・241 Ⅲ④〕，公開会社における募集株式・新株予約権〔新株予約権付社債を含む〕の対第三者有利発行の場合の募集事項の決定〔201 Ⅰ・199 Ⅱ・240 Ⅰ・238 Ⅱ〕など）・支配株主の異動が生ずる募集株式・募集新株予約権の割当て等のうち一定割合以上の反対の通知があったものの承認（206の2 Ⅳ・244の2 Ⅴ），機関の選任・解任に関する事項（取締役・監査役・会計監査人・会計参与・清算人の選任・解任〔329 Ⅰ・339 Ⅰ・478 Ⅰ③・479 Ⅰ。ただし，108 Ⅰ⑨〕，提出資料調査者〔316 Ⅰ〕または少数株主が招集した総会における業務財産調査者〔316 Ⅱ〕の選任など）のほか，指名委員会等設置会社以外の会社では役員報酬の決定（361・379 Ⅰ・387 Ⅰ）がある。

5-2-1-3　定款による権限の拡大

取締役会設置会社においても，株主総会の権限を，定款の定めにより，法定事項より拡大することができる（295 Ⅱ）。すなわち，株式会社の本質または強行法規に反しない限り，取締役会の決議事項は定款の定めにより株主総会の決議事項とすることができる（ただし，注10）。なぜなら，株主総会の法定権限が縮小されたのは，多くの場合には，経営の意思も能力もない株主が経営に介入せず，専門的知識をもつ取締役に経営を委ねることが，タイムリーかつ的確な意思決定を可能にし，かえって株主の利益になり，かつ株主の合理的意思に合致すると考えたためである（**視点8**）にすぎず，株主が経営の効率性を犠牲にしても自ら意思決定しよう（**視点11**）と考えるときは，株主総会の権限としてよいからである[8)]。

ただし，株主総会の招集（296 Ⅲ）（自ら招集しようがないからである）は，事柄の性質上，株主総会の権限とすることはできない。また，取締役会が設置されてい

8)　公開会社以外の会社は，取締役会を設置しないことすら可能である。

る場合には，取締役会の意義を没却しないという観点から，業務執行すべての決定権限（362 Ⅱ①）[9] を株主総会のみの権限とすることはできない[10]。

なお，争いはあるが，代表取締役の選定は，株主総会の権限とすることができると考えられる（全集228）[11]。なぜなら，代表取締役は会社の代表機関であって，取締役会の代表機関ではないから，代表取締役の選定を株主総会において行うこととしても，理論上は問題ない。また，選定を株主総会の権限とすれば，解職も株主総会の権限となるが，この場合でも，取締役会の決議に代表取締役は拘束され，代表取締役に対する取締役会の命令監督権は存在するからである。たしかに，このように解すると，取締役会の監督権の実効性は弱まるが，実効性を確保する方法としては差止請求（新注会(6) 467〔鴻〕参照）などがありうる（なお，本章注10の見解によれば，取締役会は代表取締役の選定・解職の権限を有しつづけるから，なおさら，問題はない。最決平成29・2・21民集71巻2号195は，取締役会設置会社である非公開会社における，取締役会の決議によるほか株主総会の決議によっても代表取締役を定めることができる旨の定款の定めは有効であるとした）。

5-2-1-4 権限の委譲の禁止

法定された株主総会の決議事項は，株主の利益に重要な影響があるため総会の権限事項とされたものであるから（法定事項は最小限を定めたものである），取締役，執行役，取締役会その他の株主総会以外の機関が決定することができることを内

---

9) たしかに，経営の効率性を犠牲にしてもよいという株主の意思を尊重することをおしすすめれば，株主総会の権限としてもよいことになるが，取締役会の権限と責任は会社の利益のためのみならず，第三者の利益のためにも認められているから（429），取締役会から業務執行の決定権限を完全に奪うことは認められないと解することが妥当であろう。とりわけ，公開会社については取締役会の設置が強制されていることに留意すべきである。すなわち，取締役会が決定した場合には，取締役に任務懈怠につき悪意または重大な過失があれば，その決定の結果，損害を被った第三者は取締役に損害賠償を請求できるが，株主総会の決議が不適切であった場合には，通常，取締役に対しても株主に対しても損害賠償請求はできない。たしかに法人格否認の法理によって株主の第三者に対する責任を認める余地が全くないとはいえないが，単に取締役会の権限を株主総会に委譲したことのみをもって，法人格否認の法理を適用するのは安易にすぎ，適用しないとすると，第三者の利益が保護されない。

10) そもそも，取締役会設置会社においては，取締役会の決議事項を株主総会の決議事項とする定款の定めを設けても，それは株主総会の決議により決定できるということにとどまり，取締役会は依然として決定できるという見解が有力である。362条2項には348条1項と異なり，「定款に別段の定めがある場合を除き」という留保が定められていないからである。

11) 反対説がある（大隅＝今井・中209，河本306）。実質的理由としては，取締役会が代表取締役の解職権を有しなければ，その監督機能の実効性が欠けることがあげられている。

容とする定款の定めは，その効力を有しないものとされている（295 Ⅲ）（**視点 11**）。

なお，総会決議が要求される趣旨に鑑み，基本的事項を株主総会が決定すれば，その範囲内での細目的事項の決定は，これを他の機関（たとえば取締役会）に委任することは認められる（たとえば，指名委員会等設置会社以外の会社の取締役の報酬額の決定〔361 Ⅰ〕について，株主総会においてその最高限度額が決定されれば，その範囲内での各取締役への支給額の決定は取締役会に一任できる。***5-3-6-1***（2））。

また，会社法は，譲渡制限株式の譲渡による取得の承認・不承認の決定（139 Ⅰ但書）・指定買取人の指定（140 Ⅴ但書），募集株式が譲渡制限株式である募集事項の決定（204 Ⅱ但書），募集新株予約権の目的である株式が譲渡制限株式である場合または募集新株予約権が譲渡制限新株予約権である場合の募集新株予約権の割当て（243 Ⅱ但書），譲渡制限新株予約権の譲渡による取得の承認・不承認の決定（265 Ⅰ但書），株式の無償割当て（186 Ⅲ但書），新株予約権の無償割当て（278 Ⅲ但書），取得条項付株式の取得に関する一定の事項の決定（168 Ⅰ但書・169 Ⅱ但書）について定款で，取得条項付新株予約権の取得に関する一定の事項の決定（273 Ⅰ但書・274 Ⅱ但書）について当該新株予約権の内容として，それぞれ別段の定めをすることを認めている。すなわち，これらの事項をたとえば代表取締役または代表執行役に決定させる旨の別段の定めをすることができる。

5-2-2　株主総会の招集

5-2-2-1　招　集

株主総会を開催する一定の手続を招集というが，株主全員に出席の機会と準備の余裕を与えるため（**視点 11**），およびどの集会が株主総会と認められるかの紛争を防ぐため（法的安定性を確保するため，一定の手続をふむことを要求する。**視点 6**），総会の招集は招集権限のある者が法定の手続によってなすことが必要であり，これによらないで単に株主が集合して会議を開いても，それは単なる会合にすぎず総会の決議があったものとは認められないのが原則である[12]。ただし，代理人による出席を含む株主全員の出席があって，総会の開催に対して同意が得られた場合には，総会は有効に成立するとするのが判例である（最判昭和 60・12・20〈30 事件〉）[13]。なぜなら株主が準備の余裕を放棄するのは自由であり，出席の機会も

12）　本来，株主総会決議不存在（***5-2-9-3***）にあたるといってよいが，すべての場合に不存在とすることは不都合なので，決議取消しの訴えの対象とされる場合がある。

13）　もっとも，東京地判平成 31・2・26（平成 29 年（ワ）第 6525 号）は委任状により出席

実質的に確保されており，招集通知を要求した法の趣旨に反しないからである。さらに，株主全員の同意があるときは，書面または電磁的方法による議決権の行使を認める場合を除き，招集の手続を経ずに開くことができる（300）。

取締役会設置会社では，株主総会は取締役会[14)]の決議[15)]に基づき，代表取締役（指名委員会等設置会社では代表執行役）が招集する[16)]のが原則であるが（296 Ⅲ・298 Ⅳ），例外として，少数株主（297 Ⅳ・491）による招集（***5-2-8-3-2***(1)。また，本章注75も参照）および裁判所（307・359）による招集命令がある。いずれも，取締役会などの恣意により，株主総会が開かれないときに，株主の利益を保護するものである。

5-2-2-2　招集通知[17)]

取締役会設置会社の場合[18)]，株主総会を招集するには，株主に出席の機会と

していた者がある場合につき，株主が会議の目的である事項を了知して委任状を作成したものであり，かつ，当該決議が会議の目的である事項の範囲内のものである場合に限って，全員出席総会といいうるとし，大阪地判平成30・9・25金判1553号59は，無効な取締役会決議によって招集された株主総会に株主全員が出席していても，株主が招集手続の瑕疵を認識しつつ株主総会の開催に同意していたとは認められないとして，当該株主総会における決議には取消事由が認められるとした。また，東京地判令和元・5・20金判1571号47は，株主が全員出席していた事案であるにもかかわらず，全株主に対する事前の招集通知を発していない場合には決議は法的に不存在と評価されるとした。

14）　取締役会設置会社以外の会社では，取締役の過半数（会議を開く必要はない。また，事実上の取締役会〔本章注89〕を採用しているときには，定足数をみたす出席取締役の過半数による決議で足りる）によって，招集を決定する（348 Ⅱ）。

15）　取締役会の決議を欠いた場合には，原則として決議取消しの訴えの対象となるにすぎないとするのが判例・通説である。なぜなら，株主その他の第三者は取締役会の開催があったか否かを容易には知りえないから，代表取締役・代表執行役がその名において株主総会の招集手続を行った以上，招集手続が適法になされたという信頼を株主その他の第三者に生じさせるからである。しかし，大阪高判平成3・9・20判タ767号224は，株主（いずれも代表取締役）が2名しか存在しない会社において，一方の株主が他方の株主を役員から排除し，自己の支配権を確立するために，有効な取締役会決議を経ないで株主総会を招集した事案について，その株主総会における取締役解任決議は不存在であるとした。

16）　代表取締役・代表執行役が招集しなかった会合における議決に関しては，本文中の2つの例外および319条の場合を除いて，株主総会決議は不存在とされる。このように解しても外形的に瑕疵が判明するので，株主その他の第三者の利益が害されるおそれが少ないからである。

17）　2019年12月11日から3年6ヵ月以内の政令で定める日（一部施行日）以降（したがって，本注の内容は2021年3月1日時点では未施行），定款の定めがある場合には電子提供措

置によることができる。すなわち，株式会社は，取締役が株主総会（種類株主総会を含む）の招集の手続を行うときは，株主総会参考書類，議決権行使書面，計算書類および事業報告ならびに連結計算書類（これらについての監査報告および会計監査報告を含む）（これらを併せて，株主総会参考書類等）の内容である情報について，電磁的方法により株主・種類株主が情報の提供を受けることができる状態に置く措置であって，法務省令（会社規 95 の 2）で定めるもの（電子提供措置）をとる旨を定款で定めることができ（325 の 2），振替株式を発行する会社は定めなければならない（社債株式振替 159 の 2 Ⅰ）。

電子提供措置をとる場合には，株主総会・種類株主総会の招集通知を会日の 2 週間前までに発しなければならない（325 の 4 Ⅰ・325 の 7）。招集通知には，会社法 298 条 1 項 5 号に掲げる事項（会社規 63）を記載し，または記録することを要しないが，電子提供措置をとっているときは，その旨，有価証券報告書の提出の手続を EDINET を使用して行ったときは，その旨，そのほか，法務省令（会社規 95 の 3）で定める事項を記載し，または記録しなければならない（325 の 4 Ⅱ・325 の 7）。電子提供措置をとる旨の定款の定めがある株式会社においては，取締役は，招集通知に際して，株主・種類株主に対し，株主総会参考書類等を交付し，または提供することを要しない（325 の 4 Ⅲ・325 の 7）。

電子提供措置をとる旨の定款の定めがある株式会社の取締役は，招集通知を書面でしなければならない場合には，株主総会の日の 3 週間前の日または招集通知を発した日のいずれか早い日（電子提供措置開始日）から株主総会の日後 3 ヵ月を経過する日までの間（電子提供措置期間），株主総会・種類株主総会の招集に関する決定事項（298 Ⅰ・325），書面による議決権行使を認める場合には，株主総会参考書類および議決権行使書面に記載すべき事項（取締役が招集通知に際して株主に対し議決権行使書面を交付するときは，議決権行使書面に記載すべき事項に係る情報については電子提供措置をとることを要しない。325 の 3 Ⅱ・325 の 7），電磁的方法による議決権行使を認める場合には，株主総会参考書類に記載すべき事項，議案の要領の通知請求があった場合には，その議案の要領，株式会社が取締役会設置会社である場合において，取締役が定時株主総会を招集するときは，計算書類および事業報告に記載され，または記録された事項，株式会社が会計監査人設置会社（取締役会設置会社に限る）である場合において，取締役が定時株主総会を招集するときは，連結計算書類に記載され，または記録された事項，ならびに，これらの事項を修正したときは，その旨および修正前の事項（これらを併せて電子提供措置事項）に係る情報について，継続して（電子提供措置の中断が生じた場合であっても，一定の要件をみたすときには，その電子提供措置の中断は，電子提供措置の効力に影響を及ぼさない。325 の 6・325 の 7），電子提供措置をとらなければならない（325 の 3 Ⅰ・325 の 7）。

なお，有価証券報告書を内閣総理大臣に提出しなければならない株式会社が，電子提供措置開始日までに電子提供措置事項（定時株主総会に係るものに限り，議決権行使書面に記載すべき事項を除く）を記載した有価証券報告書（添付書類およびこれらの訂正報告書を含む）の提出の手続を EDINET を使用して行う場合には，それらの事項に係る情報については電子提供措置をとることを要しない（325 の 3 Ⅲ）。

デジタル・デバイドの問題がありうることから，電子提供措置をとる旨の定款の定めがある株式会社の株主（電磁的方法により招集通知を受けることの承諾をした株主を除く）は，

準備の時間を与えるため，株主に対しては，会日より2週間前（公開会社以外の会社においては，書面または電磁的方法による議決権行使を認める場合を除き，1週間前）に書面により（政令の規定〔会社法施行令2〕に従って，株主の承諾を得た場合には電磁的方法によることもできる）招集通知を発しなければならない（299 I II②）。

そして，会議の目的たる事項（議題）（298 I②）および法務省令（会社規63）に定める事項（298 I⑤）などを招集通知に記載・記録しなければならない（299 IV）。さらに定時株主総会の招集通知の際には，貸借対照表・損益計算書（一定の会社はさらに連結計算書類）・株主資本等変動計算書・個別注記表・事業報告のほか，監査役（監査の範囲が会計監査に限定されている者を含む）・監査委員会・監査等委員会または会計監査人を設置している会社では，監査報告・会計監査報告を提供しなければならない（437）。株主総会に向けて十分な準備と株主総会における充実した討議を可能にするためである。

5-2-3　提案権（303〜305）

株主が自ら総会を招集しなくとも，会社が招集する機会を利用して，一定の事

株式会社に対し，電子提供措置事項を記載した書面の交付を請求すること（書面交付請求）ができるものとされている（325の5 I）。そして，取締役は，招集通知に際して，書面交付請求をした株主（その株主総会・種類株主総会において議決権を行使することができる者を定めるための基準日を定めた場合には，その基準日までに書面交付請求をした者に限る）に対し，その株主総会・種類株主総会に係る電子提供措置事項を記載した書面を交付しなければならない（325の5 II・325の7）。もっとも，会社は，電子提供措置事項のうち法務省令（会社規95の4）で定めるものの全部または一部については，交付する書面に記載することを要しない旨を定款で定めることができる（325の5 III）。

なお，書面交付請求をした株主がある場合に，その書面交付請求の日（その株主が異議を述べた場合には，その異議を述べた日）から1年を経過したときは，株式会社は，その株主に対し，書面の交付を終了する旨を通知し，かつ，これに異議のある場合には，1ヵ月を下回らない一定の期間（催告期間）内に異議を述べるべき旨を催告することができ（325の5 IV），この通知および催告を受けた株主がした書面交付請求は，その株主が催告期間内に異議を述べたときを除き，催告期間を経過した時にその効力を失う（325の5 V）。

18）取締役会設置会社以外の会社の場合，書面または電磁的方法による議決権行使を認める場合を除き（参考書類と議決権行使書面等を提供しなければならず，送付と返送に時間を要すると考えられるため），招集通知は会日の1週間前（定款によって，さらに短縮可能）までに発すれば足り，書面によることも要しないし，会議の目的（議題）などを招集通知に記載・記録することも要求されない（299 II）。この反面，株主には，単独株主権としての議題追加権および議案の要領通知請求権が保障される（***5-2-3-1***）。

項を会議の目的とすることを求め，または提案する権利である。これは株主総会の活性化を図るためのものである。すなわち株主が総会に積極的に参加し，株主の意思が会社経営に反映するような状況をつくろうというものである（**視点11**）。

株主総会の議題および議案は，取締役会設置会社では，原則として取締役会が決する（298 Ⅳ）。事実上，多数派株主は取締役に影響を与えることができるが，少数派株主にはそのような機会がないといってよい。そこで，株主が総会に積極的に参加し，株主の意思を十分総会に反映させる一方で，総会を円滑に運営するため，提案権[19]などについて規定が設けられている[20]。

なお，濫用防止のため，取締役会設置会社においては，議題追加権と議案の要領の通知請求権は，総株主の議決権（株主総会の目的とされる事項について議決権を行使することができない株主が有する議決権の数を除く）の100分の1（これを下回る割合を定款で定めた場合には，その割合）以上または300個（これを下回る個数を定款で定めた場合には，その個数）以上の議決権を引き続き6ヵ月以上（これを下回る期間を定款で定めた場合には，その期間。公開会社以外の会社の場合には保有期間要件は課されない〔303 Ⅲ・305 Ⅱ〕）保有する[21]株主にのみ認められる[22]。他方，議場において議案を提出する権利（304）は，議決権を行使することができるすべての株主に認められる。

19）　ただし，特定の者から自己株式を取得する場合（子会社から取得する場合，相続人等から取得する場合および定款の定めにより株主の売主追加請求権を排除している場合を除く）には，株主が，法務省令が定める時（会社規29）までに自己を売主として追加したものを議案とすることを求めることができる（160 Ⅲ）。***4-5-3-3-4***⑵ **2)**②ⓐ参照。

20）　議題とされていなければ，討議の対象とできない。また，書面・電磁的方法による議決権行使分は，招集通知に記載されていない議案には賛成とはみなされないため（棄権とみなされる）（本章注28参照），可決されにくくなる。さらに，株主に周知されていないため，否決されやすい。これに対し，議案の要領の通知請求権を行使すると，書面・電磁的方法による議決権行使の対象とされ，議題も追加でき，しかも招集通知が書面等でなされる場合には，議案の要領が記載・記録され，書面による招集通知がなされない場合でも株主に通知される。

21）　東京地判昭和60・10・29金判734号23は「行使（請求）の日からさかのぼって」算定するものと解する。

22）　取締役会設置会社以外の会社においては，議決権を有する株主には，単独株主権として議題追加権・議案の要領通知請求権が認められるが，招集通知は必ずしも書面でなされるものではないので，招集通知に議案の要領を記載・記録することを要求することがつねにできるわけではない。

5-2-3-1　議題・議案追加請求権

(1)　議題追加権（303 Ⅰ）

議決権を行使できる事項について，代表取締役（指名委員会等設置会社では代表執行役）に対して総会の会日の8週間（これを下回る期間を定款で定めた場合には，その期間）前までに，その事項を株主総会の目的（たとえば，取締役選任の件，定款変更の件を会議の目的とすることなど）とすることを請求することができる。

(2)　議案の要領の通知請求権（305 Ⅰ）

代表取締役（指名委員会等設置会社では代表執行役）に対して総会の会日の8週間（これを下回る期間を定款で定めた場合には，その期間）前までに株主総会の目的である事項につきその株主が提出しようとする議案（たとえば，XX氏を取締役に選任すること，募集株式の発行等または新株予約権の発行の際に割当てを受ける権利を株主に与える旨を定款に設ける定款変更をすることなど。東京地判平成26・2・27〔平成25年(ワ)第18383号〕〔ジュリ1467号2参照〕は，特定の者を取締役に選任しない旨の提案などは議決により法的な効果を生じさせるものではないから「議案」にあたらないとした）の要領を他の株主に通知すること（書面または電磁的方法で招集通知をする場合には，その通知に記載・記録すること）[23]を請求することができる。株主提案権の濫用的行使を制限するために，株主が議案要領通知請求できる議案の数の上限が10とされている。ここで，取締役，会計参与，監査役または会計監査人（併せて，役員等）の選任に関する議案は，議案の数にかかわらず，1つの議案とみなされ，役員等の解任に関する議案も，当該議案の数にかかわらず，1つの議案とみなされる。また，会計監査人を再任しないことに関する議案も，当該議案の数にかかわらず，1つの議案とみなされる。さらに，定款の変更に関する2つ以上の議案は，その2つ以上の議案について異なる議決がされたとすれば当該議決の内容が相互に矛盾する可能性がある場合には，これらを1つの議案とみなされる（305 Ⅳ）。どの議案が上限を超えた議案であるかは取締役が定めるが，請求株主がその請求と併せてその株主が提出しようとする2つ以上の議案の全部または一部につき議案相互間の優先順位を定めている場合には，取締役は，当該優先順位に従い，これを定めるものとされている（305 Ⅴ）。

(3)　議案提出権（304）

株主は，株主総会の議場において，株主総会の目的である事項（その株主が議

23)　電子提供措置（本章注17）をとる旨の定款の定めがある株式会社では，電子提供措置をとること。

決権を行使することができる事項に限る）につき議案を提出することができる。株主総会の場において，会議の一般原則により，動議を提出することは可能であり，この点では，304条は確認的な規定である。

5-2-3-2　議案の要領の通知請求権・議案提出権に応じなくてよい場合

株主総会の円滑な運営の観点から，その議案が法令もしくは定款に違反する場合または実質的に同一の議案につき株主総会において総株主（その議案について議決権を行使することができない株主を除く）の議決権の10分の1（これを下回る割合を定款で定めた場合には，その割合）以上の賛成を得られなかった日から3年を経過していない場合には，請求があっても，会社は，招集通知にその議案の要領を記載・記録し，または他の株主に通知する必要はなく，また，株主は議場において，その議案を提出することができない（つまり，議長はその議案を取り上げなくてよい）ものとされている（304・305 Ⅳ）。

5-2-3-3　違反の効果

議題追加請求が無視されても，その総会の目的となっていない以上，総会招集手続に違法があるとはいえないから，損害賠償を求めることができるにとどまる（東京地判平成26・9・30金判1455号8参照）のが原則であるが，東京高判平成23・9・27資料版商事法務333号39は，例外的に，当該事項が株主総会の目的である事項と密接な関連性があり，株主総会の目的である事項に関し可決された議案を審議する上で株主が請求した事項についても株主総会において検討，考慮することが必要，かつ，有益であったと認められるときであって，上記の関連性のある事項を株主総会の目的として取り上げると現経営陣に不都合なため，会社が現経営陣に都合のよいように議事を進行させることを企図して当該事項を株主総会において取り上げなかったときにあたるなど，特段の事情が存在する場合には，会社法831条1項1号に掲げる場合に該当するとしている。議案の要領の通知請求が無視された場合は総会招集手続に，議案提出が無視された場合は決議方法に，法令違反があるものとして総会決議取消しの訴え（**5-2-9-2**）の対象となる。なお，株主としては，議案要領通知の仮処分を申し立てることが可能である（東京地決平成25・5・10資料版商事法務352号34など）。

5-2-4　議決権

株主は，原則として株主総会に出席して質問し，意見を述べ，動議を提出し，決議に加わる権利を有するが，その中で総会の決議に加わる権利を議決権という。

5-2-4-1　1株1議決権の原則とその例外

5-2-4-1-1　1株1議決権の原則（308 Ⅰ）

株主は，原則として1株（単元株制度〔*4-6*〕が採用されている会社においては1単元）につき1個の議決権を有する（ただし，公開会社以外においては，株主総会における議決権について定款の定めによる異なった取扱い〔たとえば，1人1票など〕が認められる〔109 Ⅱ〕）。

5-2-4-1-2　議決権を行使できない場合

① 議決権制限株式（108 Ⅰ③）（*4-4-3*(3)）

会社は定款の定めにより，株主総会において議決権を行使することができる事項につき制限のある株式（議決権制限株式）を発行することができるものとされている。なお，議決権制限株式の株主であっても種類株主総会では議決権を行使できる。また，309 Ⅳ。

② 自己株式（308 Ⅱ）

支配の公正等を担保するため，会社は，自己株式について議決権を有しない（*4-5-3-3-13*）。

③ 相互保有株式（308 Ⅰかっこ書）

会社がその総株主の議決権の4分の1以上を有することその他の事由を通じて会社がその経営を実質的に支配することが可能な関係にあるものとして法務省令（会社規67）で定める株主は，所有している会社の株式につき株主総会および種類株主総会において議決権を行使することができない（308 Ⅰかっこ書）。このような不利益を定めることによって株式の相互保有のインセンティブを減少させようとするものである。株式の相互保有は，企業間の協調，株主安定化などに用いられるが，会社財産の裏づけのない資本の形成により，会社債権者が害されるおそれ，当事会社の経営者が相互に相手方の支配権を支持しあうという議決権行使の歪曲化，市場の不当支配や株価操作のおそれ（これは金融商品取引法や独占禁止法によってある程度対処できる），などの弊害が生じうるからである。相互保有株式の議決権停止は，子会社の親会社株式の取得禁止（*4-5-3-4*）と相まって，親子会社規制の重要な規定という一面ももつ（*8-2-2*）。

④ 基準日後に発行された株式（ただし，*4-10-4* 参照）

⑤ 単元未満株式（308 Ⅰ但書）（*4-6-2*）

⑥ 自己株式取得・売渡請求に関する総会決議において，売主となる者の有する株式（160 Ⅳ・175 Ⅱ）

5-2-4-2　議決権の行使方法

株主は，自ら株主総会に出席して議決権を行使するのが本来である。しかし，議決権は株主の権利であるから，出席が難しい場合でも行使の機会確保が重要である（視点 10）。

5-2-4-2-1　代理行使

5-2-4-2-1-1　原　則

株主は，代理人によって議決権を行使することができる（310 Ⅰ）。

議決権は，株主の一身専属的人格権ではなく，財産的性格をもつ権利であること，および（理念型としての大規模な株式会社では）株主の個性が重視されないことから，議決権は，本来代理に親しむ権利といえる（許容性）。また，株式会社においては，株主が広い範囲にわたって散在し，かつ総会開催期日が集中しているため，株主自身が総会に出席して議決権を行使することが困難な場合がある。そこで議決権の代理行使を認めることにより，株主に議決権行使を容易にし，その行使の機会を保障する必要がある（必要性）。

5-2-4-2-1-2　代理人資格を株主に限定する定款規定の効力

少なからぬ会社は代理人資格を株主に限定する定款規定を設けている。このような規定は，株主総会が株主以外の第三者によってかく乱される（かく乱されると，株主は自己の意思を会社経営に十分反映できないおそれがあるからである。**5-2-7** 参照）ことを防止する必要性（譲渡制限している会社にとっては，特に必要性が高い）に基づくものであるが，議決権行使の機会の確保と衝突する（神作・ジュリ 950 号 131）。

しかし，そもそも会議体はそのメンバーでなければ議決に参加できず，したがって，議決権の行使を委任する場合には，他のメンバーに委任するほかないのが会議体の本則であるともいえ，会議体に参加する者の個性が問題となる場合がないとはいえない。そこで，さしあたり，このような定款規定は合理的な理由による制限として，有効と考えたうえで（最判昭和 43・11・1〈32 事件〉），制限の範囲をしぼることが考えられる[24)]。すなわち，①その代理人を用いることが議決権

24)　これに対して，定款の定めにより代理人資格を株主に限定することは，信頼できる代理人を株主の中より見出しえない場合には，議決権行使の機会が事実上奪われることになり，結局多くの株主から議決権行使の機会を奪う結果を招くことになって，310 条 1 項の趣旨に反するとして，定款規定を無効と考え，かく乱の防止は議長の秩序維持権に委ねる（315）（**5-2-5-1**）ことも考えられないではない。もっとも，書面（**5-2-4-2-3**）または電磁的方法

行使にとって自然かつ必要である場合には拒絶できない（株主の法定代理人は議決権を行使できると解すべきであろう。北沢300参照），②代理人に対する株主のコントロールが十分である場合（たとえば，法人の使用人〔最判昭和51・12・24〈37事件〉参照〕は，組織の中の一員として上司の命令に服する義務を負い，議決権の代理行使にあたって法人である株主の代表者の意図に反するような行動はすることはできないようになっている）[25] には拒絶できない，と解することによって，不当な制限を避けることができる（裁判例は個人株主の代理については例外をほとんど認めてこなかったが，必ずしも合理的とはいえない。ただ，個人と法人という区別以外に恣意的でない判断基準がみつからないということ，および個人株主についても広く例外を認めると定款規定を置いた意味がなくなることをあげることができよう）[26]。

***5-2-4-2-2*　議決権の不統一行使**

株主は，2つ以上の議決権を有する場合，その全部をもって賛成しあるいは反対するのが普通であるが，その一部をもって賛成し，残部をもって反対することもできる（313）。これは，株式の信託や外国預託証券などの場合には，形式上（株主名簿上）は1人の株主になっていても，実質上は複数の株主に権利は属しており，実質上の株主の意向に従って議決権を行使するためには，議決権の不統一行使を認める必要があるからである。しかも，通常，不統一行使による会社の不利益は小さいからである。もっとも，事務処理上の煩雑さが生じうるから，会社は，株主が株式の信託を引き受けたこと，その他，他人のために株式を有する者

（***5-2-4-2-4***）による議決権行使が認められている場合には代理人資格を制限することによる弊害は，少ないという反論がありえよう。

25）　もっとも，このような場合には，「使者」であって，代理人ではないと解して，代理人資格を制限する定款の規定は及ばないと解することができるのではないか。

26）　このような定款規定の有効性は，総会決議取消しの訴えとの関連で問題とされるが，①非株主である代理人に代理行使を認めたことを理由として決議取消しがなされたものとしては前掲最判昭和43・11・1があるが，これ以降は決議取消しを認めた公刊物掲載裁判例はなく，逆に②非株主である代理人に代理行使を認めなかったことを理由として決議取消しを認めた公刊物掲載裁判例は，株主である法人の従業員の事案について認めた東京高判昭和61・7・30資料版商事法務32号53のみであった。しかし，札幌高判令和元・7・12金判1598号30は非株主である弁護士が代理人として株主総会へ入場することを拒絶したことは決議方法の法令違反であるとした（最決令和元・11・7〔令和元年（受）第1673号〕により上告不受理）。①の場合には，株主の議決権行使が妨げられたわけではないので，多くの場合，裁量棄却の対象となりうるのではないかと思われる（最判昭和37・8・30判時311号27）。

でないときは，不統一行使を拒むことができ（事務処理の便宜，**視点15**）（313 Ⅲ），取締役会設置会社においては[27]，不統一行使をするには，総会の会日より3日前に，会社に対し書面をもって，その旨およびその理由を通知しなければならない（313 Ⅱ）。

5-2-4-2-3　書面による議決権行使[28]

株主の議決権行使を容易にし株主の意思を確実に反映させるとともに定足数の確保を図るため，議決権を有する株主が1000人以上の会社は，株主総会に出席しない株主に[29]，書面によって議決権を行使することを認めなければならない（298 Ⅱ本文）[30]。また，それ以外の会社においても，（取締役会設置会社の場合は取締

27）取締役会設置会社以外の会社においては，事前通知を要しない。これは，取締役会設置会社以外の会社では，招集通知に，会議の目的事項を記載・記録する必要がないため，株主としては，総会当日まで会議の目的事項が何であるかを知りえない場合があり，議決権の不統一行使に関して，事前の通知を要求することは適当ではないからである。また，そもそも，議決権の不統一行使の事前通知をしていた株主が会日当日に議決権を統一的に行使をすることは可能であると解されている以上，不統一行使をしようとする場合に限って事前の通知を要求する必要性は乏しいと考えられることも1つの理由であろう。

28）株主総会の議場で修正動議が提出された場合に，たしかに欠席として扱う考え方もあろうが，書面による議決権行使制度ができる限り多くの株主の意思を総会決議に反映させようとする趣旨に反するし，実質的にも，議場の株主のみで決議を成立させることができるとすると，少数者による決定がなされる余地が生じ，悪用される危険性がある。また株主の意思を推測して，原案賛成の株主は修正動議に反対，原案反対あるいは棄権の株主は修正動議について棄権とすることも考えられるが，必ずしもその意思の推定が合理的とはいえない（たとえば配当を年6%とする原案に賛成したからといって，配当を年8%とする修正動議に反対するとは限らない）から，この考え方も適切ではない。そもそも書面により議決権行使した株主は議場における修正動議に対応することまで期待しているとは思われない。そこで，議場で提出された修正動議については，なんら賛否を表明していないことから，棄権（結局，反対と同様の結果をもたらす）として扱うべきである。修正動議が可決されないことが多くなるという批判があるが，少数者のみによって意思決定されることを防ぐほうが，制度の趣旨に合致する。

29）したがって，議決権行使書面を返送した後に，株主が，株主総会の議場に現れて，議決権行使をした場合には，議場での議決権行使が優先される。東京高判令和元・10・17金判1582号30は，法人である株主が書面による議決権行使を行った場合に，議決権の行使について何らの権限も授与されていない，その株主の従業員が傍聴者として議場に入場していても，会社において確認している株主の意思に従って議決権の行使を認めるべきであるとした。

30）ただし，総会の招集者が議決権を行使することができる株主の全部に対して金融商品取引法の規定に基づき総会の招集通知に際して委任状の用紙を交付することにより議決権の行使を第三者に代理させることを勧誘している場合（会社規64）には書面による議決権行使

役会の決議をもって），株主総会に出席しない株主に書面をもって議決権を行使することを認めることができる（298 Ⅰ③）[31]。

書面による議決権の行使は議決権行使書面に必要な事項を記載し，法務省令（会社規 69）で定める時までに会社に提出して行う（311 Ⅰ）。

5-2-4-2-4　電磁的方法による議決権行使[32]

会社は（取締役会設置会社の場合は取締役会の決議をもって），株主総会に出席しない株主に電磁的方法により議決権を行使することを認めることができる（298 Ⅰ④）。この場合には，招集通知に際して，株主総会参考書類を交付しなければならない（302 Ⅰ）。また，株主総会の招集通知を電磁的方法によって受けることを承諾した株主には総会招集通知に際して，それ以外の株主に対しては請求に応じ

を認めなくともよい（298 Ⅱ但書・325）。しかし，委任状勧誘の場合には，株主の指示に反した代理行使がなされても，せいぜい，その議決権行使は無効とされるにすぎないし（代理人が行使した通りの議決権行使がなされたと解すべきであるという見解すら存在する），総会決議取消し事由にあたるかどうかが不明であり，株主の意思を会社の意思決定に反映させようとする書面による議決権行使の許容の強制の趣旨に照らし，立法論としては疑問が残る。

31）　招集通知に際して，株主総会参考書類（会社規 65・73〜93）と議決権行使書面（会社規 66）とを交付しなければならない（301 Ⅰ）。ただし，招集通知を電磁的方法により受領することを承諾した株主に対しては，その株主から請求がない限り，議決権行使書面に記載すべき事項を電磁的方法により提供し，議決権行使書面を交付する必要はない（301 Ⅱ）。

なお，監査役，監査等委員会または監査委員会が異議を述べている場合を除き，定款の定めがあれば，議案，事業報告に記載すべき株式会社の現況に関する事項，役員に関する事項，株式に関する事項および新株予約権等に関する事項ならびに株主総会参考書類に記載することとしている場合における当該事項を除き，株主総会参考書類に記載すべき事項に係る情報を，その株主総会に係る招集通知を発出する時からその株主総会の日から３ヵ月が経過する日までの間，継続して電磁的方法により株主が提供を受けることができる状態に置く措置（インターネットに接続された自動公衆送信装置を使用する方法によって行われるもの）をとる場合には，その事項を記載した株主総会参考書類を株主に対して提供したものとみなされる（会社規 94 Ⅰ）（ウェブ開示によるみなし提供）。この場合には，株主に対して提供する株主総会参考書類に，継続して電磁的方法により株主が提供を受けることができる状態に置く措置をとるために使用する自動公衆送信装置のうちその措置をとるための用に供する部分をインターネットにおいて識別するための文字，記号その他の符号またはこれらの結合であって，情報の提供を受ける者がその使用に係る電子計算機に入力することによって当該情報の内容を閲覧し，当該電子計算機に備えられたファイルに当該情報を記録することができるもの（すなわち，そのウェブサイトのURL）を記載しなければならない（会社規 94 Ⅱ）。

32）　電磁的方法による議決権行使についても，書面による議決権行使に関する本章注 28 の議論があてはまるであろう。

て，議決権行使書面に記載すべき事項を電磁的方法により，会社は提供しなければならない（302 Ⅲ Ⅳ）。電磁的方法による議決権の行使は，政令（会社法施行令 1）に定めるところにより，会社の承諾を得て議決権行使書面に記載すべき事項を，法務省令（会社規 70）で定める時までに電磁的方法により会社に提出して行う（312 Ⅰ）。

5-2-4-2-5 会社による合理的な定めの許容

書面と電磁的方法によって重複して議決権行使がなされた場合にいずれを有効な議決権行使として取り扱うか，および，議決権行使を受け付けるべき期間についてあらかじめ会社は合理的な定めを設けることができる。後者は会社の集計作業上の負担を合理的なものとするためであり，前者は，会社の事務処理を容易にするためであり，いずれも，株主の議決権行使の機会を不当に奪うものとは考えられないからであろう。ただし，それらの定めを議決権行使書面等に記載しなければならない。

5-2-5 総会の議事進行

5-2-5-1 議　長

議長の選任に関しては定款に定めるのが通常であるが，定款に定めがなければ総会で議長を選出する。議長は総会の秩序を維持し，議事を整理する権限を有し（315 Ⅰ），議事運営に関する議長の命令に従わない者など，総会の秩序を乱す者を退場させることができる（315 Ⅱ）。

5-2-5-2 取締役等の説明義務（314）

取締役，監査役，会計参与および執行役は，株主総会において，会議の目的たる事項（議題）に関して株主から質問があった場合には（質問がなくとも説明しなければならない事項がある。171 Ⅲ・180 Ⅳ・190・199 Ⅲ・200 Ⅱ・238 Ⅲ・239 Ⅱ・327 の 2・361 Ⅳ・467 Ⅱ・795 Ⅱ Ⅲ），原則として説明しなければならない（314）（一括説明は適法であるが，それだけでは不十分な場合には補充説明を求めることができる〔東京高判昭和 61・2・19〈35 事件〉〕。詳細について，演習Ⅱ 24 以下〔竹内〕）。これは，会議の一般原則上，当然のことであるが，確認的に置かれた規定である。

5-2-5-2-1 説明を拒絶できる場合

会議の目的たる事項（議題）に関しないものであるとき（大阪地判平成 9・3・26 資料版商事法務 158 号 41），説明することによって株主共同の利益を著しく害するとき（大阪地判平成元・10・4 資料版商事法務 68 号 111），その他正当な理由があるものとして法務省令（会社規71）に定める場合[33]には説明する必要はない。

5-2-5-2-2　説明義務違反の効果

質問の機会を全く与えなかったとき，不当に説明を拒絶したときのみならず，不実の説明をしたとき，正当な事由がないのに不十分な説明しかなかったときは，いずれも決議の方法が法令に違反することとなるので（東京地判昭和63・1・28判時1263号3），それと密接な関連を有する議案に係る決議取消しの訴えの原因となる（831Ⅰ①）（*5-2-9-2*）。他の株主から打切りの動議が出されても，客観的に十分な説明がなされない限り，説明義務違反になる（罰則の対象ともなる。976⑨）。

5-2-5-3　株主の平等取扱い

同じ株主総会に出席する株主に対しては合理的な理由のない限り同一の取扱いをなすべきである（最判平成8・11・12判時1598号152）。これは持株数に応じた平等ではなく，いわゆる株主平等原則（*4-2*）とは異なる。

5-2-5-4　決議の方法

5-2-5-4-1　表決の方式

各議案に対する表決の方法は，定款で特に定めていない限り，投票・挙手・起立，その他，出席株主の意思を明認できる方法であればよい[34]。株主総会の決議は，定款に別段の定めがない限り，その議案に対する賛成の議決権数が決議に必要な数に達したことが明白になった時に成立するものと解され，必ずしも，挙手・起立・投票などの採決の手続をとることを要するものではない（最判昭和42・7・25民集21巻6号1669）。

33）説明を求める事項を株主が株主総会の日より相当の期間前に会社に対して通知した場合およびその事項について説明をするために必要な調査が著しく容易である場合を除き，株主が説明を求めた事項について説明をするために調査をすることが必要である場合，株主が説明を求めた事項について説明をすることにより株式会社その他の者（説明を求めた株主自身を除く）の権利を侵害することとなる場合，株主が当該株主総会において実質的に同一の事項について繰り返して説明を求める場合，その他株主が説明を求めた事項について説明をすることができないことにつき正当な事由がある場合。

34）なお，大阪地判平成16・2・4金判1191号38は，議長が投票という表決方法を選択した以上，たとえ議長において，その株主のその議案についての賛否の意思を明確に認識していたからといって，投票によって意思を表明しない者の議決権を，その者の内心を推測してその議案に賛成する投票をしたものとして扱うことは許されないとした。

5-2-5-4-2　決議要件（5-2-8参照）

⑴　普通決議

法律または定款により別段の決議方法が定められていない事項については，議決権を行使することができる株主の議決権の過半数を有する株主が出席し（定足数），出席した株主の議決権の過半数をもって決議する（309 Ⅰ）。定款の定めをもって定足数を加減することが認められるが，取締役・監査役・会計参与の選任決議・解任決議は重要な事項であるため，定款の定めによっても，定足数を議決権を行使することができる株主の議決権の3分の1未満に引き下げることはできないが，決議要件を定款の定めによって引き上げることができることが明示的に定められている（341）。

⑵　特別決議（309 Ⅱ）

その株主総会において議決権を行使することができる株主の議決権の過半数（3分の1以上の割合を定款で定めた場合には，その割合以上）を有する株主が出席し（定足数），出席株主の議決権の3分の2（これを上回る割合を定款で定めた場合には，その割合）以上にあたる多数（決議要件）をもって行う決議をいう（ただし，決議の要件に加えて，一定の数以上の株主の賛成を要する旨その他の要件を定款で定めることができる）。一定の重要な事項に関しては，特別決議が要求されている。

⑶　特殊の決議

種類株式発行会社を除き，その発行する全部の株式の内容として譲渡によるその株式の取得について会社の承認を要する旨の定款の定めを設ける定款変更，吸収合併による消滅会社または株式交換により完全子会社となる会社が公開会社であり，その会社の株主に対して交付する金銭等の全部または一部が譲渡制限株式等である場合の合併契約または株式交換契約の承認，および，新設合併による消滅会社または株式移転により完全子会社となる会社が公開会社であり，その会社の株主に対して交付する金銭等の全部または一部が譲渡制限株式等である場合の合併契約または株式移転計画の承認は，その株主総会において議決権を行使することができる株主の半数以上（これを上回る割合を定款で定めた場合には，その割合以上）であって，その株主の議決権の3分の2（これを上回る割合を定款で定めた場合には，その割合）以上にあたる多数をもって行わなければならない（309 Ⅲ）。

また，剰余金の配当・残余財産の分配・株主総会における議決権に関して株主ごとに異なる取扱いをする定めの新設・変更（その定めを廃止するものを除く）の定款変更については，総株主の半数以上（これを上回る割合を定款で定めた場合には，その割合以上）であって，総株主の議決権の4分の3（これを上回る割合を定款で定めた場合には，その割合）以上にあたる多数をもって行わなければならない（309 Ⅳ）。

5-2-5-5　議事録の作成

法務省令（会社規72）の定めるところにより，議事録を作成しなければならない。議事録は，本店に10年間（その写しを支店に5年間）[35] 備え置き，株主・会社債権者の閲覧・謄写等に応じなければならない（318 Ⅰ Ⅱ Ⅲ本文Ⅳ）（なお ***5-4-3-6*** と対比。また，親会社の株主の権利について ***8-2-5***）。

5-2-5-6　総会検査役の選任請求（306）

公正な総会の運営を担保するため，6ヵ月前から引き続き（公開会社以外の会社の場合は，保有期間要件は課されていない〔306 Ⅰ Ⅱ〕）総株主（その総会の議題[36] の全部につき議決権を行使することができない株主を除く）の議決権の100分の1（これを下回る割合を定款で定めた場合には，その割合）以上を有する株主は，総会の招集手続・決議方法についての検査役選任を裁判所に対して申し立てることができる（少数株主権）。また，総会手続の公正らしさを客観的に担保するために総会検査役の関与を求めることには意義が認められ，総会決議取消しの訴えなどの後日の紛争に備えることができるようにするという観点から，会社も選任を申し立てることができるものとされている。検査役の選任請求は株主総会の前になされなければならない。

検査役は，必要な調査を行い，その結果を裁判所に書面または法務省令で定める電磁的記録（会社規228）で報告し（306 Ⅴ），裁判所は必要があると認めるときは，取締役に命じて株主総会を招集させることができる（307 Ⅰ①）。招集命令は，総会の決議に関して瑕疵があり，決議取消し事由または不存在事由が存在すると認められる場合に，総会決議のやり直しによって瑕疵を補完する機能などを有する。また，裁判所は，会社に対して，その調査結果の内容を総株主に対して通知するよう命ずることもできる（307 Ⅰ②）。これは，総会招集命令が発せられると，

35)　その議事録が電磁的記録をもって作成されており，かつ，支店においてその電磁的記録に記録された事項を法務省令（会社規226）で定める方法により表示したものの閲覧または謄写の請求に応じることを可能とするための措置として法務省令（会社規227）で定めるものをとっているときは写しを備え置く必要はない（318 Ⅲ但書）。

36)　取締役会設置会社以外の会社では，「株主総会において決議をすることができる事項」とされる（306 Ⅰ Ⅱ）。

株主数が多数にのぼる会社においては，総会招集に多大な費用や時間を要することになるため，総会の招集を行わずに検査役の調査結果を開示する制度を認める必要があるからである。

5-2-5-7　提出資料調査者・業務財産調査者の選任（316）

株主総会の決議により，取締役，会計参与，監査役，監査役会および会計監査人が，その株主総会に提出・提供した資料を調査する者を選任することができる（316 Ⅰ）。議決権行使を的確に行うための判断材料として，そのような資料が正しく作成されていることを確かめる必要がありうるからである。また，株主の招集請求により，または株主により招集された総会（***5-2-8-3-2***(1)）においては，会社の業務および財産の状況を調査する者を，その決議により選任することができる（316 Ⅱ）（***5-2-8-3-2***(3)と対照）。株主が招集請求する場合には取締役等に不正または不当の行為の疑いがあることが多いことに着目したものである。これらの者の選任は，招集通知に議題として掲げられていない場合でもすることができる（309 Ⅴ）

5-2-6　書面または電磁的記録による同意

取締役または株主が株主総会の目的である事項について提案をした場合において，その事項について議決権を行使することができる株主の全員が，その提案につき書面または電磁的記録により同意の意思表示をしたときは，その提案を可決する旨の株主総会の決議があったものとみなされる（319 Ⅰ）。また，これにより定時株主総会の目的である事項のすべてについての提案を可決する旨の株主総会の決議があったものとみなされた場合には，その時にその定時株主総会が終結したものとみなされる（319 Ⅴ）。これは，株主総会において討議したり，取締役等の説明を求めることは株主の権利であり，そのような機会を放棄することに株主全員が合意するのであれば，それを禁止すべき理由はないし，また，すでに実質的に意見の一致をみているような場合には，わざわざ株主総会を開催し，費用と時間をかけさせる必要はないからであろう。

なお，この場合には，全株主が同意した書面または電磁的記録の備置および閲覧等について，株主総会の議事録と同じ取扱いが定められている（319 Ⅱ～Ⅳ）。

他方，取締役が株主の全員に対して株主総会に報告すべき事項を通知した場合において，その事項を株主総会に報告することを要しないことにつき株主の全員が書面または電磁的記録により同意の意思表示をしたときは，その事項の株主総会への報告があったものとみなされる（320）。

5-2-7　利益供与の禁止と贈収賄

5-2-7-1　利益供与の禁止

会社は，自己またはその子会社の計算において何人に対しても，株主の権利，その会社に係る適格旧株主（847の2 Ⅸ）の権利またはその会社の最終完全親会社等（847の3 Ⅰ）の株主の権利の行使に関し，財産上の利益を供与してはならない（120 Ⅰ）。会社財産の浪費の防止を立法趣旨とするが，いわゆる総会屋の行動のインセンティブを失わせることから総会屋対策としても重要な規定である[37)]。

5-2-7-1-1　禁止の範囲

株主等に対する利益供与のみならず，株主以外に対する利益供与も禁止されている[38)]。ここで，「権利」は限定されていないが，通常共益権や監督是正権が中心となり，権利の行使・不行使・行使の態様・方法等を問わず広く問題になる（東京地判平成7・12・27判時1560号140参照）[39)]。しかし，利益供与が株主の権利行使に関しなされたことの立証は，実際上困難なことが多いことので，会社が，会社またはその子会社の計算において，特定の株主に対して①無償で財産上の利益を供与したとき（一部の株主に対価なしに利益を供与することは株主平等の原則に反し，また実質的には資本の払戻しとなる），または，②反対給付があっても会社または子

37）120条が，総会屋の活動の抑止を図るものであることは否定できず，間接的には会社運営の健全化が目的とされているといえる。しかし取締役等が自分の金で総会屋を利用することまでは禁じていないから，その立法目的は会社資産の浪費の防止にあると考えるべきである（竹内・理論Ⅱ 59）。すなわち取締役の個人的利益のために会社財産の利用を許さないというのは当然のことであるが，とりわけ「株主の権利の行使」に影響を及ぼすために用いることを禁止したのである（弥永・商事法務1258号71参照）。

38）もっとも，東京地判平成19・12・6〈34事件〉は，「株主の権利の行使に関して行われる財産上の利益の供与は，原則としてすべて禁止されるのであるが，……当該利益が，株主の権利行使に影響 を及ぼすおそれのない正当な目的に基づき供与される場合であって，かつ，個々の株主に供与される額が社会通念上許容される範囲のものであり，株主全体に供与される総額も会社の財産的基礎に影響を及ぼすものでないときには，例外的に違法性を有しないものとして許容される場合がある」としている。

39）「関し」という表現が用いられているので，広い範囲を含む。たとえば，最判平成18・4・10〈14事件〉は，「会社から見て好ましくないと判断される株主が議決権等の株主の権利を行使することを回避する目的で，当該株主から株式を譲り受けるための対価を何人かに供与する行為は，上記規定にいう『株主ノ権利ノ行使ニ関シ』利益を供与する行為というべきである」と判示している。

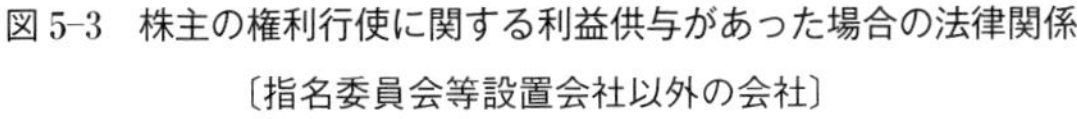

図 5-3　株主の権利行使に関する利益供与があった場合の法律関係
〔指名委員会等設置会社以外の会社〕

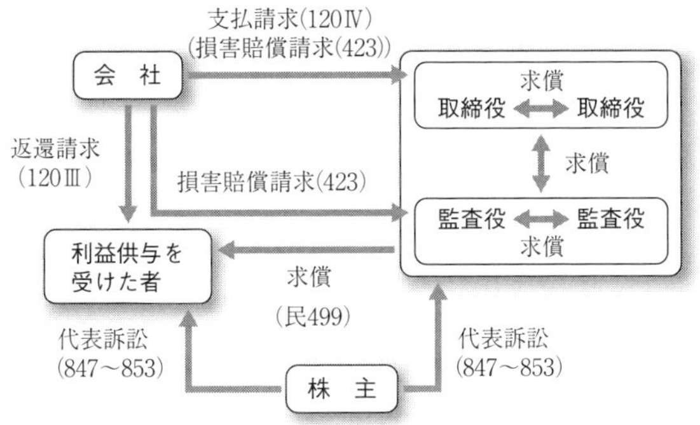

会社が受けた利益が供与した利益より著しく少ないとき（実質的に無償での供与の場合。たとえば，ほとんど無価値な新聞や雑誌における広告）は，その供与は株主の権利の行使に関してなされたものと推定される（120 Ⅱ）[40)]。

5-2-7-1-2　違反の効果

120 条に違反して財産上の利益の供与を受けた者は，会社またはその子会社にこれを返還しなければならない（120 Ⅲ前段)。以上のような会社財産の使用は，会社法によって禁止されているものであり（無効〔**制度** D_1〕。主観的要件で絞りをかけているから取引の安全は問題にならない)，供与を受けた者は原状回復義務を負う（民 121 の 2)。なお，会社またはその子会社に引換えに給付したものがあるときは，供与を受けた者はその返還を求めることができる（120 Ⅲ後段)。

また，会社が 120 条 1 項に違反して財産上の利益を供与したときは，利益を供与した取締役・執行役はつねに，関与したそれ以外の取締役・執行役[41)]は職務

40)　この推定規定が及ぶ範囲は広く，親子会社間の取引，株主である公益法人等に対する寄付などについても適用がありうるが，合理的な取引であれば，反証が可能であろう。

41)　利益の供与に関する職務を行った取締役（指名委員会等設置会社では，執行役を含む。以下，同じ)，利益の供与が取締役会の決議に基づいて行われたときは，その取締役会の決議に賛成した取締役・その取締役会にその利益の供与に関する議案を提案した取締役，利益の供与が株主総会の決議に基づいて行われたときは，その株主総会にその利益の供与に関する議案を提案した取締役・株主総会への議案の提案が取締役会の決議に基づいて行われたときは，その取締役会においてその提出に賛成した取締役・その株主総会においてその利益の供与に関する事項について説明をした取締役が関与した取締役とされる（会社規 21)。

を行うについて注意を怠らなかったことを証明しない限り，会社に対して供与利益の価額に相当する額を支払わなければならない（120 Ⅳ）（***5-12-1-2***）。会社が利益供与を受けた者から返還を受けると，取締役・執行役の責任はその分だけ減少する。支払った取締役・執行役は利益供与を受けた者に対して，会社の有する請求権を代位行使できる（民 499）。支払義務を履行しても，なお会社の損害が塡補されないときは，取締役・執行役は，さらに，任務懈怠に基づく損害賠償責任（***5-12-1-1***）を会社に対して負うことがある。

供与を受けた者に対して会社またはその子会社が返還請求しないとき，または取締役・執行役の責任を会社またはその子会社が追及しないときは，会社またはその子会社の株主は代表訴訟（***5-12-2***）によって返還・支払を求めることができる（847 Ⅰ）。なお，株主全員の同意によって，取締役・執行役の支払義務を免除することができる（120 Ⅴ）。

さらに，120 条 1 項違反に対しては刑事罰（970）も定められている。

5-2-7-2　**贈収賄罪**（968）

968 条 1 項各号列挙の事項に関し，不正の請託（最決昭和 44・10・16〈104 事件〉は総会の場で失策追及が予想された場合に，一般株主の発言をおさえ，議案を会社原案のとおり成立させるように議事進行を図ることを依頼することがあたるとした）を受けて財産上の利益を収受し，またはその要求あるいは約束をすること，供与し，またはその申込みあるいは約束をすることによって本罪が成立する。1 項各号列挙の事項については，それらの権利行使自体に限らず，これらと密接に関連する行為も含まれる。請託は不正な内容でなくてはならない。不正とは，違法または違法に近い著しく不当なことを意味する。請託とは，将来一定の事項の実現を依頼することである。

5-2-7-3　**その他の方策**

⑴　**株式の譲渡による取得の定款の定めによる制限**（107 Ⅰ①・108 Ⅰ④）（***4-5-3-5*** 参照）

⑵　**代理人資格の制限**（***5-2-4-2-1-2*** 参照）

⑶　**代理人の人数制限**（310 Ⅴ）

株主が 2 人以上の代理人を総会に出席させることを会社は拒むことができる。これは，議決権の不統一行使が認められたことを口実に多数の代理人を総会に送り込んで株主総会を混乱させようとする者を排除することを可能にするものである。

⑷ 議長の議場整理権（315）（***5-2-5-1*** 参照）

5-2-8 多数決原理と少数派株主保護

5-2-8-1 多数決原理（視点 9）

各株主は，単元株制度が採用された場合を除き，株主総会において，1株について1個の議決権を原則として有し（308 Ⅰ），かつ，株主総会では，原則として，議決権を行使することができる株主の議決権の過半数（定款によって軽減することができる）を有する株主が出席し，その議決権の過半数で決議する（309 Ⅰ。なお 309 Ⅱ～Ⅳの例外あり）（***5-2-5-4-2***）。

5-2-8-2 少数派株主保護（視点 10）

資本多数決の下では，多数派株主が少数派株主を犠牲にして自己または第三者の利益を追求しようとするおそれがある（多数派株主は資本多数決を通じて保護されているから，少数派株主の保護が問題となる）。そこで，少数派株主を保護するために，会社法は，多数決の原理に限界を設け，さらにはそれを修正し，あるいは株主に監督是正権等を与えている。ただ，監督是正権等を広範に認めると，資本多数決および取締役会の権限強化により会社運営の効率化を図った趣旨が没却され，また総会屋等による濫用的行使のおそれもあるため，とりわけ，公開会社では，権利行使の条件が制限されている（***4-1-2***, ***5-2-8-3*** 参照）。

5-2-8-2-1 多数決の限界

株主総会の決議の内容は強行法規に反してはならず，株主平等原則（***4-2***）に反することはできない。反する決議は決議無効確認の訴え（830）の対象となる。また，特別利害関係人が議決権を行使してなされた著しく不当な決議または多数決濫用とみなされる決議は決議取消しの訴え（***5-2-9-2***）の対象となる（なお，議決権の行使が認められない場合がある。***4-5-3-3-4*** ⑵ **2)** ②(a)(b)）。

5-2-8-2-2 多数決原理の修正

⑴ 特別決議，特殊の決議等（***5-2-5-4-2*** ⑵⑶）

決議要件の加重により，少数株主の意思が会社の意思決定に反映しやすくなる。

⑵ 種類株主総会

4-4-5 参照。

⑶ 累積投票制度（342）

5-3-3-1 ⑶参照。

⑷ 取締役・監査役・会計参与の解任および解任の訴え

5-3-5-2 参照。

⑸　**解散判決**（833 Ⅰ）

会社が業務の執行において著しく困難な状況に至り，その会社に回復することができない損害が生じ，または生ずるおそれがあるとき（東京地判平成元・7・18〈95事件〉参照），または，株式会社の財産の管理または処分が著しく失当で，その会社の存立を危うくするときであって，やむを得ない事由があるときは，総株主（株主総会において決議をすることができる事項の全部につき議決権を行使することができない株主を除く）の議決権の10分の1（これを下回る割合を定款で定めた場合には，その割合）以上の議決権を有する株主または発行済株式（自己株式を除く）の10分の1（これを下回る割合を定款で定めた場合には，その割合）以上の数の株式を有する株主は，訴えをもって株式会社の解散を請求することができる（会社は特別決議によって解散できるが，それが多数派株主等によって妨げられている場合がありうるからである。なお ***10-2-4***）。

5-2-8-2-3　多数決原理の下における少数派株主の経済的利益の保護

⑴　**株式譲渡自由の原則**（***4-5-2***, ***5-2-8-1*** 参照）

⑵　**募集株式の発行等における払込金額規制**（***7-3-2***⑴，***7-3-3-2***）

⑶　**株式買取請求権**

株式買取請求権は株主の投下資本回収の機会を確保することにその目的があり，とりわけ，反対株主の買取請求権は少数派株主の経済的利益を保護することを目的とするものであって[42]，株式買取請求権は定款の定めによっても奪えない。買取請求権は形成権である。なお，買取請求に応じて買い取ることは会社にとって自己株式の有償取得（***4-5-3-3***）にあたるが，取得方法規制の対象外とされ，多くの場合，財源規制などの対象外とされている。

買取請求権についての詳細は，***8-1-8***⑴および ***8-4-7***⑴。

42）単元未満株式についても，買取請求が認められている（192）。これは，単元未満株式に与えられる権利を定款で制限することができる一方，譲渡が困難である点に注目して，投下資本回収の機会を株主に確保するため認められた。したがって，反対株主の買取請求権とは投下資本回収の途を確保する点では共通するが，少数派株主の保護（多数決の修正）という目的を有しない点で異なる。このような違いがある結果，反対株主の買取請求権とは異なり，市場価格のある株式である場合には市場価格での買取りを請求できるにとどまるが（193 Ⅰ①），一定の会社の行為または決議の成立，株主総会等における反対などの要件は課されておらず，単元未満株式を保有していれば行使できる。また反対株主の買取請求権は一定の期間内に行使しなければならないが，単元未満株式の買取請求権はいつでも行使できる。

5-2-8-3　監督是正権（*4-1-2* 参照）[43]

株主総会等の決議・取締役の業務執行等，会社の運営を監督是正する権利を監督是正権という[44]。この中には，1株以上の株式を有していれば行使できる（ただし，単元未満株式についての定款の定めによる制限〔189 Ⅰ〕）単独株主権と一定数または一定割合以上の議決権あるいは一定数または一定割合以上の株式を有している場合に限り行使できる少数株主権がある。もっとも，定款の定めにより，少数株主権とされている権利の全部について，その行使要件を引き下げ，または単独株主権とすることができる。

なお，株主が議決権を行使することができる事項に係る株主総会に関連する少数株主権・単独株主権の行使は会社法上保証され，議決権を行使することができない事項に係る株主総会に関連する少数株主権・単独株主権は行使することができない。このような少数株主権の例としては，提案権（*5-2-3*），総会招集請求権・招集権（297）および総会検査役選任請求権（*5-2-5-6*）があり，単独株主権の例としては，議決権行使書面・代理権を証する書面等の閲覧・謄写請求権（310 Ⅶ）がある。

5-2-8-3-1　単独株主権

(1)　**株式保有期間要件なし**

会社解散命令の申立て（824）（認められる要件が厳しく，裁判所が関与），会社の組織に関する行為の無効の訴え（828）・株主総会等の決議取消しの訴え（831）（裁判所が関与），特別清算開始の申立て（511 Ⅰ）（すでに清算手続に入っているし，裁判所が関与），新株発行・自己株式処分・新株予約権発行の差止請求（210・247）（株主個人の利益のために認められたもの），組織再編行為・株式交付の差止請求（784の2・796の2・805の2・816の5），書類の閲覧・謄写（31 Ⅱ・125 Ⅱ・252 Ⅱ・442 Ⅱ）・議事録の閲覧・謄写（318 Ⅳ・371 Ⅱ・394 Ⅱ・399の11 Ⅱ・413 Ⅲ）（株主の権利行使によって重要な情報を含むものだから。取締役会〔監査等委員会設置会社でも指名委員会等設置会社でもない会社で業務監査権限を有する監査役が置かれていない会社を除く〕・監査役会・監査等委員会・指名委員会等の議事録については裁判所の許可で絞りをかけている）。

(2)　**行使前6ヵ月（定款の定めにより短縮可能）継続保有**（本来，会社がなすべきこ

---

43)　親会社の株主の権利について *8-2-3*。

44)　もっとも，会社法は会社の組織に関する訴え（834）については，株主の権利ではなく，原告適格の問題として整理しているように思われる。弥永・演習⑤も参照。

とを怠っている場合に，株主が会社を代表するから要件がやや厳しい）[45]

責任追及等の訴えの提起請求および代表訴訟の提起（847），取締役等の違法行為差止請求（360 Ⅰ・422 Ⅰ・482 Ⅳ）。

5-2-8-3-2　少数株主権

議決権行使と関連する少数株主権は議決権基準により，議決権行使と必ずしも結びついていない重要な少数株主権は議決権基準および株式数基準により，それぞれ行使要件が定められている。

(1)　**総株主（種類株主総会の場合は，ある種類の株式の総株主）の議決権の100分の3（定款の定めで引下げ可能）以上を行使前6ヵ月（定款の定めで短縮可能）継続保有**[46] **する株主の権利**（正規の運営体制の例外または多数決の修正）

株主総会・種類株主総会の招集請求および招集（297 Ⅰ Ⅳ・325）。

(2)　**総株主の議決権の100分の3（定款の定めにより引下げ可能）以上または発行済株式総数の100分の3（定款の定めにより引下げ可能）以上にあたる株式を行使前6ヵ月（定款の定めにより短縮可能）継続保有**[47] **する株主の権利**（正規の運営体制の例外または多数決の修正）

役員の解任の訴えの提起（854），清算人解任請求（479 Ⅱ）。

(3)　**総株主の議決権の100分の3（定款の定めにより引下げ可能）以上または発行済株式総数の100分の3（定款の定めにより引下げ可能）以上にあたる株式を有する株主の権利**（株式保有期間要件なし）

会計帳簿・資料の閲覧（433）[48]（会社の秘密にふれるおそれがあるが，事実上裁判所の関与を求めることは可能であり，他方，会社の財務内容について株主は重大な利害を有するため），業務・財産検査役選任請求（358）（コストがかかるうえ，会社の秘密にふれるおそれがあり，また業務執行の妨げとなりうるため）（***5-2-8-4***⑤）。

(4)　**総株主の議決権の10分の1（定款の定めにより引下げ可能）以上または発行済株式総数の10分の1（定款の定めにより引下げ可能）以上にあたる株式を有する株主の権利**（株式保有期間要件なし）（多数決の修正という面を有する）

45）　公開会社以外の会社の場合には保有期間要件は課されない（847 Ⅱ・360 Ⅱ・422 Ⅱ・482 Ⅳ）。

46）　公開会社以外の会社の場合には保有期間要件は課されない（297 Ⅱ）。

47）　公開会社以外の会社の場合には保有期間要件は課されない（854 Ⅱ・479 Ⅲ）。

48）　責任追及等の訴えの提起請求の前提となる権利として位置付けることができるから，立法論としては，責任追及等の訴えの提起請求権とのバランスをとるため，単独株主権とすべきである。濫用は，事実上，裁判所の関与を求めうることから防げよう。

解散の訴えの提起（833）（会社の解散という重大な事項に係るものだから）。

⑸　総株主の議決権の 100 分の 1（定款の定めにより引下げ可能）以上を行使前 6 ヵ月前（定款の定めにより短縮可能）継続保有[49] する株主の権利

総会検査役の選任請求（306）（コストがかかるし，濫用を防ぐ要請が大きい）。

⑹　総株主（種類株主総会の場合はある種類の株式の総株主）の議決権の 100 分の 1（定款の定めにより引下げ可能）以上または 300 個（定款の定めにより引下げ可能）以上の議決権を行使前 6 ヵ月前（定款の定めにより短縮可能）継続保有[50] する株主の権利[51]

議題の追加請求（303・325），議案の要領の通知請求（305・325）（取締役会設置会社では招集通知に記載・記録してもらう権利であり，コストもかかるため制限）。

5-2-8-3-3　業務監査権限を有する監査役を設置しない会社の特則[52]

指名委員会等設置会社でも監査等委員会設置会社でもないにもかかわらず，業務監査権限を有する監査役を設置しない会社の株主の監督是正権は強化されている。これは，株主の利益のために取締役（会）の職務執行を監査し，是正措置をとる監査役がいない以上株主が自ら行動する必要があること，および，とりわけ取締役会設置会社では株主総会の権限が減縮されていることによる。

まず，取締役は，会社に著しい損害を及ぼすおそれのある事実を発見した場合には株主にこれを報告しなければならない（357 Ⅰ）。取締役が会社の目的の範囲外の行為その他法令もしくは定款に違反する行為をし，またはこれらの行為をするおそれがあると認めるときには，株主が，取締役会の招集を請求し，一定の場合には，自ら取締役会を招集し，その取締役会については，出席し，意見を述べることができる（367）。また，株主は，裁判所の許可を得ることなく，取締役会議事録の閲覧・謄写等を請求することができる（371 Ⅱ）。さらに，取締役に対する違法行為差止請求権の行使要件も会社に著しい損害が生ずるおそれがあることで足りる（360 Ⅲ）。

49）　公開会社以外の会社の場合には保有期間要件は課されない（306 Ⅰ）。

50）　公開会社以外の会社の場合には保有期間要件は課されない（303 Ⅱ・305 Ⅱ）。

51）　取締役会設置会社以外の会社では単独株主権（303 Ⅰ・305 Ⅰ本文）。

52）　指名委員会等設置会社でも監査等委員会設置会社でもない会社であって，監査役を全く置いていない会社および監査の範囲を会計事項に限定した監査役（389）のみを置いている会社。

5-2-8-4　手続的保障

監督是正権その他の権利を株主が行使しうるためには手続的保障が重要である。株主総会の決議の成立過程における手続が法令・定款に違反する場合には，決議取消原因となる（831 Ⅰ①)。また，少数株主は情報を入手しづらい場合があるので，法はいくつかの手段を用意している。

① 取締役・監査役・会計参与・執行役の株主総会での説明義務（314）(***5-2-5-2***)

② 会計帳簿・資料閲覧権（433)

③ 議事録の備置きと閲覧（318 Ⅳ・371 Ⅱ・394 Ⅱ・399 の 11 Ⅰ Ⅱ・413 Ⅲ）

④ 計算書類等の備置きと閲覧（442 Ⅰ Ⅱ Ⅲ）

⑤ 業務財産検査役の選任請求〔株式会社の業務の執行に関し，不正の行為または法令・定款に違反する重大な事実があることを疑うに足りる事由があるとき〕(358)

⑥ 事前の開示と事後の開示――書面等の備置きと閲覧（171 の 2・173 の 2・179 の 5・179 の 10・182 の 2・182 の 6・775・782・791・794・801・803・811・815・816 の 2・816 の 10)

⑦ 重要事項の通知・公告

株主等に権利行使や差止めなどの機会を保証し，あるいは一定の重要な変更があったことを知る機会を与えるために，一定の重要な事項については通知・公告が要求されている。

(a) 公　告

株主名簿の基準日（124 Ⅲ）などは公告しなければならない。

(b) 通知または公告

116 条 1 項の行為については株式買取請求の機会を，全部取得条項付種類株式の全部取得については価格決定の申立ておよび差止請求の機会を，それぞれ確保するために，株主に対する通知または公告が要求されている（116 Ⅲ Ⅳ・172 Ⅱ Ⅲ)。後者と同じ趣旨に基づいて，特別支配株主による株式売渡請求の承認については売渡株主に対する通知が要求されている（179 の 4 Ⅰ①)。単元株式数の減少または単元株式数の定めの廃止（195 Ⅱ Ⅲ）についても，株主に対する通知または公告が要求されている。

取得条項付株式の取得日・取得する株式の決定・取得事由の発生（168 Ⅱ Ⅲ・169 Ⅲ Ⅳ・170 Ⅲ Ⅳ)，株式併合に関する事項（181）については，株主および登録株式質権者に対する通知または公告が要求されている。

新株予約権買取請求の機会を確保するために，一定の定款変更（118 ⅢⅣ），特別支配株主による新株予約権売渡請求の承認（179の4 Ⅰ②Ⅱ），取得条項付新株予約権の取得日・取得する株式の決定・取得事由の発生（273 ⅡⅢ・274 ⅢⅣ・275 ⅣⅤ）および吸収合併・吸収分割・株式交換（787 ⅢⅣ）については新株予約権者に対する通知または公告が要求されている。

また，差止請求の機会を保障するため，公開会社において取締役会決議によって決定した募集株式の発行等に関する事項や新株予約権（新株予約権付社債を含む）の発行に関する事項については，株主に対する通知または公告をしなければならない（201 ⅢⅣ・240 ⅡⅢ）。

さらに，買取請求および差止請求の機会を保証するため，新設合併・新設分割・株式移転の場合には株主（806 ⅢⅣ）および新株予約権者（808 ⅢⅣ）に通知または公告をしなければならない。

以上に加えて，権利行使の機会を保障するため，特別支配株主による株式等売渡請求の承認（179の4 Ⅰ Ⅱ），取得条項付新株予約権の取得日・取得する株式の決定・取得事由の発生（273 ⅡⅢ・274 ⅢⅣ・275 ⅣⅤ）および組織変更（776 ⅡⅢ・777 ⅢⅣ），吸収合併・吸収分割・株式交換（783 ⅤⅥ）については，登録株式質権者および登録新株予約権質権者に対する通知または公告が要求されている。

(c) 通知または公告（公開会社）／通知（公開会社以外）

公開会社以外の会社では，取締役会決議による役員等の責任の一部免除に対する異議催告，事業の譲渡等を行う旨，吸収合併・吸収分割・株式交換・株式交付を行う旨，自己株式取得，責任追及等の訴えを提起した旨あるいは訴訟告知を受けた旨は株主に対して通知しなければならないが（426 Ⅳ・469 Ⅲ・785 Ⅲ・797 Ⅲ・816の6 Ⅲ・158 Ⅰ・849 Ⅴ），公開会社では公告をもって代えることができる（426 Ⅲ・469 Ⅳ①・785 Ⅳ①・797 Ⅳ①・816の6 Ⅳ①・158 Ⅱ・849 Ⅴ）。これは，取締役等の責任の免除および取締役等の責任を追及する訴えについては株主に異議を述べあるいは訴訟に参加する機会を与える必要性が高く，組織再編行為等・株式交付の場合と自己株式の取得の場合には株主に株式買取請求あるいは取得請求の機会を与える必要があるからである。官報または日刊新聞紙による公告は，不特定多数の株主が存する公開的な会社において，株主を特定することが困難であることや広く情報を周知すべき必要性があることに鑑みて設けられている制度であり，必ずしも株主に対して情報が伝達されることまで保障するものではない。そこで，一定の事項については，公開会社以外の会社においては，通知すべき対象となる株主の把握が容易であることから，通知対象が把握しにくいことに配慮した情報伝達手段である公告による方法では，通知に代えることはできないものとされている。

(d)　通知および公告

会社が発行する全部の株式を譲渡制限株式とする定款の定めを設ける定款の変更，株式の併合，全部取得条項付種類株式の取得，取得条項付株式の取得，組織変更，合併（合併によりその会社が消滅する場合に限る），株式交換，株式移転の際の株券発行会社における株券提出（219 Ⅰ）については，株主および登録株式質権者に対する通知および公告が要求されている。

同様に，取得条項付新株予約権の取得，組織変更，合併（合併によりその会社が消滅する場合に限る），吸収分割，新設分割，株式交換または株式移転の際の新株予約権証券提出（293 Ⅰ）については，新株予約権者および登録新株予約権質権者に対する通知および公告が要求されている。

所在不明株主の株式売却（197・198 Ⅰ）については，公告および株主（および登録株式質権者）に対する通知が要求される。株券を発行する旨の定款の定めを廃止する定款の変更（218 Ⅰ）についても公告および株主（および登録株式質権者）に対する通知が要求される。もっとも，株式の全部について株券を発行していない場合にも通知が原則であるが，公告で足りる（218 ⅢⅣ）。

(e)　通　知

権利行使の機会を保障するため，株主に割当てを受ける権利を与えてする募集株式の発行等の場合の引受けの申込期日（202 Ⅳ），株主に割当てを受ける権利を与えてする新株予約権の発行の場合の引受けの申込期日（241 Ⅳ），現物配当（***9-4-1-1***(4)）において金銭分配請求権を与える旨（455 Ⅰ），特別支配株主による株式売渡請求の承認（179の4 Ⅰ Ⅱ）は株主に通知しなければならない。

5-2-9　株主総会・種類株主総会・創立総会・種類創立総会の決議の瑕疵を争う訴え

5-2-9-1　総　説

株主総会・種類株主総会・創立総会・種類創立総会には多数の株主・種類株主・設立時株主が参加するため，多数決原理（**視点9**）がとられており，少数派株主等も総会決議に拘束される。そこで，その決議が会社の意思決定として完全な効力を生ずるためには，その前提として，決議の成立手続および内容において

図 5-4　株主総会等の決議の瑕疵を争う訴え

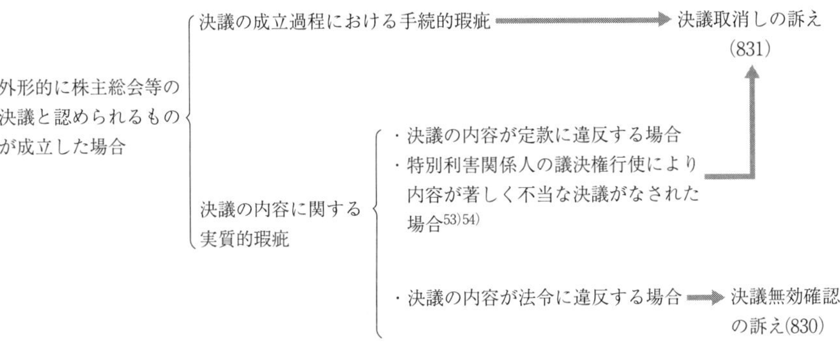

瑕疵がないことが必要である（**視点 10**）。つまり株主の利益を守る立場からすれば，決議に瑕疵があった場合には，その決議を無効にすべきである。しかし総会決議は会社の社員たる株主や機関の構成員ばかりでなく会社外の取引関係者など多数の者の利害にも関係し，かつその決議を前提として多くの社団関係や取引関

53)　これは特別利害関係を有する株主も議決権を行使できることを前提とする。ここで特別利害関係とは，株主としての資格をなんらかの意味で離れた個人的利害関係をいうと解すべきである。なぜなら会社法の下では，特別利害関係を広く解しても，議決権排除という効果は生じないし，取消事由の存否の判断にあたっても「著しく不当」という要件で絞りをかけることができるからである。もっとも，取締役選任決議においては，すべての者（欠格者を除く）は潜在的な候補者であるから，候補者としてあげられた株主は特別利害関係を有する株主にあたらないと解すべきである。また，取締役解任決議において対象となっている取締役である株主もあたらないと解すべきである（最判昭和 42・3・14 民集 21 巻 2 号 378）。なぜなら任意解任制の下での株主の意見の相違は資本多数決の原理によって調整するのが本筋であるし，解任の訴え（854）によって資本多数決を貫徹した場合の弊害の除去が図られているからである。また，解任議案を否決した決議を取り消しても解任という効果が生ずるものではないからである。

54)　831 条 1 項 3 号は多数決濫用の一場合を例示したものであって，特別利害関係という要件をみたさなくとも，多数決濫用と評価できる場合には本条項を類推適用して決議取消事由にあたると考えるべきである。たとえば大株主が第三者の個人的利益を追求して客観的に著しく不公正な内容の決議を成立させ，会社あるいは少数株主の利益を侵害する場合には多数決濫用と考えられるが，そのような場合に決議を完全に有効であるとすることはできないが，決議無効を認めることは特別利害関係の要件がみたされる場合とのバランスを失するからである。

係が進展するのが通常なので，法律関係の画一的確定と法的安定性の確保の要請が働く（**視点3, 6**）。したがって，総会決議に瑕疵がある場合に決議を一律に無効とするのは妥当でない。

そこで会社法は，招集手続または決議の方法が法令・定款に違反し[55)]，または著しく不公正な場合[56)]，決議の内容が定款に違反する場合，および，特別利害関係人が議決権を行使したため著しく不当な決議がなされた場合の決議取消しの訴え（831）と，決議が存在しない場合または決議内容が法令に違反する場合の決議不存在・無効確認の訴え（830）という訴訟類型を設けて，その提訴権者・提訴期間・判決の効力などにつき特別の規定を置いている。これらは，種類株主総会，創立総会，種類創立総会にも適用される。

5-2-9-2 決議取消しの訴え（831）

5-2-9-2-1 訴えの性質

判決の確定があるまでは一応有効な決議（否決決議の取消しは不適法であるとするものとして東京高判平成23・9・27資料版商事法務333号39）を，その決議のときに遡って無効とすることを目的とする形成訴訟[57)]である。同じ瑕疵でも，招集手

55）　たとえば，取締役会設置会社において取締役会の決議なしに代表取締役・代表執行役が総会を招集した場合（本章注15参照），一部の株主に対する招集通知が欠けていた場合（程度が著しいと不存在確認の訴えの対象となる。***5-2-9-3-4***参照），招集通知が会日の2週間前に発せられなかった場合，非株主が決議に参加した場合，決議が定足数を欠く場合，招集通知に記載のない事項を決議した場合（株主に準備の機会を与えるという趣旨からすれば，株主本人全員が出席し同意した場合は瑕疵がないというべきであろう）などがある。東京地判平成27・10・28判時2313号109は，法定備置書類の本店への備置きや株主によるその閲覧，謄本の交付は，株主の株主総会への準備を目的とするものであり，会社法の規定に違反して備置きがされなかったときは，これを定時株主総会招集手続の一環と解して，その懈怠は原則として決議取消原因にあたるとした。また，株主権の行使に関する利益供与を受けた議決権行使により可決された決議は，その方法が法令に違反したものとして決議取消しの対象となる（前掲東京地判平成19・12・6〈34事件〉）。

56）　東京高判平成29・7・12金判1524号8は，株主のした事前質問について会社がした回答の内容が虚偽のものであり，その結果，決議の内容が影響を受けたような場合には，株主総会の議事運営が著しく不公正であることによって決議の方法が著しく不公正なときにあたる場合がありうるとした。また，さいたま地決令和2・10・29金判1607号45は，招集株主による財物の贈与の表明・実行が株主の権利行使に不当な影響を及ぼすと認められるときは，決議の方法が著しく不公正なものとなるとした。

57）　形成訴訟は法律関係の安定を図る必要がある場合や多くの関係人に対して画一的な変動を生じさせることを必要とする場合に個別的に規定される。形成の訴えに共通するのは，形

表5-2　会社の組織に関する訴え（株式会社）

<table>
<tr><th></th><th></th><th>排他性</th><th>原告適格の限定</th><th>被告適格</th><th>出訴期間</th><th>認容判決の対世効</th><th>認容判決の効力</th></tr>
<tr><td>設立無効の訴え</td><td rowspan="13">形成訴訟</td><td rowspan="13">あり</td><td rowspan="13">あり</td><td rowspan="19">会社</td><td>設立の日から2年以内</td><td rowspan="19">あり</td><td rowspan="13">無効とされた行為は将来に向かって効力を失う</td></tr>
<tr><td>新株発行無効の訴え</td><td rowspan="3">効力発生日から6ヵ月（公開会社以外の会社では1年）以内</td></tr>
<tr><td>自己株式処分無効の訴え</td></tr>
<tr><td>新株予約権発行無効の訴え</td></tr>
<tr><td>資本金額減少無効の訴え</td><td rowspan="9">効力発生日から6ヵ月以内</td></tr>
<tr><td>組織変更無効の訴え</td></tr>
<tr><td>吸収合併無効の訴え</td></tr>
<tr><td>新設合併無効の訴え</td></tr>
<tr><td>吸収分割無効の訴え</td></tr>
<tr><td>新設分割無効の訴え</td></tr>
<tr><td>株式交換無効の訴え</td></tr>
<tr><td>株式移転無効の訴え</td></tr>
<tr><td>株式交付無効の訴え</td></tr>
<tr><td>新株発行不存在確認の訴え</td><td rowspan="4">確認訴訟</td><td rowspan="4">なし</td><td rowspan="4">法定されていないが，確認の利益があること</td><td rowspan="4">なし</td><td rowspan="4">（行為は，もともと，不存在・無効）</td></tr>
<tr><td>自己株式処分不存在確認の訴え</td></tr>
<tr><td>新株予約権発行不存在確認の訴え</td></tr>
<tr><td>株主総会等決議不存在・無効確認の訴え</td></tr>
<tr><td>株主総会等決議取消しの訴え</td><td rowspan="2">形成訴訟</td><td>あり</td><td rowspan="2">あり</td><td>決議の日から3ヵ月以内</td><td>さかのぼって決議は無効となる</td></tr>
<tr><td>解散の訴え</td><td>—</td><td>—</td><td>会社は解散する</td></tr>
</table>

続または決議方法の瑕疵は決議内容の瑕疵に比べれば軽いといえるし，また，その判定も時の経過とともに困難となるのが普通である。また決議内容の瑕疵でも，定款違反の瑕疵は会社内部の自治規制の違反の問題にすぎないので，株主などの会社関係者がその瑕疵を争わないならば，あえて決議を無効とする必要はない。

成判決の確定がない限り，訴えの目的たるその法律関係の変動を何人に対しても主張しえないという点である。

そこで，会社法は，これらの瑕疵のある決議を当然に無効とはしないで，一定の者が一定の期間内に訴えを提起し（排他性），その認容判決が確定した場合に初めて無効となるものとしている[58)]。

5-2-9-2-2　訴えの当事者

被告は会社であり（834⑰），原告は，株主（東京高判平成22・7・7判時2095号128は，当該決議の取消しにより株主となる者を含むとする），取締役，監査役（監査の範囲が会計事項に限定されている者を除く），執行役および清算人[59)]に限られるのが原則であるが，その決議の取消しにより取締役，監査役または清算人（その決議が株主総会または種類株主総会の決議である場合には取締役，監査役または清算人としての権利義務を有する者を含み，その決議が創立総会または種類創立総会の決議である場合には設立時取締役または設立時監査役を含む）となる者も原告となることができる（831Ⅰ）。もっとも，株主は決議当時の株主でなくてもよいし，他の株主に対する瑕疵についても訴えを提起できる（最判昭和42・9・28〈36事件〉）[60)]。なぜなら，

---

58)　他の訴えと同様，訴えの利益がなければ，訴えは却下される。そこで，訴えの係属後の事情の変更が訴えの利益の存否にどのような影響を与えるかが問題となるが，判例は計算書類の承認決議取消しの訴えについては，その後の決算期に係る計算書類等が承認されても，決議が取り消されると，計算書類の承認のためには再決議が必要となるから，特別の事情がない限り訴えの利益は失われないとする一方で（最判昭和58・6・7〈39事件〉），役員選任決議取消しの訴えについては，役員がすべて退任した場合には，特別の事情がない限り，訴えの利益を欠くとしている（最判昭和45・4・2〈38事件〉）。おそらく，後者の場合には，取り消しても，役員としての地位を失わせることにはならないし，役員として選任された者が在任中にした行為によって会社が被った損害の賠償を請求するためには，決議を取り消す必要はないからであろう。また，選任決議の取消しによって役員がした行為の効力が失われると考えることは，取引の安全確保の観点から適当ではない以上（***5-2-9-6***(2)参照），この観点からも，決議を取り消す実益がないからである（百選〔第6版〕33事件解説〔野田〕参照）。もっとも，最判令和2・9・3金判1609号8は，事業協同組合の理事選挙の取消しを求める訴えに，同選挙が取り消されるべきものであることを理由として後行の理事等選挙の効力を争う訴えが併合されている場合には，いわゆる全員出席総会において後行選挙がなされたなどの特段の事情がない限り，先行選挙取消しを求める訴えの利益は消滅しないとした。

59)　創立総会または種類創立総会の場合は，株主，取締役，監査役（監査の範囲が会計事項に限定されている者を除く），執行役，清算人，設立時株主，設立時取締役および設立時監査役。

60)　全株主のために公正な決議を確保する任務を負う取締役（監査役・執行役あるいは清算人）と異なり，株主はそのような任務を負わないから，株主は自分に対する手続的瑕疵を問題とすることができるにすぎないとする立場がある（全集258注三）。この立場には疑問が残るが，招集通知を受けなかった株主が総会に出席して異議をとどめずに決議に参加したよ

そのように解することが条文上なんら限定されていないことからすなおであるし，実質的にも，たとえば，招集手続の瑕疵が取消事由とされるのは，ある株主に対する招集通知もれなどの瑕疵によって公正な決議の成立を妨げられるおそれのためであると考えられ，決議の公正に利害関係をもつ他の株主も当然にこれを提起できると考えるべきである。

議決権制限株主が訴えを提起できるかどうかが問題となるが，その事項についての議決権を有しない株主には招集手続または決議方法の瑕疵を理由とする訴えの原告適格を認める必要はない。しかし，決議の内容が定款に違反する場合や特別利害関係を有する者が議決権を行使したことにより著しく不当な決議がなされた場合には，総会決議取消しの訴えを提起できると解すべきである（新注会(5) 329〔岩原〕)。なぜなら，議決権制限株主であっても，定款に従った決議がなされることについて合理的な期待を有しているし[61]，著しく不当な決議の影響を受けるからである。また，297 条，306 条，310 条 7 項のように「議決権を行使することができない株主」を除く旨の明文もない。単元未満株主や相互保有株主も，同様の理由に基づき，訴えを提起することができると解すべきである（弥永・演習5参照)。

5-2-9-2-3 訴えの提起期間

決議取消しの訴えの提起は，決議の日から 3 ヵ月以内に制限される（831 Ⅰ柱書)[62]。なぜなら，瑕疵は内部関係に関するものであり[63]，しかも時間的経過と

うな場合には，瑕疵が治癒され，他の株主はもはや争えない，または少なくとも裁量棄却（***5-2-9-2-4***）の対象となると解することができる。

61） 特に，定款変更について議決権を行使できる株主の場合は，定款変更をすることなく，定款に反するような決議がなされないことについて正当な利益を有する。

62） 取消事由の追加も決議の日から 3 ヵ月以内に行わなければならないとするのが判例（前掲最判昭和 51・12・24〈37 事件〉）である。事由の追加を無制限に許すと，会社はその決議が取り消されるのか否かについて予測を立てることが困難になり，決議の執行が不安定になるから，瑕疵のある決議の効力の早期安定という趣旨が没却されることが根拠とされている。これに対して，会社法 831 条 1 項〔平成 17 年改正前商法 248 条 1 項〕は出訴期間を制限したものにすぎず，取消事由の追加は単なる攻撃防御方法の展開にすぎないから，期間的制限を受けないことを形式的理由とし，訴えの提起により決議の早期安定は不可能になっており，十分に争わせることが裁判による救済を認めた趣旨に合致することを実質的理由として 3 ヵ月経過後の追加を認める見解がある（百選〔第 5 版〕35 事件解説〔古瀬村〕)。なお無効確認の訴えが 3 ヵ月以内に提起されており，無効原因として主張された瑕疵が取消原因に該当する場合には出訴期間は遵守されたものとして扱われる（最判昭和 54・11・16〈43 事件〉)。

ともに判定が困難となり濫訴を防止する必要もあるからである。

さらに，会社（株主）の利益のために遡及効が認められているが，株主総会決議を前提としてさまざまな活動が行われるから，訴えの提起期間を制限して取引の安全（視点3）を図る必要があるからである。

5-2-9-2-4 **裁量棄却**（831 Ⅱ）[64]

招集の手続または決議の方法の法令・定款違反（831 Ⅰ①前段）があっても，その違反事実が重大でなく，かつ，決議の結果に影響を及ぼさないと認めるときは，裁判所は，決議取消請求を棄却することができる。すなわち，手続等の瑕疵が決議の結果に影響を及ぼさないことが明らかであっても，これが，会社・株主の利益の見地からみて軽微な瑕疵といえない場合は裁量棄却できない。たとえば，株主の請求にかかわらず総会で必要な説明がなされなかった場合（314 違反）には，たとえ説明がなされたとしても決議に影響のないことが明らかであるとしても，説明義務違反として重大である限り，棄却することはできない。

また，わずかな議決権を有する株主への通知もれであっても，もしその株主が適法な招集通知を受けて総会に出席したならば，決議の結果は変わったかもしれないという可能性を否定できないため決議に影響を及ぼさなかったことが明らかであったとは必ずしもいえないし[65]，決議に影響を及ぼさなかったことが明らかであっても，株主総会への参加の機会を奪ったことは重大であり，棄却は許されない。

もっとも，一部の株主に招集通知がもれたが，その株主はすべて総会に出席して決議に加わり，しかもその瑕疵に異議をとなえず決議取消しの訴えを提起していないのにかかわらず，適法に招集通知を受けた他の株主が決議取消しを求めているような場合には，瑕疵が決議に影響を及ぼさないことの厳密な証明はなくても，831 条 2 項の要件をみたすものとして裁量棄却が認められると解してよいであろう。

63）招集手続・決議方法の法令定款違反は内容にかかわるものではないし，決議内容の定款違反も株主がそれでかまわないというのであれば決議を無効とするまでのことはない。さらに，内容が法令に違反していない以上，「著しく不当な決議」か否かも株主等が判断すべき問題であると考えうる。

64）これは昭和 25 年改正後の最高裁判決（最判昭和 46・3・18〈40 事件〉など）の考え方を昭和 56 年改正でとり入れたものである。

65）もっとも，書面または電磁的方法による議決権行使がなされている場合には，その違反が，決議に影響を及ぼさなかったと認められることは少なからずありえよう。

5-2-9-3 決議無効確認の訴えと決議不存在確認の訴え（830）

5-2-9-3-1 訴えの性質

決議の内容が法令に違反するときは，決議は当然に無効であり，その無効は一般原則により，いつでもだれでも主張でき，必ずしも訴えによる必要はなく抗弁としてでも主張できる（最判昭和35・12・1集民47号73）。また，無効確認を求める正当な利益がある限り，無効確認の訴え（確認訴訟）を提起できる。

不存在確認の訴えも同様である（最判昭和45・7・9民集24巻7号755）。不存在とは，外形的に総会の決議と認められるものがない場合のみならず，手続的瑕疵が著しいため法律上不存在と評価される場合を含む[66]。

5-2-9-3-2 訴えの当事者

被告は会社であるが（834⑯），だれでも確認の利益があれば原告となりうる（830条と831条とを対照）。

5-2-9-3-3 訴えの提起期間

決議無効確認の訴えおよび決議不存在確認の訴えについては，期間制限はなく，確認の利益（最判昭和47・11・9民集26巻9号1513参照）が存在する限りいつでもこれを提起できる（830条と831条とを対照）。

5-2-9-3-4 取消事由と不存在事由との差

決議を不存在とする瑕疵（具体的には，全集260注七参照）とは取消事由より大きい瑕疵で，3ヵ月の経過とともに決議の効力が争えないものになることが不当と感じられる程度の瑕疵を指す。通知もれに関していえば，招集通知を受けなかった株主数，その持株数のいずれかに着目して，著しいとされれば不存在事由といえよう。ただ，通知もれが，客観的には決議を不存在とする程度まで達していないが，反対派の締め出し等の不当な目的で故意に一定の者に通知を出さなかった場合も不存在事由にあたるといってよいのではないか（前田庸「いわゆる決議不存在確認の訴え」実務民事訴訟法講座(5)32）。

5-2-9-4 3つの訴えの手続

3つの訴えは，いずれも会社の本店所在地を管轄する地方裁判所の管轄に専属し（835 I），同一の請求を目的とする訴えが数個同時に係属するときは弁論および裁判を併合しなければならない（837）。また，会社が原告の訴えの提起は悪意（原告が株主の権利の正当な行使ではなく，株主の権利を濫用して，ことさらに会社を困ら

---

66) 東京地判平成13・1・30（平成12年（ワ）第12774号）は，適法な招集手続を欠き，かつ，取締役の選任決議に必要な定足数を大幅に下回った場合を，決議不存在と判断した。

せるために訴えを提起したような場合〔東京高決昭和51・8・2判時833号108〕）によるものであることを疎明して，申し立てた場合には，裁判所は原告株主（取締役，監査役，執行役または清算人を除く）[67] に相当の担保を立てることを命ずることができるものとされており（836），濫訴を防止しようとしている。

5-2-9-5 判決の効力

5-2-9-5-1 対世効

法律関係の画一的確定の観点から，認容判決が確定したときは，判決の既判力が当事者以外の第三者に対しても及ぶ（対世効）（838）。

他方，請求が認容されなかったときには，既判力は第三者に及ばないが，決議取消しの訴えについては判決確定時に3ヵ月の提訴期間を経過していれば（831 Ⅰ柱書），もはや決議の効力を争うことはできない。

5-2-9-5-2 遡及効

決議取消判決によって，その決議は決議時に遡って無効となる（839条の反対解釈）。会社法に別段の規定がない限り，決議が判決により取り消されたならば，その決議は遡って無効となると解するのが自然だからである。しかも，遡及効を認めても，この取り消された決議（たとえば役員選任決議）を前提としてなされた行為が必ずしも無効となるわけではないから（***5-2-9-6*** 参照），取引の安全が害されるとは必ずしもいえないからである。

5-2-9-6 決議が取り消された場合の決議に基づく行為の効力

⑴ 株主総会の決議によって完了的に一定の効果が生じる場合

役員の対会社責任の一部免除（425 Ⅰ），報酬の決定（361・379・387）などは，決議によって完了的に一定の効果が生ずるから，遡及的に無効となるとしても取引の安全確保の観点からの問題はないし，遡及効を認めないと決議を取り消す意味がない。

⑵ 株主総会の決議をその成立または効力発生の要件・前提とする行為

事業の譲渡，取締役・監査役・会計参与の選任，剰余金の配当，定款変更，資本金額の減少などのように，決議をその成立または効力発生要件として，一定の行為または一定の法律関係が進展する場合においても，これらの行為は決議の取消しにより遡及的に無効となり，かつ，その遡及効は会社の内部関係のみならず，その外部関係においても認められると理論的には考えられる。

67） 設立時株主が設立時取締役または設立時監査役の場合も同様である。

しかし，決議がなされた外観的事実を信頼した第三者の保護を図るべき場合があろう（**視点3**）（決議が無効な場合や不存在の場合も同様に考えられる）。

まず，設立，組織変更，合併，株式交換，株式移転，株式交付，会社の分割，株式・新株予約権の発行，自己株式の処分，資本金額の減少については判決において無効とされ，または取り消された行為（その行為によって会社が設立された場合にはその設立を含み，その行為に際して株式または新株予約権が交付された場合にはその株式または新株予約権を含む）は，将来に向かってその効力を失うものとされている（839）。

また，取締役の選任決議が取り消された場合には，その取締役が会社を代表してなした行為の相手方を，不実登記の効力に関する規定（908 Ⅱ）や表見代表取締役（354）（***5-5-1-2***），表見代理（民 109・112）などの第三者保護に関する法理により保護する余地がある（神田 212）[68]。他方，前掲最判令和2・9・3および最判平成2・4・17〈41 事件〉によれば，そのような取締役から成る取締役会の決議に基づき，かつ，そのような取締役会が選定した代表取締役が招集した場合には，全員出席総会等でない限り，総会決議は不存在となる（瑕疵の連鎖）が[69]，その代表取締役がした総会の招集等の対内的業務執行行為についても原則として有効と解し，その総会決議は取り消しうるものにすぎないと解するのが穏当であろう。

さらに，株式・新株予約権付社債の有利発行などは，株主総会決議を欠いても有効であると解するのが判例・通説であるし（***7-3-3-6-2-2*** ⑵②。ただし，新株予約権については無効であると解することが適当かもしれない。第7章注 62 参照），法律上の決議事項でない場合は，取消判決は決議を前提として行われた行為に影響を及ぼさないと解することも可能であろう。

68） 端的に，取締役選任決議については遡及効を否定して，取引の安全保護，法律関係の安定を図ることも考えられる（竹内・判例Ⅰ 190，新注会⑸ 350〔岩原〕）。このように解しても，会社・株主の不利益の防止は取締役の職務執行停止・職務代行者選任の仮処分（***5-6-4***）によって図りうる。

69） 法的安定性確保の観点から，適法な代表取締役としての外観（登記など）を有する者により，総会が招集され，他に内容的・手続的瑕疵がないときは，決議は有効であると考えるべきであるとする見解がある。このような場合に有効と認めても，会社関係者の利益を害するとは思えないし，どの会合を株主総会として認めるかを決定するうえでも不都合はないことを理由とする（大隅＝今井・中 16，新注会⑸ 38〔前田（重）〕）。東京高判昭和 59・6・28 判時 1124 号 210 も参照。

5-3　役員，執行役および会計監査人の選任・終任・報酬等

5-3-1　役員，執行役および会計監査人と会社との関係

役員（取締役，監査役，会計参与），執行役および会計監査人と会社との関係は，民法の委任に関する規定に従う（330・402 Ⅲ）。したがって，役員，執行役および会計監査人は，職務執行にあたり，善良なる管理者としての注意義務を負う（民644）。また，取締役および執行役は会社の業務執行に関与するため，会社と利害衝突を生ずるおそれがあることから，法令および定款ならびに株主総会の決議を遵守し，株式会社のため忠実にその職務を行う義務（忠実義務）（355・419 Ⅱ）を負い，競業取引および利益相反取引についても規制に服する（356 Ⅰ①②・419 Ⅱ）。もっとも，忠実義務の規定は，善管注意義務の内容を具体的かつ注意的に規定したにとどまり，両者の内容は同質であると解されている（最大判昭和45・6・24〈2事件〉。全集289）[70)]。

他方，会計参与，監査役および会計監査人は業務執行に関与しないため，忠実義務は定められておらず，競業取引・利益相反取引規制には服さない（ただし，個別注記表における関連当事者との取引の注記。計規112）。

---

70)　忠実義務は，取締役・執行役（取締役等）は会社の利益を図るべき任務に違反して，自己または第三者の利益を追求してはならないという義務であり，善管注意義務とは異質な義務であるとする見解がある（北沢412）。これは忠実義務は，取締役等に広範かつ強大な権限を付与したことに鑑み導入された英米法の信任義務に由来する義務であるとする。このように解すると，故意・過失の有無にかかわらず，忠実義務違反の責任は発生し，その責任の範囲は取締役等の得たすべての利益に及び（善管注意義務違反による損害賠償は会社の被った損害の範囲に限られる），いわゆる経営判断の原則（取締役等の経営判断の内容を事後的に裁判所が審査すべきでないとするもの）は忠実義務違反については妥当しないことになる。そして，競業規制（356 Ⅰ①・365・419 Ⅱ），利益相反取引規制（356 Ⅰ②③・365・419 Ⅱ），取締役等の報酬規制（361・404 Ⅲ）は当然の規定であり，注意的規定にすぎないことになり，それら以外の取締役等と会社との間の利益衝突も禁止されていることが明らかになる。

しかし，善管注意義務の中には，当然，取締役等は会社の利益を図るべき任務に違反して，自己または第三者の利益を追求してはならないという趣旨が含まれていると解して，善管注意義務と忠実義務は同質であると考えたほうが簡明であるように思われるし，異質説のもたらす効果を同質説の立場から導くことができないということもない。詳細については，赤堀・法協85巻4号530，森本・民商81巻4号1など参照。

なお，同質説によったとしても，民法644条は任意法規であると解されているので，会社法355条および419条2項は強行法規として意義を有すると考えることもできる。

5-3-2　役員，執行役および会計監査人となる資格および欠格事由等

5-3-2-1　取締役，監査役および執行役

法人，会社法・一般社団法人及び一般財団法人に関する法律の規定に違反し，または，金融商品取引法上もしくは倒産法上の一定の罪を犯したことによって刑に処せられ，その執行を終わり，またはその執行を受けることがなくなった日から2年を経過しない者，または，これら以外の法律の規定以外の法令の規定に違反し，禁錮以上の刑に処せられ，その執行を終わるまでまたはその執行を受けることがなくなるまでの者（刑の執行猶予中の者を除く）は取締役，監査役または執行役となることができない（331 Ⅰ・335 Ⅰ・402 Ⅳ）[71]。なお，公開会社は，定款の定めによっても取締役・監査役・執行役が株主でなければならないとすることができない（331 Ⅱ・335 Ⅰ・402 Ⅴ本文）。これは，人材を広く求める余地を確保するものである。

5-3-2-2　会計参与

会計参与は，公認会計士もしくは監査法人または税理士もしくは税理士法人でなければならず，会社・その子会社の取締役，監査役もしくは執行役または支配人その他の使用人，業務の停止の処分を受け，その停止の期間を経過しない者，または，税理士法43条の規定により税理士業務を行うことができない者は，会計参与となることができない（333 Ⅰ Ⅲ）。これは，専門性と独立性の担保のためである。

71）令和元年改正により，成年被後見人または被保佐人であることは欠格事由ではなくなった。ただし，成年被後見人が取締役に就任するには，その成年後見人が，成年被後見人の同意（後見監督人がある場合には，成年被後見人および後見監督人の同意）を得た上で，成年被後見人に代わって就任の承諾をしなければならない。被保佐人が取締役に就任するには，その保佐人の同意を得なければならないし，保佐人に代理権が与えられている場合には，その保佐人が，被保佐人の同意を得た上で，被保佐人に代わって就任の承諾をしなければならない（331の2 Ⅰ Ⅱ Ⅲ）。この方式によらないでした就任の承諾は無効である。

なお，取引の安全を確保するため，成年被後見人または被保佐人がした取締役の資格に基づく行為は，行為能力の制限によっては取り消すことができないとされている（331の2 Ⅳ）。また，成年被後見人または被保佐人であることによっては取締役等としての善管注意義務・忠実義務および責任は軽減されないが，成年後見人が取締役等の職務執行を代理することはできないと解されていることから，成年被後見人である取締役等が精神上の障害により自己の行為の結果を弁識する能力を欠いた状態で行った行為につき，民法713条が適用または類推適用されるかどうかという問題が生ずる。

5-3-2-3　会計監査人

会計監査人は，公認会計士または監査法人でなければならず，①公認会計士法の規定により，計算書類について監査をすることができない者，②会社の子会社もしくはその取締役，会計参与，監査役もしくは執行役から公認会計士もしくは監査法人の業務以外の業務により継続的な報酬を受けている者またはその配偶者，または，③監査法人でその社員の半数以上が②にあたる者であるものは会計監査人となることができない（337 I III）。

5-3-3　役員，執行役および会計監査人の選任

5-3-3-1　取締役，監査役，会計参与および会計監査人

(1)　原　則

取締役，監査役，会計参与および会計監査人は，原則として，株主総会において選任される（329 I）[72)]。取締役，監査役および会計参与の選任決議は，議決権を行使することができる株主の議決権の過半数（3分の1以上の割合を定款で定めた場合には，その割合以上）を有する株主が出席し，出席した株主の議決権の過半数（これを上回る割合を定款で定めた場合には，その割合以上）をもって行わなければならない（341）。これは，ある程度の議決権を有する株主の意思がその選任・解任に反映されるように配慮したものである。これに対して会計監査人の選任決議は，定款に別段の定めがある場合を除き，議決権を行使することができる株主の議決権の過半数を有する株主が出席し，出席した当該株主の議決権の過半数をもって行うものとされており（309 I），定款の定めによって定足数を排除することができる。

(2)　取締役・監査役の選任に関する種類株式が発行されている場合

公開会社以外の会社において，その種類の株主の総会（他の種類の株主と共同して開催する総会を含む）における取締役（監査等委員会設置会社では，監査等委員である取締役またはそれ以外の取締役）または監査役の選任について，内容の異なる種類株式（108 I ⑨）が発行されている場合には（***4-4-3***(7)），その種類株式の種類株主を構成員とする種類株主総会において，定款の定めに従って，取締役・監査役

---

72)　定款の定めがなくとも補欠監査役・補欠取締役・補欠会計参与を予選することができるが，定款に別段の定めがある場合を除き，その予選の効力は選任後最初に開催する定時株主総会の開始の時までである（329 III）。もっとも，株主総会等の決議によってその期間を短縮することができる（会社規 96 III）。

が選任される。この決議は，その種類株式の総株主の議決権の過半数（3分の1以上の割合を定款で定めた場合には，その割合以上）を有する株主が出席し，出席株主の議決権の過半数をもってなされる（347 Ⅰ・341）。

⑶ 累積投票制度（342）——取締役の選任に関する特例

会議の目的が2人以上の取締役（監査等委員会設置会社では，監査等委員である取締役またはそれ以外の取締役）の選任である場合に，取締役の選任の決議について，株主は，その有する株式1株（単元株式数を定款で定めている場合には，1単元の株式）につき，その株主総会において選任する取締役の数と同数の議決権を有するものとし，株主は，1人のみに投票し，または2人以上に投票して，その議決権を行使することができ，投票の最多数を得た者から順次取締役に選任されたものとする制度を累積投票制度という。

累積投票制度は，株主，特に少数株主の地位を強化しようとするものであり，少数株主も，その持株数に応じて，自己の利益を代表する者を取締役会に送り込むことによって，その意思を経営に反映することが可能にするものであるが，この制度は取締役会内部に利害の対立を持ち込み，迅速かつ効率的な会社事業の運営を阻害する危険があるといわれ，定款の定めをもって累積投票を全面的に排除することができるものとされている。なお，監査役は経営意思決定を行う者ではなく，多数株主の代表という性格は弱いという観点から，監査役についてはこの制度は設けられていない。

⑷ 監査等委員である取締役・監査役・会計参与・会計監査人の身分的独立性確保のための手当

監査等委員である取締役・監査役・会計参与・会計監査人の選任・解任の議案の内容が取締役会によって決定されると，監査等委員である取締役・監査役・会計参与・会計監査人の代表取締役・代表執行役などからの独立性が十分に確保されない可能性がある。

そこで，監査役が2人以上いるときは監査役の過半数（監査役会設置会社では監査役会）が，監査等委員会設置会社では監査等委員会が，指名委員会等設置会社では監査委員会が，株主総会に提出する会計監査人の選任および解任ならびに会計監査人を再任しないことに関する議案の内容を決定する（344・399の2 Ⅲ②・404 Ⅱ②）。しかも，会計監査人の選任に関する議案を提出する場合にはその候補者を会計監査人の候補者とした理由を，会計監査人の解任または不再任に関する議案を提出する場合には監査役（監査役会設置会社では監査役会，監査等委員会設置会社では監査等委員会，指名委員会等設置会社では監査委員会）が議案の内容を決定した理由を，株主総会参考書類に記載しなければならない（会社規77③・81②）。

また，監査役設置会社においては，取締役は，監査役の選任に関する議案を株主総会に提出するには，監査役（監査役が2人以上ある場合にはその過半数，監査役設置会社では監査役会）の同意を得なければならず，監査役（監査役会設置会社では監査役会）は，取締役に対し，監査役の選任を株主総会の目的とすることまたは監査役の選任に関する議案を株主総会に提出することを請求することができる(343)。同様に，監査等委員会設置会社においては，取締役は，監査等委員である取締役の選任に関する議案を株主総会に提出するには，監査等委員会の同意を得なければならず，監査等委員会は，取締役に対し，監査等委員である取締役の選任を株主総会の目的とすることまたは監査等委員である取締役の選任に関する議案を株主総会に提出することを請求することができる（344の2ⅠⅡ）。

さらに，会計参与，監査役および会計監査人には，株主総会における選任・解任または辞任（会計監査人についてはさらに不再任）についての意見陳述権が認められている（345ⅠⅣⅤ）。監査等委員である取締役も，株主総会において，監査等委員である取締役の選任・解任または辞任について意見を述べることができる(342の2Ⅰ)。辞任した会計参与，監査役，会計監査人および監査等委員である取締役は，辞任後最初に招集される株主総会に出席して，辞任した旨およびその理由を述べることができる（345Ⅱ・342の2Ⅱ）。

5-3-3-2 執行役

取締役会が執行役の職務執行を監督し（かつ，監査委員会が監査するものとされており），執行役の職務の分掌，指揮命令関係その他の執行役相互の関係を定めるものとされているが，これらの取締役会の任務は執行役の選任と密接に関連するので，取締役会が執行役を選任し，あるいは解任する（402Ⅱ）。なお，指名委員会等設置会社においては，使用人兼務取締役は認められない（331Ⅳ）。これは，使用人は執行役の指揮命令に服するので，使用人兼務取締役を認めると，取締役会の執行役に対する監督の実質を確保できないおそれがあるからである。

5-3-4 役員，執行役および会計監査人の任期

(1) 役員の任期

取締役および会計参与の任期は選任後2年以内に終了する事業年度のうち最終のものに関する定時株主総会の終結の時までが原則であるが，指名委員会等設置

会社の取締役および監査等委員会設置会社の取締役（監査等委員である者を除く）の任期は選任後1年以内に終了する事業年度のうち最終のものに関する定時株主総会の終結の時までとされている（監査等委員である取締役の任期を除き，定款の定めによって短縮可能）（332 Ⅰ～Ⅳ Ⅵ・334 Ⅰ）。他方，監査役の任期は，選任後4年以内に終了する事業年度のうち最終のものに関する定時株主総会の終結の時までとされているが，定款の定めにより，任期の満了前に退任した監査役の補欠として選任された監査役の任期を退任した監査役の任期の満了する時までとすることもできる（336 Ⅰ）。

ただし，公開会社以外の会社（指名委員会等設置会社および監査等委員会設置会社を除く）では定款の定めにより，取締役，監査役および会計参与の任期を選任後10年以内に終了する事業年度のうち最終のものに関する定時株主総会の終結の時まで伸長することができる（332 Ⅱ・334 Ⅰ・336 Ⅱ）。

⑵　執行役

執行役の任期は，指名委員会等設置会社における取締役の任期との平仄をとって，選任後1年以内に終了する事業年度のうち最終のものに関する定時株主総会の終結後最初に招集される取締役会の終結の時までとされているが，定款の定めにより，その任期を短縮することができる（402 Ⅶ）。

⑶　会計監査人

会計監査人の任期は，選任後1年以内に終了する事業年度のうち最終のものに関する定時株主総会の終結の時までとされているが，その定時株主総会において別段の決議がされなかったときは，その定時株主総会において再任されたものとみなされる（338）。不再任の場合には別段の決議を要するとすることによって，会計監査人の身分的独立性を確保しようとするものである。

5-3-5　役員，執行役および会計監査人の終任

5-3-5-1　任期満了・欠格事由該当・辞任等

役員，執行役および会計監査人は任期の満了により終任する。また，欠格事由に該当したときには，終任するし，公開会社以外の会社において取締役・執行役・監査役について株主でなければならない旨の規定がある場合には，株主でなくなった時に終任する。さらに，役員，執行役および会計監査人と会社との関係は委任の規定に従うから，役員・執行役・会計監査人につき後見開始の審判または破産手続開始決定があったときは終任し[73)]，死亡（民653）によって終任する。

以上に加えて，役員，執行役および会計監査人はいつでも辞任することができる（民651 Ⅰ）[74]。

5-3-5-2 解 任

(1) 役員および会計監査人――株主総会決議による解任

会社は，いつでも，株主総会の普通決議（累積投票制度によって選任された取締役および監査等委員である取締役については特別決議〔309 Ⅱ⑦〕）によって，取締役，会計参与および会計監査人を解任できるが[75]，この決議については，選任決議と同様，定款の定めによっても，議決権を行使することができる株主の議決権の3分の1未満に定足数を引き下げることはできない（341）。他方，独立性の担保のため，監査役の解任決議は特別決議によらなければならない（343 Ⅳ・309 Ⅱ⑦）[76]。

73） 民法653条2号は委任者の破産を委任の終了事由と定めているが，最判平成16・6・10民集58巻5号1178は，会社の組織に関する事項など，破産管財人の権限に属さない事務が存在することを理由に，取締役は当然には地位を失わないと判示している（また，最判平成21・4・17判時2044号74）。

74） 大阪地判昭和63・11・30判時1316号139は，会社と取締役との間の関係は民法の委任の規定に従うから，民法651条1項を根拠として，取締役はいつでも自由に辞任できるという形式的理由に加えて，実質的理由として，会社側は取締役をいつでも解任できること，取締役が重い責任を負うこと，競業規制，利益相反取引規制など，一定の行為をなすことが制限されていることをあげて，取締役の辞任の自由を制限する会社と取締役の間の特約は無効であると判示した（もっとも，辞任を制限する特約によって放棄されるのは取締役の個人的利益にすぎず，株式会社制度の維持に直接かかわるものではないから，辞任の自由に関する規定は強行法規ではなく，特約は有効であるという見解が有力である〔藤田・ジュリ982号108，特別講義商法Ⅰ 11〔神田〕など〕）。なお，取締役間で辞任の自由を制限する特約をした場合であれば，対会社の関係では辞任を制限する効力がないのは当然である。

75） 株主がイニシアティブをとって，役員を解任する場合には，役員の解任を議題とする提案権（*5-2-3*）を行使するほか，6ヵ月（これを下回る期間を定款で定めた場合には，その期間）前より引き続き（公開会社以外の会社の場合には保有期間要件は課されない。297 Ⅱ）総株主の議決権の100分の3（これを下回る割合を定款で定めた場合には，その割合）以上を有する株主が役員の解任を議題とする株主総会の招集を，取締役・監査役の選任に関して内容の異なる株式が発行されている場合には，さらに，6ヵ月（これを下回る期間を定款で定めた場合には，その期間）前より引き続き（公開会社以外の会社の場合には保有期間要件は課されない。297 Ⅱ）その種類株主の議決権の100分の3（これを下回る割合を定款で定めた場合には，その割合）以上を有する種類株主が役員の解任を議題とする種類株主総会の招集を，それぞれ，求めることができる（297 Ⅰ・325）。遅滞なく招集手続がとられない場合または請求日より8週間内の日を会日とする招集通知が発せられない場合は，請求株主は裁判所の許可を得て自ら招集することができる（297 Ⅳ）。

76） 取締役・監査役の選任に関して内容の異なる株式（*4-4-3*(7)）が発行されているときは，

なお，正当な理由がなく解任した場合には損害を賠償しなければならない(339 Ⅱ)[77]。いつでも解任できるのは，役員・会計監査人と会社との関係は民法の委任の規定に従う（330）以上，民法651条1項の規定から当然のことであるが，解任を自由とすることによる地位の不安定から役員・会計監査人を保護することにより，役員・会計監査人の利益と会社・株主の利益とのバランスを図るため，法定の特別責任として会社の損害賠償責任を認めている。

ここで，解任の正当な事由には，取締役の場合，職務執行上の法令定款違反行為，心身の故障により職務執行に支障があること（最判昭和57・1・21〈44事件〉），経営能力の著しい欠如が含まれることには，おそらく問題がない。しかし，経営上の判断の誤りが善管注意義務違反にあたらないと判断される場合（***5-12-1-1-1*** ⑴参照）には，それが経営能力の著しい欠如を推定させる一資料になることは格別，それ自体が正当事由にあたるとはいえないと考えるべきである。なぜなら，あたるとすると報酬請求権の喪失というリスクによって取締役の経営判断を不当に制約することになるからである（江頭・ジュリ865号112）。そして，損害賠償の範囲は，「取締役を解任されなければ残存任期中および任期満了時に得られたであろう利益」，すなわち報酬相当額と退職慰労金等相当額になりそうであるが，退職慰労金は特段の事情がない限り，ゼロとされても適法であると解される（本章注80参照）から，受けられる見込みが相当に高いと認められる場合に限って含まれる（東京地判昭和57・12・23金判683号43，大阪高判昭和56・1・30下民集32巻1～4号17参照）。

⑵ 役員解任の訴え

役員は多数派株主によって選任された者であるのが普通であり，解任議案は常に否決されることになりかねないし，解任決議が多数派株主または解任決議の対象となっている役員である株主などが議決権行使したことによって否決された場合，かりに決議取消しの訴え（831 Ⅰ③）等を認めても，解任が成立することは

選任した種類株主の総会の決議（ただし，定款の定めにより，株主総会の決議によるものとすることもできる。347）による。

77） 東京地判平成27・6・29判時2274号113や名古屋地判令和元・10・31金判1588号36は，取締役の任期途中に，その任期を短縮する旨の定款変更がなされた場合には，在任中の取締役はその変更後の任期により任期が満了したときに退任するとしつつ，定款変更による取締役の任期短縮に339条2項が類推適用される余地があるとした（もっとも，名古屋地判令和元・10・31は，当該事案においては再任しなかったことに正当な理由があるとし，損害賠償請求を認めなかった）。

ないので，少数株主権として解任の訴えが認められている（854）。

すなわち，役員の職務の執行に関し不正の行為（大阪地判平成5・12・24判時1499号127など）または法令もしくは定款に違反する（定款の目的外の行為をすることも含まれるが，その判断基準は360条に準ずる〔***5-6-3-1***〕）重大な事実（東京地判昭和28・12・28判タ37号80など）があったにもかかわらず，その役員を解任する旨の議案が株主総会（ある種類の株主の総会において選任された取締役・監査役については種類株主総会を含む）において否決されたとき（定足数がみたされなかった場合を含む。新注会(6)74〔今井潔〕）またはその役員を解任する旨の株主総会の決議が，役員の解任についてある種類株主総会の決議を要することとされ，かつ，その種類株主総会の決議が得られないために，その効力を生じないときは，6ヵ月（これを下回る期間を定款で定めた場合には，その期間）前から引き続き（公開会社以外の会社の場合には保有期間要件は課されない〔854Ⅱ〕），総株主（その役員を解任する旨の議案について議決権を行使することができない株主および解任請求の対象となっている役員である株主を除く）の議決権の100分の3（これを下回る割合を定款で定めた場合には，その割合）以上の議決権を有する株主（その役員を解任する旨の議案について議決権を行使することができない株主および解任請求の対象となっている役員である株主を除く），または，発行済株式（その会社および解任請求の対象である役員である株主が有する株式を除く）の100分の3（これを下回る割合を定款で定めた場合には，その割合）以上の数の株式を有する株主（その会社および解任請求の対象である役員である株主を除く）は，その株主総会の日から30日以内に，訴えをもってその役員の解任を請求することができる（854ⅠⅢⅣ）。役員の解任の訴えにおいては，その役員と会社の双方を被告とする（855）。

なお，判決までの間の措置として職務執行停止・職務代行者選任の仮処分がある（民保23Ⅱ）（***5-6-4***参照）。

⑶　監査役等による会計監査人の解任

会計監査人が，職務上の義務に違反し，または職務を怠ったとき，会計監査人としてふさわしくない非行があったとき，または，心身の故障のため，職務の執行に支障があり，もしくはこれに堪えないときには，監査役（監査役会設置会社では監査役会，指名委員会等設置会社では監査委員会，監査等委員会設置会社では監査等委員会）が解任することができる（340ⅠⅣⅤⅥ）。ただし，監査役全員，監査委員全員または監査等委員全員の同意によらなければならない（340ⅡⅣⅤⅥ）。これは，解任のために，臨時株主総会を招集することは煩瑣であり得るという価値判断に基づくものである。

(4) 取締役会による執行役の解任

取締役会は，いつでも，その決議をもって執行役を解任することができる（403 Ⅰ）。なお，解任された執行役は，その解任について正当な理由がある場合を除き，会社に対し，解任によって生じた損害の賠償を請求することができる（403 Ⅱ）。正当な理由については，取締役についての議論があてはまると考えられる。

(5) 役員，執行役または会計監査人が欠けた場合

取締役（監査等委員会設置会社では監査等委員である取締役およびそれ以外の取締役。以下，(5)において同じ）・代表取締役・執行役・代表執行役・監査役・会計参与・委員が欠けた場合または定款に定める員数を欠いた場合には，任期の満了または辞任によって退任した取締役・代表取締役・執行役・代表執行役・監査役・会計参与・委員は後任者が選任されるまで取締役・代表取締役・執行役・代表執行役・監査役・会計参与・委員としての権利義務を有し（役員としての権利義務を有する者は解任の訴え〔上述(2)〕の対象とはならない。最判平成20・2・26〈45事件〉），必要があると認められるときは，裁判所が利害関係人の申立てにより一時取締役・一時代表取締役・一時執行役・一時代表執行役・一時監査役・一時会計参与・一時委員を選任する（346 Ⅰ～Ⅲ・403 Ⅲ・420 Ⅲ・401 Ⅱ～Ⅳ）。

他方，会計監査人が欠けた場合または定款で定めた会計監査人の員数が欠けた場合において，遅滞なく会計監査人が選任されないときは，監査役（監査役会設置会社では監査役会，指名委員会等設置会社では監査委員会，監査等委員会設置会社では監査等委員会）が，一時会計監査人の職務を行うべき者を選任する（346 Ⅳ～Ⅷ）。監査役全員，監査委員全員または監査等委員全員の同意によらなければならない（346 Ⅴ・340 Ⅱ Ⅳ Ⅴ Ⅵ）。

5-3-6 役員，執行役および会計監査人の報酬等

5-3-6-1 役員および執行役の報酬等

取締役および執行役の報酬については，従来，お手盛りの危険抑止に重点が置かれていたが，高い能力を有する経営者を確保することは会社ひいては株主の利益につながるのであり，相応の報酬を与えることが重要である。そこで，近年では，報酬等の内容決定手続の透明化，取締役・執行役の利益と株主の利益との一致，適切なリスクをとる経営判断を行うことを促すという観点から規律を考える

ことの重要性に目が向けられている。

(1)　「報酬等」の意義および範囲

報酬等とは，役員，執行役または会計監査人の職務執行の対価として会社が与える財産上の利益をいい，いわゆる退職慰労金や退職年金あるいは役員賞与も報酬等にあたる。また，会社の株式や新株予約権の払込み等に充てる金銭を報酬等とし，実質的にはそれらを報酬等とすることも可能であり（361 Ⅰ⑤），取締役・執行役に対して，金銭の払込みを要しないものとして新株予約権（行使に際して金銭の払込み等を要する）を割り当てる場合には，特に有利な条件による発行とみる余地もあるが，職務執行の対価であるストック・オプション（会社規114参照）については，新株予約権の発行に必要な手続（***7-4-2-1***。ただし，有利発行ではないと解される）のほか，取締役・執行役の報酬決定の手続を経なければならないと解すべきであろう（相澤＝石井・商事法務1744号102）。上場会社については，さらに(4)参照。

他方，取締役としての職務執行の対価が取締役の報酬等であるので，文言上，使用人兼務取締役の使用人分給与・賞与は取締役の報酬等には含まれないと解するのが自然である（404条3項第2文のような規定が設けられていないことの反対解釈としてもこのように考えられる）[78)79)]。なお，指名委員会等設置会社では使用人兼務取締役は認められず（331 Ⅳ），使用人兼務執行役の使用人分給与等も報酬委員会が決定すべきこととされている（404 Ⅲ）。なぜなら，執行役が受けるすべての報酬等を独立性を有する報酬委員会が定めるとすることによって，取締役会の監督機能を強化しようとするのが指名委員会等設置会社の制度趣旨だからである。

(2)　指名委員会等設置会社以外の会社における決定方法

取締役，監査役および会計参与の報酬等[80)]は，定款に定めがないときは，株

---

78)　指名委員会等設置会社以外の会社について，使用人給与体系が確立しており，かつ使用人分は別に支払う旨を明示すれば，平成17年改正前商法269条（会社法361条が相当）の適用はないとするのが判例（最判昭和60・3・26判時1159号150）であった。

79)　356条1項2号および365条にいう利益相反取引にあたるが，取締役会の承認を得て一般的に定められた給与体系に基づいて支給される場合には，取締役会の承認決議は個別的には必要ない（最判昭和43・9・3金法528号23）。

80)　取締役は専門的知識を必要とするものであり，かつ重い責任を負わされることから，反対の明示がなければ，取締役は抽象的報酬請求権を有すると考えるべきである。しかし，具体的な報酬請求権は，報酬額を定款または株主総会で定めない限り発生しない。取締役会に配分が委ねられたときは取締役会の決議によって具体的に確定する。退職慰労金請求権も同

様である（最判平成4・9・10資料版商事法務102号143）。

確定的に発生した具体的報酬請求権は，会社とその取締役との間で締結された契約に基づく既得権とみるべきであり，その取締役の同意がない限り，原則として株主総会または取締役会の決議をもって減額したり，不支給とすることはできない（最判平成4・12・18〈62事件〉。退職慰労年金についても，原則として同意なく減額することはできないとしたものとして，最判平成22・3・16判時2078号155）。たしかに，任期途中の取締役の職務内容に著しい変更があり，かつそれを前提として株主総会がその取締役の報酬の減額ないし不支給の決議をすることには合理性がある。たとえば，各取締役の報酬が役職ごとに定められており，任期中に役職の変更が生じた取締役に対し当然に変更後の役職について定められた報酬額が支払われているような場合には，こうした報酬額の定め方および慣行を了知したうえで取締役就任に応じた者は，明示の意思表示がなくとも，取締役報酬の減額を甘受することを黙示のうちに応諾したとみるべきであり，役職の変更を理由とする報酬減額は許されよう（東京地判平成2・4・20判時1350号138）。また取締役の地位にある各人ごとに報酬の額が定められていても，役職に見合う職務の執行の対価として報酬額が定められていると認められる場合も同様である。他方，そのような慣行ないし明示・黙示の特約がない場合はもちろん，そのような報酬決定に関する慣行ないし明示・黙示の特約があっても，その取締役の同意なくかつ正当な理由がなく役職の変更がされた場合には，報酬の減額は許されないとみるべきであろう。職務内容の変更（職制上の地位，業務分担，常勤・非常勤の別）には責任加重になる場合を除き，その取締役の承諾を必要としないと考える余地はあるが，仮に報酬額と職務内容の変更（とりわけ名目上のみ変更があり，実質的な業務に変更がない場合）が連動するとすれば，職務内容の変更という名目で報酬の減額が行われる可能性を否定しえないから，職務内容の変更に正当な理由またはその取締役の承諾がない限り，報酬の減額にその取締役の承諾を要すると考えるべきである。このように考えないと，取締役の地位が安定せず，取締役の監視機能に悪影響を与えるおそれがあるからである。

そして，報酬の付与は，通常，任用契約の中に含まれていると認められるし，取締役の職務内容が変更されても，対外的には取締役としての義務を負うのであって，たとえば監視義務違反があれば，429条により，第三者に対して損害賠償責任を負うのであるから，その取締役の同意なくして報酬の不支給を決定できるとするのは不合理である。これに対しては取締役は委任の規定に従い，いつでも辞任できるから（民651），報酬を受けられない場合や減額された場合には辞任すればよいという反論がありうるが，無報酬や減額を決定することによって事実上辞任を迫ることを許すと，339条2項の潜脱を許すことになる。すなわち正当な理由なく，取締役を解任した場合には会社は取締役に対し，損害賠償をしなければならないが，辞任の場合には損害賠償の必要がないから，無報酬や減額によって辞任せざるをえない状況に追い込むことが考えられるのである。思うに339条2項は，任期満了までは報酬を受けうるという取締役の期待を保護する趣旨であり，取締役の同意なくして報酬の減額または不支給を一方的に決定する場合にも同様の期待が害されるから，339条2項を類推して取締役は会社に対し損害賠償を求めることができると解すべきである。解任しても報酬等に相当する損害賠償をすべきなら，解任しない場合はなおさらであろう。このように解してこそ，解任の場合との釣合がとれる。

主総会の決議によって定めなければならない（361 Ⅰ・379 Ⅰ・387 Ⅰ）。取締役の報酬等のうち，額が確定しているものについてはその額，額が確定していないものはその具体的な算定方法，その会社の募集株式については，その募集株式の数（種類株式発行会社では，募集株式の種類および種類ごとの数）の上限その他法務省令（会社規 98 の 2）で定める事項，その会社の募集新株予約権については，その募集新株予約権の数の上限その他法務省令（会社規 98 の 3）で定める事項，その会社の募集株式と引換えにする払込みに充てるための金銭については取締役が引き受ける募集株式の数（種類株式発行会社では，募集株式の種類および種類ごとの数）の上限その他法務省令（会社規 98 の 4 Ⅰ）で定める事項，その会社の募集新株予約権と引換えにする払込みに充てるための金銭については取締役が引き受ける募集新株予約権の数の上限その他法務省令（会社規 98 の 4 Ⅱ）で定める事項，金銭でない報酬等（その会社の募集株式および募集新株予約権を除く）についてはその具体的内容をそれぞれ定款または株主総会の決議[81]で定めなければならない（実務では，

また，会社の経済状態および取締役の職務内容からみて不当に低額な報酬が任用契約成立後に定められた場合または無報酬とされた場合には，取締役は不当利得（民 703）の規定により，適正な報酬額と実際に受け取った報酬額との差額を請求できると考える余地がある。会社は，それなりの能力を有する他の者を取締役として任用する場合には適正な報酬を支払わなければならなかったはずだからである。

なお，退職慰労金については，その支給が任用契約で定められていない限り，ゼロとすることができる。なぜなら退職慰労金には報酬の後払い部分以外が含まれるし，ゼロと定めることによって辞任に追い込むことも考えられないからである（前掲最判平成 4・9・10 参照）。ただし，青竹・判時 1452 号 164 以下，1455 号 174 以下は，内規等によって支給することが慣行となっている場合には権利性があるとして，正当な理由なく，慰労金の議題（議案）を付議しない場合には，残存取締役は平成 17 年改正前商法 266 条ノ 3〔会社法 429 条が相当〕の責任を退任取締役（またはその相続人）に対して負うとされる。また，取締役会に一任された場合にも内規により自動的に定まる基本金額については，原則として，具体的請求権が発生しているといわれる。さらに，株主総会の決議等を経ないで支給された場合であっても，その返還請求が例外的に信義則に反し，権利の濫用にあたるとしたものとして最判平成 21・12・18 判時 2068 号 151。

81） 事業年度ごとに決定する必要はなく，増額・減額するときに決議すれば足りる（大阪地判昭和 2・9・26 新聞 2762 号 6）。また，一人株主の意思によって取締役の報酬が決定された場合には正規の株主総会決議がなくとも，あったと同視される（東京地判平成 3・12・26 判時 1435 号 134）。また，全株主の同意があったものと同視できるときは支払は適法であるとしたものとして，東京地判平成 25・8・5 金判 1437 号 54。さらに，最判平成 17・2・15 判時 1890 号 143 は，株主総会の決議を経ずに支払われた役員報酬について，事後的に株主総会の承認決議があれば，平成 17 年改正前商法 269 条・279 条〔会社法 361 条・387 条〕の

定款で定めることはまれであり，総会の決議によることが多い)。また，報酬等に関する事項の設定・改定議案を株主総会に提出するときは，その事項を相当とする理由を開示しなければならない（361 Ⅳ)。

取締役，監査役および会計参与を選任する機関は，原則として，株主総会であるが，その選任決議に基づいて，代表取締役が被選任者に対して就任の申込みをし，被選任者がこれを承諾することによって任用契約が成立する。この任用契約は，民法の委任に関する規定に従うので（330・402 Ⅲ)，原則として無償であるが（民 648 Ⅰ)，通常は，報酬を与える特約がされる。そして，指名委員会等設置会社ではない取締役会設置会社において任用契約を締結するのは会社の代表取締役であり，取締役の報酬等の決定も業務執行行為の性質を有し取締役会または代表取締役の権限に属するものとしてもよいはずであるが，取締役会や代表取締役に自己または同僚の報酬を定めさせると，いわゆるお手盛りとなるおそれがある。そこで，361 条はこの弊害を防止し，会社の利益を保護するために設けられた政策的規定である[82)]。なお，取締役の報酬等を受けとることは取締役にとって利益相反取引（***5-6-2***）にあたるから，361 条は 356 条 1 項 2 号および 365 条の特則を定めるものといえる。他方，監査役および会計参与について，定款の定めまたは株主総会の決議でその報酬等を定めるべきこととされているのは，その経済的独立性確保のためであり，監査等委員である取締役の報酬についてもそのような要請が働く。この観点から，監査等委員である取締役，監査役および会計参与は，監査等委員である取締役，監査役または会計参与の報酬について，それぞれ，株主総会で意見を述べることができるものとされている（361 Ⅴ・379 Ⅲ・387 Ⅲ)。

趣旨目的は達せられるので,「当該決議の内容等に照らして上記規定の趣旨目的を没却するような特段の事情があると認められない限り」役員報酬の支払は適法有効なものになるとする。以上に加えて，株主総会の決議を経ることなく支給された報酬・役員退職慰労金の返還請求が権利の濫用などにあたり許されないことがありうる（前掲最判平成 21・12・18。また，東京地判平成 25・8・5 の控訴審判決である東京高判平成 25・12・25〔平成 25 年（ネ）第 4924 号〕)。

82)　報酬の有無・その額の決定は，単なる業務執行行為とは異なり，取締役の選任権をもつ株主総会に本来的に帰属するとする見解がある（倉沢・会社法改正の論理 214)。すなわち，代表機関は株主総会の決議に基づき代表行為を行うにすぎず，選任と報酬の有無・その額の決定を分けることは不適当であるというのである。しかし，お手盛り防止の要請があることは否定できない。また，会計監査人は株主総会で選任されることとされているが（329 Ⅰ)，361 条のような規定は設けられておらず，361 条には政策的規定の面があると解する有力な根拠となる。

取締役，監査役および会計参与の報酬の議案は，通常，取締役（会）によって株主総会に提案されるため，その議案の提出を通じて，取締役（会）の支配が及ぶ可能性があり，また，取締役会の決議が監査等委員以外の取締役によって左右されることが十分に考えられるからである。なお，監査等委員会設置会社においては，監査等委員でない取締役の報酬に関する議案の内容が適正に定められるようにするという観点から，監査等委員会が選定する監査等委員は，株主総会において，監査等委員である取締役以外の取締役の報酬等について監査等委員会の意見を述べることができるものとされている（361 Ⅵ）。

取締役の報酬等の金額，時期，方法の決定を無条件で取締役（会）に一任する旨の決議は無効である。しかし，個々の取締役についての支給額を個別的に決める必要はなく，取締役全員に対する報酬等の総額または最高限度額を定めることで足り，このような場合には個々の取締役に対する配分は取締役（会）に一任されたものと解される[83)]。なぜなら，361条は，404条3項および409条3項とは異なり，「個人別の」報酬等と定めていないし，総額または最高限度額を決定すれば，お手盛りは防止でき，会社ひいては株主の利益は害されないからである（許容性）。さらに株主にみえる（わかる）のは，チームとしての経営者の能力であって，個々の取締役の貢献に関する情報もなく判断能力もないから，取締役（会）に委任するのが適当だからである（ただし，実質的には，公の場で，取締役の能力を評価するのは酷であり，個々の取締役の給料を株主に知られたくないという取締役の意思を尊重すべきであるという価値判断もありうる）。

しかも，退職慰労金については，株主総会において具体的な額を定めることをせず，その金額，支給時期，方法等を取締役会に一任する旨の株主総会の決議がされるのが通例である（会社規82 Ⅱ・82の2 Ⅱ参照）。このように，退職慰労金については通常の報酬の場合よりも一段と緩和した取扱いが実務上行われているのは，退職者は通常1人または少数であるので最高限度額を決議したのでは，その

83） さらに特定の取締役（たとえば社長）に取締役会が委任することも許されるとするのが判例（最判昭和31・10・5集民23号409）であり，これを前提として，公開会社の事業報告には一定の記載が求められる（***5-3-6-1***(5)）。なお，学説は，取締役会における討議の機会を奪う結果になるとして取締役全員の同意がある場合に限って認めるのが多数である。東京地判平成30・4・12資料版商事法務416号128（東京高判平成30・9・26同120により是認）は，取締役会から各取締役の報酬額の決定を再一任された取締役は，具体的な報酬額を決定するにあたり，他の職務を遂行する場合と同様，善管注意義務および忠実義務を尽くす必要があり，これらの義務に違反して会社に損害を与えたときは損害賠償義務を負うとした。

額を明示するに等しく，通常の報酬の場合に個人別の額を明示しない取扱いと異なることになるからである。また受領者はその額を決定する取締役会に出席できないから，類似の危険[84)]はあっても，お手盛りそのものはない。さらに功労の評価は難しく，株主総会の審議に適さないといわれる。そこで退職慰労金決議が無条件に取締役会に一任する趣旨ではなく，会社の業績，退職役員の勤続年数，担当業務，功績の軽重等から算定した一定の基準により慰労金を決定する方法が慣例となっており，この慣例によって定めるべきことを黙示してなされたときは有効な決議であると考えるのが判例の立場である（最判昭和39・12・11〈61事件〉）。すなわち，①慣行および内規によって一定の支給基準が確立されており，②その支給基準は株主にも推知できるもので，③決議が黙示的にその支給基準によって決まる額をもって限度とする範囲内において相当な金額を支給すべきものとする趣旨である場合には，決議は無効とはいえない[85)]。もちろん，内規等の内容について，株主総会で説明を求められれば説明義務が生ずる（東京地判昭和63・1・28判時1263号3)[86)]。なお，令和元年改正により，取締役の報酬等の内容の決定手続の透明性を向上させるため，監査等委員会設置会社または公開会社であり，かつ，大会社である監査役会設置会社のうち有価証券報告書提出会社の取締役会は，取締役の個人別の報酬等の内容が定款または株主総会の決議により定められているときを除き，取締役（監査等委員である取締役を除く）の報酬等の内容についての定款または株主総会の決議による定めに基づく取締役の個人別の報酬等の内容についての決定に関する方針として法務省令（会社規98の5）で定める事項を決定しなければならない（361 Ⅶ）（**視点17**）。

84)　たしかに，退任後に支給され，慰労金を受ける者はその額の決定に参加しないが，残存取締役は自分が退職慰労金を受ける際に先例や慣行として有利に働くことを期待して，先に退職する取締役等に対する退職慰労金の額を多く定める可能性があり，お手盛りに準じた弊害が生じうる。

85)　お手盛りの防止を重視して，通常の報酬等と同様，具体的金額を明示するか，少なくとも最高限度を定める必要があるとする立場が学説では多数である（百選〔第6版〕52事件解説〔神崎〕）。

86)　決定の基準の内容を株主総会参考書類に記載するか，その基準を各株主が知ることができるようにするための適切な措置を講じなければならない（会社規82 Ⅱ）。もっとも，株主は総会の場で質問できると考えるのが，支給額を総会で明示的に決めないことが会社法の例外にあたることからも，株主の利益を保護する観点からも妥当である。そのような措置で開示されている基準が不明確あるいは抽象的な場合もありうることを考えれば，なおさらである。

他方，監査等委員会設置会社または監査役または会計参与が2人以上いる会社において，定款の定めまたは株主総会の決議によって，監査等委員である取締役，監査役または会計参与の報酬等の総額または最高限度額のみが定められたときには，その範囲内で，監査等委員である取締役，監査役または会計参与の協議によって，各人が受ける報酬額は決定される（361 Ⅲ・379 Ⅱ・387 Ⅱ）。

(3)　指名委員会等設置会社における決定方法

指名委員会等設置会社では社外取締役が過半数を占める報酬委員会（***5-9-5***）が取締役・執行役・会計参与が受ける個人別の報酬等（使用人兼務執行役の使用人分給与等を含む）の内容の決定に関する方針を定めたうえで，報酬等に関する事項を個人別に定める（404 Ⅲ・409）。これは，取締役会を組織する取締役は，執行役を兼ねることができるものとされ，しかも執行役を兼ねる取締役の数には制限がないため，執行役の報酬を取締役会で決定するものとするとお手盛りの弊害が生ずる可能性が高いからである。なお，取締役の報酬等（執行役を兼ねるときは，さらに執行役の報酬等）を受けとることは取締役・執行役にとって利益相反取引（***5-6-2***）にあたるから，404条3項は356条1項2号および365条の特則を定めるものといえる。

(4)　取締役・執行役の報酬等としての株式・新株予約権――上場会社

経営者（取締役・執行役）に株式を付与することにより，取締役・執行役を株主としての立場に立たせ，取締役・執行役と株主の利益を一致させるとともに，適切なリスクをとる経営判断を行うことを促すという観点から，株式・新株予約権を報酬等とすることに意義が認められる。そこで，令和元年改正により，これをより円滑に行うことができるようにするため，上場株式を発行している株式会社（上場会社）について特則が設けられた。上場会社に限定されているのは，上場株式以外の株式には市場株価が存在せず，その公正な価値を算定することが容易でないため，取締役の報酬等として金銭の払込み等を要しないで株式の発行等をすることができることとすると，濫用されるおそれがあるためである。

まず，上場会社が取締役・執行役の報酬等として株式の発行または自己株式の処分をするときは，募集株式と引換えにする金銭の払込みまたは金銭以外の財産の給付を要しない（ただし，払込金額を定めることを要しないため，有利発行規制〔201 Ⅰ・199 Ⅲ参照〕に服さない）。取締役・執行役の報酬等として株式の発行等をするものなので，募集株式と引換えにする金銭の払込みまたは金銭以外の財産の給付を要しない旨および募集株式を割り当てる日を定めなければならないものとされている（202の2ⅠⅢ）。これらの事項を定めた場合には，引受人は，割当日に，その引き受けた募集株式の株主となる（209Ⅳ）。定款または株主総会の決議（指名委員会等設置会社では報酬委員会の決定）による定めに係る取締役・執行役（取締役・執行役であった者を含む）以外の者は，募集株式の引受けの申込み（203Ⅱ）をし，または総数引受契約（205Ⅰ）を締結することができない（205ⅢⅤ）。

また，上場会社は，取締役・執行役の報酬等としてまたは取締役・執行役の報酬等をもってする払込みと引換えに新株予約権を発行するときは，その新株予約権の行使に際して金銭の払込みまたは金銭以外の財産の給付を要しないこととすることができる。この場合には，取締役・執行役の報酬等としてまたは取締役・執行役の報酬等をもってする払込みと引換えに新株予約権を発行するものであり，当該新株予約権の行使に際してする金銭の払込みまたは金銭以外の財産の給付を要しない旨および取締役・執行役（取締役・執行役であった者を含む）以外の者は，当該新株予約権を行使することができない旨を新株予約権の内容としなければならない（236ⅢⅣ）。

(5)　開　示

定款または株主総会の決議による定めに従って報酬等が決定され，または支払われているかどうかを明らかにするとともに，報酬の決定手続の透明性を確保するために，公開会社の事業報告における開示が要求されている（**視点17**）。

第1に，その事業年度に係る会社役員の報酬等およびその事業年度において受け，または受ける見込みの額が明らかとなった会社役員の報酬等（その事業年度に係る事業報告の内容とする報酬等およびその事業年度前の事業年度に係る事業報告の内容とした報酬等を除く）について，①取締役（監査等委員会設置会社では，監査等委員である取締役またはそれ以外の取締役），会計参与，監査役または執行役ごとの報酬等の総額（当該報酬等の全部または一部が業績連動報酬等または非金銭報酬等である場合には，業績連動報酬等の総額，非金銭報酬等の総額およびそれら以外の報酬等の総額）（全部または一部の会社役員につき個別開示することもできる）および員数（会社規121④⑤），②会社役員の報酬等の全部または一部が業績連動報酬等である場合には，a.当該業績連動報酬等の額または数の算定の基礎として選定した業績指標の内容および当該業績指標を選定した理由，b.当該業績連動報酬等の額または数の算定方法，c.当該業績連動報酬等の額または数の算定に用いたa.の業績指標の数値（会社規121(5の2)），ならびに，③会社役員の報酬等の全部または一部が非金銭報酬等である場合には，当該非金銭報酬等の内容（会社規121(5の3)）を含めなければならない。

第2に，会社役員の報酬等についての定款の定めまたは株主総会の決議による定めについて，その定款の定めを設けた日またはその株主総会の決議の日，その定めの内容の概要，および，その定めに係る会社役員の員数を含めなければならない（会社規121⑤の4)。

第3に，取締役・執行役の個人別の報酬等の内容についての決定に関する方針（会社法361条7項の方針または同409条1項の方針）を定めているときは，その方針の決定の方法，その方針の内容の概要，その事業年度に係る取締役（監査等委員である取締役を除き，指名委員会等設置会社では，執行役等）の個人別の報酬等の内容がその方針に沿うものであると取締役会（指名委員会等設置会社では，報酬委員会）が判断した理由を，それぞれ，含めなければならない。また，監査役会設置会社のうち大会社であり，公開会社であり，かつ，有価証券報告書提出会社であるもの，監査等委員会設置会社および指名委員会等設置会社は，各会社役員の報酬等の額またはその算定方法に係る決定に関する方針（会社法361条7項の方針または同409条1項の方針を除く）を定めているときは，その方針の決定の方法およびその方針の内容の概要を（会社規121⑥の2）も含めなければならない（会社規121⑥)。

第4に，当該事業年度の末日において取締役会設置会社（指名委員会等設置会社を除く）である会社において，取締役会から委任を受けた取締役その他の第三者がその事業年度に係る取締役（監査等委員である取締役を除く）の個人別の報酬等の内容の全部または一部を決定したときは，その旨ならびに委任を受けた者の氏名およびその内容を決定した日におけるその会社における地位および担当，その者に委任された権限の内容，その者にその権限を委任した理由，その者によりその権限が適切に行使されるようにするための措置を講じた場合には，その内容を含めなければならない（会社規121⑥の3)。

第5に，その事業年度に係る社外役員（社外取締役・社外監査役）の報酬等およびその事業年度において受け，または受ける見込みの額が明らかとなった社外役員の報酬等（その事業年度に係る事業報告の内容とする報酬等およびその事業年度前の事業年度に係る事業報告の内容とした報酬等を除く）について，社外役員の報酬等の総額（全部または一部の社外役員につき個別開示することもできる）および員数を含めなければならない（会社規124⑤⑥)。

5-3-6-2　会計監査人の報酬等

指名委員会等設置会社以外の会社では，取締役（取締役会設置会社以外の会社の場合）・代表取締役または取締役会が会計監査人の報酬等を決定するが，監査役（監査役が2人以上ある場合にはその過半数，監査役会設置会社では監査役会，指名委員会等設置会社では監査委員会，監査等委員会設置会社では監査等委員会）の同意を得なければならない（399）。また，適切な報酬額を定めるインセンティブを与えるため，公開会社の事業報告には，当該事業年度に係る各会計監査人の報酬等の額およびその報酬等について監査役（監査役会設置会社では監査役会，監査等委員会設置会社では監査等委員会，指名委員会等設置会社では監査委員会）が同意をした理由（会社規126②）を，また，大会社の事業報告には，会計監査人である公認会計士・監査法人にその株式会社およびその子会社が支払うべき金銭その他の財産上の利益の合計額（その事業年度に係る連結損益計算書に計上すべきものに限る）（会社規126⑧イ）を，含めなければならない。

5-4　取締役会

取締役会は，取締役の全員をもって構成され，その会議における決議によって業務執行に関する会社の意思を決定し，かつ，取締役（指名委員会等設置会社では，執行役および取締役）の職務執行を監督すること[87]を権限とする機関であり，公開会社は[88]，必ず設けなければならない。取締役会設置会社については，会議体を構成する都合上，取締役は3人以上とされている（331 V。定款によって最低数を引き上げたり，最高数を定めることができる）。

取締役会が会議体とされているのは，まず，取締役会設置会社においては株主総会の法定権限が縮小されており，株主総会から委ねられた権限は広範であるし，業務執行を適正ならしめる必要があるから，取締役相互の討論を通じて各取締役の経営的手腕を十分に発揮させるためであると考えられる（持回り決議は有効な取締役会決議とは認められない〔最判昭和44・11・27民集23巻11号2301〕。ただし**5-4-3-**

87）　そこで，取締役会設置会社においては，法令を遵守した会社運営を確保するために，会社の組織に関する訴え（828・831）の原告適格が取締役に認められている。**5-4-2-1**も参照。

88）　他方，公開会社以外の株式会社は取締役会を設けなくてもよい。機関の簡素化が望まれる一方で，株主総会あるいは監査役が取締役の職務執行を監督することができるという認識を背景とするのであろう。

3)。さらに，権限が広範であることから，権限濫用の危険性があり，それを防ぐため，相互牽制・相互監視が必要であり，そのためには，会議体とすることが適切だからである。

5-4-1　取締役会の意義と社外取締役

会社法の下では，**5-4-2** でみるように，取締役会の主要な職務は業務執行の決定と業務執行者（代表取締役・業務執行取締役・代表執行役・執行役）の職務執行の監督である。しかし，業務執行の決定を，指名委員会等設置会社の取締役会は執行役に，一定の要件をみたす監査等委員会設置会社の取締役会は取締役に，それぞれ，相当程度，委任することができるものとされており，そのような委任が行われた場合には，取締役会の主要な職務は業務執行者の監督ということになる（モニタリング・モデル）。

そして，取締役会による監督，とりわけ，経営全般の評価に基づき，取締役会における経営者の選定・解職の決定に関して議決権を行使すること等を通じて経営者を監督すること（経営評価）が重要であるとすれば，業務執行に関与しない社外取締役を選任することがコーポレート・ガバナンスの改善につながるという考え方もある。また，株式会社と業務執行者との間の利益相反を監督する機能も社外取締役には期待できる。

そこで，公開会社であり，かつ大会社であるもののうち，事業年度の末日において監査役会設置会社であって，金融商品取引法の下でその発行する株式について有価証券報告書を内閣総理大臣に提出しなければならないものは社外取締役（2⑮。本章注5参照）を置かなければならない（327の2）。たとえば，取締役が「当該株式会社の業務を執行した」（2⑮イ）場合には社外取締役の要件をみたさないことになるが，社外取締役には業務執行者その他の者と株式会社との利益相反を抑制する機能が期待されることから，マネジメント・バイアウトや親子会社間取引のように，会社と取締役（指名委員会等設置会社では執行役。**5-4-1** において，以下同じ）との利益が相反する状況にあるとき，その他取締役がその株式会社の業務を執行することにより株主の利益を損なうおそれがあるときは，その株式会社は，その都度，取締役の決定（取締役会設置会社では，取締役会の決議によらなければならず，取締役または執行役に決定を委任できない）によって，当該株式会社の業務を執行することを社外取締役に委託することができる（348の2ⅠⅡ）。委託された業務を執行しても，社外取締役としての要件をみたさないことにはならないのが原則であるが，社外取締役が業務執行取締役（指名委員会等設置会社では，執行役）の指揮命令により，その委託された業務を執行したときは要件をみたさないこととなる（348の2 Ⅲ）。

5-4-2　取締役会の権限

5-4-2-1　指名委員会等設置会社でも監査等委員会設置会社でもない会社[89)]

5-4-2-1-1　業務執行の決定

取締役会は会社の業務執行を決定する（362 Ⅱ①）。ここで，業務執行とは企業を経営する行為，すなわち企業に関する諸般の事務を処理することをいう。原料の買入れ・製品の販売・資金の借入れ・使用人の雇用などの契約その他の法律行為をすることのみならず，帳簿の記入・使用人の指揮・監督などの事実行為をすることを含む。

(1)　取締役会で決議しなければならない事項

一定の重要な事項については，慎重な意思決定をさせるため，取締役会の決議事項とされている。

まず，重要な財産の処分[90)]・譲受け，多額の借財[91)]，支配人その他の重要な使用人の選任・解任，支店その他の重要な組織の設置・変更・廃止，社債の重要な募集事項，取締役の職務の執行が法令および定款に適合することを確保するための体制その他株式会社の業務ならびにその株式会社およびその子会社から成る企業集団の業務の適正を確保するために必要なものとして法務省令で定める体制（内部統制システム等）（**表5-4**）の整備[92)]その他の重要な業務執行（362 Ⅳ）は，取

89)　取締役会設置会社以外の会社においては，原則として，各取締役が会社の業務執行権・代表権を有するものとされ（348 Ⅰ・349 Ⅰ），業務執行の意思決定は，原則として，取締役の過半数をもって決するが，この場合においても，全取締役で組織する会議体（事実上の取締役会）で業務執行を決する旨の定款の定めを設けることができる（348 Ⅱ）。また，一部の取締役のみが代表権，業務執行権を有するものと定めることができる（348 Ⅰ・349 Ⅰ Ⅲ）。なお，支配人の選任・解任，支店の設置・移転・廃止，株主総会・種類株主総会の招集に関する事項，内部統制システム等の整備，役員等の責任の一部免除についての決定は各取締役に委任することはできない（348 Ⅲ）。

90)　担保権の設定は，「財産の処分」にあたる。

91)　借財には，（連帯）保証，保証予約も含まれる（東京高判平成9・6・25金法1602号51，同平成11・1・27金法1538号68参照）。

92)　内部統制システム等の整備に係る取締役会決議の概要および体制の運用状況の概要は事業報告の記載事項である（会社規118②）。なお，大会社（取締役会の設置の有無を問わな

表5-3　株主総会と取締役会との比較

	（取締役会設置会社の）株主総会	取締役会
招集通知 株主総会について 299 Ⅱ②	2週間前（299 Ⅰ）。ただし，公開会社以外の会社では1週間前	1週間前（定款により短縮可）（368 Ⅰ）
	省略可（全員の同意〔書面または電磁的方法による議決権行使を認める場合を除く〕）（300）	省略可（全員の同意）（368 Ⅱ）
	書面（299 Ⅱ） 電磁的方法（株主の承諾があるとき。299 Ⅲ）	通知（368 Ⅰ） 書面でなくてよい
	議題の記載要	不要
議決権の性格	権利の行使	職務の遂行
議決権の数	1株1議決権（308 Ⅰ本文）*	1人1議決権
決議の種類	特別決議や特殊の決議もあり ***5-2-5-4-2***	普通決議のみ （ただし，特別取締役による議決〔***5-4-3-2***(2)〕）
代理行使	可 ***5-2-4-2-1***	不可
不統一行使	可 ***5-2-4-2-2***	不可
書面あるいは電磁的方法による議決権行使	可 ***5-2-4-2-3***，***5-2-4-2-4*** また，同意の意思表示（***5-2-6***）	可 ただし，同意の意思表示（***5-4-3-3***）
特別利害関係者	行使させるが（ただし，一定の自己株式取得における売主は行使できない。***4-5-3-3-4***(2)**2)** ②(a)(b)），決議取消しの訴えの対象となる場合がある（831 Ⅰ③）	排除（***5-4-3-4***）
議事録	株主・債権者および権利行使に必要な親会社社員（裁判所の許可を得た場合）は閲覧可	権利の行使に必要な株主（監査役設置会社・指名委員会等設置会社・監査等委員会設置会社では裁判所の許可を得た場合のみ）・親会社社員（裁判所の許可を得た場合）・債権者（責任追及に必要で裁判所の許可を得た場合）は閲覧可

＊　単元株式数を定めた場合など例外がある（308 Ⅰ但書・308 Ⅱ）。

締役にその決定を委任することはできないものとされ，取締役会の決議事項とされている[93]。ここで，362条4項各号は，「重要」あるいは「多額」であること

い），監査等委員会設置会社および指名委員会等設置会社には，内部統制システム等の整備についての決定・決議が義務付けられている。

93）役員等の責任の一部免除（362 Ⅳ），譲渡制限株式の譲渡による取得の承認（139 Ⅰ）お

表 5-4　会社・企業集団の業務の適正を確保する体制および監査等委員会・監査委員会の職務の執行のために必要な体制

（会社法 348 Ⅲ④・362 Ⅳ⑥・399 の 13 Ⅰ①ロハ・416 Ⅰ①ロホ，会社規 98・100・110 の 4・112）

<table>
<tr><td>取締役会設置会社以外の会社</td><td colspan="4">取締役会設置会社</td></tr>
<tr><td rowspan="2">監査役設置会社以外の会社</td><td rowspan="2">監査役設置会社</td><td colspan="3">監査役設置会社以外の会社</td></tr>
<tr><td></td><td>監査等委員会設置会社</td><td>指名委員会等設置会社</td></tr>
<tr><td colspan="4">取締役の職務の執行が法令および定款に適合することを確保するための体制</td><td>執行役の職務の執行が法令および定款に適合することを確保するための体制</td></tr>
<tr><td>取締役が2人以上ある場合において業務の決定が適正に行われることを確保するための体制</td><td colspan="4"></td></tr>
<tr><td colspan="4">取締役の職務の執行に係る情報の保存および管理に関する体制</td><td>執行役の職務の執行に係る情報の保存および管理に関する体制</td></tr>
<tr><td colspan="5">損失の危険の管理に関する規程その他の体制</td></tr>
<tr><td colspan="4">取締役の職務の執行が効率的に行われることを確保するための体制</td><td>執行役の職務の執行が効率的に行われることを確保するための体制</td></tr>
<tr><td colspan="5">使用人の職務の執行が法令および定款に適合することを確保するための体制</td></tr>
<tr><td colspan="5">株式会社ならびにその親会社および子会社から成る企業集団の業務の適正を確保するための体制

・子会社の取締役等（取締役，執行役，業務を執行する社員，会社法 598 条 1 項の職務を行うべき者その他これらの者に相当する者）の職務の執行に係る事項の株式会社への報告に関する体制

・子会社の損失の危険の管理に関する規程その他の体制
・子会社の取締役等の職務の執行が効率的に行われることを確保するための体制
・子会社の取締役等および使用人の職務の執行が法令および定款に適合することを確保するための体制</td></tr>
<tr><td>取締役が株主に報告すべき事項の報告をするための体制＊</td><td>監査役がその職務を補助すべき使用人を置くことを求めた場合におけるその使用人に関する事項＊</td><td>取締役が株主に報告すべき事項の報告をするための体制＊</td><td>監査等委員会の職務を補助すべき取締役および使用人に関する事項</td><td>監査委員会の職務を補助すべき取締役および使用人に関する事項</td></tr>
<tr><td></td><td>監査役の職務を補助すべき使用人の</td><td></td><td>監査等委員会の職務を補助すべき取</td><td>監査委員会の職務を補助すべき取締役および</td></tr>
</table>

	取締役からの独立性に関する事項*	締役および使用人の取締役（当該取締役および監査等委員である取締役を除く）からの独立性に関する事項	使用人の執行役からの独立性に関する事項
	監査役の職務を補助すべき使用人に対する監査役の指示の実効性の確保に関する事項*	監査等委員会の職務を補助すべき取締役および使用人に対する監査等委員会の指示の実効性の確保に関する事項	監査委員会の職務を補助すべき取締役および使用人に対する監査委員会の指示の実効性の確保に関する事項
	監査役への報告に関する体制* ・取締役および会計参与ならびに使用人が監査役に報告をするための体制 ・子会社の取締役，会計参与，監査役，執行役，業務を執行する社員，会社法598条1項の職務を行うべき者その他これらの者に相当する者および使用人またはこれらの者から報告を受けた者が株式会社の監査役に報告をするための体制	監査等委員会への報告に関する体制 ・取締役（監査等委員である取締役を除く）および会計参与ならびに使用人が監査等委員会に報告をするための体制 ・子会社の取締役，会計参与，監査役，執行役，業務を執行する社員，会社法598条1項の職務を行うべき者その他これらの者に相当する者および使用人またはこれらの者から報告を受けた者が株式会社の監査等委員会に報告をするための体制	監査委員会への報告に関する体制 ・取締役（監査委員である取締役を除く）および会計参与ならびに使用人が監査委員会に報告をするための体制 ・子会社の取締役，会計参与，監査役，執行役，業務を執行する社員，会社法598条1項の職務を行うべき者その他これらの者に相当する者および使用人またはこれらの者から報告を受けた者が株式会社の監査委員会に報告をするための体制
	監査役へ報告をした者がその報告をしたことを理由として不利な取扱いを受けないことを確保するための体制*	監査等委員会へ報告をした者がその報告をしたことを理由として不利な取扱いを受けないことを確保するための体制	監査委員会へ報告をした者がその報告をしたことを理由として不利な取扱いを受けないことを確保するための体制
	監査役の職務の執行について生ずる	監査等委員の職務の執行（監査等委	監査委員の職務の執行（監査委員会の職務の

	費用の前払または償還の手続その他の職務執行について生ずる費用または債務の処理に関する方針に関する事項＊		員会の職務の執行に関するものに限る）について生ずる費用の前払または償還の手続その他の職務執行について生ずる費用または債務の処理に関する方針に関する事項	執行に関するものに限る）について生ずる費用の前払または償還の手続その他の職務執行について生ずる費用または債務の処理に関する方針に関する事項
	その他監査役の監査が実効的に行われることを確保するための体制＊		その他監査等委員会の監査が実効的に行われることを確保するための体制	その他監査委員会の監査が実効的に行われることを確保するための体制

＊監査役の監査の範囲を会計に関するものに限定する旨の定款の定めがある株式会社を含む。

を要件としているが，この判断は，すべての会社に共通な画一的基準によるのでなく，その会社における諸般の状況に照らして具体的になされる[94)]。

また，事業の譲渡など467条1項所定の契約の内容の決定，合併契約，株式交換契約，吸収分割契約，新設分割計画，株式移転計画，株式交付計画の内容の決定などは取締役会の決議事項であると解される（指名委員会等設置会社において執行役に決定を委任できない事項〔416 Ⅳ⑱～㉔〕参照）。

よび不承認の場合の指定買取人の指定（140 Ⅳ。定款で異なる定めをすることも可能），子会社からの自己株式取得（163），取得条項付株式の取得日などの決定（168 Ⅰ・169 Ⅱ），自己株式の消却（178 Ⅱ），特別支配株主による株式等売渡請求の承認（179の3 Ⅲ），株式の無償割当て（186 Ⅲ。定款で定めることも可能），所在不明株主の株式の売却（197 Ⅳ），募集株式の発行等に係る事項の決定（公開会社の場合。201 Ⅰ），1株にみたない端数の買取り（234 Ⅴ），新株予約権（新株予約権付社債を含む）の発行に係る事項の決定（公開会社の場合。240 Ⅰ），取得条項付新株予約権の取得日などの決定（273 Ⅰ・274 Ⅱ），株主総会・種類株主総会の招集事項の決定（298 Ⅳ・325），取締役会の招集権者の指定（366 Ⅰ但書。定款で定めることも可能），代表取締役の選定および解職（362 Ⅱ③），取締役の競業取引または会社と取締役の利益相反取引の承認（365），補償契約の内容の決定（430の2），役員等賠償責任保険契約の内容の決定（430の3），計算書類の承認（436 Ⅲ），一定の会社における剰余金の配当等の決定（459），中間配当（454 Ⅴ），業務監査権限を有する監査役が設置されていない会社における取締役・会社間の訴訟の会社代表の選任（364）なども取締役会の法定決議事項である。

94) 会社の業務や財産状態，具体的な金額，企業活動上の重要性，処分行為等の態様，従来の取扱い等によって「重要」か「多額」かが定まる。最判平成6・1・20〈63事件〉。

取締役会設置会社では，株式分割の際に会社が発行する株式の総数を増加させる定款変更（184 Ⅱ），株式分割の際に1単元の株式の数を増加させる定款変更のうち一定のもの（*8-4-2*）や1単元の株式の数の減少または単元株制度を廃止する定款変更（195 Ⅰ）も取締役会の決議事項である。

⑵　代表取締役等との役割分担

会社法上，取締役会の決定事項とされている事項（明文の規定がなくても，他の規定からその趣旨がくみとれる事項を含む）は，取締役会において決定しなければならない（これに対し，定款をもって上位の機関たる株主総会の権限とすることは原則として許される〔*5-2-1-3*〕）。たとえば362条4項は，業務執行の効率性より代表取締役の独断専行の防止を優先して，取締役会の専決事項を定めていると解される。

それ以外の事項の決定は，取締役会によって定められた一般的規則または具体的な決議によって，代表取締役等に委任することができる。

⑶　取締役会と代表取締役との権限関係

取締役会と代表取締役の権限関係については，株式会社の業務執行を業務執行の意思決定と執行自体とに分け，意思決定の権限は取締役会に，執行自体とそれに当然伴う対外的代表の権限は代表取締役にそれぞれ専属すると考え，取締役会が業務執行の意思決定を担当する機関であるのに対し，代表取締役は執行自体と代表行為（対外的執行自体）を担当する別個の機関であると解し，この両機関が並立的に株式会社の業務執行機関を構成していると考えるのが通説である。これは，会議体である取締役会を自ら業務執行自体にあたる機関と解することは不適当であり，また会議体として常に活動状態にあるものではないから執行機関と解することは適切ではないからである。そして362条2項1号も「会社の業務執行の決定」を取締役会の権限とし，「執行」とは定めていない。

たしかに，「業務に関する一切の……権限」（349 Ⅳ）という文言からは，会社の営業に関する限り，代表取締役は一定の事項の決定と執行をできるようにみえるが，代表取締役の権限に株主総会・取締役会に専属する権限は含まれない。

もっとも，代表取締役も，定款または取締役会の決議をもって委任された事項については決定することができる。そして，取締役会は会議体として常に活動状態にあるわけではないから代表取締役を選任する際に当然に日常の業務についての決定の委任があると推定すべきである（全集276）。

5-4-2-1-2　取締役会の業務監督権限

代表取締役および業務執行取締役が業務の執行にあたるが，それは取締役会の意思決定に基づくものでなければならない。そこで，取締役会は，取締役の職務執行を監督する権限を有する（362 Ⅱ②）。代表取締役および業務執行取締役に3ヵ月に1回以上業務執行の状況を取締役会に報告することを要求し（363 Ⅱ），このための取締役会の開催を省略することができない[95]としているのは（372 Ⅱ），取締役会の監督機能の実効性を確保するためである。

監督は，適法性のみならず妥当性または合目的性にも及ぶ。これは，取締役会は業務執行の意思決定をする機関であり，妥当性，合目的性をもった経営判断をすることが期待され，またその観点から監督する能力を有しているはずだからである（監査役による監査は，適法性ないし消極的妥当性に限られるといわれていることと対照的である。*5-8-1-1*(1)）。また，取締役会に上程されない事項についても監督の権限を有し義務を負う。取締役会は常に活動状態にあるわけではないから，このように考えないと，監督の実をあげられないからである（取締役の責任との関連で，監視義務の及ぶ範囲が問題とされている。*5-12-1-1-1*(2)）。

5-4-2-2 指名委員会等設置会社

5-4-2-2-1 重要な業務の決定

取締役会は，①経営の基本方針[96]，②監査委員会の職務の遂行のために必要なものとして法務省令（会社規 112 Ⅰ）で定める事項，③執行役が2人以上ある場合における執行役の職務の分掌および指揮命令関係その他の執行役の相互の関係に関する事項，④執行役から取締役会の招集の請求を受ける取締役，⑤執行役の職務の執行が法令および定款に適合することを確保するための体制その他株式会社の業務ならびに株式会社およびその子会社から成る企業集団の業務の適正を確保するために必要なものとして法務省令（会社規 112 Ⅱ）で定める体制の整備（表5-4），その他指名委員会等設置会社の業務執行を決定する（416 Ⅰ Ⅱ）。

なお，指名委員会等設置会社においては，その業務を，取締役に決定させることはできないが，一定の事項（416 Ⅱ Ⅳ）を除き，会社の業務を執行役に決定させることができる（416 Ⅳ）。そして，指名委員会等設置会社以外の会社の取締役

95）書面または電磁的方法による同意（*5-4-3-3*）の例外であるが，テレビ会議，オンライン会議や一定の要件をみたす電話会議の形で行うことは可能である。

96）経営の基本方針とは，取締役会および執行役がその権限を行使するにあたって遵守すべき基本的な方針である。すなわち，取締役会による業務の決定の基本方針，取締役・執行役の職務執行に対する監督の基本方針，執行役による業務執行の決定または執行の基本方針である。

表5-5　監査等委員会設置会社と他のタイプの会社との比較（取締役会・業務執行者）

<table>
<tr><th></th><th>監査役会設置会社</th><th>監査等委員会設置会社</th><th>指名委員会等設置会社</th></tr>
<tr><td>業務執行者</td><td colspan="2">代表取締役・業務執行取締役</td><td>代表執行役・執行役</td></tr>
<tr><td rowspan="3">取締役会からの決定の委任の可否</td><td>重要な業務執行の決定の委任はできない</td><td>重要な業務執行の決定の委任はできないのが原則</td><td rowspan="3">一定の重要事項を除き，執行役に決定を委任できる</td></tr>
<tr><td>一定の要件をみたす会社については，特別取締役の議決による取締役会決議により，重要な財産の処分・譲受け，多額の借財を決定できる</td><td>取締役に決定を委任できる会社（下欄）を除き，特別取締役の議決による取締役会決議により，重要な財産の処分・譲受け，多額の借財を決定できる</td></tr>
<tr><td></td><td>取締役の過半数が社外取締役である場合または定款の定めがある場合には一定の重要事項を除き，取締役に決定を委任できる</td></tr>
<tr><td rowspan="2">株主総会へ提出する取締役選任・解任議案の内容の決定等</td><td colspan="2">取締役会が取締役の選任・解任議案の内容を決定</td><td rowspan="2">社外取締役が過半数を占める指名委員会が取締役の選任・解任議案の内容を決定</td></tr>
<tr><td></td><td>監査等委員会が選定した監査等委員は監査等委員ではない取締役の選任・解任について株主総会で意見陳述することができる</td></tr>
<tr><td>業務執行者の選定・解職</td><td colspan="3">取締役会</td></tr>
<tr><td rowspan="2">取締役（監査等委員である者を除く）・執行役の報酬の決定等</td><td colspan="2">定款の定めまたは株主総会の決議で定める（最高限度額または総額でよい）</td><td rowspan="2">社外取締役が過半数を占める報酬委員会が個人別の報酬を決定</td></tr>
<tr><td></td><td>監査等委員会が選定した監査等委員は監査等委員ではない取締役の報酬について株主総会で意見陳述することができる</td></tr>
</table>

会の専決事項は例示にとどまっているが（362 Ⅳ），指名委員会等設置会社については，取締役会の専決事項が限定列挙され[97]，その範囲は狭い。

97）経営の基本方針，監査委員会の職務の遂行のために必要なものとして法務省令（会社規112 Ⅰ）で定める事項，執行役が2人以上ある場合における執行役の職務の分掌および指揮命令関係その他の執行役の相互の関係に関する事項，執行役から取締役会の招集の請求を受ける取締役，執行役の職務の執行が法令および定款に適合することを確保するための体制その他株式会社の業務ならびに当該株式会社およびその子会社から成る企業集団の業務の適正を確保するために必要なものとして法務省令（会社規112 Ⅱ）で定める体制の整備，各委員会を組織する委員の選定および解職，当該株式会社と監査委員との間の訴えについて当該株

たとえば，362条4項1号から4号所定の事項，子会社からの自己株式の買受け（163），自己株式の消却（178 Ⅱ），株式の分割（183 Ⅱ），所在不明株主の株式売却（197），公開会社における募集株式の発行等に関する事項の決定（201 Ⅰ），1株にみたない端数の買取り（234 Ⅴ），公開会社における新株予約権（新株予約権付社債を含む）の発行に関する事項の決定（240 Ⅰ），社債募集事項の決定（676）などを執行役に決定させることができる。また，株主総会の承認を要しない場合には，事業の譲渡等，株式交換，新設分割，吸収分割，吸収合併に関する契約あるいは計画の内容などの決定を執行役に委ねることができる（416 Ⅳ⑮～⑲各かっこ書⑳）。

なお，取締役は，会社法または会社法に基づく命令に別段の定めがある場合を除き，会社の業務を執行することができない（415）。これは，指名委員会等設置会社では，取締役会は，業務執行の決定などを取締役に委任することができないとされていること（416 Ⅲ）と相まって，取締役の地位と執行役の地位とを峻別するものであり，監督と執行との分離を図ることによって，取締役会の監督機能を高めようとするものである。したがって，いわゆる業務担当取締役や使用人兼務取締役などは，指名委員会等設置会社には認められない（331 Ⅳ・415）。もっとも，執行役は取締役を兼ねることができるとされており（402 Ⅵ），監督と執行の徹底した分離はなされていない。

式会社を代表する者の決定，執行役の選任および解任，代表執行役の選定および解職，定款の定めに基づく役員等の責任の免除，補償契約の内容の決定，役員等賠償責任保険契約の内容の決定，計算書類および附属明細書，臨時計算書類，連結計算書類の承認，株式の譲渡につき取締役会の承認を要する旨の定款の定めがある場合の株式の譲渡による取得の承認および不承認の場合の指定買取人の指定，定款の授権によって取締役会の決議に基づき取得する株式の数（種類株式発行会社では，株式の種類および種類ごとの数），株式を取得するのと引換えに交付する金銭等（会社の株式等を除く）の内容およびその総額および株式を取得することができる期間の決定，株主総会の招集の決定，株主総会に提出する議案（取締役，会計参与および会計監査人の選任および解任ならびに会計監査人を再任しないことに関するものを除く）の内容の決定，事業の譲渡など467条1項各号に掲げる行為に係る契約（株主総会の承認を要しない場合を除く）の内容の決定，取締役会の招集をなすべき取締役の決定，社外取締役に対する業務執行の委託，取締役および執行役の競業行為および会社と取締役の利益相反取引の承認，新株予約権の譲渡の承認，中間配当，株式交換契約の内容の決定（株主総会の承認を要しない場合を除く），株式移転計画の内容の決定，新設分割計画の内容の決定（株主総会の承認を要しない場合を除く），吸収分割契約の内容の決定（株主総会の承認を要しない場合を除く），合併契約の内容の決定（株主総会の承認を要しない場合を除く），株式交付計画の内容の決定（株主総会の承認を要しない場合を除く）。

5-4-2-2-2　取締役会の業務監督権限（指名委員会等設置会社の場合）

取締役会は，取締役および執行役（会計参与設置会社では，さらに会計参与）の職務の執行を監督する（416 Ⅰ②）（取締役の監視義務〔*5-12-1-1-1*(2)〕も参照)。指名委員会等設置会社には執行役が設けられているので，取締役会の権限に執行役の職務の執行の監督が含まれている。指名委員会等設置会社においては，執行役が業務執行を担当するから，その職務の執行を取締役会の監督の対象とする必要があるからである。取締役会の構成員としての取締役の職務の執行または各委員会の構成員としての職務の執行が取締役会の監督の対象とされる。

5-4-2-3　監査等委員会設置会社

監査等委員会設置会社の取締役会の権限と職務は監査役会設置会社のそれとほぼ同じであり（399 の 13 Ⅰ Ⅱ Ⅲ，*5-8-2*），原則として，取締役にその決定を委任できない事項もほぼ同じである（399 の 13 Ⅳ）。しかし，取締役の過半数が社外取締役である場合および定款に定めがある場合には，指名委員会等設置会社の取締役会が執行役にその決定を委任できる事項とパラレルな事項の決定を取締役に委任することができる（399 の 13 Ⅴ Ⅵ）。

5-4-3　取締役会の招集と手続

5-4-3-1　招　集

取締役会は必要に応じて開かれる。したがって，原則として招集権者が各取締役（監査役〔監査の範囲を会計事項に限定されているものを除く。以下 *5-4-3* では同じ〕設置会社では，さらに監査役）に通知をして招集するが（368 Ⅰ），招集手続はすべての取締役・監査役に出席の機会を与えるためであるから，その全員が同意すれば（明示的でなくともよい〔最判昭和 31・6・29 民集 10 巻 6 号 774〕）招集手続を経ないでも開くことができる（経営の機動性のため招集手続を省略することを認める必要がある〔368 Ⅱ〕。全員出席取締役会は当然認められる）。たとえば，あらかじめ取締役および監査役の全員の同意で定めた定例日に開く場合には，いちいち招集手続を行う必要はない。

取締役会の招集通知は，会日の 1 週間前（定款で短縮でき，実際上はほとんどの会社が定款で短縮している）に発しなければならないが（368 Ⅰ），招集通知の方法には制限がなく，口頭（電話を含む）でも書面でもよく，また，通知には議題を示すことは必要ではないし（299 Ⅳ・298 Ⅰ②と対照），定款または取締役会規則で取締役会の招集通知に議題を記載することを定めていたとしても，通知された議題に拘束されることなく，いかなる事項についても決議できる（名古屋高判平成12・1・19金判1087号18）。なぜなら，取締役会では臨機応変に判断をする必要があり，業務執行に関する諸般の事項が付議されることは当然予期されるべきことだからである。とりわけ，取締役会による取締役の業務執行の監督権の行使はあらかじめ通知された議題にかかわらず適切に行使することが求められるので，監督権の行使の一環として，通知された議題に含まれていなくとも，たとえば，代表取締役を解職することができる。招集通知は取締役に到達することが必要であり，東京地判平成29・4・13金判1535号56は，招集通知が各取締役に到達したというためには，当該通知が当該取締役に実際に了知されることまでは要しないものの，当該取締役の了知可能な状態に置かれること（いわゆる支配圏内に置かれること）は要するとした。

招集権は原則として各取締役が有するが，定款の定めまたは取締役会の決議をもって特定の取締役（たとえば社長）のみに招集権を認めることもできる（366Ⅰ但書）。招集する取締役を定めた場合には，それ以外の取締役は，会議の目的事項を示して，取締役会の招集を請求することができる（366Ⅱ）。この請求日から5日以内に，請求日から2週間以内の日を会日とする取締役会の招集通知が発せられないときは，請求をした取締役は，取締役会を招集することができる（366Ⅲ。監査の実効性を確保するため，監査役にも同様の権利が認められている〔***5-8-1-1***〕。また，業務監査権限を有する監査役が置かれていない会社〔指名委員会等設置会社および監査等委員会設置会社を除く〕について***5-2-8-3-3***）。取締役会を開催することは，取締役の監視義務や監査役・監査委員会・監査等委員会による監査の実効性を確保するために必要だからである。

また，指名委員会等設置会社においては，各委員会の職務執行を遅滞なく取締役会に報告する機会を確保する観点から，委員会がその委員の中から選定した者に取締役会招集権が与えられている（417Ⅰ）。同様に，執行役は，取締役会の招集請求を受けるものとして定められた取締役に対し，会議の目的たる事項を示して，取締役会の招集を請求することができる（417Ⅱ前段）。請求日から5日以内に，請求日から2週間以内の日を会日とする取締役会の招集通知が発せられなかったときは，請求をした執行役は取締役会を招集することができる（417Ⅱ後段）。これは，執行役が業務執行を行うにあたって，取締役会の決議を必要とする場合があり，また，取締役会に対して適時に報告する機会を確保する必要があるからである。もっとも，執行役は取締役会の構成員ではないから，執行役としての立場に基づいて取締役会に出席する権利は有しない。

5-4-3-2　決議の方法

⑴　原則的な決議要件

⑵の場合を除き，取締役会の法定の決議方法は1つである（369）。株主総会と異なり，特別決議や特殊の決議にあたるものはない。これは取締役会では株主総会と異なり，少数派株主保護という要請がないからであると考えられる。定足数は，議決に加わることができる取締役の過半数の出席とされ，定款で加重することは可能であるが，軽減することはできない（369 Ⅰ）。決議要件は出席取締役の過半数であり，これも定款で加重することはできるが軽減することはできない。取締役は等しく株主から経営を委託された者であるから，取締役1人につき1議決権である。

取締役はその者に着目して選任された者であるから，議決権の代理行使は認められず[98)]，1人1議決権なので不統一行使は認められない。

⑵　決議要件等の特例（373）

迅速な意思決定を可能にするために，取締役の数が6人以上であり，かつ，取締役のうち1人以上が社外取締役（本章注5）である会社においては，362条4項1号および2号に掲げる事項[99)]についての取締役会決議を，取締役会があらかじめ選定した3人以上の取締役（特別取締役）のうち，議決に加わることができるものの過半数（これを上回る割合を取締役会で定めた場合には，その割合以上）が出席し，その過半数（これを上回る割合を取締役会で定めた場合には，その割合以上）をもって行うことができる旨を定めることができる（書面または電磁的方法による同意の意思表示をもって決議があったとみなすことはできない〔373 Ⅳ・370〕）。このように決議要件等の特例が認められる要件が限定されているのは，取締役会による監督機能を確保し，取締役会の形骸化を防ぐためである。

なお，取締役会による監督を確保するという観点から，特別取締役の互選によって定められた者は，特別取締役による議決がなされた取締役会の決議後，遅滞なく，その決議の内容を特別取締役以外の取締役に報告しなければならないものとされている（373 Ⅲ）。特別取締役による議決は，他の取締役からの委任に基づ

98)　使者が認められないかどうかは明らかではない。

99)　これらの事項は特に迅速に決定すべき必要がありうると考えられた一方，取締役会の形骸化を防ぐという観点からは，すべての重要な業務執行の決定について決議要件の特例を認めることは適切ではないと考えられたのであろう。

くものである以上，決議内容を他の取締役に報告する義務を負うのは当然だからであるともいえる。

また，取締役は取締役会の議事録を閲覧謄写等できるので，特別取締役以外の取締役も，特別取締役による議決がなされた取締役会の議事録を閲覧謄写等できる。取締役会の招集権者を定めることを認める366条1項但書はこの取締役会には適用されない（373 Ⅳ）。したがって，特別取締役はだれでも特別取締役による議決がなされる取締役会を招集することができる。特別取締役による議決がなされる取締役会は機動的に開催される必要があるからである。

そして，監査役は取締役会に出席する義務を負うのが原則であるが，複数の監査役が設置された会社における特別取締役による議決がなされる取締役会については，監査役の互選によりその取締役会に出席すべき監査役を定めたときは，その定められた監査役以外の監査役は出席義務を負わない（383 Ⅰ但書）。これは，監査役全員にその取締役会への出席義務が課されると，機動的な開催の障害となるという認識に基づくものである。

以上に加えて，株主や会社債権者などが会社における意思決定の仕組みについて知ることができるように，特別取締役による議決の定めをしたときは，そのような定めがある旨，特別取締役の氏名および取締役のうち社外取締役であるものについて社外取締役である旨を，会社は，本店の所在地において2週間以内に登記しなければならない（911 Ⅲ㉑）。これらの事項につき変更があった場合にも登記しなければならない（909・915）。

なお，監査等委員会設置会社も取締役に委任できる場合（***5-4-2-3***）を除き，このような特則を定めることができるが，指名委員会等設置会社（***5-4-2-2***）は，特別取締役による議決という特則を定めることができない（373 Ⅰ）。これは，指名委員会等設置会社においては，業務執行の決定をより広い範囲で執行役に委任することができるため（***5-4-2-2-1***），このような決議要件等の特則を認める必要はないからである。

5-4-3-3 書面または電磁的記録による同意

取締役が取締役会の決議の目的である事項について提案をした場合において，その事項について議決に加わることができる取締役の全員が書面または電磁的記録によりその提案につき同意の意思表示をし，かつ監査役設置会社では，監査役がその提案について異議を述べなかったときは，その提案を可決する旨の取締役会の決議があったものとみなす旨を，定款で定めることができる（370）[100]。

機動的な会社経営の実現のため，書面または電磁的記録による同意が認められている。取締役の監督権限および監査役の監査権限との関連で，取締役全員の同意，および，監査役が特に意見を述べることがないことが要件とされているほか，定款の定めが必要とされている。これは，取締役がどのような方法により経営意思決定を行うかは，株主にとっても重大な関心事であり，会社経営上の基本的事項であると考えられるからである。また，取締役，会計参与，監査役，執行役または会計監査人が取締役会に報告すべき事項を取締役（監査役設置会社では，さらに監査役）の全員に通知したときは，取締役会に報告することを要しないが（372 Ⅰ Ⅲ），3ヵ月に1回以上すべき代表取締役（代表執行役）等による取締役会への業務執行状況の報告は，現にしなければならない（372 Ⅱ）。これは取締役会の形骸化を防ぎ，取締役・執行役の職務執行の取締役会による監督の実効性を確保するためである。

5-4-3-4　特別利害関係を有する取締役

特別利害関係を有する取締役は取締役会において議決権を行使することができない（369 Ⅱ）。株主の議決権が，株主としての個人的利益のために与えられているのと異なり，取締役の取締役会における議決権は，もっぱら会社の利益を実現するために与えられているから，取締役は，会社の利益を図るためにのみ議決権を行使しなければならない（355）。そこで，忠実義務違反を予防し，決議の公正を期するため，特別利害関係をもつ取締役には議決権を行使させるべきではないからである[101)]。決議の公正を図るために，特別利害関係人が決議に参加したことによって成立した不公正な決議を事後的に無効とするよりは，はじめから参加を認めないことのほうが効率的・合理的であるし，取締役会は1人1議決権であるから，特別利害関係を有する者を排除しても，少数者による意思決定という結果が生ずるおそれは少ない。ここで特別利害関係とは，取締役の忠実義務違反をもたらすおそれのある，会社の利益と衝突する取締役の個人的利害関係をいい，具体的には取締役の競業取引や取締役・会社間の取引（356）の承認の場合など

---

100)　これに対して，特別取締役による議決の場合（373 Ⅳ）または監査役会，指名委員会等もしくは監査等委員会については書面あるいは電磁的記録による同意をもって決議があったとみなすことは認められない。

101)　本章注104も参照。株主総会においては，一定の自己株式取得の場合の売主を除き，特別利害関係を有する株主にも，権利としての重要性に鑑み議決権行使が認められる（本章注53）。

に認められる（定款または株主総会決議により定められた報酬の配分については各取締役は特別利害関係人にあたらない。名古屋高金沢支判昭和29・11・22下民集5巻11号1902）。代表取締役の解職決議の対象者が，特別利害関係人にあたるかについて見解が分かれているが（選定決議はすべての取締役に共通する利害であるから，特別利害関係人にはあたらない）[102)]，あたると解される。なぜなら，本人の意思に反して代表取締役の地位から排除することの当否が論ぜられる場合には，「当該代表取締役に対し，一切の私心を去って，会社に対して負担する忠実義務に従い公正に議決権を行使することは必ずしも期待しがたく，かえって，自己個人の利益を図って行動することすらあり得る」からである（最判昭和44・3・28〈65事件〉）[103)]。この議論は執行役を兼ねる取締役を執行役から解任する場合にもあてはまるであろう。また，東京地決平成29・9・26金判1529号60は，取締役会において自己の解任議案が株主総会に提出されるか否かが決定される対象取締役は，特別利害関係取締役であり，議決に加わることができないとした。

なお，登記先例は，乙株式会社が，取締役会の構成員を全く同じくする甲株式会社のために物上兼連帯保証人になるには，乙会社において取締役会の承認を要するが，その決議にあたって各取締役は有効に議決権を行使することができるとしている（昭和41年8月10日民事甲第1877号民事局長回答）。これは，利益相反となるのは，乙会社の自身の行為であって，取締役個人と甲会社との間には直接の利益相反行為はないから，取締役が乙会社の行為によって経済的利益を受けることがあったとしても，これをもって（平成17年改正前）商法260条の2（現在の会社法369条に相当）に定める特別な利害関係があるとみることは適当でないという理由（登記研究編集室（編）・増補不動産登記先例解説総覧1069）に基づいている。

5-4-3-5 決議の瑕疵

5-4-3-5-1 総　説

株主総会決議に関するような特別な訴えの制度は設けられていない（これは，おそらく，取締役会の場合，容易に再決議できるからであろう）から，手続または内容

102）弥永・演習⑬参照。

103）これに対して特別利害関係人にはあたらないという見解が有力である（全集280，北沢390，龍田＝前田123。また，江頭421注15）。この見解は，特別利害関係とは取締役の任務と矛盾衝突する個人的利害関係であるが，自ら適任者であるとして自己に1票を投ずることは，会社に対する忠実義務の遂行の一環にほかならないとする。また株主総会における取締役の選任・解任に関する支配力は，取締役会における代表取締役の選定・解職においても貫かれるべきであるという価値判断を背景とする。

に瑕疵のある取締役会決議は，一般原則により，無効（**制度** D_1）となる。したがって，無効の主張ができる者，無効の主張ができる時期，無効の主張の方法に制限はない（無効とされた場合の法律関係については取引の安全（**視点3**）を考慮に入れる。***5-5-1-1-4***(2)）。

もっとも，決議無効確認の訴え（最大判昭和47・11・8〈A4事件〉）や決議不存在確認の訴えも適法であると解されている（大隅＝今井・中205，江頭425注19）。これらの訴えの判決には対世効はないとする見解（大隅＝今井・中205）もあるが，代表取締役の選定決議（最判昭和44・7・10民集23巻8号1423，東京高判平成6・5・23判時1544号61参照）や中間配当決議などについては画一的確定の要請があり，対世効（838類推）を認めるべきであろう（江頭425注19）。

5-4-3-5-2　一部の取締役に対する招集通知もれがあった場合

一部の招集通知もれがあっても，その取締役が出席し，かつ異議を述べなかった場合には，瑕疵は治癒され，決議の効力に影響はないと考えてよい。

しかし，通知がなされず，その取締役が欠席した場合の決議は，無効と考えるべきであろう（全集281）。なぜなら，取締役会のような少数者の会議体では，取締役全員に意見の発表の機会を与えなければならず，また1人の積極的発言が他の取締役に影響を及ぼす可能性があるし，しかもその影響の程度を測ることも困難だからである（しかし，この場合においてもその取締役が出席してもなお決議の結果に影響がないと認めるべき特段の事情があるときは，この瑕疵は決議の効力に影響がないものとして，決議は有効になると解するのが相当であるとする最高裁の判決〔最判昭和44・12・2〈65事件〉〕がある）[104)]。

---

104)　特段の事情が具体的にいかなるものであるかについて最判昭和44・12・2は全くふれていない。招集通知を受けず欠席した取締役が，取締役会の決議の趣旨と同一のことを常に発言している場合，名目だけの取締役であって会社の業務に一切関与していなかった場合などをあげる立場があるが，これに対しては，本文中の見解からの批判が妥当する。弥永・演習⑬も参照。なお，東京高判平成29・11・15金判1535号63は，代表取締役から解職される対象取締役に対する取締役会招集通知を欠いていたという事案につき，対象取締役がその取締役会に出席してもなおその決議の結果に影響がないと認めるべき特段の事情があるとしたが，東京高判平成30・10・17金判1557号42は，一人株主たる取締役または一人株主の意思決定に大きな影響力を有する取締役（支配株主取締役）に対する取締役会の招集通知の欠如があった場合に，通知を欠く取締役が出席してもなお決議の結果に影響を及ぼさないと認めるべき特段の事情があるとは考えられないとした。

他方，招集通知を受けず欠席した取締役が，その決議について特別利害関係を有する者であったことが決議の結果に影響がないと認められる「特段の事情」にあたる可能性はある

5-4-3-5-3　監査役に対する招集通知もれがあった場合

監査役に対する通知がなされず，その監査役が欠席した場合の決議は無効と考えられる。なぜなら，監査役に取締役会出席権を認めた趣旨が，監査役に業務監査を有効適切に行う機会を与えることにある以上，その出席は単なる権限ではなく，義務とも解されるからである。たしかに，監査役には取締役会における議決権は認められないが，その取締役会における意見の陳述や報告（383）により決議の結果が影響を受けないと断定することはできない。

5-4-3-5-4　決議の方法の法令違反

特別の利害関係を有する取締役による議決権行使は取締役会の決議の方法の法令違反にあたるが，判例（最判平成28・1・22民集70巻1号84〔漁業協同組合の理事会に関するもの〕）によれば，その議決権の行使により議決の結果に変動が生ずることがないときは，そのことをもって，議決の効力が失われるものではない。また，監査役設置会社において取締役でも監査役でもない者（株主および弁護士）が取締役会に出席し，発言を行ったという法令違反があった（と評価できる）事案につき，決議の結果に影響を及ぼさなかったことを理由として，取締役会決議は

（東京地判平成23・1・7資料版商事法務323号67)。すなわち，369条2項・1項によれば特別利害関係を有する者は決議における定足数，決議要件に算入されないが，これはそのような取締役は決議に参加できないのみならず，出席して意見を述べることも許されないことを前提としているとみる余地がある（東京地判平成7・9・20判時1572号131)。特別利害関係を有する者の出席や意見の陳述によって，審議の過程で他の取締役の判断に影響を及ぼすおそれを予防することを強調する見解である（もっとも，この立場によっても，他の取締役の同意に基づいて特別利害関係を有する者が出席し，発言しても，取締役会決議に瑕疵はないと考えてよいであろう)。この立場によれば，そのような取締役に招集通知を発しなくとも，決議の結果に影響がなかったといえよう。通説は影響を及ぼす可能性を全く否定できないとするが，このように考えれば否定できる場合があることになる。

大隅＝今井・中192は，特別利害関係を有する取締役に対しても招集通知を要するとする。これは，おそらく出席・意見陳述は認めること（同200参照）を前提とするのであろう。取締役会の構成員は経営専門家として十分な判断力を有し，特別利害関係人が出席・意見陳述することによって不当な影響を受けるおそれが小さいとみたうえで，特別利害関係人が出席して意見等を述べることによって，かえって公正な決議がなされるための十分な情報が提供され，議論が尽されると考えるのであろう。

なお，特別利害関係を有する取締役は議長となることはできないとする裁判例があるが（東京地判平成2・4・20判時1350号138〔上告審である最判平成4・9・10資料版商事法務102号143も支持〕，東京高判平成8・2・8資料版商事法務151号143など)，反対説も有力である（大隅＝今井・中196，森本・商事法務1110号39)。

無効とはならないとした下級審裁判例（東京高判令和元・12・5〔令和元年（ネ）第3196号〕）がある。

5-4-3-6　議事録

株主または親会社の株主・社員は，その権利行使に，債権者が役員または執行役の責任追及に，それぞれ必要な場合であって，その閲覧・謄写等により会社，親会社または子会社に著しい損害を生じない場合にのみ，裁判所の許可（原則として，許可すべきであるとするものとして，大阪高決平成25・11・8判時2214号105）を得て（業務監査権限を有する監査役が置かれていない会社〔指名委員会等設置会社および監査等委員会設置会社を除く〕においては不要）取締役会議事録の閲覧・謄写等をすることができる（371 Ⅱ～Ⅵ）。これは企業秘密の漏洩をおそれずに，取締役会において実質的な議論をさせるためである。

5-5　代表取締役・執行役

5-5-1　代表取締役（指名委員会等設置会社以外の会社）

指名委員会等設置会社以外の取締役会設置会社においては，取締役会は，会社を代表し，かつ業務執行する機関である代表取締役を選定しなければならない（362 Ⅲ）（ただし，***5-2-1-3***）。取締役会設置会社以外の会社でも[105]，定款，定款の定めに基づく取締役の互選または株主総会の決議によって，取締役の中から代表取締役を定めることができる（349 Ⅲ）。取締役会の決議によって，代表取締役以外の取締役を業務執行取締役として，代表権のない内部的な業務執行権限を与えることもできる（363 Ⅰ②）。なお，下級審裁判例（富山地高岡支判平成31・4・17資料版商事法務423号175）は，一般に，代表取締役選定・解職を含む取締役会決議は，経営判断に属する事項であり，当該会社の取締役会の裁量に委ねられる事項であるから，手続に重大な瑕疵がなく，それが裁量権の逸脱・濫用と認められない限りは，有効であるとした。なお，代表取締役の解職にも339条2項の類推適用があるという見解が有力であるが，代表取締役の任期が定まっていなければ，損害はないとされそうである。

105）　取締役会設置会社以外の株式会社では，代表取締役その他株式会社を代表する者を定めた場合を除き，取締役は，株式会社を代表する（349 Ⅰ）。この場合に，取締役が2人以上ある場合には，取締役は，各自，株式会社を代表する（349 Ⅱ）。

5-5-1-1　代表権

5-5-1-1-1　範　囲

代表取締役は，会社の業務に関する一切の裁判上または裁判外の行為をする権限を有する（349 Ⅳ）。ある行為が会社の業務に関するか否かは，代表取締役の主観的意図により決定するのではなく，取引の安全の観点から（**視点 3**），もっぱら，その行為の客観的性質からみて抽象的に判断すべきである（***5-5-1-1-3***）。ただし，訴訟追行の公正を期するため，会社と取締役（取締役であった者を含む）との間の訴訟については，監査役設置会社[106]では監査役が（386 Ⅰ），監査等委員会設置会社では，監査等委員がその訴えに係る訴訟の当事者である場合には，取締役会が定める者（株主総会がその訴えについて監査等委員会設置会社を代表する者を定めた場合には，その者），当事者でない場合には監査等委員会が選定する監査等委員が（399 の 7 Ⅰ），それぞれ会社を代表し，代表取締役は会社を代表しない。監査役設置会社，指名委員会等設置会社，監査等委員会設置会社のいずれでもない会社では，そのような訴えについて会社を代表する者を株主総会が（353），株主総会が定めないときは取締役会設置会社の場合には取締役会が（364），それぞれ定めることができるが，株主総会も取締役会も定めないときは代表取締役が会社を代表する。

5-5-1-1-2　内部的制限

代表取締役の代表権の範囲を制限しても，その制限を善意の第三者に対抗できない（代表権の不可制限性）（**視点 3**）。取引の相手方は，代表権に加えられた内部的制限を容易に知りえないのが一般的だからである。また，内部的制限は対抗できないとすれば，取引の相手方が，いちいち内部的制限の有無・内容を調査しなくてよければ，取引の迅速を確保でき，結果的に，会社の利益にもなる。

もっとも，取引の相手方が代表権に加えたこのような制限を知っているならば，その者に対しては，会社はこの制限を主張できる。この場合には，その者に不測の損害を与えることにはならず，取引の安全を害することにはならないからである（349 Ⅴ）。

5-5-1-1-3　代表権の濫用[107]

代表取締役の代表権の範囲は，取引の安全を確保するため，客観的抽象的に判

106）その監査役の監査の範囲を会計に関するものに限定する旨の定款の定めがある場合には，監査役設置会社ではない（2 ⑨）。

107）権限濫用行為は個人的利益を図るものであり，忠実義務に違反する行為であり会社のた

断されるが，そのような代表権の範囲内で代表取締役が自己または第三者の利益を図るために，代表行為をした場合を代表権の濫用という。

代表権の濫用行為は，主観的には会社以外の利益（代表取締役個人の利益または第三者の利益）を図る意図をもってする行為であるとはいえ，客観的にはその権限の範囲内の行為である（***5-5-1-1-1***）。この点で無権代表行為とは異なる。

しかし，代表取締役のそのような背任的意思を相手方が知っていたときにまで，会社の責任を認める必要はない。そこで権限濫用の事実を知りながら（悪意）[108]，取引をなし，取得した権利を会社に対して行使することは，法の目的からみて保護の範囲を逸脱し，信義則に反しまたは権利濫用として許されないと解すべきであろう[109]。

5-5-1-1-4　前提となる決議を欠いた代表取締役の行為の効力

その行為を無効とすることによって守られる会社の利益と，代表取締役の行為を代表行為として有効であると信じて行為した第三者の利益とを比較衡量して決すべきである。

(1)　株主総会の決議を欠いた代表取締役の行為の効力

法令によって株主総会の決議事項とされているものについては，第三者としては決議が法律上必要なことを当然知るべきであるうえに，会社にとっては重大な事項だから，有効な決議に基づかない代表取締役の行為は原則として無効（**制度 D_1**）と考えるべきである（定款によって総会の決議事項とされたが決議を欠く場合は，代表権の内部的制限違反〔***5-5-1-1-2***〕として処理すべきである）。

事業の譲渡（467 Ⅰ①②），事後設立（467 Ⅰ⑤）などが会社・第三者の取引に関するものであるにもかかわらず有効な総会決議に基づかなければ無効と解されていることは，この観点から理解することができる（もっとも，事業の譲渡のように，株主総会の決議事項に該当するかどうか譲受人にわかりにくい事項については，譲受人が

めになされるものでない以上，無効であるが，善意無重過失の第三者には，取引の安全保護のため，無効を主張できないとする見解が有力である（全集 286–287，北沢 403，神崎 288）。また，代表権の制限（349 Ⅴ）違反と解する立場がある（前田 514）。

108）　重過失の相手方に対しても，権限濫用を主張できるとする見解（大隅＝今井・中 217）があるが，354 条の場合と異なり，代表取締役の代表権の客観的範囲内にある以上，重過失があっても善意者は保護されると考える余地があろう（前田 514 も結論同旨）。

109）　なお，判例（最判昭和 38・9・5 民集 17 巻 8 号 909）は，民法 93 条 1 項但書の趣旨を類推適用して，同様の結論を導くが，これでは軽過失の者が保護されないので実質的に妥当性を欠くし，論理的にも代表取締役には会社に効果を帰属させる意思はあるのだからおかしい。

決議事項であることにつき悪意であることを会社が立証しえた場合にのみ無効を主張できるという考え方も成り立ちうる。なお，譲渡人の無効主張を信義則上認めないとしたものとして最判昭和61・9・11〈6事件〉がある)[110]。

他方，公開会社において，株主総会の決議を経ないでなされた特に有利な金額・条件での募集株式の発行等または新株予約権（新株予約権付社債を含む）の発行も有効と考えるべきである（***7-3-3-6-2-2***(2)②）。なぜなら，迅速円滑な資金調達は取引の安全（**視点3**）を確保することによって可能になるのであり，例外的な場合を考えて取引の安全を害するような枠組みをつくることは会社の不利益ひいては株主の不利益になることが多いからであり（必要性），他方，株主の経済的利益が害されるという場合には取締役の損害賠償責任等によって救済できるからである（許容性）。

(2) 取締役会の決議を欠いた代表取締役の行為の効力

会社法上，取締役会の権限とされるもののうち，株主総会の招集（298 Ⅳ。ただし本章注69），支配人等の選任（362 Ⅳ③），代表取締役の選定（362 Ⅲ）などは，会社内部の業務執行あるいは会社とその機関との間の行為であるから，取引の安全を考慮する必要がなく，取締役会決議に瑕疵があれば当然無効（**制度** $\mathbf{D_1}$）である。募集社債の発行事項の決定（362 Ⅳ⑤）その他の取引行為については，代表取締役の選任・監督につき，会社（株主等）に責任があり，第三者の犠牲において，会社の利益を守る必要はないし，取締役会の決議は適法になされていると第三者は合理的に期待するであろうから，会社の利益より取引の安全を保護すべき必要が大きく，原則として無効を主張できないとすべきである（**視点3**）。もっとも，悪意の者に対しては無効を主張できる（最判昭和40・9・22〈64事件〉は心裡留保の規定を類推適用した。これは，法令上，代表権が制限されている場合なので，内部的制限とは異なるからであろう)[111]。たとえば，362条4項1号の取引について，取締役会設置会社と取引関係に入る第三者がそれが重要な財産の処分であることを知り，かつそれについて取締役会の決議がないこと，または決議が無効であることを知っていた場合（悪意）には無効を主張できる（定款による取締役会決議事項については，それが決議事項であることについての悪意も必要）。第三者に重過失がある場合に

110） 総会決議が無効とされ，または取り消された場合の取引の安全保護の詳細は，***5-2-9-6*** 参照。

111） これとは異なり，行為は有効であるが，権利濫用あるいは信義則違反の抗弁を悪意の者には対抗できると理論構成することも考えられる。

も無効を主張できると考えるべきであろう（江頭432注4）[112]。

また，授権資本制度の下における新株発行は，資金調達方法としての社債発行に準ずるものとして，第三者との関係ではむしろ取引行為としての性格を重視すべきであるから，取締役会決議は，会社内部の意思決定手続と捉えられること，新株発行の一体性を確保すべきことなどから，原則として取締役会決議の不存在・瑕疵は発行された新株の効力に影響を与えないと解されている（***7-3-3-6-2-2*** (2)①）。

なお，公開会社において取締役会の承認を得ないでなされた会社・取締役間の利益相反取引（365）については，会社とその相手方である取締役との間では無効であるが，善意無重過失の第三者に対しては無効を主張できないとするのが（**制度** D'_1），取引の安全を確保する視点から妥当である（***5-6-2-2*** 参照）。

5-5-1-1-5　代表取締役の不法行為（350）

代表取締役が職務を行うにつきなした不法行為については，代表取締役が個人として責任を負う（民709）ほか，会社も責任を負う（350）。しかも，福岡地判平成30・9・14判時2413・2414号195（福岡高判平成31・3・26判時2435号109はこれを是認）は，事実上の代表取締役としての職務を行うについてされたものであるとして，会社は，350条の類推適用により第三者に対して賠償責任を負うとした。

5-5-1-2　表見代表取締役（354）

社長，副社長その他株式会社を代表する権限を有するものと認められる名称を付されているが，代表権を有しない取締役を表見代表取締役という。たしかに，代表取締役の氏名および住所は登記事項である（911 Ⅲ⑭）（**制度B**）。しかし，代表取締役としての登記がなされていなくとも，代表権が与えられていることがありうる。また，社長・副社長などの通常，代表取締役に付される名称を付された取締役は，たとえ代表取締役でなくても，外部の者が代表取締役であると誤認しやすい。そこで，354条は表見代表取締役の行為については，会社は善意の第三者に対してその者がした行為について責任を負うと定める（**視点3**）。

---

112)　最判平成21・4・17民集63巻4号535は，代表取締役が取締役会の決議を経ないで重要な業務執行に該当する取引をした場合，取締役会の決議を経ていないことを理由とする取引の無効は，原則として会社のみが主張することができ，会社以外の者は，取締役会がその無効を主張する旨の決議をしているなどの特段の事情がない限り，無効を主張することはできないとしている。

5-5-1-2-1 354条適用の要件

(1) 外観の存在

社長，副社長という例示されている名称のほかに，「その他会社を代表する権限を有するものと認められる名称」には，頭取・総裁・理事長・代表取締役代行者などの名称も含まれる。

(2) 外観への与因

「付した」とは，会社が名称の使用を明示または黙示的（名称使用者が会社内部の者，たとえば取締役や使用人の場合であれば，名称使用を知っている以上，会社はやめさせる義務があろう。また従来使用させていた場合にも同様の義務が認められよう）に認めた場合に限られ，その行為者が勝手に使用したにすぎない場合（僭称した場合）は含まれない。会社が知っている場合とは代表取締役の少なくとも1人が知っていることを意味する（前田516）[113]。たしかに，取締役会設置会社においても，取締役の1人でも知っていれば，取締役会を開いて必要な措置を講じうるが，会社が知っているというためには，会社の事業に関する包括的な業務執行権を有する代表取締役が知っていることが必要であると解するのが自然であろう。

(3) 外観への信頼——善意無重過失

善意とは代表行為をした表見代表取締役につき代表権限のないことを知らないことをいう。無過失であることは要件でない。なぜなら，商取引の大量・迅速性に基づく取引の安全強化の要請に応えるためには，外観を信頼した者の主観的要件を緩和する必要があり，無過失を要求するのは不当であり，文言上も354条は無過失を要件としていない。しかし，商取引においても第三者の正当な信頼を保護すれば足りるから，相手方における重大な過失を悪意と同等に評価するのが妥当である（最判昭和52・10・14〈48事件〉）。第三者の悪意の立証は困難であるため，重過失の立証でこれに代えるのが利益衡量上妥当であるというほうが穏当であろう[114]。第三者には一般に調査義務はないが（すなわち第三者が取引に際し，いちい

113) 取締役の過半数が名称の使用を知りながら放置する場合にも，黙認があったとみるべきであるとする見解がある（北沢408）。これは取締役の過半数の賛成があれば，取締役会において代表取締役を選任でき，または代表取締役等の名称の使用を禁止するなどの会社の意思決定ができることに注目したものであろう。しかし，僭称禁止の措置をとりうるか否かと会社の知・不知は別問題であろう。もっとも，これに対しては会社の帰責性が問題であり，取締役の1人あるいは過半数が知っていて放置した場合には，354条を適用すべきであるという反論も可能である（1人でよいとするものとして神崎289，龍田＝前田115）。

114) 重大な過失は悪意と同視しうると最判昭和52・10・14は述べるが，これは悪意概念が

ち登記簿にあたってみないでも過失があったものとされないのが原則である。商取引の性質上，いちいち登記簿を調べることを要するとするのは，妥当でないからである)，その表見代表取締役が代表取締役かどうか疑うに足る重大な理由があるような場合には，登記簿の閲覧，会社への照会などをなすべきであり，これを怠ったときは，重大な過失があるものとして保護されない（悪意・重過失の立証責任は会社側が負う)。

「第三者」には，表見代表取締役がその名称を使用してなした取引に関する限り，その行為の直接の相手方のみならず，その名称の表示を信頼した第三者のすべてが含まれると解すべきであろう。

5-5-1-2-2　354条適用の効果

「その責任を負う」とは，表見代表取締役の行為があたかも代表権のある取締役の行為と同様に会社に対して効果を生じ，これにより会社がその取締役の行為に基づき義務を負うと同時に権利をも取得するという意味である。

5-5-1-2-3　354条と908条1項[115)]

354条は，会社自ら登記と異なる外観を作出した会社に責任を負わせようとする規定であり，354条は908条1項[116)]とは抵触しないと考える。なぜなら，908条1項が定める登記の積極的公示力は，登記された内容と真実が一致していることを前提とするものだからである。すなわち，登記によって登記事項たる事実・

重過失を包含するということではなく，同様に取り扱ってよいという意味であろう。本文中に示した立場とは異なり，354条は，善意の第三者を保護するため，一種の禁反言の原則をとった民法109条と同じ立法趣旨によったものであるとして，善意無過失が要求されるという見解がある（百選〔第6版〕46事件解説〔大塚〕)。たしかに無重過失とすることによって直ちに第三者の保護が厚くなると一概にはいえないかもしれないが，それなら条文上示されていない無過失に拘泥する必要もないであろう。むしろ大量な取引が行われ，取引の安全が最も重視されると思われる手形取引においても無重過失が求められることとの釣合いを考えるほうが妥当である（手16 Ⅱ・40 Ⅲ)。

115)　908条1項には悪意を擬制する文言はないこと，908条1項前段は登記前には善意の第三者に対抗できないものとして登記義務の履行を促しているにすぎず，登記後は事実をもって対抗できるという原則に戻るにすぎないとする見解も近時では有力である（浜田（道)・民商80巻6号655参照)。この見解によれば，354条と908条1項との抵触は生じないことになる。

116)　908条1項は，登記すべき事項は，その登記前には，その事実の存在を善意の第三者に対抗できないとするとともに，登記後には，正当な事由により登記を知りえなかった場合を除いて，その事実の存在を善意の第三者にも対抗できるとして，会社と第三者の利益の調整を図っている。

法律関係がつくり出されるのではないことから，代表取締役として登記されていない者は代表取締役ではないことを意味するものではなく，908条1項と354条との間には矛盾衝突はない。

5-5-1-2-4 354条の類推適用

⑴ 使用人

文言上，行為者が取締役であることが適用要件とされており，会社の使用人に副社長等の名称を付しても本条の適用はないが，外観への信頼を保護するという354条の趣旨に照らして，類推適用を認めるべきである。ただし，雇用関係またはそれに準じた関係にない者には類推適用されないとする裁判例がある（浦和地判平成11・8・6判時1696号155。なお，弥永・演習⑭参照）。

⑵ 事実上の取締役

取締役や代表取締役について，その者の株主総会における取締役選任決議または取締役会における代表取締役選定決議が後に無効とされた場合（この場合は会社は取締役の職務執行停止の仮処分等で不利益を予防できる。**5-6-4**）など，事実上の取締役あるいは代表取締役に関しても，外観への信頼を保護し，取引の安全を守る必要があるから，類推適用が認められる（354条は本来このような場合を想定したものではないので類推適用。最判昭和44・11・27民集23巻11号2301）。

5-5-1-2-5 登記による第三者の保護と354条

登記（**制度B**）すべき事項とされている事実は，登記前には善意の第三者に対抗することができない（908 Ⅰ）。対抗することができないとは，会社の側から第三者に向かってある事項を主張できないことをいう（第三者の側から会社に向かって主張することは，908条1項と関係ないから，登記の有無は基準とならず，事実の存否に従って処理される。ただし，908条2項）[117)]。

善意とは登記事項の存在を知らなかったことをいい，過失（重過失を含む）があっても保護される。善意であれば，登記の有無が第三者の意思決定に影響を及ぼさなかった場合（たとえば，その事項が登記されていないことを確かめたためにその事項が存在しないと信じて第三者が取引をしたのでない場合）でも第三者は保護される。

したがって，代表取締役が退任したにもかかわらず，退任登記をしないでいた

117） 故意または過失により不実の事項を登記した者は，登記が事実と異なることを善意の第三者に対抗できない。本来，登記は事実と一致していなければ無効であるが，それでは第三者の保護に欠けるので，外観法理（または禁反言の法理）に基づき，このような規定を置いた。

ところ，その者が第三者と取引した場合には，退任の事実を会社は善意の第三者に対抗できないのは当然であるが，退任登記がなされていても，代表取締役であるかのような名称を付与している（もともと代表取締役であったことから名称の使用の放置も「付与」にあたるであろう）ときは，354条が適用（取締役も退任していれば類推適用）され，その者の行為の効果は会社に及ぶ。

5-5-2　執行役（指名委員会等設置会社の場合）

5-5-2-1　執行役の権限

指名委員会等設置会社においては，取締役は会社の業務を執行することができないとされており（415），執行役に業務執行権限が与えられている（418②）。これは，執行と監督の分離により，業務執行をなす者に対する取締役会の監督機能の強化と改善を狙ったものである。もっとも，執行役は取締役を兼ねることができるので（402 Ⅵ），監督と執行との分離は完全ではない。また，取締役会はその決議によって，執行役に相当広い範囲で業務執行の決定を委任することができる（416 Ⅳ）。これは，迅速な意思決定を可能にするためである。

なお，執行役は業務執行権を有するが，当然に，会社の代表権を有するものではなく，代表執行役（*5-5-3*）が代表権を有する。ただし，取締役と同様，執行役には，会社組織に関する訴えの原告適格が認められている（828 Ⅱ・831 Ⅰ）。

5-5-2-2　執行役の取締役会に対する報告義務等

執行役は，3ヵ月に1回以上，取締役会において，自己の職務の執行の状況を報告しなければならない。この場合において，執行役は，代理人（他の執行役に限る）により，その報告をすることができる（417 Ⅳ）。これは，取締役会が執行役の職務執行を監督するためには，執行役から報告を受けることが必要だからである。

また，執行役は，取締役会の要求があったときは，取締役会に出席し，取締役会の求めた事項について説明をしなければならない（417 Ⅴ）。同様に，執行役は，委員会の要求があったときは，その委員会に出席し，その委員会の求めた事項について説明をしなければならない（411 Ⅲ）。また，指名委員会等設置会社以外の会社の取締役（357・419 Ⅲ）が報告義務を負うのとパラレルに，執行役は，指名委員会等設置会社に著しい損害を及ぼすおそれのある事実を発見したときは，直ちに，監査委員にその事実を報告しなければならない（419 Ⅰ）。

5-5-3　代表執行役（指名委員会等設置会社の場合）

指名委員会等設置会社は，取締役会の決議をもって，会社を代表すべき執行役（代表執行役）を選定しなければならない。ただし，執行役が1人である場合には，その執行役が代表執行役に選定されたものとされる（420 Ⅰ）。

代表執行役の代表権は，指名委員会等設置会社以外の会社における代表取締役の代表権と同様，会社の業務に関する一切の裁判上または裁判外の行為に及び，代表権に加えた制限は善意の第三者に対して対抗することができない。また，会社は代表執行役がその職務を行うにつき他人に加えた損害を賠償する責任を負う（420 Ⅲ・349 Ⅳ Ⅴ・350）。代表執行役の代表権に関しても，指名委員会等設置会社以外の会社の代表取締役に関する議論（***5-5-1-1***）があてはまる。

法律または定款に定められた委員の員数を欠く場合に関する401条2項から4項は執行役に準用されているが，同様の趣旨に基づき，代表執行役にも準用される（420 Ⅲ・401 Ⅱ～Ⅳ）。

5-5-4　表見代表執行役（指名委員会等設置会社の場合）

指名委員会等設置会社は，代表執行役以外の執行役に社長，副社長その他指名委員会等設置会社を代表する権限を有するものと認められる名称を付した場合においては，その執行役がした行為について，善意の第三者に対してその責任を負う（421）。これは，指名委員会等設置会社以外の会社に関する表見代表取締役の規定と同趣旨である。したがって，表見代表取締役に関する議論（***5-5-1-2***）があてはまる。

5-6　取締役・執行役の職務の適正な執行を確保するための制度

取締役会設置会社においては，株主総会の権限は会社の基本的事項の意思決定に限定されていて（***5-2-1***），取締役会および代表取締役（指名委員会等設置会社では執行役）に業務執行権が与えられている。このように広範な権限が取締役や執行役に与えられていることから，取締役や執行役の専横から会社の利益を守る必要があり，いくつかの仕組みが設けられている。

第1に，取締役会，監査役（指名委員会等設置会社では監査委員会，監査等委員会設置会社では監査等委員会）といった監督・監査機関は，組織的・機構的に取締役

（指名委員会等設置会社では執行役）の独断専行を防ぐものであるといえる（***5-1-2-2***）。特に指名委員会等設置会社では社外取締役が過半数を占める指名委員会等が重要な役割を果たす（***5-4-2-2-1***，***5-9***）。

第2に，取締役・執行役と会社との利益衝突を防止するための制度がある。

(1)　取締役・執行役の競業規制（356 Ⅰ①・365・419 Ⅱ）（***5-6-1***）
(2)　取締役・執行役の利益相反取引規制（356 Ⅰ②③・365・419 Ⅱ）（***5-6-2***）
(3)　取締役・執行役の報酬決定の規制（361・404 Ⅲ）（***5-3-6-1***）

第3に，このような制度の実効性および取締役・執行役の善管注意義務・忠実義務の実効性を担保するための制度がある。まず，取締役・執行役に厳格な責任を課すことであり，さらに，株主に対し，取締役・執行役の不適切な行為に対抗する手段を与えることである。

(1)　取締役・執行役に厳格な責任を課す制度
　①　会社に対する責任（423・428・120 Ⅳ・462・464・465）（***5-12-1***）
　②　第三者に対する責任（429）（***5-12-4***）
　③　取締役・執行役の解任（339・403・854）（***5-3-5***）
　④　罰則（960〜976）
(2)　取締役・執行役の不適切な行為に対抗する株主の法的手段
　①　取締役・執行役の責任等追及の訴え（代表訴訟）（847〜853）（***5-12-2***）
　②　取締役・執行役が法令・定款違反行為等をしようとしている場合の行為差止請求（360・422）（***5-6-3***）
　③　職務執行停止・職務代行者選任の仮処分（352・420 Ⅲ，民保23 Ⅱ・56）（***5-6-4***）

5-6-1　取締役・執行役の競業規制（356 Ⅰ①・365・419 Ⅱ）

取締役・執行役は，代表取締役・代表執行役であると否とを問わず会社の業務執行に関する強大な権限を有し営業の機密にも通じているから，競業を自由にできるとすれば，その地位を利用して会社の取引先を奪うなど，会社との信頼関係に反して会社の利益を犠牲にし，自己または第三者の利益を図る危険が大きい。そこで，取締役・執行役の会社以外での行為を制約する方法の1つとして，忠実義務の規定のほかに特に競業規制が法定されている（会社法上・商法上の他の競業規制については，弥永・商法総則・商行為法 ***5-2-3*** 参照）。

5-6-1-1 内 容

(1) 規制の対象

① 「自己又は第三者のため」

自己の名においてまたは第三者の名をもってする（第三者の代表者または代理人として）ことをいうと解するのが多数説であるが，利益相反取引との関連では，自己または第三者の計算においてなすという意味であると解すべきなので（***5-12-1-3***），それとの平仄をとるのが穏当であろう（428，商551参照。詳細については，弥永・演習⑰。なお，東京地判昭和56・3・26〈55事件〉参照）。

② 「会社の事業の部類に属する取引」

会社の事業の目的である取引よりも広く，それと同種または類似の商品・役務を対象とする取引であって，会社の実際に行う事業と市場において取引が競合し[118]，会社と取締役・執行役との間に利益衝突をきたす可能性のある取引をいう。したがって，定款所定の会社の目的である事業でも完全に廃業している事業は含まれないが，一時的に休止している事業や開業準備に着手している事業は含まれる。

なお，「事業の部類に属する取引」と規定しているのは，行為に営利的ないし商業的性格を要求していると解すべきであるから，非営利的性質の行為には競業規制は及ばない。

(2) 競業の承認

取締役・執行役は取締役会（取締役会設置会社以外の会社においては株主総会。以下同じ）に対し，その取引について重要な事実（その取引の内容のうち会社の利益と相反する可能性のある重要部分，たとえば，取引の相手方，目的物，数量，価額，取引期間，利益等）を開示して，その承認（株主総会の承認は普通決議による）を受けたときに限って，競業取引をすることが許される（356Ⅰ①・365・419Ⅱ）。そして，取締役会設置会社においては，取引をした場合は，遅滞なく重要な事項を取締役会に報告しなければならない（365Ⅱ・419Ⅱ）。重要事項を開示させるのは，す

118） たとえば，宅地を造成しそれを販売することを目的とする会社の取締役が，会社が営業用に（販売用ではなく）取得を計画している土地を，自己使用の目的で取得する場合は「事業の部類に属する取引」を行ったとはいえない。もっとも，会社が正当な期待をもつと認められる会社の有利な機会の利用は，善管注意義務違反または忠実義務違反（東京高判平成元・10・26金判835号23参照）として，取締役の損害賠償責任が生ずる余地があることは当然である（大隅＝今井・中225）。

べての事項が明らかになっている場合には適切な行動をとるインセンティブが生ずるし（**視点17**），監督機能の実効性を確保するためである。承認を得れば競業取引ができるとされているのは，たとえば子会社の代表取締役・代表執行役に親会社の取締役・執行役が就任する場合（兼任）など，競業を認める必要がある場合や，実質的に利害対立がなく認めても不都合のない場合もあるからである。取締役会設置会社について，取締役会の承認を要件として認めるのは，取締役会による相互牽制・監督が期待できるほか，不適切な承認決議等がなされた場合には，取締役の任務懈怠責任が認められるからであり，株主総会の承認としないのは，承認の適時性（機動性）を確保するためである。

承認は原則として具体的な取引について個別的になされなければならないが，具体的に判断を下すことができる限り，包括的承認でもよい。もっとも，承認は，競業取引の前になされるべきであり，事後の承認は356条1項1号などにいう「承認」にあたらない。そして，事後の承認があっても，いったん発生した取締役・執行役の損害賠償責任（423 Ⅰ）は消滅しない。

5-6-1-2　競業取引の効力と取締役・執行役の損害賠償責任等

まず，取締役会（株主総会）の承認を得ないで，競業取引が行われたとしても，その取引は，相手方の善意・悪意を問わず有効である。なぜなら，競業取引は取締役・執行役と第三者との間でなされるものであって，相手方に不利益を与えることは適当ではないからである。また無効とすることによって会社は利益を受けない，すなわち無効とすることによっては，会社は何ら権利を得ることはないし，義務を免れることはないからである。

他方，取締役・執行役が取締役会（株主総会）の承認を得ずに競業取引をしたときは，それによって会社に生じた損害を賠償する義務を負うが（過失責任），その取引によって取締役・執行役または第三者が得た利益の額は「会社に生じた損害」の額と推定される（423 Ⅱ）。もっとも，競業取引につき取締役会または株主総会の承認を得たことによっては，当然に免責の効果は生ぜず，任務懈怠により会社に損害を生じさせたときは，取締役・執行役は，その損害について賠償責任を負う（423 Ⅰ）。また，競業を行った取締役以外の取締役も，たとえば，不適切な承認決議がなされた場合や承認決議後に競業行為によって会社の利益が害されるような事情が判明したにもかかわらず適切な措置を講じなかった場合には任務懈怠による損害賠償責任を負う（詳細については，***5-12-1-1***）。

さらに，取締役・執行役が取締役会（株主総会）の承認を得ず競業取引をしたことや承認を得たとしても善管注意義務に違反して競業取引によって会社に損害を与えたことは取締役・執行役の解任の正当な理由となり（339 Ⅱ・403 Ⅱ参照），かつ，法令に違反する事実にあたるとして取締役解任の訴えの事由（854 Ⅰ）となりうる。

5-6-1-3　取締役，監査役および執行役の競業関連の開示

競業取引の承認が適切に行われるインセンティブを与え，不適切な競業を行わないインセンティブを与えるために，公開会社の事業報告には，その事業年度に係るその会社の取締役，監査役および執行役の重要な兼職の状況を含め（会社規121⑧），事業報告の附属明細書には，他の法人等の業務執行取締役，執行役，業務を執行する社員などを兼ねることが重要な兼職に該当する取締役，監査役および執行役については，当該他の法人等の事業が会社の事業と同一の部類のものであるときは，その旨を付記して，その兼職の状況の明細（重要でないものを除く）を，それぞれ含めなければならないものとされている（会社規128 Ⅱ）。

5-6-2　取締役・執行役の利益相反取引の規制（356 Ⅰ②③・365・419 Ⅱ）

取締役・執行役が自ら当事者として，または他人の代理人・代表者として，会社との間で取引をする場合あるいは取締役・執行役以外の第三者と会社との間で会社と取締役・執行役の利益とが相反する取引がなされる場合（利益相反取引）には，その取締役・執行役が自ら会社を代表する場合はもちろん，他の取締役・執行役が会社を代表する場合も容易に結託して会社の利益を犠牲にして自己または第三者の利益を図るおそれが大きいため，これを取締役会（取締役会設置会社以外の会社では株主総会）の監督に服させるなどしている。ただし，補償契約および役員等のために締結される保険契約（*5-13*）は利益相反取引規制の対象外とされている。

5-6-2-1　内　容

⑴「取引」の意義

「取引」とされているが，本条の立法趣旨からは，会社の取締役に対する贈与契約なども含まれるし，会社による単独行為である取締役の債務免除などや抵当権の設定（昭和29年7月6日民事甲第1394号民事局長通達）も含まれる。

平成17年改正前商法265条は，①会社の製品その他の財産を譲り受けること，②会社に対し自己の製品その他の財産を譲渡すること，③会社から金銭の貸付けを受けること，④会社が取締役の債務を保証することをあげていたが，これらは

例示にすぎない。356条1項2号および3号による規制の対象となる取引か否かは，あくまでも立法趣旨に従って解すべきである。

①　**直接取引**（356 Ⅰ②・419 Ⅱ）　会社と取締役・執行役との間の取引（取締役・執行役が自ら当事者としてする場合も，または他人の代理人・代表者としてする場合も含まれる）[119]。

356条1項2号の立法趣旨は，会社の利益保護にあることから，取締役・執行役と会社との間の取引（直接取引）でも，類型的に，両者の利害が相反せず会社に不利益を及ぼすおそれが類型的にみて[120]ないもの，裁量の余地のないものについては承認を要しない（大判大正9・2・20民録26輯184）。たとえば，取締役・執行役からの負担付でない会社に対する贈与，取締役・執行役に対して負担する既存債務の履行，相殺適状にある債権についての取締役・執行役による相殺，会社に対する無利息の金銭貸付け，普通取引約款による行為（たとえば，運送契約，預金契約等）など（大判昭和13・9・28民集17巻1895，最判昭和38・12・6民集17巻12号1664）。

なお，約束手形の振出しにより負担する債務は，挙証責任の加重，抗弁の切断，不渡処分の危険等を伴い，原因関係上の債務より厳格な支払義務であるから，会社がその取締役・執行役にあてて約束手形を振り出す行為は，原則として，356

119）　取締役・執行役にその取引の経済的効果が実質的にすべて帰属するような場合（取締役が発行済株式総数の100% を所有する会社を相手方とする取引〔名古屋地判昭和58・2・18判時1079号99〕や取締役の未成年の子を相手方とする取引）は直接取引にあたると見る余地があるかもしれない。もっとも，直接取引にあたらないとしても間接取引にあたる。弥永・演習⑯参照。なお，有力説は，間接取引を広く解すべきではないとするが（たとえば，森本「取締役の利益相反取引」金融法の課題と展望321），会社法においては，取締役等の責任は過失責任であるとされ，かつ，相対的無効説（***5-6-2-2***）によることにより，取引の安全は確保されるから，利益相反取引には広く取締役・執行役と会社との利益が相反するおそれのある取引が含まれると解すべきであろう。とはいえ，たとえば，A会社とその取締役Cの配偶者Dが経営する会社Bとの間の取引を，実質的にA会社と取締役Cとの利益が相反する取引とみることは，通常は適切ではない。他方，このような場合にCがAを代表して，その取引をすることが代表権の濫用（***5-5-1-1-3***）にあたることは十分にありうる。

120）　その取引が公正かつ合理的であれば（会社の実質的利益をまったく害さないのであれば），承認を要しないという見解もあるが（北沢423），取締役会の承認が要求されるのは会社の利益が害されることを予防するためであり，その取引が公正かつ合理的であるかを判断することが取締役会に期待されているのであるから，このような見解は適当ではないと思われる。そもそも，取締役会としては，その取引が会社の利益を害する可能性が十分にある場合には承認を与えてはならない。

図 5-5　利益相反取引の範囲

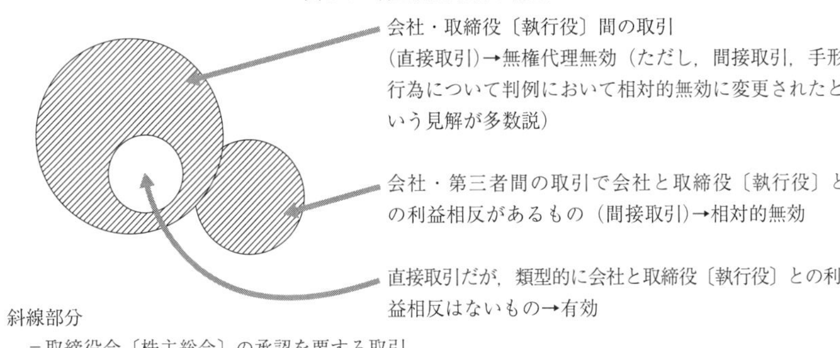

条１項２号にいう取引にあたり，承認を受けなければならないとするのが判例である（最大判昭和 46・10・13〈57 事件〉)[121)]。

②　**間接取引**（356 Ⅰ③・419 Ⅱ）　　会社と取締役・執行役以外の第三者との間の実質的に会社と取締役・執行役との利益が相反する行為（最大判昭和 43・12・25〈58 事件〉参照)。

(2)　取引の承認

取締役・執行役が自己または第三者のために会社と取引をしようとするとき，または，会社が取締役・執行役の債務を保証することその他取締役・執行役以外の者との間において会社と取締役・執行役との利益が相反する取引をしようとするときには，取締役・執行役は，取締役会（取締役会設置会社以外の会社では株主総会。以下同じ）の承認を得，かつ，取締役会設置会社においては，取引をなした場合には，遅滞なく，重要事項を取締役会に報告しなければならない（356 Ⅰ②③・365 Ⅱ・419 Ⅱ)[122)]。

121)　手形行為自体は取引の決済手段として利益相反を生ぜず，その原因関係について取締役会の決議を欠いたことが人的抗弁になるにすぎないという見解，最大判昭和 46・10・13〈57 事件〉のいう不利益が取締役会の承認を要するほど大きいものではないとして手形行為には 356 条１項２号・365 条の適用がなく，二段階創造説かつ権利移転行為有因論の立場から，原因関係について承認がない場合でも手形取得者は善意取得（手 16 Ⅱ）によって保護されるとする見解（前田・手形小切手法入門 86 以下）などがあるが，取締役会の承認を必要であると解しても，承認を欠いたことによる無効を善意の第三者に対抗できないとすれば取引の安全は保護されるから問題はない。

122)　判例（最判昭和 45・8・20 民集 24 巻 9 号 1305）は，一人会社において，単独株主でもある取締役の１人が取締役会の承認を得ないで行った利益相反取引につき，一人会社の利害

なお，間接取引について承認を求めるべき者は，会社を代表してその取引をする取締役・執行役であり，必ずしも実質的に利益相反する取締役・執行役ではない。

5-6-2-2　利益相反取引の効力と取締役・執行役の責任

会社は，取締役あるいは執行役に対しては，取締役会（株主総会）の承認を得ないでなされた利益相反取引の無効を主張できるが[123]，取引の安全確保の観点（**視点3**）より，善意無重過失[124]の第三者にはその無効を対抗できない（前掲最大判昭和43・12・25参照）。会社の機関がなしたことであるし，会社外部者は必要な内部的手続はとられていると期待するのが普通だからである。したがって，会社は[125]，その取引が利益相反取引であること，および，その取引について取締役

得失は，実質的には単独株主の利害得失であり，その間に利益相反関係はないとして平成17年改正前商法265条〔会社法356条1項2号・365条1項〕の取締役会の承認を不要であるとした（全株主の同意があったケースについて，最判昭和49・9・26〈56事件〉）。これに対して，承認不要説によると会社債権者の保護に欠けるという見解が有力であった（竹内・判例I 259以下）。すなわち，一人会社が損失を被ると，それだけ単独株主の株式価値が下がるから，一応，一人会社の利害は単独株主の利害と一致するといえるが，いったん株式の価値がゼロになった後は，いかに会社の負債が資産を上回っても，単独株主の財産は減少しないから，株主は会社債権者を犠牲にして，自己の財産を増すおそれがあると指摘されていた。しかし，会社法の下では，取締役会設置会社以外の会社においては株主総会が承認機関とされるにいたったこと，本来，356条1項2号3号・365条は，株主の利益保護を主目的とする規定であること，および，承認必要説によった場合であっても，会社債権者がその行為の無効の主張あるいは会社に対する損害賠償を要求できるのは債権者代位権（行使）の要件がみたされる場合に限られ，実益が少ないと考えられることから，判例の立場を支持するのが適当であろう。

123）　平成17年改正前商法265条〔会社法356条1項2号3号〕は会社の利益を保護するための規定なので，取締役の側からは無効を主張できないとするのが判例（最判昭和48・12・11民集27巻11号1529）である。また，平成17年改正前商法265条と同様の趣旨に基づく農業協同組合法33条に関する最判昭和58・4・7民集37巻3号256。大隅＝今井・中245は，取引の相手方その他の会社以外の第三者からは無効を主張できず，悪意の相手方からの催告に対し，会社が格別の措置をとらないときは，会社が黙示的に無効の主張をしたもの（民114後段参照）とみるべきであるとする。この問題については，上柳「商法における『当事者の一方のみが主張できる無効』」商法学における論争と省察121参照。

124）　前掲最大判昭和43・12・25は悪意の第三者に対抗できるとするが，下級審裁判例（東京高判昭和48・4・26高民集26巻2号204）・通説（大隅＝今井・中245，龍田＝前田86）は重過失の第三者にも対抗できると解している。

125）　本人があらかじめ許諾していないことを知っていた相手方は，本人の追認がないことを理由に，契約を取り消すことはできないところ（民115但書），356条1項2号3号違反の

会（株主総会）の承認を受けなかったことにつき，相手方である第三者が悪意であること，または知らなかったことにつき重過失があることを主張・立証して，はじめて，その取引の無効を相手方に主張できる（相対的無効。**制度 D′₁**）[126]。

また，取締役・執行役が取締役会（株主総会）の承認を得ずに利益相反取引をしたときは，それによって会社に生じた損害を賠償する義務を負うことはもちろんであるが，利益相反取引につき取締役会または株主総会の承認を得たことによっては，当然に免責の効果は生じない。一定の取締役・執行役については任務懈怠があったと推定され（423 Ⅲ），また，自己のために直接会社と取引をした取締役・執行役は任務を怠ったことがその取締役または執行役の責めに帰することができない事由によるものであることを立証しても，損害賠償責任を負う（428）（詳細については，***5-11-1-3***）。

ただし，監査等委員会設置会社においては，取締役（監査等委員であるものを除く）が利益相反取引につき監査等委員会の承認を受けたときは[127]，任務懈怠が

取引は無権代理行為に準ずるものと解されるので，民法 115 条但書が類推適用されるべきである。したがって，取締役会の承認を得ていないことを知っていた相手方は，取締役会の承認がないことを理由として契約の無効を主張することはできない（東京地判昭和 47・2・14 下民集 23 巻 1～4 号 65）。

126）　もっとも，間接取引（前掲最大判昭和 43・12・25）と手形取引（前掲最大判昭和 46・10・13）については相対的無効の考え方を採用する最高裁判所判決が存在するが，手形取引以外の直接取引については，存在しない。通説は，手形取引以外の直接取引についても相対的無効という考え方が妥当するとするが（大隅＝今井・中 244-245，江頭 448。また，東京地判平成 25・4・15 判タ 1393 号 360），直接取引の目的物の転得者に所有権が移転することを説明するのは難しいのではないかとも思われる。すなわち，取締役に所有権が移転していないにもかかわらず，取締役からの転得者に所有権が移転すると説明するには，たとえば，不動産については民法 94 条 2 項類推適用などの法理によらなければならないのではないかとも思われる（動産については即時取得〔民 192〕，有価証券であれば，善意取得によって転得者保護を図るのが自然なのではなかろうか）。木内「商法 265 条に違反する取引の効力」現代商事法の重要問題 221 以下，森本「取締役の利益相反取引」金融法の課題と展望 331 参照。

127）「取引をしようとするとき」（356 Ⅰ②③）とされているので事前の承認を意味すると解される。また，取締役会の承認を得ていない場合には，それ自体が法令違反として，任務懈怠があったと解されるから（***5-12-1-1-1***（1）），監査等委員会による事後承認を得ても意味はない。そして，この規定を前提とすると，取締役会としては，監査等委員会の承認を得たうえで承認しなければ，その取引によって会社に損害が生じた場合には，善管注意義務違反とされる可能性があるから，監査等委員会の承認を得ていないにもかかわらず，取締役会の承認を得ていないということは事実上考えにくい。なお，会社に損害が生じた後に，監査等委

あったものと推定する規定は適用されない（423 Ⅳ）。

以上に加えて，取締役・執行役が取締役会（株主総会）の承認を得ず利益相反取引をしたことや承認を得たとしても善管注意義務に違反して利益相反取引によって会社に損害を与えたことは取締役・執行役の解任の正当な理由となり（339 Ⅱ・403 Ⅱ参照），かつ，法令に違反する事実にあたるとして取締役解任の訴えの事由（854 Ⅰ）となりうる。

5-6-2-3 役員および執行役などの利益相反取引の開示

利益相反取引の承認が適切に行われ，利益相反取引が適正な条件で行われるインセンティブを与えるという観点から，会計監査人設置会社および公開会社の個別注記表・計算書類の附属明細書には，取締役，会計参与，監査役または執行役およびそれらの近親者あるいはそれらの者が他の会社等の議決権の過半数を自己の計算において所有している場合の当該他の会社等および当該他の会社等の子会社（当該会社等が会社でない場合には，子会社に相当するもの）と会社との間の重要な取引（取締役，会計参与，監査役または執行役に対する報酬等の給付などを除き，会社と第三者との間の取引で会社とそれらの者との間の利益が相反するものを含む）についての注記を含めることが要求されている（計規 112・117 ④）。たとえば，重要性があれば，使用人兼務取締役の使用人分給与・賞与や会計参与が税務顧問として受け取っている報酬の個別開示が求められる。

5-6-3 違法行為差止請求

5-6-3-1 差止請求の意義と要件

取締役・執行役が「会社の目的の範囲外の行為その他法令若しくは定款に違反する行為をし，又はこれらの行為をするおそれが」あり，会社に回復することができない損害（指名委員会等設置会社，監査等委員会設置会社または監査役設置会社の場合）または著しい損害（それ以外の会社の場合）が生ずるおそれがあるときには，6ヵ月前から引き続き株式を有する[128]株主は会社のため取締役・執行役に対しその行為をやめることを請求することができる（360・422）。

取締役・執行役の違法行為を差し止める権利は本来会社にあるが，取締役・執行役が会社の業務執行を担当しているため[129]，取締役に自己または他の取締

員会が承認を与えるというのであれば，それは任務懈怠にあたるのが一般的であろう。

128） 公開会社以外の会社においては，このような保有期間要件は課されない（360 Ⅱ・422 Ⅱ）。

役・執行役の違法行為を抑止することは必ずしも期待できない。そこで，会社ひいては株主の利益を守るために株主が，会社のために取締役・執行役の違法行為を差し止めることが明文によって認められている。

法令・定款違反行為には，法令または定款の具体的な規定に違反する行為のみならず，取締役・執行役の一般的な注意義務（330・402 Ⅲ，民 644）や忠実義務（355・419 Ⅱ）に違反する行為も含まれ，「会社の目的の範囲外の行為」は定款違反行為の一場合にすぎない。

会社の権利能力との関連では，通説・判例の見解によれば，主観的には会社のためになされなくとも，客観的に目的の範囲内の行為と評価されれば，代表者の行為は有効と解される（***2-3-2-1***(3)）。しかし，これはあくまで代表者の行為の効果が会社に帰属するか否かの局面での判断基準であるから，この解釈を 360 条または 422 条などの局面で維持する必要はない（江頭 33 参照）。したがって，客観的には目的の範囲内の行為であっても，主観的には目的達成のためでないときは，目的の範囲外の行為として差止めの対象となると解すべきである。なぜなら，事前の差止めの段階においては，取引の安全を考慮する必要はなく，対内的な株主保護のみが問題であるからである。

会社に回復することができない損害（指名委員会等設置会社，監査等委員会設置会社または監査役設置会社の場合）または著しい損害（それ以外の会社の場合）が生ずるおそれがあることが要件とされているのは，本来，会社が判断すべきことに株主が介入することは最小限におさえるべきであり，回復することができない損害でなければ，損害賠償によって事後的に回復できるからである。また，公開会社においては，6 ヵ月前から引き続き株式を有する株主にのみ差止め請求が認められているのは，継続的な利害関係を有する株主に限定することにより，みだりに差止請求がなされないようにするためである。

5-6-3-2　差止めの時期

当然に無効な行為の場合は履行前に，また，それがなされてしまえば有効な行為の場合には，その法律行為自体がなされる前に差し止めなければならず，第三者の取引の安全を図るため，契約が成立した後にはその履行行為を差し止めることはできない。

129）　業務執行の局面においては，たとえば，代表取締役社長を頂点とする指揮命令体制が存在し，その他の取締役は代表取締役等の指揮命令に服するのが一般的である。

表5-6　行為の私法的効力と差止めの可否

行為の私法的効力	法令違反・定款違反（会社の目的の範囲外の行為を含む）		
	法律行為前	法律行為後履行前	履行後
	（行	為）	（履　行）
無効のとき	差止め可能	差止め可能（履行差止めの意味あり）	差止め不可
有効のとき	差止め可能	差止め不可（取引安全の保護）	差止め不可

5-6-3-3　差止めの手続・効果

差止請求は裁判外でもできるが，実効性を考えると，裁判上で請求することになろう（訴えおよび仮の地位を定める仮処分〔民保23 Ⅱ〕）[130]。なお，裁判上の差止請求は，代表訴訟の一種と解することができるので，代表訴訟に関する規定（***5-12-2***）が類推適用される。したがって，たとえば，被告が原告株主の悪意を疎明した場合には，裁判所は原告株主に担保提供を命ずることができる（847の4 Ⅱ Ⅲ類推適用）。差止めの訴えは，会社のためになされるから（360・422），判決の効果は当然会社に及ぶ（民訴115 Ⅰ②）。

差止めの仮処分を無視して行われた行為は，無効な行為であれば仮処分とは関係なく無効であるが，それ以外の行為の効力については争いがある。株式または社債の発行のようにその効果を画一的に決すべきものは，相手方の善意悪意を問わずすべて有効であるが，それ以外の取引については，相手方が悪意の場合に限り，会社は無効を主張できるとするのが多数説のようである（大隅＝今井・中249，全集305）。しかし，仮処分は，取締役・執行役に対して不作為義務を課すものにすぎず，仮処分違反自体は行為の効力には影響を及ぼさないと解すべきであろう（江頭505，前田481。また，東京高判昭和62・12・23判タ685号253参照）。もっとも，悪意の相手方は，代表権の濫用と同様（***5-5-1-1-3***），権利濫用・信義則に基づき，その行為が有効であることを会社に対して主張できないと解することができるのではないか。

130）　差止請求権の実効性を確保するために，差止めの訴えの提起と同時にあるいはそれより前に，違法行為差止請求権を被保全権利として差止めの仮処分を申請するのが一般的である。これは，満足的仮処分（本案の権利を実現する仮処分）である。保全の必要性がある場合に認められるが，被保全権利の疎明があれば，特に緊急性がないことが明白な場合を除き，仮処分の必要性を具備していると解すべきである。

5-6-4　取締役・執行役の職務執行停止・職務代行者選任の仮処分（352・420 Ⅲ，民保 23 Ⅱ・56）

5-6-4-1　趣　旨

取締役の選任決議の無効・不存在確認もしくは取消しの訴え（830・831）や取締役解任の訴え（854）（**5-3-5-2**(2)）等が提起されても，それだけでは取締役の地位に影響がなく，確定判決まで取締役は職務執行を続けることができる。これでは，そのような訴えを提起したことが無意味になるおそれがあるので，取締役の職務執行を停止し，職務代行者を選任するという仮の地位を定める仮処分（満足的仮処分）[131]が認められている（民保 23 Ⅱ）。同様に，指名委員会等設置会社では執行役の職務執行を停止し，職務代行者を選任する仮処分も認められる[132]。職務執行停止または職務代行者選任の仮処分またはその変更もしくは取消しがあったときは，本店所在地において登記しなければならない（917 ①）。また，仮処分命令に別段の定めがある場合または裁判所の許可がある場合を除き，仮処分命令によって選任された取締役・執行役の職務代行者の権限は会社の常務に属する行為に限られるが，それに違反した行為の無効を会社は善意の第三者に対抗することができない（352 Ⅱ・420 Ⅲ）。

5-6-4-2　仮処分が許される本案

平成 2 年商法改正により，商法 270 条が削除されたため，仮処分が許される本案について制限がなくなり，保全の必要[133]があれば許されることとなったため，上記の訴えのほか，設立無効の訴え（828 Ⅰ①）等も本案となりうる。

5-6-4-3　仮処分の効力

違法行為差止め仮処分に違反した行為（**5-6-3-3**）と異なり，職務執行停止の仮処分に反してなされた被停止者の行為は無効（**制度 D_1**）であり，後に仮処分が取り消されても，遡って有効となることはない（最判昭和 39・5・21 民集 18 巻 4 号

131）債務者は会社および取締役の双方であると解されている（江頭 403）。

132）指名委員会等設置会社以外の会社の場合，代表取締役選任決議の無効・不存在確認の訴えを本案として，代表取締役の職務執行停止および職務代行者選任の仮処分を求めることもできる。

133）会社の著しい損害または急迫の危険を回避する必要があること，すなわち，その（代表）取締役・執行役に業務を執行させ続けると会社に回復することができない損害が生ずるおそれがあることが要件となる（大隅＝今井・中 283，大阪高決昭和 40・2・6 高民集 18 巻 2 号 99，名古屋高決平成 2・11・26 判時 1383 号 163 など参照）。

608)。職務執行停止および職務代行者選任の仮処分命令およびその変更・取消しの決定があったときは，登記が嘱託され（民保56），その登記には第三者に対する対抗要件としての効力が認められる（908 Ⅰ）。なお，仮処分の失効後，被停止者がした行為を代表取締役は追認できる（最判昭和45・11・6〈46事件〉）。

5-6-4-4 職務代行者の地位

職務代行者として選任する仮処分の効力が生じ，かつその者が承諾したときを始期とし，仮処分が失効したときを終期とする。仮処分は，本案判決の確定また仮処分の取消しの決定により失効する。職務代行者の在任中にも被停止者の後任取締役を総会は選任できる（同様に，指名委員会等設置会社の取締役会は執行役を選任できる）が，それによっては仮処分は失効せず，職務代行者の権限は消滅しない（前掲最判昭和45・11・6）。

5-6-4-5 職務代行者の権限

原則として，会社の常務を行い，仮処分命令の特段の定めまたは裁判所の許可なしには，常務に属さない行為をすることができない（352・420 Ⅲ）。

常務とは「会社として日常行われるべき通常の業務」をいい，営業行為のほか，総会決議取消しの訴えなどの訴えの提起も含まれるが，募集株式の発行等，募集新株予約権の発行，事業譲渡などは含まれない。また，判例は取締役の解任を目的とする臨時総会の招集は常務に含まれないとする（最判昭和50・6・27〈47事件〉）。

これは，職務代行者は暫定的に（代表）取締役（あるいは〔代表〕執行役）の職務を行う者であって，会社が継続していくうえで最低限必要なことをなすべきであるという価値判断に基づくものと考えられる。たしかに裁判所の許可を得ることは手間がかかるが，会社ひいては株主の利益保護のためには裁判所の後見的役割は重要である。なお，正規の取締役のみで取締役会が構成できる場合に，取締役会が常務外の行為をなすべき決議をしたときには，取締役会の正常なコントロールが及んでいるから，代表取締役あるいは代表執行役の職務代行者は常務外の行為をすることができると考えるべきである。

職務代行者の登記（**制度B**）がなされるが，常務であるか否かの判断は必ずしも容易ではないので，取引の安全を図るため，職務代行者が裁判所の許可を得ないでなした行為の無効は善意の第三者に対抗できないものとされている（**制度D_1'**）（352 Ⅱ・420 Ⅲ）。

5-7　会計参与

会計参与とは，取締役（指名委員会等設置会社では執行役）と共同して計算書類およびその附属明細書，臨時計算書類ならびに連結計算書類を作成する会社の機関である（374 Ⅰ Ⅵ）。この制度は，会社の計算書類等の正確性を担保することを目的とするものである。

指名委員会等設置会社でも監査等委員会設置会社でもない取締役会設置会社であっても，公開会社でも大会社でもなければ，監査役を置かないことが許されるが，その場合には会計参与を置かなければならない（327 Ⅱ但書）。また，すべての会社は，会社法上要求されていなくとも，定款の定めにより会計参与を置くことができる（326 Ⅱ）[134]。

会計参与は，公認会計士，監査法人，税理士または税理士法人でなければならない（333 Ⅰ）[135]（欠格事由については，***5-3-2-2*** 参照）。会計参与の選任・解任・任期，欠員が生じた場合の措置については取締役のそれと同じ規律がなされている（329・339・341・334 Ⅰ・332・346 Ⅰ～Ⅲ）（詳細については，***5-3-3-1***，***5-3-4***，***5-3-5*** 参照）。指名委員会等設置会社においては，報酬委員会が会計参与の報酬等を定めるものとされているが（404 Ⅲ・409），指名委員会等設置会社以外の会社における報酬等の規律（379）は監査役についての規律とパラレルに定められている。また，独立性の確保という観点から，費用の請求等（380），選任・解任または辞任についての意見陳述権（345 Ⅰ～Ⅲ）も監査役についての規律とパラレルに定められている。

会計参与には，計算書類の作成等に必要な権限が与えられる（監査役の権限とパラレル）。すなわち，会計参与は，いつでも，会計帳簿・資料が書面をもって作成されているときはその書面を，電磁的記録をもって作成されているときは，その電磁的記録に記録された事項を法務省令で定める方法により表示したものを，閲覧・謄写し，または取締役・執行役および支配人その他の使用人に対して会計

134)　会計監査人と会計参与の両方を設置することもできる。これは，会計参与の職務と会計監査人の職務とは異なり，いずれも，会社の計算の信頼性を高めるという観点からは重要な職務を担うからである。

135)　会計参与に選任された監査法人または税理士法人は，その社員の中から会計参与の職務を行うべき者を選定し，会社に通知しなければならないが，会計参与となることができない者を選定することはできない（333 Ⅱ）。

に関する報告を求めることができる（374 Ⅱ）。また，会計参与は，その職務を行うため必要があるときは，子会社に対して会計に関する報告を求め，または会社もしくはその子会社の業務および財産の状況の調査をすることができる（374 Ⅲ）。ただし，子会社は，正当な理由があるときは，報告または調査を拒むことができる（374 Ⅳ）。

他方，取締役・監査役と同様，会計参与は，その職務を行うに際して取締役・執行役の職務の執行に関し不正の行為または法令・定款に違反する重大な事実があることを発見したときは，遅滞なく，これを株主（監査役設置会社では監査役，監査役会設置会社では監査役会，指名委員会等設置会社では監査委員会，監査等委員会設置会社では監査等委員会）に報告しなければならない（375）。

取締役会設置会社の会計参与（会計参与が監査法人または税理士法人である場合には，その職務を行うべき社員）は，計算書類およびその附属明細書，臨時計算書類または連結計算書類の承認をする取締役会に出席しなければならず，会計参与は，必要があると認めるときは，意見を述べなければならない（376 Ⅰ）。そこで，会計参与設置会社において，この取締役会を招集する者は，その取締役会の日の1週間（これを下回る期間を定款で定めた場合には，その期間）前までに，各会計参与に対してその通知を発しなければならないこととされ（376 Ⅱ），その取締役会を招集の手続を経ることなく開催するときは，会計参与の全員の同意を得なければならないものとされている（376 Ⅲ）。

そして，会計参与は，株主総会において，株主の求めに応じて説明しなければならないし（314），計算書類等の作成に関する事項について会計参与が取締役（指名委員会等設置会社では執行役）と意見を異にするときは，会計参与（会計参与が監査法人または税理士法人である場合には，その職務を行うべき社員）は，株主総会において意見を述べることができる（377）。また，会計参与には計算書類およびその附属明細書，臨時計算書類，会計参与報告を5年間保存する義務が課され，株主および会社債権者は会計参与に対して，いつでも，それらの書類の閲覧・交付等を請求することができる。また，親会社の株主・社員も，その権利行使のために必要があるときは，裁判所の許可を得て，閲覧・交付等を請求できる（378）。

5-8　監査役と監査役会

監査役は，取締役の職務執行の監査を行う，株式会社の機関であり，公開会社または会計監査人設置会社であるが，指名委員会等設置会社でも監査等委員会設置会社でもない会社の必要的機関である。

株主は株主総会における取締役の選任・解任と計算書類等の承認を通じて取締役を監督するほか，少数株主権等によって監督することができる。しかし，能力・意思の点からこのような株主自身による監督では不十分であり，また株主の監督権限を強化することには不都合がある一方で（企業秘密保持の必要性などに照らすと，すべての株主に監査役と同様の監査権限を与えるわけにはいかないし，株主1人1人が監査役と同じようなことをするのでは，対応の手間が膨大になるなどの欠点がある），取締役会は，代表取締役との間に密接な結び付きがあるため監督機能を十分に果たすことができないことがあるので，一定の会社については，株主総会で監査役を選任して（329），取締役の職務執行を監査させることとしている。もっとも，監査役は，違法行為差止請求（***5-8-1-1***(1)）を別とすれば，取締役の行為に直接影響を与える権限を有しておらず，取締役会や株主総会にその権限（たとえば，前者については代表取締役の解職，後者については取締役の解任）の発動を促すために報告等を行うことが中心となる。なお，株主の権利と監査役の権限とを比較すると，株主の権限行使は大きく制約されているが，業務監査権限を有する監査役が置かれていない会社（指名委員会等設置会社および監査等委員会設置会社を除く）では，株主の権利が強化されている（***5-2-8-3-3***）。

また，公開会社である大会社（指名委員会等設置会社および監査等委員会設置会社を除く）には監査役会を設け，かつ，常勤監査役を置くことを強制し，監査の実効性の確保を図っている（それ以外の取締役会設置会社も指名委員会等設置会社でも監査等委員会設置会社でもなければ監査役会を置くことができる）。

5-8-1　監査役

監査役会設置会社においては（***5-8-2***），会議体を構成する都合や監査の実効性を高めるため，監査役は3人以上（335 Ⅲ）で，常勤の監査役を定めなければならないが（390 Ⅲ），その他の会社では，監査役を設ける場合であっても，1人以上（ただし，定款で最低数を引き上げることができる）でよい。

5-8-1-1　監査役の権限

(1)　原　則

取締役の職務執行全般につき，監査権限を有するのが原則である[136)]。監査役は計算書類ならびに附属明細書（一定の会社ではさらに連結計算書類）および臨時計算書類を監査し（436・441 Ⅱ・444 Ⅳ），監査報告を作成するのみならず（437・442参照），取締役のその他の職務執行も監査する。そのため，監査役はいつでも取締役（会計参与設置会社ではさらに会計参与）ならびに支配人その他の使用人に対し事業の報告を求め，また，会社の業務・財産の状況を調査することができるとされ（381 Ⅱ），取締役は，会社に著しい損害を及ぼすおそれのある事実を発見したときは，直ちにそれを監査役（監査役会設置会社では監査役会）に報告しなければならない（357）[137]。また，会計参与および会計監査人は，その職務を行うに際して取締役の職務の執行に関し不正の行為または法令もしくは定款に違反する重大な事実があることを発見したときは，遅滞なく，これを監査役に報告しなければならないし（375 Ⅰ・397 Ⅰ），監査役は，その職務を行うため必要があるときは，会計監査人に対し，その監査に関する報告を求めることができる（397 Ⅱ）。さらに，取締役および会計参与ならびに使用人が会社の監査役に報告をするための体制その他の監査役への報告に関する体制，およびその報告をした者がその報告をしたことを理由として不利な取扱いを受けないことを確保するための体制の整備について，取締役の決定または取締役会の決議で定めなければならない（348 Ⅲ④・362 Ⅳ⑥，会社規 98 Ⅳ④イ⑤・100 Ⅲ④イ⑤）。以上に加えて，監査役には，子会社に対しても報告を要求し，その業務・財産を調査する権限が認められる（381 Ⅲ）。また，子会社の取締役，会計参与，監査役，執行役，業務を執行する社員，会社法 598 条 1 項の職務を行うべき者その他これらの者に相当する者および使用人またはこれらの者から報告を受けた者が会社の監査役に報告をするための体制，およびその報告をした者がその報告をしたことを理由として不利な取扱いを受けないことを確保するための体制の整備について，取締役の決定または取締役会の決議で定めなければならない（348 Ⅲ④・362 Ⅳ⑥，会社規 98 Ⅳ④ロ⑤・100 Ⅲ④ロ

136） これは，監査役について格別の資格を要しないとしながら，その権限を，専門的知識・能力が要求される会計監査に限定することは説得的ではなく，かえって，中小会社の実態に照らすと，そのような会社の監査役には，会計監査よりはむしろその他の業務監査の能力がある場合が多いと考えられること，公開会社以外の会社は，取締役会を設置しない限り，監査役の設置が義務付けられないところ，監査役を設置するという機関設計を会社が自ら選択するのであれば，業務監査を含めた取締役の職務執行全般を監査するのにふさわしい者を置くべきであるとも考えられることによる。

137） 業務監査権限を有する監査役を設置しない会社（指名委員会等設置会社および監査等委員会設置会社を除く）の取締役は，会社に著しい損害を及ぼすおそれのある事実を発見した場合には株主に報告しなければならない（357 Ⅰ）。

⑤))。なぜなら，子会社に対し，親会社は支配力を有し，子会社を用いた違法行為や会計操作が行われる可能性があるからである。

そして，監査役は取締役会において法令・定款違反または著しく不当な決議がなされるのを防ぐため，取締役会に出席し必要と認めるときは意見を述べる義務を負う（383 Ⅰ）。また，取締役または取締役会が適切に監督権限を行使できるようにするため，取締役が不正の行為をし，もしくは，そのような行為をするおそれがあると認めるとき，または法令・定款に違反する事実もしくは著しく不当な事実があると認めるときは，遅滞なく，その旨を取締役（取締役会設置会社では，取締役会）に報告する義務（382）を負っているとともに，取締役会（特別取締役による決議の特則〔***5-4-3-2***(2)〕が適用されるものを除く）の招集請求権および招集権も与えられている（383 Ⅱ Ⅲ Ⅳ）。また，取締役が株主総会に提出する議案，書類その他法務省令で定めるもの（電磁的記録その他の資料。会社規 106）を調査しなければならず，法令・定款違反または著しく不当な事項があると認めるときは，株主総会にその調査結果を報告しなければならない（384）[138)]。

さらに，取締役が会社の目的の範囲外の行為その他法令・定款に違反する行為をし，またはこれらの行為をするおそれがある場合であって，その行為によって会社に著しい損害が生ずるおそれがあるときは，その取締役に対し，その行為をやめることを請求することができる（385）。これは，監査役は，取締役会に出席し意見を述べることができ（383 Ⅰ），株主よりもはるかに取締役の行為を把握しうる立場にあり，また把握すべき義務を負うからである。そこで，取締役の違法行為を差し止める権限が定められている。株主による差止請求の場合と異なり，濫用のおそれは少ないし，差止請求することが義務なので，担保提供は命ぜられない。

以上に加えて，監査役には，監査の実をあげるため会社の組織に関する訴えの原告適格が認められている（828 Ⅱ・831）。また，会社と取締役（または取締役であったもの）との間の訴えについては，取締役間のなれあいのおそれがあるから監

138） 監査役の監査の範囲を会計に関するものに限定する旨の定款の定めがある会社を除き，監査役の監査報告に取締役の「職務の遂行に関し，不正の行為又は法令若しくは定款に違反する重大なる事実があったときは，その事実」を含めなければならない（会社規 129 Ⅰ③)。これは監査役会や監査等委員会の監査報告についても同じであり（会社規 130 Ⅱ②・130 の 2 Ⅰ②)，監査委員会の監査報告にも，取締役または執行役の「職務の遂行に関し，不正の行為又は法令若しくは定款に違反する重大なる事実があったときは，その事実」を含めなければならない（会社規 131 Ⅰ②)。

査役（業務監査権限を有する監査役を設置しない会社〔指名委員会等設置会社および監査等委員会設置会社を除く〕では取締役会または株主総会が定める者）が会社を代表する（386 Ⅰ）。監査役設置会社においては，株主が取締役・執行役あるいはそれらであったものの責任を追及する代表訴訟を提起するに先立って責任の追及等の訴え提起を請求する相手は，監査役である（386 Ⅱ①）。

もっとも，監査役の業務監査は適法性監査に限られるとするのが通説である。たしかに，監査役は，取締役（会計参与設置会社では，取締役および会計参与）の職務の執行を監査するとされ（381 Ⅰ），また取締役会に出席し，必要と認めるときは意見を述べる義務を負うものとされ（383），ともに制限は特に加えられていないようであるが，監査役に妥当性監査の権限を与えると，監査役の責任が重くなるし，監査役の意見と取締役会の意見が一致しないと，円滑な業務執行が妨げられるからである。しかも，妥当性を監査するには代替案の提出が必要であるが，そうなったら，監査役は経営者であって中立的な役割を果たしえないからである。たしかに，監査役は取締役が株主総会に提出しようとする議案および書類などに「著しく不当な事項」があるときは，総会にその意見を報告する義務があるが（384），このような場合には善管注意義務違反・忠実義務違反があるということができ[139]，適法性監査の問題であるともいえる（会社規124④ニかっこ書参照）。もっとも，会社法の下では，内部統制システム等についての取締役の決定（取締役会の決議）の内容および運用状況の相当性（会社規129 Ⅰ⑤）や会社の支配に関する基本方針・買収防衛策，および，会社とその親会社等との間の取引（会社と第三者との間の取引で会社とその親会社等との間の利益が相反するものを含む）であって，会社のその事業年度に係る個別注記表において会社計算規則112条に基づく注記を要するものについての意見（会社規129 Ⅰ⑥）を事業報告の監査報告に記載すべきこととされているし，責任があると判断したにもかかわらず，取締役の責任追及等の訴えを提起しない余地がありうること（会社規218③参照）からは，少なくとも一定の範囲内では妥当性についての監査権限が認められている（詳細は弥永・演習㉒）。

以上に加えて，会計監査人設置会社では，一時会計監査人の選任，一定の事由に基づく会計監査人の解任，会計監査人の選任・解任・不再任に関する議案の内

139)　著しく不当でなくとも，不当であれば，善管注意義務違反・忠実義務違反があるが，「著しく不当」というのは明白に不当な場合をいうと解すれば，監査役に過重な責任を負わせることにはならないであろう。

容の決定，会計監査人の報酬等の決定への同意，監査役の選任に関する議案への同意・提出請求および議題追加請求が監査役の権限とされている。

⑵　公開会社以外の会社の例外

適切な人材が得られない場合がありうることから，公開会社以外の会社（監査役会または会計監査人を置く会社を除く）[140] は，定款の定めにより，その会社における監査役の監査の範囲を会計事項に限定することができる（389 Ⅰ）[141]。このような監査役は計算書類ならびに附属明細書および臨時計算書類を監査し（436・441 Ⅱ），監査報告を作成する（437・442 参照）。

5-8-1-2　監査役の独立性の担保

身分的独立性を担保するという観点から，監査役は，会社もしくはその子会社の取締役もしくは支配人その他の使用人または子会社の会計参与（会計参与が法人であるときは，その職務を行うべき社員）もしくは執行役を兼ねることができない（335 Ⅱ）（平成元年重判 102〔弥永〕参照。また，弁護士として訴訟代理することの可否について最判昭和 61・2・18〈74 事件〉）[142]。この兼任禁止には，監査役の代表取締役などからの独立性を担保するのみならず，自己監査を防止するという趣旨もある [143]。また，***5-8-2*** でみるように，監査役会を設置する会社においては，監査役のうち半数以上は社外監査役（2⑯）でなければならない（335 Ⅲ）。

また，監査役の独立性の担保と監査の実効性の確保のため，監査役の任期は法定され（336）（***5-3-4***⑴），定款の定めなどにより短縮することは認められていな

140）　監査役会をわざわざ置く以上は監査役に業務監査権限を与えることがふさわしいからである。また，会計監査人設置会社に，必ずしも会計の専門的知識や経験を有しない会計監査権限のみを有する監査役を置くことには意義が乏しいし，監査役が会計監査人の監査の方法および結果の相当性を判断するためには業務一般の監査を行うことが必要であると考えられるからである。

141）　このような会社における株主の監督是正権については，***5-2-8-3-3*** 参照。

142）　会社または子会社の取締役・支配人その他の使用人など兼任を禁止される地位についている者が監査役に選任され，就任を承諾した場合には，兼任を禁止されている従前の地位を辞任したと解するのが判例（最判平成元・9・19 判時 1354 号 149）・通説である。

143）　もっとも，監査対象期間の途中まで取締役であった者が監査役に選任された場合（横すべり監査役）には，監査役としては未就任期間中の自己の取締役としての行為を監査することになるが，335 条 2 項は会社または子会社の取締役・支配人その他の使用人を監査役に選任することを禁止しておらず，336 条は監査役の任期と監査対象期間との一致を要求していないことから，335 条 2 項には抵触しないとするのが判例（東京高判昭和 61・6・26 判タ 621 号 179，最判昭和 62・4・21 商事法務 1110 号 79）・多数説である。

い。

さらに，独立性の担保のため，解任決議は特別決議により行わなければならないものとされ（309 Ⅱ⑦），監査役の選任・解任・辞任の場合の監査役の意見陳述権（345 Ⅰ～Ⅳ），監査役選任議案の提出についての監査役（会）の同意，監査役選任を議題とすることおよび議案提出についての監査役（会）の請求権（343）などが定められている。すなわち，取締役は，監査役の選任に関する議案を株主総会に提出するには，監査役（監査役が2人以上ある場合には，その過半数）の同意を，監査役会設置会社においては監査役会の同意を，それぞれ，得なければならない（343 Ⅰ Ⅲ）。また，監査役（監査役会設置会社では監査役会）は，取締役に対し，監査役の選任を株主総会の目的とすることまたは監査役の選任に関する議案を株主総会に提出することを請求することができる（343 Ⅱ Ⅲ）。

以上に加えて，監査役の経済的独立性を報酬等の面で確保するために，監査役の報酬等は定款または株主総会の決議で定めなければならないものとされ（387 Ⅰ），監査役が2人以上ある場合に，各監査役の報酬等について定款の定めまたは株主総会の決議がないときは，その報酬等は，定款または株主総会の決議で定めた報酬等の範囲内で，監査役の協議によって定める（387 Ⅱ）。また，監査役の報酬の議案は，通常，取締役（会）によって株主総会に提案されるため，その議案の提出を通じて，取締役（会）の支配が及ぶ可能性がある。そこで，監査役は，監査役の報酬について総会で意見を述べることができる（387 Ⅲ）。さらに，監査役は，事前または事後に会社に対し，監査費用の支払等を請求することができる（330，民 649・650）[144]。しかし，民法の一般原則に従うと，監査役の側で，その費用が監査のために必要であることを立証しなければならず，このために監査役の監査活動が制約を受ける可能性がある。そこで，監査役がその職務の執行について会社に対して費用の前払の請求，支出した費用ならびに支出日以後におけるその利息の償還の請求および負担した債務の債権者に対する弁済（その債務が弁済期にない場合には，相当の担保の提供）の請求をしたときは，会社は，その請求に係る費用または債務がその監査役の職務の執行に必要でないことを証明した場合を除き，これを拒むことができないものとされている（388）。しかも，監査役の職務の執行について生ずる費用の前払または償還の手続その他の当該職務の執行について生ずる費用または債務の処理に係る方針に関する事項については取締役が

144）監査役は，たとえば，補助者を雇用して，その給与等を監査費用として会社に請求することができる。弥永・法時 64 巻 7 号 36–37 参照。

決定し，または取締役会が決議しなければならず（348 Ⅲ④・362 Ⅳ⑥・会社規 98 Ⅳ⑥・100 Ⅲ⑥），この決議の内容の概要は事業報告の内容とされ（会社規 118②），また，相当でないと認めるときは，その旨およびその理由が監査役・監査役会の監査報告の内容とされる（会社規 129 Ⅰ⑤・130 Ⅱ②）。

5-8-2　監査役会

(1)　監査役会の権限

大会社（公開会社以外の会社を除く）については，指名委員会等設置会社または監査等委員会設置会社を除き，社外監査役の存在を背景とし，また，大規模会社においては複数の監査役の間で調査の分担を行うことが合理的であり[145]，監査の実効性を高めることになると期待されることなどから，情報交換を行い，適切な監査意見を形成する場として，監査役全員から組織される監査役会の設置が義務付けられる（328 Ⅰ）。また，それ以外の会社であっても，取締役会設置会社（指名委員会等設置会社および監査等委員会設置会社を除く）は定款の定めによって監査役会を設置することができる（326 Ⅱ・327 Ⅰ②）。監査役会設置会社では，監査役は 3 人以上で，その半数以上は社外監査役（本章注 3）でなければならず（335 Ⅲ），1 人以上の常勤監査役[146]を選定しなければならない（390 Ⅲ）。

監査役会の職務は，監査報告の作成[147]，常勤の監査役の選定・解職，監査の

145)　監査役の決議により職務分担を定めた場合には，それが合理的である限り，各監査役は，自己の分担以外の部分については注意義務が軽減される。すなわち，合理的な職務分担が定められている場合においても，他の監査役の監査結果の相当性に疑念があるときまたはさらに調査を要すると判断するときには他の監査役の監査結果に依拠してはならないが，善良な管理者としての注意義務をもって，他の監査役の調査結果を相当であると判断したときには，その結果に基づいて自己の監査の結果を表明してよい（東京地判平成 25・10・15〔平成 21 年（ワ）第 24606 号〕も参照。前田・商事法務 1315 号 47）。

146)　常勤監査役とは，会社の営業時間中，原則として，その会社の監査役としての職務を行う者をいう。したがって，他に常勤の職を有しないのが原則であるが，たとえば，親会社と子会社等とが同じ建物の中に本店・支店を有し，子会社等の業種・業態に照らして，その常勤監査役として職務を行うためにはさほどの時間を要しない場合には，親会社の常勤監査役と子会社等の常勤監査役とを兼任することは許されると解すべきではなかろうか（弥永・経理情報 1029 号 36–37）。なお，河本 524 参照。

147)　監査役の独任制および利害関係者への情報提供という観点から，監査役会の監査報告には各監査役の意見（少数意見）を記載することができるものとされており（会社規 130 Ⅱ，計規 123 Ⅱ・128 Ⅱ），監査委員会の場合にも各監査委員は監査委員会の監査報告に意見を付記することができる（会社規 131 Ⅰ，計規 129 Ⅰ）。たしかに，機関たる監査委員会が監

方針，監査役会設置会社の業務および財産の状況の調査の方法その他の監査役の職務の執行に関する事項の決定である（390 Ⅱ本文）。もっとも，監査役の権限の行使を妨げることはできない（390 Ⅱ柱書但書）。ただし，監査役は，監査役会の求めがあるときは，いつでもその職務の執行の状況を監査役会に報告しなければならない（390 Ⅳ）。

また，監査役会は，取締役から，会社に著しい損害を及ぼすおそれのある事実の報告を（357），会計参与および会計監査人から，職務を行うに際して発見した取締役の職務の執行に関し不正の行為または法令もしくは定款に違反する重大な事実の報告を（375 Ⅰ Ⅱ・397 Ⅰ Ⅲ），それぞれ受ける。さらに，一時会計監査人の選任，一定の事由に基づく会計監査人の解任，会計監査人の選任・解任・不再任に関する議案の内容の決定，会計監査人の報酬等の決定への同意，監査役の選任に関する議案への同意・提出請求および議題追加請求は監査役会設置会社においては，監査役会の権限とされている。

(2)　監査役会の運営

招集手続および議事録については取締役会に関する規定と同様の規定が設けられているが，常に各監査役が監査役会の招集権を有する点では異なる（391）（***5-4-3***）。また，決議要件は監査役の過半数である（393 Ⅰ）。

査報告を作成することとされ，その作成は監査委員の全員一致ではなく監査委員会における多数決により行うこととされていることから，各監査委員の意見を記載しても法的な意味を有しないものと整理するのが理論的には美しい。それにもかかわらず，付記を認めるのは，反対した監査委員が監査委員会の議事録に異議をとどめることによって，免責されるのであれば，株主等にとっての情報提供の観点から，監査報告にも記載させるべきだからである。また，会社法462条の下では，分配可能額を超えてなされた自己株式の取得については，株主（譲渡人）の善意悪意を問わず，株主は会社に支払義務を負うこととなり，また，会社債権者からの直接請求を受けることになるが（463 Ⅱ），そのようなリスクを減少させる，あるいは，リスクの存在を株主が認識できるようにするためには，監査委員の個別意見を，それが存在する場合には，記載することを要求すべきだからである。さらに，計算書類の確定あるいは剰余金の配当等の決定を取締役会限りで行えるとすることとの関連では，指名委員会等設置会社であるか否かを問わず，慎重さが求められる程度に差はないものと思われ，監査委員全員一致の場合のみ，取締役会限りで確定できるものとすることが首尾一貫するからである。これは監査等委員の意見の付記（会社規130の2 Ⅰ・計規128の2 Ⅰ）についても同じである。

5-9 指名委員会等

5-9-1 指名委員会等と委員の選定

指名委員会等設置会社には，指名委員会，報酬委員会および監査委員会を置かなければならない（2⑫）。指名委員会，報酬委員会および監査委員会は，それぞれ3人以上の委員（各委員会につき，その過半数は，社外取締役でなければならない）によって組織されるが（400 I III），各委員会を組織する委員は，取締役の中から，取締役会の決議により選定され（400 II），解職される（401 I）。400条1項の員数（3人）または定款に定める（4人以上の）員数を欠いた場合には，任期の満了または辞任によって退任した委員は後任者が選任されるまで委員としての権利義務を有し，必要があると認められるときは，裁判所が利害関係人の申立てにより一時委員を選任する（401 II～IV）。

5-9-2 取締役会と指名委員会等との関係

委員会がその委員の中から選定した者は，その委員会の職務の執行の状況を，取締役会に，遅滞なく報告しなければならない（417 III）。取締役会と各委員会との間に緊密な連携を確保するためである。また，取締役は，委員会の議事録について，その議事録に係る委員会を組織する取締役でない場合であっても，それぞれ，①その議事録が書面で作られているときは，その書面の閲覧または謄写を，②その議事録が電磁的記録で作られているときは，その電磁的記録に記録された情報の内容を法務省令（会社規226㉖）で定める方法により表示したものの閲覧または謄写を，それぞれ，することができる（413 II）。

したがって，各委員会は取締役会の内部機関としての性質を有すると考えられ，取締役会を招集すべき取締役が定められている場合であっても（366 I但書），委員会がその委員の中から選定した者には取締役会招集権が与えられているのは（417 I），各委員会と取締役会との間に緊密な連携を保つことが期待されていることの表れであり，各委員会が取締役会の内部機関としての性質を有することを示していると考えられる。

もっとも，各委員会は取締役会の単なる内部機関ではなく，取締役会から独立した権限を有する機関である。すなわち，各委員会の決定は取締役会の決定を待つことなく，会社の機関の決定として扱われるという点で，取締役会と並んで機関性が認められている（平成17年改正前商法特例法21の5 Ⅰ参照）。具体的には，指名委員会は，株主総会に提出する取締役（会計参与設置会社では，取締役および会計参与）の選任および解任に関する議案の内容の決定権限を有しており（404 Ⅰ），それについてさらに取締役会の承認を必要とするということはない。同様に，監査委員会は，株主総会に提出する会計監査人の選任・解任・不再任に関する議案の内容の決定権限を有している（404 Ⅱ②）。しかも，報酬委員会は，取締役および執行役（会計参与設置会社では，さらに会計参与）が受ける個人別の報酬等の内容の決定権限を有しており（404 Ⅲ），報酬等の決定には取締役会の承認や決議を必要としない。

5-9-3　指名委員会等の運営と委員の費用

指名委員会等の運営については取締役会に関する規律と共通する多くの規定が設けられているが若干異なる点もある。まず，委員会は各委員が招集することができ（411 Ⅰ），特定の委員のみを招集権者とすることはできない。他方，招集通知を発すべき時期，招集手続の省略（411 Ⅱ），決議方法（定足数と決議要件，特別利害関係人の排除）（412），議事録（413）については，取締役会に関する規定と同様の規定が設けられているが，定款ではなく取締役会の決議によって招集通知を発した日から会日までの期間の短縮，定足数または決議要件の加重を定めることができる。

取締役，執行役または会計参与は，委員会の要求があったときは，その委員会に出席し，委員会の求めた事項について説明をしなければならない（411 Ⅲ）。これは，各委員会がその権限を行使するためには，取締役・執行役の説明を求める必要が生ずると予想されるからである。

また，委員がその職務の執行（その委員が所属する委員会の職務の執行に関するものに限る）について，会社に対して，①費用の前払い，②支出をした費用の償還および支出日以後における利息の償還，③負担した債務の債権者に対する弁済（その債務が弁済期にないときは相当の担保の提供）の請求をしたときは，会社は，その請求に係る費用または債務がその委員の職務の執行に必要でないことを証明した場合でなければ，これを拒むことができない（404 Ⅳ）。これは，監査役設置会社における監査役の費用等の請求（388）や会計参与の費用等の請求（380）に対応するものである。委員である取締役が，委員会の活動に必要な費用の償還請求等を求めることができることは，取締役と会社との間の関係は委任に関する規定に従うものとされ（330），受任者には費用償還請求権等が認められていることから当然のことであるが（民649・650），活動に必要な費用であることを取締役が立証する必要がなく，会社の側で不要であることを立証しなければならないとする点で意義を有する。すなわち，費用の償還請求等を容易にすることによって，資金不足のために委員会の権限の行使が適切に行えないという事態を防止しようとするものである。とりわけ，監査委員の職務の執行（監査委員会の職務の執行に関するものに限る）について生ずる費用の前払または償還の手続その他の当該職務の執行について生ずる費用または債務の処理に係る方針に関する事項について取締役会は決議しなければならず（416 Ⅰ①ロ，会社規112 Ⅰ⑥），この決議の内容の概要は事業報告の内容とされ（会社規118②），また，相当でないと認めるときは，その旨およびその理由が監査委員会の監査報告の内容とされる（会社規131 Ⅰ②・129 Ⅰ⑤）。

5-9-4 指名委員会

指名委員会は，株主総会に提出する取締役（会計参与設置会社では，取締役および会計参与）の選任および解任に関する議案の内容を決定する，指名委員会等設置会社の必要的機関である（404 Ⅰ）。

5-9-5 報酬委員会

報酬委員会は，執行役および取締役（会計参与設置会社では，執行役，取締役および会計参与）の個人別の報酬等の内容を決定する，指名委員会等設置会社の必要的機関である（404 Ⅲ）。詳細については，***5-3-6-1***(3)参照。

5-9-6 監査委員会

監査委員会は，取締役・会計参与および執行役の職務の執行を監査し，監査報告を作成し，株主総会に提出する会計監査人の選任・解任・不再任に関する議案の内容を決定する，指名委員会等設置会社の必要的機関である（404 Ⅱ）。

他の２つの委員会と同様，監査委員会を組織する委員（監査委員）の過半数は，社外取締役でなければならなければならないほか（400 Ⅲ），監査委員は指名委員会等設置会社もしくはその子会社の執行役もしくは業務執行取締役または子会社の会計参与（会計参与が法人であるときは，その職務を行うべき社員）もしくは支配人その他の使用人を兼ねることができない（400 Ⅳ）。監査委員会の重要な任務の１

つは取締役および執行役の職務の執行を監査することであるが，執行役や執行役の指揮命令に服する者（たとえば使用人）が監査委員会を組織することになると，監査する者と監査される者が同一になったり（自己監査），指揮命令に服する者が指揮命令権者を監査するという矛盾が生ずるからである。これは，監査役設置会社における監査役の兼任禁止と同じ趣旨であるが，子会社の業務執行取締役でない取締役を兼ねることができる点で異なる。

常勤の監査委員を選定することは要求されていないが，公開会社の事業報告には常勤の監査委員の選定の有無およびその理由を記載しなければならない（会社規121⑩ロ）。

5-9-6-1　監査委員会・監査委員の権限

5-9-6-1-1　監査委員会・監査委員の監査権限

(1)　監査委員会が指名する監査委員の報告の徴収または調査権限

監査委員会が選定する監査委員は，いつでも，他の取締役，執行役および支配人その他の使用人に対してその職務の執行に関する事項の報告を求め，または指名委員会等設置会社の業務および財産の状況を調査することができる（405 Ⅰ）。また，監査委員会の職務を執行するために必要があるときは，子会社に対して事業の報告を求め，または子会社の業務および財産の状況を調査することができる。ただし，子会社は正当な理由がある場合には報告または調査を拒むことができる（405 Ⅱ Ⅲ）。

なお，報告の徴収または調査に関する事項についての監査委員会の決議があるときは，この決議に従わなければならない（405 Ⅳ）（*5-8-2*(1)と対照）。

(2)　監査委員の報告義務・差止請求権

監査委員は，執行役・取締役が不正の行為をし，もしくはそのような行為をするおそれがあると認めるとき，または法令・定款に違反する事実もしくは著しく不当な事実があると認めるときは，遅滞なく，その旨を取締役会に報告しなければならない（406）。これは，取締役会が適切に監督権限を行使できるようにするためである。また，監査委員は，執行役・取締役が会社の目的の範囲外の行為その他法令・定款に違反する行為をし，またはこれらの行為をするおそれがある場合に，その行為によって会社に著しい損害が生ずるおそれがあるときは，その執行役・取締役に対し，その行為をやめることを請求することができる（407 Ⅰ）。濫用のおそれは少ないし，差し止めることが義務なので，裁判所に差止めの訴えを提起し，または差止めの仮処分を申し立てる場合にも担保提供は命ぜられない

（407 Ⅱ）。

⑶　会社と取締役・執行役との間の訴訟において会社を代表する者

指名委員会等設置会社と執行役（執行役であった者を含む）・取締役（取締役であった者を含む）との間の訴訟については，監査委員がその訴えに係る訴訟の当事者である場合には，監査委員が会社を代表することは適当ではないから，取締役会が定める者（株主総会がその訴えについて指名委員会等設置会社を代表する者を定めた場合には，その者）が，それ以外の場合には，監査委員会が選定する監査委員が，それぞれ，指名委員会等設置会社を代表する（408 Ⅰ）。

もっとも，取締役・執行役が指名委員会等設置会社に対し訴えを提起する場合においては，監査委員（その訴えを提起するものを除く）に対してされた訴状の送達は，その指名委員会等設置会社に対して効力を有する（408 Ⅱ）。また，責任追及等の訴えに関して会社を代表して提訴請求を受けるのは，原則として代表執行役であるが，執行役・取締役の責任を追及する訴えの提起の請求（その監査委員がその訴えに係る訴訟の相手方となる場合を除く），および，執行役・取締役の責任を追及する訴えの訴訟告知および執行役・取締役の責任を追及する訴えに係る訴訟における和解に関する通知および催告（その監査委員がこれらの訴えに係る訴訟の当事者である場合を除く）は，監査委員が受けるものとされている（408 Ⅴ）。

⑷　監査委員会と監査委員との間の権限分配

取締役・執行役が法令・定款違反行為をし，またはそれをするおそれがあると認める場合に取締役会に対して報告をする権限および取締役・執行役の違法行為等の差止請求権が個々の監査委員の権限とされている。他方，取締役等に対する報告徴収権または会社の業務財産調査権および子会社に対する報告請求権・調査権は監査委員であって監査委員会が指名した者に属するものとされている。これは，指名委員会等設置会社においては，監査委員会が一体となって組織的に監査を行うことが目指されており（監査役の場合は個々の監査役が権限を行使できる〔独任制。***5-8-1-1*** ⑴〕のと対照的である），取締役会に対する報告権（義務でもある）と違法行為差止請求権という権限行使が迅速になされることが期待される権限以外は監査委員会に属させることが適当であると考えられたからである。

また，原則として，監査委員会が指名する監査委員が取締役との間の訴訟および代表訴訟について会社を代表するものとされているのは，指名委員会等設置会社においては，監査委員会による組織的かつ一体的な監査の実現に重点が置かれており，緊急性を要するもの以外は個々の監査委員の権限とはしないからである。

そして，訴えの提起については一刻を争うようなものとは通常は考えられず，監査委員会の決議に基づいてなさせることで十分であると考えられるからである。

(5)　監査委員会の業務監査権限の範囲

取締役会の監督権限は取締役の職務執行の妥当性にも及ぶと解されてきたこと，監査委員会は取締役会の内部機関としての性質を有し，監査委員会による監査と取締役会による監督の間の齟齬を問題とすべきではないと考えられること，とりわけ，監査委員会を構成する取締役は執行役などであってはならず，社外取締役が過半数を占めるべきであるとして，監査（監督）と執行とを分離する方向が示されており，監査委員会の監査結果が取締役会の監督において尊重されることを想定していること，監査委員会を構成する者（監査委員）は取締役であるから，監査委員も取締役として会社の業務執行の妥当性についてもチェックする義務を負っていると考えられることなどから，監査委員会の監査権限は取締役・執行役の職務執行の妥当性にも及ぶと解すべきであろう。

5-9-6-1-2　会計監査人の選任等に関する議案の内容の決定権・報酬の同意権

監査委員会が会計監査人の選任・解任・不再任に関する議案の内容を決定する(404 Ⅱ②)。また，一定の場合には，会計監査人を解任することができる（340）(***5-11***参照)。これは，業務執行を行う者からの独立性がより高いと考えられる監査委員会に議案の内容を決定させることによって，会計監査人の独立性を確保しようとするものであると考えられるが，監査委員会による会計監査と会計監査人による会計監査との間には密接な関係が認められるからであるとも説明できる。また，会計監査人の経済的独立性を担保するという観点から，監査委員会には，会計監査人（または一時会計監査人）の報酬決定に対する同意権が与えられている(399 Ⅳ Ⅰ)。

5-10　監査等委員会

監査等委員会設置会社では，監査役（会）は設けられず（327 Ⅳ），取締役３人

表 5-7　監査役・監査等委員会・監査委員会の比較

	監査役会	監査等委員会	監査委員会
構成	３人以上の監査役	３人以上の監査等委員である取締役	３人以上の取締役（監査委員）
社外性	半数以上は社外監査役	過半数は社外取締役	
常勤者	１人以上の常勤監査役	要求なし	

表 5–8 監査役・監査等委員である取締役・監査委員の比較

	監査役	監査等委員である取締役	監査委員
選任・選定	株主総会で取締役と区別して選任	株主総会で監査等委員ではない取締役と区別して選任（329 Ⅱ）	株主総会で選任された取締役の中から取締役会で選定
解任・解職	株主総会の特別決議（309 Ⅱ⑦・344 の 2 Ⅲ）		監査委員からの解職は取締役会の決議／取締役からの解任は株主総会の普通決議（定款の定めにより加重できる）
株主総会へ提出する選任・解任議案の内容の決定	取締役会が取締役（監査等委員である取締役とそれ以外の取締役の両方）・監査役の選任・解任議案の内容を決定		社外取締役が過半数を占める指名委員会が取締役の選任・解任議案の内容を決定
株主総会への議案の提出についての同意等	監査役会の同意が必要／監査役会は監査役の選任について議題追加請求・議案提出要求可	監査等委員会の同意が必要／監査等委員会は監査等委員の選任について議題追加請求・議案提出要求可（344 の 2 Ⅰ Ⅱ）	なし
選任・解任についての株主総会における意見陳述権	あり（監査役について）	監査等委員（監査等委員である取締役について）／監査等委員会が選定する監査等委員（監査等委員以外の取締役について）（342 の 2 Ⅰ Ⅳ）	なし
任期	4 年（短縮不可）	2 年（短縮不可）（332 Ⅳ Ⅰ 本文）	1 年
報酬	取締役のそれとは区別して，定款の定めまたは株主総会の決議で定める（最高限度額または総額でよい）	監査等委員ではない取締役のそれとは区別して，定款の定めまたは株主総会の決議で定める（最高限度額または総額でよい）（361 Ⅰ Ⅱ）	社外取締役が過半数を占める報酬委員会が個人別の報酬を決定
報酬についての株主総会における意見陳述権	あり（監査役について）	監査等委員（監査等委員である取締役について）／監査等委員会が選定する監査等委員（監査等委員以外の取締役について）（361 Ⅴ Ⅵ）	なし
業務・財産の調査／報告請求など（子会社に対するものを含む）	独任制	独任制ではない（監査等委員会が選定する監査等委員／監査委員会が選定する監査委員が権限を有する）	
取締役会の招集請求・招集	個々の監査役	監査等委員会が選定する監査等委員が招集権を有する／その他の監査等委員も取締役として招集請求・招集権を有する	監査委員会が選定する監査委員が招集権を有する／その他の監査委員も取締役として招集請求・招集権を有する
取締役会に対する報告義務	個々の監査役・監査等委員・監査委員ができる		
違法行為差止め			

以上から成る監査等委員会が機関として設けられるが，その構成員である監査等委員の過半数は社外取締役でなければならない（331 Ⅵ）。常勤の監査等委員を選定することは要求されていないが，公開会社の事業報告には常勤の監査等委員の選定の有無およびその理由を記載しなければならない（会社規 121 ⑩イ）。

監査等委員会の権限は指名委員会等設置会社の監査委員会の権限（***5-9-6-1*** 参照）と，監査等委員の権限は指名委員会等設置会社の監査委員の権限（***5-9-6-1*** 参照）と，それぞれ多くの点において，同じであるが（399 の 2 Ⅲ②・399 の 3〜399 の 7），監査等委員会が選定する監査等委員は，株主総会において，監査等委員である取締役以外の取締役の選任，解任もしくは辞任または報酬について，監査等委員会の意見を述べることができる（399 の 2 Ⅲ③・342 の 2 Ⅳ・361 Ⅵ）。

監査等委員会の運営と監査等委員の費用については，執行役が存在しないことによる違いを除けば，指名委員会等設置会社の委員会のそれら（***5-9-3***）とパラレルに定められている（399 の 8〜399 の 12・399 の 2 Ⅳ・399 の 13 Ⅰ①ロ，会社規 110 の 4 Ⅰ⑥・118 ②・130 の 2 Ⅰ②・129 Ⅰ⑤）。

5-11 会計監査人

会計監査人は，株式会社の計算書類およびその附属明細書，臨時計算書類ならびに連結計算書類を監査し，法務省令（計規 126・130）で定めるところにより，会計監査報告を作成する（396 Ⅰ）。

大会社，指名委員会等設置会社または監査等委員会設置会社は会計監査人を選任しなければならず（328・327 Ⅴ），それ以外の会社であっても，監査役（会）設置会社[148] は会計監査人を置くことができる（327 Ⅲ）[149]。これは，株主および会

148） これは，平成 17 年廃止前商法特例法の下での会計監査人監査制度が，業務監査権限を有する監査役による監査と連携する形で制度設計されており，会計監査人の選解任等における監査役の関与はもちろん，監査手続に関しても，会計に関しては，一次的には会計監査人が外部の専門家としてチェックをし，二次的に監査役がレビューするという仕組みとなっていたことをふまえたものである。

149） 会計監査人を置いた会社は，会計監査人を設置した旨およびその会計監査人の氏名・名称を登記しなければならない（911 Ⅲ⑲）。計算書類について会計の専門家である会計監査人によるチェックがなされているかどうかは，債権者等の利害関係人にとって重要な関心事であると考えられるし，会社にも，資金調達の円滑化を図る等の目的から，会計監査人を置いていることを積極的に利害関係人に開示したいというニーズがあるからである。

社債権者にとっては適切な意思決定のために，取締役（とりわけ社外取締役）・監査役にとっては適切な職務遂行のために，信頼できる会計情報が必要だからである（***9-1*** 参照）。

会計監査人は，公認会計士または監査法人でなければならない（337 Ⅰ）（欠格事由については，***5-3-2-3*** 参照）。代表取締役などからの会計監査人の独立性を確保するために会計監査人の選任・解任・不再任・報酬等（詳細については，***5-3-3-1***(1), ***5-3-5-2***(1)(3)(5), ***5-3-6-2*** 参照）については監査役（会），監査委員会または監査等委員会の関与が要求されている（***5-8-1-1***(1), ***5-8-2***(1), ***5-9-6-1-2***）。また，株主総会における選任・不再任・解任または辞任についての意見陳述権が認められている（345 Ⅴ Ⅰ Ⅱ）。

会計監査人には，監査を行うにあたり必要な権限が与えられており，会計に関するものに限られるが，監査役とほぼ同様である。すなわち，会計帳簿・資料の閲覧・謄写権，取締役および支配人その他の使用人に対して会計に関する報告を求める権限（396 Ⅱ），会社の業務・財産の状況の調査権，子会社に対する，会計に関する報告の徴収および業務・財産状況調査権が与えられている（396 Ⅲ）。会計監査人は会計監査を行うことを職務とするが，監査役，監査役会，監査委員会および監査等委員会も会計監査を行うことから，監査役，監査委員会が選定した監査委員または監査等委員会が選定した監査等委員に会計監査人との調整のための権能が与えられている。監査役，監査委員会が選定した監査委員または監査等委員会が選定した監査等委員は会計監査人の会計監査報告について説明を求めたり，その監査に関する報告を求めることができ（397 Ⅱ Ⅲ Ⅳ Ⅴ），また会計監査人は，その職務を行うに際して取締役・執行役の職務の執行に関し不正の行為または法令・定款に違反する重大な事実があることを発見したときは，遅滞なく，これを監査役（会）（指名委員会等設置会社では監査委員会，監査等委員会設置会社では監査等委員会）に報告しなければならない（397 Ⅰ Ⅲ Ⅳ Ⅴ）。さらに，計算関係書類が法令または定款に適合するかどうかについて会計監査人と監査役（会），監査委員会または監査等委員会の意見が異なるときは，会計監査人は定時株主総会に出席して意見を述べる権利を有するが（398 Ⅰ Ⅲ Ⅳ Ⅴ），他方，定時株主総会において会計監査人の出席を求める決議があったときは，会計監査人は出席して意見を述べる義務を負う（398 Ⅱ）。

5-12 役員，執行役および会計監査人の責任

5-12-1 会社に対する責任

役員，執行役および会計監査人[150]は，債務不履行に基づく損害賠償責任（民415）を会社に対して負うことがあるほか，一定の場合に，会社に対して損害賠償責任または支払義務を会社法上負うものとされている[151]。

5-12-1-1 任務懈怠責任

役員，執行役および会計監査人は，任務懈怠により会社に損害を与えた場合には，損害賠償責任を会社に対して負う（423）[152]。役員，執行役および会計監査人と会社の関係は委任に関する規定に従うから，役員，執行役および会計監査人が任務懈怠によって会社に損害を与えると，債務不履行責任を負うが（民415），民法の規律のみでは，会社の利益保護のために必ずしも十分ではない場合がありうるので，423条の責任が定められている。

5-12-1-1-1 取締役・執行役の任務懈怠

取締役・執行役は会社に対し善良な管理者としての注意義務を負い（330・402

150） 責任を負う取締役・執行役の意義については，*5-12-4-6*，特に本章注185を参照。

151） 過失相殺の主張が認められるかどうかについて，学説は，他の取締役の過失を理由として認めると連帯責任と矛盾するし，使用人の過失を理由として認めると取締役が内部統制体制を整備する任務を負っていることと矛盾する（そもそも，内部統制体制を適切に構築・運用すれば取締役に過失がない）として否定的であるが（近藤・私法判例リマークス1992年下118など），下級審裁判例の中には，事案の特殊性に注目したものと推測されるが（いずれも代表訴訟ではなく，他の取締役あるいは実質的支配者が会社と密接な関係を有していたようである），過失相殺の法理を類推して損害賠償額を減額したものがある（東京地判平成2・9・28判時1386号141，福岡地判平成8・1・30判タ944号247，横浜地判平成10・7・31判タ1014号253）。最判平成12・7・7〈49事件〉の河合判事の補足意見も「たとえば……会社の歴代の経営者がしてきたことを継承するものであるとか，会社の組織や管理体制に牢固たる欠陥があるなど，いわば会社の体質にも起因するところがある場合には，損害賠償制度の根本理念である公平の原則，あるいは債権法を支配する信義則に照らし，右規定を類推適用することが許されてよい」としている。

152） 善管注意義務・忠実義務を定める規定，および，これらを具体化して取締役がその職務遂行に際して遵守すべき義務を個別的に定める規定に違反する場合はもちろん，取締役がそれ以外の「会社を名あて人とし，会社がその業務を行うに際して遵守すべきすべての規定」に違反する場合も任務懈怠にあたるとするのが判例（前掲最判平成12・7・7参照）の立場である。

Ⅲ，民644)，また法令・定款・株主総会の決議を遵守し，会社のために忠実にその職務を行う義務（忠実義務）を負う（355・419Ⅱ）[153]。この注意義務等に違反し，任務を怠ることが任務懈怠である。そして，「法令」[154]に違反することは任務懈怠と解される。

(1)　経営上の判断と注意義務違反

会社の経営には，本来リスクがつきまとう。そして，取締役が業務執行のための経営判断を行うにあたって，将来の経済環境を完全には予測できず，その判断が結果として誤っている場合は必ずしも少なくない。しかし，取締役が会社の業務執行にあたって行った経営判断が結果として会社あるいは第三者に損害を生じさせたとしても，業務執行が合理的な手続に従い誠実に行われた場合は，事後的な判断によって，取締役に注意義務違反があったとして，その責任を問うべきでないと考えられ（福岡高判昭和55・10・8高民集33巻4号341)，また，「取締役の業務についての善管注意義務違反又は忠実義務違反の有無の判断に当たっては，取締役によって当該行為がなされた当時における会社の状況及び会社を取り巻く社

153)　東京高判平成25・4・17判時2190号96は「株式会社は，会社の企業価値を向上させて，会社の利益ひいては企業所有者たる株主の共同の利益を図る仕組みの営利企業であり，取締役及び監査役の会社に対する善管注意義務は，会社，ひいては，株主の共同の利益を図ることを目的とするものと解される」としたうえで，マネジメント・バイアウト（MBO）において，「株主は，取締役（及びこれを支援するファンド）が企業価値を適正に反映した公正な買収価格で会社を買収し，MBOに際して実現される価値を含めて適正な企業価値の分配を受けることについて，共同の利益を有するものと解されるから，取締役が企業価値を適正に反映しない安価な買収価格でMBOを行い，旧株主に帰属すべき企業価値を取得することは，善管注意義務に反する」とし，「取締役及び監査役は，善管注意義務の一環として，MBOに際し，公正な企業価値の移転を図らなければならない義務」（公正価値移転義務）を負い，「MBOを行うこと自体が合理的な経営判断に基づいている場合」「でも，企業価値を適正に反映しない買収価格により株主間の公正な企業価値の移転が損なわれたときは，取締役及び監査役に善管注意義務違反が認められる余地がある」とした（また，この判決は，取締役は個別の事案において生じる義務または情報開示を行うときにその情報開示を適正に行うべき義務〔適正情報開示義務〕を負うとし，たとえば，公開買付けに対する「賛同意見表明において，株主の判断のために重要な事項について虚偽の事実を公表したり，又は公表すべき重要な事項若しくは誤解を生じさせないために必要な重要な事実の公表をしなかった場合には，善管注意義務違反の問題が生じる」とした)。また，神戸地判平成26・10・16金判1456号15も参照。

154)　注152参照。しかし，会社財産の健全性を確保することを直接または間接に目的とする法令違反に限って，法令違反が直ちに任務懈怠となると解すべきであろう。それ以外の法令違反は善管注意義務違反にあたる場合があると考えれば十分である。

会，経済，文化等の情勢の下において，当該会社の属する業界における通常の経営者の有すべき知見及び経験を基準として，前提としての事実の認識に不注意な誤りがなかったか否か及びその事実に基づく行為の選択決定に不合理がなかったか否かという観点から，当該行為をすることが著しく不合理と評価されるか否かによる」（東京地判平成16・9・28判時1886号111）べきであると考えられる[155)]。

155) 従業員や他の取締役・執行役が行った故意・過失に基づく違法または不適切な行為の結果，会社が損害を被った場合に，取締役・執行役が監督上，善管注意義務違反を理由とする責任を負うかどうかとの関連では，内部統制システム・リスク管理システムの整備・運用が重要な意味を有する。たとえば，大阪地判平成12・9・20判時1721号3頁は，「会社経営の根幹に係わるリスク管理体制の大綱については，取締役会で決定することを要し，業務執行を担当する代表取締役及び業務担当取締役は，大綱を踏まえ，担当する部門におけるリスク管理体制を具体的に決定するべき職務を負う。この意味において，取締役は，取締役会の構成員として，また，代表取締役又は業務担当取締役として，リスク管理体制を構築すべき義務を負い，さらに，代表取締役及び業務担当取締役がリスク管理体制を構築すべき義務を履行しているか否かを監視する義務を負う」と判示していた。

また，会社法の下では，内部統制システム等の整備の基本方針は，取締役会が設置された株式会社においては取締役会の専決事項とされ，大会社には，内部統制システム等の整備の基本方針の決定が義務付けられている。したがって，内部統制システムを適切に構築し，運用しないと取締役等に任務懈怠があると評価される（名古屋高判平成25・3・15判時2189号129など。他方，構築義務違反はないとしたものとして最判平成21・7・9〈52事件〉）。また，企業集団の内部統制システム等の整備・運用についての責任に関しては，最判平成30・2・15判タ1451号81および東京地判令和2・2・27資料版商事法務433号108参照。他方，適切な内部統制システム・リスク管理体制を構築し，運用していることは，従業員および他の取締役・執行役に対する監督について，善管注意義務（東京地判平成11・3・4判タ1017号215，最判昭和37・8・28集民62号273）違反がないとされる1つの根拠となりうる（東京地判平成16・12・16判時1888号3参照）。そして，「取締役の行なった情報収集・分析，検討などに不足や不備がなかったかどうかについては，分業と権限の委任により広汎かつ専門的な業務の効率的な遂行を可能とする大規模組織における意思決定の特質が考慮に入れられるべきであり，下部組織が求める決裁について，意思決定権者が，自ら新たに情報を収集・分析し，その内容をはじめから検討し直すことは現実的でなく，下部組織の行った情報収集・分析，検討を基礎として自らの判断を行なうことが許されるべきである。特に，……専門知識と能力を有する行員を配置し，融資に際して，営業部店，審査部，営業企画部などがそれぞれの立場から重畳的に情報収集，分析及び検討を加える手続が整備された大銀行においては，取締役は，特段の事情のない限り，各部署において期待された水準の情報収集・分析，検討が誠実になされたとの前提に立って自らの意思決定をすることが許されるというべきである。そして，上記のような組織における意思決定の在り方に照らすと，特段の事情の有無は，当該取締役の知識・経験・担当職務，案件との関わり等を前提に，当該状況に置かれた取締役がこれらに依拠して意思決定を行なうことに当然に躊躇を覚えるよう

その当時の状況に鑑み，取締役・執行役として会社の業務を行う能力および識見を有する者の立場からみて（東京地判平成5・9・16判時1469号25参照），その決定の過程，内容に著しく不合理な点がない限り，取締役・執行役としての善管注意義務に違反するものではない（最判平成22・7・15判時2091号90）[156]。

(2)　取締役の監視義務

取締役会は，取締役（指名委員会等設置会社では，執行役および取締役）の職務の執行を監督する（362 Ⅱ・416 Ⅰ）。そこで，取締役会設置会社においては，各取締役は取締役会の構成員として，取締役会に上程された事項に関する監視義務（受動的監視義務），および，取締役会に上程されない事項に関する監視義務（能動的監視義務）を負う。すなわち，会社の業務執行の監督の実効性を確保するという観点から，取締役会を構成する取締役は，取締役会に上程された事柄についてのみ監視するにとどまらず，代表取締役等の業務執行一般を監視し，取締役会を通じて業務執行が適正に行われるようにする任務を負う（最判昭和48・5・22〈71事件〉）[157]。取締役会を自ら招集し（366 Ⅰ本文Ⅲ）あるいは招集を請求する（366 Ⅱ）取締役の権限は，取締役会に上程されない事項に関する監視義務を前提とするものと考えられる。このように考えることによって，取締役会が合議体である

な不備・不足があったか否かにより判断すべきである」（東京地判平成14・4・25判時1793号140），情報収集や調査の際，弁護士や公認会計士など専門家の知見を信頼した場合には，当該専門家の能力を超えると疑われるような事情があった場合を除き，善管注意義務違反とはならないし，他の取締役・使用人等からの情報等については，特に疑うべき事情がない限り，それを信頼すれば善管注意義務違反とはならない（横浜地判平成25・10・22金判1432号44〔東京高判平成26・5・29（平成25年(ネ)第6672号）により是認〕とされている（信頼の抗弁）。内部監査室，コンプライアンス室および内部統制委員会といった会社の業務の適正確保等を目的とした内部統制システムが導入されている場合には，これらの組織の整備および運用状況等が適正なものと認められる限り，監査役は，当該組織による報告や情報提供等を前提に職務を遂行することができるとされているが（前掲注145東京地判平成25・10・15），これは取締役にもあてはまる。

156）　したがって，日本の裁判所は取締役等の決定の内容の合理性を実質的に審査する点で，アメリカの経営判断原則（利害関係を有しない者が十分な情報を得て，会社の裁量の利益にかなうと信じて合理的な決定手続により判断した場合には，裁判所はその決定の妥当性を審査しない。決定手続の合理性のみが審査の対象となる）とは異なる。江頭471注3，川濱・論叢114巻5号59，近藤・法協99巻12号1800，田中・ジュリ1220号32など参照。

157）　裁判例においては，監視義務違反は対第三者責任との関連で認められることが多いが，対会社責任との関連で認められるとしたものとして，たとえば，大阪高決平成9・12・8資料版商事法務166号138。

ために常時行われている代表取締役等の活動を監視できないという欠点を解消できる[158)]。そして，取締役は，会社の業務執行の状況を把握するのみならず，会社の業務執行が違法または不当となる危険性があるときはこれを是正する措置をとる義務を負う。

なお，代表取締役または業務執行取締役（指名委員会等設置会社では執行役）は，3ヵ月に1回以上，取締役会において会社の業務執行の状況を報告しなければならず（363 Ⅱ・417 Ⅳ），この取締役会は現に開催しなければならないものとされている（372 Ⅱ Ⅲ）。このように，会社法は，代表取締役等に会社の業務執行についての情報を提供する義務を課すことにより，取締役が不適切な業務執行の是正措置をとる前提となる情報の入手方法を確保している。

5-12-1-1-2　監査役・会計参与・会計監査人の任務懈怠

監査役に任務懈怠があったか否かは，監査役として取締役等の職務執行を監査する能力および識見を有する者を基準として善良なる管理者としての注意義務を払ったか否かによって判断される（本章注145および155も参照）。なお，監査役は会計監査人による監査に原則として信頼を置くことができると考えられている。他方，会計参与に任務懈怠があったか否かは，会計参与として計算関係書類を作成する能力および識見を有する者を基準として，善良なる管理者としての注意義務を払って計算関係書類を作成したか否かによって判断されるが，会計参与となりうるのは公認会計士や税理士に限られているため，その会計専門職業人として期待される能力・識見が基準となる。同様に，会計監査人に任務懈怠があったか否かは，善良なる管理者としての注意義務をもって，監査基準など（および日本公認会計士協会の実務指針）に基づき，公正な監査慣行を踏まえ，十分な監査証拠を入手し，計算関係書類に対する意見表明の合理的な基礎を得るために必要と認められる手続を中心とする通常実施すべき監査手続を行ったか否か，得た監査証拠に基づいて，財務諸表監査の専門家として，合理的な意見形成を行ったか否かによって判断される。

5-12-1-1-3　任務懈怠責任の性質

423条の責任は債務不履行責任の性質を有し，過失責任である（最判昭和51・3・23集民117号231）。役員，執行役または会計監査人の任務（会社に対して負って

---

158)　取締役会設置会社以外の会社でも，取締役は，その業務執行の一環として，他の取締役の業務執行を監視する義務を負っていると解される。山本・法学研究（慶應義塾大学）60巻12号124参照。

いる債務）は，いわゆる手段債務であり，その不履行は不完全履行にあたるのが一般的である。したがって，役員，執行役または会計監査人の責任を追及する側が，問題とされている取締役の行為（作為または不作為）が会社に対する関係で役員，執行役または会計監査人の受任者としての債務の本旨に従った履行でないこと（任務懈怠があったこと）を主張・立証しなければならない[159]。そして，債務者である役員，執行役または会計監査人は任務懈怠が立証されたときは，自己の無過失を立証しない限り責任を免れることができない[160]。

5-12-1-2 株主の権利行使に関する利益供与に係る責任

株主の権利行使に関する利益供与に関与した取締役・執行役は，その職務を行うについて注意を怠らなかったことを証明しない限り[161]，供与した利益の価額に相当する額を支払う義務（支払義務なので，会社の損害は要件とされない）を負う（120 Ⅳ）（***5-2-7-1-2*** 参照）。これは供与を受けた者に対して返還請求するには手間と時間がかかること，および供与を受けた者が任意に返還に応ずるとは考えられないことから，会社財産の回復を確実に図るために認められた責任である。不代替物の供与がなされたときなどは，取締役・執行役が供与された現物の返還をすることはできないから，供与した財産上の利益の価額に相当する額を支払うべきこととされている。

利益供与の反社会性に鑑みた特別の支払義務であるため，取締役等の責任の一部免除（***5-12-1-8***）の対象とはされていない。また，利益供与を行った取締役・執行役は，注意を怠らなかったことを証明しても支払義務を免れることができない。

159）　善管注意義務違反あるいは忠実義務違反の場合と異なり，具体的な「法令」違反があったことが主張・立証されれば，任務懈怠があると解するのが，前掲最判平成 12・7・7 のとる立場のようであり，355 条（419 条 2 項で執行役に準用）は取締役の法令遵守義務を定めていることとも整合的である。山下・民商 126 巻 6 号 810 参照。

160）　もっとも，手段債務については，その履行の不完全を主張・立証するためには，債務発生原因（契約または法令の規定）の解釈によって債務（給付義務）の具体的な内容を特定したうえで，これと現実に行われた債務の履行の態様ないし結果との食い違いを指摘する必要があるため，履行不完全の有無についての判断と帰責事由の有無についての判断とが極めて密接な関係にあり，両者が交錯している（平井・債権総論 59）。

161）　***5-12-1-1-3*** と異なり，取締役は任務懈怠がなかったことあるいは任務懈怠があってもそのことにつき自己に過失がなかったことを立証しない限り，責任を負う。

5-12-1-3　利益相反取引に係る責任

自ら当事者として，または他人の代理人・代表者として，取締役・執行役と会社との間で取引がなされた場合（直接取引）あるいは取締役・執行役以外の第三者と会社との間で会社と取締役・執行役の利益とが相反する取引がなされた場合（間接取引）に，取締役・執行役が，その任務を怠ったことによって，会社に損害が生じた場合には，その取締役・執行役は会社に対しその損害を賠償する責任を負う（423 Ⅰ）。そして，役員等（取締役・執行役・監査役・会計参与・会計監査人）が会社に生じた損害を賠償する責任を負う場合に，他の役員等もその損害を賠償する責任を負うときは，これらの者は，連帯して責任を負う（430）。

利益相反取引によって会社に損害が生じたときは，会社との間で利益相反取引を行った取締役・執行役，間接取引において会社と利益が相反する取締役・執行役，会社がその取引をすることを決定した取締役・執行役，および，その取引（指名委員会等設置会社においては，その取引が会社と取締役との間の取引または会社と取締役との利益が相反する取引である場合に限る）に関する取締役会の承認の決議に賛成した取締役は，その任務を怠ったものと推定される（本章注161参照）（423 Ⅲ）。監査等委員会設置会社においては，取締役（監査等委員であるものを除く）が利益相反取引につき監査等委員会の承認を受けたときは，任務懈怠があったものと推定する規定は適用されない（423 Ⅳ）（***5-6-2-2*** 参照）。

なお，この責任は，会社法では，任務懈怠責任の1つとして位置付けられ（423），株主総会の特別決議または定款の定めがある場合の取締役会決議による責任の一部免除の対象となる。これは，利益相反取引による損害賠償責任の性質は，本来，任務懈怠責任であると考えられる[162)]一方，平成17年改正前商法266条6項に相当する免除要件の特則が廃止されたからである。

ただし，自己のために（＝自己の計算で）会社と直接に利益相反取引をした取締役・執行役は，任務を怠ったことがその取締役・執行役の責めに帰することができない事由によるものであっても，会社に対する損害賠償責任を免れることができないし，この取締役・執行役の責任は一部免除あるいは責任額限定契約による責任限定の対象とはならない（428 Ⅰ）。自己のために行った直接取引に限定されているのは，自己の計算で会社と利益相反取引をした取締役・執行役には，その

162）　たとえば，取締役が代表・代理する第三者と会社との間の取引など，利益相反取引によって，会社が利益を得ることを期待している場合も想定され，そのような取引をするかどうかは，本来，経営上の判断の問題であると考えられる。

取引による利益が帰属すると考えられる一方，間接取引の場合を含めると切り分けが困難になるからである。

5-12-1-4 分配可能額を超えた剰余金の分配に係る支払義務（462・464）

会社は461条所定の分配可能額の範囲内でなければ剰余金の配当および一定の自己の株式の取得（以下，剰余金の分配という）をしてはならないのが原則である（**9-4-1-2** 参照）。そして，分配可能額を超えた剰余金の分配が無効であるとすると（**9-4-2-1-3** および第9章注31参照），剰余金の分配を受けた株主は法律上の原因なくして金銭等を受けているのであるから，それを会社に返還しなければならない（民703・704）。しかし，多数の株主に対し返還請求の訴えを提起することは，訴訟技術的にも費用の面からも困難であり，結局会社は違法な剰余金分配額に相当する損失を被ることになりかねない。

そこで，分配可能額を超えてなされた剰余金の分配に関する支払義務（支払義務なので，会社の損害は前提とされない）が取締役・執行役に課されている。

(1) 原則――違法分配額の支払義務

会社が，分配可能額を超えて剰余金の分配をした場合には，その行為により金銭等の交付を受けた者（すなわち，株主など）のほか（**9-4-2-1-1** 参照），その行為に関する職務を行った業務執行者（業務執行取締役・執行役その他その業務執行取締役・執行役の行う業務の執行に職務上関与した者として法務省令〔計規159〕で定めるもの）および462条1項各号に定められた一定の者は，会社に対し，連帯して，その金銭等の交付を受けた者が交付を受けた金銭等の帳簿価額に相当する金銭を支払う義務（たとえば，現物配当の場合には，交付を受けた者以外の者は現物を給付することはできないことが少なくないため）を負う（462 Ⅰ）。

ただし，業務執行者および462条1項各号に定める者は，その職務を行うについて注意を怠らなかったことを証明したときは，支払義務を負わないし（462 Ⅱ），剰余金の分配時における分配可能額を限度として，業務執行者および462条1項各号に定める者の負う義務を，総株主の同意によって免除することができる（462 Ⅲ）。

違法分配額に係る支払義務は，一部免除の対象とはならない点は平成17年改正前商法と同じであるが，分配額に係る支払義務のうち，分配可能額を超える部分については，株主全員の同意による免除は認められない。とりわけ，財源規制に違反して分配された部分については，会社または会社の債権者から支払を請求される立場にある株主（463参照）が免除をすることができるとするのは会社財

表5-9　違法分配額の支払義務を負う者

<table>
<tr><th></th><th>つねに支払義務を負う者</th><th colspan="3">その職務を行うについて注意を怠らなかったことを証明したときは支払義務を負わず，かつ，分配可能額を超えた部分の支払義務を除き，総株主の同意によって支払義務が免除されうる者</th></tr>
<tr><td>譲渡制限株式の譲渡による取得を不承認とした場合の会社による買取り</td><td rowspan="6">その行為により金銭等の交付を受けた者（＝株主）</td><td rowspan="6">その行為に関する職務を行った業務執行者（計規159）</td><td colspan="2"></td></tr>
<tr><td>子会社からの自己株式取得／市場取引または公開買付による自己株式取得</td><td>自己株式を株主との合意によって有償で取得する決定に係る株主総会の決議があった場合（その決議によって定められた自己株式の取得と引換えに交付する金銭等の総額が決議日における分配可能額を超える場合に限る）におけるその株主総会に係る総会議案提案取締役</td><td>自己株式を株主との合意によって有償で取得する決定に係る取締役会の決議があった場合（その決議によって定められた自己株式の取得と引換えに交付する金銭等の総額が決議日における分配可能額を超える場合に限る）におけるその取締役会に係る取締役会議案提案取締役</td></tr>
<tr><td>株主との合意に基づく自己株式取得</td><td>株主総会の決議に基づき自己株式を取得する決定に係る株主総会の決議があった場合（その決議によって定められた自己株式の取得と引換えに交付する金銭等の総額が決議日における分配可能額を超える場合に限る）におけるその株主総会に係る総会議案提案取締役</td><td>株主総会の決議に基づき自己株式を取得する決定に係る取締役会の決議があった場合（その決議によって定められた自己株式の取得と引換えに交付する金銭等の総額が決議日における分配可能額を超える場合に限る）におけるその取締役会に係る取締役会議案提案取締役</td></tr>
<tr><td>全部取得条項付種類株式の取得</td><td colspan="2">全部取得条項付株式を取得する旨を決議した株主総会（その株主総会の決議によって定められた取得対価の総額が決議日における分配可能額を超える場合に限る）に係る総会議案提案取締役</td></tr>
<tr><td>相続人等に対する売渡しの請求による自己株式の買取り</td><td colspan="2"></td></tr>
<tr><td>所在不明株主の株式の売却における自己株式の買取り</td><td>所在不明株主の株式の売却に際して自己株式を買い受ける旨の決定に係る株主総会の決議があった場合（その決議によって定められた株式の買取りと引換えに交付する金銭の総額がその決議の日における分配可能額を超える場合に限る）におけるその</td><td>所在不明株主の株式の売却に際して自己株式を買い受ける旨の決定に係る取締役会の決議があった場合（その決議によって定められた株式の買取りと引換えに交付する金銭の総額がその決</td></tr>
</table>

			株主総会に係る総会議案提案取締役	議の日における分配可能額を超える場合に限る）におけるその取締役会に係る取締役会議案提案取締役
1株にみたない端数に相当する自己株式の買取り			1株にみたない端数に相当する自己株式を取得する旨の決定に係る株主総会の決議があった場合（その決議によって定められた株式の買取りと引換えに交付する金銭の総額がその決議の日における分配可能額を超える場合に限る）におけるその株主総会に係る総会議案提案取締役	1株にみたない端数に相当する自己株式を取得する旨の決定に係る取締役会の決議があった場合（その決議によって定められた株式の買取りと引換えに交付する金銭の総額がその決議の日における分配可能額を超える場合に限る）におけるその取締役会に係る取締役会議案提案取締役
剰余金の配当			剰余金の配当をする旨の決定に係る株主総会の決議があった場合（その決議によって定められた配当財産の帳簿価額がその決議の日における分配可能額を超える場合に限る）におけるその株主総会に係る総会議案提案取締役	剰余金の配当をする旨の決定に係る取締役会の決議があった場合（その決議によって定められた配当財産の帳簿価額がその決議の日における分配可能額を超える場合に限る）におけるその取締役会に係る取締役会議案提案取締役

総会議案提案取締役＝総会に議案を提案した取締役として法務省令で定めるもの（計規 160）
取締役会議案提案取締役＝取締役会に議案を提案した取締役（指名委員会等設置会社では，取締役・執行役）として法務省令に定めるもの（計規 161）

産確保の観点から問題があるからである。

⑵　買取請求に応じる場合の特例――超過額の支払義務

発行する全部の株式を譲渡制限株式とする定款の変更をするとき，ある種類株式を譲渡制限株式または取得条項付種類株式とする定款変更をするとき，または，法定種類株主総会の決議を要しない旨の定款の定めのある場合（322 Ⅱ）に，株式の併合・分割，株式・新株予約権の無償割当て，単元株式数についての定款変更，株主に割当てを受ける権利を与えてする募集株式の発行等・募集新株予約権の発行が，その種類の株式を有する種類株主に損害を及ぼすおそれがあるため，株式買取請求に応じて，会社が自己の株式を取得する場合（116 Ⅰ）に，株主に対して支払った金銭の額がその支払の日における分配可能額を超えるときは，その株式の取得に関する職務を行った業務執行者は，その職務を行うについて注意を怠らなかったことを証明した場合を除き，会社に対し，連帯して，その超過額

表5-10　塡補責任を負う場合と責任額

責任を負う場合	責任額
譲渡制限株式の譲渡による取得を不承認とした場合の会社による買取り	超過額とその株式の買取りにより株主に対して交付した金銭等の帳簿価額の総額とのより少ない額
子会社からの自己株式取得／市場取引または公開買付による自己株式取得	超過額とその株式の取得により株主に対して交付した金銭等の帳簿価額の総額とのより少ない額
株主との合意に基づく自己株式取得	
取得請求権付株式の取得	
取得条項付株式の取得	
全部取得条項付種類株式の取得	
相続人等に対する売渡しの請求による自己株式の買取り	超過額とその株式の買取りにより株主に対して交付した金銭等の帳簿価額の総額とのより少ない額
所在不明株主の株式の売却における自己株式の買取り	
1株にみたない端数に相当する自己株式の買取り	超過額と株式の買取りにより株主等に対して交付した金銭等の帳簿価額の総額とのより少ない額
一定の剰余金の配当	剰余金の配当における配当財産の帳簿価額の総額（金銭分配請求権を行使した株主に割り当てたその配当財産の帳簿価額を除く），金銭分配請求権を行使した株主に交付した金銭の額の合計額および基準未満株式の株主に支払った金銭の額の合計額の合計額と超過額とのより少ない額

を支払う義務を負う（464 Ⅰ）。この支払義務は，総株主の同意によって，免除することができる（464 Ⅱ）。株式の買取請求に応じることは会社の義務なので，(1)の場合の義務と異なり，超過額についての支払義務である。買取りに応じることが義務であるにもかかわらず，超過額について支払義務を負うこととされるのは，116条1項各号の行為は，会社にとって不可欠な行為ではなく，株式買取請求に応じることによって分配可能額を超えて会社財産が減少するような場合にはそのような行為を断念すべきだからである。

5-12-1-5　剰余金の分配に係る塡補責任

会社が剰余金の分配をした日の属する事業年度（その事業年度の直前の事業年度が最終事業年度でないときは，その事業年度の直前の事業年度）に係る計算書類につき定時株主総会の承認（会計監査人設置会社において株主総会の承認を要しない場合には，取締役会の承認）を受けた時の自己株式の帳簿価額，最終事業年度の末日後に自己株式を処分した場合におけるその自己株式の対価の額および法務省令で定める各勘定科目に計上した額の合計額（計規158）を合計した額が剰余金の額を超えるとき（欠損）は，剰余金の分配に関する職務を行った業務執行者は，その業務執行者がその職務を行うについて注意を怠らなかったことを証明した場合を除き，会社に対し，連帯して，その超過額（その超過額が465条1項各号に定める額を超える場合には，465条1項各号に定める額）を支払う義務を負う（465 Ⅰ）。欠損の判定にあたっては，最終の事業年度の末日後，その決算の確定時までの分配可能額の増減を考慮に入れているが，これは，***9-4-1-2***でみるような分配可能額の計算方法と整合的である。

他方，定時株主総会（計算書類について定時株主総会の承認を得る必要がない場合には，定時株主総会または計算書類等を承認する取締役会）において決議する剰余金の配当，資本金額の減少を決議する株主総会において決議する剰余金の配当（配当財産の帳簿価額の総額〔基準未満株式の株主に支払う金銭があるときは，その額を合算した額〕が資本金の減少額を超えない場合であって，配当財産の割当てについて株式ごとに異なる取扱いを行うこととする定めがない場合に限る），および，準備金額の減少を決議する株主総会において決議する剰余金の配当（配当財産の帳簿価額の総額〔基準未満株式の株主に支払う金銭があるときは，その額を合算した額〕が準備金の減少額を超えない場合であって，配当財産の割当てについて株式ごとに異なる取扱いを行うこととする定めがない場合に限る）については，支払義務が課されない。

なお，この支払義務は，総株主の同意により，免除することができる（465 Ⅱ）。

5-12-1-6　株式の発行等および新株予約権の行使に関する支払義務

7-3-3-5および***7-4-2-3***参照。

5-12-1-7　総株主の同意による責任の免除

原則として，役員，執行役および会計監査人（役員等。以下，***5-12-1-7***および***5-12-1-8***において同じ）の会社に対する責任は，総株主の同意[163]がなければ免除

163）特定責任追及の訴えの実効性を確保するため，子会社に最終完全親会社等がある場合の（その子会社の取締役等の）特定責任（通常，免除のためには総株主の同意が必要とされるもの）は，その子会社の総株主の同意に加えて，最終完全親会社等の総株主の同意がなければ免除できないものとされている（847の3 Ⅹ）。また，旧株主による責任追及等の訴えの実効性を確保するため，株式交換等完全子会社に係る適格旧株主（847条の2第1項本文または第3項本文の規定によれば提訴請求をすることができることとなる旧株主）がある場合において，株式交換，株式移転または消滅会社となる吸収合併の効力が生じた時までにその原因となった事実が生じた責任または義務（通常，免除のためには総株主の同意が必要とされるもの）を免除するときには株式交換等完全子会社の総株主の同意に加えて，適格旧株主の全員の同意がなければ免除できないものとされている（847の2 Ⅸ）。

することができない。他方，出資の履行を仮装することに関与した取締役・執行役の責任（213の3・286の3），募集株式の発行等あるいは新株予約権の行使の際の目的物価額不足額塡補責任（***6-6-3***, ***7-3-1-2***(2)①）（213 Ⅰ・286）の免除については制約がない一方（850 Ⅳも参照），違法な剰余金分配に係る責任（分配可能額を超える部分に限る）（***5-12-1-4***(1)）は株主全員の同意があっても免除することはできない。

なお，会社が役員等の責任追及等の訴えにおいて和解をするとき，または代表訴訟において，会社が和解の当事者ではないが，通知に対して異議を述べなかったときには，株主全員の同意は要件とされない（850 Ⅳ Ⅰ Ⅲ）。なお，監査役設置会社等が取締役等の責任を追及する訴えに係る訴訟における和解をする場合には，各監査役，各監査等委員または各監査委員の同意を得なければならない（849の2）。

5-12-1-8　責任の一部免除および責任額の限定[164)]

全株主の同意という役員等の責任の免除要件は厳格すぎるという価値判断に基づいて，一定の要件の下で，役員等の会社に対する責任について株主総会決議または取締役の過半数の同意・取締役会決議による責任の一部免除が認められており，取締役（業務執行取締役等であるものを除く），監査役，会計参与および会計監査人については，会社との間の事前の契約に基づく責任額の限定が認められている。

株主の利益を保護するという観点から，監査役設置会社・指名委員会等設置会社・監査等委員会設置会社では，２つの局面で，監査役，監査委員または監査等委員の全員の同意が要求されている。第１に，取締役・執行役の責任の一部免除議案を株主総会に提出するには，監査役全員（指名委員会等設置会社では監査委員全員，監査等委員会設置会社では監査等委員全員）の同意を得なければならない（425 Ⅲ）。同様に，定款の定めがある場合に取締役会に取締役・執行役の責任免除に関する議案を提出するときまたは取締役の同意を得るときには，監査役全員（指名委員会等設置会社では監査委員全員，監査等委員会設置会社では監査等委員全員）の同意を得なければならない（426 Ⅱ・425 Ⅲ）。ただし，いずれの場合にも，指名委

164)　子会社に最終完全親会社等がある場合の（子会社取締役等の）特定責任の一部免除についても，最終完全親会社等の株主の意思が反映されるように規定が整備されている（425 Ⅰ柱書かっこ書・426 Ⅶ。また，責任額限定契約との関係での最終完全親会社等の株主総会における開示〔427 Ⅳ柱書かっこ書〕）。

員会等設置会社において損害賠償責任を負う取締役が監査委員であるときには監査委員の同意を，監査等委員会設置会社において損害賠償責任を負う取締役が監査等委員であるときには監査等委員の同意を，必要としない（426 Ⅱ・425 Ⅲ）。

第2に，取締役会の決議により取締役（監査委員または監査等委員であるものを除く）・執行役の責任の一部を免除できる旨または取締役（監査委員または監査等委員であるものを除く）との間の契約によってその責任額を限定することができる旨の定款の定めを設ける定款変更の議案を株主総会に提出する場合には，監査役（指名委員会等設置会社では監査委員，監査等委員会設置会社では監査等委員）全員の同意を得なければならない（427 Ⅲ・425 Ⅲ）。

(1)　一定額を超える対会社責任の株主総会決議による免除

任務懈怠に基づく会社に対する損害賠償責任（会社と自己のために直接取引をした取締役以外の利益相反取引に係る責任を含む）については，その役員等が職務を行うにつき善意でかつ重大な過失がないときは，賠償責任額からその者がその在職中に会社から職務執行の対価として受け，または受けるべき財産上の利益（新株予約権も含まれる）の1年間当たりの額に相当する額として法務省令（会社規113）で定める方法により算定される額に，代表取締役・代表執行役については6を，業務執行取締役もしくは執行役または支配人その他の使用人である取締役（代表取締役を除く）または代表執行役以外の執行役については4を，取締役（上記の取締役を除く），会計参与，監査役または会計監査人については2を，それぞれ，乗じて得た額とその役員等がその会社の新株予約権を引き受けた場合（金銭の払込みをしないことがその者にとって特に有利な条件である場合または払込金額が特に有利な金額である場合）におけるその新株予約権に関する財産上の利益に相当する額として法務省令で定める方法により算定される額（会社規114）との合計額（最低責任限度額）を控除して得た額を限度として，株主総会の特別決議によって免除することができる（425 Ⅰ・309 Ⅱ⑧）。

この責任一部免除決議をする場合には，取締役は，決議をする株主総会において責任の原因となった事実および賠償の責任を負う額，免除額の限度およびその算定の根拠，責任を免除すべき理由および免除額を開示しなければならない（425 Ⅱ）。

(2)　一定額を超える対会社責任の取締役の過半数の同意・取締役会決議による免除

監査役（監査の範囲が会計事項に限定されている者を除く）を置いている会社（取締役が2人以上ある場合に限る），指名委員会等設置会社または監査等委員会設置会社は，任務懈怠に基づく会社に対する損害賠償責任について，その役員等が職務を行うにつき善意でかつ重大な過失がない場合において，責任の原因となった事実の内容，その役員等の職務の執行の状況その他の事情を勘案して特に必要と認めるときは，最低責任限度額を限度として取締役（その責任を負う取締役を除く）の過半数の同意（取締役会設置会社では，取締役会の決議）によって免除することができる旨を定款で定めることができる（426 Ⅰ）。

この定款の定めに基づいて役員等の責任を免除する旨の取締役の過半数の同意（取締役会設置会社では，取締役会の決議）を行ったときは，取締役は，遅滞なく，責任の原因となった事実および賠償の責任を負う額，免除額の限度およびその算定の根拠，責任を免除すべき理由および免除額および責任を免除することに異議がある場合には一定の期間（1ヵ月以上）内に異議を述べるべき旨を公告し，または株主に通知しなければならない（426 Ⅲ）。ただし，公開会社以外の会社では，公告ではなく，株主に通知しなければならない（426 Ⅳ）（***5-2-8-4***⑥）。

そして，総株主（免除の対象となる責任を負う役員等であるものを除く）の議決権の100分の3（これを下回る割合を定款で定めた場合には，その割合）以上の議決権を有する株主が異議申述期間内に異議を述べたときは，会社は，定款の定めに基づいて免除することはできない（426 Ⅶ）。

(3) 非業務執行取締役等の一定額を超える対会社責任の責任額限定契約

人材の確保を容易にするため，会社は，取締役（業務執行取締役等を除く），監査役，会計参与または会計監査人（(3)において，非業務執行取締役等）の任務懈怠に基づく会社に対する損害賠償責任について，その非業務執行取締役等が職務を行うにつき善意でかつ重大な過失がないときは，定款で定めた額の範囲内であらかじめ会社が定めた額と最低責任限度額とのいずれか高い額を限度とする旨の契約を非業務執行取締役等と締結することができる旨を定款で定めることができる（427 Ⅰ）。責任額限定契約を締結した非業務執行取締役等がその会社の業務執行取締役等に就任したときは，その契約は，将来に向かってその効力を失う（427 Ⅱ）。

このような責任額限定契約を締結した会社が，その契約の相手方である非業務執行取締役等が任務を怠ったことにより損害を受けたことを知ったときは，その後最初に招集される株主総会において責任の原因となった事実および賠償の責任を負う額，免除額の限度ならびにその算定の根拠，その契約の内容ならびにその契約を締結した理由および任務懈怠により会社が受けた損害のうち，その非業務執行取締役等が賠償する責任を負わないとされた額を開示しなければならない（427 Ⅳ）。

⑷　責任の一部免除または責任額限定契約によって責任の一部を免れた役員等に対する退職金等・役員等が有する新株予約権の行使・譲渡

責任の一部免除の決議があった場合に，会社がその決議後に責任を一部免除した役員等に対し退職慰労金その他の法務省令で定める財産上の利益（会社規 115）を与えるとき，または，その役員等が有利発行を受けた新株予約権をその決議後に行使し，または譲渡するときには，株主総会の承認を受けなければならない（425 Ⅳ・426 Ⅷ）。この実効性を確保するため，責任の一部免除の決議があった場合に，その役員等が有利発行を受けた新株予約権を表示する新株予約権証券を所持するときは，その役員等は，遅滞なく，その新株予約権証券を株式会社に対し預託しなければならないとされ，この場合には，その役員等は，その新株予約権の譲渡について株主総会の承認を受けた後でなければ，その新株予約権証券の返還を求めることができないとされている（425 Ⅴ・426 Ⅷ）。

これは，責任額限定契約によってその責任限度額を超えて損害賠償責任を負わないとされた役員等にも準用されている（427 Ⅴ）。

5-12-2　代表訴訟（847）

役員等の責任追及等の訴えのうち株主が原告となるものは代表訴訟と呼ばれている。すなわち，株主は，会社に代わって会社のために，取締役，監査役，執行役，会計参与，会計監査人，発起人，設立時取締役，設立時監査役，清算人（以上を併せて，**5-12-2** および **5-12-3** では発起人等），設立時募集株式・募集株式の引受人，新株予約権を行使した新株予約権者，株主の権利の行使に関して利益供与を受けた者の責任・義務の追及を目的として訴えを提起することができる。

たとえば，取締役の会社に対する責任は，会社自らが追及するのが原則であるが[165]，取締役間あるいは監査役・取締役間の情実に左右されて不問に付される

165）　取締役あるいは監査役が不当に訴えの提起を懈怠した場合には，任務懈怠に基づく責任を負うことがある。東京高判平成 28・12・7 金判 1510 号 47（最決平成 29・6・2〔平成 29 年（受）第 508 号〕により上告不受理）は，監査委員会を構成する監査委員は，取締役の責任追及のために訴えを提起するか否かについて，善管注意義務・忠実義務を負いつつ判断・決定することになり，その際，監査委員の善管注意義務・忠実義務の違反の有無は，当該判断・決定時に監査委員が合理的に知り得た情報を基礎として，同訴えを提起するか否かの判断・決定権を会社のために最善となるよう行使したか否かによって決するのが相当であるが，

危険性があるので，会社ひいては株主の利益を守るために，株主が会社に代わって会社のために訴えを提起することが認められている。

5-12-2-1　代表訴訟が認められる要件

(1)「責任」の意義

①　対象となる責任の発生原因

たしかに，847条には代表訴訟の対象となる責任の発生原因についてなんら制限的な文言はなく，実質的に考えても，取締役間，取締役と監査役との間，あるいは取締役と執行役との間にしばしば存在する密接な関係による訴え提起の懈怠の可能性は，すべての債務を通じて等しいとも考えられ[166]，最判平成21・3・10〈67事件〉は，取締役の地位に基づく責任のほか，取締役の会社に対する取引債務についての責任も対象となるとする。

しかし，会社が提訴しない場合には原則として代表訴訟の提起が可能であるというわが国の法制の下では，代表訴訟によって追及できる役員等の責任を限定しないと代表訴訟が広く認められすぎ，会社がその裁量を行使できないし，濫訴のおそれが生ずること，また，代表訴訟によって追及できるものは，役員等については「債務」ではなく「責任」とされているという文言を考慮に入れると，代表訴訟によって追及できる役員等の「責任」は会社法上の責任および支払義務であると解するのが適当であると考えられる[167]。このように解しても，会社に対する債務の履行を取締役・執行役に対して請求しないことが不当である場合には423条にいう任務懈怠にあたり，それによって会社に対して役員等が損害賠償責

少なくとも，責任追及の訴えを提起した場合の勝訴の可能性が非常に低い場合には，会社がコストを負担してまで同訴えを提起することが会社のために最善であるとは解されないから，監査委員が同訴えを提起しないと判断・決定したことをもって，当該監査委員に善管注意義務・忠実義務の違反があるとはいえないとした東京地判平成28・7・28金判1506号44を是認し，控訴を棄却した。取締役等でない第三者の責任を追及するために会社が訴えを提起すべきであったかどうかが問題とされた事案についての東京地判平成16・7・28資料版商事法務245号118も参照。

166)　もっとも，平成17年改正前商法の解釈として，改正前商法266条〔改正前商特21の17以下〕の責任と免除不可能な責任（192・192ノ2・280ノ13・280ノ13ノ2）のみについて代表訴訟は許されるという見解も有力であったし（東京地判平成10・12・7判時1701号161，北沢448），会社法の解釈としても，江頭494注2は総株主の同意によってのみ免責できる会社法上の取締役の責任に限定する。

167)　もっとも，実質的な同一性を有する限り，不法行為責任・債務不履行責任も対象となると解してよいであろう。

任を負う場合には，代表訴訟の対象となる[168]。

② 対象となる責任の発生時期

もし，①のように考えるとすると，代表訴訟の対象となる責任の発生時期は，役員等であった期間中あるいは役員等としての権利義務を有していた期間中に限られることになる（退任後に負担することとなった債務についての責任は含まれない。東京高判平成26・4・24金判1451号8）[169]。

⑵ 被告適格

847条1項に規定された者（および発起人等であった者ならびにそれらの者の一般承継人）のみが被告適格を有する。仙台高判平成24・12・27判時2195号130は，例外的に，株主に対し，株式会社のために，その役員等を相手方とする訴訟を提起，追行することを認めた847条3項の位置付けおよび文言に照らして，責任追及等の訴えの被告適格を有する者は，847条1項が明示的に規定する者（およびその一般承継人）に限られているものと解するのが相当であって，制度の趣旨をより拡充するという名の下にこれを拡張して解釈することは許されないとし，それ以外の者を相手方とする訴えは不適法であるとしている。

他方，適法な選任決議を経ていない者は，役員等として登記されていても（登記簿上の取締役等。**5-12-4-6**参照），役員等ではなく，会社は908条2項にいう「第三者」にはあたらないから，その者が現実に経営に関与していても，847条3項による代表訴訟の被告適格を有しないと解すべきであるが，たとえば，いわゆる

168）また，債務の履行を求めないことが善管注意義務違反・忠実義務違反にあたる場合には，それは法令に違反する行為にほかならないので，違法行為差止請求権を類推適用して，「回復することができない損害が生ずるおそれ」（業務監査権限を有する監査役が置かれていない会社〔指名委員会等設置会社および監査等委員会設置会社を除く〕では「著しい損害が生ずるおそれ」）がある場合には，株主が会社に代わって会社のために履行を請求できるという法律構成の方が素直なのではないか。代表訴訟と異なり，要件が限定されているので，類推適用を認めてもよいのではないか。

169）平成17年改正前商法の下では，会社の提訴懈怠の可能性という点からみれば，取締役・執行役が会社の取締役・執行役に就任する前から負担していた債務も，また相続もしくは債務引受けによって承継取得した場合も，取締役・執行役の地位にある間に新たに負担した債務となんら異ならないから，追及の対象となると解するのが多数説であったが，取締役・執行役としての地位にある間に負担したものに限られるという考え方もあった（前掲東京地判平成10・12・7，全集300参照）。おそらく代表訴訟が認められる範囲が拡大することを適当ではないと考えるのであろう。逆に前掲最判平成21・3・10のように考えるのであれば，従前の多数説のように考えるのが自然である。

名目的取締役（本章注184参照）は取締役にあたり，被告適格を有する。

(3)　原告適格

濫訴の防止という観点から，継続的な利害関係を有していることが要件とされ，原告は6ヵ月（定款により短縮可）前から引き続き株式を有する（公開会社以外の会社ではこの要件は課されない〔847 Ⅱ〕）株主でなければならない。1株しか所有していなくとも提訴できるのが原則であるが，単元株制度を採用している会社では，定款の定めによって，単元未満株主の責任追及等の訴えの提起請求権を排除することができ，その場合には，代表訴訟の原告適格が単元未満株主には認められない（847 Ⅰ本文第2のかっこ書・189 Ⅱ）。

また，株主は，訴えの提起につき，その株主が自己もしくは第三者の不正な利益を図り，または会社に損害を与えることを目的とする場合には，会社に対して提訴請求することができず，したがって，株主代表訴訟を提起することもできない（847 Ⅰ）。これは，訴権の濫用として，訴えが却下されてきたもの（たとえば，長崎地判平成3・2・19判時1393号138）を明文化したものである。

なお，代表訴訟を提起した株主または共同訴訟人として他の株主が提訴した代表訴訟または会社が提訴した責任追及等の訴えに係る訴訟に参加した株主がその訴訟の係属中に株主でなくなった場合であっても，その者がその会社の株式交換または株式移転によりその会社の完全親会社（847の2 Ⅰ柱書）の株式を取得したとき，または，その者がその会社が消滅会社となる合併により，設立会社または存続会社もしくはその完全親会社の株式を取得したときは，その者が，訴訟を追行することができる（851 Ⅰ）。その後，その者がその完全親会社の株式交換または株式移転によりその会社の完全親会社の株式を取得したとき，または，その者がその完全親会社が消滅会社となる合併により，設立会社または存続会社もしくはその完全親会社の株式を取得したときは，その者が，訴訟を追行することができる（851 Ⅱ）。その者がその会社の株式交換または株式移転によりその設立会社または存続会社もしくはその完全親会社の株式を取得したとき，または，その者が設立会社または存続会社もしくはその完全親会社が消滅会社となる合併により，設立会社または存続会社もしくはその完全親会社の株式を取得したときは，その者が，訴訟を追行することができる（851 Ⅲ）。

また，会社の株式交換もしくは株式移転または会社が消滅会社となる吸収合併の効力発生日において（公開会社の場合は，効力発生日の6ヵ月〔これを下回る期間を定款で定めた場合には，その期間〕前からその効力発生日まで引き続き），その会社の株主であった者（定款の定めにより提訴請求できない単元未満株主であった者を除く。旧株主）は，会社の株主でなくなった場合であっても，その株式交換または株式移転によりその会社の完全親会社の株式を取得し，引き続きその株式を有するとき，または，その吸収合併により，存続会社の完全親会社の株式を取得し，引き続きその株式を有するときには，会社（株式交換または株式移転の場合）または存続会社（吸収合併の場合）（併せて株式交換等完全子会社）に対し，株式交換等の効力が生じた時までにその原因となった事実が生じた責任・義務に係る責任追及等の訴えの提起を請求することができる（847の2ⅠⅡ）。この場合には，旧株主は，その完全親会社の株主でなくなった場合であっても，その完全親会社の株式交換または株式移転によりその完全親会社の完全親会社の株式を取得し，引き続きその株式を有するとき，またはその完全親会社が消滅会社となる合併により，設立会社または存続会社もしくはその完全親会社の株式を取得し，引き続きその株式を有するときには，株式交換等完全子会社に対し，責任追及等の訴えの提起を請求することができる（847の2Ⅲ）。株式交換もしくは株式移転または消滅会社となる合併が連続するときにも，同様である（847の2ⅣⅤ）。

この場合に，株式交換等完全子会社が提訴請求の日から60日以内に責任追及等の訴えを提起しないときは，その提訴請求をした旧株主は，株式交換等完全子会社のために，責任追及等の訴えを提起することができる（847の2Ⅵ）。もっとも，通常の代表訴訟と同様，期間の経過により株式交換等完全子会社に回復することができない損害が生ずるおそれがある場合には，提訴請求をすることができる旧株主は，株式交換等完全子会社のために，直ちに責任追及等の訴えを提起することができる（847の2Ⅷ）。

⑷ 会社に対する提訴請求

本来，会社（旧株主による場合は株式交換等完全子会社。以下⑷において同じ）が訴えを提起するか否かの決定権を有するので，株主・旧株主が書面その他法務省令で定める方法（会社規217）により責任追及等の訴えを提起することを会社に対し請求したことが原則として要件とされる[170)]。この請求を受けるのは，原則とし

170) なお，代表訴訟との関連では，情報の提供が重要になるので，責任追及等の訴えの提起請求を受けたにもかかわらず，請求の日から60日以内に訴えを提起しなかったときは，会社は，提訴請求者または責任追及の対象とされている者の請求により，遅滞なく，その者に対し，訴えを提起しない理由を，書面その他法務省令（会社規218）で定める方法により通知しなければならない（847Ⅳ・847の2Ⅶ）。

て，代表取締役（指名委員会等設置会社では代表執行役）であるが（349 Ⅳ・420 Ⅲ），取締役の責任を追及する訴えについては，監査役設置会社では監査役（386 Ⅱ①），監査等委員会設置会社では監査等委員（訴えの相手方となる者を除く）（399の7 Ⅴ①），指名委員会等設置会社の取締役・執行役の責任を追及する訴えについては監査委員（訴えの相手方となるものを除く）（408 Ⅴ①），その他の業務監査権限を有する監査役が置かれていない会社では代表取締役（349 Ⅳ）である。

株主・旧株主が請求した日から会社が60日以内に訴えを提起しなかったことも原則として代表訴訟提起の要件とされるが（847 Ⅲ・847の2 Ⅵ），期間経過を待つと会社に回復することができない損害が生ずるおそれがある場合（たとえば，損害賠償請求権が消滅時効にかかる場合や，取締役が無資力になったり，財産を隠匿する場合）には株主・旧株主は直ちに訴えを提起できる（847 Ⅴ・847の2 Ⅷ）。

5-12-2-2　代表訴訟の手続・効果

(1)　手　続

①　濫訴防止

原告適格が制限され（*5-11-2-1*(2)），原則として，会社に提訴請求した後でなければ提起できないとされているほか（*5-11-2-1*(3)），被告とされた者が原告に対して有することになりうる損害賠償請求権を担保するため（名古屋高決平成7・3・8判時1531号134参照），被告が原告株主による訴えの提起が悪意によるものであることを疎明し，申し立てた場合には，裁判所は原告株主に担保提供を命ずることができる（847の4 Ⅱ）。この悪意は不当な目的による場合のほか，被告に対する損害賠償請求に理由がないことを原告が知って訴えを提起した場合に認められる（東京高決平成7・2・20〈68事件〉）。

②　馴合訴訟の防止

代表訴訟を提起した株主は遅滞なく会社に訴訟告知をしなければならない（849 Ⅲ）。また，会社が責任追及等の訴えを提起したときまたは株主から代表訴訟の訴訟告知を受けたときは，会社はその旨を遅滞なく公告するか株主に通知しなければならない（849 Ⅴ）[171]。会社または株主に訴訟参加（849）の機会を与えて，馴合訴訟を防止すると同時に和解が適切に行われることを担保するためである[172]。和解をする場合には取締役等の責任免除要件である総株主の同意を要

171）　公開会社以外の会社は，必ず株主に通知しなければならない（849 Ⅸ）（*5-2-8-4*⑥）。

172）　もっとも，会社が，その取締役（監査等委員および監査委員を除く），執行役および清算人ならびにこれらの者であった者の責任を追及する訴えに係る訴訟における和解をするに

しないものとされているからである（850 Ⅳ）。また，株主代表訴訟について和解がなされる場合に，会社が和解の当事者でないときは，裁判所は会社に対してその内容を通知し，異議を催告しなければならず（850 Ⅱ），会社が書面で異議を述べなかった場合には会社がその和解を承認したものとみなされる（850 Ⅲ）[173]。なお，馴合訴訟に対する事後的救済として再審の訴え（853）が認められている。

(2) 判決の効果

訴えの原告は株主であるが，会社のために訴えるので（通説によれば，法定訴訟担当の一種），判決の効力は会社に及ぶ（民訴115 Ⅰ②）。株主勝訴（一部勝訴を含む）の場合には，訴えを提起した株主および訴訟に参加した株主は，弁護士報酬およびその訴訟のために支出した必要な費用（訴訟費用を除く）のうち相当と認められる額（大阪地判平成22・7・14判時2093号138参照）の支払を会社に請求でき（852 Ⅰ Ⅲ），敗訴の場合は，役員等が会社に対して責任を負っていないことにつき悪意で訴えを提起し，または訴訟に参加した株主は，会社に対し損害賠償責任を負う（852 Ⅱ Ⅲ）。

5-12-2-3 訴訟参加

不当に訴訟手続を遅延させることとなるとき，または裁判所に対し過大な事務負担を及ぼすこととなるときを除き，株主または会社は，共同訴訟人として，または当事者の一方を補助するため，責任追及等の訴えに係る訴訟（代表訴訟を含む）に参加することができる（849 Ⅰ）[174]。

なお，会社が，取締役（監査委員および監査等委員を除く），執行役もしくは清算人またはこれらの者であった者を補助するため，責任追及等の訴えに係る訴訟に参加するには，監査役設置会社では監査役全員の同意を，指名委員会等設置会社

は，監査役設置会社では監査役（監査役が2人以上ある場合には各監査役），監査等委員会設置会社では各監査等委員，指名委員会等設置会社では各監査委員の同意を得なければならない（849の2）。

173） 会社の承認がある場合を除き，会社が責任追及等の訴えに係る訴訟における和解の当事者でない場合には，和解または請求の放棄もしくは認諾を調書に記載したときであっても，その記載は，確定判決と同一の効力を有しない（850 Ⅰ）。

174） 会社法は，少なくとも文言上は，民事訴訟法42条にいう「利害関係」の有無にかかわらず，会社や株主の補助参加を認めている。なお，最決平成13・1・30〈69事件〉は，取締役会の意思決定が違法であるとして取締役に対し提起された株主代表訴訟において，株式会社は，特段の事情がない限り，取締役を補助するため訴訟に参加することが許されると解するのが相当であるとしていた。

では監査委員全員の同意を，監査等委員会設置会社では監査等委員全員の同意を，それぞれ得なければならない（849 Ⅲ）。

5-12-3 多重代表訴訟（特定責任追及の訴え）（847の3）

親会社の取締役等と子会社の取締役等との間の人的関係により，子会社の株主である親会社が子会社の取締役等の責任追及を懈怠するおそれが類型的・構造的に存在し，子会社の損害が塡補されず，その結果，親会社の損害も塡補されないことがありうるという観点から，会社の発起人等（取締役・監査役・執行役・会計参与・会計監査人なども含まれる）の責任を追及する訴え（特定責任追及の訴え）の提起の請求および提起が最終完全親会社等の株主に認められている。

(1) 請求適格（原告適格）

株式会社の最終完全親会社等[175]の株主であり，最終完全親会社等の総株主の議決権の100分の1（これを下回る割合を定款で定めた場合には，その割合）以上の議決権または発行済株式の100分の1（これを下回る割合を定款で定めた場合には，その割合）以上の数の株式を（公開会社の場合は6ヵ月〔これを下回る期間を定款で定めた場合には，その期間〕前から引き続き）有する株主（847の3 Ⅰ Ⅵ）は，その株主もしくは第三者の不正な利益を図りまたはその株式会社もしくはその最終完全親会社等に損害を加えることを目的とする場合およびその特定責任の原因となった事実によってその最終完全親会社等に損害が生じていない場合を除き，会社に対し，特定責任に係る責任追及等の訴え（特定責任追及の訴え）の提起を請求することができる（847の3 Ⅰ）。なお，特定責任とは，会社の発起人等の責任の原因となった事実が生じた日において最終完全親会社等およびその完全子会社等（847条の3第3項により完全子会社等とみなされるものを含む）におけるその会社の株式の帳簿価額がその最終完全親会社等の総資産額の5分の1（これを下回る割合を定款で定めた場合には，その割合）を超える場合[176]におけるその発起人等（847 Ⅰ）の責任

175） 完全親会社とは，特定の株式会社の発行済株式の全部を有する株式会社その他これと同等のものとして法務省令（会社規218の3）で定める株式会社（847の2 Ⅰ）を，完全親会社等とは，完全親会社または株式会社の発行済株式の全部を他の株式会社およびその完全子会社等または他の株式会社の完全子会社等が有する場合における当該他の株式会社（完全親会社を除く）（847の3 Ⅱ）をいい，最終完全親会社等とは，その株式会社の完全親会社等であって，その完全親会社等がないもの（847の3 Ⅰ）をいう。なお，完全子会社等とは株式会社がその株式または持分の全部を有する法人をいう（847の3 Ⅱ②）。

176） 株式会社（その事業年度の末日において，その完全親会社等があるものを除く）に特定

をいう（847の3Ⅳ）。

完全親会社等の株主に限定されているのは，完全親会社等でない親会社の場合，子会社に少数株主が存在するため，その少数株主が子会社取締役等に対する責任追及等の訴えの提起を請求し，また，代表訴訟を提起して子会社の損害を回復することができるからであり，なかでも，最終完全親会社等の株主に限定されているのは，完全親会社等が重層的に存在する場合に，それぞれの完全親会社等の株主に請求および原告適格を認めると，特定責任追及の訴えが複雑になってしまうからである。

通常の代表訴訟の場合とは異なり，少数株主権とされているのは，親会社株主は子会社とは間接的な関係しか有しないし，子会社の取締役等の責任を追及しない親会社取締役・執行役の責任を追及する余地もある一方で，濫訴防止の必要性もあると考えられたのであろう。同様に，特定責任の定義に，最終完全親会社等およびその完全子会社等（847条の3第3項により完全子会社等とみなされるものを含む）におけるその会社の株式の帳簿価額がその最終完全親会社等の総資産額の5分の1を超えることが含められているのは，重要性の乏しい子会社が損害を被っても親会社株主に与える影響は少ない（したがって，責任追及するか否かは親会社〔の取締役等〕の経営判断〔裁量〕に委ねてかまわない）と考えられたためである。

⑵ 多重代表訴訟

請求適格を有する最終完全親会社等の株主は，会社（＝子会社）に対してその発起人等の特定責任を追及する訴えの提起を請求し（847の3Ⅰ），会社が請求の日から60日（この期間の経過により株式会社に回復することができない損害が生ずるお

完全子会社がある場合には，その特定完全子会社の名称および住所，その株式会社およびその完全子会社等におけるその特定完全子会社の株式のその事業年度の末日における帳簿価額の合計額，ならびにその株式会社のその事業年度に係る貸借対照表の資産の部に計上した額の合計額を事業報告の内容としなければならない（会社規118④）。ここで，特定完全子会社とは，その事業年度の末日において，その株式会社およびその完全子会社等（会社法847条の3第3項の規定により当該完全子会社等とみなされるものを含む）におけるその株式会社のある完全子会社等（株式会社に限る）の株式の帳簿価額がその株式会社のその事業年度に係る貸借対照表の資産の部に計上した額の合計額の5分の1（5分の1を下回る割合を定款で定めた場合には，その割合）を超える場合における当該ある完全子会社等をいう。これは，最終完全親会社等の株主が，どの子会社の発起人等の責任を特定責任追及の訴えによって追及できるかを把握するための参考に供することを目的とする（ただし，特定責任追及の訴えが認められるかどうかの基準日は発起人等の責任原因事実の発生日であるのに対し，この記載事項は事業年度の末日における情報である）。

それがある場合には直ちに提起できる）以内に特定責任追及の訴えを提起しないときは，請求をした最終完全親会社等の株主は，会社のために，特定責任追及の訴えを提起することができる（847の3 Ⅶ Ⅸ）。会社が訴えを提起しない場合に，請求に応じて不提訴理由の通知が求められるのは，通常の代表訴訟の場合と同様である（847の3 Ⅷ）。

会社および最終完全親会社等の株主のみならず（849 Ⅰ），最終完全親会社等も，共同訴訟人として，または，当事者の一方を補助するため，特定責任追及の訴えに係る訴訟に参加することができる（849 Ⅱ②）。また，通常の責任追及等の訴えと同様，参加の機会を確保するため，告知義務，通知・公告義務が定められている（849 Ⅳ Ⅴ Ⅶ Ⅹ②）。訴訟費用（847の4 Ⅰ），和解（850），勝訴原告の費用償還請求，敗訴原告の会社に対する賠償責任（852），再審（853）についても通常の代表訴訟と同様の定めが適用される。

5-12-4　役員等の第三者に対する責任（429）

取締役・執行役・監査役・会計参与・会計監査人（役員等。以下，***5-12-4***において同じ）はその職務を行うについて悪意または重大な過失があり，それにより，第三者に損害を与えたときは，その第三者に対して損害賠償責任を負う（任務懈怠と第三者の損害の間に相当因果関係〔名目的取締役の監視義務違反と第三者の損害との間には相当因果関係がないとしたものとして，最判昭和45・7・16民集24巻7号1061，東京地判昭和51・8・23判時849号114など〕が当然必要である）[177)]。

役員等の任務は会社に対して負担するものにすぎないから，第三者に対しては，原則として，不法行為（民709）の要件をみたさない限り責任を負わないはずである。しかし，株式会社が経済社会において重要な地位を占めていて，しかも株式会社の活動はその役員等の職務執行に依存することを考慮して，第三者保護のため，役員等の対第三者責任が定められている[178)]（最大判昭和44・11・26〈71事

177）　この責任は，不法行為責任ではないので，消滅時効期間は10年（最判昭和49・12・17民集28巻10号2059）と解されているが，過失相殺との関連では不法行為責任に関する規定が類推適用されると考えられている（最判昭和59・10・4判時1143号143）。

178）　平成17年改正前商法266条ノ3〔会社法429条〕を不法行為責任の特則とみて，取締役は重過失がない限り第三者に対して責任を負わないとする見解があった（不法行為責任説）（最大判昭和44・11・26の反対意見〔松田〕，松田・会社法概論227）。この説は取締役は複雑多岐にわたる職務を大量かつ迅速に処理しなければならないから，その責任を軽減する必要があるという価値判断に基づいている。そして第三者の保護は，国家賠償などと同様，

件〉)。

5-12-4-1 役員等の任務懈怠[179)]

5-12-1-1-1 参照。

5-12-4-2 悪意または重大な過失

この責任は特別の法定責任であり，任務懈怠につき悪意または重過失[180)]のあることが要件である。役員等の職務執行行為によって第三者が直接に被った損害については，第三者としては役員等の加害についての故意・過失よりも，任務懈怠についての悪意・重過失のほうがより容易に立証できることがある。

5-12-4-3 損害の範囲

直接損害（役員等の行為によって第三者が直接に損害を受ける場合）であるか，間接

企業自体の責任によれば十分であるとする。

しかし，企業が破綻した場合には企業自体の責任を追及しても無意味であり，また法人格否認の法理によって第三者を保護できる場合は限られているから，本条によって第三者を保護する必要がある。また会社の使用人は軽過失でも第三者に責任を負うのに，取締役は負わないとするのは均衡を欠くし，業務の複雑性は会社に対する責任の軽減の理由としてはともかく，第三者に対する軽過失に基づく責任を免除する理由にはならない。さらに不法行為責任説によっても，会社が取締役の軽過失に基づき第三者に対して責任を負えば，会社は取締役に求償できるから，取締役の責任の軽減という目的は達成されない。

このほかのさまざまな学説については，たとえば，判例 104 以下〔田村〕参照。

179) 取締役として登記はされているものの，適法に選任されていないため，会社に対して職務権限を有しない者（登記簿上の取締役〔表見取締役〕）については任務懈怠は考えられないという批判がある（百選〔第 6 版〕60 事件解説〔加藤徹〕)。擬似発起人は任務懈怠責任を負わないと解されることとのバランスを根拠としていたが，会社法の下では，擬似発起人も任務懈怠責任を負うと考えるべきであるし（***6-8-2***)，負わないと仮に解しても，登記の有無の点では差がある。また名目的取締役の責任（***5-12-4-6***）とのバランスを図るべきである。

180) 名目的取締役について重過失を認めなかったものとして，東京高判昭和 56・9・28 判時 1021 号 131 があるが，東京地判平成 20・11・20（平成 18 年（ワ）第 26617 号）は，「就任に当たって名目上の取締役になる旨の合意があり，実際に会社の経営に関与せず，また，株主総会や取締役会等の法定機関が全く機能していなかったこと等」は会社の業務執行全般を監視し，必要があれば取締役会を自ら招集するなど，業務執行が適正になされるようにすべき「職責を免れる理由になるものではなく，むしろ，その任務懈怠を示す事情といえる。このことは，会社の経営がいずれかの者によって独断専行されていたとしても異なるものではなく，当該取締役において職責を尽くすことが困難であると考えるならば，就任を拒絶し，あるいは退任すべきであって，単に無報酬であることや，日常業務に事実上関与しなかったことなどの故に，第三者に対する関係において，任務懈怠に基づく責任を免除され，または軽減されることはないものと解するのが相当である」としている。また，大阪高判平成 26・2・27 金判 1441 号 19。

損害（第1次的に会社に損害が生じ，その結果，第2次的に第三者が損害を受けた場合）であるかを問わない[181]。これは直接損害と間接損害との区別が困難であることから，無理に振り分けることは不公平をもたらすおそれがあり，また第三者の保護を強化するためである。

5-12-4-4 **「第三者」の範囲**

会社債権者等が含まれることには問題がない。株主については役員等の行為によって会社が損害を被った結果として株主が被った損害（間接損害）は，会社の財産が役員等からの損害賠償により回復されれば，消滅することになり，かつそのために代表訴訟（847）の制度があるのであるから，これについては，株主に独立の損害賠償請求を認める必要は原則としてないが，直接損害についてはそのような方法では株主の救済が図られないので，直接損害に限っては株主も本条にいう「第三者」として役員等に対して損害賠償を請求できるとするのが多数説（前田452–453）・下級審裁判例（東京高判平成17・1・18金判1209号10）である。しかし，代表訴訟を提起するためには，担保提供が命ぜられることもあるし，公開会社の場合，原則として6ヵ月の株式保有期間の要件をみたさなくてはならない。また，定款の定めによって，単元未満株主の責任追及の訴えの提起請求権（その結果，代表訴訟の原告適格）を奪うことができる（847 Ⅰ柱書・189 Ⅱ参照）（***4-6-2***）。

181）　429条が不法行為責任の特則を定めると理解すると，直接損害に限定されることになる。他方，直接損害は一般不法行為によって対処することとして429条の適用範囲を間接損害に限定する考え方がありうる（佐藤・取締役責任論109以下）。ある事案が直接損害と間接損害のいずれにあたるかは構成の問題であり，多くの場合，どちらとも構成できる。そのような柔軟な構成を許すのであれば，間接損害限定説が妥当であると思われる。なぜなら，429条は見方を変えれば取締役の責任の範囲を限定しているものであるから，なんらかの歯止めが必要であるが，その1つの基準として「会社に損害が発生していること」が考えられるからである。すなわち「任務懈怠」といえるためには「会社に損害が発生していること」が必要であると考えるのが自然である。これを要件としなければ，「取締役の第三者に対する加害行為が実質的な不法行為にあたる」か否かが任務懈怠を認定する基準となるが（上柳・論集120），それなら一般不法行為の要件と同じであり，一般不法行為責任と429条の責任との請求権競合を認める必要はないであろう（弥永・ジュリ886号117以下）。しかも，会社に損害が生じない場合に取締役の行為によって第三者が被った損害については一般不法行為責任以上の救済を与える必要がなぜあるのかは不明である。したがって，いかなる意味においても間接損害とはいえない場合には，429条の適用はないとすることも考えられよう。ただ，間接責任限定説に立つと，他の取締役の第三者に対する直接の加害行為について監視義務違反がある場合にも責任追及できないため，第三者の保護が両損害包含説に比べ，弱くなるという点は指摘できよう。

さらに，会社に対する責任は，たとえば，和解によって免除される（**5-12-2-2**(1)②参照）可能性があるのだから，代表訴訟によって株主の間接損害が完全に回復されない場合が十分に想定される[182)]。以上に加えて，株主が株式を売却した後は429条による請求を認めざるを得ないであろう（黒沼・商事法務1740号21参照）。したがって，間接損害についても株主は429条の責任を追及できると解すべきであろう（第7章注54も参照）。このように考えても，株主に対する損害賠償によっては会社に対する責任は減縮しないと考えれば，会社財産の維持は図れる。そして，役員等が会社に対して損害を賠償し，その結果，株主の損害が填補されれば，先に受けた賠償は不当利得と考えれば取締役・執行役にとっても酷ではない（先に会社に対し全額につき損害賠償すれば，429条に基づく株主の請求は損害なしとして棄却される）。また，多数説は，間接損害について株主に429条による請求を認めると，会社に帰属すべき財産が特定の株主によって早い者勝ちに奪い取られることになるというが，たとえば，会社が提訴請求に応じない場合には，そのような理由付けが説得的であるとは思われない。「第三者」という文言を文理どおりに解すれば，会社と責任を負う役員等以外の者を意味するはずである。

5-12-4-5 不法行為責任との関係[183)]

429条の責任は法定責任であって，不法行為責任とは要件・効果が異なるから，役員等がその職務を行うについて故意または過失によって第三者に損害を与えたときは，429条に基づく責任のほか，不法行為責任に関する民法の一般原則（民709）に基づいて損害賠償責任を負うこともある。なお，役員等が第三者に生じた損害を賠償する責任を負う場合に，他の役員等もその損害を賠償する責任を負うときは，これらの者は，連帯して責任を負う（430）。

5-12-4-6 429条に基づく責任を負う者

「取締役」，「監査役」，「会計参与」，「会計監査人」とは，創立総会または株主総会において取締役・監査役・会計参与・会計監査人として適法に選任され，就任を承諾した者をいい，「執行役」とは取締役会において執行役として適法に選任され，就任を承諾した者をいう。したがって，いわゆる名目的取締役・名目的執行役[184)]も（登記の有無を問わず）429条にいう取締役・執行役にあたるが，適

182）間接損害については株主は第三者に含まれないとする見解に対する反論の詳細に関しては，竹内・理論Ⅲ 288以下参照。

183）不法行為責任説によれば，一般不法行為責任（民709）の追及の余地は429条によって排除される。

法に選任されておらず，または就任を承諾していないにもかかわらず取締役・執行役として登記されている者は含まれない。

しかも，908条2項にいう「不実の事項を登記した者」とは，本来登記申請者（登記義務者）である会社を指すから，登記簿上の役員等に，908条2項を直接適用することはできない。しかし，その者が，登記に承諾を与える等，故意または過失によって不実の登記の出現に加功していた場合には，908条2項を類推適用するのが相当である（最判昭和47・6・15民集26巻5号984参照）[185)]。その結果，役

184)　適法な選任決議はあるが，実際には取締役・執行役としての任務を遂行しなくてもよいという合意が会社とその取締役・執行役との間でなされている場合である。しかし，この種の合意は会社の内部事項にすぎず，第三者には対抗できないと考えられるから（最判昭和55・3・18金判602号3，新注会(6)280〔近藤〕），名目的取締役・名目的執行役も429条の責任を負う。ただし，第三者がその点につき悪意の場合は責任を追及できないと考えるのが利益衡量上妥当であるとみる余地がないわけではない。

他方，対会社責任との関係では，1人株主との間に職責免除の合意がある場合には，「会社に対する関係においては，善管注意義務や監視監督義務の責任を負わない」とする裁判例（東京高判平成15・9・30判時1843号150）がある。しかし，これは，職責免除の特約の有効性を認めたというよりは（たとえば，大阪高決平成9・12・8資料版商事法務166号138は職責免除の〔黙示の〕特約の有効性が否定されることを前提とするものと解される），任務懈怠に基づく損害賠償責任を追及されないという結果を認めたと解することもでき，一人会社においては株主との間に合意がある場合には，株主ひいてはそれと経済的に同一視できる会社は信義則，禁反言などにより，任務懈怠に基づく損害賠償責任を追及できないと解することは可能であろう（名古屋高金沢支判昭和48・4・11高民集26巻2号190参照）。なお，特別講義商法Ⅰ 4, 11–12〔神田〕参照。

185)　平成17年改正前商法266条ノ3〔会社法429条〕については善意者保護に立脚するものではないとして，取締役への就任を承諾した点に責任根拠を求める見解があった（竹内・判例Ⅰ 290)。これに対しては，取締役として適法に選任された者でないことを知っていた第三者に対してまで責任を負うことは行きすぎであるという批判がなされていたが（大隅＝今井・中267），取締役としての責任を負うことを覚悟しているのであるから責任を負わせてよいと反論できる（もしその第三者に責任追及を許すべきではないと考えられる場合には権利濫用あるいは信義則違反の構成によればよい）。さらに，現実に取締役・執行役であるかのように業務執行をしているというのであれば，株式会社の活動がその取締役・執行役の職務執行に依存することに注目して対第三者責任を定めているという429条の趣旨の理解（***5-11-3***）からは，429条の責任を負わせるのが適当であり，また，本人は取締役・執行役としての任務を引き受けていると考えられるから，429条の責任をおわせてもよいはずである（最判昭和62・4・16〈72事件〉参照）。このように考えると，第三者の善意悪意を問題とする908条2項の類推適用は適当ではないこととなろう。なお，前掲最判昭和47・6・15以外で，登記簿上の取締役の責任が認められた事案の多くは，登記簿上の取締役が現実に業

員等としての権限義務を有しないことを善意の第三者に対して主張できず，429条1項の責任を免れることはできないと考えるべきであるとするのが多数説である（経営に対する現実の関与がある場合には，なおさら責任を負わせてよい）。

なお，辞任は意思表示のみでできるから，退任登記の有無を問わず，辞任した役員等は429条にいう「役員等」にはあたらないのが原則である[186)]。しかし，346条1項・351条1項に該当する場合には429条の責任主体となる（したがって346条1項・351条1項にあたる場合に責任を免れるためには一時役員の選任を求めるしかない）[187)]。もちろん，このような場合でも因果関係等の要件をみたさないことによって責任がないとされることがある。なお，不実の登記の残存にことさら加功した場合には，908条1項または2項の類推が考えられよう。

また，たとえば，瑕疵ある株主総会決議によって選任された取締役が429条の他の要件をみたす行為をしたときは，決議取消判決に遡及効があるとしても責任

務執行を行っている場合か，欺罔的な要素が強い場合であることについて，藤田「いわゆる登記簿上の取締役の第三者責任について」現代金融取引法の諸問題15以下。

186)　前掲最判昭和62・4・16は，「株式会社の取締役を辞任した者は，辞任したにもかかわらずなお積極的に取締役として対外的又は内部的な行為をあえてした場合を除いては，辞任登記が未了であることによりその者が取締役であると信じて当該株式会社と取引した第三者に対しても（中略）266条ノ3第1項前段に基づく損害賠償責任を負わない」が，取締役を辞任した者が，「登記申請権者である当該株式会社の代表者に対し，辞任登記を申請しないで不実の登記を残存させることにつき明示的に承諾を与えていたなどの特段の事情が存在する場合」には平成17年改正前商法14条〔会社法908条2項〕の類推適用により同266条ノ3〔会社法429条〕所定の責任を免れることはできないとした。これに対しては，登記すべき事項を登記していないのであるから，理論的には同12条〔会社法908条1項〕の類推適用により責任を認めるべきであるという批判がなされている（浜田・法教144号87）。

辞任取締役に退任登記がなされたかについて調査義務を，および，なされていない場合にはさらに催促義務を認める見解があるが（東京地判昭和57・4・16判時1049号131，名古屋高判昭和58・12・14判時1110号130），退任取締役は登記義務者ではないから，一般的には妥当ではない（会社に対する登記請求権は認められる。最判平成7・2・21民集49巻2号231参照。また，竹内・ジュリ171号63）。

187)　この結論は退任取締役に酷であるとして，後任取締役の選任に必要な合理的期間が経過した後は346条1項・351条1項の適用はなくなると考える（東京高判昭和63・5・31判時1279号146は，辞任または任期満了により退任した後7年あるいは15年経過していた事案につき，事実上業務の執行に特段の支障が生じていたとは認められないとして，退任取締役には重過失がなかったとした。また森・法セ413号122参照）こともできそうであるが，株式会社の業務執行の空白を防ぐという346条1項・351条1項の趣旨に反するようにも思われる。

を負うと考えるべきであろう。適法な選任決議がないことが，会社，会社関係者その他の第三者から取締役資格を否定される原因となるとしても，取締役として就任することを承認した以上，429条の責任を負わせても酷ではない。また429条の立法趣旨を前述したように解すると，取締役として事実上行動した者にこそ責任を負わせるべきであろう（選任決議を経ていない者も同じく考えてよいであろう）[188]。このような場合には，429条の類推適用によるべきであり，908条2項の類推適用によって処理することは適当ではない。なぜなら，決議取消しまた無効確認の訴えが提起されていることを知っていても，必ずしも認容判決があるとは限らない以上，第三者を「悪意」と評価するのは困難であり，「悪意」とは何を意味するか不明だからである。

5-12-4-7 **虚偽記載等に基づく責任**（429 Ⅱ）

取締役・執行役が，株式，新株予約権，社債もしくは新株予約権付社債を引き受ける者の募集をする際に通知しなければならない重要な事項についての虚偽の通知またはその募集のための会社の事業その他の事項に関する説明に用いた資料についての虚偽の記載もしくは記録，計算書類および事業報告ならびにこれらの附属明細書，臨時計算書類に記載・記録すべき重要な事項についての虚偽の記載・記録，あるいは，虚偽の登記・公告（貸借対照表の内容である情報を電磁的方法により不特定多数の者が提供を受けることができる状態に置く措置を含む）をしたときには，その行為をすることについて注意を怠らなかったことを証明した場合を除き，その行為によって第三者（名古屋高判昭和58・7・1判時1096号134は，会社と直接取引関係に入った者および会社の株式または社債を公開の流通市場において取得した者等に限定するが，通説は反対）に生じた損害を賠償する責任を負う[189]。

188） 取締役として適法に選任されておらず，かつ，取締役である旨の登記もなされていない者がいわゆる事実上の取締役として第三者に対して損害賠償責任を負うかどうかは事案に即して判断されてきたが（責任を認めたものとして，高松高判平成26・1・23判時2235号54，大阪地判平成23・10・31判時2135号121など，否定したものとして，東京高判平成20・7・9金判1297号20など），福岡地判平成30・9・14判時2413・2414号195は，当該事案において，代表取締役退任後も，取締役に匹敵ないしこれを上回る権限（人事権や経営権）を有していたものであり，会社内部においても，対外的にも代表権を有する者と認識されていた者は事実上の取締役にあたるとし，事実上の取締役は，会社が第三者に対して損害を与えた場合には，429条1項の類推適用により，任務懈怠責任を負うとした（控訴審判決である福岡高判平成31・3・26判時2435号109により是認）。

189） 429条2項が連結計算書類の虚偽記載等を責任原因に含めていない（429条1項の問題とされる）のは，連結計算書類は分配可能額算定と結びつけられておらず，また，備置・閲

また，会計参与が計算書類およびその附属明細書，臨時計算書類ならびに会計参与報告に記載・記録すべき重要な事項についての虚偽の記載・記録をし，監査役，監査委員または監査等委員が監査報告に記載・記録すべき重要な事項についての虚偽の記載・記録をし，または，会計監査人が会計監査報告に記載・記録すべき重要な事項について虚偽の記載・記録をしたときには，その行為をすることについて注意を怠らなかったことを証明した場合を除き，それぞれ，その行為によって第三者に生じた損害を賠償する責任を負う。

これらの責任は過失責任であるが，役員等の職務の重大性に鑑み，職務を行うについて注意を怠らなかったこと（無過失）の立証責任は役員等の側にあるものとされている。

5-13　補償と役員等賠償責任保険契約

5-13-1　補償

役員等として優秀な人材を確保し，また，その職務執行を委縮させないという観点から，株式会社は，役員等に対して，①その役員等が，その職務の執行に関し，法令の規定に違反したことが疑われ，または責任の追及に係る請求を受けたことに対処するために支出する費用，ならびに，②その役員等が，その職務の執行に関し，第三者に生じた損害を賠償する責任を負う場合における，その損害をその役員等が賠償することにより生ずる損失およびその損害の賠償に関する紛争について当事者間に和解が成立したときは，その役員等がその和解に基づく金銭を支払うことにより生ずる損失の全部または一部を，その会社が補償することを約する契約（補償契約）を締結することができるものとされている。会社に対する損害賠償責任は免除または限定できるが（**5-12-1-7** および **5-12-1-8**），第三者に対する責任についてはできず，また，防御費用についても会社法330条・民法650条を適用するのでは不十分でありうると考えられるためである。

補償契約は利益相反取引の性質を有するから，その内容の決定をするには，株主総会（取締役会設置会社では，取締役会）の決議によらなければならないとされている（430の2 I）。そして，取締役会設置会社においては，補償契約に基づく

覧等の対象とされていないからであろう。

補償をした取締役・執行役および当該補償を受けた取締役・執行役は，遅滞なく，当該補償についての重要な事実を取締役会に報告しなければならない（430の2Ⅳ Ⅴ）。このような手続は通常の利益相反取引についての手続と共通することから，利益相反取引規制（423条3項を含む）は株式会社と取締役または執行役との間の補償契約については適用しないこととされ，株主総会（取締役会設置会社では，取締役会）の決議によってその内容が定められた補償契約の締結については民法108条は適用されない（430の2Ⅵ Ⅶ）。補償契約の内容等は公開会社の事業報告の内容とされている（会社規121③の2③の3③の4）（**視点17**）。

なお，会社は，補償契約を締結している場合であっても，その補償契約に基づき，①のうち通常要する費用の額を超える部分を補償することができない。また，会社が損害を賠償するとすればその役員等がその会社に対する損害賠償責任（423Ⅰ）を負う場合にはその責任に係る部分を補償することはできず，役員等がその職務を行うにつき悪意または重大な過失があったことにより責任を負う場合には②を補償することができない（430の2Ⅱ）[190]。なお，補償契約に基づき①を補償した株式会社が，その役員等が自己もしくは第三者の不正な利益を図り，または会社に損害を加える目的で職務を執行したことを知ったときは，その役員等に対し，補償した金額に相当する金銭を返還することを請求することができる（430の2Ⅲ）。

5-13-2　役員等賠償責任保険契約

役員等として優秀な人材を確保し，また，その職務執行を委縮させないという観点から，会社が役員等のために保険契約を締結することが想定できるが，その手続を明確化するとともに，利益相反取引規制の対象外とする規定が令和元年改正によって設けられた。

役員等賠償責任保険契約は，利益相反取引としての性質を有するから，その内容の決定をするには，株主総会（取締役会設置会社では，取締役会）の決議によら

190）　①を補償することができるとされているのは，その役員等に悪意または重大な過失が認められるおそれがあるときであっても，その役員等が適切な防御活動を行うことが会社の損害の拡大の抑止等につながることもあると考えられること，また，役員等に悪意または重大な過失があるときであっても，防御費用を補償の対象に含めたとしても通常は職務の適正性を害するおそれが高いとまではいうことができないことによる。また，防御費用の補償は訴訟等の進行過程において必要となる可能性が高いが，その段階では，役員等に悪意または重大な過失があるかどうかを的確に判断できない。

なければならないとされている（430の3Ⅰ）。役員等賠償責任保険契約とは役員等がその職務の執行に関し責任を負うことまたは当該責任の追及に係る請求を受けることによって生ずることのある損害を保険者が塡補することを約するものであって，役員等を被保険者とするもの（ただし，株式会社が，保険者との間で締結する保険契約のうち，その保険契約を締結することにより被保険者である役員等の職務の執行の適正性が著しく損なわれるおそれがないものとして法務省令〔会社規115の2〕で定めるもの〔生産物賠償責任保険，企業総合賠償責任保険，自動車賠償責任保険，海外旅行保険など〕を除く）である。

そして，株式会社が保険者との間で締結する保険契約のうち役員等がその職務の執行に関し責任を負うことまたは当該責任の追及に係る請求を受けることによって生ずることのある損害を保険者が塡補することを約するものであって，取締役または執行役を被保険者とするもの（役員等賠償責任保険契約にあたらないものも含まれる）の締結については，利益相反取引規制（423条3項を含む）は適用しないとされた（430の3Ⅱ）。また，その保険契約の締結については民法108条は適用されない（役員等賠償責任保険契約については，株主総会〔取締役会設置会社では，取締役会〕の決議により内容を決定した場合に限る）（430の3Ⅲ）。役員等賠償責任保険契約の被保険者の範囲および内容の概要は公開会社の事業報告の内容とされている（会社規121の2）（**視点17**）。

第6章 設　立

6-1　会社設立の2つの面

図 6-1　設立の視点

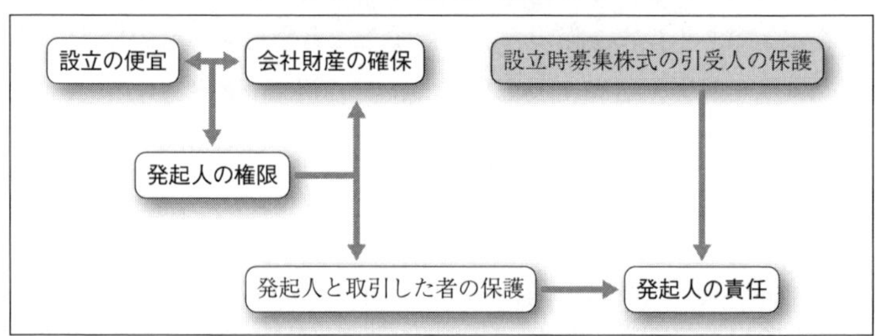

会社をつくることを設立という。会社の設立には実体の形成と法人格の取得という2つの面がある。すなわち，会社という団体（社団）の形成には，社団の根本規則である定款の作成，社団の構成員でありかつ社団に対する出資者である社員（株主）の確定（団体の人的・物的基礎の形成），および，社団の活動を担う機関の具備を必要とする。他方，会社の本店の所在地で設立の登記をしたときに法人格を取得する（49・579）（会社の成立）。

6-2　株式会社の設立と持分会社の設立との違い

①　定款の作成

持分会社（合名会社・合資会社・合同会社）では，社員となろうとする者全員によって定款は作成されるが（575），株式会社では，必ずしも，株主となろうとする者全員によって作成されるわけではなく，発起人によって作成される（25・26）。

また，定款の記載事項も，会社の目的・商号および本店の所在地が共通である

図 6-2　株式会社の設立と合名会社の設立

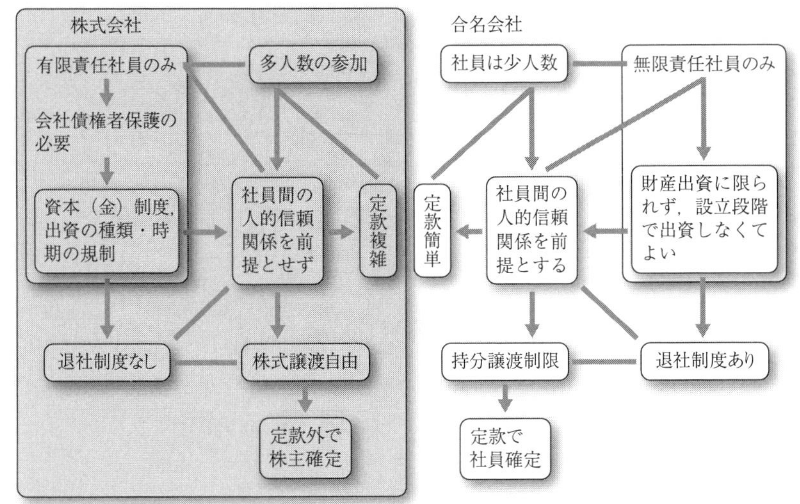

ことを除き，異なる。②以下で述べる点を除けば，株式会社の定款の記載事項のほうが詳細であるが，これは，株式会社では社員（株主）間の人的信頼関係が前提とされておらず，株主の変動が想定されているからである。

②　**社員の確定**

持分会社では社員の数が少ないことが一般的であり，社員の変動には，原則として，総社員の同意（業務を執行しない有限責任社員については業務執行社員全員の同意）を要するため（585 Ⅰ Ⅱ），社員は定款で確定される（576 Ⅰ④）。他方，株式会社では，株主が多数にのぼったり，株主が変動する可能性が高いため（127），株主の確定は，現物出資者を除き（28①），定款外で発起人または設立時募集株式引受人による株式の引受け（25 Ⅰ・62）および出資の履行によってなされる。

③　**社員の出資**

持分会社では，定款で確定される（576 Ⅰ⑥）。また，合名会社および合資会社では，全部または一部の社員が会社債権者に対し無限責任を連帯して負うため（580 Ⅰ），会社財産の重要性が少ないから，出資は設立段階で履行されていなくともよいし，無限責任社員には労務（民 667 Ⅱ）・信用による出資も認められる（576 Ⅰ⑥）。

他方，株式会社では，現物出資の場合を除き，定款外の株式引受けおよび出資の履行によって確定する。また，株主は間接有限責任（*3-3*）しか負わないため（104），引受人間の公平を図り，会社ひいては会社債権者にとってクッションとなる会社財産を確保するため，出資は設立段階で完全に履行されなければならず（34・36 Ⅲ・63 Ⅰ Ⅲ），財産出資に限られる（27④・32 Ⅰ②・58 Ⅰ②）（合同会社の社員についても同じ）。

④ 機関の具備

持分会社では，原則として，社員資格と機関資格とは一致する。すなわち，定款に別段の定めをしない限り，定款で確定された社員（576 Ⅰ④）が当然に機関となる（590 Ⅰ）。他方，株式会社では，社員資格と機関資格とは一致しない。すなわち，公開会社においては，取締役，監査役または執行役が株主でなければならない旨を定款で定めることはできないものとされ（331 Ⅱ・335 Ⅰ・402 Ⅴ），取締役などは定款外で，発起人によって，または創立総会で選任される。

⑤ 財産的基礎の形成のための手続

合名会社および合資会社では定款の作成のみで実体が形成されるから，その設立手続は簡易・迅速に終了する。他方，株式会社や合同会社では，定款作成のほか，会社の実体の完成には財産的基礎を形成するための多くの手続が必要とされる。

6-3 株式会社の設立

6-3-1 2種類の方法

株式会社の設立の方法には発起設立と募集設立がある（25 Ⅰ）。

発起設立とは，発起人が設立時発行株式（株式会社の設立に際して発行する株式）の全部を引き受けて会社を設立する方法（25 Ⅰ①）をいい，募集設立とは，発起人が設立時発行株式を引き受けるほか，残りの設立時発行株式を引き受ける者を募集をして会社を設立する方法（25 Ⅰ②）をいう。

いずれの場合にも，発起人が，定款を作成して会社の根本規則を確定し（26），この定款について公証人の認証を受け（30），設立時発行株式に関する事項を決定し（32），かつ設立時発行株式を1株以上引き受け（25 Ⅱ），出資を履行する（34）。

図6-3 設立の手続の流れ

<table>
<tr><th></th><th>発起設立</th><th colspan="2">募集設立</th></tr>
<tr><td>根本規則の確定</td><td colspan="3">定款の作成・認証（26・30Ⅰ）</td></tr>
<tr><td rowspan="2">社員の確定</td><td colspan="3">設立時発行株式に関する事項の決定（32）</td></tr>
<tr><td colspan="3">発起人による引受け（25Ⅱ・32Ⅰ）</td></tr>
<tr><td></td><td colspan="3">変態設立事項についての検査役の調査等［および裁判所による変更］（33）</td></tr>
<tr><td>出資の履行</td><td colspan="3">発起人による出資の履行（34）</td></tr>
<tr><td rowspan="5">社員の確定</td><td rowspan="7"></td><td colspan="2">発起人による設立時募集株式に関する事項の決定（57・58）</td></tr>
<tr><td>設立時募集株式を引き受けようとする者に対する通知（59Ⅰ）</td><td rowspan="3">設立時募集株式の総数引受け契約の締結（61）</td></tr>
<tr><td>引受けの申込み（59ⅢⅣ）</td></tr>
<tr><td>設立時募集株式の割当て（60）</td></tr>
<tr><td colspan="2">設立時募集株式の引受人の確定（62）</td></tr>
<tr><td>出資の履行</td><td colspan="2">設立時募集株式の引受人による払込み（63）</td></tr>
<tr><td rowspan="3">機関等の選任（実体の完成）</td><td colspan="2">創立総会（種類創立総会）の招集（65）</td></tr>
<tr><td>発起人による設立時役員等の選任（38～41）</td><td colspan="2">創立総会による設立時役員等の選任（88）</td></tr>
<tr><td colspan="3">設立時代表取締役等の選任（47・48）</td></tr>
<tr><td rowspan="2">設立時取締役等による調査・報告等</td><td colspan="3">設立時取締役等による調査（46・93）</td></tr>
<tr><td></td><td colspan="2">設立時取締役等による調査結果の創立総会に対する報告［および創立総会による変態設立事項の変更］（93Ⅱ・96）</td></tr>
<tr><td>人格の付与</td><td colspan="3">設立登記（49）</td></tr>
</table>

6-3-2 設立時発行株式に関する事項の決定

発起人が割当てを受ける設立時発行株式の数，発起人が割当てを受ける設立時発行株式と引換えに払い込む金銭の額，成立後の株式会社の資本金および資本準備金の額に関する事項，設立しようとする会社が種類株式発行会社である場合には，発起人が割当てを受ける設立時発行株式が剰余金の配当について内容の異なる株式であるときは，その設立時発行株式の内容，設立時募集株式の数（設立しようとする会社が種類株式発行会社である場合には，その種類および種類ごとの数），設立時募集株式の払込金額，設立時募集株式と引換えにする金銭の払込期日または払込期間，および，一定の日までに設立の登記がされない場合には，設立時募集株式の引受けの取消しをすることができることとするときは，その旨およびその一定の日は定款で定めてもよいし，定款外で発起人全員の同意で定めてもよい（32・58）。これら以外の事項は，定款外で発起人の多数決によって定められる。

6-3-3　創立総会

募集設立の場合，設立時募集株式の払込期日または払込期間の末日のうち最も遅い日以後，遅滞なく，発起人は，創立総会を招集しなければならない（65）。創立総会は，会社成立後の株主総会に相当するものであり，創立総会の招集手続および決議方法は，株主総会のそれらとおおむねパラレルに定められている。

創立総会は，会社法第2編第1章第9節に規定する事項および設立の廃止（***6-7-4***），創立総会の終結その他設立に関する事項に限り，決議をすることができるが（66），創立総会がする主要なことは，設立に関する事項のチェックと設立時役員等の選任である。すなわち，発起人から設立に関する事項の報告を受け（87 Ⅰ），設立時役員等[1)]を選任する（88）。そして，設立時取締役（設立しようとする会社が監査役設置会社である場合には，さらに設立時監査役。以下，同じ）あるいは創立総会が設立事項を調査するとして選任した者（94）は，その選任後遅滞なく，発起人による出資の履行および設立時募集株式について払込みが完了していること，現物出資または財産引受けについて，検査役による調査も弁護士等による証明・鑑定評価もなされていない場合には現物出資財産等について定款に記載・記

1）　設立時取締役（設立に際して取締役となる者），設立時会計参与（設立に際して会計参与となる者），設立時監査役（設立に際して監査役となる者），設立時会計監査人（設立に際して会計監査人となる者）を設立時役員等という。設立しようとする会社がどのような株式会社であっても，設立時取締役を選任することは必要であるが，設立時会計参与は設立しようとする会社が会計参与設置会社である場合に，設立時監査役は設立しようとする会社が監査役設置会社（監査役の監査の範囲を会計に関するものに限定する旨の定款の定めがある株式会社を含む。以下，本章においては同じ）である場合に，設立時会計監査人は設立しようとする会社が会計監査人設置会社である場合に，それぞれ，選任される。また，設立しようとする会社が監査等委員会設置会社である場合には，設立時監査等委員（設立に際して監査等委員となる者）である設立時取締役とそれ以外の設立時取締役とを区別して選任しなければならない。創立総会は，会社成立時までの間，その選任した設立時役員等を解任することができる（91）。

他方，発起設立の場合には，定款に定めることによって（38 Ⅳ），または発起人の議決権の過半数によって（40 Ⅰ）選任するのが原則であるが，取締役・監査役の選任について異なる定めのある種類の株式を設立に際して発行する場合には，その種類の設立時発行株式を引き受けた発起人の議決権の過半数をもって選任する（41 Ⅰ Ⅲ）。この場合，発起人は，会社成立時までの間，その選任した設立時役員等を解任することができる（42）。

録された価額が相当であること，弁護士等による証明・鑑定評価がなされた場合はそれが相当であること，その他株式会社の設立の手続が法令または定款に違反していないことを調査し，創立総会に報告しなければならない（93 Ⅰ Ⅱ）[2)]。創立総会は，この報告および検査役の調査結果[3)]をふまえて，変態設立事項（**6-5-3**）に関する定款の定めを変更することができる（96）。

創立総会は定款を変更することができるとされ（96），変態設立事項に係る定款変更に反対した設立時株主には設立時発行株式の引受けに係る意思表示を取り消すことが認められているが（97），創立総会に欠席した設立時株主の利益を考慮し，かつ，検査役の調査を経るときには，募集設立の場合にも変態設立事項を裁判所の変更命令に服させていることに照らせば，会社法の下でも，変態設立事項についての追加的あるいは拡張的変更は，原則として，許されないと解するのが適当であろう[4)5)]。この結論は，発起設立の場合には，――そのような定款変更が会社成立後に認められるかどうかはともかく――少なくとも会社成立前には，変態設立事項の追加的・拡張的変更を内容とする定款変更が認められないこと（30 Ⅱ）とのバランスからも支持できる。

なお，設立しようとする会社が種類株式発行会社である場合には，一定の定款の変更について，ある種類株式の種類株主全員の同意あるいは種類創立総会の決議を要することとされている（99～101）。

6-3-4　設立登記

設立登記により，株式会社が成立する（49）。設立登記は，所定の期間内に，本店所在地を管轄する登記所で行わなければならない（911）。会社の成立ととも

2）設立時取締役は，創立総会において，設立時株主から調査に関する事項について説明を求められた場合には，その事項について必要な説明をしなければならない（93 Ⅲ）。

3）発起人は，変態設立事項について検査役の調査を経なければならない場合には，その検査役の調査の内容を，現物出資・財産引受けについて弁護士等の証明・鑑定評価を受けた場合には，その証明・鑑定評価の内容を，それぞれ記載・記録した書面・電磁的記録を創立総会に提出し，または提供しなければならない（87 Ⅱ）。

4）追加・拡張部分について検査役の調査（または，現物出資・財産引受けの場合は，弁護士等による証明・鑑定評価）を受け，検査役から裁判所に報告がなされ，裁判所による変更決定がなされず，かつ，創立総会において設立時株主全員一致の決議がなされれば，創立総会による変態設立事項の追加・拡張は可能であると考える余地はあろう。

5）平成17年改正前商法の下では，この変更は，既存の事項の縮小または削除に限ると解されていた（最判昭和41・12・23民集20巻10号2227）。

表6-1 創立総会・種類創立総会と株主総会

		創立総会	種類創立総会	株主総会
招集	招集者	発起人(65)	発起人(85 Ⅰ)	代表取締役(296 Ⅲ)・代表執行役(取締役会設置会社では取締役会の決議に基づく[298 Ⅳ])。ただし,裁判所の許可を得て,少数株主(297 Ⅳ)
招集	招集通知の発信時期	会日の2週間前(書面または電磁的方法による議決権行使を認める場合を除き,公開会社以外の取締役会設置会社[創立総会または種類創立総会の場合は,設立しようとする会社がそのような会社]は1週間前,取締役会不設置会社[創立総会または種類創立総会の場合は,設立しようとする会社がそのような会社]は1週間前(定款で短縮可))(68 Ⅰ・86・299 Ⅰ)		
招集	書面による招集通知	取締役会設置会社(創立総会または種類創立総会の場合は,設立しようとする会社が取締役会設置会社)であるか,書面または電磁的方法による議決権行使を認める場合に限り強制(68 Ⅱ・86・299 Ⅱ)		
招集	電磁的方法による招集通知の許容	株主(創立総会の場合は設立時株主,種類創立総会の場合は設立時種類株主)の承諾を得れば可能(68 Ⅲ・86・299 Ⅲ)		
招集	招集手続の省略	書面または電磁的方法による議決権行使を認める場合を除き,株主(創立総会の場合は設立時株主,種類創立総会の場合は設立時種類株主)の全員の同意があるときは可能(69・86・300)		
招集	参考書類の交付	書面または電磁的方法による議決権行使を認める場合には必要(70・71・86・301・302)		
決議することができる事項		会社法第2編第1章第9節に規定する事項,設立の廃止,創立総会の終結その他設立に関する事項(66)	84条,90条1項2項,92条1項4項,100条1項,101条1項の事項(85 Ⅰ)	会社法に規定する事項および株式会社の組織,運営,管理その他株式会社に関する一切の事項(取締役会設置会社の場合は,会社法に規定する事項および定款で定めた事項)(295 Ⅰ Ⅱ)
		招集通知に定められた議題のほか,定款変更および設立の廃止(73 Ⅳ)		
株主提案権		なし		あり(303から305)
総会検査役の選任		なし		可能(306)
裁判所による総会招集など		なし		あり(307)
議決権行使	書面による議決権行使	許容(67 Ⅰ③・75・86・298 Ⅰ③・311)。ただし,議決権を行使することができる株主全員に対し金融商品取引法上の委任状勧誘を行っている場合を除き,議決権を行使することができる株主(創立総会の場合は設立時株主,種類創立総会の場合は設立時種類株主)が1000人以上の場合は強制(67 Ⅱ・86・298 Ⅱ Ⅲ)		
議決権行使	電磁的方法による議決権行使	許容(67 Ⅰ④・76・86・298 Ⅰ④・312)		
議決権行使	代理行使	許容(74 Ⅰ・86・310 Ⅰ)		
議決権行使	代理人の人数制限	可能(74 Ⅴ・86・310 Ⅴ)		
議決権行使	不統一行使	可能(77・86・313)		
議決権行使	累積投票	可能(89)	不可能	可能(342)

<table>
<tr><td colspan="2">説明義務</td><td colspan="2">発起人（78・86）</td><td>取締役・監査役・会計参与・執行役（314）</td></tr>
<tr><td colspan="2">議長の権限</td><td colspan="3">79・86・315</td></tr>
<tr><td colspan="2">延期・続行</td><td colspan="3">80・86・317</td></tr>
<tr><td rowspan="5">決議要件</td><td>原則</td><td>議決権を行使することができる設立時株主の議決権の過半数であって，出席設立時株主の議決権の3分の2以上（73 Ⅰ）</td><td>議決権を行使することができる設立時種類株主の議決権の過半数であって，出席設立時種類株主の議決権の3分の2以上(85 Ⅱ)</td><td>定款に別段の定めを置かない限り，議決権を行使することができる株主の議決権の過半数を有する株主が出席し，出席株主の議決権の過半数（309 Ⅰ）</td></tr>
<tr><td>特別決議</td><td colspan="2">なし</td><td>議決権を行使することができる株主の議決権の過半数(3分の1以上の割合を定款で定めた場合はその割合以上)を有する株主が出席し，出席株主の議決権の3分の2(これを上回る割合を定款で定めた場合はその割合)以上の多数。一定数以上の株主の賛成を要する旨その他の要件を定款で定めることもできる(309 Ⅱ)</td></tr>
<tr><td rowspan="2">特殊の決議</td><td rowspan="2">全部の株式について譲渡制限の定めを置く定款変更（設立しようとする会社が種類株式発行会社の場合を除く）―議決権を行使することができる設立時株主の半数以上であって，その設立時株主の議決権の3分の2以上（73 Ⅱ）</td><td rowspan="2">その種類株式を譲渡制限株式または全部取得条項付株式とする定款変更―議決権を行使することができる設立時株主の過半数であって，その設立時株主の議決権の3分の2以上（85 Ⅲ）</td><td>全部の株式について譲渡制限の定めを置く定款変更（種類株式発行会社の場合を除く）など―議決権を行使することができる株主の半数（これを上回る割合を定款で定めた場合はその割合）以上であって，その株主の議決権の3分の2（これを上回る割合を定款で定めた場合はその割合）以上（309 Ⅲ）</td></tr>
<tr><td>剰余金配当・残余財産分配または株主総会における議決権についての別段の定めについての定款変更(その定めを廃止する場合を除く)―議決権を行使することができる株主の半数(これを上回る割合を定款で定めた場合はその割合)以上であって，その株主の議決権の4分の3(これを上回る割合を定款で定めた場合はその割合)以上(309 Ⅳ)</td></tr>
<tr><td>株主全員の同意</td><td>全部の株式を取得条項付株式とする定款変更(設立しようとする会社が種類株式発行会社の場合を除く)(73 Ⅲ)</td><td>なし</td><td>全部の株式を取得条項付株式とする定款変更（種類株式発行会社の場合を除く）（110）</td></tr>
<tr><td colspan="2">議事録の作成・備置・閲覧等</td><td colspan="3">81・86・318</td></tr>
<tr><td colspan="2">決議の省略</td><td colspan="3">82・86・319</td></tr>
<tr><td colspan="2">報告の省略</td><td>83</td><td>なし</td><td>320</td></tr>
</table>

表6-2　定款変更と種類創立総会・種類株主総会

定款変更	種類創立総会	種類株主総会
①　取得条項付株式とする定款の定めの創設またはその変更（廃止する場合を除く）／会社の一定の行為について種類株主総会の決議を要しない旨の定款の定めの創設	その種類の設立時発行株式の設立時種類株主全員の同意（99）	その種類株式の種類株主全員の同意（111 Ⅰ・322 Ⅳ）
②　譲渡制限株式あるいは全部取得条項付株式とする定款の定めの創設	その種類の株式の設立時種類株主，取得対価をその種類の株式とする定めがある取得請求権付株式または取得条項付株式の設立時種類株主を構成員とする種類創立総会の決議（100）	その種類の株式の種類株主，取得対価をその種類の株式とする定めがある取得請求権付株式または取得条項付株式の種類株主を構成員とする種類株主総会の決議（111 Ⅱ）
③　株式の種類の追加，株式の内容の変更（①②を除く。また，単元株式数についての定款の変更であって，その定款の変更について種類株主総会の決議を要しない旨の定款の定めがある場合を除く）または発行可能株式総数・発行可能種類株式総数の増加により，ある種類の設立時発行株式（株式）の設立時種類株主（種類株主）に損害を及ぼすおそれがあるとき	その種類の設立時発行株式の設立時種類株主を構成員とする種類創立総会の決議（101）	その種類の株式の種類株主を構成員とする種類株主総会の決議（322 Ⅰ①）

に，出資を履行した発起人および設立時募集株式の引受人（設立時株主）は株主となり[6)]，設立時役員等は会社の役員等となる。

---

6)　最判昭和42・11・17民集21巻9号2448は「株式の引受および払込については，一般私法上の法律行為の場合と同じく，真に契約の当事者として申込をした者が引受人としての権利を取得し，義務を負担するものと解すべきであるから」，「他人の承諾を得てその名義を用い株式を引受けた場合においては，名義人すなわち名義貸与者ではなく，実質上の引受人すなわち名義借用者がその株主となる」としている。しかも，有限会社の設立にあたって，会社成立時の社員の氏名，住所を原始定款に記載し，その者が定款に署名し定款を作成しなければならないとされていたが（旧有限会社法6 Ⅰ Ⅱ），東京地判平成31・3・22（平成30年（ワ）第10772号）は，原始定款上に社員として記載され，署名または記名押印した者（名義人）は，出捐者の使者として原始定款に署名したものであり，名義人ではなく出捐者が有限会社の原始社員であるとした（また，大阪高判平成29・12・21金判1549号42）。

6-4　発起人組合と設立中の会社

6-4-1　発起人の意義

発起人とは，実際に会社の設立を企画し設立事務を執行したか否かを問わず，定款に発起人として署名した者をいう（26 Ⅰ）。なぜなら，発起人の範囲は客観的・外形的に明確な基準をもって定めるべきだからである。また，このように解しても，定款に発起人として署名はしていないが，募集設立に際して，発起人のような外観作出に加功した者は，擬似発起人（103 Ⅳ）として，責任との関連では，発起人とみなされるので不都合はない（**6-8-2**）。

発起人は設立中の会社の機関としての地位を有する。また，発起人は1人でもよいが，発起人が複数存在する場合には，発起人は，発起人組合の組合員としての地位も有する。

6-4-2　発起人組合（発起人が複数存在する場合）

複数の発起人が存在するときは，発起人は，設立手続に入る前に会社の設立を目的とする契約を締結し，その履行として定款の作成，株式の引受けその他設立に関する行為をするとみることができる。

このような発起人間の契約を民法上の組合とみても不都合はなく，各発起人はすべて業務執行の権利・義務を有する。その業務執行は原則として発起人の過半数によって決定されるが（民 670 Ⅰ。ただし，会社法 32・58。また発起人組合は営業行為をすることを目的としないものであるから，営業行為をするには発起人全員の同意を要すると考える），組合の常務は，原則として各組合員が単独で行うことができる（民 670 Ⅴ）。また，1人または数人の業務執行者を定めることができる（民 670 Ⅱ）。もっとも，発起人組合には法人格がないから，組合が第三者と取引をするには，一部の組合員が他の組合員を代理して行うことになる。

⑴　業務執行組合員を定めている場合

業務執行組合員は内部的な業務執行権だけでなく，組合事業の範囲を超えない限り，単独で組合を代理しうる権限も授与されたと解すべきである。

⑵　業務執行組合員を定めていない場合

判例（最判昭和 35・12・9 民集 14 巻 13 号 2994）は，発起人組合に関する事件に関して，組合員の過半数で組合を代表する権限を有するとしているが，内部的業務執行と対外的組合代理とを区別して考えるべきであろう。すなわち，一定の対外的行為をなす組合意思の内部的決定に関しては民法670条が適用され，組合員の過半数によって決するが，同条は組合代理には適用されず，各組合員が単独で組合を代表できると解すべきである。

組合員は，組合の債務につき，組合債権者に対して分割債務を負うのが民法上の原則であるが（民675），その行為が発起人組合にとって商行為であり，それによって債務を負担したときは，商法511条1項により連帯債務を負うことになる。また，当事者（発起人）の意思解釈として，あるいは56条の規定を類推して，連帯責任を負うと解する余地があろう。

6-4-3 設立中の会社

(1) 設立中の会社の意義

設立中の会社は，会社として成立することを目的とするものであるが，法人格を有しない。しかし，株式会社は設立登記により一挙に出現するものではなく，実体が漸次的・段階的に形成され設立登記に至るものであり，発展中の実体も無視できない。しかも，設立段階における法律関係がそのまま成立後の会社の法律関係となるとすれば，便宜に適うので，「設立中の会社」の概念を認め，それを権利能力なき社団と同様のものとみること（ただし，設立中の会社を権利能力なき社団とみることの問題点につき森本91参照）が考えられる[7]。

(2) 設立中の会社と成立後の会社の関係

このような設立中の会社が発展し，法定の条件をみたしたとき，設立登記を経て完全な株式会社となる（49）のであるから，設立中の会社と成立した会社とは実質的には同一の存在である（同一性説）[8]。したがって，設立中の会社のすべて

7） 発起人が1人の場合には，設立中の会社という概念を導入する実益は少なくなるが，成立後の一人会社と実質的同一性を有する潜在的団体の存在は認めることができ，設立中の会社は存在すると考えることができる（大隅＝今井・上186-188）。

8）「設立中の会社」という概念は，設立段階における法律関係がそのまま成立後の会社の関係になることを説明するためのものである。成立後の会社の関係になるのは，発起人が設立中の会社の機関として有する権限の範囲内でした行為によって生ずるものに限られる。したがって，発起人の権限の範囲の確定が重要となる。

もっとも，同一性説は，設立中の会社に法人と同様の法主体性を認めるものではない。構成員が団体の債務について無限責任を負担せず，債権者が団体財産に対してのみ追及できるということが認められるためには，団体の責任財産の範囲が公示されていなければならない。

の関係が，一定の要件の下でそのまま成立した会社の関係となる。たとえば，出資を履行した発起人および設立時募集株式の引受人は株主となり，設立時取締役は取締役となり，設立中の会社が取得し負担した権利義務は，特別の移転行為を経ることなく，成立後の会社に帰属する。

(3) 設立中の会社の成立時期

設立中の会社は，成立した会社との実質的同一性を確保できる社団としての人的・物的要素が法律的に組織される「発起人が定款を作成し，かつ，1株以上の株式を引き受けたとき」に成立すると考えられる。

(4) 設立中の会社の機関としての発起人

設立中の会社において，発起人は，その「構成員」となると同時に，会社を完成させるために必要な事務を執行すべき「設立中の会社の執行機関」となる。

6-4-4 設立中の会社と発起人組合

発起人組合は，会社を設立することを目的とするもので，設立中の会社とは別個なものである。発起人による定款の作成，株式の引受け，設立事務の執行等は，設立中の会社にとっては，その規則制定，設立行為，その機関の活動という意味をもつが，同時に発起人組合からみれば組合契約の履行行為である。このように，発起人組合と設立中の会社との間には発起人の行為を媒介として密接な関係が存在する。

発起人が設立中の会社の執行機関として行った権限内の行為の効果は設立中の会社に帰属するが，その行為は発起人組合の業務執行でもあるから，発起人の負担すべき責任は発起人組合の責任となり，発起人全員が責任を負わなければならない。

もっとも，発起人組合は，設立中の会社と併存し，設立中の会社とは別個に対

一般に社団法人は設立登記によってこれを公示しているが，法人格のない社団は公示していないから，その代表者は団体の債務について人的責任を負担しなければならないと解すべきである。設立中の会社の場合には，その構成員である株式引受人は有限の出資義務しか負担しないが，その責任財産は公示されていないから，その代表者たる発起人は設立中の会社の債務について人的責任を負うと考えられ，発起人のそのような責任は会社成立後も存続するものと解される（平出・設立 90–91, 125–126）。設立時募集株式の引受人がだれであるかに注目して，設立中の会社に対して債権を取得する者は通常いないから，設立時募集株式の引受人は人的責任を負わないとしてよいし，発起人も 56 条の趣旨（**6-7-4**）からみて，設立時募集株式の引受人には求償できないと考える。

外的行為をすることもできる。

6-4-5　設立中の会社の実質的権利能力と発起人の権限

6-4-5-1　設立中の会社の実質的権利能力[9)]

設立中の会社には，権利能力なき社団についての議論があてはまるとすると，発起人がその権限の範囲内に属する行為をなすことによって生じた権利義務は設立中の会社に帰属する。ここで，設立中の会社が権利義務の実質的な帰属主体となりうる範囲を，便宜上，実質的権利能力の範囲と呼ぶこととすると，この範囲は広く認めることが，会社の便宜にも適うし，広く認めても発起人の権限を制限すれば，引受人間の公平や会社財産の確保は害されないので，広く認めるのが一般的な見解である。

6-4-5-2　発起人の権限

発起人組合を代理し，業務執行を行うについては，組合員間で同意すればどのような行為でもできる。他方，設立中の会社の機関としての権限の範囲（同一性説の立場からみれば，発起人の行為の効果が設立中の会社に帰属するのは，発起人が設立中の会社の機関としてどのような行為をした場合であるか）については見解が分かれている。

設立中の会社は単に会社の設立のみを目的とするものではなく，会社として成立して事業を行うことを目的とするものであるから，開業準備行為を含むと解すべきである。他方，設立中の会社は会社として成立することを目的とするものである以上，発起人の権限の範囲には営業行為は含める必要はないし，十分な監視体制と資本的基礎を有していないから，営業行為まで含めるのは適当でない。

したがって，成立要件的行為（株式会社という社団法人の形成それ自体を直接目的とする行為およびそのために法律上必要な行為，たとえば，定款の作成，株式の引受け・払込みに関する行為，創立総会の招集）と会社設立のために事実上・経済上必要な行為（たとえば，設立事務所の賃借，設立事務員の雇入れ，株式申込証・目論見書などの必

---

9)「設立中の会社の実質的権利能力」という概念も説明のための技術的概念であり，この概念を用いて説明する必要がありうるのは，法定の手続を経ないでなされた財産引受けを成立後の会社が追認できるとする場合ぐらいであり，それ以外については，この概念を用いずに，発起人の権限の範囲を考えれば説明できるから，できるだけ用いないで説明するほうが自然であろう。なお，加藤「『設立中の会社』と『会社不成立』」現代株式会社法の課題 87–90 参照。

要書類の印刷の委託，株主募集の広告の委託など）のほか[10]，開業準備行為（会社の成立を条件とする営業の準備行為。たとえば，営業所・工場用の建物または敷地の譲受けまたは賃借，営業所・工場の設計の委託，機械の買入れ，製品の供給契約，従業員の雇入れなど）が（設立中の会社の機関としての）発起人の権限の範囲に属する[11]。

このように理解すれば，発起人の権限濫用により財産的基礎が害されるのを防止するため，発起人の権限を政策的に制限するものとして，28条を位置付けることができる。

6-4-6　発起人の行為の帰属

発起人の行為の中には設立中の会社の名，発起人組合の名あるいは発起人個人の名においてもすることができる性質の行為がある。たとえば，会社設立のために，事実上・経済上必要な行為が発起人の権限の範囲内であることを前提とすると（**6-4-5-2**），設立事務所を賃借する行為など，会社設立のために経済上必要な行為の多くはこれにあたる。

10)　後述するように，定款の認証の手数料その他株式会社に損害を与えるおそれがないものとして法務省令で定めるものについては設立費用の規定の適用がないものとされており（28④かっこ書），これらは法定の手続を経ることなく会社に発起人が求償できる，あるいはその債務が帰属すると解することができる。したがって，発起人の権限には，会社設立のため事実上・経済上必要な行為を含むことが原則であり，そのために発起人が支払ったものの償還について設立費用の規制が加えられていると解するほうが自然であるとも考えられる。成立後の会社の債権者も，会社設立に際しては，少なくとも事実上・経済上必要な行為が行われることを合理的に予測でき，それを覚悟すべきなのではないか。

11)　発起人の権限を成立要件的行為に限り，事実上・経済上必要な行為に基づく債務は発起人に帰属するという考え方がある（演習Ⅰ 41以下〔鴻〕，江頭107注2，宮島51）。これは引受人間の公平や会社財産の確保の観点からは最も危険が少ない。また，財産引受け以外の開業準備行為を成立後の会社に帰属させることは危険であるとして，成立要件的行為に加え，事実上・経済上必要な行為に限って発起人の権限に属するとする見解もある（北沢106–107）。判例はこの立場によっているのではないかと推測される（最高裁判所判例解説民事篇昭和33年度291〔土井〕）。しかし，開業準備行為も28条・33条・87条2項・93条の厳格な手続をふめば，成立後の会社に帰属させても引受人間の公平や会社財産の確保を害することはないし，そこまで認めることが便宜にも適う。

すなわち「株式会社は一定の事業をすることを目的とするのであるから，成立時には事業をすることができる状態にある必要が認められる。したがって発起人の権限は成立要件的行為，事実上・経済上必要な行為のみならず，開業準備行為に及ぶと考えるべきであるが，発起人の権限濫用を防止するため28条・33条・87条2項・93条の手続が要求される」ということになろう。なお，森本・法学論叢92巻4・5・6合併号253。

しかし，別段の事情がない限り，設立中の会社の成立後は，会社の発起人である旨を示せば，設立中の会社の機関としての権限内の行為については，その機関としてするものと認めるのが適切である。「発起人」という名称は単なる肩書とはみられないから，発起人個人に法律行為の効果を帰属させることは，相手方の期待に合致しないし，ほとんどの場合，行為した発起人本人の意思にも反するであろう。

発起人が設立中の会社の執行機関としてする権限内の行為は発起人組合の業務執行としての意義も有しうるが（**6-4-2**），当事者の合理的意思の解釈としては，設立中の会社の機関として行為したとみるべきである。なぜなら，このように解さないと，設立中の会社が会社として成立するためになされることを要する行為の効果が，発起人等の名称を用いたために，設立中の会社に帰属せず，成立後の会社に帰属させるためには，譲渡・転貸借・債務引受け等特別の移転行為を要することになるからである。また，このように解しても相手方は執行機関の権限内の行為であることを知りうるから，不測の損害を被ることはない。

なお，同様に，発起人が，設立中の会社の成立前に「発起人」という名称をもってした行為は，原則として，発起人組合の組合代表としてしたとみるべきである（**6-4-4** 参照）。また，設立中の会社の成立後に，設立中の会社の執行機関としての権限外であるが，発起人組合の組合代理権限の範囲内の行為をした場合にも同様に解すべきである。

そして，発起人である旨を示してした行為のうち，設立中の会社にも発起人組合にもその効果が帰属しないものが発起人個人に帰属する。

6-5 株式会社の定款の作成

26条の「定款を作成」するとは，実質的意義における定款，すなわち会社の組織・活動を定める根本規則を作成し，これを書面に記載し，または電磁的記録（会社規 224）をもって作成することをいう。書面の場合には発起人が署名または記名押印し，電磁的記録の場合には署名・記名押印に代わる措置（電子署名〔会社規 225〕）を講じなければならない（26 Ⅱ）。原始定款（会社設立時に作成される定款）については，定款の内容を明確にして後日の紛争および不正を防止するために，公証人の認証を要する（30 Ⅰ）。

6-5-1 定款の効力

定款は会社の自治規則であるから，これを作成した発起人のみならず，会社に加入する株主および会社の機関を拘束するが，会社外部の者を直接に拘束するものではない[12)]。

6-5-2 定款の記載内容

(1) 絶対的記載事項

定款が自治法規として効力を有するためには必ず記載（または記録。以下，**6-5**において同じ）しなければならない事項であり，その記載を欠くか，またはその記載が違法であるときは，定款が全体として無効になる。27条に列挙されている事項がこれにあたる。また，会社成立時までに[13)]発行可能株式総数を定めなければならない。

(2) 相対的記載事項

定款に記載しなくとも定款自体の効力に影響はないが，定款に記載することによってはじめてその事項の効力（拘束力）が生ずる事項をいい，会社法が定めている。そのうち，28条が定める事項は変態設立事項（あるいは危険な約束）といわれる（***6-5-3***）。

(3) 任意的記載事項

①定款に記載しなくとも定款自体の効力には影響がなく，かつ，②定款外において定めても当事者を拘束する事項である。会社法の規定に違反するものであってはならない（29）[14)]。相対的記載事項とは，①の点において共通するが，②の点において異なる。任意的記載事項であっても，定款に記載されることによって，形式的効力を増し，その変更には定款変更手続（466）を要するという利点がある。

---

12) 特別講義商法Ⅰ 7〔神田〕，特別講義商法Ⅱ 35以下〔河上〕，弥永・法セ527号98参照。

13) 会社成立時までに定めればよいとすることによって，出資の履行があった設立時発行株式数に合わせて発行可能株式総数を定めることが可能になる（113 Ⅲ参照）。

14) 会社法の下では，定款自治が広く認められているが，それでも，定款に定めることによって，すべての現在または将来の株主を拘束できる事項，あるいは現在または将来の会社債権者に対して主張できる事項には限界があると考えられる。神作・ジュリ1050号130，黒沼・商事法務1603号42など参照。

6-5-3　4つの変態設立事項

28条によって，効力が生ずるためには定款に記載しなければならないものとされた事項を変態設立事項という。定款に記載させることによって，設立時募集株式の申込者・会社成立後に株主となろうとする者や会社債権者が変態設立事項の存否・内容を知り，適切に意思決定をすることが可能になるが，さらに間接的には発起人の活動が公になるため，適切でない行動を抑止する効果がある。検査役による調査（33）が原則として必要とされているのは，専門的知識を有する独立の第三者によるチェックにより，利害関係者保護の実効性が高まることが期待できるからである。また募集設立では，設立時募集株式の申込者が十分な情報を得て意思決定できるよう，引受けの申込みをしようとする者に通知すべき事項（59 Ⅰ②）ともされている。それらの事項が不当と認められるときには裁判所，募集設立の場合はさらに創立総会もこれを変更できる（33 Ⅶ・96）[15)]（変更できる範囲について，*6-3-3* 参照）。

6-5-3-1　現物出資（28①）

6-5-3-1-1　現物出資の意義と変態設立事項とされる理由

金銭以外の財産をもってする出資を現物出資という。

株主の間接有限責任が認められ（104），株主相互間の人的信頼関係が必ずしも強くない株式会社では，会社債権者保護の観点から会社財産を確保し，株主（株式引受人）間の公平を確保するために，出資の目的物は金銭または金銭以外の財産に限られる。

金銭以外の財産の出資が認められているのは，既存の企業の組織を改めて株式会社にする場合，知的財産権を工業化・商業化する場合や他の企業から事業を承継する場合などには，金銭以外の財産の出資を認めることが有益・便宜だからである。しかし，現物出資の目的物が過大評価されると，他の出資者と現物出資者（発起人に限られる。34条と63条とを対照。212条1項2号および2項に相当する規定が

15）　発起設立の場合に，裁判所の変更決定があったときは，発起人は，その決定の確定後1週間以内に限り，その設立時発行株式の引受けに係る意思表示を取り消すことができ（33 Ⅷ），また，発起人全員の同意によって，その決定により変更された事項についての定めを廃止する定款の変更をすることができる（33 Ⅸ）。募集設立の場合に，創立総会が変態設立事項を変更する定款変更決議をしたときは，その創立総会においてその変更に反対した設立時株主（発起人も含まれる）は，その決議後2週間以内に限り，その設立時発行株式の引受けに係る意思表示を取り消すことができる（97）。

ない）との間の不公平が生ずるのみならず，会社財産が貸借対照表に過大計上されるおそれが大きいので，現物出資財産の評価が適切になされるよう，変態設立事項とされている。

6-5-3-1-2　法定の手続を欠いた現物出資

現物出資は社員関係の問題であり，取引行為ではないから取引の安全を考える必要がなく，他方，会社の財産確保そのものの問題であるから，定款に記載がないなど法定の要件をみたさない現物出資は無効（**制度** D_1）である。

6-5-3-1-3　弁護士等による証明・鑑定評価

⑴　弁護士等による証明・鑑定評価

設立時における現物出資または財産引受けの目的たる財産について定款に記載された価額が相当であることについて，弁護士，弁護士法人，公認会計士，監査法人，税理士または税理士法人の証明（目的である財産が不動産であるときは，その証明および不動産鑑定士の鑑定評価）を受けた場合には，発起人は，検査役の選任を裁判所に請求する必要がない（33 X③）[16]。これは，現物出資・財産引受けの目的たる財産の裁判所の選任する検査役による調査には長い期間と多額の費用を要するのみならず，調査に必要とされる期間をあらかじめ予測することが困難であるという問題点があると考えられたからである。

なお，対象となる財産が不動産である場合については，弁護士等による証明に加えて不動産鑑定士による鑑定評価が必要である。これは，不動産鑑定には特有の知識と経験を要すると考えられるところ，弁護士等は一般的にはそのような知識と経験を有しないからであると推測される。

⑵　証明者・鑑定評価者の欠格事由

証明・鑑定評価についての公正性を保障するため，①発起人，②財産引受けの場合の譲渡人，③設立時取締役または設立時監査役，④業務の停止の処分を受け，その停止の期間を経過していない者，⑤弁護士法人，監査法人または税理士法人であって，その社員の半数以上が①から③までに掲げる者のいずれかに該当するものは，証明等をすることができない（33 XI）。

⑶　証明・鑑定評価に関する弁護士等の責任

証明または鑑定評価をした者は，会社の成立時における現物出資・財産引受け

16）ただし，弁護士等の証明・鑑定評価があっても，発起人・設立時取締役は，その職務を行うについて注意を怠らなかったことを証明しない限り，目的物価額不足額塡補責任（***6-6-3***）を負う点で，検査役の調査を経た場合とは異なる。

表6-3　現物出資・財産引受けにおける検査役の調査と証明・鑑定評価

	弁護士等による証明・鑑定評価	検査役の調査
選　任	会　社	裁判所
被選資格	弁護士，弁護士法人，公認会計士，監査法人，税理士または税理士法人（鑑定評価は不動産鑑定士）	規定なし（通常は弁護士）
欠格事由	法　定	規定なし
現物出資等に関する定款変更	創立総会	裁判所（設立・募集株式の発行等）創立総会（募集設立）
適用除外	特に規定なし（検査役の調査が本来不要な場合には証明も不要）	弁護士等の証明・鑑定評価を受けた場合のほか，定款に定めた価額の総額が500万円を超えない場合（設立），現物出資者に割り当てる株式の総数が発行済株式総数の10分の1を超えない場合または目的物について定められた価額の総額が500万円を超えない場合（募集株式の発行等），目的物が市場価格のある有価証券である場合に定款に定めた価額がその市場価格を超えない場合（33 X）
発起人・（設立時）取締役・執行役の責任	直接的には影響を与えないが，注意を怠らなかったことの証明の一材料となる	現物出資者あるいは財産引受けにおける譲渡人である者を除き，免責
その他の者の責任	虚偽の証明あるいは鑑定評価をした者は，注意を怠らなかったことを立証しない限り，会社に対して目的物価額不足額塡補責任を負う	検査役の責任は法定されていない

の目的たる財産の価額がその現物出資財産等について定款に記載された価額（定款の変更があった場合には，変更後の価額）に著しく不足するときは，会社に対して連帯してその不足額を支払う義務を負う（52 Ⅲ本文）。ただし，その証明等をした者が証明・鑑定評価にあたって注意を怠らなかったことを証明した場合には義務を負わない（52 Ⅲ但書）。なお，証明等を行った者は，責任を負う発起人・設立時取締役と連帯して責任を負うものとされている。

6-5-3-1-4　検査役の調査等が不要とされる場合

価額が相当であることにつき，弁護士等の証明・鑑定評価を得た場合（***6-5-3-1-3***）のほか，①現物出資または財産引受けの目的たる財産について定款に記載された価額の総額が500万円以下の場合または②目的財産が市場価格のある有価証券であって，定款に記載された額が市場価格（会社規6）以下の場合には，弁護士等の証明等を受けなくとも，現物出資・財産引受けについて検査役の調査を省略することができる（33 Ⅹ①②）。

①は重要性が小さく，おおげさな手続を求めることが不合理であると考えられるからであり，②は過大評価のおそれが低いからである。しかし，調査を省略すると，過大評価され，その結果，引受人間の公平を損ない，また，会社財産が確保されないことにより会社債権者を害するおそれがあるので，検査役の調査を省略した場合には，発起人および設立時取締役は，目的物価額不足額塡補責任（52 Ⅰ Ⅱ）を負う（*6-6-3*）。

6-5-3-2　財産引受け（28 ②）

6-5-3-2-1　財産引受けの意義と変態設立事項とされる理由

発起人が，設立中の会社のために，株式引受人または第三者との間で会社の成立後に財産を譲り受けることを約することを財産引受けという。

財産引受けの目的物を過大に評価して過大な対価を与えると，譲渡人が株式引受人ならば他の引受人との関係において実質的に不公平な結果をもたらす可能性がある。すなわち，実質的には現物出資と同様の危険があり，また，財産引受けと金銭出資と組み合わせれば，現物出資と同じ経済的効果を実現でき，現物出資規制を潜脱するため用いられるおそれが大きいため，変態設立事項とされている。

もっとも，現物出資は，出資者が特定の財産を出資として提供して株式の引受けをするという，社員関係の問題であるのに対し，この場合の譲渡人は売買・請負等の契約により特定の財産をその履行として給付した対価を受けるものであり，財産引受けは，本来，取引法上の問題である。

6-5-3-2-2　法定の手続を欠いた財産引受けの効力

財産引受けは設立中の会社の実質的権利能力の範囲内（*6-4-5-1*）の行為であるが，定款に記載がないなど法定手続をふんでいない財産引受けは発起人の権限に属さないので，理論的には無権代表行為にあたる。

たしかに，条文上は無効（28 柱書）とされており，相手方も，通常，財産引受けであることを知っているから，絶対無効であると考える余地はある（最判昭和61・9・11〈6 事件〉は一般論としてこの考え方をとる。なお，本章注 11 参照）。しかし，実質的に考えると，発起人の特別利益や現物出資と異なり取引法上の問題であるうえ，28 条 2 号の趣旨は発起人の権限濫用から会社の利益や引受人の利益を保護するところにあるので，事業に必要な財産であると成立後の会社が考える場合に，成立後の会社による追認を認めないことは，相手方に契約の履行を拒む口実を与えるだけで，会社のみならず会社債権者の利益の保護にもならない。さらに，追認できないと考えても，財産引受けの目的たる財産を会社が相手方との新規の契約をもって取得することまでは否定しないはずである。そして，当初の契約の条件のほうが新規の契約条件よりも有利である場合が考えられる。そうであれば，成立後の会社が，その自由な判断で無効な財産引受けを追認することを禁ずべき理由に乏しい。したがって，無権代表に準ずるものと考えて，会社からの追認を許すべきである[17)]。特に，会社法の下では財産引受けの規制は会社財産の確保・維持のためというより，株式引受人間の公平を担保することを目的とするから，追認を認めることが適切である（不当な追認は決議の取消しにより対応可能である）。

なお，追認を有効にすることができるのは，会社の成立後であって，会社の成立前は，たとえ創立総会の決議によっても，追認により成立後の会社に効果を及ぼすことはできないと解すべきである（ただし，本章注4)。たしかに，66条は創立総会に定款を変更することを認めているが，とりわけ，変態設立事項は原則として裁判所の選任した検査役による調査と裁判所による変更命令に服することに鑑みると，定款に記載のない財産引受けを承認する権限を創立総会に与えていないと解すべきだからである（***6-3-3*** 参照）。

また，追認の方法は，会社が新たにその行為をする場合に要求されるのと同じ要件を具備しなければならず，その財産の取得が事後設立（467 Ⅰ⑤）の要件にあたる場合には株主総会の特別決議を経なければならない。検査役の調査が不要になるという点についても，事後設立は会社成立後の行為であり，監視機構が整備されていることに注目したものであると考えれば，追認についても同様であるといえよう。したがって，追認を認めることが財産引受け規制を実質的に無意味にするとまではいえない。

17）　前掲最判昭和61・9・11は，平成17年改正前商法168条1項6号〔会社法28条2号〕は現物出資規制の潜脱を防止し，または広く株主・債権者等の会社の利害関係人等の保護を目的とするものであるとして，定款に記載のない財産引受けの無効は相手方も主張できる確定的・絶対的な無効であるとして追認を認めない（ただし，信義則違反を理由として相手方からの無効主張を認めなかった)。この立場を支持する見解（江頭73注12参照）は，追認を認めると財産引受けの厳重な規制が潜脱されるというが，成立後の会社のみが追認できるとすれば，成立後の会社は自由に資産等の取得ができるのが原則であることとの釣合いからみて問題はない。なお，会社が追認しない場合であっても，成立後の会社が信義則上，無効を主張できないという場合はありえよう。

無権代表に準ずるものと解しても，追認がない場合，財産引受けは無効であるから（民113），発起人は相手方に対し無権代理人に準ずる責任を負わなければならない可能性がある（民法117条の類推適用。類推適用とされるのは，民法117条が実在する他人の代理人として行為した場合を予定しているからである）。ただし，財産引受けの相手方は，行為の当時，会社がまだ成立していないことを知りまたは知りうべきものであり，したがって，発起人に代表権限がないことを知りまたは過失によって知らなかったということができ，発起人は無権代理人に準ずる責任を負わないのが普通である（民117 Ⅱ。ただし，会社法53 Ⅱ）[18]。相手方に過失がないといえるのは，会社がすでに成立したかのような形で発起人が行為したとき（たとえば代表取締役という肩書を用いたとき）であり，そのような場合には発起人は責任を負う（最判昭和33・10・24〈5事件〉）[19]。

6-5-3-2-3　財産引受け以外の開業準備行為

財産引受け以外の開業準備行為も設立中の会社の実質的権利能力の範囲内の行為であるが，財産引受けに関する会社法の規定は，開業準備行為のうち財産取得行為のみを直接の対象としている。そこで，発起人の権限が開業準備行為に当然に及ぶという見解を仮にとると，28条2号で財産引受けのみが規制されているのは，他の開業準備行為は規制の対象外とする趣旨であると解する（反対解釈）余地もある。たしかに，財産の賃貸借などは財産引受けに比べ，成立後の会社にとって経済的負担が軽いのが通常であるともいえよう。しかし，その賃料等が会社の規模に照らして過大である場合や賃料等の絶対額が大きい場合もある。すなわち，財産の取得行為とその他の製品の供給契約，資金の借入れ等との間に，会社の財産的基礎を害する危険性の点で特に相違は認められない。他方，財産引受け以外の開業準備行為が全く許されないとする合理的理由は必ずしもないし[20]，

---

18)　民法117条による責任の成否について反対説がある（判例17〔今井〕）。財産引受けは定款の記載等の要件を備えれば発起人の権限に属し，契約の効果は成立後の会社に帰属するから，会社の設立中であることを知っているからといって直ちに発起人の無権限について相手方が悪意であるとはいえないこと，定款をみなかったことが直ちに相手方の過失とならないことなどを理由とする。

19)　もっとも，この場合であっても，当然のことながら，会社が表見代理等によって責任を負うことはないと解される。

20)　とりわけ，財産の賃貸借は，その種類・内容を具体的に定款に表示することができ，その価格はある程度客観的に評価・計上できるから，類推適用を認めてもよいであろう（東京高判昭和37・1・27下民集13巻1号86，大隅＝今井・上180。江頭74注13は反対）。ただ

またそのような開業準備行為を認める実益がある。したがって，財産取得行為とその他の開業準備行為[21]とを区別する合理的理由はなく，28条・33条・87条2項・93条の規定は開業準備行為一般に類推適用されるものと解すべきであろう。

6-5-3-3　発起人の報酬その他の特別の利益（28③）

発起人の受くべき報酬は，発起人が会社設立のために尽くした労務に対する報酬であり，「特別の利益」と異なり，成立後の会社から一時に現金で支払われるものである。

「特別の利益」とは，発起人の会社設立企画者としての功労に報いるために与えられる，特別の財産上の利益であって，発起人の報酬と異なり，通常，会社の継続的負担となるものをいう。

発起人の報酬は，本来，設立費用の一部をなすものであるが，発起人自身に対する報酬であるため，発起人がその額を恣意的に決定する危険が特に大きいため，設立費用と区別して定款に定めなければならないものとされた。同様に，「特別の利益」も発起人が恣意的に決定する危険性が大きいから，変態設立事項とされた。いずれも，定款に記載がないとき，または検査役の調査を経ないときは無効（**制度**D_1）である（取引の安全は問題にならない）。

6-5-3-4　設立費用（28④）

(1)　設立費用の意義と変態設立事項とされる理由

株式会社が負担する設立に関する費用をいう。

会社の設立のために必要な費用であれば，成立後の会社に負担させることが自然である。したがって，会社が成立したときには発起人は会社に設立費用を求償できるとしてもよさそうであるが，発起人が設立費用を過大に見積もって，その一部を着服するという弊害を生ずるおそれがあるため，変態設立事項とされている。

設立費用に含まれる費用としては，定款の作成費用，株式申込証・目論見書の作成費用，株主募集の広告費，創立事務所の賃借料，通信費，事務員の給料，創

使用人の雇用については検査役の調査の対象となりえないのではないかという点で問題がある。実効性ある調査が可能なら労務出資を認めてもよいはずであるが，現行法においては，労務出資を認めていないことからは，労務出資については適切な評価ができないというのが法の判断であろう。

21）　発起人の権限の範囲外であるとすると，契約当事者は発起人組合（あるいは発起人個人）ということになり，成立後の会社は追認できず，契約当事者から契約上の地位または権利の移転を受けなければならない（森本93）。なお，弥永・演習 3 も参照。

立総会に関する費用，検査役の報酬などがある。

他方，定款の認証手数料は算定に客観性があり，設立に不可欠なので，また，定款に係る印紙税，払込取扱機関に支払うべき手数料および報酬，検査役の報酬，設立登記のための登録免許税（会社規5）は，その算定に客観性があり濫用のおそれがないため，設立費用に含まれないものとされている（定款への記載，検査役の調査および裁判所・創立総会の承認を要せずに会社の負担に帰する）（28④かっこ書）[22]。

⑵ 設立に要した費用の帰属

会社成立前に設立に要した費用を発起人が支出した場合に，定款に記載されている設立費用の額の限度で，検査役の調査や裁判所の監督・創立総会の承認を経たことを条件として，発起人は会社に求償することができることには，条文上も実質的にも問題がない。他方，会社の設立のために必要な費用の全部または一部が会社成立時までに支払われていなかった場合については議論がある。

① 法定の手続を経たものは成立後の会社に帰属するという見解

判例（大判昭和2・7・4〈7事件〉）は，設立に要する費用に関する債務は，定款に記載され，検査役の調査・創立総会の承認があった範囲内で成立後の会社に直接帰属すると考える。ただ，この立場によれば，会社の第三者に対する債務負担の範囲が，定款の記載等の会社の内部的な事項によって左右され，第三者が不安定な地位に置かれるばかりでなく，発起人が第三者と多数の取引をなしてその債務の総額が定款の記載額を超える場合には，どの債務がどの範囲で会社に帰属するかについて，取引の前後によるか，按分比例によるか等の難しい問題が生ずる。そこで，第三者に対し，会社の設立のために必要な費用の債務を負担するのはだれかという対外的債務負担関係は，定款の記載ではなく，設立中の会社の執行機関である発起人の権限の範囲をどのように解するかによって決定すべきであると学説は一致して考えてきた。

② 発起人に帰属するとする見解

会社財産確保の観点からは会社に帰属させることは妥当ではないこと，発起人の権限は28条・33条・87条2項・93条によって制限を受けていること，確実に会社が成立することを相手方は期待することはできないことなどから，設立に必要な行為に係る債権者は発起人との間で法律関係を形成することがその合理的意思であると考えられる。そこで，取引の相手方は会社に対して支払請求できな

22） なお，発起人の報酬（28③）は設立費用と区分して定められる。また，設立のための費用を支払うための借入金自体は「費用」ではないので，設立費用ではない。

いとする見解が有力である。すなわち，設立に経済上・事実上必要な行為に基づく債務は，発起人に帰属し，発起人がその債務を弁済したときは，定款に記載され，検査役の調査および裁判所の監督（募集設立の場合は，さらに，創立総会の承認）を経た設立費用の（総額の）限度で，発起人は成立後の会社に対して求償することができるにすぎないと解する[23]。

③ **成立後の会社に帰属するという見解**

28条4号の「設立に関する費用」は発起人と会社との間の関係を律するものであるという解釈を前提とし，かつ発起人の権限には会社の設立に経済上必要な行為をなすことが含まれると考えるべきことから，設立に必要な行為に係る債務も設立中の会社に実質的に帰属し，その結果，成立後の会社に当然帰属するとしたうえで，会社がこの債務を弁済したときは，発起人に対して，法定の要件をみたして会社の負担に帰すべき設立費用を超える部分を求償することができるとする見解も有力である。成立後の会社は設立に必要な行為により利益を得ているし，会社からの超過額の求償に応じる資力を発起人が有する限り，成立した会社の財産的基礎が害されることはなく，もし発起人にその資力がないとしても，将来の会社債権者および株主の利益よりも，現に害される可能性のある取引の相手方の利益の保護を優先させるべきだからである[24]。会社法では，資本充実の原則を放棄しているため，株式引受人間の公平の確保という視点から，変態設立事項も理解すべきであることに鑑みると，この見解によることが，実質論としては，適当であるとも考えられる（ただし，弥永・トピックス 27-28）。

なお，成立後の会社が設立に必要な行為に係る債務を負担するとしても，権利能力なき社団においては，代表者も責任を負うと解すべきこと，および，債権者が発起人の信用をあてにすることが多いことから（本章注8），会社と発起人が重畳的に責任を負うと解すべきであろう（全集65）。もっとも，重畳的に責任を負うと解する場合であっても，発起人はまず会社に請求するよう求めることができると解すべきであろう（神田51）。

23） なお，発起人が無資力の場合には債権者は債権者代位権（民423）を行使できると考えられる。

24） 設立費用の発生原因である行為によって利益を受ける主体と債務を負う主体が一致するから，法律関係が簡明であるといえる（平出・設立106，大隅＝今井・上206など）。

6-5-4　定款の変更

6-5-4-1　発起設立の場合

会社法が定めている設立規制の潜脱を防ぐため，裁判所の決定により変態設立事項が変更された場合（33 Ⅶ），その変更された事項についての定めを廃止する場合（33 Ⅸ）および発行可能株式総数の定めを設けあるいは変更する場合を除き（37 Ⅰ Ⅱ），株式会社の成立前は，公証人の認証を受けた定款を変更することができないものとされている（30 Ⅱ）。

なお，発起人は，裁判所の決定により変態設立事項の全部または一部が変更された場合には，その期待を裏切られるわけであるから，決定の確定後1週間以内に限り，その設立時発行株式の引受けに係る意思表示を取り消すことができる（33 Ⅷ）。

6-5-4-2　募集設立の場合

設立時募集株式の申込者の保護のため，払込期日または払込期間の初日のうち最も早い日以後は，発起人は，裁判所の決定により変更された変態設立事項についての定めを廃止する定款変更（33 Ⅸ）も発行可能株式総数の定めを設けあるいは変更する定款変更（37 Ⅰ Ⅱ）もすることができなくなる（95）。

他方，創立総会は，その決議によって，定款の変更をすることができる（96）[25]（ただし，***6-3-3*** 参照）。創立総会において，変態設立事項を変更する定款の変更の決議がされた場合には，その創立総会においてその変更に反対した設立時株主は，その決議後2週間以内に限り，その設立時発行株式の引受けに係る意思表示を取り消すことができる（97）。なお，種類株式発行会社についての特則は ***6-3-3*** 参照。

6-6　一定の財産の確保

株式会社の設立においては，定款に定められた「設立に際して出資される財産の価額またはその最低額」（27 ④）に相当する財産が会社に確保されることが重要である。これは，設立の健全性の確保を目的とし，出資者が一定の規模の会社の成立を期待していることを保護するものである。

25）　発行可能株式総数を定款で定めていないときは，会社の成立時までに，創立総会の決議によって，定款を変更して，発行可能株式総数の定めを設けなければならない（98）。

発起設立の場合には，設立時発行株式の全部を発起人が引き受ける。他方，募集設立の場合には，その一部分のみを発起人が引き受け（ただし，25 Ⅱ），かつ，出資を履行した後（59 Ⅱ），発起人が設立時募集株式の引受けを申し込もうとする者の募集を行い，または設立時募集株式の総数を引き受けようとする者と引受契約を締結する（61）[26]。

6-6-1　設立時発行株式の引受け等の瑕疵の主張の制限

株式の引受けの申込みまたは引受けは意思表示を要素とするため，民法の意思表示に関する規定の適用を受ける。したがって，意思の欠缺（民 93・95）または意思表示の瑕疵（民 96）がある場合には，申込みまたは引受けは効力を有しないことになり，会社の不成立または設立無効（会社成立後の募集株式の発行等の無効）を招くことにつながることがある。ところが，株式の引受け等の瑕疵を長期にわたり主張できるとすると，多数人が関係する会社の設立または募集株式の発行等の法律関係が不安定になり，設立または募集株式の発行等による会社財産の確保に対する第三者の信頼を害することになる。

そこで，設立時募集株式の引受け，引受けの申込みおよび割当て，および，総数引受け契約に係る意思表示には民法 93 条 1 項但書（心裡留保）および 94 条 1 項（通謀虚偽表示）[27] の適用がなく，無効の主張は許されない（51 Ⅰ・102 Ⅴ。なお，募集株式の発行等について 211 Ⅰ）。

26）引受けを申し込もうとする者の募集にあたっては，定款の認証の年月日およびその認証をした公証人の氏名，定款の必要的記載事項，変態設立事項，設立時発行株式および設立時募集株式に関する事項（32 Ⅰ・58 Ⅰ），発起人が出資した財産の価額，払込取扱場所その他法務省令で定める事項（会社規 8）を通知しなければならない（59 Ⅰ）。これは，設立時募集株式の引受けを申し込もうとする者に会社の大綱と申込条件を知らせてその者の適切な意思決定を可能にするためである。設立時募集株式の引受けの申込みは，後日の紛争を回避するため，書面または電磁的方法によらなければならない（59 Ⅲ Ⅳ）。株式申込みに対し，発起人は，適当と認める者に割り当て（60），払込期日（または払込期間の初日）の前日までに，申込者に対して，その者に割り当てた設立時募集株式の数を通知する（60 Ⅱ）。申込者は割り当てられた設立時募集株式の数について設立時募集株式の引受人となる（62 ①）。他方，設立時募集株式について総数引受契約を締結する者に対する通知は，会社成立後の募集株式の発行等の場合（205）と同様，法定されていない（61）。

27）ある発起人（設立中の会社）が知っているとしても，他の発起人あるいは設立時募集株式の引受人の利益を守るためあるいは会社財産の確保，法的安定性を確保し，企業を維持するという観点から，無効の主張は許さないのが適当である。

発起人は会社の成立後，設立時募集株式の引受人は創立総会または種類創立総会における議決権行使後は，錯誤，詐欺または強迫を理由とする引受けの取消しをすることができない（51 Ⅱ・102 Ⅵ。なお，募集株式の発行等について 211 Ⅱ）。

これに対して，制限能力者保護は取引の安全に優先するのが原則であり，51 条 2 項および 102 条 6 項も例外を定めていないから，行為能力の制限を理由とする取消しの主張は許される（民 5 Ⅱ・9・13 Ⅳ・17 Ⅳ）。

6-6-2　出資の履行――全額払込み・全部給付の確保

株式会社では，株主は間接有限責任（104）しか負わないため，会社債権者の担保となるのは会社財産のみであり，一定の財産が，現実に会社に拠出され，かつ保有されることが要請される。また，発起人や設立時募集株式の申込者は一定の規模の財産を有する会社が成立することを期待している。そこで，「〔会社〕設立に際して出資される財産の価額又はその最低額」（27 ④）に相当する財産の出資が完全に履行されて会社財産が確保されることが要求されている。

まず，会社法は，出資の履行に関し，会社の成立前に，払込金額全額の払込み・現物出資全部の給付をすること（ただし，34 Ⅰ但書）を要求している（34 Ⅰ・63 Ⅰ参照）。そして，仮装出資の場合の出資者（発起人・設立時募集株式の引受人）および発起人等の責任が定められている（52 の 2・102 の 2・103 Ⅱ）（***6-6-2-3-4***）。

また，設立時取締役（設立しようとする会社が監査役設置会社である場合には，さらに設立時監査役。以下同じ）による調査（怠ると損害賠償責任を負うことになる。***6-8-3*** 参照）が定められている。すなわち，設立時取締役は，その選任後遅滞なく，発起人による出資の履行および設立時募集株式について払込みが完了していること，現物出資について，検査役による調査も弁護士等による証明・鑑定評価もなされていない場合には現物出資財産について定款に記載・記録された価額が相当であること，弁護士等による証明・鑑定評価がなされた場合はそれが相当であることを調査し（46 Ⅰ①②③・93 Ⅰ①②③），発起設立の場合には，これらの事項について法令・定款違反または不当な事項があると認めるときは発起人にその旨を通知しなければならず（46 Ⅱ）[28]，募集設立の場合には，調査の結果を創立総会に報

28）　設立しようとする会社が指名委員会等設置会社である場合には，調査が終了したときはその旨，法令・定款違反または不当な事項を発起人に通知したときはその旨およびその内容を設立時代表執行役（会社の設立に際して代表執行役となる者）に通知しなければならない（46 Ⅲ）。

表6-4　全額払込み・全部給付をめぐる制度

<table>
<tr><th></th><th>金銭出資（全額払込み）</th><th>現物出資（全部給付）</th></tr>
<tr><td rowspan="2">履行の確保</td><td colspan="2">設立時取締役・設立時監査役による調査（46Ⅰ・93Ⅰ）</td></tr>
<tr><td>払込取扱場所での払込み（34Ⅱ・63Ⅰ）</td><td rowspan="2"></td></tr>
<tr><td>履行の確保のための責任</td><td>払込取扱機関の保管証明責任
（64Ⅱ）（募集設立の場合のみ）</td></tr>
<tr><td>評価の適正の確保</td><td></td><td>検査役による調査または弁護士等による証明・鑑定評価（33Ⅰ・Ⅹ③）
発起人・設立時取締役の目的物価額不足額塡補責任（52ⅠⅡ・103Ⅰ）（募集設立の場合は無過失責任）</td></tr>
<tr><td rowspan="3">潜脱の防止</td><td></td><td>財産引受けの規制（28②）
事後設立の規制（467Ⅰ⑤）</td></tr>
<tr><td colspan="2">仮装出資の場合の支払等義務等（52の2・102ⅢⅣ・102の2・103Ⅱ）</td></tr>
<tr><td>預合いに対する罰則（965）</td><td></td></tr>
<tr><td></td><td colspan="2">任務懈怠に基づく発起人・設立時取締役・設立時監査役の責任（53・54）</td></tr>
</table>

告し，説明を求められたときは必要な説明をしなければならない（93ⅡⅢ）。

なお，設立時取締役の全部または一部が発起人である場合には，設立時取締役による調査は自分が行ったことを自分で調査するという面を有することになるので，第三者の立場から客観的に調査を行わせることによって設立時募集株式引受人の利益を守ることを可能にするという観点から，創立総会は，これらの事項を調査する者を選任することができる（94Ⅰ）。

以上のほか，引受人間の公平を担保し，特に設立時募集株式の引受人の保護を図るために，引受けの申込みをしようとする者には「発起人が出資した財産の価額」（59Ⅰ③）を通知しなければならず，発起人のうち出資の履行をしていないものがある場合には，出資がされるか失権が確定するまでは募集事項の通知をすることができないものとされているほか（59Ⅱ），会社法は出資の確保を目的として，以下で述べるような規制をしているが，現物出資については，過大評価の防止についての規制が加わっている。

6-6-2-1　全部給付と評価の公正さの担保

現物出資に係る特有の規制として，①裁判所の選任した検査役による調査または弁護士等による証明・鑑定評価（33）（***6-5-3***，***6-5-3-1-3***），②財産引受けの規制

(28②)（*6-5-3-2*）[29]，③発起人等の目的物価額不足額塡補責任（52）（*6-6-3*）などが定められている。

6-6-2-2　全部払込みの確保

払込みは，発起人の定めた銀行・信託会社等（会社規7）の払込取扱場所にしなければならない（34 Ⅱ・63 Ⅰ）。そして，発起設立の場合には，払込みがあったことを証する書面（預金通帳の写しなど）を（商登47 Ⅱ⑤），募集設立の場合には，保管証明書を（商登47 Ⅱ⑤かっこ書），設立登記申請にあたって添付しなければならない。

募集設立の場合には，払込取扱機関は払込金保管証明責任を負うものとされている（64）（*6-6-2-3-5*）。さらに，預合いに対する罰則（965）が定められている。すなわち，預合いをしたときには，発起人，設立時取締役，設立時監査役，取締役，監査役，執行役，会計参与，職務代行者，支配人その他事業に関するある種類または特定の事項の委任を受けた使用人などにつき預合いの罪が，預合いに応じた者に応預合い罪が成立する。罪刑法定主義により，預合いにあたらない仮装払込みも（*6-6-2-3-2* 参照）仮装給付もあるが，公正証書不実原本記載罪（刑法157）にあたるとされることがある。

6-6-2-3　仮装出資

出資は仮装されることがあり，預合い[30]が仮装の金銭出資の典型例である。

6-6-2-3-1　預合い

典型的には，発起人（募集株式の発行等の場合は取締役・執行役個人）が払込取扱

29)　潜脱を防ぐために，事後設立も規制されている。すなわち，発起設立または募集設立による会社の成立後2年以内に，その成立前から存在する財産（財産引受け規制の潜脱を防ぐための規定なのでこのような要件となっている）であってその事業のために継続して使用するもの（これは原材料などの取得を事後設立規制の対象としないようにするためである）を取得する場合であって，その財産の対価として交付する財産の帳簿価額の合計額がその会社の純資産額（会社規135）の5分の1（これを下回る割合を会社の定款で定めた場合には，その割合）を超えるときには，株主総会の特別決議による承認を受けなければならない（467 Ⅰ⑤・309 Ⅱ⑪）。これは会社成立後の業務執行についての例外を定めるものである。なぜなら，本来，財産の取得は業務執行の一環として，取締役会設置会社においても，取締役会の決議（指名委員会等設置会社では執行役に，一定の監査等委員会設置会社では取締役に，それぞれ決定を委任できる）に基づき行えるのが，成立後の会社においては原則だからである。

30)　「預合い」は，仮装出資の場合の責任等（*6-6-2-3-4*）および罰則（965）の関連で問題になるが，払込取扱機関からの借入れと払込取扱機関との通謀とが要件となる。

図6-4　預合い

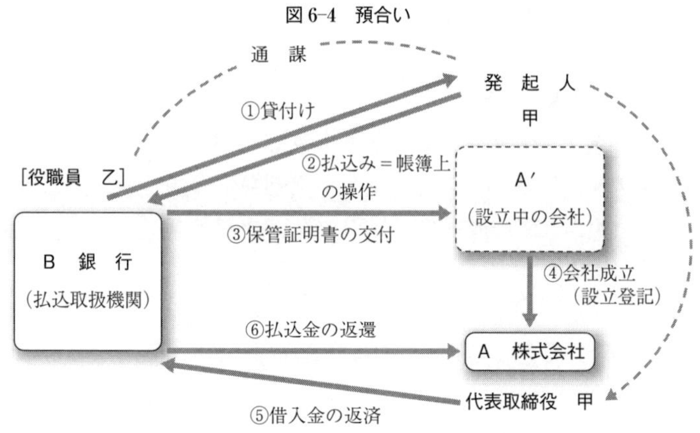

機関から借り入れ，これを払込みにあてるが，同時にその借入金を返済するまでは会社のその預金を引き出さないことを約することをいう（銀行の帳簿上の操作）[31)]。

預合いによる払込みが禁じられるのは，この方法がとられるときには，会社財産は銀行に対する債権として存在する――この限りでは資本金に相当する財産は会社に確保されている――が，発起人などによる借入金の返済がなされるまでは，会社経営のために会社の預金を自由に用いることができないという点で，実質的に払込みがないのと等しい状態になるからである。

6-6-2-3-2　預合い以外の仮装払込み

発起人（募集株式の発行等の場合には取締役・執行役）が払込取扱機関以外の者から借り入れ，株式の払込みにあてるが，設立登記（募集株式の発行等の場合にはその効力発生）後に会社の預金を引き出して借入先に返済するような場合[32)]には外見上払込みの形式は備えているが，実質的には払込みがあったとは解されないことがある。すなわち，株式の払込みが払込みとしての効力を有しないかどうかは，

31)　成立後の会社についてのものであるが，最判昭和42・12・14刑集21巻10号1369は会社が払込取扱機関から金員を借り入れ，株式引受人に対する債務の弁済に充て，株式引受人が弁済を受けた金員を加えて払込みに充てた事案につき，株式引受人の会社に対する債権が実在し，会社が弁済の資力を有していた場合には預合いにあたらないとした（債権の現物出資は許されるが，現物出資は原則として厳格な法定の手続を経なければならないことについて，***6-5-3-1*** 参照）。

32)　会社資金による払込みや会社による払込資金の融資の場合にも同様に考えられることがありうる。

図 6-5　預合い以外の仮装払込みの例

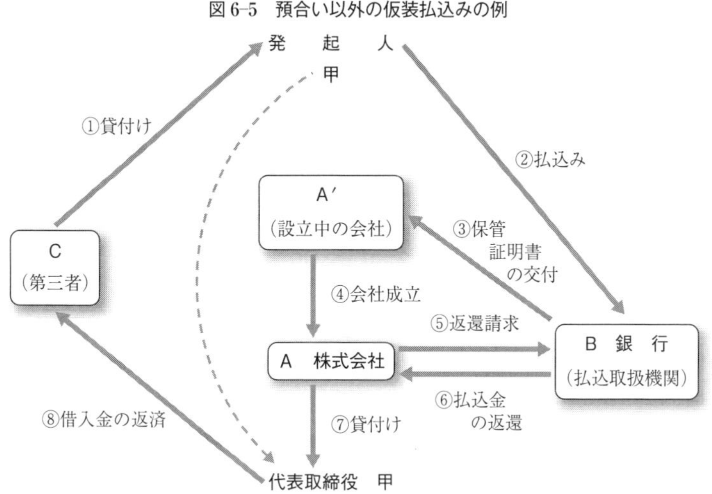

①会社成立後，借入金を返済するまでの期間の長短，②払込金が会社資金として運用された事実の有無，③借入金の返済が会社の資金関係に及ぼす影響の有無，があり，①～③等を総合的に観察して，株式の払込みが実質的には会社の資金とする意図はなく，単に払込みの外形を装ったもの（仮装払込み）にすぎないものであるかどうかにより判断される（最判昭和 38・12・6 民集 17 巻 12 号 1633）。

これは，会社法は，株式引受人間の公平を確保するため，現実の払込みを要求していることに照らし，総合的に観察してその払込みが株式引受人間の公平や会社財産確保の確保の観点から仮装のものと判断される場合にはその払込みは無効であると考えるのが適当であるというものであった。

6-6-2-3-3　仮装出資と払込み・給付の効力

仮装出資をした発起人または設立時株式の引受人は，出資の履行を仮装した設立時発行株式について，支払等義務（***6-6-2-3-4***）が履行された後でなければ設立時株主および株主の権利を行使することができないとされ（52 の 2 Ⅳ・102 Ⅲ），設立時発行株式またはその株主となる権利を譲り受けた者は，当該設立時発行株式についての設立時株主および株主の権利を行使することができるとされていること（52 の 2 Ⅴ・102 Ⅳ）から，仮装出資した者も設立時株主および株主となるという前提によっていることが明らかであり，したがって，払込み・給付は有効であるという前提によっていると解するのが自然である（36 Ⅲ・63 Ⅲ参照）。たとえば，「払込みを仮装した出資に係る金銭の全額の支払」（52 の 2 Ⅰ①）をする義務を負うと規定され，「払込みをしなければならない」とは規定されていないことからも，このように考えられる。

支払等義務が履行された場合には資本金の額ではなく，その他の資本剰余金の額が増加するものとされていることとも（計規21②③⑤⑦。会445Ⅰと対照）整合的である。

6-6-2-3-4　仮装出資の場合の支払等義務

発起人は，払込みを仮装した場合には，払込みを仮装した出資に係る金銭の全額の支払を，現物出資の給付を仮装した場合には，給付を仮装した出資に係る金銭以外の財産の全部の給付（株式会社が当該給付に代えて当該財産の価額に相当する金銭の支払を請求した場合には，当該金銭の全額の支払）を，会社に対してする義務を負う（52の2Ⅰ）。また，設立時募集株式の引受人は，払込みを仮装した場合には，会社に対し，払込みを仮装した払込金額の全額の支払をする義務を負う（102の2Ⅰ）。また，出資の履行が仮装された場合には，それに関与した発起人または設立時取締役として法務省令（会社規7の2・18の2）で定める者[33]は，その者（当該出資の履行を仮装したものを除く）がその職務を行うについて注意を怠らなかったことを証明した場合を除き，出資の履行を仮装した者と連帯して，会社に対し，支払義務を負う（52の2ⅡⅢ・103Ⅱ）。これらの義務は，引受人間の公平を確保するとともに，会社財産を確保しようとするものである。そして，これらの支払等義務は，代表訴訟の対象となり（847Ⅰ），また，総株主の同意がなければ，免除することができない（55・102の2Ⅱ・103Ⅲ）。

なお，出資を仮装した者は，自らが支払等をし，または，発起人・設立時取締役が支払をした後でなければ，出資の履行を仮装した設立時発行株式について，設立時株主および株主の権利を行使することができない（52の2Ⅳ・102Ⅲ）。ただし，取引の安全を保護するという観点から，出資の履行が仮装された設立時発行株式またはその株主となる権利を譲り受けた者は，悪意または重大な過失があるときを除き，当該設立時発行株式についての設立時株主および株主の権利を行使することができるものとされている（52の2Ⅴ・102Ⅳ）。

33）①出資の履行の仮装に関する職務を行った発起人および設立時取締役ならびに②出資の履行の仮装が創立総会の決議に基づいて行われたときは，その創立総会に当該出資の履行の仮装に関する議案を提案した発起人，その議案の提案の決定に同意した発起人およびその創立総会においてその出資の履行の仮装に関する事項について説明をした発起人および設立時取締役。

6-6-2-3-5　仮装払込みと払込取扱機関の責任

保管証明をした払込取扱機関は払込みの証明書の記載が事実と異なること，あるいは，払込金の返還に関する制限があること（**6-6-2-3-1** 参照）を会社に対抗できず（64 Ⅱ），保管証明金額に相当する額を会社に支払わなければならない。

そして，仮装払込みは法律上有効な払込みといえないと解すると，払込取扱機関は払込みを受けることなくしてその保管証明をしたことになるから，64 条 2 項に基づき，払込取扱機関は会社に対しその証明した金額の支払義務を負う[34)]。しかし，上述（**6-6-2-3-3**）のように，仮装出資も有効であると解するのであれば，払込取扱機関が預合い以外の場合に支払義務を負うこと（64 条 2 項の要件をみたすこと）は通常考えにくい。

6-6-2-3-6　払込取扱機関が払込金を会社に返還できる時期（募集設立の場合）

会社成立時に会社財産が確実に存在していなければならないこと，成立後の会社の代表機関でなければ払込金の払戻請求権限は有さず，発起人・設立時取締役は，会社成立前には払込金を引き出す権限を有しないこと，登録免許税の支払に充てる必要性を理由として，会社の設立登記がなされてはじめて返還できるというのが判例（最判昭和 37・3・2 民集 16 巻 3 号 423）である。この立場からは，会社成立前に設立時取締役に返還しても，それは受領権限のない者に対する弁済として，会社がそれによって利益を受けた限度でその効力を有するにすぎないことになる（民 479）。

他方，創立総会が終了すれば設立時取締役に返還することができると考える立場もある。根拠としては，募集設立の場合，創立総会が終結すれば会社の実体が完成したといえるから，その段階で払込みが確実になされてさえいれば，会社財産の確保の要請はみたされ，株式引受人間の公平は図れると考えられること，設立時取締役選任後は設立時取締役が発起人に代わって設立中の会社の機関となり，会社の設立に必要な行為および会社の成立を条件とするその他の行為をする権限を有すると考えることもできること，会社成立前に払込金の使用を認めないと，設立のための費用，とりわけ設立登記のための登録免許税の支払財源がないことになることがあげられている。

---

34)　東京高判昭和 48・1・17 高民集 26 巻 1 号 1 は，銀行が仮装払込みであることを認識しながら（悪意）証明したときにのみ，保管証明責任を負うのが原則であるとしていた。

6-6-3 現物出資等の目的物価額不足額塡補責任

会社の成立時における現物出資または財産引受けの目的である財産の価額が，その現物出資財産等について定款に記載・記録された価額（定款の変更があった場合には，変更後の価額）に著しく不足するときは，発起人および設立時取締役は，会社に対し，連帯して，その不足額を支払う義務を負う（52 Ⅰ Ⅱ・103 Ⅰ）。これは，引受人間の公平を確保するために認められたものであるが[35]，会社財産を確保するという副次的な効果がある。

現物出資者または財産引受けにおける譲渡人は，過失の有無，検査役による調査の有無にかかわらず，この責任を負う（これらの者はいわば売主の地位にあるから責任を免れることはできない）。

他方，それ以外の発起人・設立時取締役は，検査役の調査を経た場合には，この責任を負わないが（52 Ⅱ①・103 Ⅰ），検査役の調査を経ない限り，募集設立の場合には，発起人以外の株式引受人保護のため，注意を怠らなかったことを立証しても責任を負う（103 Ⅰ。52 条 2 項 2 号が適用されないため）。発起設立の場合には，その職務を行うについて注意を怠らなかったことを証明すれば[36]，責任を免れることができる（52 Ⅱ②）。

6-7 会社設立の瑕疵

6-7-1 設立の瑕疵の態様

会社は，会社法の定める一連の設立手続を履践することによって成立するものであるから，履践された設立手続に瑕疵がある場合には，設立が無効（広義の無効）になる。

35） 現物出資の履行が全くなされなかった場合（36 Ⅲ）と異なり，定款に定められた財産を出資した現物出資者は設立時発行株式の株主となると考えられるため，定款に記載・記録された価額を基準として株式が割り当てられた場合に，現物出資者が不足額塡補責任を負わないと解すると，引受人間の公平を損なうので，発起人等に責任を負わせることによって他の引受人の利益を保護するものである。

36） 検査役の調査を経た場合とは別に規定されていること，設立時取締役には調査義務があることなどに照らすと，弁護士等の証明・鑑定評価があることのみでは，無過失を証明できないと考えられる。

(1)　会社の不成立（会社の実体形成手続は開始されたが，設立の登記にまで至らなかった場合）

会社は外見上も成立していないので，一般原則により，会社の不成立を主張することができる。たとえば，「設立に際して出資される財産の価額又はその最低額」（27④）に相当する財産の払込みまたは給付がなく，設立が挫折した場合，一定の日までに設立の登記がされない（会社が成立しない）ときには設立時募集株式の引受人は引受けを取り消すことができることとされていた場合（58Ⅰ④）に引受人が引受けを取り消したとき，および，創立総会で設立廃止の決議がなされた場合（66）などがある。

(2)　会社の不存在（会社の実体と認めることができるものが全く存在しないか，あるいはほとんど存在しないのに，設立登記がなされた場合）

会社の実体がないから，会社のようにみえるものが活動し多様な利害関係を生ずることも少ないので，だれでもいつでも会社の不存在を主張することができるという一般原則に委ねてよい（大判昭和10・11・16全集1輯24号19，東京高判昭和36・11・29下民集12巻11号2848）。たとえば，設立の登記を経たにとどまり，出資の履行はもちろん，創立総会の開催も，役員の選任もなく，会社の実体形成を全く欠いているような場合である。

(3)　（狭義の）設立無効（会社の成立要件としての実体形成手続と設立登記をともに備えているが，無効原因がある場合）（828Ⅰ①）（***6-7-2***）

(4)　設立取消し（特定の社員の設立行為の取消しが会社の成立自体に影響を及ぼし，会社の存立が否定される場合）

社員間の信頼関係が重視される持分会社（合名会社・合資会社・合同会社）についてのみ認められ（832），株式会社には認められない（***11-3-1-2***参照）。

6-7-2　設立無効の訴え

私法の一般原則によれば，会社の設立が法定の要件を欠く場合には，設立は無効であり，いつでも，だれでも，それを主張することができるはずである。しかし，設立登記がなされると，会社の成立を前提として行為・活動が行われ，内部的・外部的に，多くの法律関係が生ずる。そのような法律関係を適切に処理する観点から，法律関係を画一的に確定し（838），無効の遡及効を認めず（839），無効の主張を制限することが要請される。

そこで，会社法は設立無効（狭義）は訴えによらなければ主張できないものとしつつ（828 I柱書）（排他性），設立無効の訴えの提起について制限を加えている。株式会社の設立無効の訴えについては，第1に，株主・取締役・監査役（監査の範囲が会計事項に限定されている者を除く）・執行役・清算人のみが原告適格を有する（828 II①）。また，他の会社法上の訴えと同様，株主が設立無効の訴えを提起した場合には，裁判所は，被告である設立する会社（834①）が原告の訴えの提起が悪意によるものであることを疎明したときは（836 III），その請求により，相当の担保を立てることを原告に命ずることができる（836 I）。第2に，提訴期間は会社成立（設立登記）の日から2年以内である（828 I①）。これは，会社の成立後長期間を経過すると，会社の成立を前提としてそれだけ多くの法律関係が形成されるからである。第3に，設立無効原因は客観的無効原因[37)]に限定される。株式会社においては株主の個性が重視されないため，個々の株式引受けが無効であり，または取り消されても，その者が株主とならないだけであって，持分会社とは異なり，社員の主観的原因のみによっては，会社の設立は無効とならない。

設立無効判決には対世効が認められ（838），判決の効力は将来に向かって生じ（遡及効がない），判決が確定したときは，会社を清算しなければならない（475②）。

6-7-3　株式会社と他の会社との違い

主観的無効原因（設立に参加した個々の社員の設立行為に無効原因があること）による設立無効および設立取消しが，持分会社では認められる。

これは，たとえば，合名会社においては社員間の人的信頼関係が重視されることによる。すなわち，合名会社の社員はいずれも会社債権者に対し直接無限の責任を負い（580 I），かつ，原則として，会社の業務を執行し，代表する権利を有し義務を負う（590 I）。このため社員の個性が内部的にも外部的にも重視される。社員間に人的信頼関係があり，社員の個性が重視されることから，個々の社員の設立行為が無効あるいは取り消され，その者が会社から脱落すれば，他の社員も当然に会社関係から離脱することとするのが他の社員の合理的意思に合致すると

37)　客観的無効原因とは，設立が法定手続または会社の本質に反することから生ずるものをいう。たとえば，定款の絶対的記載事項（27）が記載・記録されずまたは記載・記録が違法であること，定款につき公証人の認証を欠くこと（30 I），設立時発行株式または設立時募集株式に関する一定の事項の決定につき発起人全員の同意がないこと（32 II・58 II），設立に際して出資される財産の価額またはその最低額に相当する財産の出資の履行がなされないこと（27 I④），募集設立において創立総会の招集がないこと（65 I）などである（また，弥永・演習 4 参照）。

考えられ，また適切である。このため，会社法は主観的無効原因を認めるとともに，個々の社員の設立行為の取消原因がそのまま会社の設立自体の取消原因となることを認めている。合資会社・合同会社においても，社員間の人的信頼関係が重視され，社員は原則として業務を執行することから，合名会社と同様に扱われている（また，***11-3-1-2*** 参照）。

これに対し，株式会社の設立行為も発起人および設立時募集株式の引受人が定款に基づいてする株式の引受けを含む法律行為ではあるが，これに参加する者の数が多く，その相互の間に人的信頼関係もない場合があり，株主の個性は必ずしも重要ではない。また，打切り発行が認められるので，ある引受人の株式引受け等に主観的瑕疵があることにより，その引受け等が無効でありまた取り消されても，定款に定められた設立に際して出資される財産の価額またはその最低額に相当する財産が確保されれば問題はない。このため，株式会社の場合には，設立における社員の主観的瑕疵を理由とする設立無効および設立取消しは認められない。

さらに，株式の引受け等に瑕疵があっても，株式会社の成立後は，その多くについて，無効の主張あるいは取消しが制限される（***6-6-1***）。

6-7-4 会社の不成立と発起人の責任

会社不成立の場合には，発起人は会社の設立に関してなした行為につき，過失の有無にかかわらず，全員連帯して責任を負い，かつ，会社の設立に関して支出した費用は発起人の負担となる（56）[38]。これは，会社不成立の場合には設立中の会社が目的の不到達により解散したと評価できるから，本来ならば清算して残余財産を構成員に分配すべきであるが，設立時募集株式の引受人に損害を与えないようにするために，政策的に設立時募集株式の引受人を第三者的に取り扱い，設立中の会社の機関である発起人に全責任を負わせたものである[39]。なお，「会社の設立に関してした行為」とは，会社が成立すればその効果が当然に会社に帰属したであろうとされる法律行為をいうが，具体的には，発起人は，株式払込金

38） 創立総会で設立廃止の決議がなされた場合には，設立時募集株式の引受人の側に不成立の原因があることから，利益衡量上，56 条後段を適用すべきではなく，設立時募集株式の引受人も負担すべきである（全集 94）。

39） 会社不成立の場合には設立中の会社の概念を認めがたいとする立場からは，発起人が実質的にも設立費用に関する取引の権利義務の主体となるから，56 条前段は払込金が設立時募集株式の引受人に返還されなかった場合を定めるものと解する。これに対して，本文中の見解は会社不成立の場合にも設立中の会社の概念を認める立場からの記述である。

や申込証拠金の返還義務，現物出資の目的物の返還義務を負う。

6-8　株式会社の設立関与者の責任

表6-5　設立関与者の責任

<table>
<tr><th></th><th>仮装出資の場合の支払義務（出資者としての責任を除く）</th><th>目的物不足額填補責任</th><th>任務懈怠による会社に対する損害賠償責任</th><th>職務を行うについて悪意または重過失があった場合の対第三者損害賠償責任</th><th>会社不成立時の責任・費用負担</th></tr>
<tr><td>発起人・擬似発起人</td><td rowspan="2">52の2Ⅱ・103ⅡⅣ</td><td rowspan="2">52ⅠⅡ・103ⅠⅣ</td><td rowspan="3">53Ⅰ・103ⅠⅣ</td><td rowspan="3">53Ⅱ・103ⅠⅣ</td><td>56・103ⅠⅣ</td></tr>
<tr><td>設立時取締役</td><td rowspan="2"></td></tr>
<tr><td>設立時監査役</td><td colspan="2"></td></tr>
</table>

6-8-1　発起人等の責任等[40)]

6-8-1-1　会社に対する責任——任務懈怠責任（53Ⅰ）

成立後の会社の取締役の責任とパラレルに，発起人が設立中の会社の機関として，設立に関してその任務を怠ったときは，その発起人は会社に対し連帯して損害賠償の責任を負う（53Ⅰ）。発起人は設立の企画者であり，設立中の会社の機関であるから，善良な管理者の注意をもって会社の設立に関する任務を行うべきであり，これを怠って会社に損害を生じさせた場合には，会社に対し損害賠償の責任を負わせることが適当であることから，この規定が置かれた。

6-8-1-2　第三者に対する責任（53Ⅱ）

発起人がその職務を行うにつき，悪意または重大な過失があったときは，第三者に対して連帯して損害賠償の責任を負う（53Ⅱ）。これは第三者保護の政策的見地から，発起人に特別の責任を認めたものである。そもそも発起人は，設立中の会社の機関としてその任務を怠ったときは，会社に対して賠償責任を負うのは当然であるが，第三者に対しては格別の関係に立たないので，不法行為責任の要件をみたさない限り第三者に対して責任を負うべき理由はない。そこで，この責任は，第三者を保護するために，会社法が特に発起人に負わせたものと解される。

40)　仮装出資の場合の支払等義務については **6-6-2-3-4**，目的物価額不足額填補責任については **6-6-3**，会社不成立の場合の責任については **6-7-4** を参照。

なお，ここでいう第三者には設立時募集株式の引受人も含まれる（**5-12-4-4** と対照）。

6-8-2　擬似発起人の責任（103 Ⅳ・52～56）

擬似発起人とは，発起人でなくて，募集設立にあたって，その募集の広告その他その募集に関する書面・電磁的記録に自己の氏名・名称および株式会社の設立を賛助する旨を記載・記録することを承諾した者をいう（103 Ⅳ）。擬似発起人に責任を負わせるのは，主として，そのような擬似発起人がその会社の設立事務を行っていることを期待して設立時募集株式の引受けを申し込んだ者（引受人）の保護のためである。すなわち，103 条 4 項は発起人らしい外観を信頼した者の保護（禁反言または外観理論に基づく）を図ろうとするものである。

擬似発起人には，発起人とみなして，会社法第 2 編第 1 章第 8 節および 103 条 1 項から 3 項の規定を適用すると規定されているので（103 Ⅳ），擬似発起人は，現物出資・財産引受けの目的物不足額填補責任（52），仮装出資の場合の支払義務（52 の 2・103 Ⅱ），任務懈怠に基づく会社に対する責任・第三者に対する責任（53）および会社不成立の場合の責任（56）を負う。

6-8-3　設立時取締役・設立時監査役の責任――任務懈怠責任

設立時取締役および設立時監査役は，会社成立前に選任され，設立事項に関する調査・報告をしなければならない（46 Ⅰ・93）。したがって，この任務を怠ったことによって会社に損害を生じさせたとき，またはその職務を行うにつき悪意または重大な過失があったため第三者に損害を生じさせたときは，それぞれ，会社または第三者が被った損害につき賠償責任を負い（53），この場合に発起人も責任を負うときは，これらの者はすべて連帯して責任を負う（54）。

6-8-4　株主の代表訴訟

発起人・擬似発起人・設立時取締役・設立時監査役の会社に対する責任については，取締役などの会社に対する責任の追及と同様に，株主が会社を代表して追及すること（代表訴訟）が認められる（847）（**5-12-2** 参照）。

6-8-5　総株主の同意による責任の免除（55）

発起人・擬似発起人・設立時取締役・設立時監査役の目的物価額不足額填補責

任，仮装出資の場合の発起人・設立時取締役の支払義務および会社に対する任務懈怠責任は，総株主の同意によって免除できる（55）[41]。他方，対第三者責任（53 Ⅱ）は総株主の同意があっても免除することはできない。

6-9　設立時募集株式の引受人の保護

① 一定の事項の通知（***6-6*** 参照）
② 保管証明と払込取扱機関の責任（***6-6-2-3-5***）
③ 変態設立事項の規制（***6-5-3***）
④ 創立総会（***6-3-3***）
⑤ 発起人等の責任（***6-6-2-3-4***，***6-6-3***，***6-7-4***，***6-8***）
⑥ 出資の履行を仮装した者の責任（***6-6-2-3-4***）
⑦ 定款の作成（***6-5*** 参照）

41） 目的物価額不足額塡補責任を総株主の同意によって免除できるとしたことは，現物出資あるいは財産引受け規制の主眼は会社の財産確保よりも引受人間の公平の確保にあることを意味している。目的物を会社成立時の時価より高い価額で貸借対照表に記載することは計算書類の虚偽記載にあたると解して，それによって損害を被った第三者に対して取締役等が責任を負うという形で（429 Ⅱ），会社債権者保護は図ることになるのであろう。

第7章 株式会社の資金調達

資金調達源に注目すると，一般的には，資金が企業の外部から調達されるか内部から調達されるかにより，外部資金と内部資金とに区別される。外部資金の調達は一般に金融機関等からの借入金と有価証券発行（株式，社債〔短期社債[1]を含

図 7-1　公開会社における資金調達の視点

公開会社においては，資金調達，とくに募集株式の発行等や社債の発行に関する事項の決定は原則として取締役会の権限とされる。株主総会の権限とされないのは，機動的な資金調達が会社ひいては株主の利益になると考えられるが，その実現のためには取締役会の権限とすることが適当だからである。代表取締役ではなく，取締役会に委ねるのは，重要なものは代表取締役でなく取締役会が決定すべきであると考えたためである。すなわち慎重さを重視したのである。もっとも，機動的な資金調達の要請を重視して，指名委員会等設置会社では執行役に〔416 Ⅳ〕，一定の要件をみたす監査等委員会設置会社では取締役に〔399の13 Ⅴ Ⅵ〕，それぞれ委任することが認められている。

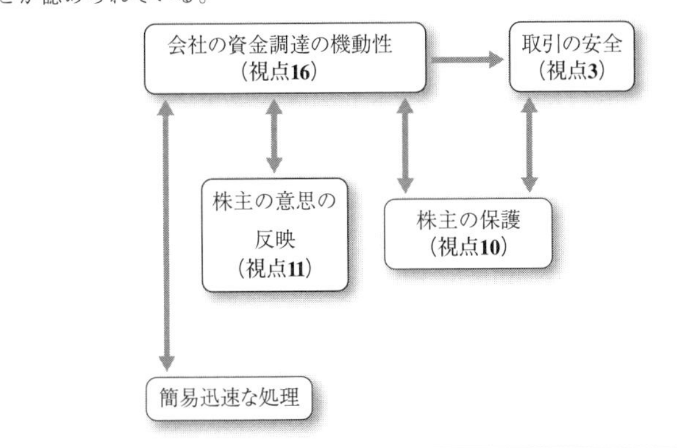

1）各社債の金額が1億円以上であり，元本の償還について，社債の総額の払込みのあった日から1年未満の日とする確定期限の定めがあり，かつ，分割払の定めがなく，利息の支払期限を元本の償還期限と同じ日とする旨の定めがあるものであって，担保付社債信託法の規定により担保が付されるものでないもの（社債株式振替66①）。短期社債も社債ではあるが，

む〕などの発行）による資金調達であるが，会社法は，新株発行・自己株式の処分（以下，この2つをまとめて募集株式の発行等という）または社債の発行による資金調達を特に規律している。これに対し，内部資金の調達（自己金融）は，利益の内部留保（繰越利益剰余金，積立金，準備金など）と減価償却等によってなされる。

7-1　借入金による資金調達

金銭の借入れは，業務執行の一環として，取締役（取締役会設置会社においては，取締役会）または代表取締役（執行役）が決定をする。ただし，意思決定の慎重さを確保するため，指名委員会等設置会社でも一定の要件をみたす監査等委員会設置会社でもない取締役会設置会社においては，多額の借財は，取締役会（ただし，特別取締役による議決の特例。373）の専決事項とされる（362 Ⅳ②）（***5-4-2-1-1***(1)）。

7-2　社債発行による資金調達

7-2-1　社債の意義と種類

7-2-1-1　社債の意義と社債に関する規律の視点

社債とは，会社法の規定により会社が行う割当てにより発生するその会社を債務者とする金銭債権であって，676条各号に掲げる事項についての定めに従い償還されるものをいう（2㉓）。社債権者は一般の公衆でありうるから社債権者の保護を図る必要があり，多数の債権者が継続的に利害が共通する関係に立つため，社債権者を団体的に取り扱うことが必要となる。また，社債について有価証券（社債券）を発行する場合には，その面に関する規整が必要となる。

7-2-1-2　さまざまな社債

社債については，担保付社債信託法に基づく物上担保が付された担保付社債とそれ以外の社債，普通社債とエクイティ・リンク債（新株予約権付社債[2]などのよ

社債権者集会についての規定は適用されない（社債株式振替83 Ⅲ）。また，各社債の金額が1億円以上なので，社債管理者を置く必要がない。

2）　新株予約権を付した社債であって（2㉒），新株予約権または社債が消滅した場合を除き，新株予約権と社債の一方のみを譲渡することができず（254 Ⅱ Ⅲ），新株予約権または社債が消滅した場合を除き，新株予約権と社債の一方のみを質入することもできない（267 Ⅱ

うに特定の株式と関係付けられた社債[3]というような分類も可能であるが，権利移転の対抗要件によって分類することもできる。すなわち，社債の発行ごとに，社債券を発行するか否かを定めることができるが，社債券を発行する定めのある社債[4]は，①無記名社債（無記名の社債券が発行されている社債。681④かっこ書）と②無記名社債以外の社債券を発行する定めのある社債とに分けられる。

意思表示と債券の交付によって，社債券を発行する定めのある社債の譲渡・質入れはその効力を生ずるが（687・692），①無記名社債については，社債券の占有移転が譲渡の（688 Ⅲ），社債券の継続占有が質入れの（693 Ⅱ），それぞれ対会社・対第三者対抗要件である。②の社債の譲渡の対会社対抗要件は，取得者の氏名・名称および住所の社債原簿（681）への記載・記録（688 Ⅱ），会社以外の第三者に対する対抗要件は無記名社債と同じであるが，質入れの対会社・対第三者対抗要件は社債券の継続占有である（693 Ⅱ）。

他方，③社債券を発行する定めのない社債の譲渡・質入れは意思表示のみによって効力を生じ，発行会社その他の第三者に対する対抗要件は取得者の氏名・名称および住所の社債原簿（681）への記載・記録となる（688 Ⅰ・693 Ⅰ）[5]。社債権者・質権者は，発行会社に対して，社債原簿に記載・記録されているその社債権者・質権者についての事項を記録した書面の交付または記録した電磁的記録の提供を請求することができる（695）。

Ⅲ）。新株予約権を行使すると，社債全額の償還に代えて払込みがあったものとみなされるもの（転換社債型）とそうでないもの（非分離の新株引受権附社債型）とがあり，後者の中には，新株予約権者が請求した場合には，社債全額の償還に代えて払込みがあったものとするものがある。新株予約権が付されているため，潜在的には，募集株式の発行等と類似した影響を株主に与えるため，募集株式の発行等の規制に類似した新株予約権の発行規制に服する。

3） 詳細については，たとえば，西村総合法律事務所・ファイナンス法大全上 406 以下参照。

4） 社債発行会社は，社債券を発行する旨の定めがある社債を発行した日以後遅滞なく，その社債に係る社債券を発行しなければならない（696）。なお，社債券発行前の譲渡については，株券発行会社における株券発行前の譲渡（***4-5-3-2***）についての解釈と同様に考えてよいであろう。

5） 社債券が発行されない社債に質権を設定した者は，社債発行会社に対し，質権者の氏名・名称および住所ならびに質権の目的である社債を社債原簿に記載・記録することを請求することができる（694 Ⅰ）。

7-2-2　社債の発行[6)]

意思決定の慎重さを確保するため，指名委員会等設置会社でも監査等委員会設置会社でもない取締役会設置会社[7)]においては，社債の募集事項の決定は，取締役会の専決事項とされる（362 Ⅳ⑤）[8)]。他方，指名委員会等設置会社では，執行役に決定を委任でき（416 Ⅳ），監査等委員会設置会社でも，一定の要件をみたすもの（399の13 Ⅴ Ⅵ）では，取締役に決定を委任できる。

募集株式の発行等と同様，総額引受けの場合あるいは金融商品取引法などに基づく開示がなされている場合（会社規164）を除き，応募者に対する情報提供が要求され（677 Ⅰ Ⅳ・679），原則として，社債の応募額が予定された社債総額に達しなくとも，応募額を社債総額とする社債発行が認められる（打切り発行）（676⑪）。申込み（応募）に対して割当てがあると，社債は引き受けられたことになる[9)]。

7-2-3　社債管理者と社債管理補助者

7-2-3-1　社債管理者または社債管理補助者の設置

社債権者を保護し，法律関係を簡明にするため，各社債の金額が1億円以上である場合またはある種類の社債の総額をその種類の各社債の金額の最低額で除して得た数が50を下回る場合（会社規169）[10)]を除き，社債発行会社は，社債を発

6）取締役会設置会社ではない株式会社のみならず，合名会社，合資会社および合同会社も社債を発行することができる（676・2①）。

7）取締役会設置会社でない株式会社では，定款に別段の定めがある場合を除き，取締役の過半数をもって募集事項を決定するが（348 Ⅱ），取締役は決定を他の取締役に委任することができる（348 Ⅲの反対解釈）。

8）ただし，募集社債の総額，利率の上限，および，募集社債の払込金額の最低金額を定め，具体的な額等の決定を代表取締役に委任し，あるいは，社債を発行することができる期間を定め，個々の発行時期についての決定を代表取締役に委任することはできる（会社規99 Ⅰ，681①参照）。

9）会社が認めれば，金銭以外の財産の給付も許されるが（会社規162③），現物出資規制に相当するものは定められていない。

10）これは，各社債の金額が1億円以上である場合には社債権者は一定規模以上の資産を有する者であり，自衛能力があるので，自ら発行会社等と交渉することがしやすい，あるいは可能であると考えられる一方で，発行会社にとっても，社債金額が大きいので，直接交渉などに過分のコストがかかるとはいえないからであろう。社債の総額を各社債の金額の最低額で除して得た数が50未満の場合にも社債管理者を設置することを要しない。これは，社債

行する場合には，社債管理者を定め，社債権者のために，弁済の受領，債権の保全その他の社債の管理（約定権限〔社債管理委託契約等に基づく権限〕の行使を含む。以下，***7-2-3*** において同じ）を行うことを委託しなければならない（702）。銀行，信託会社，担保付社債に関する信託事業を営む会社，長期信用銀行，信用金庫，保険会社など（会社規 170）のみが，社債管理者となることができる（703）。

社債管理者を設置することを要しない場合であっても，担保付社債でないときには，会社は，社債管理補助者を定め，社債権者のために，社債の管理の補助を行うことを委託することができる（714 の 2）[11]。社債管理補助者となることができるのは，社債管理者となることができる者ならびに弁護士および弁護士法人（会社規 171 の 2）である。

7-2-3-2 社債管理者および社債管理補助者の権限

⑴ 社債管理者の権限

社債管理者は，社債権者のために社債に係る債権の弁済を受け，または社債に係る債権の実現を保全するために必要な一切の裁判上または裁判外の行為をする権限を有する（705 Ⅰ）。また，社債権者集会の特別決議に基づいて，①社債の全部についてする支払の猶予，その債務もしくはその債務の不履行によって生じた責任の免除または和解（②の行為を除く），および，②社債の全部についてする訴訟行為，破産手続，再生手続，更生手続または特別清算に関する手続に属する行為（債権の弁済の受領および保全のために必要な行為〔705 Ⅰ〕については社債権者集会の決議は不要）をすることができる（706 Ⅰ・724 Ⅱ）。

ただし，募集社債に関する事項の決定の際に，社債管理者が社債権者集会の決議によらずに②の行為をすることができるものと定めた（676 ⑧）場合には，社債権者集会の決議を経ることなく，社債管理者は②の行為をすることができる（706 Ⅰ柱書但書）。社債管理者は，社債権者集会の決議によらずに②の行為をしたときは，遅滞なく，その旨を公告し，かつ，知れている社債権者には，各別にこれを通知しなければならない（706 Ⅱ）。

さらに，社債管理者は，その管理の委託を受けた社債につき①または②の行為

権者が少数であり，社債権者が少数なので直接交渉などをすることがさほど煩瑣ではないからである。なお，短期社債については，社債管理者設置義務は課されていない（社債株式振替 83 Ⅲ）。

11） したがって，社債管理委託契約または担保付社債の受託契約の効力が生じた場合には，社債管理補助委託契約は終了する（714 の 6）。

をするために必要があるときは，裁判所の許可を得て，社債発行会社の業務および財産の状況を調査することができる。(706 Ⅳ)。2以上の社債管理者があるときは共同してその権限に属する行為をしなければならない（709 Ⅰ)。

⑵　社債管理補助者の権限

社債管理補助者は，社債権者のために，①破産手続参加，再生手続参加もしくは更生手続参加，強制執行もしくは担保権の実行の手続における配当要求，および清算株式会社の債権申出期間内に債権の申出をする権限を有する（714の4 Ⅰ)。また，社債管理補助者は，社債管理補助委託契約に定める範囲内において，社債権者のために，②社債に係る債権の弁済を受けること，③社債に係る債権の実現を保全するために必要な一切の裁判上または裁判外の行為（①および②を除く)，④当該社債の全部についてするその支払の猶予，その債務もしくはその債務の不履行によって生じた責任の免除または和解（⑤を除く)，⑤当該社債の全部についてする訴訟行為または破産手続，再生手続，更生手続もしくは特別清算に関する手続に属する行為（①②③を除く)，⑥社債発行会社が社債の総額について期限の利益を喪失することとなる行為をする権限を有する（714の4 Ⅱ)。ただし，③のうち当該社債の全部についてするその支払の請求，当該社債の全部に係る債権に基づく強制執行，仮差押えもしくは仮処分，および，当該社債の全部についてする訴訟行為もしくは破産手続，再生手続，更生手続もしくは特別清算に関する手続に属する行為ならびに④⑤⑥は，社債権者集会の決議に基づかなければならない（714の4 Ⅲ)。

なお，2以上の社債管理補助者があるときは，社債管理補助者は，各自，その権限に属する行為をしなければならない（714の5 Ⅰ)。

⑶　社債管理者および社債管理補助者の権限

社債管理者および社債管理補助者にも社債権者集会の招集権，議事録の閲覧・謄写等の請求権，および，社債権者集会（特別代理人〔***7-2-3-3***⑵〕の選任につき招集されたものを除く）への代表者の出席権または書面による意見表明権が認められている（717 Ⅱ・731 Ⅲ・729 Ⅰ)。なお，法律関係の簡明化の点から，社債管理者，社債管理補助者または特別代理人が社債権者のために裁判上または裁判外の行為をする場合には，個別の社債権者を表示する必要はないとされている（708・714の7)[12)]。

---

12)　社債権者集会で選任された代表社債権者または決議執行者にも708条は準用される（737 Ⅱ)。

以上に加えて，会社法上の債権者保護手続が行われるときは，社債管理者に対しても催告を行わなければならず（740 Ⅲ），委託に係る契約に別段の定めがある場合を除き，社債管理者は社債権者集会の決議なくして異議を申し述べることができる（740 Ⅱ）。個々の社債権者が適切に異議を述べる能力とインセンティブを有しているとは限らないので，社債権者保護の観点から，社債管理者または社債管理補助者に対して催告を行うべきこととされ，また，社債管理者は原則として，社債権者集会の決議を経ないで異議を述べることができるとされているのは，社債権者集会の開催には時間と費用を要する一方，異議を述べることによって社債権者が損害を被ることは多くないと考えられるからである。

7-2-3-3　社債管理者および社債管理補助者の義務と責任

⑴　社債管理者および社債管理補助者の義務

社債管理者または社債管理補助者は，社債権者のために，公平かつ誠実に（704 Ⅰ・714 の 7），かつ，社債権者に対し，善良な管理者の注意をもって（704 Ⅱ・714 の 7）社債の管理または社債の管理の補助を行わなければならない。

⑵　特別代理人の選任

社債権者と社債管理者または社債管理補助者との利益が相反する場合において，社債権者のために裁判上または裁判外の行為をする必要があるときは，裁判所は，社債権者集会の申立てにより，特別代理人を選任しなければならない（707・714 の 7）。

⑶　社債管理者および社債管理補助者の損害賠償責任

会社法または社債権者集会の決議に違反する行為をしたときは，社債管理者または社債管理補助者は，社債権者に対し，連帯して，これによって生じた損害を賠償する責任を負う（710 Ⅰ・714 の 7）。また，社債管理者[13]は，社債発行会社が社債の償還もしくは利息の支払を怠り，もしくは社債発行会社について支払の停止があった後またはその前 3 ヵ月以内に，①自己の債権に係る債務について社債発行会社から担保の供与または債務の消滅に関する行為を受け，②社債管理者と法務省令が定める特別の関係[14]がある者に対して自己の債権を譲り渡し（そ

13）　社債発行会社が社債の償還もしくは利息の支払を怠り，もしくは社債発行会社について支払の停止があった後またはその前 3 ヵ月以内に委託に係る契約に定められている辞任事由があることを理由として辞任した社債管理者を含む（712）。これは，辞任によって責任を不当に免れることを許さないという趣旨である。

14）　社債管理者との間に支配社員（法人の総社員・総株主の議決権の 100 分の 50 を超える議

の特別の関係がある者がその債権に係る債務について社債発行会社から担保の供与または債務の消滅に関する行為を受けた場合に限る)，③自己が社債発行会社に対する債権を有する場合に，契約によって負担する債務をもっぱらその債権をもってする相殺に供する目的で社債発行会社の財産の処分を内容とする契約を社債発行会社との間で締結し，または，④社債発行会社に対して債務を負担する者の債務を引き受けることを内容とする契約を締結し，かつ，これにより社債発行会社に対し負担した債務とその債権とを相殺し，あるいは，自己が社債発行会社に対して債務を負担する場合に，社債発行会社に対する債権を譲り受け，かつ，その債務とその債権とを相殺したときは，社債管理者が誠実にすべき社債の管理を怠らなかったことまたは社債権者の損害がその行為によって生じたものでないことを証明した場合を除き，社債権者に対し，損害賠償責任を負う（710 Ⅱ）。

7-2-3-4　社債管理者および社債管理補助者の辞任，解任および変更

(1)　社債管理者および社債管理補助者の辞任

社債管理者または社債管理補助者は，社債発行会社および社債権者集会の同意を得て辞任することができるが，この場合に，社債管理者は，他に社債管理者がないときは，あらかじめ，事務を承継する社債管理者を，社債管理補助者は，あらかじめ，事務を承継する社債管理補助者を，それぞれ，定めなければならない（711 Ⅰ・714の7)。また，社債管理者または社債管理補助者は，社債発行会社および社債権者集会の同意が得られない場合でも，やむを得ない事由があるときは，裁判所の許可を得て，辞任することができる（711 Ⅲ・714の7)。さらに，委託に係る契約に事務を承継する社債管理者または社債管理補助者に関する定めがあり，かつ，その契約に定めた辞任事由があるときは，辞任することができる（711 Ⅱ・714の7)[15]。

(2)　社債管理者および社債管理補助者の解任

社債発行会社または社債権者集会の申立てにより，裁判所は，社債管理者または社債管理補助者がその義務に違反したとき，その事務処理に不適任であるとき

決権を有する者）と被支配法人との関係および被支配法人とその支配社員の他の被支配法人との関係とされている（会社規171 Ⅰ)。なお，支配社員とその被支配法人が併せて他の法人の総社員・総株主の議決権の100分の50を超える議決権を有する場合には，当該他の法人も当該支配社員の被支配法人とみなされる（会社規171 Ⅱ)。

15)　これは，社債管理者または社債管理補助者が利益相反の状況を避けることを可能にすることを1つの目的とする。

その他正当な理由があるときは，その社債管理者または社債管理補助者を解任することができる（713・714の7）。

(3)　社債管理者および社債管理補助者がなくなったときの措置

社債管理者または社債管理補助者の資格の喪失，裁判所の許可に基づく辞任，解任または解散（社債管理補助者の場合は，死亡または解散）により社債管理者または社債管理補助者がなくなった場合には，それぞれ，社債発行会社は，他に社債管理者がないときは，事務を承継する社債管理者を定め，社債権者のために，社債の管理を行うことを委託し，事務を承継する社債管理補助者を定め，社債権者のために，社債の管理の補助を行うことを委託しなければならない。この場合には，社債発行会社は，同意を得るため，遅滞なく，社債権者集会を招集し，かつ，その同意を得ることができなかったときは，その同意に代わる裁判所の許可の申立てをしなければならない（714 Ⅰ・714の7）。社債発行会社が，社債管理者または社債管理補助者がなくなった日後2ヵ月以内に，同意を得るための社債権者集会の招集をせず，または社債権者集会の同意に代わる裁判所の許可の申立てをしなかったときは，社債の総額について期限の利益を喪失する（714 Ⅱ・714の7）。そこで，やむを得ない事由があるときは，利害関係人も，裁判所に対し，事務を承継する社債管理者または社債管理補助者の選任の申立てをすることができる（714 Ⅲ・714の7）。

7-2-3-5　社債管理者および社債管理補助者の報酬等

社債管理者[16]および社債管理補助者に対して与えるべき報酬，その事務処理のために要する費用およびその支出の日以後における利息，その事務処理のために自己の過失なくして受けた損害の賠償額は，社債発行会社との契約に定めがある場合を除き，裁判所の許可[17]を得て，社債発行会社の負担とすることができる（741 Ⅰ）。そして，社債管理者および社債管理補助者は，これらの報酬等に関し，社債に係る債権の弁済を受けた額について，社債権者に先立って弁済を受ける権利を有する（741 Ⅲ）。

---

16)　代表社債権者（本章注22）または決議執行者についても全く同じである（741）。

17)　許可の申立ては，社債管理者，社債管理補助者，代表社債権者（本章注22）または決議執行者がする（741 Ⅱ）。

7-2-4　社債権者集会と株主総会

7-2-4-1　社債権者集会の権能

客観的にみると，同種類の社債権者（681①参照）は共通の利害関係に立っている。そこで法は，社債権者に共同の利益のために団体行動をとらせるため[18)]，社債権者集会[19)]が定められている[20)]。

担保付社債以外の社債の場合は，発行会社および社債管理者[21)]が社債権者集会を招集できる（717 Ⅱ）。また，社債管理補助者も，ある種類の社債の総額（償還済みの額を除く）の10分の1以上にあたる社債を有する社債権者から招集請求を受けた場合または辞任について社債権者集会の同意を得るため必要がある場合には招集することができる（717 Ⅲ）。さらに，ある種類の社債の総額（償還済みの額を除く）の10分の1以上にあたる社債を有する社債権者は，招集を請求したにもかかわらず，社債発行会社，社債管理者または社債管理補助者が招集しない場合には，裁判所の許可を得て，みずから招集することができる（718 Ⅲ）。

社債権者集会は，会社法に規定されている事項および社債権者の利害に関する事項について決議をすることができる（716）。発行会社が履行を怠った場合に期限の利益を喪失させるための通知（739），資本金または準備金の減少，合同会社における退社に伴う払戻し，持分会社における財産処分方法，組織変更・合併・分割・株式交換・株式移転・株式交付に対する異議の申述（740），弁済等の取消しの訴えの提起（865 Ⅲ Ⅰ）を決議できる。このほか，社債権者集会の法定決議事項（716）としては，社債管理者または社債管理補助者の辞任に対する同意（711 Ⅰ），社債管理者または社債管理補助者の解任請求（713），社債管理者または

18)　藤田「社債権者集会と多数決による社債内容の変更」現代企業立法の軌跡と展望221，神作・金融法研究・資料編（15）26など参照。

19)　社債権者集会は，社債の種類ごとに招集される（715）。利率，償還の方法および期限，利息支払の方法および期限，社債券の発行の有無，記名式社債券と無記名式社債券との間の転換請求権の有無，社債管理者が社債の全部についてする訴訟行為，破産手続，再生手続，更生手続また特別清算に関する手続に属する行為についての社債権者集会の決議の要否その他の社債の内容を特定するものとして法務省令で定める事項（会社規165）が同じであれば，発行日等が異なる社債も1種類の社債として取り扱われる。

20)　ただし，短期社債については，適用がないものとされている（社債株式振替83 Ⅲ）。

21)　担保付社債の場合は，社債管理者ではなく，受託会社が招集権者である（担保付社債信託法31）。

社債管理補助者の事務承継者の選任に対する同意（714），発行会社の代表者の出席請求（729Ⅱ），代表社債権者[22]の選任（736），社債権者集会の決議執行者の選任（737Ⅰ但書），代表社債権者・決議執行者の解任または委任事項の変更（738），社債管理者がする一定の重要行為についての承認（706Ⅰ）が法定されている[23]。

7-2-4-2　株主総会との類似点

権利行使の機会を与えるため，書面による議決権行使（議決権を行使できる株主数が1000人以上の会社の株主総会〔298Ⅱ〕と類似）（726）が認められ，参考書類の送付が要求されている（721）ほか，招集者は，電磁的方法により議決権を行使することを承諾することができる（727）。招集の通知（720）[24]，議決権の代理行使（725），議決権の不統一行使（728），会社所有の自己社債について自己株式の議決権の休止（723Ⅱ）の規定が，延期・続行の決議（730）についても，株主総会に関する規定と同様の規定が設けられている。また，贈賄罪（968Ⅰ①③Ⅱ）の

22）社債権者集会をひんぱんに開くことには時間と費用がかかること，社債権者集会の決議事項には機微を要する事項が少なくないことに鑑み，社債権者集会は，社債総額の1000分の1以上を有する社債権者の中から1人または数人の代表社債権者を選任し，集会の決議事項の決定を委任することができるものとされている。しかも，社債権者集会の権限事項全部を包括的に委任することもできると解されているが（鴻・社債法196），代表社債権者による決定については裁判所による認可が効力発生要件とされていないことから，疑問が残る。

23）判例（大判昭和3・11・28〈84事件〉）は，社債権者は単独で償還請求できるとしているが，個々の社債権者が単独で権利行使することを社債権者集会の決議によって禁止できるかについて，議論があり（日本銀行金融研究所・デットとエクイティに関する法原理についての研究会報告書34），社債契約に定めがある場合には，その定めは原則として有効であると解されている（松下・金融法研究16号21以下）。さらに，従来の有力な見解は，社債権者集会の決議による拘束力も肯定していた（鴻・社債法の諸問題Ⅰ 231注3）。これに対して，近時の有力説は，原則として否定的に解しているようであるが，一部の社債権者による権利行使が，継続企業価値を減損させる可能性が高い場合，あるいは，社債管理者が社債権者集会の決議によって私的整理を試みている場合であって，一部の社債権者による妨害がなされる場合には，禁止が相当の期間に限定され，しかも個々の社債権者の利益を損なうおそれがない限り，裁判所の認可を条件として，個々の権利行使を禁止する社債権者集会の決議の有効性を認める（松下・前掲27）。

24）知れている社債権者のみならず，発行会社，社債管理者または社債管理補助者がいるときは，社債管理者または社債管理補助者に対しても招集を通知しなければならない。これは，発行会社，社債管理者または社債管理補助者（担保付社債の場合は受託会社）は社債権者集会の決議について利害を有するからである。そして，社債権者集会に，それらの代表者またはその代理人は出席しまたは書面により，意見を述べることができる（ただし，社債管理者または社債管理補助者については，その特別代理人の選任について招集された場合を除く）。

規定も同様に適用される。

7-2-4-3　株主総会との相違点

株式と異なり，無記名式の社債券が発行されている場合があり，そのような場合には，会日より 3 週間前までに，社債権者集会を招集する旨，日時および場所，会議の目的である事項（＝議題）を公告しなければならない（720 Ⅳ Ⅴ）。そして，無記名式社債券を有する者は，社債権者集会の日の 1 週間前までに，社債権者集会の招集者に対して社債券を提示することによって，社債権者集会で議決権を行使することができる（723 Ⅲ）。

決議方法は出席した議決権を行使できる社債権者の議決権の過半数によることが原則とされるが（724 Ⅰ），社債管理者がなす一定の重要な行為（***7-2-3-2***）（706 Ⅰ），代表社債権者（本章注 22）および決議執行者の選任・解任・委任事項の変更（736・737 Ⅰ但書・738）は特別決議によらなければならない（724 Ⅱ②）。また，①社債の全部についてする支払の猶予，その債務の不履行によって生じた責任の免除または和解（②の行為を除く），および，②社債の全部についてする訴訟行為，破産手続，再生手続，更生手続または特別清算に関する手続に属する行為（債権の弁済の受領および保全のために必要な行為を除く）に関する事項についての決議も特別決議によらなければならない（724 Ⅱ①）。特別決議についても，定足数はなく，出席者議決権者の議決権の総額の 3 分の 2 以上であって，議決権を行使することができる社債権者の議決権の総額の 20% 以上にあたる議決権を有する者の同意をもって，特別決議は成立する。

株主総会の決議は当然に効力を生ずるのに対し，社債権者保護と決議の瑕疵の処理の便宜の点から，社債権者集会の決議は当然には効力を生ぜず，裁判所の認可を要するものとされている（734 Ⅰ）。このため，株主総会決議については決議取消しまたは不存在・無効確認の訴えがある（830・831）のに対し，社債権者集会の決議については設けられていない。なお，株主総会では 1 株 1 議決権が原則であるが（308 Ⅰ），社債権者集会では，社債権者が有するその種類の社債の金額の合計額（償還済みの額を除く）に応じて，議決権を有するものとされている（723 Ⅰ）。

7-2-4-4　書面または電磁的記録による同意

社債発行会社，社債管理者，社債管理補助者または社債権者が社債権者集会の目的である事項について（社債管理補助者の場合は，その辞任について社債権者集会の同意をすることについて）提案をした場合において，当該提案につき議決権者の全員が書面または電磁的記録により同意の意思表示をしたときは，当該提案を可決する旨の社債権者集会の決議があったものとみなされる（735の2 I）。この場合には，裁判所の認可を受けることを要しない（735の2 IV）。社債発行会社は，社債権者集会の決議があったものとみなされた日から10年間，同意の意思表示の書面または電磁的記録をその本店に備え置かなければならず，社債管理者，社債管理補助者および社債権者は，社債発行会社の営業時間内は，いつでも，その書面の閲覧もしくは謄写の請求またはその電磁的記録に記録された事項を法務省令（会社規226㉝）で定める方法により表示したものの閲覧もしくは謄写の請求をすることができる（735の2 II III）。

7-3　募集株式の発行等による資金調達

7-3-1　募集株式の発行等と設立

7-3-1-1　類似点

募集株式の発行等（新株発行および自己株式の処分）においても，設立の場合と同様，株主・引受人間の公平および会社財産の確保の観点から，金銭出資の全額払込み（208 I），現物出資財産の全部給付（208 II），相殺禁止（208 III），現物出資の調査等（207），仮装出資の場合の責任等（209 II III・213の2・213の3），現物出資者・取締役・執行役の目的物価額不足額塡補責任（212 I②・213），証明・鑑定評価者の責任（213 III）が定められているほか，申込みについて心裡留保・通謀虚偽表示の規定が適用されず，錯誤・詐欺・強迫による取消しが制限されていること（211）や権利株の譲渡は会社に対抗することができないこと（208 IV）は設立の場合と共通する（また，預合いに対する罰則〔965〕）。

7-3-1-2　相違点

会社法は，公開会社について，資金調達の機動性を図るため，定款に定められた会社が発行する株式の種類と数の範囲では，募集株式の発行等に係る事項の決定を，定款に別段の定めがない限り，原則として，取締役会の権限としている。したがって，募集株式の発行等は会社の人的・物的拡大をもたらすとはいえ，少なくとも公開会社においては，会社の業務執行に準ずるものと解することができる。

(1)　会社の財産的規模に対する期待と募集株式の発行等

設立時には，設立される会社の財産的規模について引受人の合理的期待を保護する必要があるが，募集株式の発行等の際には一応の財産的基盤ができあがっており，規制が緩和されている。

すなわち，設立時には，「設立に際して出資される財産の価額又はその最低額」(27④）を定款に定め，その出資が履行されることが要求されている。しかし，募集株式の発行等の場合には，資金調達の円滑化の要請が強いことに加え，すでにある程度の財産的規模が確保されていることに鑑み，会社債権者，引受人の期待を裏切る程度は小さいことから，募集株式の全部について引受け・出資の履行がなくとも，引受け・出資の履行があったものだけで募集株式の発行等の効力が認められる（208Ⅴ)。

(2)　会社組織の成熟度（監視機構の整備状況――人的基礎）と募集株式の発行等

設立時には監視機構が未整備であり，裁判所・創立総会の関与が強く及んでいるが（33ⅠⅣⅤⅦ・87Ⅱ①・96・97)，募集株式の発行等の際には，裁判所の関与は現物出資に関するものに限られる（207)。

設立時には発起人のみが現物出資をすることができるが（34条と63条とを対照)，募集株式の発行等の際には現物出資者について制限はない（208)[25]。もっとも，検査役の調査を受けるべき場合は設立時と募集株式の発行等の際とでは，後者では，募集株式の引受人に割り当てる株式の総数が発行済株式総数の10分の１を超えない場合の適用除外（207Ⅸ①）と会社に対する債権の出資に関する特例[26]

---

25)　募集株式の発行等において，目的物価額不足額塡補責任を問われる場合には，現物出資者に引受けの申込み等の取消権が認められる（212Ⅱ)。無過失責任を負う現物出資者について，取消権を与えることにより，過酷な事態を回避する機会を保証しようとするものである。

26)　会社に対する金銭債権のうち，履行期が到来しているものを，その債権に係る負債の帳簿価額以下で出資する場合には，検査役の調査を要しないが（207Ⅸ⑤)，債権について記載された会計帳簿が登記の添付書面とされている（商業登記法56③ニ)。これは，少なくとも履行期が到来している金銭債権であれば，会社が弁済しなければならない価額は確定しており，評価の適正性に関し特段の問題は生じないと考えられるからである。なお，これとの関連で，相殺禁止の規定は，金銭で払い込むべきものと定められている場合における引受人からの相殺を禁止する規定に変更されている（208Ⅲ)。これは，現物出資の目的となる金銭債権の債権者は，現物出資によって，より弁済順位の低い資金提供者である株主となるため，他の債権者および将来の債権者にとっては有利な結果をもたらし，会社が現物出資に同意している限り，金銭債権の現物出資によって，会社およびその債権者が害されることはな

が認められるほか，異ならない。また，一定の取締役が目的物価額不足額塡補責任を負う点でも共通する（213・52〔設立時は発起人も負い，募集株式の発行等の際には〔指名委員会等設置会社では〕関与した執行役も負う〕)[27]。さらに，募集設立の場合は創立総会による定款変更により変更される可能性がある（96・97）のに対し，公開会社の場合，募集株式の発行等の際には，原則として，取締役会決議によればよい。もっとも，設立時と同様，裁判所の監督に服する。

⑶　募集株式の発行等事務の簡易迅速な処理の要請

会社設立の場合は，出資の履行遅滞の発起人[28]に対して，出資履行の催告をする（36）。また募集設立の場合は，設立手続の経過を知らない株式引受人が設立に関する意思決定をする必要があるので，創立総会の開催を要する。

これに対し募集株式の発行等の場合は，機動的に資金調達を果たすために，そのような２つの制度を定めていない。すなわち，払込みがなければ引受人は失権するが，資本確定の原則が放棄されているから不都合はないし，すでに会社の機構ができあがっており，創立総会のようなものを開催して意思決定を行う必要がない。

⑷　既存株主の利益の保護の必要性

設立時には既存株主は存在しないが，募集株式の発行等の際にはすでに株主が存在する。株主割当てによらずに新株を発行すれば既存株主の利益は多かれ少なかれ影響を受けるから，既存株主に対する配慮が必要である（***7-3-3*** 参照）。

⑸　金融商品取引法等適用会社等の存在

設立時にも，設立時募集株式の引受けの申込みをしようとする者に対する一定事項の通知が要求されているが（59），募集株式の発行等の際には，以下のよう

いと考えられるからである。

27)　もっとも，発起設立の場合と同様，取締役等の目的物価額不足額塡補責任は，無過失を立証しない限り責任を負うという，挙証責任の転換された過失責任とされている。これは，ある財産を会社が取得する場合においては，対価が株式である場合よりも金銭である場合の方が債権者に与える悪影響は大きいと考えられ，現物出資に係る塡補責任を債権者保護のために科された責任と位置付けるのであれば，一般の任務懈怠責任（過失責任）とのバランス上，無過失責任としなければならないとする必然性はないと考えられる一方，現物出資者以外の（既存）株主の保護の観点からは挙証責任を転換することが適当であると考えられたからである。

28)　これは，発起人は設立時発行株式を１株以上引き受けなければならない（25 Ⅱ）からである。設立時募集株式の引受人は，払込期日までに，または払込期間内に払込みをしないと当然に失権する（63 Ⅲ）。

な形で，引受けの申込みをしようとする者に対する情報提供がなされる。

設立時と同様，原則として，引受けの申込みをしようとする者に対して，会社の商号，募集事項，金銭の払込みをすべきときは，払込取扱場所その他法務省令（会社規41）で定める事項を通知しなければならない（203 Ⅰ）。もっとも，募集株式を引き受けようとする者がその総数の引受けを行う契約を締結する場合については，会社に会社法上の通知義務は課されない（205）。これは，このような場合には引受契約等によって会社と株式に関する情報がそのような者に対して開示されていることが期待されるからである。

しかし，設立時と異なり，まず，株主に割当てを受ける権利を与えて行う場合（株主割当て）には，募集事項，その株主が割当てを受ける募集株式の数および引受申込期日を2週間前までに株主に通知をする（202 Ⅳ）。

また，金融商品取引法に基づく目論見書を募集株式の引受けの申込みをしようとする者に対して交付している場合その他募集株式の引受けの申込みをしようとする者の保護に欠けるおそれがないものとして法務省令（会社規42）で定める場合には，会社法上の通知義務は課されない（203 Ⅳ）。これは，目論見書等により会社と株式に関する事項が株式を引き受けようとする者に開示されるのであれば，重ねて通知による開示をする必要はないと考えられるからである。

7-3-2　募集株式の発行等の手続

株主割当ての場合（株主平等原則〔109 Ⅰ・202 Ⅱ〕の適用を受ける）は，既存株主の持分比率的利益や経済的利益は，株主が引受けに応じられない場合を除き，保護されるのに対し（ライツ・オファリングについて本章注67参照）[29]，株主割当て以外の場合（公募・第三者割当て）は，少なくとも，株主の持分比率的利益は保護されず，経済的利益を保護するための手当がされている。

募集株式の発行等に関する事項（募集事項）[30]については，公開会社では，原

29）　株主割当ての場合，1株にみたない部分および申込期日までに申込みがなされなかった部分についての再募集は認められない（202 Ⅱ・204 Ⅳ）。再募集を行うことにより，株主に持株数に応じて割り当てるべきであるとする規制を潜脱したり，株主総会決議を経ることなく低い払込金額を設定するような事態を避けようとするものである。

30）　募集株式の数（種類株式発行会社では，募集株式の種類および数），募集株式の払込金額またはその算定方法，金銭以外の財産を出資の目的とするときは，その旨ならびにその財産の内容および価額，払込期日または払込期間，および，株式を発行するときは，増加する資本金および資本準備金に関する事項（199 Ⅰ）が募集事項である。ただし，上場会社が取締

図 7-2 募集株式の発行等の手続の流れ

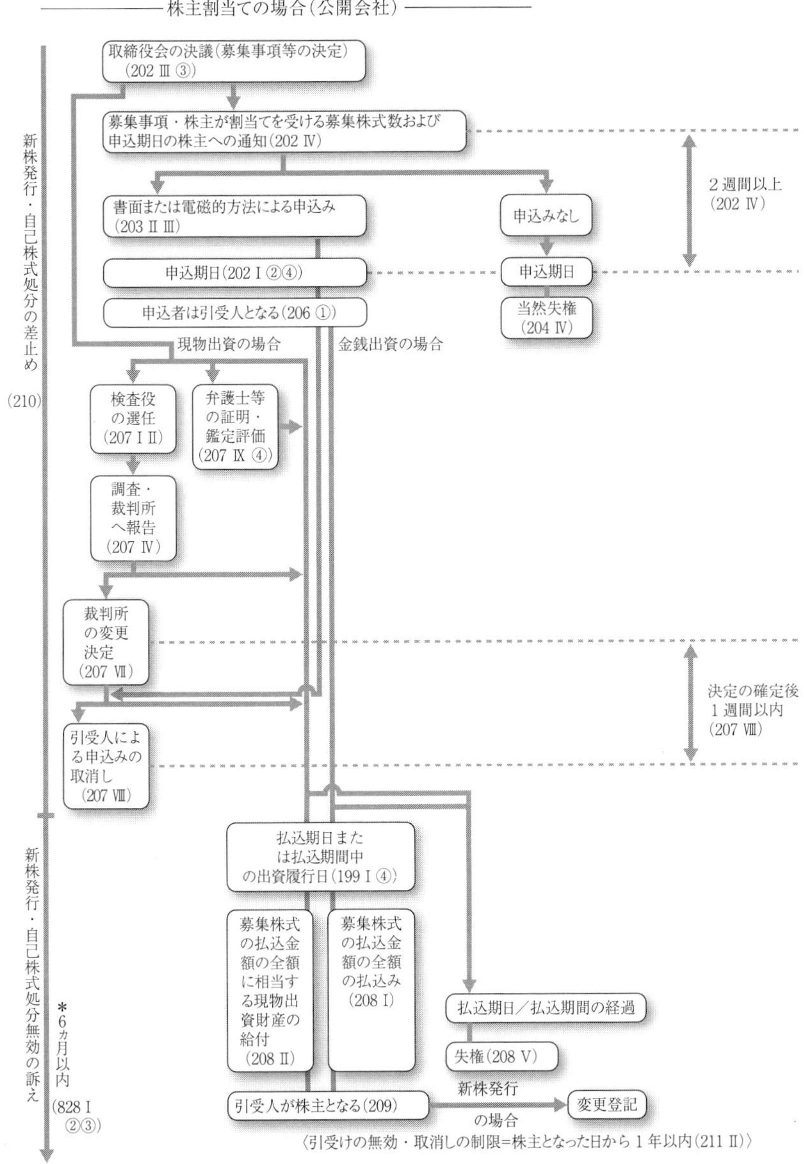

＊ 公開会社以外の会社では 1 年以内（828 Ⅰ ②③）

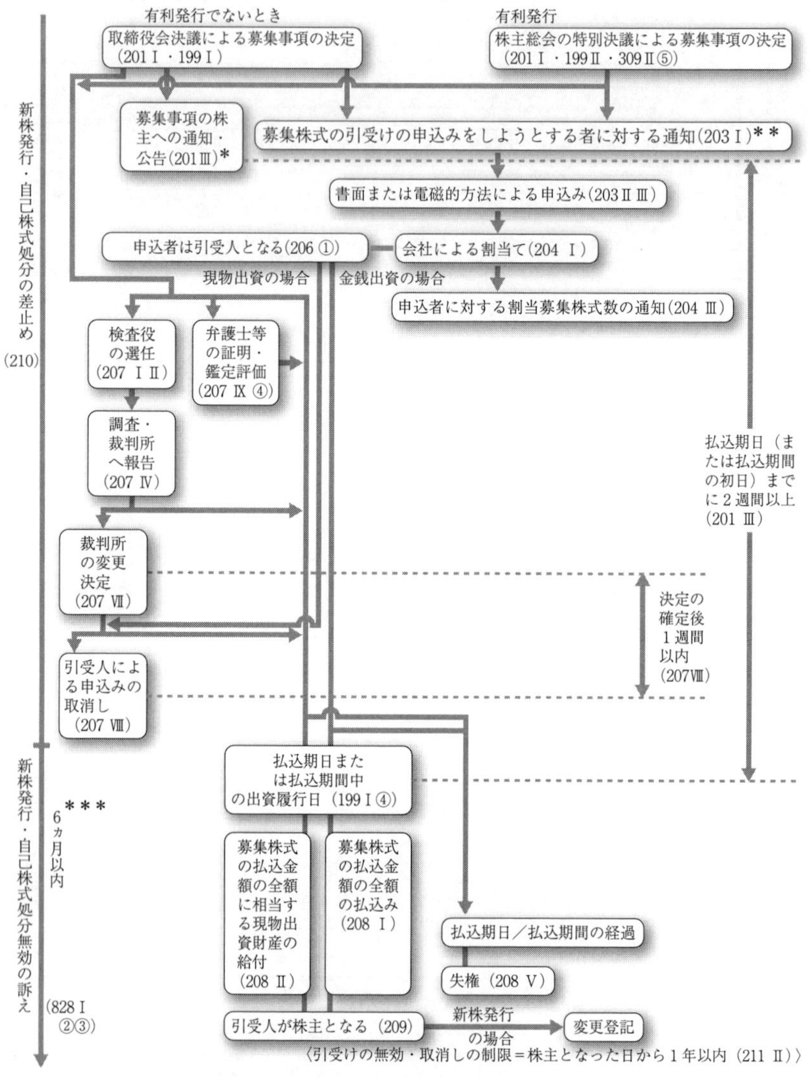

＊　金融商品取引法に基づく有価証券届出書を払込期日（払込期間の初日）の２週間前までに提出している場合などを除く（201Ｖ）

＊＊　金融商品取引法に基づく目論見書を交付している場合などを除く（203Ⅳ）

＊＊＊　公開会社以外の会社では１年以内（828Ⅰ②③）

則として取締役会が（株主総会の決議によるべき場合について *7-3-3* 参照），その決定権限を有する（201 Ⅰ）[31]。他方，公開会社以外の会社においては，株主総会の特別決議によって募集事項を定めるのが原則である（199 Ⅱ・309 Ⅱ⑤）（ただし，(5)）。これは，株主の経済的利益と持分比率的利益[32]を保護するためである。もっとも，資金調達の便宜（迅速性など）の観点から，株主総会の特別決議によって，払込期日または期間の末日がその決議の日から1年以内の日である募集株式の発行等に係る募集事項の決定を取締役（取締役会設置会社では，取締役会）に委任することができる（200 Ⅰ Ⅲ・309 Ⅱ⑤）。この場合には，その委任に基づいて募集事項の決定をすることができる募集株式の数の上限および払込金額の下限を定めなければならない。

また，種類株式発行会社においては，種類株主の利益を保護するため，募集株式の種類が譲渡制限株式であるときは，その種類の株式に関する募集事項の決定またはその種類の株式に関する募集事項の決定の取締役（会）への委任は，その種類の株式を引き受ける者の募集についてその種類の株式の種類株主を構成員とする種類株主総会の決議を要しない旨の定款の定めがある場合あるいはその種類株主総会において議決権を行使することができる種類株主が存在しない場合を除き，その種類株主総会の決議を経なければならない（199 Ⅳ・200 Ⅳ）。

さらに，募集株式が譲渡制限株式である場合の割当ての決定または総数引受契約の締結の承認は，譲渡制限株式の譲渡承認の場合とパラレルに，定款に別段の定めがない限り，株主総会（取締役会設置会社では取締役会）の決議によらなければならない（204 Ⅱ・205 Ⅱ）。

(1)　募集株式の払込金額またはその算定方法（199 Ⅰ②）

市場価格のある株式を引き受ける者の募集をするときは，取締役会は，公正な価額による払込みを実現するために適当な払込金額の決定の方法（たとえば，ブック・ビルディング方式。東京高判令和元・7・17金判1578号18参照）のみを定めて，代表取締役に具体的な払込金額等を決定させることができる（201 Ⅱ）。これは機

役・執行役の報酬等として株式の発行または自己株式の処分をする場合については特則（202の2）が定められている（***5-3-6-1***(4)）。

31)　ただし，資金調達の機動性（**視点 16**）より株主の意思の反映（**視点 11**）を優先して，定款で募集株式の発行等の決定を株主総会の権限と定めることもできると解される（29・295 Ⅱ）。なお，以下ではそのような定款規定がない場合を説明する。

32)　公開会社以外の会社では，募集株式の発行等により持分比率が低下した場合に，他の株主からの譲受けにより持分比率の回復を図ることが困難である。

動的な募集株式の発行等を容易にするためである。

(2)　現物出資（199 Ⅰ③）

7-3-1-2 (2)①参照。

(3)　払込期日または払込期間（199 Ⅰ④）

会社は，払込期日（募集株式と引換えにする金銭の払込みまたは現物出資財産の給付の期日）[33] に代えて，払込期間（募集株式と引換えにする金銭の払込みまたは現物出資財産の給付の期間）を定めることができ，その期間内に払込みをした場合には，払込みをした日から株主となることを認めることができる（199 Ⅰ④・209）。これは実務上の要請に基づくものであり，認めても特段の弊害はないと考えられたためである。

(4)　増加する資本金および資本準備金（199 Ⅰ⑤）

株式の発行に際して株主となる者が会社に対して払込みまたは給付をした財産の額（計規 14）が増加資本金額となるのが原則である（445 Ⅰ）。しかし，払込財産額または給付財産額の2分の1を超えない額は，資本金として計上せず（445 Ⅱ），資本準備金として計上することができる（445 Ⅲ）。

(5)　株主に割当てを受ける権利を与える場合（株主割当て）（202）

定款にその旨の規定がある場合を除いて，株主は募集株式の発行等にあたって割当てを受ける権利を当然には有せず，個々の募集株式の発行等に際して割当てを受ける権利を与えるか否かを会社が定めることとされている。

すなわち，募集事項のほか，株主に対し，引受けの申込みをすることによりその会社の募集株式（種類株式発行会社では，その株主の有する種類の株式と同一の種類のもの）の割当てを受ける権利を与える旨および募集株式の引受けの申込期日を定めることができる（202 Ⅰ）。この場合には，株主はその持株数に応じて募集株

33）　なお，株式の引受けの申込みにあたっては，申込期間内に払込金額と同額の申込証拠金を添えてすること，申込証拠金は払込期日に払込金に振替充当するまで無利息とすること，の2つが条件とされることが，実務においては通常である（203条1項には定めがない）。このような申込証拠金の定めにより，会社は，払込期日前に失権株を確定することができる。会社法208条5項は，遅くとも払込期日（または払込期間の末日）までに払込みをしない引受人は失権する旨を定めたにすぎず，申込証拠金の払込みを要求することを禁止するものではないし，申込証拠金に付利しないことも申込期間の末日から払込期日の末日（または払込期間の初日）までの期間が短期間である限り，利息をめぐる煩雑な事務処理を避ける方法として，不当とまではいえないと考えられる（最判昭和45・11・12民集24巻12号1901。鈴木・研究Ⅲ 209以下，竹内・判例Ⅰ 326以下）。

式の割当てを受ける権利を与えられるが[34]，1株にみたない端数は切り捨てられる（202 II）。

株主割当てによる募集株式に係る募集事項等は，公開会社においては，取締役会の決議により定めるが，公開会社以外の会社においても，募集事項および株主割当てに関する事項を取締役会の決議によって定めることができる旨の定款の定めがある取締役会設置会社では取締役会の決議により，募集事項および株主割当てに関する事項を取締役の決定によって定めることができる旨の定款の定めがある取締役会非設置会社では取締役の決定により，それぞれ定める。株主割当てにより募集株式の発行等を行う場合には，引受けに応じさえすれば，従来の株主の持分比率が維持され，また，新たに株主となる者がいないことから誰を新たな株主とすべきかについての判断は必要とされないので，取締役（会）が募集事項を決定することを認めても弊害は少ないと考えられるからである。もっとも，引受けには経済的出捐が必要であり，引き受けることができない株主の持分割合は低下するので，定款による授権が要件とされている。したがって，公開会社でない会社であって，そのような定款の定めのないものでは，株主割当ての場合であっても，原則どおり，株主総会決議によって募集事項を定める（202 III）。

株主割当ての場合には，株主に申込みの機会を確保するため，引受申込期日の2週間前までに，割当てを受ける権利を与える株主に対し，募集事項，株主が割当てを受ける募集株式の数および引受申込期日を通知しなければならない（202 IV）。

7-3-3　既存株主の保護

募集株式の発行等にあたり，会社の資金調達の利益と既存株主の利益との衝突が生じうる。すなわち，資金調達が円滑かつ容易に進められることは財務内容の健全化につながり，また，企業発展・企業維持の理念からみて望ましいし，自己資本の増加は財務的安全性の確保，企業の長期的発展のかぎとなる（**視点16**）。しかし，新株発行および自己株式の処分は，既存株主の比例的地位に変動を与え，さらに払込金額次第では株式の価値・価格の下落を招き，既存株主の経済的利益を害することにもなる（**視点10**）。

しかし，会社法の下では，会社の機動的資金調達の可能性を確保するという観

34）ただし，自己株式を保有していても，会社自身には割当てを受ける権利を与えることはできない（202 IIかっこ書）。

点から，定款に定めがない限り，株主は当然には割当てを受ける権利を有しないものとされている。とりわけ，公開会社においては，株主は，他の株主からの株式譲受けにより持分比率を回復する余地があることが割当自由の原則の許容性の根拠となっている（もっとも，公開会社では，発行可能株式総数には限度があり〔発行可能株式総数は発行済株式総数の4倍を超えてはならない。113 Ⅲ〕，募集株式の発行等による持株比率の減少には歯止めがある）。

他方，公開会社以外の会社では，募集株式の発行等には株主総会の特別決議が必要とされるし，公開会社においても定款で定めれば募集株式の発行等に係る事項の決定を株主総会の権限とすることができる（本章注31）。また，譲渡制限株式の割当ての決定は，譲渡制限株式の譲渡承認の場合とパラレルに，定款に別段の定めがない限り，株主総会（取締役会設置会社では取締役会）の決議によらなければならない（204 Ⅱ）。

これらのほか，既存株主の利益保護ないし救済に役立つ制度としては，公開会社においても第三者に対する有利発行等の場合（*7-3-3-2*）には株主総会の特別決議が（201 Ⅰ・199 Ⅱ・309 Ⅱ⑤），支配株主の異動が生ずる募集株式の割当て等（*7-3-3-3*）に一定割合以上の株主が反対通知をした場合には，原則として，株主総会の普通決議による承認（206の2 Ⅳ）が必要とされる。また，一定の場合には，株主は募集株式の発行等をやめることを請求することができることとされている（210）。さらに，現物出資についての検査役による調査・弁護士等による証明・鑑定評価（207），取締役等と通謀して著しく不公正な払込金額で引き受けた引受人の差額支払義務（212 Ⅰ①），募集株式の発行等の無効の訴え・不存在確認の訴え（828 Ⅰ②③・829），仮装出資の場合の引受人・取締役・執行役の責任（213の2・213の3），引受人・取締役・執行役・証明者の目的物価額不足額塡補責任（212 Ⅰ②・213）（*6-6-3* 参照）が定められている。

7-3-3-1　定款の定めによる株主の募集株式の割当てを受ける権利

株主が募集株式の割当てを受ける権利を有する旨を定款に定めておけば（295・29），株主の比例的地位の保護は図られる。

7-3-3-2　株主以外の者（第三者）に対する有利発行等（公開会社の場合）

公開会社においては，取締役会決議のみによって，第三者に募集株式を割り当てることができるのが原則である（201 Ⅰ）。しかし，株主割当ての場合を除き，払込金額が募集株式を引き受ける者に特に有利な金額[35)]である場合には，募集事項の決定は株主総会の特別決議によらなければならない（201 Ⅰ・199 Ⅱ・309 Ⅱ

⑤)。

取締役は，その株主総会において，その払込金額でその者の募集をすることを必要とする理由を説明しなければならない（201 Ⅰ・199 Ⅲ）[36]（**視点 17**）。理由の開示は，株主が議決権行使の判断をするための判断資料を提供するためであるから，それに必要と認められる程度に具体的でなければならないが，客観的合理性を要せず，総会の自治に委ねられている[37]。なお，株主の判断に必要な程度に具体的な理由の開示をせず，または虚偽の理由を開示することは，決議取消しの訴え（831 Ⅰ①）の事由となるから，募集株式の発行等の差止原因（***7-3-3-4-1***⑴①）にあたる（他方，新株発行・自己株式処分の無効原因とはならない。***7-3-3-6-2-2***⑵②)。

ここで，「特に有利な」金額とは，公正な価額と比較して，特に低い金額を意味する。ここで，公正な価額は，たとえば，新株発行の場合は，会社の資金調達の必要をみたす要請と既存株主の利益保護とを均衡させるという観点から，「新株の発行により企図される資金調達の目的が達せられる限度で既存株主にとり最も有利な価額」をいう（東京高判昭和 46・1・28 高民集 24 巻 1 号 1)。

35）最判平成 27・2・19 民集 69 巻 1 号 51 は，非上場会社の株価の算定については，様々な評価手法が存在しているのであって，どのような場合にどの評価手法を用いるべきかについて明確な判断基準が確立されているというわけではないとし，非上場会社が株主以外の者に新株を発行するに際し，客観的資料に基づく一応合理的な算定方法によって発行価額が決定されていたといえる場合には，その発行価額は，特別の事情のない限り，「特ニ有利ナル発行価額」にはあたらないとした。この事案は損害賠償請求であったので妥当であろうが，差止請求の場合にあてはめることは適当ではないのではないか（「特に有利な金額」にあたる可能性がある場合には，株主総会の特別決議を経ることを求めてもよいのではないか）と思われる。

36）公開会社以外の会社においても，払込金額が募集株式を引き受ける者に特に有利な金額である場合または取締役（会）に募集事項の決定を委任する際に払込金額の下限が募集株式を引き受ける者に特に有利な金額である場合には，取締役は，株主総会において，そのような払込金額でその者の募集をすることを必要とする理由を説明しなければならない（199 Ⅲ・200 Ⅱ）。

37）しかし，特別利害関係人の議決権行使により決議の内容が著しく不公正なものとなった場合や，多数決濫用にあたるとされる場合には総会決議取消しの訴えの対象となり，取消判決がなされると，株主総会の特別決議を欠く募集株式の発行等として，法令違反による取締役・執行役の責任（423・429），募集株式の発行等の差止め（210），引受人の責任（212）などが問題となる（公開会社の場合は，原則として募集株式の発行等の無効原因にならないと解する余地がある。***7-3-3-6-2-2***⑵②，⑶参照)。

具体的には，市場価格のある株式については，払込金額決定時の株式の市場価格を基礎に，その株式価格の騰落習性，売買出来高の実績，会社資産および収益状態，配当状況，発行済株式数，新たに発行される株式数，株式市場の動向等を斟酌して，公正な価額は判断される（最判昭和 50・4・8 民集 29 巻 4 号 350 参照）。他方，市場価格のない株式については，たとえば，会社の資産および収益状態，配当状況を基礎に業種または資本構成等の類似する会社の株式で市場価格のあるものの市場価格を斟酌して決定される。

そして，実務上の慣行からみて時価を数 % 下回る程度であれば，「特に有利な払込金額」ではないと一応推定される。この程度のディスカウントは，取締役会で払込金額を決定してから引受人が株券を入手するまでの間に株価が下落する可能性を考えると，妥当なものと解されている[38)]。

7-3-3-3　支配株主の異動が生ずる割当て等

支配株主の異動については経営者ではなく株主が決定すべきであるという観点から，公開会社においても，一定の場合には，支配株主の異動が生ずる割当て等については株主総会の決議によらなければならないものとされている。すなわち，公開会社は，ある募集株式の引受人（その子会社等〔2③の2〕を含む）がその引き受けた募集株式の株主となった場合に有することになる議決権の数が募集株式の引受人の全員がその引き受けた募集株式の株主となった場合における総株主の議決権の数の 2 分の 1 を超える場合には，その引受人（特定引受人）が会社の親会社等（2④の2）である場合（この場合には支配株主の異動は生じないからである）または会社法 202 条の規定によって株主に株式の割当てを受ける権利を与えた場合を除き，払込期日（または払込期間の初日）の 2 週間前までに，株主に対し，その特定引受人の氏名または名称および住所，その特定引受人がその引き受けた募集株式の株主となった場合に有することとなる議決権の数その他の法務省令（会社規 42 の 2）[39)] で定める事項を通知または公告しなければならない（206 の 2 Ⅰ Ⅱ）。こ

38）　もっとも，たとえば，東京地決平成 16・6・1〈22 事件〉は，「発行価額は，その増資に係る取締役会決議の直前日の価額（直前日における売買がない場合は，その直前日からさかのぼった直近日の価額）に 0.9 を乗じた額以上の価額であること。ただし，直近日又は直前日までの価額又は売買高の状況等を勘案し，その決議の日から発行価額を決定するために適当な期間（最長 6 か月）をさかのぼった日からその決議の直前日までの間の平均の価額に 0.9 を乗じた額以上の価額とすることができる」という自主ルール（日本証券業協会「第三者割当増資の取扱いに関する指針」）には「一応の合理性を認めることができる」とした。

39）　特定引受人の氏名または名称および住所，特定引受人（その子会社等を含む）がその引

れは，反対の旨を会社に対して通知する機会を株主に与えるためなので，通知・公告すべき事項について，同じ期限内に，金融商品取引法に基づく有価証券届出書を提出している場合など（会社規42の3）は通知・公告をする必要はない（206の2 Ⅲ）。

総株主（株主総会において議決権を行使することができない株主を除く）の議決権の10分の1（これを下回る割合を定款で定めた場合には，その割合）以上の議決権を有する株主が通知・公告の日（金融商品取引法に基づく有価証券届出書を提出している場合などには，法務省令〔会社規42の4〕で定める日）から2週間以内に特定引受人（その子会社等を含む）による募集株式の引受けに反対する旨を会社に対し通知したときは，会社は，払込期日（または払込期間の初日）の前日までに，株主総会の普通決議（ただし，定足数は，取締役等の選任と同様，議決権を行使することができる株主の議決権の過半数〔3分の1以上の割合を定款で定めた場合には，その割合以上〕）によって，その特定引受人に対する募集株式の割当てまたはその特定引受人との間の総数引受契約の承認を受けなければならない（206の2 Ⅳ本文・Ⅴ）。これは，常に株主総会の決議を要するとすることは適当ではないが，相当程度の株主が反対の意思を有しているような場合には，株主総会の決議を要求するのが穏当であるという考え方に基づく。ただし，資金調達の緊急性が高い場合における柔軟な対応を可能とするため，会社の財産の状況が著しく悪化している場合であって，その会社の事業の継続のため緊急の必要があるときには，株主総会の決議による承認を得ることを要しない（206の2 Ⅳ但書）。

7-3-3-4　募集株式の発行等の差止め（210）

210条は，法令・定款違反または著しく不公正な方法による募集株式の発行等

き受けた募集株式の株主となった場合に有することとなる議決権の数およびその募集株式に係る議決権の数，募集株式の引受人の全員がその引き受けた募集株式の株主となった場合における総株主の議決権の数のほか，特定引受人に対する募集株式の割当てまたは特定引受人との間の総数引受契約の締結に関する取締役会の判断およびその理由，社外取締役を置く株式会社において，取締役会の判断が社外取締役の意見と異なる場合にはその意見，ならびに特定引受人に対する募集株式の割当てまたは特定引受人との間の総数引受契約の締結に関する監査役，監査等委員会または監査委員会の意見。取締役会の判断および理由，社外取締役，監査役，監査等委員会または監査委員会の意見を示させることには，それによって，既存株主の利益を損なうような募集株式の発行等を行うことを思いとどまらせるという効果と，株主が特定引受人による募集株式の引受けに反対する旨を通知するかどうかの判断材料を与えるという意義がある。

により株主自身が受ける不利益を事前に防止するため，株主の差止請求を認める規定である。360条は会社自身の利益の保護を目的とするが，本条は株主の個人的な利益保護を図っている。すなわち，募集株式の発行等により，会社は不利益を受けず，株主に具体的な不利益が生じるにすぎないときは，株主は360条に基づいて募集株式の発行等を止めることを請求することはできないが，210条に基づいて請求することができる。

「著しく不公正な方法」による発行等にあたる典型な場合としては，形式的には株主平等原則に反しないが実質的には株主平等原則の趣旨に反する場合やその発行等が会社の企業価値ひいては株主の共同の利益を維持するためではなく，もっぱら経営を担当している取締役等またはこれを支持する特定の株主の経営支配権を維持するためのものである場合がある（最決平成19・8・7〈100事件〉参照）[40]。

7-3-3-4-1　要　件

(1)　法令・定款違反または著しく不公正な方法によること

①　法令・定款に違反する募集株式の発行等

具体的な法令・定款違反をいう。たとえば，株主総会または取締役会の決議あるいは取締役の決定（199～202）を欠く発行等，通知・公告を欠く発行等[41]，払込金額その他募集事項が不均等な発行等（199 V），現物出資について検査役による調査等が必要とされる場合にそれを欠く発行等（207），定款で定められた株主の新株引受権を無視する発行等，発行可能株式総数（113）を超える発行，定款に定めのない種類株式（108）の発行または発行可能種類株式総数（114）を超える発行，定款に別段の定めがないにもかかわらず株主総会（取締役会設置会社では取締役会）の決議（204 Ⅱ）によらずにした譲渡制限株式の割当ての決定，定款に別段の定めがないにもかかわらず種類株主総会の決議（199 Ⅳ・200 Ⅳ）を経ないでする譲渡制限株式の発行等などである。取締役・執行役の一般的義務（355・

40)　京都地決平成30・3・28金判1541号51は，より高い払込金額であり株式の希釈化の程度が低い増資の選択肢があること，および，それにもかかわらず新株発行を選択する理由について，説明しなかった以上，新株発行に係る議案が特別決議により承認可決されたとしても，株主が議決権行使するにあたってその判断の正当性を失わせるような瑕疵があったといわざるを得ず，支配権維持目的が認められる以上，著しく不公正な方法による発行にあたるとした。

41)　大阪高判平成28・7・15金判1500号23は，株主割当ての方法による事案につき，株主に対して差止めの機会を付与したといえない募集事項等の通知は202条4項，210条の趣旨に反し，違法であるとし，新株発行を無効とした。

419 Ⅱ・330・402 Ⅲ，民 644）違反を含まない。

② 著しく不公正な方法による募集株式の発行等

不当な目的を達成する手段として募集株式を発行等することをいう。典型的には，取締役・執行役が会社支配を確保・維持するため，ことさら自己または関係者・同調者に募集株式を割り当てる場合である。

これらの場合は，必ずしも具体的な法令・定款違反はないが，全体的・実質的にみてその発行等が著しく不当であり取締役・執行役の忠実義務（355・419 Ⅱ・330・402 Ⅲ，民 644）違反にあたる。ただし，募集株式の発行等により，結果的に，株主の持分比率（議決権比率）に変動を生ずる場合でも，会社に現に資金調達の必要があって募集株式の発行等が行われるならば，一部の株主のみの利益を図って募集株式の割当てがなされるのでない限り，著しく不公正な募集株式の発行等とみることはできない。公開会社の場合は，株主に定款により募集株式の割当てを受ける権利が与えられているときを除き，募集株式の発行等に際して第三者に割り当てることは，払込金額が公正である限り，取締役会の権限とされているからである。このことは基本的には，会社乗取りや買占めに対する防戦の効果を伴う募集株式の発行等においても同様である。すなわち，会社に現に募集株式の発行等による資金調達の必要があって発行される場合には，引受申込者が多いにもかかわらず防戦のために取締役・執行役またはその関係者・同調者のみに不当に多数の株式を割り当てるような場合でない限り，その募集株式の発行等を著しく不公正なものとみることはできない。逆に資金調達の必要がない場合[42]には，

42） 休眠会社でもない限り，会社には資金需要が大なり小なり存在するから，資金調達の必要が全くないといえる場合は普通存在しない。そこで，主要目的ルールがとられている（東京地決平成 16・7・30 金判 1201 号 9，東京高決平成 16・8・4〈98 事件〉など）。すなわち，たとえば，東京地決平成元・7・25 判時 1317 号 28 は，会社の「支配権につき争いがある場合に，従来の株主の持株比率に重大な影響を及ぼすような数の新株が発行され，それが第三者に割り当てられる場合，その新株発行が特定の株主の持株比率を低下させ現経営者の支配権を維持することを主要な目的としてされたものであるときは，その新株発行は不公正発行にあたるというべきであり，また，新株発行の主要な目的が右のところにあるとはいえない場合であっても，その新株発行により特定の株主の持株比率が著しく低下されることを認識しつつ新株発行がされた場合は，その新株発行を正当化させるだけの合理的な理由がない限り，その新株発行もまた不公正発行にあたるというべきである」と判示した。資金調達目的が主要な目的であるかどうかを判断するにあたっては，公募または社債の発行などによらないで第三者割当てを選択した合理的な理由があるかどうかも考慮に入れられる。仙台地決平成 26・3・26 金判 1441 号 57 も参照。

割当自由を支える基盤がなく，取締役・執行役またはその関係者・同調者のみに割り当てて発行することは著しく不公正な方法によるものといえる。

⑵　株主が不利益を受けるおそれ

募集株式の発行等による株主の不利益には，経済的不利益（株価の値下り，配当の減少等）と，会社支配に関する不利益（議決権比率の低下）とがある。株主が株主としての資格において有する利益が害される場合をいい，第三者として不利益を受ける場合を含まない。会社自体の不利益の有無を問わない（***5-6-3-1*** と対比）。

7-3-3-4-2　差止めの方法

⑴　時　期

募集株式の発行等の差止めは違法または不公正な募集株式の発行等を事前に阻止する制度なので，差止めの請求は募集株式の発行等の効力発生（払込期日または払込期間の初日）前までにしなければならない。

⑵　方　法

裁判外で会社に対して直接差止請求をしてもよいが，株式の発行の差止めの訴えまたは自己株式処分の差止めの訴えを提起し，これを本案として，募集株式の発行等の効力発生前に差止めの仮処分（相手方は発行会社）（民保 23 Ⅱ）を求めることができる（実務上は差止めは仮処分によるのがほとんどである。仮処分には仮処分の必要性が要件とされるが，新株発行などの差止めの仮処分については，被保全権利の疎明がなされれば仮処分の必要性を裁判所は認めるのが実務である）。

7-3-3-4-3　募集事項の通知・公告（公開会社の場合）

株主割当ての際には株主に対する通知（202 Ⅳ）がなされる。また，公開会社以外の会社においては，株主総会の招集通知および株主総会の議事録（318）によって募集事項を知ることができる。他方，原則として取締役会に募集事項の決定権限が与えられている公開会社においては，公募や第三者割当てのときには募集株式の発行等差止請求権の行使の機会を確保することが必要なので，募集事項を払込期日（または募集期間の初日）の２週間前までに株主に通知し，または公告しなければならない（201 Ⅲ Ⅳ）。ただし，金融商品取引法に基づく有価証券届出書などにおいて募集事項が払込期日（または募集期間の初日）の２週間前までに開示されている場合には，公告等を行うことを要しない（201 Ⅴ）。これは，株主が払込期日の２週間までに募集事項に関する情報を得ることができれば，会社法に基づく通知・公告を重ねて行うことを要求する必要はないと考えられるからである。

7-3-3-5 一定の引受人および取締役等の責任

7-3-3-5-1 出資の履行を仮装した場合の責任等

募集株式の引受人は，払込みを仮装した場合には払込みを仮装した払込金額の全額を支払う義務を，現物出資の給付を仮装した場合には給付を仮装した現物出資財産の給付（会社が当該給付に代えて当該現物出資財産の価額に相当する金銭の支払を請求した場合には，当該金銭の全額の支払）をする義務を，株式会社に対して，それぞれ負う（213の2）。これは，既存株主の経済的利益を保護し，かつ，会社財産を確保するという趣旨に基づくものである。

出資の履行を仮装した募集株式の引受人は，支払等義務を自ら履行するか，取締役等が支払（*7-3-3-5-4*）をした後でなければ，その募集株式について，株主の権利を行使することができない（209 Ⅱ）。しかし，出資の履行を仮装した募集株式を譲り受けた者は，悪意または重大な過失があるときを除き，その募集株式についての株主の権利を行使することができる（209 Ⅲ）。これは，取引の安全を図るためである。

7-3-3-5-2 差額支払義務（212 Ⅰ①）

取締役（指名委員会等設置会社では，取締役または執行役）と通じて著しく不公正な払込金額で募集株式を引き受けた引受人は，会社に対し，その払込金額とその募集株式の公正な価額との差額に相当する金額を支払う義務を負う。

「著しく不公正な払込金額」は，199条3項の「特に有利な払込金額」と同じ意味に解してよい（ただし，株主総会の特別決議が有効になされた場合には「特に有利な払込金額」であっても「著しく不公正な払込金額」にはあたらない）。

この責任は，通謀を要件とするから，一種の不法行為に基づく損害賠償責任であるが，公正な価額との差額の支払を内容とするので，追加出資義務の性質を有する。

7-3-3-5-3 目的物価額不足額塡補責任（212 Ⅰ②）

株主となった時点で，給付した現物出資財産の価額が募集事項に定められた財産価額に著しく不足する場合には，引受人は，会社に対し，その不足額に相当する金額を支払う義務を負う（無過失責任）。

7-3-3-5-4 取締役等の支払義務

募集株式の引受人が出資の履行を仮装した場合には，それに関与した取締役（指名委員会等設置会社では，執行役および取締役）として法務省令（会社規46の2）で定める者[43)]は，会社に対し，引受人と連帯して，支払義務を負う。ただし，その取締役・執行役（当該出資の履行を仮装したものを除く）がその職務を行うについて注意を怠らなかったことを証明した場合には，義務を負わない（213の3）。

7-3-3-5-5　責任の免除と代表訴訟（847）

出資の履行を仮装した引受人の支払等義務（*7-3-3-5-1*）は総株主の同意がなければ免除することができないとされているが（213の2 Ⅱ），差額支払義務，目的物価額不足額塡補責任，取締役等の支払義務についてはそのような制約はない。ただし，取締役等が任務懈怠に基づく賠償責任（423）を負うことはありうるし，取締役・執行役の支払義務を免除することは利益相反取引規制（356 Ⅰ②・365）に服する。

また，引受人の会社に対するこれらの義務・責任の追及については，取締役・執行役に対するそれと同様，株主の代表訴訟が認められている。この責任の追及は会社の代表取締役（指名委員会等設置会社では代表執行役）によってなされるのが本来であるが，引受人（とりわけ，取締役・執行役と通謀して著しく不公正な払込金額で引き受けた引受人）の責任の追及を取締役・執行役に期待することは実際上困難な場合が少なくないからである。

7-3-3-6　新株発行・自己株式処分の無効（828 Ⅰ②③）

募集株式の発行等は同一決議をもって決定され，払込金額・払込期日その他の募集事項を共通にし（199 Ⅴ），その発行等の手続は一体的な関係に立っているので，発行等された募集株式のすべてに通じてその効力に影響を及ぼすような法令または定款の違反がある場合には，個々の募集株式についてその効力を問題とすべきではなく，その全部につき一体的に決するのが一般には適切である（ただし，本章注50）。また，個々の引受けが無効または取り消されたときにも（211），その引受けだけが無効となり，他の引受けの無効をきたすことはない。

会社成立後の株式発行・自己株式の処分により既存株主の利益が害される場合には，株式の発行・自己株式の処分を無効にすることが既存株主保護の観点から

43）①出資の履行の仮装に関する職務を行った取締役および執行役，②出資の履行の仮装が取締役会の決議に基づいて行われたときは，その取締役会の決議に賛成した取締役およびその取締役会にその出資の履行の仮装に関する議案を提案した取締役および執行役，③出資の履行の仮装が株主総会の決議に基づいて行われたときは，その株主総会にその出資の履行の仮装に関する議案を提案した取締役，その議案の提案の決定に同意した取締役（取締役会設置会社の取締役を除く），その議案の提案が取締役会の決議に基づいて行われたときは，その取締役会の決議に賛成した取締役，その株主総会においてその出資の履行の仮装に関する事項について説明をした取締役および執行役。

は望ましいが，新株主・第三者の利益保護の観点（**視点3**）からはできるだけ無効にしないほうがよい。そこで，法律関係の画一的確定，瑕疵の主張の制限，無効の遡及効排除による取引の安全の確保のため，新株発行の無効の訴えおよび自己株式処分の無効の訴えが定められている（**視点6**）。

7-3-3-6-1　新株発行無効の訴えおよび自己株式処分無効の訴え

⑴　訴えの性質と提訴の制限

新株発行無効の訴えおよび自己株式処分無効の訴えは会社成立後の株式の発行または自己株式処分の取消しを目的とする形成の訴えである。

無効判決があるまでは，その株式発行・自己株式処分はすべての関係において有効なものとして取り扱われる。すなわち，募集株式の発行等に無効原因があっても，募集株式の発行等が直ちに無効となるものではなく，訴えをもってのみその無効を主張することができる（排他性）（828Ⅰ柱書）。訴えは株主・取締役・執行役・清算人または監査役（監査の範囲が会計事項に限定されている者を除く）に限り，かつ募集株式の発行等の効力発生日すなわち払込期日から6ヵ月以内（公開会社以外の会社の場合は1年）[44)]（ただし，総会決議に取消原因があることを無効原因とするときは決議の日から3ヵ月以内となると考えられる）においてのみ提起することができる（828Ⅰ②③・Ⅱ②③）。株主総会決議取消しの訴えの場合と同様，無効原因の追加は出訴期間経過後は許されないとするのが判例である（最判平成6・7・8集民172号969）。濫訴防止のため，原告株主に対する担保提供命令の制度がある（836）。

⑵　無効判決の効力

新株発行または自己株式処分を無効とする判決が確定すると，それまで瑕疵は

44）　これは，公開会社以外の会社における株式発行・自己株式処分については，募集株式の発行等の実態を株主が知ることは必ずしも容易ではなく，株主が募集株式の発行等があったことを知る機会は，事実上，株主総会時に限られるため，募集株式の発行等後6ヵ月の間に株主総会が開かれないと，株主が募集株式の発行等の事実を知らないまま提訴期間を徒過してしまう可能性があり，株主の保護に欠けるからである。また，公開会社以外の会社については，株主の変動は頻繁ではないのが一般的であるから，提訴期間を1年に延長することによる弊害は大きくないと考えられる。

もっとも，経営者が株主総会においても株式発行の事実を隠し，資本金額増加の登記も経ないで，株式発行後1年を経過することもありうる。このような場合に，新株発行不存在（*7-3-3-7*）と認められるかは難問であり（岩原・ジュリ947号123参照），名古屋地判平成28・9・30金判1509号38は，信義則上，提訴期間を徒過して提起したとすることはできないとした。

あるが一応有効なものとして取り扱われた新株発行・自己株式処分が，そのときから将来に向かって無効となる（形成力）(839)。そして，その効力は訴えの当事者以外の第三者に対しても及び (838)，何人もその無効を争うことはできない(対世効)。なお，この判決の効力は遡及することなく，将来に向かって新株発行・自己株式処分がその効力を失うにとどまる (839) ので，判決確定のときまでに新株発行・自己株式処分を前提としてなされた行為，たとえば，剰余金の配当，株主総会の招集，議決権の行使，株式の譲渡・質入れなどは無効判決によって影響を受けない。

新株発行の無効判決または自己株式処分の無効判決が確定したときは，会社は，その判決の確定時におけるその株式に係る株主に対し，払込みを受けた金額または給付を受けた財産の給付の時における価額に相当する金銭[45] を支払わなければならない (840 Ⅰ・841 Ⅰ)[46]。これは，現物出資の目的物そのものの返還ではなく，目的物の価額に相当する金銭の支払を定める点で意義を有する。

払込みを受けた金額または給付を受けた財産の給付の時における価額に相当する金銭の金額が，無効判決が確定した時における会社財産の状況に照らして著しく不相当であるときは，裁判所は，判決が確定した日から6ヵ月以内になされた会社または株主の申立てに基づいて，その金額の増減を命ずることができる (840 ⅡⅢ・841 Ⅱ)。これは，新株発行・自己株式処分時から無効判決の確定時までの間に会社の財産状況が変動する可能性があるからである。

7-3-3-6-2　募集株式の発行等の無効原因

新株発行または自己株式処分の無効原因を限定する別段の規定はない。したがって，一般には，募集株式の発行等にあたり遵守すべき法令または定款の規定に違反した場合にすべてが募集株式の発行等の無効原因になるようにも考えられる。しかし，募集株式の発行等がすでに効力を生じた後に募集株式の発行等を無効とすることは，新株主や第三者に不測の損害を与えるおそれがあり，取引安全の見

45)　無効判決が確定した場合には，対象株式を目的とする質権の効力は会社が支払うべき金銭に及ぶ (840 Ⅳ・841 Ⅱ)。また，登録質権者は，会社からその金銭を受領し，他の債権者に先立って自己の債権の弁済に充てることができ (840 Ⅴ・841 Ⅱ)，債権の弁済期が到来していないときは，会社にその金銭に相当する金額を供託させることができ，質権は，その供託金について存在する (840 Ⅵ・841 Ⅱ)。

46)　会社が株券発行会社であるときは，会社は，その株主に対し，金銭の支払をするのと引換えに，効力を失った株式に係る株券を返還することを請求することができる (840 Ⅰ・841 Ⅰ)。

地（視点3）からなるべく無効原因を少なくするように解釈すべきである。具体的には，個々の法令または定款の規定につきその趣旨・内容などを考慮して募集株式の発行等の無効原因となるか否かを判断すべきである。すなわち，法令・定款違反の中には，それが当然に募集株式の発行等の無効を導くと解されるものと，差止めの対象となり（210）あるいは取締役・執行役の責任（423・429）を生じさせるにすぎないと解されるものとがある。

7-3-3-6-2-1　無効原因となるもの[47)]

(1)　強行法規違反──株式会社制度の健全性確保

①　発行可能株式総数（113）を超える株式の発行（既存株主の持分比率的利益保護の必要という面もある）

一部が株式総数を超える場合にも，どの新株がそれを超えたか特定できないから，全部の発行が無効となる（罰則〔966〕）。

②　定款に定めのない種類の株式の発行（108）または発行可能種類株式総数（114）を超える株式の発行（たとえば，定款に剰余金配当優先株の定めがないのにこれを発行した場合）

どの部分が定款に定めのない種類株式であるかが明らかであるから，その種類株式の発行のみ無効となる。

(2)　既存株主の持分比率的地位を例外的に保護すべき場合

①　公開会社以外の会社で株主総会決議（199 Ⅱ）を欠く募集株式の発行等

募集株式の発行等によって持分比率が下落すると，公開会社以外の会社では，他の株主からの譲受けによって持分比率を回復することが困難であるという観点から，募集事項は株主総会の特別決議によって決定すべきこととされている。会社法がこのような形で公開会社以外の会社の株主の利益を保護しようとしていること，および，募集事項の通知・公告が要求されていないこと（*7-3-3-4-3* と対比）を考慮すると，取締役・執行役の損害賠償責任を認めるのみでは，少数派株主の救済として不十分であり，公開会社以外の会社において，株主総会の特別決議を

47)　新株発行無効の訴えの口頭弁論の終結前に定款変更によって，①発行可能株式総数が増加され，超過の状態が解消された場合（全集 429），②従来定めていなかった種類の株式の発行が認められた場合（北沢 539）には瑕疵が治癒されるという見解が有力であるが，①については，新株発行により増加した株式について議決権を行使させた結果，定款変更がなされたとすれば，授権資本制度が有する株主の持分的利益の保護の機能を失わせることになり，問題がある。

欠くことは無効原因となる（最判平成24・4・24民集66巻6号2908）。このような会社では株式の譲渡が頻繁に行われることは想定されず，無効原因にあたると解しても株式取引の安全に対する悪影響は定型的に小さい。

②　必要な種類株主総会の決議を欠く募集株式の発行等

①と同様の根拠に基づいて，種類株主総会の決議（199 Ⅳ・200 Ⅳ）を必要とする場合に，種類株主総会の決議を経ずになされた譲渡制限株式を募集株式とする募集株式の発行等は無効であると解すべきである。

③　支配株主の異動が生ずる割当て等につき必要な通知・公告を欠き，または必要な株主総会の決議による承認を得ずにされた発行等

必要な通知・公告を欠いた場合には，反対の旨を通知する機会を失わせるものであるから（募集事項の通知・公告を欠く発行等〔***7-3-3-6-2-3***(2)〕参照），無効原因にあたると解するのが適切である。また，株主総会の決議が要求されるのは，株式の経済的利益を直接的に保護するという趣旨に基づくものではないことから，損害賠償によって不利益が償えるという瑕疵ではない。だれが支配株主であるかということについての期待を一定程度保護するものということができ，むしろ，公開会社以外の会社において株主総会の決議を経ないでなされる発行等に近いと考えられ，必要な株主総会の決議による承認を得ていないことは無効原因にあたると解するのが穏当であろう。たしかに，特別決議ではなく普通決議を経ていないにすぎないことや「会社の財産の状況が著しく悪化している」かどうか，「会社の事業の継続のため緊急の必要がある」かどうかの判断は容易ではなく，後知恵のおそれが十分に想定できることから，無効原因にあたると解するのは過剰であるという見方もありうる。しかし，支配株主の異動が生ずる割当て等が行われる場合には，当該募集株式等がさらに譲渡されることは例外的であると推測され，無効原因にあたると解しても，株式取引の安全を害さない可能性が定型的に高い。もっとも，差止請求ができるにもかかわらず，しなかった場合には，無効原因とするのは適当でないという見方もある。

④　募集事項を株主総会が決定する旨の定款の定めがある会社において，株主総会の決議を経ないでなされた募集株式の発行等

公開会社であっても，定款の定めにより，募集事項を株主総会の決定事項とすることはできると考えられ，そのような会社においては，株主総会の決議を経ないでなされた募集株式の発行等は無効であると解すべきである。その場合には権限のない者によってなされた発行等とみることができるからである（(2)①参照）。

⑤ 定款に定められた割当てを受ける株主の権利を無視した募集株式の発行等

定款の定めにより，募集株主の発行等における割当てを受ける権利が株主に与えられている場合に，この権利を無視して募集株式を発行等した場合には，その募集株式の発行等は無効であると解すべきである。そのような定款の定めを有する会社においては，資金調達の便宜よりも株主の持分比率的利益を優先するという価値判断がなされているからである（これに対して取締役会決議[48]で与えられた割当てを受ける権利は取締役会決議を無視するものであるから，取締役会決議を欠く場合（***7-3-3-6-2-2***⑵①）と同様に考えて，原則として無効原因にはならないと解すべきである）。

7-3-3-6-2-2 原則として無効原因とならないもの

株式の流通性を高めるためには募集株式の発行等の無効原因をできるだけ少なくし，――とりわけ，公開会社においては――取引の安全を図る必要がある。他方，既存株主の経済的利益のみが害される場合は，引受人の責任（212），取締役・執行役・監査役の責任（213・423・429）[49]によって経済的損失を塡補させれば足りる。無効とすると会社の資金調達が白紙に戻り，会社の資金に悪影響を与えるという点も無視できない（840）。また，手続違反も，株主の持分比率的利益を害さなければ無効原因とするまでのことはない（取締役等の責任によって損失を

48） 公開会社において，取締役会決議によって株主に割当てを受ける権利が与えられた場合につき，割当てを受ける権利の全部（または大部分）が無視された場合には無効となるが，割当てを受ける権利の一部についてのみ無視された場合には取締役の損害賠償責任が生ずるのみで募集株式の発行等は無効にならないとする見解がある（北沢 539 参照）。しかし，もし大部分の無視を無効原因とするのなら，少数派株主の利益保護の観点から，一部の無視でもそうすべきであろう。定款に定めがない限り，株主の割当てを受ける権利は引受人の利益を犠牲にしてまで保護されるべきものとはいえないように思われる。

49） 株主は，429 条あるいは一般不法行為（千葉地判平成 8・8・28 判時 1591 号 113）に基づいて損害賠償を請求することができる（弥永・演習㉓参照）。会社に損害が生じていない限り，代表訴訟によって，任務懈怠に基づく取締役・執行役の会社に対する責任を追及することはできない（藤田・商事法務 1615 号 15，伊藤・商事法務 1703 号 42）。そして，特別決議を経ないでなされた特に有利な払込金額による募集株式の発行等の場合には，会社には損害は生じないと解するのが自然であるとも思われるが，212 条 1 項 1 号（***7-3-3-5-2***）が一種の不法行為責任を定めるものであるとすると，そこでは，会社の損害が前提とされているはずであるから，212 条 1 項 1 号は，公正な価額と実際の払込金額との差額に相当する損害が会社に生じているとみなす規定であるとも解される。そうであれば，423 条に基づく責任を株主は代表訴訟で追及することができる（江頭 781）。公正な価額と発行価額との差額×発行株式数を会社の損害であるとしたものとして，東京地判平成 24・3・15 判時 2150 号 127 がある。本章注 54 も参照。

塡補できる場合が多い)[50)]。さらに，判例の立場によれば，差止めの仮処分または判決に反することは無効原因とされるから（***7-3-3-6-2-3***），無効原因を狭く解しても，株主は裁判上の差止めによって保護される（大隅＝今井・中614）。

(1)　経済的損失のみを生じさせる場合

①　著しく不公正な払込金額で発行等した場合

通謀があった場合について定める212条1項1号は，募集株式の発行等が有効であることを前提としていると考えられるし（ましてや通謀がない場合はなおさら有効と解してよい），また経済的損失の塡補がなされれば，既存株主の保護として十分である。ただし，***7-3-3-7***参照。

②　現物出資につき検査役の調査（207）を受けず，またはその調査を要しないとき（207 Ⅸ）に不当な評価が行われた場合

引受人・取締役・執行役・証明者の目的物価額不足額塡補責任（212 Ⅰ②・213）（***7-3-3-5-3***）などにより経済的損失は回復できる。

③　募集事項が均等でない場合

(2)　手続違反

①　公開会社における取締役会の決議を欠く募集株式の発行等

公開会社においては，募集事項は，第三者に対する有利発行の場合を除き，原則として取締役会の決議事項とされる（201 Ⅰ）。この取締役会決議を欠く場合または決議に瑕疵があった場合[51)]の募集株式の発行等は，原則として，有効と考

---

50)　しかし，取引の安全が問題にならない場合（たとえば，引受人が手続の欠缺等について悪意であって株式を手放していない場合）には無効原因となると考えてよい。なぜなら，会社法は募集株式数の全部の引受けおよび出資の履行がなくても，引受けおよび出資の履行があった限度で募集株式の発行等が成立することを認めているので（208 Ⅴ参照），募集株式の発行等の一体性は厳格に要求されていない。また，新株発行の一部差止めは可能である（名古屋地半田支決平成12・1・19判時1715号90）と解されている。したがって，一般に善意者を想定しつつ募集株式の発行等を有効としつつも悪意の引受人について募集株式の発行等を無効としたところで，決して不当だとは思われない。また，無効とされれば会社債権者に不利であるが，新株発行・自己株式処分無効の訴えについて法がいろいろ配慮しているので（原告適格，提訴期間，無効の不遡及），会社債権者の利益の保護はこの限度で図られる（鈴木・研究Ⅲ 233以下）。また，閉鎖会社を念頭に置いた江頭777注2参照。

この見解に対しては，集団的な法律関係である新株発行の効力について相対的な取扱いを認めることは疑問である（大隅＝今井・中666），法律上・実務上の処理が複雑かつ困難になり妥当ではないという批判がある。最判平成6・7・14〈102事件〉は，新株発行は広範囲の法律関係に影響を及ぼす可能性があり，画一的に効力を判断すべきであるとした。

えるべきである（最判昭和36・3・31民集15巻3号645）[52]。

なぜなら，募集株式の発行等は資金調達の一手段であり，公開会社においては，業務執行に準ずるものと位置付けられるからである。すなわち，公開会社においては，原則として，取締役会の決議によってできるものとされ，さらに，募集株式の発行等は払込期日（または払込期間の末日）までに引受けおよび出資の履行のあった部分だけで有効にできるとされている（ただし，***7-3-3-6-2-1***(2)②③④）。

また，取締役会の決議は会社内部の意思決定であって，引受申込人は，この決議の存否を容易に知りえないから，資金調達の機動性，その行為が会社の代表取締役によってなされたことを信頼した引受人・会社債権者の利益の保護を重視すべきである一方，取締役会決議を欠いても直ちに株主の利益が害されるとは限らないからである。

② 公開会社における株主総会の特別決議を欠く第三者に対する有利発行

公開会社においては，募集株式の発行等は業務執行に準ずるものであると考えると，第三者に対する有利発行に係る株主総会の特別決議は取締役会（または執行役）の権限行使についての内部的要件であり，代表取締役（代表執行役）によってなされた株式の発行[53]は，取引の安全を図るため原則として有効であると解すべきである（最判昭和46・7・16〈24事件〉）（***7-3-3-6-2-1***(2)③④と対照）。

募集株式の発行等の効力発生前には差止請求（210），効力発生後には取締役・執行役の損害賠償責任（423・429）[54]，引受人の差額支払責任（212 Ⅰ①）によって

51） 取締役会の決議に瑕疵があった場合については，特段の規定が設けられていないので，会議体の一般原則により，その瑕疵が手続上のものであるか内容上のものであるかを問わず，取締役会決議は当然に無効（**制度** D_1）とされる。

52） 募集株式の発行等は会社の人的物的基礎を拡大する組織法上の行為であり，取引行為とは同視できないから無効原因にあたるとし，取引の安全は新株発行無効の訴えなどの提起期間が6ヵ月に限定されることによって図られるという見解がある（大隅＝今井・中664，宮島255）。

53） 自己株式の処分の場合は異なって解する余地があるかもしれない（第4章注50参照）。

54） たとえば，大阪高判平成11・6・17判時1717号144は，平成17年改正前商法266条ノ3〔会社法429条〕に基づく株主の損害賠償請求を認めた。この判決は，特に有利な発行価額による新株の発行が違法になされた場合に既存株主に生じる損害は，その発行価額と本来会社に払い込まれるべき適正な発行価額との差額（すなわち，本来増加すべき会社資産）が増加しないことにより，既存株式の客観的価値が低下することであるとし，閉鎖的な非上場企業においては，株式の客観的価値の低下は，違法な新株の発行直前の株式価額と有利な発行価額による株式価額の低下との差額として算定するのが相当であるとした。ただし，

株主の経済的利益は保護されうるから，有効と考えてよい。

⑶　著しく不公正な方法による発行

判例（前掲最判平成 6・7・14〈102 事件〉）・多数説は，取引の安全を重視して無効原因とはならないと解している。しかし，この典型的な場合は，取締役が自己の支配力を維持・強化するために自己またはその関係者に多数の株式を発行することである。これが「著しく不公正な方法」(210 ②) による発行と評価されるのは，既存株主の持分比率的利益を保護するためである。したがって，無効原因にあたるとすることが，法律がそのような場合に差止めを認めた趣旨に合致する。「著しく不公正」という判断にあたって，取締役側の主観的事情のみならず，引受人側の主観的事情も考慮すれば取引の安全は害されないと思われる。とりわけ「著しく」という以上，明白であるはずであり，それなら引受人は不公正な方法によるものであることを知りえたという場合を意味するのではなかろうか。また，このような場合には損害額を算定することが困難であるため，取締役・執行役の損害賠償責任による救済には期待できない。

7-3-3-6-2-3　差止めと無効

⑴　新株発行・自己株式処分の差止請求を無視する発行等

株主の新株発行・自己株式処分差止請求権は，公開会社においては募集事項の決定が原則として取締役会の決議事項であり（201 Ⅰ），株主が直接関与できないことによって，公開会社以外の会社においても，法令・定款違反または著しく不公正な方法による募集株式の発行等によって，株主が不利益を受けることを予防するためのものである。

特に，新株発行・自己株式処分の差止請求の訴えが提起され，裁判所による差止めの仮処分または差止判決があったにもかかわらず，これに反して募集株式の発行等がなされた場合が問題となるが，瑕疵がそれのみであれば，募集株式の発行等は有効と解すべきであろう。なぜなら，募集株式の発行等が無効か否かは，実質的な無効原因の有無によって決すべきだからである。そもそも差止めの仮処分には当事者間での効力しかみとめられないのであるから，仮処分違反は広く第三者との関係で，しかも第三者の善意悪意を問わず募集株式の発行等を無効とする新株発行・自己株式処分無効の訴えの原因となるものではないと解すべきである（演習商法 193 以下〔竹内〕)。ただし，仮処分に違反した募集株式の発行等は取

5-12-4-4 参照。なお，詳細な議論については，田中（亘）「募集株式の有利発行と取締役の責任」会社法と商事法務［松澤還暦］143 以下。

締役・執行役の責任原因となる（423・429）。

これに対して，判例は，新株発行差止めの仮処分または判決に反して新株を発行したことは無効原因となるとしている（最判平成5・12・16〈101事件〉）[55]。これは，無効原因となると解しないと，差止請求権を株主の権利として認め，仮処分命令または判決を得る機会を株主に与えることによって差止請求権の実効性を担保しようとした法の趣旨が没却されてしまうという理由に基づくものであるが，迅速に仮の地位を定めるというわが国の仮処分制度とは適合しない。また仮処分の公示性は低いから，取引の安全を守る必要がある。さらに間接強制（民執172Ⅰ）により，ある程度，仮処分の実効性を担保することができ，また株主の経済的利益は十分に保護されうるから，仮処分違反の募集株式の発行等を無効としなくとも，株主保護を全く欠くとはいえない。なお，裁判外での差止請求を無視した募集株式の発行等の効力につき裁判所がどのように考えるかは不明である。

(2) 募集事項の公示を欠く発行等

新株発行・自己株式処分の差止請求（210）は，募集株式の発行等が効力を生ずる前にしなければならないので，取締役会が募集事項を決定する場合には，払込期日（払込期間の初日）前までに募集事項を株主が知る機会がなければ，差止請求の機会を逸する。そこで，株主割当ての場合および株主総会の決議により決定する場合以外の場合の募集事項の通知・公告（201ⅣⅤ）が要求されている。

株主への通知または公告を欠くときは，差止請求の機会が奪われ，株主の利益を大きく侵害することになるから，原則として無効原因となるとするのが通説・判例である（最判平成9・1・28〈27事件〉）[56]。たしかに，新株発行・自己株式処分の差止めの仮処分または判決を無視した募集株式の発行等を無効原因としない立場からは，通知・公告を欠く場合にも無効原因とならないと解さなければ，バランスを欠くことになるようにも思われる（神崎347）。しかし，募集事項の通知・公告があれば，差止めの仮処分等を申請する機会を得られるのみならず，他の手段（たとえば株券の執行官保管の仮処分や間接強制）を利用することによって，株主

55) 差止めはその株主の不利益を防止すると同時に会社の募集株式の発行等が適正になされることを確保しようとするものであるから，無効とするのもやむを得ないといわれる（田中（誠）・三全訂会社法詳論下1002）。なお，無効としつつ，仮処分が差止めの理由なしになされたことを会社が立証すれば，無効を回避できるという立場がある（大隅＝今井・中657−658）。募集事項の公示を欠く発行の場合とのバランスを考えると，会社にそのような立証を認めることが妥当であろう。

56) 取引の安全が優先するとして，無効原因ではないとする見解がある（河本301）。

は自己の利益を守る余地があるから，通知・公告を欠くことは無効原因と考えてよいであろう。ただし，募集株式の発行等のほかの面に瑕疵がなく，通知・公告がなされても差し止める理由がなく，差止めが認められる余地がなかった場合にまで，形式的に差止請求の機会を奪われたとして無効にするのは行きすぎであるから，210 条の発行差止めの事由がないことを会社が立証した場合には，無効原因にならないと解すべきである（前掲最判平成 9・1・28）。

***7-3-3-7*　新株発行・自己株式処分不存在確認の訴え**（829 ①②）

新株発行・自己株式処分不存在確認判決には対世効が認められ，被告適格は会社に限られるが，排他性はなく，出訴期間に制限はない。平成 17 年改正前商法の下でも，新株発行のための法定の手続を経ておらず，払込みもないが，新株発行の登記が存在する場合など，新株発行等の実体がない場合には，新株発行の不存在確認の訴えが認められるとするのが通説であり，判例（最判平成 9・1・28 民集 51 巻 1 号 40）もそれを肯定する余地があるとしていた。なお，原告適格との関連では，判例（最判平成 4・10・29 判時 1454 号 146）が，株主でない者には，新株発行が存在しないことの確認を求める訴えの利益はないと判示している。

新株発行の手続が全くなされていない場合や代表権限を有しない者が新株名義の株券を発行した場合（最判平成 15・3・27 民集 57 巻 3 号 312）のほか，208 条 5 項の規定からは，不存在とされる典型的な場合は払込み・給付がない場合（東京高判平成 15・1・30 判時 1824 号 127 参照）であり，払込金額未満の金額しか払い込まれていない場合などにも不足部分に対応する部分は不存在と解すべきであろう（最判昭和 30・4・19 民集 9 巻 5 号 511 は新株発行を有効とする）。なぜなら，このような場合には，212 条の適用はないと考えられるし，出資の履行がなされないことにより新株が不存在となることを 208 条 5 項は意味していると解するのが自然だからである（自己株式の処分も不存在であるが，引受人からの転得者は善意取得〔131 Ⅱ〕によって保護される場合がある）。

7-4　新株予約権

7-4-1　新株予約権の意義

株式会社は，新株予約権を発行することができる。ここで，新株予約権とは，株式会社に対して行使することによりその会社の株式の交付を受けることができる権利をいう（2㉑）。新株予約権が行使された場合には，会社は新株予約権者に対して株式を発行することもできるし，会社の有する自己株式を移転することもできる。

7-4-2 新株予約権発行の募集事項等の決定

新株予約権（新株予約権付社債を含む）の発行が既存株主に与える影響が募集株式の発行等と類似しているため，募集株式の発行等に対する規制と類似した規制が設けられている。すなわち，株主割当ての場合を除き，新株予約権の発行は少なくとも一部の株主の持分比率を将来において減少させることにつながるし，新株予約権の行使に際して出資されるべき財産の価額が低く決定され，しかも新株予約権の払込金額が十分に高くなければ，株価は下落するから，従来の株主の経済的利益が害される。

7-4-2-1 株主割当て以外の場合

募集株式の発行等の場合と同様，新株予約権発行の募集事項は，公開会社では，原則として，取締役会が決定する（240 Ⅰ）[57]。他方，公開会社以外の会社においては，株主総会の特別決議によって募集事項を定めるのが原則である（238 Ⅱ・309 Ⅱ⑥）（ただし，株主割当ての場合については特例がある）。もっとも，公開会社においても，支配株主の異動につながる新株予約権の割当て等については，公開会社においても株主総会の普通決議による承認を受けなければならない場合がある（244の2 Ⅴ・Ⅵ）ほか，株主割当ての場合を除き，募集新株予約権と引換えに金銭の払込みを要しないこととすることが引受申込者に特に有利な条件であるときおよび募集新株予約権の払込金額が引受申込者に特に有利な金額（弥永・トピックス271以下参照）であるときは，株主総会の特別決議によらなければならない（240 Ⅰ・309 Ⅱ⑥）。前者は，株主の経済的利益と持分比率的利益[58]を，後者は株主の経済的利益を保護するためである。もっとも，株主総会の特別決議によって，その委任に基づいて募集事項の決定をすることができる新株予約権の内容および数の上限，金銭の払込みを要しないこととするときはその旨，それ以外の場合には払込金額の下限を定めて，割当日がその決議の日から１年以内の日である募集

57） ただし，募集事項の決定を株主総会の権限と定めることもできると解される（29・295 Ⅱ）。なお，以下ではそのような定款規定がない場合を説明する。

58） 公開会社以外の会社では，新株予約権の発行およびその新株予約権の行使により持分比率が低下した場合に，他の株主からの譲受けにより持分比率の回復を図ることが困難である。

新株予約権に係る募集事項の決定を取締役（取締役会設置会社では，取締役会）に委任することができる（239 Ⅰ Ⅲ・309 Ⅱ⑥）。

なお，公開会社であるかどうかにかかわらず，取締役は，株主割当ての場合を除き，募集新株予約権と引換えに金銭の払込みを要しないこととすることが引受申込者に特に有利な条件であるときおよび募集新株予約権の払込金額（取締役〔会〕に決定を委任する場合には，払込金額の下限）が引受申込者に特に有利な金額であるときは，株主総会において，そのような条件または金額で募集をすることを必要とする理由を説明しなければならない（238 Ⅲ・239 Ⅱ）。

また，種類株式発行会社においては，譲渡制限株式の種類株主の利益を保護するため，募集新株予約権の目的である株式の種類の全部または一部が譲渡制限株式であるときは，そのような新株予約権に関する募集事項の決定または募集事項の決定の取締役（会）への委任は，その種類の株式を目的とする新株予約権を引き受ける者の募集についてその種類の株式の種類株主を構成員とする種類株主総会の決議を要しない旨の定款の定めがある場合あるいはその種類株主総会において議決権を行使することができる種類株主が存在しない場合を除き，その種類株主総会の決議を経なければならない（238 Ⅳ・239 Ⅳ）。

なお，譲渡制限株式を目的とする募集新株予約権または譲渡制限新株予約権である募集新株予約権の割当ての決定または総数引受契約の締結の承認は，譲渡制限株式の譲渡承認の場合とパラレルに，定款に別段の定めがない限り，株主総会（取締役会設置会社では取締役会）の決議によらなければならない（243 Ⅱ・244 Ⅲ）。

以上に加えて，公開会社において取締役会決議により新株予約権発行に係る募集事項を決定した場合には，金融商品取引法に基づく有価証券届出書が提出されているときなどを除き，募集事項の通知・公告が要求されている（240 Ⅱ Ⅲ）。

7-4-2-2　株主割当ての場合

定款にその旨の規定がある場合を除いて，株主は新株予約権の発行にあたって割当てを受ける権利を当然には有せず，個々の新株予約権の発行に際して割当てを受ける権利を与えるか否かを会社が定めることとされている。

すなわち，募集事項のほか，株主に対し，引受けの申込みをすることによりその会社の募集新株予約権（種類株式発行会社では，その目的である株式の種類がその株主の有する種類の株式と同一の種類のもの）の割当てを受ける権利を与える旨および募集新株予約権の引受けの申込期日を定めることができる（241 Ⅰ）。この場合には，株主はその持株数に応じて募集新株予約権の割当てを受ける権利を与えられるが[59]，1株にみたない端数は切り捨てられる（241 Ⅱ）。

株主割当てによる募集新株予約権に係る募集事項等は，公開会社においては，当然，取締役会の決議により定めるが，公開会社以外の会社においても，募集事項および株主割当てに関する事項を取締役会の決議によって定めることができる旨の定款の定めがある取締役会設置会社では取締役会の決議により，募集事項および株主割当てに関する事項を取締役の決定によって定めることができる旨の定款の定めがある取締役会不設置会社では取締役の決定により，それぞれ定める。他方，公開会社でない会社であって，そのような定款の定めのないものでは，株主割当ての場合であっても，原則どおり，株主総会決議によって募集事項を定める（241 Ⅲ）。

株主割当ての場合には，株主に申込みの機会を確保するため，引受申込期日の2週間前までに，割当てを受ける権利を与える株主に対し，募集事項，株主が割当てを受ける募集新株予約権の数および引受申込期日を通知しなければならない（241 Ⅳ）。

7-4-2-3　既存株主の保護

募集株式の発行等の場合とパラレルに，新株予約権の発行差止請求（247）[60]が

59)　ただし，自己株式を保有していても，会社自身には割当てを受ける権利を与えることはできない（241 Ⅱかっこ書）。

60)　著しく不公正な方法による発行については，募集株式の発行等の場合のいわゆる主要目的ルール（本章注 42 参照）はあてはまりにくい。なぜなら，新株予約権の発行は資金調達目的でなされるとはいいにくい場合が多いからである（詳細については，弥永・演習㉕参照）。東京高決平成 17・3・23〈99 事件〉は，「株主全体の利益の保護という観点から新株予約権の発行を正当化する特段の事情がある場合には，例外的に，経営支配権の維持・確保を目的とする発行も不公正発行に該当しない」としている。そして，特段の事情として，敵対的買収者が濫用目的をもって株式を取得している場合，すなわち，敵対的買収者が，①いわゆるグリーンメイラー（高値で株式を会社関係者に引き取らせる目的で買収している者）である場合，②焦土的経営を行う目的で買収している者，③会社の資産を買収者やそのグループ会社の債務の担保や弁済原資として流用する予定で買収している者，④会社の事業に当面関係していない資産を売却等処分し一時的な高配当をさせるかそれによって株価の急上昇の機会を狙って株式の高価売り抜けをする目的で買収している者であるなど，会社を食い物にしようとしている場合をあげている（もっとも，このような場合がすべて特段の事情として適切であるかどうかについて学説は批判的である）。

そして，現に経営支配権争いが生じている場面において，経営支配権の維持・確保を目的として新株予約権の発行がされた場合であっても，敵対的買収者が真摯に合理的な経営を目指すものではなく，敵対的買収者により支配権取得が会社に回復しがたい損害をもたらす事

株主に認められるほか，新株予約権に係る払込み等を仮装した新株予約権者等および取締役等の責任（286の2・286の3，会社規62の2），著しく不公正な条件で引き受けた新株予約権を行使した新株予約権者の公正価額支払義務・著しく不公正な払込金額で引き受けた新株予約権を行使した新株予約権者の差額支払義務・新株予約権を行使した新株予約権者の現物出資に係る目的物価額不足額塡補責任[61]（285）や，新株予約権発行無効の訴え（828 Ⅰ④）・不存在確認の訴え（829 ③）が定められている[62]。

情があることを会社が疎明，立証した場合には差止請求は認められないとしている。

他方，最決平成19・8・7〈100事件〉は，「株主に割り当てられる新株予約権の内容に差別のある新株予約権無償割当てが，会社の企業価値ひいては株主の共同の利益を維持するためではなく，専ら経営を担当している取締役等又はこれを支持する特定の株主の経営支配権を維持するためのものである場合には，その新株予約権無償割当ては原則として著しく不公正な方法によるものと解すべきである」と判示しているほか，株主平等原則の趣旨に反する場合（株主平等原則そのものに反するのであれば，法令違反とされるのではないかと推測される）も「著しく不公正な方法」による新株予約権無償割当てにあたると解している。

61）　善意無重過失の新株予約権者は，新株予約権の行使に係る意思表示を取り消すことができるとされていること（285 Ⅱ）も，募集株式の発行等における現物出資者（212 Ⅱ）と同様である（本章注25参照）。

62）　新株予約権発行の無効事由は――とりわけ，新株予約権の譲渡が制限されている場合には――募集株式の発行等無効事由より広く解してよいと思われる（商事法務1719号26〔森本・神田発言〕参照）。高知地判平成16・12・24資料版商事法務251号208は，新株予約権の有利発行を承認した株主総会を招集する取締役会決議が無効であることは無効原因となると判断している。そして，新株予約権発行無効判決が確定した場合には，少なくとも，未行使の新株予約権は無効となると解されるし（前掲高知地判平成16・12・24），募集株式の発行等無効の場合とのバランスからは，行使されたことによって発行された新株も無効となると解するのが穏当である（商事法務1719号26〔江頭発言〕）。新株予約権の行使による新株発行・自己株式の移転については差止め制度がなく新株予約権発行無効判決には遡及効はないとされているため，既存株主を保護するためには，新株予約権の発行無効原因はその新株予約権行使によってなされた株式の発行・自己株式の処分の無効原因でもあると解すべきであろう（商事法務1629号8〔原田・江頭発言〕参照）。210条柱書（「第199条第1項の募集に係る」と範囲を制約している）との対比からは，828条1項2号および3号の行為には新株予約権の行使によるものが含まれると解することができる（なお，非公開会社において，行使条件に反した新株予約権の行使による株式の発行には無効原因があるとされる場合があるとしたものとして最判平成24・4・24民集66巻6号2908）。

他方，社債発行は基本的には取引行為であるので，一般論としては，新株予約権社債発行の無効事由は募集株式の発行等の無効事由より狭く解するのが妥当であろう（商事法務1719号26〔森本・神田発言〕参照）。

7-4-2-4 引受申込人が新株予約権者となる日と募集新株予約権に係る払込み

割当日に，引受申込者は会社が割り当てた募集新株予約権の，契約により募集新株予約権の総数を引き受けた者はその者が引き受けた募集新株予約権の，それぞれ新株予約権者となる。募集新株予約権の新株予約権者となる者は，募集新株予約権が新株予約権付社債に付されたものである場合には，その募集新株予約権を付した新株予約権付社債についての社債の社債権者となる（245）。

募集新株予約権と引換えに金銭の払込みを要するものとされた場合には，新株予約権者は，払込期日[63]までに，会社が定めた銀行等の払込取扱場所において，それぞれの募集新株予約権の払込金額の全額を払い込まなければならない（246 Ⅰ）。ただし，新株予約権者は，会社の承諾を得て，払込みに代えて，払込金額に相当する金銭以外の財産を給付し，またはその会社に対する債権をもって相殺することができる（246 Ⅱ）。払込期日までに，それぞれの募集新株予約権の払込金額の全額の払込み（その払込みに代えてする金銭以外の財産の給付またはその会社に対する債権をもってする相殺を含む）をしないときは，新株予約権者は，その募集新株予約権を行使することができない（246 Ⅲ）。

募集株式の発行等の場合と異なり，金銭以外の財産の給付がなされる場合にも検査役の調査は要求されておらず，新株予約権者・取締役・執行役の目的物不足額塡補責任は定められていない。

7-4-3 新株予約権証券

新株予約権証券とは新株予約権を表章する有価証券である。会社は，新株予約権の発行ごとに新株予約権証券を発行するか否かを決定することができる（236 Ⅰ⑩・238 Ⅰ①）。なお，振替新株予約権（社債株式振替 163）については，新株予約権証券を発行することができない（社債株式振替 164 Ⅰ）。

新株予約権（新株予約権付社債に付されたものを除く）であって，その新株予約権に係る新株予約権証券を発行することとする旨の定めがあるもの（証券発行新株

なお，不公正な払込金額で新株予約権が発行されたことによって損害を被った場合には，株主は，取締役・執行役に対して 429 条あるいは一般不法行為に基づいて損害賠償請求することができるとともに，取締役等の会社に対する責任を代表訴訟によって追及することができる場合があると解される。弥永・演習㉔参照。

63) その新株予約権を行使することができる期間の初日の前日（募集新株予約権と引換えにする金銭の払込みの期日を定めたときは，その期日）をいう。

予約権）を発行した日以後遅滞なく，会社は，その証券発行新株予約権に係る新株予約権証券を発行しなければならない（288 Ⅰ）。ただし，会社は，新株予約権者から請求がある時までは，新株予約権証券を発行しないことができる（288 Ⅱ）。

株券とは異なり，新株予約権証券には記名式のものと無記名式のものとがあり，証券発行新株予約権の新株予約権者は，新株予約権の内容として転換請求をすることができないとされていない限り，いつでも，その記名式の新株予約権証券を無記名式とし，またはその無記名式の新株予約権証券を記名式とすることを請求することができる（290）。

新株予約権証券の占有者は，その新株予約権証券に係る証券発行新株予約権についての権利を，新株予約権付社債券の占有者は，その新株予約権付社債券に係る証券発行新株予約権付社債に付された新株予約権についての権利を，それぞれ適法に有するものと推定される（258 Ⅰ Ⅲ）。そして，善意かつ無重過失で，新株予約権証券の交付を受けた者は，その新株予約権証券に係る証券発行新株予約権についての権利を，新株予約権付社債券の交付を受けた者は，その新株予約権付社債券に係る証券発行新株予約権付社債に付された新株予約権についての権利を，それぞれ取得する（258 Ⅱ Ⅳ）。

なお，新株予約権証券を喪失した場合には，公示催告手続（非訟 114）によって新株予約権証券を無効とすることができる。新株予約権証券を喪失した者は，除権決定（非訟 118 Ⅰ）を得た後でなければ，その再発行を請求することができない。

7-4-4　新株予約権原簿

新株予約権原簿は，新株予約権，新株予約権証券（新株予約権付社債券）および（記名式証券が発行されている場合には）新株予約権者に関する事項を記載・記録するものである。無記名式の新株予約権証券が発行されている新株予約権（無記名新株予約権）および無記名式の新株予約権付社債券が発行されている新株予約権付社債（無記名新株予約権付社債）に係る新株予約権原簿に関する規定が株券発行会社の株主名簿に関する規定と，それ以外の新株予約権（新株予約権付社債）に係る新株予約権原簿に関する規定が株券発行会社以外の株主名簿に関する規定と，それぞれ，ほぼパラレルに設けられている。

会社は，新株予約権を発行した日以後遅滞なく，新株予約権原簿を作成しなければならない（249 Ⅰ柱書）。

新株予約権者に係る新株予約権原簿記載事項の記載・記録については，株主名簿の記載・記録に関する規定（*4-10-1*）とパラレルな規定が設けられている（259～261，会社規56）。

証券発行新株予約権および証券発行新株予約権付社債に付された新株予約権に関するものを除き，新株予約権者は，会社に対し，その新株予約権者についての新株予約権原簿に記載・記録された新株予約権原簿記載事項を記載した書面の交付またはその新株予約権原簿記載事項を記録した電磁的記録の提供を請求することができる（250 Ⅰ Ⅲ）。

会社は，株主名簿管理人に新株予約権原簿に関する事務を委託することができ（251・123），新株予約権原簿の備置・閲覧等については株主名簿の備置・閲覧等に関する規定（125）（*4-10-5*）とパラレルな規定が置かれている（252）。新株予約権者に対する通知等についても，株主に対する通知等（126）（第4章注98）とパラレルな規定が置かれている（253）。

7-4-5　新株予約権の譲渡・質入れ

7-4-5-1　新株予約権の譲渡

新株予約権は自由に譲渡できるのが原則であるが（254 Ⅰ）（ただし，*7-4-5-2*），新株予約権付社債に付された新株予約権のみを譲渡することはできない（254 Ⅱ）（本章注2参照）。

(1)　証券発行新株予約権および証券発行新株予約権付社債に付された新株予約権

株券発行会社における株式の譲渡と同様，証券発行新株予約権（または証券発行新株予約権付社債に付された新株予約権）の譲渡は新株予約権証券（または新株予約権付社債券）の交付によってなされるが（255 Ⅰ本文，Ⅱ本文），自己株式の処分の場合（*4-5-3-3-10*(2)）と同様，自己新株予約権（または自己新株予約権付社債）の処分による譲渡は新株予約権証券の交付がなされなくとも有効である（255 Ⅰ但書，Ⅱ但書）。もっとも，会社は，証券発行新株予約権である自己新株予約権を処分したときは，処分した日以後遅滞なく，その自己新株予約権を取得した者に対し，新株予約権証券を交付しなければならない（256 Ⅰ）。ただし，会社は，請求がある時までは，新株予約権証券を交付しないことができる（256 Ⅱ）。同様に，会社は，証券発行新株予約権付社債である自己新株予約権付社債を処分したときは，処分した日以後遅滞なく，その自己新株予約権付社債を取得した者に対し，新株予約権付社債券を交付しなければならない（256 Ⅲ）。

無記名新株予約権および無記名新株予約権付社債に付された新株予約権の譲渡の対抗要件は新株予約権証書および新株予約権付社債券の占有移転である（257Ⅲ，民178）。記名式の新株予約権証券が発行されている証券発行新株予約権および記名式の新株予約権付社債券が発行されている証券発行新株予約権付社債に付された新株予約権の譲渡の対第三者対抗要件も新株予約権証書および新株予約権付社債券の占有移転であるが，対会社対抗要件は新株予約権原簿に取得者の氏名・名称および住所を記載・記録すること（名義書換）である（257ⅠⅡ）。

⑵　⑴以外の新株予約権

⑴以外の新株予約権については，新株予約権原簿に新株予約権者の氏名・名称および住所などが記載・記録される（249③）。意思表示のみによって，このような新株予約権を譲渡することができるが，新株予約権の譲渡は，取得者の氏名・名称および住所を新株予約権原簿に記載・記録しなければ，会社および第三者に対抗することができない（257Ⅰ）。

7-4-5-2　新株予約権の譲渡の制限

新株予約権の発行に際して，その新株予約権の譲渡につき，会社の承認を要する旨を定めることができる（236Ⅰ⑥・238Ⅰ①）。譲渡制限株式の譲渡等承認請求の場合と同様，新株予約権者または新株予約権取得者は会社に対して承認を請求することができ（262・263），承認機関は，定款に別段の定めがない限り，株主総会（取締役会設置会社では取締役会）であり（265Ⅰ），会社と譲渡等承認請求者との合意により別段の定めをしたときを除き，会社が譲渡等承認請求の日から2週間（これを下回る期間を定款で定めた場合には，その期間）以内に承認・不承認の通知をしなかった場合には，承認したものとみなされる（266）。ただし，譲渡制限株式の譲渡等承認請求とは異なり，不承認の場合の買受請求あるいは指定買取人の指定請求は認められていない。

7-4-5-3　新株予約権の質入れ

新株予約権の質入れについては株式の質入れおよび新株予約権の譲渡に関する規定とパラレルな規定が置かれている。

すなわち，新株予約権の譲渡と同様，新株予約権者は，その有する新株予約権に質権を設定することができる（267Ⅰ）。そして，証券発行新株予約権の質入れは，その証券発行新株予約権に係る新株予約権証券を，証券発行新株予約権付社債に付された新株予約権の質入れは，その証券発行新株予約権付社債に係る新株予約権付社債券を，それぞれ交付しなければ，その効力を生じない（267ⅣⅤ）。

また，株式の質入れと同様，証券発行新株予約権の質権者はその証券発行新株予約権に係る新株予約権証券を，証券発行新株予約権付社債に付された新株予約権の質権者はその証券発行新株予約権付社債に係る新株予約権付社債券を，それぞれ継続して占有しなければ，その質権をもって株式会社その他の第三者に対抗することができない（268 II III）。他方，証券発行新株予約権あるいは証券発行新株予約権付社債に付された新株予約権以外の新株予約権の質入れは，その質権者の氏名・名称および住所を新株予約権原簿に記載・記録しなければ，株式会社その他の第三者に対抗することができない（268 I）。

無記名新株予約権および無記名新株予約権付社債に付された新株予約権以外の新株予約権に質権を設定した者は，会社に対し，質権者の氏名・名称および住所ならびに質権の目的である新株予約権を新株予約権原簿に記載・記録することを請求することができ（269），そのような事項が新株予約権原簿に記載・記録された質権者（登録新株予約権質権者）は，証券発行新株予約権および証券発行新株予約権付社債に付された新株予約権に係るものを除き，会社に対し，その登録新株予約権質権者についての新株予約権原簿に記載・記録された事項を記載した書面の交付またはその事項を記録した電磁的記録の提供を請求することができる（270 I IV）。

会社が新株予約権の取得，組織変更，合併（合併によりその会社が消滅する場合に限る），吸収分割，新設分割，株式交換，株式移転をした場合には，新株予約権を目的とする質権は，その行為によってその新株予約権の新株予約権者が受けることのできる金銭等について存在し（272 I），登録新株予約権質権者は，そのような金銭を受領し，他の債権者に先立って自己の債権の弁済に充てることができ（272 II），債権の弁済期が到来していないときは，会社にその金銭に相当する金額を供託させることができる。この場合には，質権は，その供託金について存在する（272 III）。

また，新株予約権付社債に付された新株予約権（転換社債型であって，社債の償還額がその新株予約権の行使に際して出資される財産の価額以上であるものに限る）を目的とする質権は，その新株予約権の行使をすることによりその新株予約権の新株予約権者が交付を受ける株式について存在する（272 V）。

7-4-6 新株予約権の行使

証券発行新株予約権を行使する者[64]は，新株予約権証券が発行されているときは，それを提出しなければならない（280 Ⅱ）。同様に，証券発行新株予約権付社債に付された新株予約権を行使しようとする場合には，その新株予約権の新株予約権者は，その新株予約権を付した新株予約権付社債に係る新株予約権付社債券を会社に提示しなければならないが（280 Ⅲ）[65]，その新株予約権の行使によりその証券発行新株予約権付社債についての社債が消滅するときは，新株予約権付社債券を会社に提出しなければならない（280 Ⅳ）。

新株予約権の行使に際して金銭を出資するときは，新株予約権者は，新株予約権行使日に，会社が定めた銀行等の払込取扱場所において，行使する新株予約権について募集事項において定められた出資価額全額を払い込まなければならない（281 Ⅰ）。新株予約権の行使に際して金銭以外の財産を出資するときも，新株予約権者は，新株予約権行使日に，行使する新株予約権について募集事項において定められた出資財産を給付しなければならない。給付する財産の価額が出資される財産の価額として募集事項において定められた価額に足りないときは，会社が定めた払込取扱場所においてその差額に相当する金銭を払い込まなければならない（281 Ⅱ）。また，現物出資がなされる場合には，原則として，検査役の調査を要すること（284）は，募集株式の発行等の場合と同じであり，現物出資者の目的物価額不足額塡補責任（285 Ⅰ③），善意無重過失の新株予約権者の取消権（285 Ⅱ），取締役・執行役・証明者の目的物価額不足額塡補責任（286）も同様である。

なお，新株予約権者は，払込みまたは給付をする債務[66]と株式会社に対する債権とを相殺することができない（281 Ⅲ）。

株式の併合・分割などの場合と同様，新株予約権が行使された場合に，その新株予約権の新株予約権者に交付する株式の数に1株にみたない端数があるときは，会社は，その新株予約権者に対し，その株式が市場価格のある株式である場合にはその株式1株の市場価格として法務省令（会社規58）で定める方法により算定される額に，それ以外の場合には1株当たり純資産額に，それぞれ，その端数を

64）会社は自己新株予約権を行使することができない（280 Ⅵ）。これは，自分で自分に出資することは資本の空洞化を招くし，自己株式の取得とは異なり，これを認める必要性も乏しいからである。

65）ただし，証券発行新株予約権付社債についての社債の償還後にその証券発行新株予約権付社債に付された新株予約権を行使しようとする場合には，新株予約権付社債券を会社に提出しなければならない（280 Ⅴ）。

66）もっとも，募集要項において会社の社債を出資財産と定めることができるので，いわゆる転換社債型の新株予約権付社債は認められている。

乗じて得た額に相当する金銭を交付しなければならないのが原則である（283柱書本文）。ただし，新株予約権の発行に際して，その新株予約権の内容として，新株予約権を行使した新株予約権者に交付する株式の数に1株にみたない端数がある場合に，そのような端数を切り捨てるものと定めることもできる（283柱書但書・236 I ⑨）。

7-4-7　取得条項付新株予約権の取得と新株予約権の消却・消滅

7-4-7-1　取得条項付新株予約権の取得

会社は，新株予約権の発行にあたって，会社が一定の事由が生じたことを条件として新株予約権を取得することができる旨を定めることができる。おおむね，取得条項付種類株式の取得（**4-5-3-3-6**）と同様の規律に服するが（273～275），定款の定めは要せず，募集事項の決定ごとに定めることができる点および財源規制に服さない点が異なる。会社の株式，社債，他の新株予約権，新株予約権付社債その他の財産を取得の対価とすることができる（236 I ⑦ニ～チ）。

7-4-7-2　新株予約権の消却（276）

新株予約権の消却は，自己新株予約権を消却するという形で行われる。取締役会設置会社では取締役会決議によって決定しなければならない。

7-4-7-3　新株予約権の消滅（287）

自己新株予約権が消却された場合（**7-4-7-2**）のほか，新株予約権者がその有する新株予約権を行使することができなくなったときは，その新株予約権は，消滅する。

7-4-8　新株予約権の無償割当て

株式の無償割当てと同様，会社は，株主（種類株式発行会社では，ある種類の種類株主）に対して新たに払込みをさせないでその株式会社の新株予約権の割当て（新株予約権無償割当て）[67] をすることができる（277）。新株予約権割当事項は，定

67）　いわゆるライツ・オファリング（ライツ・イシューともいう）とは，株主に対して，会社の株式を市場価格より低い行使価格で取得できる権利（新株予約権）を無償で割り当て，その権利行使に応じて会社が資金を調達する手法であり，株主割当ての募集株式の発行等と同様，既存株主の経済的利益および持分比率的利益の保護を図ることができる。しかも，実務上は，当該新株予約権に係る新株予約権証券が上場されることが一般的である。このため，株主としては，新株予約権を行使し，払込みをすることによって持分の希薄化を避けることも，新株予約権を市場で売却することによって，株式の市場価格より低い行使価格が定めら

款に別段の定めがある場合を除き株主総会（取締役会設置会社では，取締役会）の決議により決定しなければならない（278 Ⅲ）。

株主に割り当てる新株予約権の内容および数またはその算定方法，新株予約権が新株予約権付社債に付されたものであるときは，その新株予約権付社債についての社債の種類および各社債の金額の合計額またはその算定方法についての定めは，株主（種類株式発行会社では，割当てを受ける種類の種類株主）の有する株式（種類株式発行会社では，割当てを受ける種類の株式）の数に応じて新株予約権および社債を割り当てることを内容とするものでなければならない。自己株式を保有していても，会社に対しては割り当てることができない（278 Ⅱ）。

なお，前掲最決平成 19・8・7〈100 事件〉は，著しく不公正な方法による無償割当ても株主による差止請求の対象となることを前提としている。

7-4-9　株式交換・株式移転・合併・分割と新株予約権

新株予約権の発行に際して，新株予約権（新株予約権付社債に付されている新株予約権を含む）の内容として，合併（合併によりその会社が消滅する場合に限る）の場合には存続会社または新設会社の，吸収分割の場合には承継会社の，新設分割の場合には新設会社の，株式交換の場合には完全親会社となる会社の，株式移転には株式移転により設立する会社の，それぞれ新株予約権をその新株予約権者に交付する旨およびその条件を定めることができる（238 Ⅰ①・236 Ⅰ⑧）。

れることによる経済的損失を回避することもできる。ライツ・オファリングには，発行会社と証券会社との間で，権利行使されずに残った新株予約権について，引受証券会社がすべて取得したうえで，権利行使することを内容とする契約を締結してするコミットメント型ライツ・オファリングと，そのような契約を締結せずにするノンコミットメント型ライツ・オファリングとがある。コミットメント型の場合には，株主に割り当てられる新株予約権には，通常，一定の事由が発生したことを条件として，会社がその新株予約権を取得できるとする取得条項（236 Ⅰ⑦）が付され，会社が一定の期日に未行使の新株予約権を取得し，それを引受証券会社に対して処分し，その証券会社が新株予約権を行使し，払込みを行う。他方，新株予約権者が，権利行使期間満了までに，その新株予約権を行使しなければ，その新株予約権は消滅するため（287），ノンコミットメント型の場合には，会社は必要な資金を調達できないというリスクにさらされる。なお，東京証券取引所は，ノンコミットメント型ライツ・オファリングにおいて，新株予約権証券の上場を認める要件として，発行会社が経営成績および財政状態に係る基準をみたしていることと，証券会社（取引参加者に限る）による増資の合理性についての審査または株主総会決議などによる株主の意思確認を求める方針を採用している。

なお，新株予約権の募集事項にこのような定めがある新株予約権について，組織再編行為に際して，その定めの内容に沿わない取扱いがされる場合における新株予約権または新株予約権の発行条項に承継に関する定めがない新株予約権であって，組織再編行為により他の株式会社に承継されることとなるものの新株予約権者は，買取を請求することができる（787 Ⅰ・808 Ⅰ）。

これらに該当する新株予約権が付された新株予約権付社債権者は，原則として，新株予約権と社債とに分離することなく，その有する新株予約権付社債の買取りを請求しなければならない（787 Ⅱ本文・808 Ⅱ本文）。ただし，新株予約権付社債の募集事項として，新株予約権のみの買取り，または新株予約権もしくは新株予約権付社債のいずれかの買取りを請求することができる旨を定めたときは，その定めに従い，買取を請求することができる（787 Ⅱ但書・808 Ⅱ但書）。

株式交換・株式移転に際して，新株予約権付社債が承継されるときは，その新株予約権付社債権者（789 Ⅰ③・810 Ⅰ③），および，株式交換の場合には，さらに，完全親会社となる会社の債権者に対する債権者保護手続を経なければならない（799 Ⅰ③）。

第 8 章

会社の基本的事項の変更・企業結合

8-1　組織再編行為等

8-1-1　組織再編行為等の意義

本章では，合併，会社分割，株式交換および株式移転を組織再編行為と呼ぶことにする。事業の全部の譲渡，重要な一部の譲渡（譲り渡す資産の帳簿価額が会社の総資産額〔会社規 134〕の 5 分の 1〔これを下回る割合を定款で定めた場合には，その割合〕を超えないものを除く〔467 Ⅰ①②〕），（一定の要件をみたす）子会社の株式（持分）の譲渡（467 Ⅰ②の2），他の会社の事業全部の譲受け，事業全部の賃貸[1]または経営委任[2]，損益共通契約その他これらに準ずる契約の締結・変更・解約（これらを併せて，**8-1-2** では事業譲渡等という），株式交付および組織変更（これらを組織再編行為と併せて，組織再編行為等と呼ぶことにする）ならびに組織再編行為については，株主の利害に重要な影響を与えるため，組織変更や一定の合併・株式交換・株式移転に総株主の同意が必要とされることを別とすれば，原則として，株主総会の特別決議を経ることが要求されているが，簡易組織再編行為等（**8-1-5**）が認められるし，また，一定の支配従属関係のある株式会社間では略式組織再編行為等（**8-1-6**）が認められる。さらに，組織再編行為等については，原則として，反対株主の株式買取請求権が認められている。他方，会社債権者保護のために，合併および会社分割の場合には原則として，株式交換，株式移転および株式交付の場合には一定の場合に，それぞれ債権者保護手続を経ることが要求される。また，詐害的な会社分割および事業譲渡につき手当てがなされている。

1）賃貸借の場合は借主の名義で借主の計算で事業が行われ，貸主には賃料が払われる。

2）経営の委任には委任者の計算によるものと，受任者の計算によるもの（賃貸借に近い）がある。

8-1-2 事業譲渡等

8-1-2-1 事業の譲渡

判例（最大判昭和40・9・22〈85事件〉）によると，平成17年改正前商法245条にいう「営業ノ譲渡」（会社法467条1項1号にいう「事業の譲渡」。以下同じ）は，法律関係を明確にし，取引の安全を確保する観点から，商法総則（平成17年改正前商法25条以下）における「営業ノ譲渡」と同義である。すなわち，「営業ノ譲渡」とは，一定の営業目的のために組織化された機能的財産（得意先関係などの事実関係を含む）を一体として移転することであり，それにより譲受人が営業者たる地位を承継し，譲渡人が法律上当然に競業避止義務を負うものをいう[3)]。

もっとも，譲渡会社が現実に競業避止義務を負う場合だけが467条にいう「事業の譲渡」にあたると考えるのは妥当ではない（競業避止義務は特約により排除できるが〔21 I，商16 I〕，その場合も「事業の譲渡」であることに変わりはない。すなわち，かりに特約がなければ法律上の競業避止義務を負うとされるような場合が「事業の譲渡」にあたる。百選〔第5版〕27事件解説〔竹内〕参照）（なお，***5-4-1-1-4***(1)参照）。

8-1-2-2 子会社株式（持分）の譲渡

親会社が，子会社の株式・持分を譲渡することにより，子会社の事業に対する支配を失う場合には，事業譲渡と実質的に異ならない影響が親会社に及ぶと考えられるため，子会社の株式・持分の全部または一部の譲渡であって，その譲渡により譲り渡す株式・持分の帳簿価額が会社の総資産額として法務省令で定める方法により算定される額の5分の1（これを下回る割合を定款で定めた場合には，その割合）を超え，かつ，会社が，その譲渡の効力発生日において当該子会社の議決権の総数の過半数の議決権を有しないこととなる場合（467 I ②の2）も，平成26年改正により，事業の全部または重要な一部の譲渡と同じ規律に服するものとされた。

3）他方，取締役会設置会社では，重要な財産の譲渡は取締役会の決議に基づいてなされ（362 Ⅳ①。ただし，特別取締役による議決が認められているし，指名委員会等設置会社では執行役に，一定の要件をみたす監査等委員会設置会社では取締役に，決定を委任できる），その他の点については会社法に規定がないため，民法の一般原則による。すなわち，契約に瑕疵があれば，原則として，いつでも，だれでも，どのような方法によっても無効を主張できる。また，反対の意思を有する株主がいても，その者を保護する特別の制度は設けられていないし（もっとも，拒否権付種類株式〔108 I ⑧〕を用いることは考えられる），債務引受けについての民法上の規律によるため，会社債権者保護の特別の制度も設けられていない。

表 8-1　組織再編行為等の比較

	事業譲渡 事業譲受け	株式交付（株式交付親会社）	株式交換	株式移転	合　併		分　割		組織変更
					吸収合併	新設合併	吸収分割	新設分割	
株主総会の特別決議（株式会社の場合）	全部または重要な一部の譲渡／他の会社の事業全部の譲受けは必要	必要（一定の場合には総株主またはある種類株主全員の同意。種類株主総会の決議も必要な場合あり）							総株主の同意
簡易組織再編行為等	譲受会社	株式交付親会社	完全親会社となる会社	なし	存続会社	なし	承継会社	分割会社	なし
略式組織再編行為等	あり	なし	あり	なし	あり	なし	あり	なし	なし
株式買取請求権	あり（簡易組織再編行為等が認められる〔＝株主総会の特別決議が不要な〕会社の株主はなし）								なし
債権者保護手続	なし	あり	一定の新株予約権付社債権者についてあり（完全子会社となる会社） 一定の場合に完全親会社となる会社でもあり		あり		あり（****の場合を除き，分割後も分割会社に対して債権を有する者についてはなし）		あり
事前・事後の書類備置	なし	あり							事前のみあり
効力発生	事業譲渡契約で定められた日**	株式交付計画で定められた効力発生日*	株式交換契約で定められた効力発生日**	設立会社の成立日（＝設立登記日）	吸収合併契約で定められた効力発生日**, ***	設立会社の成立日（＝設立登記日）	吸収分割契約で定められた効力発生日**	設立会社の成立日（＝設立登記日）	組織変更計画で定められた効力発生日**
差止請求	違法行為差止請求								
差止請求・簡易	特別な差止めなし				特別な差止めなし		特別な差止めなし		
差止請求・それ 略式			****		****		****		

以外	それ以外		法令・定款違反の場合であって，株主が不利益を受けるおそれがあるときは差止請求できる				
無効の訴え	なし	あり					
株主に与える直接的影響（株式会社の場合）	変動なし	株式交付子会社の株式または新株予約権等の譲渡人は株式交付親会社の株主となることがある	完全子会社となる会社の株主は原則として完全親会社となる会社（既存会社または設立会社）の株主・社員となる	消滅会社の株主は原則として存続会社の株主・社員となる	消滅会社の株主は原則として設立会社の株主・社員となる	原則として変動なし*****	組織変更後持分会社の社員となる

* 774条の11第5項の適用がある。

** 908条1項の適用がある。

*** 消滅会社の解散は吸収合併の登記の後でなければ第三者に対抗できない。

**** 法令・定款違反または対価が著しく不当な場合であって，株主が不利益を受けるおそれがあるときは差止請求できる。

***** ただし，分割会社が効力発生日（設立会社の成立日）に承継会社・設立会社の株式を配当財産とする剰余金の配当または承継会社・設立会社の株式を対価とする，全部取得条項付種類株式の取得をすると分割会社の株主の全部または一部が承継会社・設立会社の株主となり，一部の株主は分割会社の株主としての地位を失うことがある。

8-1-2-3　事業譲渡等の手続と株式買取請求権

事業譲渡等は，取引行為であって，会社の業務執行の一環として，代表取締役（指名委員会等設置会社では代表執行役）が会社を代表して，契約を締結する。しかし，これらは重要な業務執行であるので，取締役会が決定をしなければならない（362 Ⅳ・399 の 13 Ⅳ・416 Ⅳ⑮）[4]。また，会社の事業の将来に重要な影響を及ぼすので（**視点 11**），株主保護の観点から，原則として（ただし，***8-1-5***(1)，***8-1-6***），株主総会の特別決議による承認を受けなければならないものとされている（467 Ⅰ・309 Ⅱ⑪）[5]。さらに，反対株主には株式買取請求権が認められている（***8-1-8***(1)参照）。ただし，同時に解散の決議がされたときは清算により，残余財産の分配がなされるため，買取請求権は認められない（469 Ⅰ①）。また，他の会社の事業の全部の譲受けにつき，総会決議を要しない場合（***8-1-5***(1)(5)参照）には，簡易組織再編行為の場合と同様，買取請求権は認められない（469 Ⅰ②）。

なお，株主に差止め（360・422）および株式買取請求の機会を与えるため，効力発生日の 20 日前までに，その株主に対し，会社は，事業譲渡等をする旨（他の会社の事業全部の譲受けをする場合に譲り受ける資産に事業譲渡等をする会社の株式が含まれる場合には，他の会社の事業全部の譲受けをする旨およびその株式に関する事項）を通知しなければならない（469 Ⅲ）。ただし，事業譲渡等をする会社が公開会社である場合または株主総会の決議により事業譲渡等の契約が承認された場合には，公告をすれば足りる（469 Ⅳ）。

8-1-2-4　事業全部の現物出資と譲渡会社の株主へのそれにより取得した株式の分配

事業全部を現物出資する会社（図 8-1 では B 社）では株主総会の特別決議が必要である。事業全部の現物出資は対価が株式であるという特殊性をもつが，467 条 1 項 1 号の事業の全部譲渡にあたるとみてよい。すなわち事業譲渡の一形態として現物出資を捉える。このように解することが 467 条の立法趣旨である株主の意思の尊重と株主の保護に資する。株式の分配は，残余財産分配あるいは剰余金の配当の形で行われる。現物出資を受ける側（図 8-1 では A 社）は 467 条 1 項 3

4)　株主総会の承認決議を要しない場合には，指名委員会等設置会社では執行役に，一定の要件をみたす監査等委員会設置会社では取締役に，それぞれ決定を委ねることができるが（416 Ⅳ⑮・399 の 13 Ⅴ⑫ Ⅵ），それ以外の取締役会設置会社でも「重要」ではないとされれば，取締役に決定を委任することができる。

5)　より深い議論については，たとえば，神作「株式会社の事業譲渡等に係る規律の構造と展望」商事法への提言 127 参照。

号により特別決議を要するほか，募集株式の発行等の規制に服する。

図 8-1　事業全部の現物出資と株式の分配の例

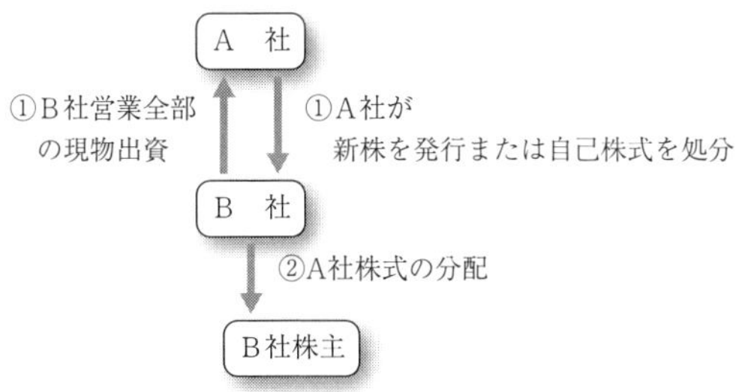

8-1-2-5　事業譲渡の際の債権者の保護

事業譲渡においては，譲渡会社の債権者の同意なくして，免責的に譲渡会社の債務が譲受会社に引き受けられることはない。他方，譲受会社に承継されない譲渡会社の債務の債権者（残存債権者）を害するような事業譲渡（詐害的な事業譲渡）は想定でき，詐害的な会社分割における残存債権者保護と同様の保護を与える必要性がある（名古屋地判平成 13・7・10 判時 1775 号 108 参照）から，詐害的会社分割の場合の残存債権者（***8-1-3-7***⑹）と同様，一定の場合には，残存債権者に譲受会社に対する履行請求権が認められる（23 の 2）。

8-1-3　合併・会社分割・株式交換・株式移転および株式交付

8-1-3-1　組織再編行為および株式交付の意義

⑴　合　併

合併とは，2つ以上の会社が契約によって1つの会社となることをいう。合併には新設合併（2 以上の会社がする合併であって，合併により消滅する会社の権利義務の全部を合併により設立する会社に承継させるもの〔2㉘〕）と，吸収合併（会社が他の会社とする合併であって，合併により消滅する会社の権利義務の全部を合併後存続する会社に承継させるもの〔2㉗〕）とがある[6)]。

6)　吸収合併も事業の譲渡も，ともに事業用財産の重要な部分の移転を生じさせる点においては同一であり，会社組織に重要な変更を生じ，株主の利害関係に大きな影響をもつところから，簡易組織再編行為等または略式組織再編行為等にあたる場合を除き，株主総会の特別決議が要求される（467 Ⅰ・783・795・309 Ⅱ⑪⑫。ただし，事業を譲り受ける会社については他の会社の事業全部の譲受けの場合のみ要求される。なお，***8-1-3-3***）。また，反対株主には株式買取請求権が与えられている（469・785・797）。

相違点としては，まず，吸収合併によって消滅会社の事業用財産の一般承継が生ずるが，

(2) 会社分割

会社分割とは，株式会社または合同会社が事業[7]に関して有する権利義務の全部または一部を分割後，新たに設立する会社または既存の他の会社に承継させることをいう。会社分割には，1つまたは2つ以上[8]の株式会社または合同会社がその事業に関して有する権利義務の全部または一部を分割により設立する会社（設立会社）に承継させる新設分割（2㉚）と，株式会社または合同会社がその事業に関して有する権利義務の全部または一部を分割後他の会社（承継会社）に承継させる吸収分割（2㉙）とがある[9]。

事業の譲渡・譲受けによっては事業用財産の一般承継は生じない。また，吸収合併により存続会社は消滅会社の権利義務を包括的に承継する（750Ⅰ・752Ⅰ）が，事業の譲渡・譲受けの場合には特定の債務を承継しないことも認められる（22・23）。また，吸収合併については，合併により債務者の変更が生ずるので債権者保護手続が定められている（789・799）が，事業の譲渡においては債務引受け等について債権者の同意がない限り債務者の変更を債権者に主張できないから，特に債権者保護の必要はなく，特段の規定はない（ただし，22・23・24）。さらに，吸収合併の場合には，清算手続を経ることなしに，吸収される会社が当然に消滅するが，事業の譲渡の場合には，たとえ会社の事業全部を譲渡しても，その会社は当然に消滅するわけではない。また，事業の譲渡・譲受けの場合には譲渡会社の株主が譲受会社の株主とはならないのに対して，吸収合併の場合には消滅会社の株主は原則として存続会社の株主となる（749Ⅰ②・751Ⅰ②参照）。以上に加えて，事業の譲渡・譲受けの無効・取消しの主張は民法の一般原則に従ってすることができるのに対し，吸収合併の無効の主張は訴えによってのみすることができ，提訴期間および訴えの原告適格が認められる者も限定されている（828Ⅰ⑦Ⅱ）。

7）事業とは，一定の事業目的のために組織化された機能的財産（得意先関係などの事実関係を含む）をいい，平成17年改正前商法の下では，営業の「承継」が必要とされていた。しかし，会社法は，「事業に関して有する権利義務」の承継という表現を用いており，「事業」の承継は要求されなくなったと解する余地がある。詳細については，相澤＝細川・商事法務1752号5以下参照。

8）2以上の株式会社または合同会社が共同して新設分割をすることも認められている。この場合には，その2以上の株式会社または合同会社は，共同して新設分割計画を作成しなければならない（762Ⅱ）。

9）なお，吸収分割の効力発生日あるいは設立会社の成立の日に承継会社あるいは設立会社の株式のみを配当財産とする剰余金の配当をすること，および，承継会社あるいは設立会社の株式・持分を対価とする全部取得条項付種類株式の取得をすることが認められている。これらは，この場合には，債権者保護手続を経なければならないとされている一方で，剰余金の配当に係る財源規制の対象外とされている（792・812）。

⑶ 株式交換

株式交換とは，株式会社がその発行済株式の全部を他の株式会社または合同会社に取得させることをいう（2㉛）。

⑷ 株式移転

株式移転とは，1つまたは2つ以上の株式会社がその発行済株式の全部を新たに設立する株式会社に取得させることをいう（2㉜）。

⑸ 株式交付

株式交付とは株式会社が他の株式会社をその子会社（法務省令で定めるものに限る）とするために当該他の株式会社の株式を譲り受け，その株式の譲渡人に対してその株式の対価として自己の株式を交付することをいう（2㉜の2）。

8-1-3-2 組織再編行為・株式交付の手続

組織再編行為・株式交付は，合併契約・吸収分割契約・株式交換契約の締結または新設分割計画・株式移転計画・株式交付計画の作成，事前開示書面等の備置等，株主総会の承認決議等，組織再編行為・株式交付をする旨等の通知・公告，債権者保護手続，組織再編行為事項書面等の備置，登記（株式交換および株式交付を除く）という流れで行われ，多くの場合，株主および新株予約権者に買取請求権が与えられる（***8-1-8***）。株式交換，株式移転および株式交付では，一定の場合を除き，会社債権者保護手続を要さず，かつ，各種書類等の閲覧・交付請求も株主・新株予約権者のみに認められる。

株式交付により子会社となる会社（株式交付子会社）側での手続はない。

8-1-3-3 契約の締結・計画の作成（748・757・762・772・774の2）

取締役会設置会社では，取締役会の決議（指名委員会等設置会社では，株主総会による承認を要しない場合には執行役に委任できる〔416 Ⅳ⑮～⑲各かっこ書⑳〕。また，一定の要件をみたす監査等委員会設置会社でも取締役に委任できる）を経て[10)]，当事会社の代表取締役（指名委員会等設置会社では代表執行役。以下同じ）が株主総会の特別決議による承認（ただし，簡易組織再編行為等〔***8-1-5***〕および略式組織再編行為等〔***8-1-6***〕。また，特殊の決議を要する場合，総株主またはある種類株主全員の同意を要する場合および種類株主総会の決議を要する場合がある）を停止条件として，合併契約，吸収分割契約または株式交換契約を締結するのが原則である。新設分割計画は分割会

10) 取締役会設置会社において，取締役会の承認なしに代表取締役・代表執行役が合併契約，吸収分割契約または株式交換契約を締結し，あるいは，新設分割計画または株式移転計画を作成しても，それは当然に無効とされるものではないと解される（***8-1-9-3*** 参照）。

図8-2　合併手続の流れ（存続会社）

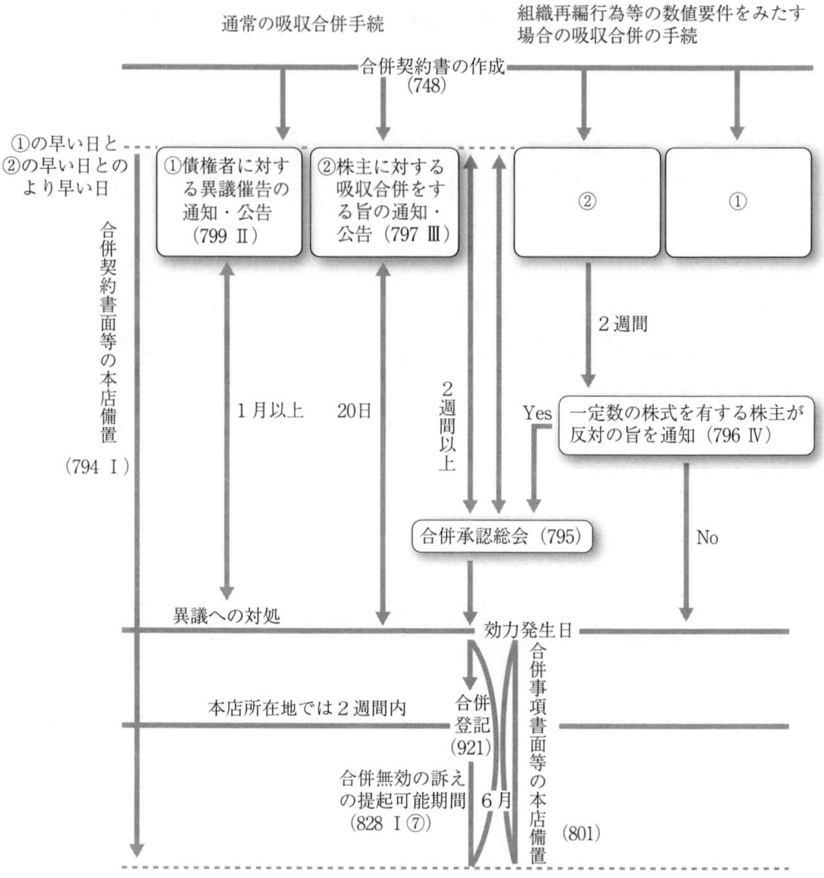

社の代表取締役が，株式移転計画は株式移転をする株式会社の代表取締役が，株式交付計画は株式交付をする株式会社（株式交付親会社）の代表取締役がそれぞれ，作成する。合併契約・吸収分割契約・株式交換契約・新設分割計画・株式移転計画・株式交付計画で定めるべき事項は法定されているが（749・751・753・755・758・760・763・765・768・770・773・774の3），法定事項以外の事項も，合併・会社分割・株式交換，株式移転または株式交付の本質または強行法規に反しない限り，これらで定めることができる。

8-1-3-4 事前の開示――組織再編行為・株式交付に関する書面等の備置等（782・794・803・816の2）（視点17）

吸収合併・吸収分割および株式交換の場合には，吸収合併契約等備置開始日（782 Ⅱ・794 Ⅱ）から吸収合併・吸収分割または株式交換の効力発生日後6ヵ月[11]を経過する日（消滅会社では効力発生日）まで，新設合併・新設分割および株式移転の場合には，新設合併契約等備置開始日（803 Ⅱ）から設立会社の成立日後6ヵ月を経過する日まで，株式交付の場合には，株式交付計画備置開始日（816の2 Ⅱ）から効力発生日後6ヵ月を経過する日まで，それぞれ，吸収合併契約，吸収分割契約，株式交換契約，新設合併契約，新設分割計画，株式移転計画または株式交付計画の内容その他法務省令で定める事項（会社規182・191・204・183・192・205・184・193・206・213の2）[12]を記載・記録した書面または電磁的記録を本店に備え置かなければならない（782 Ⅰ・794 Ⅰ・803 Ⅰ・816の2 Ⅰ）。

消滅会社・存続会社・分割会社・承継会社の株主および会社債権者，株式交換または株式移転により完全子会社となる会社の株主および新株予約権者，株式交換により完全親会社となる会社の株主（完全親会社となる会社の株式その他これに準

11） これは，合併無効の訴え，会社分割無効の訴え，株式交換無効の訴え，株式移転無効の訴えまたは株式交付無効の訴え（***8-1-9*** 参照）を提起するか否かの判断に参考になることに鑑みたものと考えられる。

12） 会社法施行規則182条～184条，191条～193条および204条～206条によれば，対価の相当性に関する事項，新株予約権の定めの相当性に関する事項，対価について参考となるべき事項，計算書類等に関する事項，効力発生日以後における当事会社の債務（異議を述べることができる債権者に対して負担する債務に限る）の履行の見込みに関する事項などを開示しなければならない。

対価について参考となるべき事項として，たとえば，吸収合併消滅会社・株式交換完全子会社においては，存続会社・株式交換完全親会社の株式・持分が対価であるときは存続会社・株式交換完全親会社の定款，対価の換価の方法に関する事項，対価に市場価格があるときは市場価格に関する事項および過去5事業年度（内容を公告した事業年度や有価証券報告書を提出した年度を除く）の貸借対照表の内容を，存続会社・株式交換完全親会社以外の法人等の株式・持分その他これらに準ずるものが対価である場合にはその法人等に関する一定の事項を，それぞれ，開示しなければならない（吸収合併契約につき吸収合併消滅会社の総株主の，株式交換契約につき株式交換完全子会社の総株主の，それぞれ同意を得た場合を除く）。また，吸収分割会社および新設分割会社では，効力発生日に剰余金の配当または一定の全部取得条項付株式の取得を行う場合にはそれに関する事項も開示しなければならない。

なお，吸収合併契約等備置開始日または新設合併契約等備置開始日の後，上記の事項に変更が生じたときは，変更後の当該事項を開示しなければならない。

ずるものとして法務省令に定めるもの〔会社規 194〕以外のものが株式交換対価に含まれる場合または完全親会社となる会社が完全子会社の新株予約権付社債を承継する場合には，さらに会社債権者），株式交付親会社の株主（株式交付に際して株式交付子会社の株式および新株予約権等の譲渡人に対して交付する金銭等に株式交付親会社の株式その他これに準ずるものとして法務省令〔会社規 213 の 3〕で定めるものが含まれる場合にはさらに会社債権者）は，この書面等の閲覧・交付請求などをすることができる（782 Ⅲ・794 Ⅲ・803 Ⅲ・816 の 2 Ⅲ）。

これは，契約・計画の内容はもちろんのこと，自社のみならず，相手方会社の財産状態・経営成績，合併対価などに関する定めの根拠がわからないと，総会において合併契約等を承認すべきか否か，買取請求権を行使するか否かの判断材料が株主にとって不足することになるからである。また，会社債権者にも，合併・会社分割あるいは一定の場合の株式交換・株式移転・株式交付に対して異議を述べるか否かについての判断材料を提供すべきだからである。

なお，承継する資産の簿価が負債の簿価を下回る場合や合併対価などが存続会社が承継する純資産額を上回る場合には，いわゆる合併差損などが生ずるが，存続会社・承継会社・株式交換によって完全親会社となる会社または株式交付親会社において，吸収合併・吸収分割・株式交換・株式交付に際して差損（対価として交付する自己株式の処分差損を除く）が生ずる場合には，取締役は承認のための株主総会においてその旨を説明しなければならないものとされている（795 Ⅱ・816 の 3 Ⅱ）。

8-1-3-5　承認決議等（783・795・804・816 の 3）[13]

⑴　株主総会の特別決議――原則

総株主の同意が必要とされる場合および簡易組織再編行為等（***8-1-5***）または略式組織再編行為等（***8-1-6***）に該当する場合を除き，各当事会社において，株主総会の決議によって，吸収合併，吸収分割，株式交換および株式交付の場合には合

13)　株主総会等の招集通知に議案の概要を記載等しなければならない（299 Ⅳ，会社規 63 ⑦・95 ①）。そして，たとえば，合併の場合には，書面・電磁的方法による議決権行使を認める場合には，合併を行う理由，合併契約の内容の概要，合併対価の相当性に関する事項の概要を，さらに，吸収合併消滅会社では存続会社以外の法人等の株式・持分・社債等が合併対価である場合にはその法人等に関する一定の事項を，新設合併の場合には設立会社の取締役・会計参与・監査役・会計監査人となる者についての一定の事項を，それぞれ，参考書類に記載等しなければならない（会社規 86・89）。会社分割・株式交換・株式移転・株式交付・事業譲渡等についても同様の規律がなされている（会社規 87・88・90～92）。

併等の効力発生日の前日までに（783 Ⅰ・795 Ⅰ・816の3 Ⅰ），合併契約・吸収分割契約・株式交換契約・新設分割計画・株式移転計画・株式交付計画の承認を受けなければならない（783 Ⅰ・795 Ⅰ・804 Ⅰ・816の3 Ⅰ）。これは，合併・会社分割・株式交換・株式移転・株式交付は会社の組織運営の基本的なあり方・株主構成に重大な変更をもたらすものであり，株主保護のためには，株主に決定権を与える必要があるからである（**視点11**）。承認決議は特別決議によるのが原則である（309 Ⅱ⑫）。

(2) 株主総会の特殊の決議

吸収合併消滅会社または株式交換完全子会社が公開会社であり，かつ，合併対価・株式交換対価の全部または一部が譲渡制限株式等（譲渡制限株式または存続会社等の譲渡制限株式を取得対価とする取得条項付株式・取得条項付新株予約権〔会社規186〕。以下，本章において同じ）である場合には，その株主総会において議決権を行使することができる株主の半数（これを上回る割合を定款で定めた場合には，その割合）以上であって，議決権を行使することができる株主の議決権の3分の2（これを上回る割合を定款で定めた場合には，その割合）以上にあたる多数による承認決議が必要である（309 Ⅲ②③）。

(3) 総株主の同意

種類株式発行会社以外の会社が吸収合併消滅会社または株式交換完全子会社であり，吸収合併対価・株式交換対価が持分等（権利の移転または行使に債務者その他第三者の承諾を要するもの〔譲渡制限株式を除く〕。会社規185。以下，本章において同じ）である場合（783 Ⅱ）または新設合併において新設合併設立会社が持分会社である場合（804 Ⅱ）[14]には，総株主の同意が必要とされる。

(4) 種類株主総会の決議または種類株主全員の同意

株主総会の承認決議に加えて，種類株主総会の決議または種類株主全員の同意が要求される場合がある[15]。

第1に，吸収合併消滅会社，新設合併消滅会社，株式交換完全子会社または株

14) この場合には，実質的には組織変更（*8-3*）があったのと同じ効果が株主に生ずるので，消滅会社の総株主の同意を要する。会社分割の場合には，分割会社の株主が有する株式が当然に持分会社の持分等になることはないので，総株主の同意が要求されることはない。

15) 会社分割の場合には，分割会社の株主が有する株式が当然に吸収分割承継会社または新設分割設立会社の譲渡制限株式等または持分等になることはないので，種類株主総会の決議または種類株主全員の同意は要求されることはない。

式移転完全子会社が種類株式発行会社である場合に，合併対価・株式交換対価・株式移転対価の全部または一部が譲渡制限株式等であるときは，その種類株主総会において議決権を行使することができる株主が存在しない場合を除き，その譲渡制限株式等の割当てを受ける種類の株式（譲渡制限株式を除く）の種類株主を構成員とする種類株主総会の決議を経なければならないし（783Ⅲ・804Ⅲ），合併対価・株式交換対価の全部または一部が持分等であるときは，その持分等の割当てを受ける種類の株主の全員の同意を得なければならない（783Ⅳ）。

第2に，吸収合併存続会社，吸収分割承継会社，株式交換完全親会社または株式交付親会社が種類株式発行会社であるが，譲渡制限株式を引き受ける者の募集についてその種類の株式の種類株主を構成員とする種類株主総会の決議を要しない旨の定款の定めがない場合に，合併対価・分割対価・株式交換対価・株式交付対価として吸収合併存続会社・吸収分割承継会社・株式交換完全親会社・株式交付親会社の種類株式のうち，譲渡制限株式であるものを吸収合併消滅会社もしくは株式交換完全子会社の株主・社員，吸収分割会社または株式交付子会社の株主もしくは新株予約権等の譲渡人に交付するときは，その種類株主総会において議決権を行使することができる株主が存在しない場合を除き，その譲渡制限株式の種類株主を構成員とする種類株主総会の決議を経なければならない（795Ⅳ・816の3Ⅲ）。

8-1-3-6　組織再編行為・株式交付をする旨等の通知・公告

(1)　株主に対する通知・公告

吸収合併・吸収分割・株式交換の場合には，効力発生日の20日前までに，その株主に対し，吸収合併存続会社・吸収分割承継会社・株式交換完全親会社・株式交付親会社は，吸収合併・吸収分割・株式交換・株式交付をする旨ならびに吸収合併消滅会社・吸収分割会社・株式交換完全子会社・株式交付子会社の商号および住所（承継する吸収合併消滅会社・吸収分割会社の資産に吸収合併存続会社・吸収分割承継会社の株式が含まれる場合には，さらに，その株式に関する事項）を，吸収合併消滅会社・吸収分割会社・株式交換完全子会社は，吸収合併・吸収分割・株式交換をする旨ならびに吸収合併存続会社・吸収分割承継会社・株式交換完全親会社の商号および住所を，それぞれ通知しなければならない（797Ⅲ・785Ⅲ・816の6Ⅲ）。これは，株主に差止めの機会と株式買取請求をする機会を与えるものである。ただし，公開会社である会社または株主総会の決議により吸収合併契約・吸収分割契約・株式交換契約・株式交付計画が承認された会社は，公告をすれば足りる（797 Ⅳ・785 Ⅳ・816の6 Ⅳ）。また，吸収合併消滅会社・株式交換完全子会社において，合併対価・株式交換対価の全部または一部が持分等であるため，その持分等の割当てを受ける種類株主全員の同意が必要な場合には，同意を得るために別途情報が提供されるはずなので，その種類株主には通知をする必要はない（785 Ⅲ本文かっこ書）。

新設合併・新設分割（簡易組織再編行為等にあたる場合〔805〕を除く）・株式移転の場合には，新設合併消滅会社・新設分割会社・株式移転完全子会社は，株主総会の承認決議の日から2週間以内に，その株主に対し，新設合併・新設分割・株式移転をする旨ならびに他の新設合併消滅会社・新設分割会社および新設合併設立会社・新設分割設立会社・株式移転設立完全親会社の商号および住所を通知し，または公告しなければならない（806 ⅢⅣ）。ただし，新設合併設立会社が持分会社である場合には，総株主の同意を得なければならず，同意を得るために別途情報が提供されるはずなので，株主に対する通知または公告をする必要はない。

⑵　新株予約権者に対する通知・公告

吸収合併消滅会社，新設合併消滅会社，吸収分割会社，新設分割会社，株式交換完全子会社または株式移転完全子会社は，吸収合併・吸収分割・株式交換の場合は効力発生日の20日前までに，新設合併・新設分割・株式交換の場合は株主総会の新設合併契約承認決議の日（新設合併設立会社が持分会社である場合には総株主の同意を得た日），新設分割計画承認決議の日（株主総会による承認を要しない場合には新設分割計画の作成の日）または株式移転計画承認決議の日からから2週間以内に，一定の新株予約権者に対し，一定の事項を，それぞれ，通知し，または公告しなければならない（787 ⅢⅣ・808 ⅢⅣ）。これは新株予約権者に買取請求等の機会を保障するためである。

8-1-3-7　株式交付子会社の株式・新株予約権等の譲渡しの申込み，割当ておよび譲渡し（株式交付の場合）

株式交付親会社は，株式交付子会社の株式・新株予約権等の譲渡しの申込みをしようとする者に対し，株式交付親会社の商号，株式交付計画の内容などを通知し[16]，株式交付子会社の株式・新株予約権等の譲渡しの申込みをする者は，株式交付子会社の株式または新株予約権等の譲渡しの申込みの期日までに，申込み

16)　株式交付親会社が通知すべき事項を記載した目論見書を申込みをしようとする者に対して交付している場合その他申込みをしようとする者の保護に欠けるおそれがないものとして法務省令で定める場合には通知することを要しない（774の4 Ⅳ・774の9）。

をする者の氏名または名称および住所ならびに，譲り渡そうとする株式交付子会社の株式の数（株式交付子会社が種類株式発行会社である場合には，株式の種類および種類ごとの数）・新株予約権等の内容および数を記載した書面を株式交付親会社に交付しなければならない（書面の交付に代えて，政令〔会社法施行令1Ⅰ⑮〕で定めるところにより，株式交付親会社の承諾を得て，書面に記載すべき事項を電磁的方法により提供することができる）（774の4ⅠⅡⅢ・774の9）。

譲渡しの申込みの期日において，申込者が譲渡しの申込みをした株式交付子会社の株式の総数が株式交付計画に定めた下限の数にみたない場合には，株式交付親会社は，申込者に対し，遅滞なく，株式交付をしない旨を通知しなければならない（774の10）。

他方，譲渡しの申込みの期日において，申込者が譲渡しの申込みをした株式交付子会社の株式の総数が株式交付計画に定めた下限の数に達した場合には，株式交付親会社は，申込者の中からその株式交付親会社が株式交付子会社の株式・新株予約権等を譲り受ける者を定め，かつ，その者に割り当てるその株式交付親会社が譲り受ける株式交付子会社の株式の数（株式交付子会社が種類株式発行会社である場合には，株式の種類ごとの数）・新株予約権等の数を定めなければならない。株式交付親会社は，申込者に割り当てる株式の数の合計が株式交付計画に定めた譲り受ける株式交付子会社の株式の数（株式交付子会社が種類株式発行会社である場合には，株式の種類および種類ごとの数）の下限を下回らない範囲内であれば，割り当てる株式・新株予約権等の数を，譲渡しの申込みを受けた数よりも減少することができる（774の5Ⅰ・774の9）。そして，株式交付親会社は，効力発生日の前日までに，申込者に対し，当該申込者から当該株式交付親会社が譲り受ける株式交付子会社の株式・新株予約権等の数を通知しなければならない（774の5Ⅱ・774の9）[17]。

そして，株式譲渡しの申込者は通知を受けた株式交付子会社の株式の数について，契約により株式交付親会社が株式交付に際して譲り受ける株式交付子会社の株式の総数を譲り渡すことを約した者（総数譲渡契約者）はその者が譲り渡すことを約した株式交付子会社の株式の数について，新株予約権等譲渡しの申込者は通

17）ただし，774条の4および774条の5は，株式交付子会社の株式・新株予約権等を譲り渡そうとする者が，株式交付親会社が株式交付に際して譲り受ける株式交付子会社の株式・新株予約権等の総数の譲渡しを行う契約（総数譲渡契約）を締結する場合には適用されない（774の6・774の9）。

表 8-2　新株予約権者に対する通知・公告

通知・公告すべき会社	対象	通知・公告の内容
吸収合併消滅会社	すべての新株予約権者	吸収合併をする旨，吸収合併存続会社の商号および住所
新設合併消滅会社		新設合併をする旨，他の新設合併消滅会社および新設合併設立会社の商号および住所
吸収分割会社（吸収分割承継会社が株式会社の場合）	吸収分割契約新株予約権／吸収分割契約新株予約権以外の新株予約権であって，吸収分割をする場合にその新株予約権の新株予約権者に吸収分割承継会社の新株予約権を交付することとする旨の定めがあるものの新株予約権者	吸収分割をする旨，吸収分割承継会社の商号および住所
新設分割会社（新設分割設立会社が株式会社の場合）	新設分割計画新株予約権／新設分割計画新株予約権以外の新株予約権であって，新設分割をする場合においてその新株予約権の新株予約権者に新設分割設立会社の新株予約権を交付することとする旨の定めがあるものの新株予約権者	新設分割をする旨，他の新設分割会社および新設分割設立会社の商号および住所
株式交換完全子会社（株式交換完全親会社が株式会社の場合）	株式交換契約新株予約権／株式交換契約新株予約権以外の新株予約権であって，株式交換をする場合においてその新株予約権の新株予約権者に株式交換により完全親会社となる会社の新株予約権を交付することとする旨の定めがあるものの新株予約権者	株式交換をする旨，株式交換完全親会社となる会社の商号および住所
株式移転完全子会社	株式移転計画新株予約権／株式移転計画新株予約権以外の新株予約権であって，株式移転をする場合にその新株予約権の新株予約権者に設立会社の新株予約権を交付することとする旨の定めがあるものの新株予約権者	株式移転をする旨，他の株式移転完全子会社となる会社および株式移転設立完全親会社の商号および住所

知を受けた株式交付子会社の新株予約権等の数について，それぞれ，株式交付における株式交付子会社の株式または新株予約権等の譲渡人となる（774の7Ⅰ・774の9）[18]。株式交付子会社の株式または新株予約権等の譲渡人となった者は，効力発生日に，譲渡人となった数の株式交付子会社の株式または新株予約権等を，

18）　設立の際の設立時発行株式の引受けや募集株式の引受けの場合（***7-3-1-1***）と同様，譲渡しの申込み，割当ておよび総数譲渡契約に係る意思表示については心裡留保や通謀虚偽表示の規定は適用されず，株式交付子会社の株式の譲渡人は，株式交付により株式交付親会社の株式の株主となった日から1年を経過した後またはその株式について権利を行使した後は，錯誤，詐欺または強迫を理由として株式交付子会社の株式の譲渡しの取消しをすることができない（774の8）。

それぞれ，株式交付親会社に給付しなければならない（774 の 7 Ⅱ・774 の 9）。

8-1-3-8 **債権者保護手続**（789・799・810・816 の 8）（視点 4）

(1) 異議を述べることができる債権者

吸収合併・新設合併の場合には，吸収合併消滅会社・新設合併消滅会社の債務は当然に吸収合併存続会社または新設合併設立会社に承継され（債務者たる地位が当然に移転する），債務者の変更が生ずるので，吸収合併消滅会社・新設合併消滅会社の債権者（789 Ⅰ①・810 Ⅰ①）が，吸収合併消滅会社・新設合併消滅会社に対して，吸収合併・新設合併について異議を述べることができる。また，吸収分割・新設分割の場合には分割後，吸収分割会社・新設分割会社に対して債務の履行（その債務の保証人として吸収分割承継会社・新設分割設立会社と連帯して負担する保証債務の履行を含む）を請求することができない分割会社の債権者（分割会社が効力発生日に吸収分割承継会社株式・新設分割設立会社株式のみを対価とする全部取得条項付株式の取得をする場合および吸収分割承継会社株式・新設分割設立会社株式のみを配当財産とする剰余金の配当を行う場合には，吸収分割会社・新設分割会社のすべての債権者）（789 Ⅰ②・810 Ⅰ②）が，吸収分割会社・新設分割会社に対して吸収分割・新設分割について異議を述べることができる。全部取得条項付種類株式を取得する場合または剰余金の分配を行う場合には，吸収分割会社・新設分割会社の財産が減少するので，分割後も吸収分割会社・新設分割会社に対して債務の履行を請求することができる債権者に異議を述べることを認める必要があるが，これ以外の場合には，分割の前後では，吸収分割会社・新設分割会社の資産状態には実質的な変動がない（承継させる事業に関して有する権利義務と受け取る新設分割設立会社・吸収分割承継会社の株式あるいは金銭その他の財産とが同価値）と考えられるとして（事業譲渡の場合には債権者保護手続が定められていないのとパラレル），分割後も吸収分割会社・新設分割会社に対して債務の履行を請求することができる債権者には異議を述べる機会は与えられていない（789 Ⅰ②参照）（ただし，(5)(6)）。さらに，株式交換において株式交換契約新株予約権が新株予約権付社債に付された新株予約権である場合または株式移転において株式移転計画新株予約権が新株予約権付社債に付された新株予約権である場合には，その新株予約権付社債の社債権者（789 Ⅰ③・810 Ⅰ③）[19] が，それぞれ，株式交換完全子会社に対して株式交換について異議を述べることができる。

19）新株予約権付社債権者にとっては，債務者の変更が生ずる点で合併の場合と異ならないからである。

他方，吸収合併の場合には吸収合併存続会社の債権者（799 Ⅰ①）が，吸収分割の場合には吸収分割承継会社の債権者（799 Ⅰ②）が，株式交換において株式交換完全親会社となる会社の株式その他これに準ずるものとして法務省令で定めるもの（会社規 198）以外のものが株式交換対価に含まれる場合または株式交換完全親会社が株式交換完全子会社の新株予約権付社債を承継する場合[20]には株式交換完全親会社となる会社の債権者（799 Ⅰ③）が，株式交付において，株式交付に際して株式交付子会社の株式および新株予約権等の譲渡人に対して交付する金銭等に株式交付親会社の株式その他これに準ずるものとして法務省令で定めるものが含まれる場合には株式交付親会社の債権者（816 の 8 Ⅰ）が，それぞれ，吸収合併存続会社・吸収分割承継会社・株式交換完全親会社・株式交付親会社となる会社に対して吸収合併・吸収分割・株式交換・株式交付について異議を述べることができる。これらの場合には，吸収合併存続会社・吸収分割承継会社・株式交換完全親会社・株式交付親会社の財産状態が悪化する可能性があるからである。

⑵　異議申述の催告

債権者の全部または一部が異議を述べることができる場合には，会社は，組織再編行為または株式交付をする旨，他の当事会社，設立会社または株式交付子会社の商号および住所，その会社（株式会社に限る）の計算書類に関する事項として法務省令で定めるもの（会社規 188・199・208・213 の 8），および，債権者が一定の期間（1 ヵ月以上）内に異議を述べることができる旨を官報に公告し，かつ，異議を述べることができる，知れている債権者[21]には，各別に催告しなければならない（789 Ⅱ・799 Ⅱ・810 Ⅱ・816 の 8 Ⅱ）。

ただし，事務負担軽減の観点から，会社が官報のほか，定款の定めに従い，時事を掲載する日刊新聞紙に掲げて，または電子公告により公告するときは，各別に催告する必要はないものとされている（789 Ⅲ・799 Ⅲ・810 Ⅲ・816 の 8 Ⅲ）。もっとも，会社分割をする場合には，不法行為によって生じた分割会社の債務の知れている債権者に対しては各別に催告しなければならない。このように，個別催告が要求されるのは，会社分割においては，資産を一方の会社に集中させ，債務を他方の会社に集中させるという濫用のおそれがあるためである。

20）　これは，新株予約権付社債を承継する，完全親会社となる会社は債務を新たに負担することになり，財政状態が悪化する可能性があるからである。

21）　大判昭和 7・4・30〈79 事件〉は「知レタル債権者」とは，会社が，その者に対して債務を負っていること，およびその原因と内容の大体を知っている場合の債権者であるとする。

⑶　会社による弁済等

債権者が異議申述期間内に異議を述べなかったときは，その債権者は，その吸収合併等について承認をしたものとみなされるが（789 Ⅳ・799 Ⅳ・810 Ⅳ・816の8 Ⅳ），債権者が異議申述期間内に異議を述べたときは，その組織再編行為または株式交付をしてもその債権者を害するおそれがないときを除き，異議を述べられた会社は，その債権者に対し，弁済し，もしくは相当の担保を提供し，またはその債権者に弁済を受けさせることを目的として信託会社等に相当の財産を信託しなければならない（789 Ⅴ・799 Ⅴ・810 Ⅴ・816の8 Ⅴ）。

⑷　各別の催告を受けなかった分割会社の債権者の履行請求権

異議を述べることができるにもかかわらず，各別の催告を受けなかった分割会社の債権者（会社が官報のほか定款に定めた時事に関する事項を掲載する日刊新聞紙または電子公告により，その公告をするときは，不法行為債権者に限る）は，分割契約あるいは分割計画の定めにかかわらず，分割当事会社（分割会社および設立会社または承継会社）に対して，分割会社に対しては効力発生日（吸収分割の場合）または設立会社の成立日（新設分割の場合）に有していた財産の価額を，吸収分割承継会社・新設分割設立会社に対しては，承継した財産の価額を，それぞれ限度として，その債務の履行を請求することができる（759 Ⅱ Ⅲ・761 Ⅱ Ⅲ・764 Ⅱ Ⅲ・766 Ⅱ Ⅲ）。

⑸　詐害行為取消権

会社分割において分割会社に対して債権を行使することができる債権者は債権者保護手続の対象とならないこと，組織再編行為に際しての債権者保護手続として個別催告が要求されない場合があることなどから，詐害行為取消権（民424）によって会社債権者を保護する必要が認められ，組織再編行為について債権者保護手続が定められているとしても，詐害行為取消権の対象とならないとする旨の会社法の定めがない以上，組織再編行為も詐害行為取消権の対象となると解されている（東京高判平成22・10・27金判1355号42）[22]。そもそも，組織法上の行為も

22)　詐害行為取消しのほか，分割会社債権者保護の理論構成としては（難波・判タ1337号20など参照），新設会社が分割会社の商号等を続用していることに注目して会社法22条1項を類推適用すること（最判平成20・6・10判時2014号150）のほか，法人格否認の法理の適用（***2-3-3***）が考えられるが（福岡地判平成23・2・17判タ1349号177），新設会社が分割会社を支配しているということは考えにくく，要件をみたさないことが少なくない（福岡高判平成23・10・27金判1384号49など参照）。なお，最決平成29・12・19民集71巻10号2592は，賃貸借契約の賃借人がその建物を用いて行っていた事業に関する権利義務等（その賃貸借契約の契約上の地位およびその賃貸借契約に基づく権利義務を含む）を吸収分

否認権の対象となると解するのが通説的な見解であるといわれており，組織再編行為も詐害行為取消権の対象となると解することが首尾一貫する。詐害行為取消権と否認権とは類似した法律効果を有し，かつ，その行使の要件に共通している部分があることに注目するならば，否認権の対象となるにもかかわらず，詐害行為取消権の対象とならないと解する合理的理由はないからである（詳細については，たとえば，神作・商事法務1924号4，1925号40を参照）。

⑹　**詐害的会社分割における承継会社に対する履行請求**

会社分割後も吸収分割会社または新設分割会社（併せて分割会社）に対して債務の履行を請求することができる分割会社の債権者は，債権者保護手続の対象とはならないものとされているが，分割により承継会社または設立会社（併せて承継会社等）に優良事業や資産を承継させることによって，承継会社等に債務の履行の請求をすることができない債権者（残存債権者）を害するような会社分割（詐害的会社分割）が行われていると指摘されている。これに対しては，⑸でみた詐害行為取消権を通じた保護の余地があるが，さらに，平成26年改正により，会社法上，残存債権者は一定の場合には承継会社等に債務の履行を求めることができるものとされた。

分割会社が残存債権者を害することを知って吸収分割または新設分割をした場合（剰余金の配当または全部取得条項付種類株式の取得を分割会社が会社分割の効力発生日に行うため，債権者保護手続がなされる場合を除く）には，承継会社が吸収分割の効力が生じた時において残存債権者を害すべき事実を知らなかったときを除き，残存債権者は承継会社等に対して，承継した財産の価額を限度として，当該債務の履行を請求することができる（759ⅣⅤ・761ⅣⅤ・764ⅣⅤ・766ⅣⅤ）。ここで，残存債権者を「害する」かどうかは，詐害行為取消権（民424Ⅰ本文）における債権者を「害する」かどうかと同様の判断枠組みによって判断されるものと考えられる。また，承継した財産の価額を限度とするのは，剰余金の配当または全部取得条項付種類株式の取得が行われる会社分割において，各別の催告を受けなか

割によって吸収分割承継会社に移転し，自らはその事業に関する権利義務等についてその吸収分割の後は責任を負わないものとした場合であっても，その賃貸借契約上の違約金条項に基づく賃貸人の賃借人に対する違約金債権は吸収分割の効力発生後に発生するものであるため，賃貸人が違約金債権に係る債権者として789条1項2号の規定による異議を述べることはできなかったこと等に照らし，その吸収分割がされたことを理由として違約金債権に係る債務を負わないと吸収分割会社（賃借人）が主張することは信義則に反して許されないとした。

った残存債権者は，原則として，承継会社等に対して，承継した財産の価額を限度として，債務の履行を請求することができるものとされているにとどまること（759 Ⅲ・761 Ⅲ・764 Ⅲ・766 Ⅲ）および詐害行為取消権が行使される場合でも，詐害行為によって利益を受けた者または転得者の責任は，詐害行為の目的となる財産の価額が上限とされることとのバランス，ならびに，承継会社等に承継される分割会社の債務に係る債権者（承継債権者）および会社分割の前から存在する承継会社の債権者の利益にも配慮する必要があることによる。

また，承継会社等の債権者保護などの観点から，承継会社等の責任は，分割会社が残存債権者を害することを知って吸収分割または新設分割をしたことを知った時から 2 年以内に請求または請求の予告をしない残存債権者に対しては，その期間を経過した時に消滅し，吸収分割の効力発生日または新設分割設立会社の設立の日から 20 年を経過したときも消滅する（いずれも除斥期間）ものとされている（759 Ⅵ・761 Ⅵ・764 Ⅵ・766 Ⅵ）。また，分割会社について破産手続開始の決定，再生手続開始の決定または更生手続開始の決定があったときは，残存債権者は承継会社等に対して債務の履行の請求をすることはできない（759 Ⅶ・761 Ⅶ・764 Ⅶ・766 Ⅶ）。

なお，承継債権者および会社分割前から存在する承継会社の債権者としては，分割会社または承継会社の事前開示などを踏まえて，承継会社等がこの責任を負うおそれがあると考えたときには，異議を述べることが可能であるし，この責任については，吸収分割については，承継会社の悪意を要件としているため，承継会社の役員の責任（429 Ⅰ）を追及する余地もある。

_8-1-3-9_　事後の開示――組織再編行為事項書面等の備置（791・801・815・816 の 10）**（視点 17）**

吸収合併存続会社，新設合併設立会社，吸収分割会社，吸収分割承継会社・新設分割会社・新設分割設立会社，株式交換完全子会社，株式交換完全親会社，株式移転完全子会社，株式移転設立完全親会社または株式交付親会社である株式会社は，合併事項書面等（会社規 200・211・213），会社分割事項書面等（会社規 189・192・201・212），株式交換事項書面等（会社規 190），株式移転事項書面等（会社規 210）または株式交付事項書面等（会社規 213 の 9）を作成し，吸収合併，吸収分割，株式交換または株式交付の場合はその効力発生日から，新設合併，新設分割または株式移転の場合は設立会社の成立日から，それぞれ，6 ヵ月間本店に備え置かなければならず（791 Ⅰ Ⅱ・801 Ⅰ Ⅱ Ⅲ・811 Ⅰ Ⅱ・815 Ⅰ Ⅱ Ⅲ・816 の 10 Ⅰ Ⅱ），吸収合併存続会社・新設合併設立会社に対してその株主・債権者が，吸収分割会社・新設分割会社・吸収分割承継会社・新設分割設立会社に対してその株主・債権者その他の利害関係人が，株式交換完全親会社に対してその株主（株式交換完全親会社の株式その他これに準ずるものとして法務省令に定めるもの〔会社規 202〕以外のものが株式交換対価に含まれる場合または株式交換完全親会社が株式交換完全子会社の新株予約権付社債を承継する場合には，さらに会社債権者）が，株式移転により設立された会社に対しその株主および社債権者が，株式交換完全子会社・株式移転完全子会社に対して効力発生日（株式交換の場合）または株式移転設立完全親会社の成立日（株式移転の場合）にその会社の株主または新株予約権者であった者が，株式交付親会社に対し株式交付親会社の株主（株式交付に際して株式交付子会社の株式および新株予約権等の譲渡人に対して交付する金銭等に株式交付親会社の株式その他これに準ずるものとして法務省令〔会社規 213 の 1〕で定めるものが含まれる場合にはさらに会社債権者）がそれぞれ，その閲覧・交付請求等をすることができる。このような開示は，合併無効の訴え，会社分割無効の訴え，株式交換無効の訴え，株式移転無効の訴えまたは株式交付無効の訴え（***8-1-9*** 参照）を提起するか否かの判断の参考資料を提供するとともに，要求されている手続の適正な履践を動機付けるものと考えられる。

8-1-3-9 組織再編行為の登記（921・922・923・924）（制度 B）

その効力発生日から 2 週間以内に，吸収合併の場合は，吸収合併存続会社については変更登記，吸収合併消滅会社については解散登記を，吸収分割の場合には，吸収分割会社および吸収分割承継会社についての変更の登記を，それぞれ，本店所在地において，しなければならない。

また，新設合併の場合には，922 条所定の日から 2 週間以内に，新設合併設立会社については設立登記および新設合併消滅会社については解散登記を，新設分割の場合には，924 条所定の日から 2 週間以内に，新設分割会社については変更登記，新設分割設立会社については設立登記を，株式移転の場合には，株式移転計画の株主総会承認決議日，株式移転をするために種類株主総会の決議を要するときは，その決議の日，株式移転をする旨等の株主に対する通知・公告をした日から 20 日を経過した日，通知を受けるべき新株予約権者があるときは，株式移転をする旨等の新株予約権者に対する通知・公告をした日から 20 日を経過した日，債権者保護手続をしなければならないときは，その手続が終了した日および株式移転をする会社が定めた日（2 つ以上の株式会社が共同して株式移転をする場合に

表 8-3　組織再編行為事項書面等

吸収合併存続株式会社	新設合併設立株式会社	吸収分割株式会社	吸収分割承継株式会社*	新設分割株式会社	新設分割設立株式会社**	株式交換完全子会社	株式交換完全親株式会社	株式移転完全子会社	株式移転設立完全親会社	株式交付親会社
吸収合併が効力を生じた日	新設合併が効力を生じた日	吸収分割が効力を生じた日		新設分割が効力が生じた日		株式交換が効力を生じた日		株式移転が効力を生じた日		株式交付が効力を生じた日
吸収合併消滅会社および吸収合併存続会社における差止請求に係る手続の経過	差止請求に係る手続の経過	吸収分割会社および吸収分割承継会社における差止請求に係る手続の経過		差止請求に係る手続の経過		株式交換完全親会社および株式交換完全子会社における差止請求に係る手続の経過		差止請求に係る手続の経過		差止請求に係る手続の経過
吸収合併消滅会社および吸収合併存続会社における反対株主の株式買取請求手続および債権者保護手続の経過／吸収合併消滅会社における新株予約権買取請求に係る手続の経過	反対株主の株式買取請求手続，新株予約権買取請求手続および債権者保護手続の経過	吸収分割会社および吸収分割承継会社における反対株主の株式買取請求手続および債権者保護手続の経過／吸収分割会社における新株予約権買取請求に係る手続の経過		反対株主の株式買取請求手続，新株予約権買取請求手続および債権者保護手続の経過		株式交換完全親会社および株式交換完全子会社における反対株主の株式買取請求手続および債権者保護手続の経過／株式交換完全子会社における新株予約権買取請求に係る手続の経過		反対株主の株式買取請求手続，新株予約権買取請求手続および債権者保護手続の経過		反対株主の株式買取請求手続および債権者保護手続の経過
吸収合併により吸収合併存続株式会社が吸収合併消滅	新設合併により新設合併設立株式会社が新設合併消滅	吸収分割により吸収分割承継会社が吸収		新設分割により新設分割設立会社が新設		株式交換により株式交換完全親会社に移転した株式交換完全子会社の株式の数		株式移転により株式移転設立完全親会社に移転した株式移転完全子会社の株式の		・株式交付に際して株式交付親会社が譲り受けた株式交付子会

会社から承継した重要な権利義務に関する事項	会社から承継した重要な権利義務に関する事項	分割株式会社から承継した重要な権利義務に関する事項	分割会社から承継した重要な権利義務に関する事項	(株式交換完全子会社が種類株式発行会社であるときは，株式の種類および種類ごとの数)	数（株式移転完全子会社が種類株式発行会社であるときは，株式の種類および種類ごとの数)	社の株式の数（株式交付子会社が種類株式発行会社であるときは，株式の種類および種類ごとの数) ・株式交付に際して株式交付親会社が譲り受けた株式交付子会社の新株予約権の数 ・譲り受けた新株予約権が新株予約権付社債に付されたものである場合には，その新株予約権付社債についての各社債（株式交付親会社が株式交付に際して取得したものに限る）の金額の合計額
吸収合併消滅株式会社が備え置いた書面または記録に記載または記録がされた事項（吸収合併契約の内容を除く）	新設合併消滅株式会社が備え置いた書面または電磁的記録に記載または記録がされた事項（新設合併契約の内容を除く）					
吸収合併存続会社について変更の登記をした日		吸収分割会社および吸収分割承継会社についての変更の登記をした日				
上記のほか，吸収合併に関する重要な事項	上記のほか，新設合併に関する重要な事項	上記のほか，吸収分割に関する重要な事項	上記のほか，新設分割に関する重要な事項	上記のほか，株式交換に関する重要な事項	上記のほか，株式移転に関する重要な事項	上記のほか，株式交付に関する重要な事項

*　吸収分割会社が合同会社の場合は，会社規 201 条に定める事項

**　新設分割会社が合同会社のみの場合は，会社規 212 条に定める事項

は，株式移転をするその2つ以上の会社が合意により定めた日）のうち，最も遅い日から2週間以内に，株式移転設立完全親会社について設立登記を，それぞれ，本店所在地において，しなければならない。そして，通常の会社設立と同様，新設合併・新設分割・株式移転は，設立会社の設立登記時（＝会社の成立時）に効力を生ずる（754Ⅰ・756Ⅰ・764Ⅰ・766Ⅰ・774Ⅰ）。

なお，株式交換および株式交付の登記は要求されていない。

8-1-4　組織再編行為・株式交付の効力発生

⑴　合　併

吸収合併の場合は，債権者保護手続が終了していない場合または吸収合併を中止した場合を除き，合併契約で定められた合併の効力発生日（749Ⅰ⑥・751Ⅰ⑦）[23] に吸収合併消滅会社の権利義務を吸収合併存続会社は承継し，吸収合併消滅会社の株主に金銭その他の財産 [24] のみが交付される場合を除き，吸収合併消

23）吸収合併消滅会社は吸収合併存続会社との合意により効力発生日を変更することができる（790Ⅰ）。ただし，吸収合併消滅会社は，効力発生日を変更する場合には，その旨を公告しなければならない（790Ⅱ）。

24）吸収合併存続会社の株式等以外の財産としては，吸収合併存続会社の親会社株式などが典型であろうが，吸収合併存続会社の親会社，子会社あるいは関連会社の株式・社債などの有価証券も考えられる。財産の種類を制限していないので（もっとも，株主全員の同意があればともかく，実務上は，株主間の平等を確保できるような財産であることが必要であろう），株主総会における決議に際して十分な情報が提供されることが不可欠となる。そこで，書面または電磁的方法による議決権行使を認めるときは，吸収合併消滅会社の株主等に対して交付する対価の相当性に関する事項および対価について参考となるべき事項の概要を招集通知または参考書類に記載しなければならない（会社規86③・87③・88③・89③・90③・91③・91の2③）。また，これらの事項は事前の開示においても開示書面等に記載・記録される（会社規182Ⅰ・183・184Ⅰ・191・192・193・213の2）。なお，株主間の平等の確保などの観点から見て，不適切な財産が対価として定められた場合には，831条1項3号の適用または類推適用により，承認決議に取消原因があることになり，合併無効原因があることがありうる。会社分割・株式交換・株式移転の場合にも同様である。

また，たとえば，吸収合併において，吸収合併存続会社の株式以外の財産を交付すると，少数派株主を締め出す（スクイーズ・アウト）結果になるが，少数派株主を締め出すことを主要な目的として，現金対価合併を行う合併契約の承認決議には決議取消原因があると通常は考えるべきである。なぜなら，平成26年改正で，特別支配株主の株式等売渡請求（***4-13***）が認められたが，特別支配株主はその特別支配株主完全子法人と併せて，会社の総株主の議決権の10分の9（これを上回る割合を定款で定めたときはその割合）以上を有していなければならないとされているからである。この制度とのバランスからは，株主総会の特

滅会社の株主は存続会社の株主または社員となる。ただし，吸収合併の登記の後でなければ，第三者の善意・悪意を問わず，吸収合併消滅会社の吸収合併による解散を第三者に対抗することができない（750 Ⅱ Ⅵ・752 Ⅱ Ⅵ）。

他方，新設合併の場合は，新設合併設立会社は，その成立の日に，新設合併消滅会社の権利義務を承継し（754 Ⅰ・756 Ⅰ），新設合併消滅会社の株主の全部または一部は新設合併設立会社の株主または社員となる（754 Ⅱ・756 Ⅱ）。

⑵ 会社分割

吸収分割の場合は，債権者保護手続が終了していない場合または吸収分割を中止した場合を除き，吸収分割契約で定められた分割の効力発生日（758 ⑦・760 ⑥）[25] に吸収分割会社の権利義務を吸収分割契約の定めに従い吸収分割承継会社は承継し（759 Ⅰ Ⅹ・761 Ⅰ Ⅹ），吸収分割会社に金銭その他の財産のみが交付される場合を除き，吸収分割会社は吸収分割承継会社の株主または社員となる（759 Ⅷ①・761 Ⅷ）。

他方，新設分割の場合は，新設分割設立会社は，その成立の日に，新設分割計画の定めに従い，新設分割会社の権利義務を承継し（764 Ⅰ・766 Ⅰ），新設分割会社に金銭その他の財産のみが交付される場合を除き，新設分割会社は新設分割設立会社の株主または社員となる（764 Ⅷ・766 Ⅷ）。

⑶ 株式交換

債権者保護手続が終了していない場合または株式交換を中止した場合を除き，株式交換契約に定められた株式交換の効力発生日に（768 Ⅰ⑥・770 Ⅰ⑤）[26]，株式交換により完全親会社となる会社は，完全子会社となる会社の発行済株式（完全親会社となる会社が有する株式を除く）の全部を取得し（769 Ⅰ Ⅵ・771 Ⅰ Ⅴ），完全子

別決議によって，少数派株主を追い出す結果になるような組織再編行為が認められるのは，その組織再編行為に正当な事業上の目的があるということ以外には正当化できないし，総会決議の有効性を争うことを認めなければ首尾一貫しない（特別支配株主という要件は，総会決議を経ないで行えるための要件であると考えられ，それは，行為の効力のレベルでの重要な救済手段を認めないことが正当化される要件であると位置付けることができる）。この議論は吸収分割や株式交換の場合にもあてはまる。

25） 吸収分割会社は吸収分割承継会社との合意により効力発生日を変更することができる（790 Ⅰ）。ただし，吸収分割会社は，効力発生日を変更する場合には，その旨を公告しなければならない（790 Ⅱ）。

26） 株式交換完全子会社は株式交換完全親会社との合意により効力発生日を変更することができる（790 Ⅰ）。ただし，株式交換完全子会社は，効力発生日を変更する場合には，その旨を公告しなければならない（790 Ⅱ）。

会社となる会社の株主に金銭その他の財産のみが交付される場合を除き，完全子会社となる会社の株主は完全親会社の株主または社員となる（769 Ⅲ①・771 Ⅲ）。

(4)　株式移転

株式移転設立完全親会社は，その成立の日に，株式移転完全子会社の発行済株式の全部を取得し（774 Ⅰ），株式移転完全子会社の株主に金銭その他の財産のみが交付される場合を除き，株式移転完全子会社の株主は，株式移転計画の定めに従い，株式移転設立完全親会社の株主となる（774 Ⅱ）。

(5)　株式交付

株式交付の効力が発生する場合には[27]，株式交付親会社は，効力発生日に，給付を受けた株式交付子会社の株式および新株予約権等を譲り受け（774の11 Ⅰ），給付をした株式交付子会社の株式の譲渡人は，効力発生日に，株式交付計画の定めに従い，株式交付親会社の株式の株主，社債の社債権者，新株予約権の新株予約権者または新株予約権付社債についての社債の社債権者および当該新株予約権付社債に付された新株予約権の新株予約権者となる（774の11 Ⅱ Ⅲ）。また，給付をした株式交付子会社の新株予約権等の譲渡人は，効力発生日に，株式交付計画の定めに従い，株式交付親会社の株式の株主，社債の社債権者，新株予約権の新株予約権者または新株予約権付社債についての社債の社債権者および当該新株予約権付社債に付された新株予約権の新株予約権者となる（774の11 Ⅳ）。

8-1-5　簡易組織再編行為等・簡易株式交付

(1)　他の会社の事業全部の譲受け

他の会社の事業の全部の対価として交付する財産の帳簿価額の合計額が譲受会社の純資産額（会社規137）の5分の1（これを下回る割合を定款で定めた場合には，その割合）を超えないときは，譲受会社においては，原則として，株主総会の承認を要しない（468 Ⅱ）。これは，譲受会社の規模に比べ譲り受ける事業の規模・

27)　効力発生日において債権者保護手続が終了していない場合，株式交付を中止した場合，効力発生日において株式交付親会社が給付を受けた株式交付子会社の株式の総数が株式交付計画に定めた下限の数にみたない場合または効力発生日において株式交付により株式交付親会社の株式の株主となる者がない場合には株式交付の効力は発生しない（774の11 Ⅴ）。この場合には，株式交付親会社は，割当てを受けた株式譲渡申込者・新株予約権等譲渡申込者および総数譲渡契約者に対し，遅滞なく，株式交付をしない旨を通知しなければならず，給付を受けた株式交付子会社の株式または新株予約権等があるときは，遅滞なく，これらをその譲渡人に返還しなければならない（774の11 Ⅵ）。

経済的価値が相当小さい場合には，譲受会社の株主にとってその事業譲受けの経済的影響は大きくないと予想され，株主総会による承認を要求しなくとも株主保護に通常は欠けることはないと考えられる一方，承認株主総会の招集には時間と費用を要するため，その株主総会の開催を不要とすることが経済的に合理性をもつからである。

他方，この場合でも，譲渡人である株式会社では事業譲渡について通常の手続をふまなければならず，株主総会の特別決議による承認が必要とされる（467 I ①・309 II ⑪）。

⑵　合　併

吸収合併消滅会社の株主・社員に対して交付する吸収合併存続会社の株式の数に1株当たり純資産額を乗じて得た額，吸収合併消滅会社の株主・社員に対して交付する存続会社の社債，新株予約権または新株予約権付社債の帳簿価額の合計額および吸収合併消滅会社の株主・社員に対して交付する吸収合併存続会社の株式等以外の財産の帳簿価額の合計額を合計した額が，吸収合併存続会社の純資産額（会社規196）の5分の1（これを下回る割合を存続会社の定款で定めた場合には，その割合）を超えない場合には，合併差損が生ずるときおよび合併対価が吸収合併存続会社の譲渡制限株式であって吸収合併存続会社が公開会社でないときを除き，存続会社においては，原則として，株主総会の特別決議による承認を要しない（796 II）。このような場合には，吸収合併存続会社の株主に与える影響（経済的にも持分比率的にも）が少ないので，株主総会による承認を要求しなくとも株主保護に通常は欠けることはないと考えられる一方，承認総会の招集には時間と費用を要するため，その株主総会の開催を不要とすることが経済的に合理性をもつからである。なお，吸収合併消滅会社においては通常の合併手続をふまなければならない。

⑶　会社分割

①　分割会社における簡易組織再編行為等

吸収分割により吸収分割承継会社に承継させ，または新設分割により新設分割設立会社に承継させる資産の帳簿価額の合計額が吸収分割会社・新設分割会社の総資産額（会社規187・207）の5分の1（これを下回る割合を吸収分割会社・新設分割会社の定款で定めた場合には，その割合）を超えない場合には，吸収分割会社・新設分割会社においては，株主総会の特別決議による承認を要しない（784 II・805）。これは，吸収分割会社の財産に比べて分割により設立する会社に移転する財産が少ない場合には，吸収分割会社の株主にとって（経済的にも持分比率的にも）その分割によるマイナスの影響はほとんどないと予想されるからである。

②　吸収分割承継会社における簡易組織再編行為等

吸収分割会社に対して交付する吸収分割承継会社の株式の数に1株当たり純資産額を乗じて得た額，吸収分割会社に対して交付する吸収分割承継会社の社債，新株予約権または新株予約権付社債の帳簿価額の合計額および吸収分割会社に対して交付する承継会社の株式等以外の財産の帳簿価額の合計額を合計した額が，吸収分割承継会社の純資産額（会社規196）の5分の1（これを下回る割合を吸収分割承継会社の定款で定めた場合には，その割合〔467 Ⅰ②〕）を超えない場合には，分割差損が生ずるときおよび分割対価が吸収分割承継会社の譲渡制限株式であって吸収分割承継会社が公開会社でないときを除き，吸収分割承継会社においては，原則として，株主総会の特別決議による承認を要しない（796 Ⅱ）。これは，吸収分割承継会社の財産に比べ分割により交付される財産等が少ない場合には吸収分割承継会社の株主にとってその分割の影響は大きくないと考えられるので，株主総会による承認を要求しなくとも株主保護に通常は欠けることはないと考えられるからである。他方，承認総会の招集には時間と費用を要するため，その株主総会の開催を不要とすることが経済的に合理性をもつからである。

⑷　株式交換

株式交換完全子会社の株主に対して交付する株式交換完全親会社の株式の数に1株当たり純資産額を乗じて得た額，株式交換完全子会社の株主に対して交付する株式交換完全親会社の社債，新株予約権または新株予約権付社債の帳簿価額の合計額および株式交換完全子会社の株主に対して交付する株式交換完全親会社の株式等以外の財産の帳簿価額の合計額を合計した額が，株式交換完全親会社の純資産額（会社規196）の5分の1（これを下回る割合を株式交換完全親会社の定款で定めた場合には，その割合）を超えない場合には，株式交換差損が生ずる場合および株式交換対価が株式交換完全親会社の譲渡制限株式であって株式交換完全親会社が公開会社でない場合を除き，株式交換完全親会社においては，原則として，株主総会の特別決議による承認を要しない（796 Ⅱ）。

このような場合には，株式交換完全親会社の株主に与える影響（経済的にも持分比率的にも）が少ないので，株主総会による承認を要求しなくとも株主保護に通常は欠けることはないと考えられる一方，承認総会の招集には時間と費用を要するため，その株主総会の開催を不要とすることが経済的に合理性をもつからである。なお，株式交換完全子会社においては通常の株式交換手続をふまなければならない。

⑸ 株式交付

株式交付子会社の株式および新株予約権等の譲渡人に対して交付する株式交付親会社の株式の数に1株当たり純資産額を乗じて得た額，株式交付子会社の株式および新株予約権等の譲渡人に対して交付する株式交付親会社の社債，新株予約権または新株予約権付社債の帳簿価額の合計額および株式交付子会社の株式および新株予約権等の譲渡人に対して交付する株式交付親会社の株式等以外の財産の帳簿価額の合計額の合計額が株式交付親会社の純資産額として法務省令（会社規213の5）で定める方法により算定される額の5分の1（これを下回る割合を株式交付親会社の定款で定めた場合には，その割合）を超えない場合には，株式交付差損が生ずる場合および株式交付親会社が公開会社でない場合を除き，原則として，株主総会の特別決議による承認を要しない（816の4 Ⅰ）。

⑹ 株主総会の承認が必要とされる場合

簡易組織再編行為等の数値的要件をみたす場合であっても，株主総会において議決権を行使することができる株式を法務省令で定める数[28]有する株主が，他の会社の事業全部の譲受け，合併，会社分割，株式交換または株式交付をする旨の通知・公告の日から2週間以内にそれに反対する旨を会社に対し通知したときは，原則に戻って，会社は効力発生日の前日までに，株主総会の特別決議による承認を受けなければならない（468 Ⅲ・796 Ⅲ・816の4 Ⅱ・309 Ⅱ⑪）[29]。

28） ①特定株式（株主総会において議決権を行使することができることを内容とする株式）の総数×2分の1（定足数について定款の定めがある場合には，その割合）×3分の1（決議要件を加重する定款の定めがある場合には，1－賛成が必要とされる議決権数の出席特定株主〔特定株式の株主〕の有する議決権総数に対する割合）＋1，②決議が成立するための要件として一定の数以上の特定株主の賛成を要する旨の定款の定めがある場合には，（特定株主の総数－株式会社に対してその行為に反対する旨の通知をした特定株主の数）が定款で定められている一定の数未満となるときに，その行為に反対する旨の通知をした特定株主が有する特定株式の数，③決議要件として①②の定款の定め以外の定款の定めがある場合に，その行為に反対する旨の通知をした特定株主の全部が株主総会において反対したとすればその決議が成立しないときは，その行為に反対する旨の通知をした特定株主の有する特定株式の数，④定款で定めた数，のうち，最も少ない数（会社規138・197）。これは，特別決議の成立を阻止できる可能性が生ずる最少の数である。

29） 吸収合併消滅会社・株式交換完全子会社・株式移転完全子会社においては，簡易組織再編行為等の要件がみたされ，株主総会の承認を要しない場合でも，株主に株式買取請求権が

ただし，吸収分割会社・新設分割会社において簡易組織再編行為等が認められる要件がみたされる場合には，吸収分割会社・新設分割会社の株主の利益が害されることはほとんどないと考えられるため，分割に反対の意思を通知する機会は株主には与えられないし，株主総会決議は全く要しないものとされている（784 Ⅱ・805）[30]。

他方，公開会社以外の会社における譲渡制限株式に係る募集株式の発行等とのバランスから，公開会社以外の会社における譲渡制限株式の発行または移転を伴う組織再編行為等は，簡易組織再編行為等が認められる数値的要件をみたす場合であっても株主総会の決議を要するものとされている。

また，組織再編行為・株式交付が簡易組織再編行為等の数値的要件をみたす場合であっても，その組織再編行為・株式交付に際して差損が生ずる場合には，株主総会において十分な説明をさせるため，株主総会の決議を要するものとされている（ただし，吸収合併存続会社または吸収分割承継会社が吸収合併消滅会社または吸収分割会社の親会社であり，かつ，連結配当規制適用会社〔***9-4-1-2***(2)参照〕である場合。会社規 195 ⅢⅣ）。

8-1-6　略式組織再編行為等

事業譲渡等（467条1項1号から4号に掲げる行為〔***8-1-2***〕）に係る契約の相手方がその会社の特別支配会社（ある株式会社の総株主の議決権の10分の9〔これを上回る割合をその会社の定款で定めた場合には，その割合〕以上を他の会社および当該他の会社が発行済株式の全部を有する株式会社その他これに準ずるものとして法務省令〔会社規136〕で定める法人が有している場合における当該他の会社）である場合には，その契約について，株主総会の特別決議による承認を受ける必要はない（468 Ⅰ）。

また，吸収合併，吸収分割または株式交換の当事会社が他方当事会社の特別支配会社である場合には，被支配会社においては，原則として，吸収合併契約，吸収分割契約または株式交換契約について，株主総会の特別決議による承認を受ける必要はない（784 Ⅰ本文・796 Ⅰ本文）。

これは，このような支配従属関係のある会社間で組織再編行為等を行う場合に

認められているが（***8-1-8***），吸収合併存続会社・吸収分割承継会社・株式交換完全親会社・事業譲受会社・株式交付親会社においては認められない（785 Ⅱ②・797 Ⅱ②・469 Ⅰ②・816の6 Ⅰ）。

30）しかも，株式買取請求権も認められない（785 Ⅰ②・806 Ⅰ②）。

は，その組織再編行為等に係る承認決議の成立が確実視される一方，総会招集の費用と時間を節約することを認めることに合理性があるからである。

ただし，株式譲渡制限を新設する定款変更（**8-4-3**(1)）とのバランスから，合併対価・株式交換対価の全部または一部が譲渡制限株式等である場合であって，被支配会社である消滅会社または株式交換により完全子会社となる会社が公開会社であり，かつ，種類株式発行会社でないときには，被支配会社において株主総会の特別決議による承認を得なければならない（784 Ⅰ但書）。

また，譲渡制限株式に係る募集株式の発行等（199 Ⅳ・200 Ⅳ）とのバランス（**7-3-2**）から，合併対価・分割対価・株式交換対価が被支配会社の譲渡制限株式であって，被支配会社が公開会社でないときも，被支配会社において株主総会の特別決議による承認を得なければならない（796 Ⅰ但書）。

8-1-7 組織再編行為・株式交付の差止め

組織再編行為・株式交付の効力発生後に，その効力を否定すると法律関係が不安定となるおそれがあることから，組織再編行為・株式交付について無効の訴えが定められ，しかも，無効原因は限定的に解釈されている。そこで，少数派株主の利益（**視点10**）を保護する事前の方策として，簡易組織再編行為・簡易株式交付を除く組織再編行為・株式交付の差止めが明示的に認められている（784の2・796の2・805の2・816の5）。簡易組織再編行為・簡易株式交付について認められていないのは，差止めには組織再編行為・株式交付に対する委縮効果が懸念され，また，差止請求の濫用のおそれがある一方で，株主に及ぼす影響が軽微であることに着目して簡易組織再編行為・簡易株式交付が認められていることに鑑みると，認める必要性も低いからである。

組織再編行為・株式交付が法令または定款に反する場合に株主が不利益を受けるおそれがあるときは，株主は組織再編行為・株式交付をやめることを請求できるが，さらに，略式組織再編行為においては特別支配会社を相手方とする当事会社の株主は，合併対価・分割対価・株式交換対価の種類・内容および割当てに関する事項が当事会社の財産の状況その他の事情に照らして著しく不当である場合には，組織再編行為をやめることを請求できる（784の2②・796の2②）。略式組織再編行為の場合に，合併対価等が著しく不当であることを明示的に差止事由としているのは，合併対価等に関する定めの不公正はそれ自体では組織再編行為の無効原因ではないとする現在の判例・多数説を前提とする限り（**8-1-9-3**），承認決議の取消し・無効・不存在が重要な無効原因であるところ，略式組織再編行為においては株主総会の決議が不要とされており，無効原因が認められる場合がきわめて限定されるからである。このように事後的救済の余地が狭いことに鑑みて，事前の差止請求の原因を広く認めているのである。

他方，784条の2第1号と第2号，796条の2第1号と第2号，816条の5の文言を比較すると，略式組織再編行為以外の組織再編行為については，合併対価等が著しく不当であること自体は「法令または定款に反する」とはいえないため，それらの条項に基づく差止請求の根拠とはならない。これは，組織再編行為または株式交付の差止請求は，実務的には，仮処分命令申立事件により争われ，裁判所は，短期間での審理を求められることが予想されるところ，単なる対価の不当性を差止請求の要件とすると，裁判所が短期間で審理を行うことが困難となるおそれに対応したものと推測される。もっとも，著しく不当な合併対価等の定めを内容とする契約の承認決議が特別利害関係人が議決権を行使したことによる著しく不当な決議や多数決の濫用にあたるときには，承認決議に取消原因があると考えられ（831 Ⅰ③），この場合にはその組織再編行為・株式交付は法令に違反するものとして差止請求の対象となる（会社に損害が生ずると評価できれば，さらに，取締役等の違法行為差止請求〔360・422〕の対象ともなる）。

8-1-8　組織再編行為等・株式交付と買取請求権

(1)　株式買取請求権

資本多数決の原則と（簡易組織再編行為等・株式交付の場合には）取締役・執行役の経営判断とを前提としつつ，反対する少数派株主にその投下資本回収（**視点12**）の途を確保するため，反対株主の株式買取請求権が認められている。

すなわち，その組織再編行為等・株式交付をするために株主総会（種類株主総会を含む。以下同じ）の決議を要する場合には，その株主総会において議決権を行使することができる株主のうちその株主総会に先立ってその組織再編行為等・株式交付に反対する旨を会社に対し通知し，かつ，その株主総会においてその組織再編行為等・株式交付に反対した株主およびその株主総会において議決権を行使することができない株主に，その組織再編行為等・株式交付をするために株主総会の決議を要しない場合には，すべての株主（略式組織再編行為における特別支配会社を除く）に，それぞれ，反対株主として，会社に対し，自己の有する株式を公正な価格で買い取ることを請求する権利が認められる（469 Ⅰ本文Ⅱ・785 Ⅰ柱書

Ⅱ・797 Ⅱ・806・816 の 6 Ⅰ本文Ⅱ)。

ただし，事業全部の譲渡をする場合にその承認決議と同時に解散決議がなされた場合（469 Ⅰ①。この場合には残余財産の分配によって投下資本を回収すべきだから)，吸収合併・株式交換・新設合併において総株主の同意あるいは種類株主全員の同意が必要な場合に株主・種類株主（785 Ⅰ①・785 Ⅱ柱書かっこ書・806 Ⅰ①。この場合には同意を与えている以上，株式買取請求を認める必要はないから）が同意を与えたとき，および，事業譲渡会社，存続会社，分割承継会社，株式交換完全親会社，分割会社，株式交付親会社において簡易組織再編行為等が認められるとき（469 Ⅰ②・797 Ⅰ但書・785 Ⅰ②・806 Ⅰ②・816 の 6 Ⅰ但書。株主にとってほとんど不利益が生じないと考えられるから）には株式買取請求は認められない。

金銭その他の財産を合併対価，分割対価または株式交換対価とすることができるものとされたことをうけて，会社は，買取請求に応じて，株式の「公正な価格」で株式を買い受けなければならないものとされている。ここでいう，株式の「公正な価格」は，株式買取請求日における，その組織再編行為等あるいはその承認決議がなければ有したであろう公正な価格と[31)]（とりわけ，金銭その他の財産が対価とされた場合には，）その組織再編行為等により生ずるシナジーなどを適切に反映した公正な価格とのいずれか高い額を意味する（最決平成 23・4・19 民集 65 巻 3 号 1311，最決平成 23・4・26 判時 2120 号 126)[32)]。

株式買取請求は，事業譲渡等・吸収合併・吸収分割・株式交換・株式交付の場合には，効力発生日の 20 日前の日から効力発生日の前日までの間に，新設合併・新設分割・株式移転の場合には，新設合併・新設分割・株式移転をする旨等の通知・公告をした日から 20 日以内に，それぞれ，その株式買取請求に係る株式の数（種類株式発行会社では，株式の種類および種類ごとの数）を明らかにしてしなければならない（469 Ⅴ・785 Ⅴ・797 Ⅴ・816 の 6 Ⅴ)。株式買取請求をした株主は，会社の承諾を得た場合に限り，その株式買取請求を撤回することができる（469 Ⅶ・785 Ⅶ・797 Ⅶ・806 Ⅶ・816 の 6 Ⅶ)。これは，会社の便宜に配慮したものであ

31）　組織再編行為等・株式交付またはその承認決議によって株価が下落した場合に反対株主を救済するためである。

32）　そのようなシナジーなどによる価値の増加が全くまたはほとんど生じないような組織再編行為等には正当な事業目的が認められず，とりわけ，金銭その他の財産が合併対価等とされるような場合には，831 条 1 項 3 号に基づく決議取消しの訴えが認められやすいことがありうるのではないか（本章注 24 参照)。

る。会社が組織再編行為等・株式交付を中止したときは，株式買取請求は，その効力を失う（469 Ⅷ・785 Ⅷ・797 Ⅷ・806 Ⅷ・816 の 6 Ⅷ）。

株式買取請求があった場合に，株式の価格の決定について，株主と会社（吸収合併の場合の効力発生日後には存続会社，新設合併の場合の設立会社の成立日後には，設立会社。以下同じ）との間に協議が調ったときは，会社は，事業譲渡等・吸収合併・吸収分割・株式交換・株式交付の場合には効力発生日から 60 日以内に，新設合併・新設分割・株式移転の場合には設立会社の成立日から 60 日以内に，それぞれ，その支払をしなければならない（470 Ⅰ・786 Ⅰ・798 Ⅰ・807 Ⅰ・816 の 7 Ⅰ）。株式の価格の決定について，事業譲渡等・吸収合併・吸収分割・株式交換・株式交付の場合には効力発生日から 30 日以内に，新設合併・新設分割・株式移転の場合には設立会社の成立日から 30 日以内に，協議が調わないときは，株主または会社は，その期間の満了の日後 30 日以内に，裁判所に対し，価格の決定の申立てをすることができる（470 Ⅱ・786 Ⅱ・798 Ⅱ・807 Ⅱ・816 の 7 Ⅱ）。

上述のように，株式買取請求をした株主は，会社の承諾を得た場合に限り，その買取請求を撤回することができるのが原則であるが，事業譲渡等・吸収合併・吸収分割・株式交換・株式交付の場合には効力発生日から 60 日以内に，新設合併・新設分割・株式移転の場合には設立会社の成立の日から 60 日以内に，それぞれ価格の決定の申立てがないときは，その期間の満了後は，株主は，いつでも，株式買取請求を撤回することができる（470 Ⅲ・786 Ⅲ・798 Ⅲ・807 Ⅲ・816 の 7 Ⅲ）。

会社は，裁判所の決定した価格に対して，法定利率により算定した，事業譲渡等・吸収合併・吸収分割・株式交換・株式交付の場合には効力発生日から 60 日の期間満了の日後の利息をも，新設合併・新設分割・株式移転の場合には設立会社の成立の日から 60 日の期間満了の日後の利息をも，それぞれ支払わなければならない（470 Ⅳ・786 Ⅳ・798 Ⅳ・807 Ⅳ・816 の 7 Ⅳ）。なお，会社が利息発生を止めることができるようにするため，会社は，公正な価格と認める額を価格決定前に支払うことができるものとされている（470 Ⅴ・786 Ⅴ・798 Ⅴ・807 Ⅴ・816 の 7 Ⅴ）。

株式買取請求に係る株式の買取りは，新設合併，新設分割または株式移転の場合には設立会社の成立の日に，それ以外の場合には効力発生日に，それぞれ，その効力を生ずる（807 Ⅵ・470 Ⅵ・786 Ⅵ・798 Ⅵ・816 の 7 Ⅵ）。

株券発行会社は，株券が発行されている株式について買取請求があったときは，株券と引換えに，その買取請求に係る株式の代金を支払わなければならない

(470 Ⅶ・786 Ⅶ・798 Ⅶ・807 Ⅶ・816の7 Ⅶ)。

(2) 新株予約権の買取請求権

会社が組織再編行為をする場合には，消滅会社・分割会社または完全子会社となる会社の新株予約権者のうち，新株予約権の発行条項に承継に関する定めがある新株予約権について，その定めの内容に沿わない取扱いがされる新株予約権または新株予約権の発行条項に承継に関する定めがない新株予約権であって，組織再編行為により他の株式会社に承継されることとなる新株予約権の新株予約権者は，消滅会社・分割会社または完全子会社となる会社に対し，自己の有する新株予約権を公正な価格で買い取ることを請求することができる (787 Ⅰ・808 Ⅰ)。

なお，新株予約権付社債に付された新株予約権の新株予約権者は，新株予約権の買取請求をするときは，その新株予約権付社債に付された新株予約権について別段の定めがある場合を除き，併せて，新株予約権付社債についての社債を買い取ることを請求しなければならない (787 Ⅱ・808 Ⅱ)。

新株予約権買取請求は，吸収合併・吸収分割または株式交換の場合にはその効力発生日の20日前の日から効力発生日の前日までの間に，新設合併・新設分割または株式移転の場合には会社が新株予約権者に対して通知・公告をした日から20日以内に，それぞれ，その新株予約権買取請求に係る新株予約権の内容および数を明らかにして，しなければならない (787 Ⅴ・808 Ⅴ)。新株予約権買取請求をした新株予約権者は，消滅会社・分割会社または完全子会社となる会社の承諾を得た場合に限り，その新株予約権買取請求を撤回することができる (787 Ⅷ・808 Ⅷ)。なお，会社が組織再編行為を中止したときは，新株予約権買取請求は，その効力を失う (787 Ⅸ・808 Ⅸ)。

新株予約権買取請求があった場合に，新株予約権 (その新株予約権が新株予約権付社債に付されたものである場合に，その新株予約権付社債についての社債の買取りの請求があったときは，その社債を含む。以下，同じ) の価格の決定について，新株予約権者と会社 (吸収合併の場合の効力発生日後には存続会社，新設合併の場合の設立会社の成立日後には，設立会社。以下，同じ) との間に協議が調ったときは，会社は，吸収合併・吸収分割・株式交換の場合には効力発生日から60日以内に，新設合併・新設分割・株式移転の場合には設立会社の成立日から60日以内に，それぞれ，その支払をしなければならない (788 Ⅰ・809 Ⅰ)。新株予約権の価格の決定について，吸収合併・吸収分割・株式交換の場合には効力発生日から30日以内に，新設合併・新設分割・株式移転の場合には設立会社の成立日から30日以内に，協議が調わないときは，新株予約権者または会社は，その期間の満了の日後30日以内に，裁判所に対し，価格の決定の申立てをすることができる（788 II・809 II）。

上述のように，新株予約権買取請求をした新株予約権者は，会社の承諾を得た場合に限り，その新株予約権買取請求を撤回することができるのが原則であるが，吸収合併・吸収分割・株式交換の場合には効力発生日から60日以内に，新設合併・新設分割・株式移転の場合には設立会社の成立の日から60日以内に，それぞれ価格の決定の申立てがないときは，その期間の満了後は，新株予約権者は，いつでも，新株予約権買取請求を撤回することができる（788 III・809 III）。

会社は，裁判所の決定した価格に対して，法定利率により算定した，吸収合併・吸収分割・株式交換の場合には効力発生日から60日の期間満了の日後の利息をも，新設合併・新設分割・株式移転の場合には設立会社の成立の日から60日の期間満了の日後の利息をも，それぞれ支払わなければならない（788 IV・809 IV）。会社は，公正な価格と認める額を価格決定前に支払うことができ（788 V・809 V），支払済の額に対応する利息は支払後の期間については発生しないことになる。

新株予約権買取請求に係る新株予約権の買取りの効力は，新設合併の場合および新設分割計画新株予約権，株式移転計画新株予約権については設立会社の成立の日であるが，それ以外の買取請求の対象となる新株予約権についてはその組織再編行為の効力発生日とされている（788 VI・809 VI）。

新株予約権証券が発行されている新株予約権について，または新株予約権付社債券が発行されている新株予約権付社債に付された新株予約権について，買取請求があったときは，それぞれ，新株予約権証券または新株予約権付社債券と引換えに，その買取請求に係る新株予約権の代金を支払わなければならない（788 VII VIII・809 VII VIII）。

8-1-9　組織再編行為・株式交付の瑕疵を争う訴え

8-1-9-1　組織再編行為・株式交付の瑕疵を争う訴えの意義

組織再編行為・株式交付においては，株主や会社債権者の利益を守るため，多くの手続が定められている。たしかに，このような手続が無視された場合には，組織再編行為・株式交付を無効にすることが，それらの者の利益保護に適う。しかし，組織再編行為・株式交付の登記により組織再編行為・株式交付が有効にな

表 8-4　組織再編行為・株式交付の瑕疵を争う訴えの当事者

組織再編行為	原告適格が認められる者		被　告
吸収合併	合併の効力発生日において消滅会社の株主等・社員等であった者	存続会社の株主等，社員等，破産管財人または吸収合併について承認をしなかった債権者	存続会社
新設合併		設立会社の株主等，社員等，破産管財人または吸収合併について承認をしなかった債権者	設立会社
吸収分割	分割の効力発生日において吸収分割契約をした会社の株主等・社員等であった者	吸収分割契約をした会社の株主等，社員等，破産管財人または吸収分割について承認をしなかった債権者	吸収分割契約をした会社（＝分割会社と承継会社）
新設分割	分割の効力発生日において分割会社の株主等・社員等であった者	分割会社・設立会社の株主等，社員等，破産管財人または新設分割について承認をしなかった債権者[33]	分割会社および設立会社
株式交換	株式交換の効力発生日において株式交換契約をした会社の株主等・社員等であった者	株式交換契約をした会社の株主等，社員等，破産管財人または株式交換について承認をしなかった債権者	完全親会社となった会社および完全子会社となった株式会社
株式移転	株式移転の効力発生日において株式移転をする株式会社の株主等であった者	設立会社の株主等，破産管財人または株式移転について承認をしなかった債権者	株式移転をする株式会社および設立会社
株式交付	株式交付の効力発生日において株式交付親会社の株主等であった者	株式交付に際して株式交付親会社に株式交付子会社の株式もしくは新株予約権等を譲り渡した者または株式交付親会社の株主等，破産管財人もしくは株式交付について承認をしなかった債権者	株式交付親会社

株主等＝株主，取締役または清算人（監査役設置会社では株主，取締役，監査役または清算人，指名委員会等設置会社では株主，取締役，執行役または清算人）
社員等＝社員または清算人

されたかのような外観が作り出され，このような外観を前提として多数の法律関係が生ずるから，一般原則に従って無効の主張を認め，遡って組織再編行為・株式交付を無効とすれば，取引の安全を害する。そこで，無効の主張を制限し，無効の遡及効を否定し，法律関係の画一的確定を図るため（**視点 6**），訴えによらなければ組織再編行為・株式交付の無効は主張できないこととされている（排他性）(828 Ⅰ柱書)。すなわち，合併無効の訴え，会社分割無効の訴え，株式交換無効

33)　東京高判平成 23・1・26 金判 1363 号 30 は，異議を述べることができる債権者に限られるとした。他の組織再編行為にも妥当しよう。

の訴え，株式移転無効の訴えおよび株式交付無効の訴えが法定されている。なお，これらの訴えに係る無効判決には対世効が認められる（838）。

8-1-9-2　原告適格・提訴期間などの制限

無効の主張を制限するという観点から，いずれの訴えについても，原告となることができる者が限定されている（原告法定）（828 Ⅱ）。

しかも，合併，会社分割，株式交換，株式移転または株式交付の無効は，それぞれ，その行為の効力が生じた日から6ヵ月（ただし，注35）以内に訴えをもってのみ主張できる（828 Ⅰ⑦～⑬）。さらに，設立無効の訴えと同様，被告が原告株主・債権者（その者が取締役，監査役〔会計監査権限のみを有する者を除く〕，執行役もしくは清算人であるときを除く）の訴えの提起が悪意によるものであることを疎明して申し立てた場合には，裁判所は相当の担保を立てることを原告に命ずることができる（836）。また，他の会社の組織に関する訴えと同様，訴えを提起した原告が敗訴した場合において，原告に悪意または重大な過失があったときは，原告は，被告に対し，連帯して損害を賠償する責任を負う（846）。

会社の組織に関する訴えは被告となる会社の本店所在地を管轄する地方裁判所の管轄に専属するが（835 Ⅰ・834⑦～⑫），2つ以上の裁判所が管轄権を有するときは，先に訴えの提起があった地方裁判所[34)]が管轄する（835 Ⅱ）。

8-1-9-3　組織再編行為・株式交付の無効原因

無効原因は明文で定められていないので，取引の安全（**視点3**）とその他の者の利益保護（**視点10, 11**）を考慮し，解釈によって定めるよりほかないが，合併契約，吸収分割契約，新設分割計画，株式交換契約，株式移転計画，株式交付計画などの不作成または作成しても定めるべき事項を定めなかったこと（大判昭和19・8・25民集23巻524参照），必要な総株主またはある種類株主全員の同意を得なかったこと，必要な株主総会または種類株主総会の決議による承認を受けず，または承認決議に無効・不存在ないし取消原因のあること（決議に瑕疵があった当事会社の株主のみが主張できると考えられる。新注会⒀247〔小橋〕）[35)]，必要な債権者

34）　裁判所は，その訴えに係る訴訟がその管轄に属する場合であっても，著しい損害または遅滞を避けるため必要があると認めるときは，申立てによりまたは職権で，訴訟を他の管轄裁判所に移送することができる（835 Ⅲ）。

35）　合併等の効力が発生するまでは，承認決議の取消しの訴えあるいは無効・不存在確認の訴えを提起できることに異論はないが，効力発生後については，承認決議の取消しの訴えあるいは無効・不存在確認の訴えと合併無効・分割無効・株式交換無効，株式移転無効の訴えまたは株式交付無効の訴えとの関係が問題となる。承認決議は組織再編行為または株式交付

保護手続がなされなかったこと（会社債権者は自己についての債権者保護手続〔***8-1-3-7***〕の瑕疵のみを無効原因として主張でき，それ以外の事由は主張できないと考えられる），独占禁止法の規定（独禁15 II III）違反，などが無効原因の例となる。

他方，合併対価等に関する定めが各当事会社の財産の状況など（企業価値）からみて，不公正なこと[36)]が組織再編行為・株式交付の無効原因となるか否かについては争いがある。組織再編行為・株式交付に反対の株主には株式買取請求権が認められるから，組織再編行為・株式交付そのものを無効にする必要はないという見方もあるが，株主として残りながら不公正な組織再編行為・株式交付に対する救済を求めようとする者には買取請求権は役に立たないから，合併対価等に関する定めが当事会社の資産の状況・収益力に照らして著しく不公正なときは，そのこと自体が当然に組織再編行為・株式交付の無効原因にあたるという見解が有力である（神田392。しかし，東京高判平成2・1・31〈91事件〉は反対）。しかし，たとえば，合併対価に関する著しく不公正な定めを含む合併契約の承認決議は「著しく不当な決議」にあたり，両会社の株主を兼ねる者や各当事会社は，831条1項3号にいう特別利害関係人にあたるから，それらの者の議決権行使の結果，そのような決議がなされた場合には，株主総会決議あるいは種類株主総会決議の取消原因となる（また，多数決濫用と認められる場合も同様である）にすぎないと考え，承認決議が取り消されれば，承認決議を欠くことになり，組織再編行為・株

の一要素であること，および，組織再編行為の無効の訴えまたは株式交付無効の訴えの趣旨から，効力発生後は，承認決議の瑕疵を争う訴えは組織再編行為の無効の訴えまたは株式交付無効の訴えに吸収されると考える。すなわち，承認決議に瑕疵があっても，効力発生後は組織再編行為の無効の訴えまたは株式交付無効の訴えによる。また，承認決議に無効原因がある場合であっても，効力発生後6ヵ月を経過すると，組織再編行為または株式交付の無効は主張できない。もっとも，承認決議に取消原因があるにすぎない場合には，決議後3ヵ月以内に組織再編行為無効の訴えまたは株式交付無効の訴えを提起しなければ，承認決議に瑕疵があることを主張できず，その結果，無効判決を得ることはできないと考えるべきである。なお，新設合併，新設分割，株式移転の場合に，設立会社の設立無効の訴えによって，組織再編行為の無効を主張することもできないと解される。

36）　最決平成24・2・29民集66巻3号1784は，相互に特別の資本関係がない会社間において，株主の判断の基礎となる情報が適切に開示されたうえで適法に株主総会で承認されるなど一般に公正と認められる手続により株式移転の効力が発生した場合には，当該株主総会における株主の合理的な判断が妨げられたと認めるに足りる特段の事情がない限り，当該株式移転における株式移転設立完全親会社の株式等の割当てに関する比率は公正なものとみるのが相当であるとした。

式交付の無効原因となると解すれば足りるであろう[37)]。

他方，取締役会設置会社において，契約の締結・計画の作成にあたって，取締役会決議を欠いたことは，株主総会の承認決議がなされれば，無効原因にあたらないと解してよいと思われる（新注会⒀42–44〔今井宏〕）。

なお，合併・会社分割・株式交換，株式移転または株式交付の無効原因を限定的に解釈しても，法令・定款違反がある場合や著しく不公正な方法による場合には，株主は429条および一般不法行為に基づいて，取締役・執行役に対して損害賠償を請求する余地がある[38)]。

8-1-9-4　無効判決確定の場合

合併，会社分割，株式交換，株式移転または株式交付の無効判決が確定したときは，その判決により無効とされた行為は将来に向かってその効力を失うものとされている（遡及効の否定）（839）。これは，取引の安全を保護するためである。他方，その判決は第三者に対しても効力を及ぼす（対世効）（838）。

⑴　合　併

吸収合併無効判決が確定した場合には，存続会社についての変更の登記および消滅会社についての回復の登記を，新設合併無効判決が確定した場合には，設立会社についての解散の登記および消滅会社についての回復の登記を，それぞれ，

37）　かりに，取引の安全を重視すると無効原因は狭く解すべきであり，無効原因にあたらないと考える余地はある。募集株式の発行等のときは不公正な払込金額で発行されても無効でないのは212条1項1号の前提であろうし，株主総会の特別決議を経ないでなされた「特に有利な金額」による募集株式の発行等も有効であるとするのが判例（最判昭和46・7・16〈24事件〉）・通説であるが，この考えからすれば，合併の際の存続会社の株式の交付は，新株発行または自己株式の処分（新設合併であれば設立時の株式発行）にほかならず，同じく有効と解すべきであるといえるからである。なお，このように考えても，募集株式の発行等に法令違反があることにつき悪意の引受人の手許に株式があるような場合には，その限りにおいて無効と解する余地があり（第7章注50），合併の場合にも同様に考えることができる。

38）　合併対価等に関する定めが不公正に定められても，合併・株式交換・株式移転の場合には消滅会社あるいは完全子会社となる会社に損害がないと考え（大阪地判平成12・5・31判タ1061号246〔合併〕。他方，募集株式の有利発行について，第7章注49），その組織再編行為が有効であるとすると，それらの会社の株主には株主代表訴訟の原告適格が認められないことにもなりそうである。他方，合併対価等に関する定めが不公正に定められると，会社分割の場合には分割会社に，吸収合併・吸収分割・株式交換・株式交付において金銭その他の財産を交付したときは存続会社・承継会社・完全親会社となる会社・株式交付親会社に，それぞれ損害が生ずるので，それらの会社の株主は，取締役・執行役の任務懈怠責任を代表訴訟で追及することができる（弥永・演習㉘）。

裁判所書記官は，職権で，遅滞なく，各会社の本店の所在地を管轄する登記所に嘱託しなければならない（937 Ⅲ②③）。

存続会社・設立会社が合併に際して発行した株式あるいは移転した自己株式は無効となる。消滅会社は復活して，合併後に変動がなかった債権債務は合併前に属していた会社の債権債務となり，株式を譲渡していない限り，合併前に消滅会社の株主であった者は消滅会社の株主に復帰する。

吸収合併無効判決が確定したときは，吸収合併の当事会社は，吸収合併の効力が生じた日後に存続会社が負担した債務について，新設合併無効判決が確定したときは，新設合併の当事会社は，新設合併の効力が生じた日後に設立会社が負担した債務について，それぞれ，連帯して弁済する責任を負う（843 Ⅰ）。吸収合併の効力が生じた日後に存続会社が取得した財産は吸収合併の当事会社の，新設合併の効力が生じた日後に設立会社が取得した財産は新設合併の当事会社の，それぞれ共有に属する（843 Ⅱ）。各会社のこれらの債務の負担部分および財産の共有持分は，各会社の協議によって定めるが（843 Ⅲ），協議が調わないときは，各会社の申立てにより，合併の効力が生じた時における各会社の財産の額その他一切の事情を考慮して裁判所が定める（843 Ⅳ）。

⑵ 会社分割

吸収分割無効判決が確定した場合には，分割会社および承継会社についての変更の登記を，新設分割無効判決が確定した場合には，分割会社についての変更の登記および設立会社についての解散の登記を，それぞれ，裁判所書記官は，職権で，遅滞なく，各会社の本店の所在地を管轄する登記所に嘱託しなければならない（937 Ⅲ④⑤）。

吸収分割無効判決が確定したときは，吸収分割の当事会社は，吸収分割の効力が生じた日後に承継会社が負担した債務について，新設分割無効判決が確定したときは，新設分割の当事会社は，新設分割の効力が生じた日後に設立会社が負担した債務について，それぞれ，連帯して弁済する責任を負う（843 Ⅰ）。吸収分割の効力が生じた日後に承継会社が取得した財産は吸収分割の当事会社の，2つ以上の当事会社による新設分割の効力が生じた日後に設立会社が取得した財産は新設分割の当事会社の，それぞれ共有に属する（843 Ⅱ本文）。各会社のこれらの債務の負担部分および財産の共有持分は，各会社の協議によって定めるが（843 Ⅲ），協議が調わないときは，各会社の申立てにより，会社分割の効力が生じた時における各会社の財産の額その他一切の事情を考慮して裁判所が定める（843 Ⅳ）。なお，1つの会社による新設分割の効力が生じた日後に設立会社が取得した財産はその1つの会社に属する（843 Ⅱ但書）。

⑶　株式交換および株式移転

株式交換無効判決が確定した場合には，裁判所書記官は，職権で，遅滞なく，株式交換により完全子会社となる会社（完全親会社となる会社が株式交換に際して株式交換により完全子会社となる会社の新株予約権の新株予約権者に対してその新株予約権に代わる完全親会社となる会社の新株予約権を交付するときのその新株予約権についての事項の定めがある場合に限る）および株式交換により完全親会社となる会社についての変更の登記を各会社の本店の所在地を管轄する登記所に嘱託しなければならない（937 Ⅲ⑥）。

他方，株式移転無効判決が確定した場合には，裁判所書記官は，職権で，遅滞なく，株式移転により完全子会社となる会社（設立会社が株式移転に際して株式移転により完全子会社となる会社の新株予約権の新株予約権者に対してその新株予約権に代わる設立会社の新株予約権を交付するときのその新株予約権についての事項の定めがある場合に限る）についての変更の登記および設立会社についての解散の登記を，各会社の本店の所在地を管轄する登記所に嘱託しなければならない（937 Ⅲ⑦）。設立無効の場合と同様，株式移転無効判決が確定した場合には，設立会社を清算しなければならない（475③）。

株式交換または株式移転によって完全親会社となる会社（旧完全親会社）が，株式交換または株式移転に際してその旧完全親会社の株式を交付したときは，株式交換無効判決または株式移転無効判決が確定した場合に，その旧完全親会社は，無効判決確定時における旧完全親会社株式に係る株主に対し，その株式交換または株式移転の際にその旧完全親会社株式の交付を受けた者が有していた旧完全子会社（株式交換または株式移転により完全子会社となる会社）の株式を交付しなければならない（844 Ⅰ前段）。この場合に，旧完全親会社が株券発行会社であるときは，その旧完全親会社は，その株主に対し，その旧完全子会社株式を交付するのと引換えに，その旧完全親会社株式に係る旧株券の返還を請求することができる（844 Ⅰ後段）。

そして，旧完全親会社株式を目的とする質権は，旧完全子会社株式について存在することになる（844 Ⅱ）。この質権の質権者が登録株式質権者であるときは，旧完全親会社は，株式交換無効判決または株式移転判決の確定後遅滞なく，旧完全子会社に対し，その登録株式質権者についての株主名簿記載事項を通知しなければならない（844 Ⅲ）。この通知を受けた旧完全子会社は，その株主名簿に登録株式質権者の質権の目的である株式に係る株主名簿記載事項を記載・記録した場合には，直ちに，登録株式質権者についての株主名簿記載事項をその株主名簿に記載・記録しなければならない（844 Ⅳ）。また，旧完全子会社が株券発行会社であるときは，旧完全親会社は，登録株式質権者に対し，旧完全子会社株式に係る株券を引き渡さなければならない（844 Ⅴ本文）。株式交換または株式移転の際に旧完全子会社の株主であった者が旧完全子会社株式の交付を受けるために旧完全親会社株式に係る旧株券を提出しなければならない場合には，旧株券の提出があるまでの間は，登録株式質権者に対し，旧完全子会社株式に係る株券を引き渡す必要はない（844 Ⅴ但書）。

(4) 株式交付

株式会社の株式交付の無効の訴えに係る請求を認容する判決が確定した場合に，株式交付親会社がその株式交付に際してその株式交付親会社の株式（旧株式交付親会社株式）を交付したときは，その株式交付親会社は，その判決の確定時におけるその旧株式交付親会社株式に係る株主に対し，その株式交付の際にその旧株式交付親会社株式の交付を受けた者から給付を受けた株式交付子会社の株式および新株予約権等（旧株式交付子会社株式等）を返還しなければならない（この場合には，旧株式交付親会社株式を目的とする質権は，旧株式交付子会社株式等について存在する）。なお，株式交付親会社が株券発行会社であるときは，その株式交付親会社は，株主に対し，その旧株式交付子会社株式等を返還するのと引換えに，その旧株式交付親会社株式に係る旧株券を返還することを請求することができる（844の2）。

8-1-10 組織再編行為と会社の計算

企業結合会計に係る議論もふまえるため，合併，吸収分割，新設分割，株式交換，株式移転または株式交付に際して資本金または準備金として計上すべき額については，法務省令で定められている（445 Ⅴ，計規 35～39の2・45～52）。これは，会計基準の設定等にタイムリーに対応することを可能にするためである。

8-1-11 債務超過会社と組織再編行為[39)]

まず，事業年度に係る計算書類である貸借対照表の上で債務超過になっているにすぎず，のれんおよび含み益を考慮すれば債務超過ではない場合には，債務超過の会社を消滅会社として合併することができる。この場合には，吸収合併消滅会社の純資産が存在する以上，他の合併当事会社の株主にとって不当ではない合併の条件を定めることができるし，債権者に不当な不利益を与えるとはいえないからである。また，のれんを計上し，資産を評価換えしてもなお債務超過である場合（実質的な債務超過）[40]であっても，資本充実の原則が放棄された以上（計規36・47），合併することができるとも解される[41]。もっとも，実質的債務超過会社が消滅会社となる場合には，その消滅会社の株主等に合併対価を与えない場合は格別，シナジー効果等が認められない限り，合併比率が著しく不公正にならざるをえないから，他方当事会社におけるそのような合併契約承認の総会決議には取消原因（831 I③の適用または類推適用）があると考えるべきであろう。株主全員の同意を要求する明文の規定がない以上，このように考えて，他方当事会社の株主が合併無効の訴えを提起しない場合には，提訴期間の経過により，合併が有効であることが確定すると解するのが穏当であろう。つまり，合併対価等が不当に定められた一場合〔***8-1-9-3***〕にすぎない[42]。

他方，実質的債務超過会社を完全子会社とする株式交換または株式移転も，原則として，有効である。株式の価値は通常はプラスなので，金銭その他の財産を交付する場合および新株予約権付社債を承継する場合を除き（これらの場合には合併と同様の議論があてはまる），株式交換によって完全親会社となる会社の財産が減少することはなく，株式移転でもプラスの財産が出資されることになり，株式交換比率あるいは株式移転比率を合理的に定めることも可能だからである[43]。

39）詳細については弥永・演習㉗参照。

40）合併差損等についての開示の要求それ自体は，実質的債務超過会社を消滅会社とする合併が認められるか否かの解釈に必ずしも影響を与えるものではないと考えられる。JICPAジャーナル593号22〔江頭発言〕参照。

41）会社法施行規則の下では，債務の履行の見込みに関する事項が合併・会社分割・株式交換・株式交付の事前開示書面等では開示されるにすぎないので（会社規182 I⑤・191⑥・204⑥・213の2⑥），履行の見込みがないことは合併，会社分割，株式交換または株式交付の無効原因にあたらないとするのが多数説のようである。

42）実質的債務超過会社が存続会社となる合併についても同様に考えられる。

43）吸収分割においても，実質的債務超過会社が承継会社となることはできるが，合併の場合と同様，他方当事会社における承認決議の取消原因となる可能性がある。

8-2 親子会社

子会社とは，会社がその総株主の議決権の過半数を有する株式会社その他の当該会社がその経営を支配している法人として法務省令で定めるものをいい（2③，会社規3ⅠⅢ），親会社とは，株式会社を子会社とする会社その他の当該株式会社の経営を支配している法人として法務省令で定めるものをいう（2④，会社規3ⅡⅢ）（***4-5-3-4-1***も参照。規制について***4-5-3-4***，***5-2-4-1-2***③，***5-2-7-1***など参照）。

8-2-1 親子会社関係の形成

(1) 子会社の設立

金銭出資または現物出資によって子会社を設立することができる（設立については第6章参照）。

(2) 他の会社の議決権付株式の取得（金銭による取得）[44]

取得する会社においては，定款に特段の定めをすれば格別，取締役会設置会社においても代表取締役に原則として決定させることができる（362条4項の「その他の重要な業務執行」にあたる場合は取締役会の決議を要する）。取得される会社の株主保護としては，取得される会社の募集株式の発行等により行われる場合には，その募集株式の発行等は発行可能株式総数などの範囲内でなされ，「特に有利な」払込金額による発行等には，公開会社であっても株主総会の特別決議を要すること（201Ⅰ・199Ⅱ）があげられる（公開会社以外の会社について199Ⅱ・200Ⅰ。詳細については，***7-3-3-2***参照）。しかし，取得する会社が相対または市場で株式を買い集める場合には，株主が自己の有する株式を売却するか否かを自由意思により決定できるところから，会社法にはなんら特別の規定は置かれていない。なお，株式の過半数取得によっては法人格に影響を与えないので，会社債権者保護のための規定は会社法に設けられていない。

(3) 株式の現物出資

他の会社の株式の現物出資を受け，株式を発行し，または自己株式を移転することが考えられる。とりわけ，取得される会社の株式全部が現物出資される場合

44) ある会社の発行済株式全部の取得は事実上の「他の会社の事業全部の譲受け」とみることができるにもかかわらず，特に規定は設けられていない。事業全部の譲受けおよび一定の子会社株式譲渡については原則として株主総会の特別決議が必要とされ，反対株主には買取請求権が認められること（467・469）とのバランスがとれていないように思われる。

図8-3　株式の現物出資の例

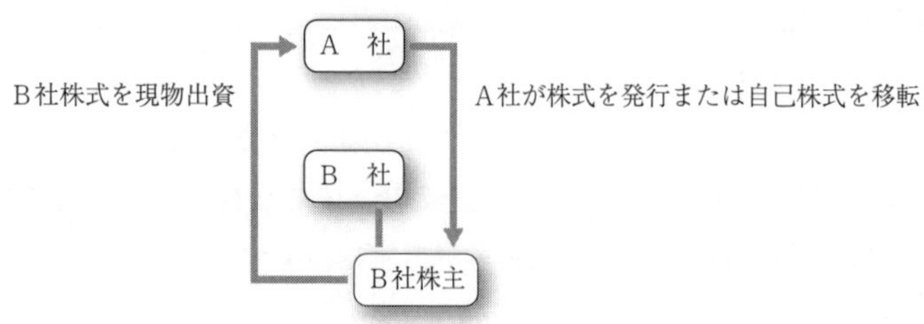

には，合併に近い効果をもつ。しかし現行法上は，現物出資を受ける会社（図8-3ではA社）の株主は募集株式の発行等の場合の保護（*7-3-3*参照）しか受けられない[45]。現物出資する側（図8-3ではB社）は，株主が自由意思に基づいてなすので，特別な保護の必要はない。

⑷　**株式交換と株式移転**

完全親会社（他の会社の発行済株式の全部を有する会社）を創設するための制度として，株式交換と株式移転とがある（***8-1***）。

⑸　**株式交付**

8-1-3-1⑸参照。

8-2-2　親子会社関係がある場合の問題点

親子会社関係がある場合には，第1に，親会社が子会社を用いて計算の粉飾をするおそれがある。そこで，注記表における開示が要求され，一定の会社には連結計算書類（***9-2-10***）の作成が要求されている[46]。さらに，親会社が子会社等を利用して粉飾等をすることを防止，発見するために，親会社の監査役，監査委員会が選定した監査委員，監査等委員会が選定した監査等委員や会計監査人あるいは業務財産調査検査役は子会社に報告を求め，必要な場合は子会社の業務および財産の状況を調査することができる（358 Ⅳ・374 Ⅲ・381 Ⅲ・389 Ⅴ・396 Ⅲ・399の

45）　たしかに，株式であれば，譲渡することは容易であり，事業を譲渡するのは困難であるという違いはあるが，経済的効果はほとんど同じであることを考えると，物の形で取得する場合（事業譲渡）と株式の形で取得する場合（株式取得・現物出資）とで取得側の会社の保護が異なるのは，立法論としては問題がある。

46）　会計監査人設置会社または公開会社の個別注記表には関連当事者（親会社，子会社，姉妹会社などは含まれる。計規112 Ⅳ）との取引に関する注記がされる（計規98 Ⅰ⑮）。

3 Ⅱ・405 Ⅱ）。ただし，子会社の事業上の秘密等を保護することが子会社の少数株主等の利益になるので，正当な理由があれば，子会社は報告または調査を拒むことができる（374 Ⅳ・381 Ⅳ・389 Ⅵ・396 Ⅳ・399 の 3 Ⅲ・405 Ⅲ）（これと同様の発想は，親会社の株主・社員は裁判所の許可を得て取締役会・指名委員会等・監査等委員会の議事録を閲覧・謄写請求等できるが，会社またはその親会社もしくは子会社に著しい損害を与えるおそれがあると認めるときは許可されないことに現れている〔371 Ⅵ・399 の 11 Ⅳ・413 Ⅴ〕）。もっとも，完全子会社の場合は利益の衝突がないから，拒むことはできないと考えられる（議事録の閲覧等を完全子会社の不利益のみを理由として不許可にすることも理論上おかしい）。

第 2 に，親会社経営者が親会社における自己の支配権維持のために子会社を用いることを防ぐため，子会社による親会社株式の取得・保有が原則として禁止され（135），かつ子会社の有する親会社株式の議決権は，多くの場合，排除されている（308 Ⅰかっこ書）。

第 3 に，親会社が子会社を食い物にして，子会社の債権者または少数株主を害するおそれがある。そこで，一定の会社では，親会社と子会社との間の取引等を注記表（附属明細書）に含めなければならない（**視点 17**）[47]。そのうえ，会社とその親会社等との間の取引（会社と第三者との間の取引で会社とその親会社等との間の利益が相反するものを含む）のうち個別注記表（または計算書類の附属明細書）に注記すべきものについては，事業報告（会計監査人設置会社の場合）またはその附属明細書（会計監査人設置会社ではない公開会社が，一部は計算書類の附属明細書に記載する場合）に，その取引をするにあたり会社の利益を害さないように留意した事項（この事項がない場合には，その旨），その取引が会社の利益を害さないかどうかについての取締役（取締役会設置会社では，取締役会）の判断およびその理由，社外取締役を置く株式会社では，取締役（取締役会設置会社では，取締役会）の判断が社外取締役の意見と異なる場合には，その意見を記載しなければならない（会社規 118 ⑤ハ）。また，公開会社の事業報告には，重要な親会社および子会社の状況（親会社との間の会社の重要な財務および事業の方針に関する契約等が存在する場合にはそ

47）　会計監査人設置会社は，個別注記表における関連当事者との取引に関する注記に，取引の内容，取引の種類別の取引金額，取引条件および取引条件の決定方針，取引により発生した債権債務に係る主な科目別の当該事業年度の末日における残高をも含めなければならない（計規 112 Ⅰ④～⑦）。個別注記表で一部しか開示しない公開会社は残部を附属明細書で開示しなければならない（計規 117 ④）。

の内容の概要を含む）を記載しなければならない（会社規120 I ⑦）。そして，監査役，監査役会，監査等委員会または監査委員会の監査報告には，事業報告に記載されたこれらの事項についての意見が記載される（会社規129 I ⑥・130 II ②・130の2 I ②・131 I ②）（**視点17**）。

第4に，子会社の計算において，親会社の株主の権利行使に関する利益供与をなすことも禁止されており（120 I），子会社の計算において，利益供与がなされたときは子会社の株主・社員は利益供与を受けた者に対しその利益の返還を求める代表訴訟を提起できるものとされている（847 I・120 III）。

8-2-3　親会社株主の保護[48)]

持株会社，とりわけ純粋持株会社の株主の利益はその会社が投資している会社（被投資会社）の業績，被投資会社の取締役の職務執行などによって左右される。そこで，親会社の株主・社員に子会社のさまざまな書類等を閲覧・謄写等する権利が認められている。すなわち，親会社の株主・社員は，その権利を行使するために必要なときには（純粋持株会社の株主は多くの場合この要件をみたすであろう），裁判所の許可を得て，子会社に対して，その創立総会議事録等（81 IV・82 IV），種類創立総会議事録等（86・81 IV・82 IV），株主総会議事録等（318 V・319 IV），取締役会議事録等（371 IV V），監査役会議事録（394 III），監査等委員会議事録（399の11 III），指名委員会等の議事録（413 IV），株主名簿（125 IV），新株予約権原簿（252 IV），社債原簿（684 IV），計算書類およびその附属明細書・臨時計算書類・監査報告・会計監査報告（442 IV），清算人会議事録（490 I ⑤・371 IV V）の，子会社の会計参与に対して計算書類などのほか会計参与報告等（378 I）の，それぞれ閲覧または謄本もしくは抄本の交付等を請求することができる。また，親会社の株主・社員は，その権利を行使するために必要なときには，裁判所の許可を得て，子会社の会計帳簿・資料の閲覧・謄写等をすることができる（433 III）。

8-2-4　子会社の少数派株主保護

完全子会社の場合は問題とならないが，それ以外の場合は少数派株主の保護が図られなければならない（詳しくは，***5-2-8-2***以下参照）。まず，親子会社間の取引について，株主の権利行使に関する利益供与を問題とする余地がある（***5-2-7-1***参

48)　弥永・トピックス281-292，293-296も参照。

照。親会社は子会社の株主であるから，120条2項の推定が働きうる)。また，親会社が子会社の株主総会または種類株主総会で議決権を行使した結果，親会社に有利で，子会社の少数派株主に不利な決議が成立した場合には，親会社が特別利害関係人にあたると判断され，かつ，著しく不公正な決議と評価できれば，株主総会または種類株主総会の決議取消原因があることになるし（831 Ⅰ③。***8-1-9-3*** も参照)，また第三者に有利で，子会社の少数派株主に不利な決議が成立した場合にも，多数決濫用として決議が取り消される余地があると考えられる（831 Ⅰ③類推適用)。

8-2-5 会社債権者保護と法人格否認

形骸化（***2-3-3-3***）の要件を完全子会社はみたしやすく，これによって子会社の会社債権者保護を図ることがまず考えられる。また，親会社の株主は有限責任の特権を二重に享受することになるとの観点から，親子会社の場合は形骸化に至らなくとも，株主権を行使して一般的に子会社の業務財産を支配しうるに足る株式の保有，および企業活動の面における子会社に対する現実的統一的管理支配をもって足りるとしたうえで，子会社の債権者を，自ら積極的に子会社との取引を選択した能動的債権者と消極的な因果の関係で債権者となった受動的債権者とに分け，親会社が責任を負うのは，法人格濫用の場合を別として受動的債権者に限るとする下級審判決がある（仙台地決昭和45・3・26判時588号52)。

8-2-6 利害関係者の救済

8-2-6-1 子会社取締役・執行役の責任

親会社が子会社の発行済株式の全部を有している場合には，両会社は経済的には一体でありうる。しかし，子会社の取締役・執行役は子会社の機関であって，あくまで子会社に対して善管注意義務（330，民644）および忠実義務（355・419 Ⅱ）を負っている。

したがって，子会社の取締役・執行役が親会社の指図に従って業務執行を行った結果，子会社に損害が生じた場合でも，子会社の取締役・執行役は429条の責任を免れない（弥永・トピックス298–301参照)。

8-2-6-2 親会社の責任[49)]

要件をみたせば，一般不法行為責任（民709）により親会社の責任を追及でき

49) 子会社の取締役でない親会社取締役が，子会社の事実上の取締役として平成17年改正前商法266条ノ3〔会社法429条〕の責任を負う場合があるとする下級審裁判例がある（京都

ることはいうまでもない。

また，350 条により，親会社の取締役を兼任する子会社取締役・執行役が親会社の利益のためになす行為が，客観的に親会社の事業の範囲内にあるものとして，親会社の不法行為を肯定するというアプローチも考えられよう（しかし，いずれも要件をみたすのはきわめてまれであろう）。

そこで，かなり問題は残るが，以下のような理論構成が考えられなくもない。429 条の責任（***5-12-4***）は，株式会社の経済社会における影響力の大きさと，株式会社の行為は取締役・執行役の職務執行に依存していることから認められるのだから，必ずしも適法な選任決議を経ていないが，現実に取締役・執行役としての職務を行っている者に類推適用できる。ところが，子会社取締役・執行役が親会社の指図に事実上拘束されるときは，子会社取締役・執行役は親会社の道具にすぎず，実質的に取締役・執行役として業務執行を行っているのは親会社であると評価できるから，親会社は 429 条などの類推により責任を負うというのである（ただし，演習会社法 262〔藤井〕はこれには無理があるとする）。

法人が取締役となりえないとされている根拠（331 Ⅰ①）としては，会社法・金融商品取引法等において取締役自身に民事責任を課することによって，会社経営の姿勢を正させようとする立法政策上の目的が，法人を取締役にすることによって骨抜きになるおそれがあることが考えられるが，429 条を類推して親会社の責任を認めることは，この趣旨にも反しない（法人が発起人となりうることから，取締役が自然人に限られるとする他の理由は説得力を欠く。すなわち，たとえば，取締役の職務は肉体的活動を伴うものが多く，自然人でなければなしえない，という理由に対しては，法人は発起人としても活動できないはずと答えうる。また，会社と取締役の間には個人的信頼関係が存在するからといっても，その信頼関係とは，結局，経営能力や手腕に対するものであるから，その信頼に応えうるのは自然人に限られない。さらに，960 条以下の罰則に自由刑が含まれているといっても，960 条以下は発起人，取締役に共通しており，これを根拠として法人が取締役になることができないのなら，発起人にもなれないはずである）。同様の議論は執行役にもあてはまる。

また，合名会社，合資会社および合同会社については，法人が業務執行社員となることが認められており（第 11 章注 6），立法論としては，法人取締役等を否定

地判平成 4・2・5 判時 1436 号 115）。親会社取締役が子会社の経営を実際に行っていた場合には責任を負わせてよいであろうが（***5-12-4-6***），監視義務を負うことは通常想定できず，監視義務違反に基づく責任は負わないと考えるべきである。

すべき根拠はないようにも思われる。そして，持分会社の業務を執行する有限責任社員が株式会社の取締役・執行役（429）と同様の対第三者責任を負うものとされていること（597）からは，429条を類推して親会社が責任を負う場合があると解することは不自然ではない。

8-2-7 親子会社と兼任取締役・執行役の行為規制

親会社の取締役・執行役が子会社の取締役・執行役・監査役を兼任することがありうる（ただし，親会社の監査役と子会社の取締役・執行役などとは兼任できないし〔335 Ⅱ〕，親会社の取締役・執行役は会社の社外取締役・社外監査役の要件をみたさない〔2⑮ハ⑯ハ〕）。

そこで，競業規制・利益相反取引規制（356）との関係が問題となるが，兼任取締役が一方の会社を代表する場合に，他方の会社において，つねに個々の行為について承認を要するとすることは親子会社という経済的に合理性を有しうる企業結合においては不便であり，また競業が取締役会の承認事項とされたのは取締役・執行役の兼任をしやすくするためであることを考えると不合理であるから，包括的承認の必要性があり，他方，親子会社間の経済的緊密性ゆえに，承認は他のケースに比べ，いずれについても包括的に行っても不都合は少ない（***5-6-2-1***(2)参照）。また，利益相反取引規制との関連では，実質的な利益相反のおそれが類型的に存在するのかどうかを検討すべきである（また，第5章注122参照）。なお，取締役会における特別利害関係について***5-4-3-4***も参照。

8-3 組織変更

8-3-1 組織変更の手続

株式会社は，持分会社（合名会社・合資会社・合同会社）に組織変更することができ，持分会社は株式会社に組織変更することができる（743）。株式会社が持分会社に組織変更するためには（持分会社の株式会社への組織変更の手続については，***11-2-5***），組織変更計画を作成し（743），組織再編行為の場合と同様の手続をふまなければならない。

すなわち，まず，組織変更をする株式会社は，組織変更計画備置開始日（組織変更計画について総株主の同意を得た日，新株予約権を発行しているときは組織変更をする旨等の通知の日・公告の日のいずれか早い日，および，債権者の異議を催告する通知の日・公告の日のいずれか早い日のうち，いずれか早い日〔775 Ⅱ〕）から組織変更計画に定めた組織変更の効力発生日[50]までの間，組織変更計画の内容その他法務省令で定める事項（会社規 180）を記載・記録した書面または電磁的記録をその本店に備え置かなければならない（775 Ⅰ）。株主および会社債権者は，会社に対して，その営業時間内は，いつでも，この書面等の閲覧・交付請求等をすることができる（775 Ⅲ）。

また，組織変更をする株式会社は，効力発生日の前日までに，組織変更計画について総株主の同意を得なければならない（776 Ⅰ）。

さらに，組織変更をする株式会社は，効力発生日の 20 日前までに，その登録株式質権者および登録新株予約権質権者に対し，組織変更をする旨を通知し，または公告しなければならない（776 Ⅱ Ⅲ）。

以上に加えて，組織変更によって，会社財産の確保に対する規制が変化するため，債権者保護手続を行わなければならない。すなわち，組織変更をする株式会社は，組織変更をする旨，組織変更をする会社の計算書類に関する事項として法務省令（会社規 181）で定めるもの，および債権者が一定の期間（1ヵ月以上）内に異議を述べることができる旨を官報に公告し，かつ，知れている債権者には，各別にこれを催告しなければならない（779 Ⅱ）。ただし，組織変更をする株式会社が公告を，官報のほか，定款の定めに従い，時事を掲載する日刊新聞紙に掲載して公告する方法または電子公告によってするときは，各別の催告をする必要はない（779 Ⅲ）。債権者が異議申述期間内に異議を述べなかったときは，その債権者は，組織変更について承認をしたものとみなされ（779 Ⅳ），異議を述べたときは，組織変更をする会社は，その組織変更をしてもその債権者を害するおそれがないときを除き，その債権者に対し，弁済し，もしくは相当の担保を提供し，またはその債権者に弁済を受けさせることを目的として信託会社等に相当の財産を信託しなければならない。

なお，株式会社が組織変更をする場合には，新株予約権者は，会社に対し，自己の有する新株予約権を公正な価格で買い取ることを請求することができる

50）　会社は，組織変更の効力発生日を変更することができるが（780 Ⅰ），その場合には，会社は，変更前の効力発生日（変更後の効力発生日が変更前の効力発生日前の日である場合には，その変更後の効力発生日）の前日までに，変更後の効力発生日を公告しなければならない（780 Ⅱ）。

(777 Ⅰ)。

債権者保護手続が終了していない場合または組織変更を中止した場合を除き(745 Ⅵ)，組織変更をする株式会社は，効力発生日に，持分会社となり(745 Ⅰ)，組織変更計画の定めに従い，定款の変更をしたものとみなされる(745 Ⅱ)。また，組織変更をする株式会社の株主は，効力発生日に，組織変更計画の定めに従い，組織変更後の持分会社の社員となるのが原則であるが(745 Ⅲ)，組織変更対価としてその持分会社の持分以外の金銭その他の財産を交付することを組織変更計画に定めることもでき，組織変更対価として組織変更後の持分会社の社債を定めたときは，組織変更をする株式会社の株主は，効力発生日に，組織変更計画の定めに従い，その社債の社債権者となる(745 Ⅳ)。なお，組織変更をする株式会社の新株予約権は，効力発生日に，消滅する(745 Ⅴ)。

8-3-2　組織変更無効の訴え

会社の設立や合併の無効と同じく，画一的な処理と法律関係の早期安定が必要であるという観点から，組織変更の無効は，組織変更の効力が生じた日から6ヵ月以内に訴えをもってのみ主張できる(828 Ⅰ⑥)。

組織変更無効の訴えの原告適格は，組織変更の効力が生じた日において組織変更をする会社の株主，取締役，監査役(会計事項にその監査の範囲が限定されているものを除く)，執行役，社員，または清算人であった者または組織変更後の会社の株主，取締役，監査役(会計事項にその監査の範囲が限定されているものを除く)，執行役，社員，清算人，または破産管財人もしくは組織変更について承認をしなかった債権者に認められ(828 Ⅱ⑥)，被告は組織変更後の会社である(834⑥)。

組織変更無効の訴えは「会社の組織に関する訴え」の1つとして位置付けられ，被告となる会社の本店の所在地を管轄する地方裁判所の管轄に専属する(835 Ⅰ)。また，被告が原告の訴えの提起が悪意によるものであることを疎明したときは，被告の申立てにより，訴えを提起した株主・債権者(その株主・債権者が取締役，監査役〔監査の範囲が会計事項に限定されている者を除く〕，執行役または清算人であるときを除く)に対し，相当の担保を立てることを裁判所は命ずることができる(836)。さらに，訴えを提起した原告が敗訴した場合に，原告に悪意または重大な過失があったときは，原告は，被告に対し，連帯して損害を賠償する責任を負う(846)。

組織変更無効判決は，第三者に対してもその効力を有するが(対世効)(838)，組織変更は，将来に向かってその効力を失う（遡及効の否定）(839)。

8-4　定款変更

8-4-1　原　則

定款の変更は株主総会の特別決議によってのみすることができるのが原則である（466・309 Ⅱ⑪)。

8-4-2　株主総会の決議を要しない場合

(1)　株式分割の際の分割比率に応じた発行可能株式総数の増加

機動的に株式分割を行う必要があることおよび株式分割によっては持株比率の変動が生じないことから，株式分割を行う場合には，株主総会決議によらないで，定款を変更し，発行可能株式総数を，株式分割の割合に応じて増加させることができる。ただし，2つ以上の種類の株式を発行している会社には，この例外は認められない（184 Ⅱ）。

(2)　株式分割と単元株式数

株式の分割と同時に単元株式数を増加し，または単元株式数についての定款の定めを設けるものであって，その定款の変更後に各株主がそれぞれ有する株式の数を単元株式数で除して得た数がその定款の変更前に各株主がそれぞれ有する株式の数（単元株式数を定めている場合には，その株式の数を単元株式数で除して得た数）を下回るものでないときは，株主総会の決議によらないで，単元株式数（種類株式発行会社では，各種類の株式の単元株式数）を増加し，または単元株式数についての定款の定めを設ける定款の変更をすることができる（191)。これは，このような定款変更によっては，株主が行使できる議決権数は減少しないため，株主には不利益がないと考えられる一方，このような定款変更を株主総会の決議によらないで行えるものとすることによって，株主総会招集の時間と費用とを節約できるからである。

(3)　単元株式数の減少・単元株式数についての定款の定めの廃止

取締役の決定（取締役会設置会社では，取締役会の決議）によって，定款を変更して単元株式数を減少し，または単元株式数についての定款の定めを廃止することができる（195 Ⅰ）。このような定款変更は，少ない数の株式を有している株主にも議決権等を行使する機会を生じさせるものであり，株主に不利益を与えるものではないからである。

8-4-3 株主総会の特殊の決議を要する場合

(1) 株式譲渡制限の新設

種類株式発行会社以外の会社において，その発行する全部の株式の内容として，その株式の譲渡による取得について会社の承認を要する旨の定款の定めを設ける定款の変更を行う株主総会の決議は，その株主総会において議決権を行使することができる株主の半数（これを上回る割合を定款で定めた場合には，その割合）以上であって，その株主の議決権の3分の2（これを上回る割合を定款で定めた場合には，その割合）以上にあたる多数をもって行わなければならない（309 Ⅲ）。これは，譲渡制限株式とすることは，株主の投下資本回収に悪影響を与えることが一般的だからである。

(2) 剰余金の配当等についての格別の定めに関する定款変更

剰余金の配当，残余財産の分配または株主総会における議決権について，株主ごとに異なる取扱いを行う定款の定めについての定款の変更（その定款の定めを廃止するものを除く）を行う株主総会の決議は，総株主の半数（これを上回る割合を定款で定めた場合には，その割合）以上であって，総株主の議決権の4分の3（これを上回る割合を定款で定めた場合には，その割合）以上にあたる多数をもって行わなければならない（309 Ⅳ）。このような定款の定めは，株主平等原則の例外なので，厳格な決議要件を定めている。

8-4-4 種類株主総会の決議を要する場合

株主総会の決議に加えて種類株主総会の決議を要する場合がある。

(1) 譲渡制限株式あるいは取得条項付種類株式とする定めの新設

種類株式発行会社がある種類の株式を譲渡制限株式とし，または取得条項付種類株式とする定款の定めを設ける場合には，その定款の変更は，その種類株主総会において議決権を行使することができる種類株主が存在しない場合を除き，その種類の株式の種類株主，その種類の株式を取得対価とする定めのある取得請求権付株式および取得条項付株式の種類株主を構成員とする種類株主総会（その種類株主に係る株式の種類が2以上ある場合には，その2以上の株式の種類別に区分された種類株主を構成員とする各種類株主総会）の決議がなければ，その効力を生じない

(111 Ⅱ)。

(2)　株式の種類の追加等

種類株式発行会社が，株式の種類の追加，株式の内容の変更（単元株式数の変更を含む）あるいは発行可能株式総数・発行可能種類株式総数の増加を内容とする定款の変更（ただし，***8-4-5***(1)，***8-4-4***(1)）をする場合において，ある種類の株式の種類株主に損害を及ぼすおそれがあるときは，その種類株主総会において議決権を行使することができる種類株主が存在しない場合を除き，その種類の株式の種類株主を構成員とする種類株主総会（その種類株主に係る株式の種類が2以上ある場合には，その2以上の株式の種類別に区分された種類株主を構成員とする各種類株主総会）の決議がなければ，その定款変更の効力は生じない（322 Ⅰ）。ただし，ある種類の株式の内容として，法定種類株主総会の決議を要しない旨の定款の定めがある場合には，単元株式数についての定款変更については種類株主総会の決議を要しない（322 Ⅲ）。

8-4-5　総株主またはある種類株主全員の同意を必要とする場合

ある種類株主全員の同意を必要とする定款変更にも株主総会の特別決議が必要とされるが，株主全員の同意を得なければならない場合には株主総会の特別決議は不要である。

(1)　発行する全部の株式または既発行のある種類株式を取得条項付株式・取得条項付種類株式とする定款変更

種類株式発行会社でない会社が，定款を変更してその発行する全部の株式を取得条項付株式とする旨の定款の定めを設け，またはそれについての定款の変更（その定款の定めを廃止するものを除く）をしようとする場合には，株主全員の同意を得なければならない（110）。

同様に，種類株式発行会社がある種類の株式の発行後に定款を変更してその種類の株式を取得条項付株式とする旨の定款の定めを設け，またはそれについての定款の変更（その定款の定めを廃止するものを除く）をしようとするときは，その種類の株式を有する株主全員の同意を得なければならない（111 Ⅰ）。

(2)　一定の行為について法定種類株主総会の決議を要しない旨を定める定款の定めを設ける定款変更

種類株式発行会社が一定の行為をする場合に，ある種類の株式の種類株主に損害を及ぼすおそれがあるにもかかわらず，その種類の株式の種類株主を構成員とする種類株主総会の決議を経ることを要しない旨の定款の定めを，その種類の株式の発行後に定款を変更して設けようとする場合には，その種類の種類株主全員の同意を得なければならない（322 Ⅳ）。

(3) 特定の株主からの自己株式取得に際して他の株主に売主追加請求権を与えない旨の定款の定めを設ける定款変更

株式の発行後に定款を変更して，会社が，特定の株主からその株式（種類株式発行会社では，ある種類の株式）の取得をする決定をするときにも自己を売主として追加することを請求する権利を他の株主に与えない旨の定款の定めを設け，またはその定めについての定款の変更（その定款の定めを廃止するものを除く）をしようとするときは，その株式を有する株主全員の同意を得なければならない（164 Ⅱ）。

8-4-6 定款の定めを廃止したとみなされる場合

ある種類の株式の種類株主を構成員とする種類株主総会において取締役を選任することについての定款の定めは，会社法または定款で定めた取締役の員数を欠いた場合に，そのためにその員数に足りる数の取締役を選任することができないときは，廃止されたものとみなされる（112 Ⅰ）。同様に，ある種類の株式の種類株主を構成員とする種類株主総会において監査役を選任することについての定款の定めは，会社法または定款で定めた監査役の員数を欠いた場合に，そのためにその員数に足りる数の監査役を選任することができないときは，廃止されたものとみなされる（112 Ⅱ）。

8-4-7 定款変更と買取請求権

(1) 株式買取請求権

資本多数決の原則を前提としつつ，反対する少数派株主に，その投下資本回収（視点 12）の途を保障するため，会社がその発行する全部の株式を譲渡制限株式とする旨の定款変更をする場合には全部の株式について，ある種類の株式を譲渡制限株式とし，または全部取得条項付種類株式とする旨の定款変更をする場合にはその種類株式・その種類株式を取得対価とする取得条項付株式および取得請求権付株式について，それぞれ，反対株主の株式買取請求権が認められている。

定款変更をするために株主総会（種類株主総会を含む。以下，同じ）の決議を要する場合には，その株主総会において議決権を行使することができる株主のうちその株主総会に先立ってその定款変更に反対する旨を会社に対し通知し，かつ，その株主総会においてその定款変更に反対した株主およびその株主総会において議決権を行使することができない株主に，その定款変更をするために株主総会の決議を要しない場合には，すべての株主に，それぞれ，反対株主として，会社に対し，自己の有する株式を公正な価格で買い取ることを請求する権利が認められる（116 Ⅰ①②Ⅱ）。

株式買取請求は，効力発生日の20日前の日から効力発生日の前日までの間に，その株式買取請求に係る株式の数（種類株式発行会社では，株式の種類および種類ごとの数）を明らかにしてしなければならない（116 Ⅴ）。株式買取請求をした株主は，会社の承諾を得た場合に限り，その株式買取請求を撤回することができる（116 Ⅶ）。これは，会社の便宜に配慮したものである。会社が定款変更等を中止したときは，株式買取請求は，その効力を失う（116 Ⅷ）。

株式買取請求があった場合に，株式の価格の決定について，株主と会社との間に協議が調ったときは，会社は，効力発生日から60日以内にその支払をしなければならない（117 Ⅰ）[51]。株式の価格の決定について，効力発生日から30日以内に協議が調わないときは，株主または会社は，その期間の満了の日後30日以内に，裁判所に対し，価格の決定の申立てをすることができる（117 Ⅱ）。会社は，裁判所の決定した価格に対して，法定利率により算定した，効力発生日から60日の期間満了の日後の利息をも支払わなければならない（117 Ⅳ）。株式買取請求に係る株式の買取りは，効力発生日に，その効力を生ずる（117 Ⅵ）。会社は，公正と認める額を価格決定前に支払うことができ（117 Ⅴ），これによって支払済の額については利息の発生を止めることができる。

なお，効力発生日から60日以内に価格の決定の申立てがないときは，その期間の満了後は，株主は，いつでも，株式買取請求を撤回することができる（117 Ⅲ）。

⑵　新株予約権の買取請求権

会社がその発行する全部の株式を譲渡制限株式とする旨の定款変更をする場合には全部の新株予約権について，ある種類の株式を譲渡制限株式とし，または全部取得条項付種類株式とする旨の定款変更をする場合にはその種類株式を目的とする新株予約権について，それぞれ，新株予約権の買取請求が認められており，

51)　株券発行会社は，株券が発行されている株式について株式買取請求があったときは，株券と引換えに，その株式買取請求に係る株式の代金を支払わなければならない（117 Ⅶ）。

そのような新株予約権に係る新株予約権者は，会社に対し，自己の有する新株予約権を公正な価格で買い取ることを請求することができる（118 Ⅰ）。なお，新株予約権付社債に付された新株予約権の新株予約権者は，新株予約権の買取請求をするときは，その新株予約権付社債に付された新株予約権について別段の定めがある場合を除き，併せて，新株予約権付社債についての社債を買い取ることを請求しなければならない（118 Ⅱ）。

新株予約権買取請求は，定款変更の効力発生日（定款変更日）の20日前の日から定款変更日の前日までの間に，その新株予約権買取請求に係る新株予約権の内容および数を明らかにして，しなければならない（118 Ⅴ）。新株予約権買取請求をした新株予約権者は，会社の承諾を得た場合に限り，その新株予約権買取請求を撤回することができる（118 Ⅷ）。なお，会社がその定款変更を中止したときは，新株予約権買取請求は，その効力を失う（118 Ⅸ）。

新株予約権買取請求があった場合に，新株予約権（その新株予約権が新株予約権付社債に付されたものである場合に，その新株予約権付社債についての社債の買取りの請求があったときは，その社債を含む。以下同じ）の価格の決定について，新株予約権者と会社との間に協議が調ったときは，会社は，定款変更日から60日以内に，その支払をしなければならない（119 Ⅰ）[52]。新株予約権の価格の決定について，定款変更日から30日以内に協議が調わないときは，新株予約権者または会社は，その期間の満了の日後30日以内に，裁判所に対し，価格の決定の申立てをすることができる（119 Ⅱ）。会社は，裁判所の決定した価格に対して，法定利率により算定した，定款変更日から60日の期間満了の日後の利息をも支払わなければならない（119 Ⅳ）。会社は，公正と認める額を価格決定前に支払うことができ（119 Ⅴ），これによって支払済の額については利息の発生を止めることができる。新株予約権買取請求に係る新株予約権の買取りの効力は，定款変更日に生ずる（119 Ⅵ）。

なお，定款変更日から60日以内に，価格の決定の申立てがないときは，その期間の満了後は，新株予約権者は，いつでも，新株予約権買取請求を撤回することができる（119 Ⅲ）。

52） 新株予約権証券が発行されている新株予約権について，または新株予約権付社債券が発行されている新株予約権付社債に付された新株予約権について，新株予約権買取請求があったときは，それぞれ，新株予約権証券または新株予約権付社債券と引換えに，その新株予約権買取請求に係る新株予約権の代金を支払わなければならない（119 Ⅶ Ⅷ）。

第9章

株式会社の計算と開示

9-1 計算規定の趣旨

株式会社の計算に関する法規制の目的は，分配可能額の算定（**視点7**）と会社の財務内容の開示（**視点17**）である。

合名会社・合資会社においては，計算は基本的には会社の自治に委ねられている。これは，全部または一部の社員が会社債権者に対して直接無限責任を負うため（580 Ⅰ），会社財産の確保を通して会社債権者を保護する必要が少なく，社員間には人的信頼関係があるうえ，各社員が原則として各自会社の業務執行権を有すること（590 Ⅰ）から，社員は会社の財務状態を知りうる立場にある（業務執行社員以外の社員も会社の財産の状況を調査できる〔592〕）からである。

これに対して，株式会社では，原則として，会社財産が会社債権者に対する唯一の担保となることから，会社債権者保護のため会社財産を維持し，また会社債権者が企業の財務状況を正しく判断できるような情報開示を確保するための特別の法規制が必要であり，社員間に人的信頼関係がなく，大株主および経営者の不正行為から少数派株主の利益を保護する必要もある。しかも，多くの場合，所有と経営の分離により，株主が企業の財務状況を知ることは一般にきわめて困難である。そこで，株式会社の計算については会社法第2編第5章（431条以下）に規定が設けられ，かつ，会社計算規則（計規）でより詳細に規制されている。また，会社債権者は，企業の財務状況についての情報が与えられてはじめて適切な行動をとり，リスクの回避を図りうる（またはリスクの負担を覚悟できる）。会社が損失を計上しているときには，資本（金）制度および剰余金の分配規制のみでは会社債権者保護には十分でないことから，開示は重要な意味をもつ。企業内容を開示させるためのさまざまな仕組みは会社債権者保護の機能を有する。

9-2　計算書類・事業報告の作成と承認

9-2-1　会計帳簿と計算書類・事業報告

株式会社は，会計帳簿を作成・保存（会計帳簿およびその事業に関する重要な資料を帳簿閉鎖の時から10年間）し（432），かつ，会計帳簿に基づき（計規58・59 Ⅲ），計算書類・附属明細書を作成・保存（作成時から10年）しなければならない（435）[1]。個人商人には貸借対照表の作成が要求されるにとどまり，損益計算書の作成は要求されていないが（商19 Ⅱ），株式会社[2]には損益計算書を含む計算書類（貸借対照表，損益計算書，株主資本等変動計算書および個別注記表。計規59 Ⅰ）および事業報告ならびにこれらの附属明細書の作成が強制されている（435 Ⅱ）。なお，会計帳簿（計規4 Ⅱ）や計算書類および事業報告ならびにこれらの附属明細書（435 Ⅲ）は電磁的記録（電子的方式，磁気的方式その他人の知覚によっては認識することができない方式で作られる記録であって，電子計算機による情報処理の用に供されるものとして法務省令〔会社規224〕で定めるもの〔26 Ⅱ〕）をもって作成することができる。

⑴　会計帳簿

会社の会計帳簿とは，一定時期における会社の財産およびその価額ならびに取引その他財産に影響を及ぼすべき事項を記載または記録する帳簿である（詳細については，弥永・商法総則・商行為法 ***6-2-1*** 参照）。少なくとも，仕訳帳と総勘定元帳が含まれると考えられる。

⑵　貸借対照表

貸借対照表とは一定の時点（事業年度の末日）における企業の財政状態を明らかにする一覧表である。

資産の部，負債の部および純資産の部からなり，勘定科目毎に価額を示したものである。勘定式の場合，借方（左側）には資産（財産的価値のあるもの）が記載され，貸方（右側）には負債（法律上の債務と「将来の費用又は損失の発生に備え」る引当金〔計規6 Ⅱ①〕）と純資産（株主資本〔資本金，準備金，剰余金，自己株式〕，評

1)　裁判所は，申立てによりまたは職権で，訴訟の当事者に対し，会計帳簿・計算書類・附属明細書の全部または一部の提出を命ずることができる（434・443）。

2)　合同会社にも，貸借対照表のほか，損益計算書，社員資本等変動計算書および個別注記表の作成が要求されている（計規71 Ⅰ②）。

図9-1　貸借対照表の例

貸借対照表

令和×1年3月31日　　　（単位：百万円）

科　　目	金　額	科　　目	金　額
資産の部		負債の部	
Ⅰ流動資産	(300)	Ⅰ流動負債	(110)
現金及び預金	21	支払手形	10
受取手形	22	買掛金	40
売掛金	48	短期借入金	48
有価証券	44	未払金	12
商品	140	Ⅱ固定負債	(104)
前払費用	5	長期借入金	68
繰延税金資産	20	退職給付引当金	36
		負債の部合計	214
		純資産の部	
		Ⅰ株主資本	
Ⅱ固定資産	(290)	1資本金	10
1有形固定資産	(250)	2資本剰余金	(5)
建物	160	(1)資本準備金	2
備品	12	(2)その他資本剰余金	3
土地	78	3利益剰余金	(252)
2無形固定資産	(10)	(1)利益準備金	2
特許権	10	(2)その他利益剰余金	(250)
3投資その他の資産	(30)	別途積立金	100
投資有価証券	15	繰越利益剰余金	150
長期貸付金	10	4自己株式	1
長期預金	5	Ⅱ評価・換算差額等	(100)
		1その他有価証券評価差額金	100
Ⅲ繰延資産	(10)	Ⅲ株式引受権	5
開業費	10	Ⅳ新株予約権	15
		純資産の部合計	386
資産の部合計	600	負債及び純資産の部合計	600

価・換算差額等，株式引受権および新株予約権）が記載される。

株式会社は成立の日における貸借対照表を作成しなければならない（435 Ⅰ）。また，各事業年度に係る計算書類を作成しなければならないが，計算書類には貸借対照表も含まれている（435 Ⅱ）。

(3)　損益計算書

損益計算書は，一定の期間（事業年度）に企業が獲得した利益または被った損失を算定する過程を収益と費用を示して，計算表示するものであって，企業の経

図 9-2 損益計算書の例

損 益 計 算 書

令和×0年4月1日～令和×1年3月31日

（単位：百万円）

Ⅰ 売上高		10,000
Ⅱ 売上原価		3,000
売上総利益		7,000
Ⅲ 販売費及び一般管理費		6,000
営業利益		1,000
Ⅳ 営業外収益		
受取利息	300	
受取配当金	100	400
Ⅴ 営業外費用		
支払利息	600	
売上割引	100	700
経常利益		700
Ⅵ 特別利益		
固定資産売却益	200	200
Ⅶ 特別損失		
固定資産災害損失	700	700
税引前当期純利益		200
法人税等	100	
法人税等調整額	20	80
当期純利益		120

営成績を明らかにするものである。

⑷ 株主資本等変動計算書

事業年度における純資産の部の項目の変動の明細を示す表である（図 9-3）。すなわち，資本金，準備金（資本準備金および利益準備金），その他資本剰余金，その他利益剰余金および自己株式などの変動を示すものである。1年に何回でも，剰余金の配当を行うことができるとされたこと，および，剰余金の配当の決定や純資産の部の計数の変動が取締役会に委ねられる場合があること（**9-4-1-1**⑶）を背景として導入された。

⑸ 個別注記表

貸借対照表，損益計算書および株主資本等変動計算書により，株式会社の財産または損益の状態を正確に判断するために必要な事項を記載する（表 9-1）。

⑹ 事業報告

一定の事業年度中における会社または会社およびその子会社からなる企業集団の事業の状況の概要を文章の形で記載した報告書である[3)]。

図 9-3　株主資本等変動計算書の例

	株主資本										評価・換算差額等			株式引受権	新株予約権
	資本金	資本剰余金			利益剰余金				自己株式	株主資本合計	その他有価証券評価差額金	繰延ヘッジ損益	評価・換算差額等合計		
		資本準備金	その他資本剰余金	資本剰余金合計	利益準備金	その他利益剰余金		利益剰余金合計							
						別途積立金	繰越利益剰余金								
当期首残高	9	1	3	4	2	80	170	252	△1	264	80	0	80	0	10
当期変動額															
新株の発行	1	1								2					
支払配当金							△120	△120		△120					
当期純利益							120	120		120					
別途積立金の積立						20	△20								
当期変動額合計	1	1	0	1	0	20	△20	0	0	2	20	0	20	5	5
当期末残高	10	2	3	5	2	100	150	252	△1	266	100	0	100	5	15

表 9-1　注記表の区分（計規 98）

<table>
<tr><th rowspan="3"></th><th colspan="4">個別注記表</th><th rowspan="3">連結注記表</th></tr>
<tr><th colspan="2">会計監査人設置会社</th><th colspan="2">左記以外の会社</th></tr>
<tr><th>連結計算書類作成義務会社</th><th>左記以外の会社</th><th>公開会社</th><th>公開会社以外の会社</th></tr>
<tr><td>継続企業の前提に関する注記</td><td colspan="2">○</td><td colspan="2"></td><td>○</td></tr>
<tr><td>重要な会計方針に関する事項に関する注記</td><td colspan="4">○</td><td>n.a.</td></tr>
<tr><td>連結計算書類の作成のための基本となる重要な事項および連結の範囲または持分法の適用の範囲の変更に関する注記</td><td colspan="4">n.a.</td><td>○</td></tr>
<tr><td>会計方針の変更に関する注記</td><td colspan="5" rowspan="2">○</td></tr>
<tr><td>表示方法の変更に関する注記</td></tr>
<tr><td>会計上の見積りに関する注記／会計上の見積りの変更に関する注記</td><td colspan="2">○</td><td colspan="2"></td><td>○</td></tr>
<tr><td>誤謬の訂正に関する注記</td><td colspan="5">○</td></tr>
<tr><td>（連結）貸借対照表に関する注記</td><td colspan="3" rowspan="2">○</td><td rowspan="2"></td><td>○</td></tr>
<tr><td>損益計算書に関する注記</td><td></td></tr>
<tr><td>（連結）株主資本等変動計算書に関する注記</td><td colspan="5">○</td></tr>
<tr><td>税効果会計に関する注記</td><td colspan="3" rowspan="2">○</td><td colspan="2" rowspan="2"></td></tr>
<tr><td>リースにより使用する固定資産に関する注記</td></tr>
<tr><td>金融商品に関する注記</td><td colspan="3" rowspan="2">○
（連結注記表を作成しているときは不要）</td><td rowspan="2"></td><td rowspan="2">○</td></tr>
<tr><td>賃貸等不動産に関する注記</td></tr>
<tr><td>持分法損益等に関する注記</td><td>○
（連結計算書類を作成しているときは不要）</td><td colspan="4"></td></tr>
<tr><td>関連当事者との取引に関する注記</td><td colspan="2">○</td><td>○（定量的情報は附属明細書に記載することも可能）</td><td colspan="2"></td></tr>
<tr><td>1 株当たり情報に関する注記</td><td colspan="3">○</td><td rowspan="2"></td><td>○</td></tr>
<tr><td>重要な後発事象に関する注記</td><td colspan="3">○</td><td>○</td></tr>
<tr><td>連結配当規制適用会社に関する注記</td><td colspan="2">連結配当規制
適用会社のみ○</td><td colspan="3"></td></tr>
<tr><td>収益認識に関する注記／その他の注記</td><td colspan="5">○</td></tr>
</table>

(7)　附属明細書

附属明細書は，計算書類および事業報告の記載を補足する重要な事項の詳細を記載した文書である[4)]。株主および会社債権者が貸借対照表，損益計算書，株主資本等変動計算書または事業報告の内容を詳細に知るための手助けとなる（投資・与信の意思決定のための情報提供）とともに株主が取締役等の業務執行等の適法性をモニターするために重要な情報を開示させている。また監査役・監査委員会・監査等委員会または会計監査人の監査のためにも有用な情報を提供させている。

3)　事業報告は，会社の状況に関する重要な事項（計算書類およびその附属明細書ならびに連結計算書類の内容となる事項を除く）をその内容とするが（会社規118①），会社の支配に関する基本方針（買収防衛策など）を定めている会社は，基本方針の内容，その会社の財産の有効な活用，適切な企業集団の形成その他の基本方針の実現に資する特別な取組み・基本方針に照らして不適切な者によってその会社の財務および事業の方針の決定が支配されることを防止するための取組みの具体的な内容，その取組みが基本方針に沿うものであること，その取組みが当該株式会社の価値または株主の利益を損なうものではないこと，および，その取組みがその会社の会社役員の地位の維持を目的とするものではないことに関するその会社の取締役（取締役会設置会社では，取締役会）の判断およびその判断に係る理由（その理由が社外役員の存否に関する事項のみである場合のその事項を除く）を事業報告の内容としなければならない（同③）。また，株式会社の業務の適正を確保するために体制の整備についての決定・決議があるときは，その決定・決議の内容の概要およびその体制の運用状況の概要（同②），特定完全子会社に関する一定の事項（同④），会社とその親会社等との間の取引（会社と第三者との間の取引で会社とその親会社等との間の利益が相反するものを含む。以下，この注において同じ）のうち個別注記表に注記すべきもの（一部を計算書類の附属明細書に記載するものを除く）についての一定の事項（同⑤）も記載しなければならない。公開会社は，会社の現況に関する事項，会社役員に関する事項，役員等賠償責任保険契約に関する事項，株式に関する事項，新株予約権等に関する事項（会社規119）および社外取締役・社外監査役に関する事項（会社規124）を含めなければならない。なお，他の会社の業務執行取締役等を兼ねる取締役・監査役・執行役の兼務状況の明細および会社とその親会社等との間の取引のうち個別注記表に注記すべきもの（一部を附属明細書に記載するもの）についての一定の事項を事業報告の附属明細書の内容としなければならない（会社規128 Ⅱ Ⅲ）。会計参与設置会社は会計参与に関する事項を，会計監査人設置会社は会計監査人に関する事項を，それぞれ事業報告の内容としなければならない（会社規125・126）。

4)　有形固定資産および無形固定資産の明細，引当金の明細，販売費および一般管理費の明細のほか，貸借対照表，損益計算書，株主資本等変動計算書および個別注記表の内容を補足する重要な事項を表示しなければならない（計規117）。なお，公開会社は個別注記表で開示していない関連当事者に関する事項を内容としなければならない（計規117④）。

9-2-2　貸借対照表

⑴　資産の部

資産の部は，大きく，流動資産，固定資産および繰延資産の3つに分けられる。流動資産と固定資産との区別は，資産の種類によって当然にいずれかに分類されるものが若干あるほか（たとえば，未収収益は流動資産）は，正常営業循環基準と1年基準とが使い分けられている。営業取引に関連する原材料，仕掛品，半製品，製品，商品，売掛金，受取手形などには正常営業循環基準が適用され，正常な資本投下・回収のサイクルにある限り（そのサイクルが1年を超えていても），流動資産とされる（逆に破産債権や更生債権は固定資産）。他方，その他の資産は貸借対照表日から1年以内に履行期が到来し，または到来すると認められるものを流動資産，それ以外を固定資産とする（1年基準）。有価証券については，親会社株式は原則として流動資産，子会社株式は固定資産とされるほか，時価の変動により利益を得る目的で保有するものを流動資産とし，それ以外を固定資産とする。

固定資産とは，長期にわたって継続して営業の用に供される資産であって，土地，建物，機械などの有形固定資産のほか，のれん・営業権，特許権などの無形固定資産や投資有価証券・投資不動産などの投資その他の資産とがある。

なお，会社計算規則は，繰延資産について，一定の配当規制を加えるとともに（計規158①），繰延資産として計上することが適当であると認められるものを繰延資産として計上するものと定めているが（計規74Ⅲ⑤），計上することが適当であるか否かは一般に公正妥当と認められる企業会計の慣行によって判断される[5]。

⑵　負債の部

負債の部には法的債務と特定の支出または損失に備えるための引当金が計上されるが，負債の部は流動負債と固定負債とに分かれている。営業取引から生じた債務（買掛金，支払手形など）は流動負債とされるが，それ以外の債務は1年以内に履行期が到来するものを流動負債とし，それ以外のものを固定負債とする。退職給付引当金も固定負債項目の典型である。

法律上の債務が存在しなくとも，将来の費用または損失（収益の控除を含む）の

5）なお，企業会計審議会『研究開発費等に係る会計基準』が研究開発費の即時費用処理を要求しており，ある会社にとって，この会計基準が唯一の「一般に公正妥当と認められる企業会計の慣行」にあたる場合には，研究開発費を繰延資産として計上することはできない。

発生に備えて，その合理的な見積額のうち，その事業年度の負担に属する金額を費用または損失として繰り入れることにより計上すべき引当金（株主に対して役務を提供する場合に計上すべき引当金を含む）（計規6Ⅱ①）を負債として計上することができるが，これは，期間損益計算の適正化のために認められている（契約に基づく引当金は条件付債務であるし，会計学上，貸倒引当金といわれているものは会社法上は金銭債権の取立不能見込額として資産の控除項目である)。将来の費用または損失の発生は当期以前の事象に起因し，その支出・損失の額が合理的に見積もることができることが必要であると考えられている（企業会計原則注解（注18）参照)。

(3)　資産の評価基準

資産には，その取得価額を付すのが原則であるが（計規5Ⅰ)，償却すべき資産については，事業年度の末日（事業年度の末日以外の日において評価すべき場合には，その日。以下同じ）において，相当の償却をしなければならない（計規5Ⅱ)。

また，資産の時価がその時の取得原価まで回復すると認められるものを除き，事業年度の末日における時価がその時の取得原価より著しく低い資産には事業年度の末日における時価を，事業年度の末日において予測することができない減損が生じた資産または減損損失を認識すべき資産にはその時の取得原価から相当の減額をした額を，それぞれ，付さなければならない（計規5Ⅲ)。同様に，取立不能のおそれのある債権については，事業年度の末日において取り立てることができないと見込まれる額を控除しなければならない（計規5Ⅳ)。

他方，債権については，その取得価額が債権金額と異なる場合その他相当の理由がある場合には，適正な価格を付すことができる（計規5Ⅴ)。また，事業年度の末日における時価がその時の取得原価より低い資産，市場価格のある資産（子会社および関連会社の株式ならびに満期保有目的の債券を除く)，その他事業年度の末日においてその時の時価または適正な価格を付すことが適当な資産には，事業年度の末日における時価または適正な価格を付すことができる（計規5Ⅵ)。

(4)　一般に公正妥当と認められる企業会計の慣行

株式会社の会計は，一般に公正妥当と認められる企業会計の慣行に従わなければならない（431)。これは会社法やその委任を受けた法務省令に含まれる計算規定は必ずしも網羅的ではないこと，会社法の趣旨に反しない限り，実務を尊重すべきであることによる。立法趣旨からは，「公正妥当」とは，会社の財産および損益の状況を明らかにするのに適したということを意味する。また「慣行」とはある程度の実践を前提とすることを意味するが，新しい種類の取引等が現れてくる可能性を考えると慣行となることが確実であれば足りると考えるべきである。有価証券報告書提出会社などは，会社法およびその委任を受けて定められた法務省令の明文や趣旨に反しない限り，会社法上も，企業会計審議会の公表した企業会計の基準などが唯一の「一般に公正妥当と認められる企業会計の慣行」となり，それらに従わなければならないと解されている[6)]。

なお，会社計算規則3条は，「この省令の用語の解釈及び規定の適用に関しては，一般に公正妥当と認められる企業会計の基準その他の企業会計の慣行をしん酌しなければならない」と定めており，「一般に公正妥当と認められる企業会計の基準」を「一般に公正妥当と認められる企業会計の慣行」の1つとして明示的に認めている。

9-2-3　計算書類等の作成

会社は，各事業年度に係る計算書類および事業報告ならびにこれらの附属明細書を作成しなければならない（435 Ⅱ）。

9-2-4　監査役・監査委員会の監査

監査役を設置した会社においては，計算書類・事業報告およびこれらの附属明細書（監査の範囲を会計事項に限定された者については，事業報告等を除く。以下，**9-2-4**で同じ）は，監査役の監査を（436 Ⅰ），会計監査人設置会社では，計算書類およびその附属明細書は監査役（指名委員会等設置会社では監査委員会，監査等委員会設置会社では監査等委員会）および会計監査人の監査を，事業報告およびその附属明細書は監査役（指名委員会等設置会社では監査委員会，監査等委員会設置会社では監査等委員会）の監査を，それぞれ，経なければならない（436 Ⅱ）。

監査役を設置した会社，指名委員会等設置会社または監査等委員会設置会社では，計算書類・事業報告およびこれらの附属明細書は，監査役，監査委員会または監査等委員会に（会計監査人設置会社では，計算書類およびその附属明細書は，さらに会計監査人に）提出され，監査役・監査委員会・監査等委員会，会計監査人は監査を行い，監査報告・会計監査報告を作成する。なお，会計監査人設置会社の場合は，会計監査人の監査結果をふまえて監査役，監査委員会または監査等委員

6)　たとえば，『金融商品に関する会計基準』に従って，市場価格のある金銭債権・株式（子会社および関連会社の株式等を除く）・社債等（満期保有目的所有のものを除く）には時価を付すことが求められると解されている。

会は計算書類およびその附属明細書を監査する。

9-2-5　取締役会の承認

計算書類・事業報告およびこれらの附属明細書の作成は重要な業務執行であるから，取締役会設置会社においては取締役会の承認が必要である（436 Ⅲ）。なお，監査役，監査委員会，監査等委員会または会計監査人の監査がなされる場合には，その監査後に，計算書類・事業報告およびこれらの附属明細書について取締役会の承認を受けなければならない。これは，監査結果等をふまえて取締役会が承認するか否かを決定できるようにするためである。

9-2-6　招集通知に際しての提供

取締役会設置会社においては，取締役は，定時株主総会の招集の通知に際して，株主に対し，取締役会の承認を受けた計算書類・連結計算書類および事業報告（監査役，監査委員会，監査等委員会または会計監査人の監査がなされた場合には，さらに，監査報告・会計監査報告〔なお，計規 133 Ⅰ②ハ・③ニへ〕）を提供しなければならない（437，計規 133・134，会社規 133）[7]。

もっとも，定款に定めがあれば，株主資本等変動計算書もしくは個別注記表または連結計算書類（その連結計算書類に係る会計監査報告または監査報告を含む）に表示すべき事項に係る情報を，定時株主総会に係る招集通知を発出する時から定時株主総会の日から3ヵ月が経過する日までの間，継続して電磁的方法により株主が提供を受けることができる状態に置く措置（インターネットに接続された自動公衆送信装置を使用する方法によって行われるものに限る）をとる場合には，株主に対して提供したものとみなされる（計規 133 Ⅳ・134 Ⅳ）（ウェブ開示によるみなし提供）。事業報告（会社法施行規則 120 条1項4号，5号，7号，8号および，121 条1号，2号，4号から6号までに掲げる事項ならびに 124 条2項が定める事項を除く）に表示すべき事項にかかる情報についても，定款の定めがあり，かつ，この措置をとることについて監査役，監査委員会または監査等委員会が異議を述べていない場合には，同様である（会社規 133 Ⅲ）。これらの場合には，取締役は，その措置をとるために使用する自動公衆送信装置のうちその措置をとるための用に供する部分をイン

7）2019 年 12 月 11 日から3年6ヵ月以内の政令で定める日以降（2021 年4月1日時点では未施行），定款の定めがある場合には電子提供措置（第5章注 17）によることができ，提供することを要しない（325 の4 Ⅲ）。

ターネットにおいて識別するための文字，記号その他の符号またはこれらの結合であって，情報の提供を受ける者がその使用に係る電子計算機に入力することによって当該情報の内容を閲覧し，当該電子計算機に備えられたファイルに当該情報を記録することができるもの（すなわち，ウェブサイトのURL）を株主に対して通知しなければならない（計規133 Ⅴ・134 Ⅴ，会社規133 Ⅳ）。

9-2-7　株主総会における承認・報告

(1)　原　則

取締役は，計算書類および事業報告を定時株主総会に提出または提供し（438 Ⅰ），計算書類は定時株主総会の承認を受けなければならず（438 Ⅱ），事業報告の内容を取締役は定時株主総会に報告しなければならない（438 Ⅲ）。事業報告には，その事業年度における事業の経過その他の会社の状況を明らかにする重要な事項が記載されるべきであるが，これらの記載事項は，事実であって判断ではなく，記載されたところが事実か否かが問題となるにすぎないから，株主総会がその適否を判断して承認するという性質のものではないためである。

(2)　会計監査人設置会社である取締役会設置会社の特例

会計監査人設置会社である取締役会設置会社においては，取締役会の承認を受けた計算書類が法令および定款に従い会社の財産および損益の状況を正しく表示しているものとして法務省令で定める要件[8)]に該当する場合には，定時株主総会の承認を受ける必要はなく，取締役は，その計算書類の内容を定時株主総会に報告すれば足りる（439）。剰余金の配当等の決定の特則（***9-4-1-1***(3)）と異なり，定款の定めを要さず，また，取締役の任期に注目した限定もない。

この規定の背景には，株主には複雑な計算書類の内容の正否についての判断能力がないことが多いという実態をふまえたうえで，計算書類が確定してしまえば，利益処分案につき総会が紛糾すると株主が配当をもらえなくなるだけであるから，総会が荒れることが少なくなるという政策的配慮がある。さらに専門家である会

8)　計算関係書類についての会計監査報告の内容が無限定適正意見（計規126 Ⅰ②イ）であること（計規135①），および，その会計監査報告に係る監査役，監査委員会または監査等委員会の監査報告（監査役会設置会社では監査役会の監査報告）の内容として会計監査人の監査の方法または結果を相当でないと認める意見（監査役会設置会社では監査役会の監査報告と各監査役の監査役監査報告の内容が異なる場合の付記を，指名委員会等設置会社では監査委員の付記を，監査等委員会設置会社では監査等委員の付記を，それぞれ含む）がないことが要件とされている（計規135②③）。

表 9-2　計算書類の確定と剰余金の配当等の決定

<table>
<tr><td colspan="2" rowspan="3"></td><td rowspan="3">取締役会不設置会社</td><td colspan="3">取締役会設置会社</td></tr>
<tr><td colspan="2">右以外の会社</td><td rowspan="2">会計監査人および監査役会を設置し，かつ取締役の任期の末日が選任後 1 年以内に終了する事業年度のうち最終のものに関する定時株主総会の終結の日以前の日である会社，指名委員会等設置会社または監査等委員会設置会社であって，剰余金の配当等を取締役会の決議をもって決定することができる旨を定めたもの</td></tr>
<tr><td>会計監査人不設置会社</td><td>会計監査人設置会社</td></tr>
<tr><td>計算書類</td><td>貸借対照表・損益計算書・株主資本等変動計算書等</td><td colspan="2">株主総会の承認により確定</td><td colspan="2">計算書類が法令および定款に従い株式会社の財産および損益の状況を正しく表示しているものとして法務省令で定める要件に該当する場合には取締役会の承認により確定</td></tr>
<tr><td colspan="2" rowspan="2">事業報告</td><td></td><td colspan="3">取締役会決議で確定</td></tr>
<tr><td colspan="4">株主総会において報告</td></tr>
<tr><td rowspan="4">剰余金の配当等</td><td>時　期</td><td colspan="4">いつでも</td></tr>
<tr><td>決定機関
――原則</td><td colspan="3">株主総会の普通決議</td><td>最終事業年度に係る計算書類が法令および定款に従い株式会社の財産および損益の状況を正しく表示しているものとして法務省令で定める要件に該当する場合には取締役会決議</td></tr>
<tr><td>例外①</td><td colspan="4">現物配当（株主に金銭分配請求権を与える場合を除く）および特定の者からの自己株式の有償取得は株主総会の特別決議</td></tr>
<tr><td>例外②</td><td></td><td colspan="2">定款に定めがあれば，自己株式の市場取引・公開買付けによる取得を取締役会で決定することができ，中間配当も可能</td><td>取締役会の決議によることができるための要件をみたさない場合および定款に取締役会の決議をもって決定することができる事項を株主総会の決議によって決定することができない旨を定めていない場合には，株主総会の決議によっても可能</td></tr>
<tr><td rowspan="2">純資産の部の計数の変動</td><td>①資本金額の減少（その他資本剰余金の額を増加させる場合と準備金の額を増加させる場合を含む）</td><td colspan="4">株主総会の特別決議。ただし，定時株主総会における資本金額の減少であって，減少後なお分配可能な剰余金が生じないときは株主総会の普通決議</td></tr>
<tr><td>②準備金額の減少</td><td colspan="3">株主総会の普通決議</td><td>債権者保護手続を要する準備金額の減少は株主総会の普通決議</td></tr>
</table>

			債権者保護手続を要しない準備金額の減少は，最終事業年度に係る計算書類が法令および定款に従い株式会社の財産および損益の状況を正しく表示しているものとして法務省令で定める要件に該当する場合には取締役会決議。定款の決議によることができるための要件をみたさない場合および定款に取締役会の決議をもって決定することができる事項を株主総会の決議によって決定することができない旨を定めていない場合には，株主総会の普通決議によっても可能
	③準備金額または剰余金額の減少と資本金額の増加／剰余金額の減少と準備金額の増加	株主総会の普通決議	
	損失の処理，任意積立金の積立てその他の剰余金の処分（①②③および剰余金の配当その他株式会社の財産を処分するものを除く）	いつでも株主総会の普通決議により可能	最終事業年度に係る計算書類が法令および定款に従い株式会社の財産および損益の状況を正しく表示しているものとして法務省令で定める要件に該当する場合にはいつでも取締役会の決議により可能。取締役会の決議によることができるための要件をみたさない場合および定款に取締役会の決議をもって決定することができる事項を株主総会の決議によって決定することができない旨を定めていない場合には，株主総会の普通決議によっても可能

計監査人の監査によって，株主の保護が図れるから十分であるという価値判断がある（会計監査人が任務を懈怠したときは損害賠償責任を負う〔423・429〕。***5-12-1-1-2***）。

9-2-8　計算書類等の備置

定時株主総会の1週間前（取締役会設置会社は2週間前）の日[9]から，計算書類・事業報告，これらの附属明細書（監査役を設置した会社，指名委員会等設置会社，監査等委員会設置会社，会計監査人設置会社では，さらに，監査報告または会計監査報告）

9）株主総会の目的である事項について提案があって，株主全員の同意によって決議を省略する場合（319 Ⅰ）には，提案があった日。

を５年間本店に，その写しを３年間支店に[10]，それぞれ，備え置いて株主および会社の債権者の閲覧に供し，請求に応じてその謄本または抄本を交付等しなければならない（442 Ⅰ Ⅱ Ⅲ）（親会社の株主の権利については ***8-2-3***）[11]。

また，臨時計算書類（***9-2-11***）を作成した場合にも，作成した日から，臨時計算書類（監査役を設置した会社，指名委員会等設置会社，監査等委員会設置会社，会計監査人設置会社では，さらに，監査報告または会計監査報告）を５年間本店に，その写しを３年間支店に[12]，それぞれ，備え置いて株主および会社の債権者の閲覧に供し，請求に応じてその謄本または抄本の交付等をしなければならない（442 Ⅰ Ⅱ Ⅲ）（親会社の株主の権利については ***8-2-3***）。

9-2-9　計算書類の公告または公開

会社は，定時株主総会の承認（または報告）後遅滞なく貸借対照表（大会社は，さらに損益計算書）またはその要旨（電子公告をする会社を除く）を官報または時事を掲載する日刊新聞紙に公告または電子公告しなければならない（440 Ⅰ Ⅱ）。

ただし，電子公告をしない会社も，公告に代えて，貸借対照表（大会社は，さらに損益計算書）の内容である情報を，定時株主総会の終結後遅滞なく，定時株主総会の終結の日後５年を経過する日まで継続して電磁的方法により不特定多数の者がその提供を受けることができる状態に置く措置を講ずることができる（440 Ⅲ，計規 147）。

ただし，有価証券報告書提出会社は公告・公開をすることを要しない（440 Ⅳ）。現在では，EDINET（金融商品取引法に基づく有価証券報告書等の開示書類に関する電子開示システム。金融商品取引法第２章の４参照）によって，有価証券報告書の内容

10）ただし，計算書類等が電磁的記録で作成されている場合であって，支店における，電磁的記録に記録された事項を表示したものの閲覧請求，電磁的方法による提供またはその事項を記載した書面の交付請求に応じることを可能とするための措置として法務省令で定めるもの（会社規 227）をとっているときは写しを備え置く必要はない（442 Ⅱ柱書但書）。

11）東京地判平成 27・7・13 金判 1480 号 51（東京高判平成 27・11・11（平成 27 年（ネ）第 4114 号）により是認）は，442 条１項所定の備置期間を経過した計算書類等は閲覧等請求の対象とならないとした。また，株主が会社に対して，計算書類等の謄本の交付を請求する場合には，株主が当該請求に係る計算書類等が存在することについて立証責任を負っているとし，会社が計算書類等を作成していない場合において，株主が会社に対して計算書類等を作成することまで請求することはできないとした。

12）注 10 参照。

を知ることができ，有価証券報告書が提供する会社の経理の状況に関する情報は会社法上の貸借対照表・損益計算書よりも詳細な情報であるので，貸借対照表・損益計算書の公告等を要求する必要がないからである。

9-2-10 連結計算書類

有価証券報告書提出会社である大会社は，その会社およびその子会社からなる企業集団の財産および損益の状況を示すために，連結計算書類[13]を作成しなければならない（444 Ⅲ）。これは，企業のグループ化に伴い，企業集団の財産および損益に関する情報開示の重要性が高まっているからである。また，これ以外の会社でも，会計監査人設置会社は連結計算書類を作成することができる（444 Ⅰ）。

連結計算書類は，監査役（指名委員会等設置会社では監査委員会，監査等委員会設置会社では監査等委員会）および会計監査人の監査を受けなければならない（444 Ⅳ）。取締役会設置会社では，その後に，連結計算書類について取締役会の承認を受けなければならない（444 Ⅴ）。

取締役は，取締役会の承認を受けた連結計算書類を定時株主総会に提出し，その内容を報告すれば足るが，監査役（または監査委員会もしくは監査等委員会）および会計監査人の監査の結果を報告する（444 Ⅶ）。取締役会設置会社では，取締役会の承認を得た連結計算書類は招集通知の際に株主に提供されるが（444 Ⅵ，計規134）[14]，連結計算書類に係る会計監査報告・監査報告は必ずしも提供されないため，株主総会における監査結果の報告が必要とされる。

13） 計算書類と同様，電磁的記録をもって作成することができる（444 Ⅱ）。連結貸借対照表，連結損益計算書，連結株主資本等変動計算書，および，連結注記表が連結計算書類とされている（計規 61）。もっとも，連結キャッシュフロー計算書を任意に提出し，株主に送付することは自由である。

14） **9-2-6** 参照。連結計算書類の備置・閲覧等については規定が設けられていない。また，連結計算書類に係る監査報告書を定時株主総会の招集通知の際に提供することも要求されていない。連結計算書類の備置・閲覧等・公告についての規定が設けられなかったのは，有価証券報告書提出会社についてのみ連結計算書類制度を強制することとされているからである。有価証券報告書は金融商品取引法に基づいて公衆の縦覧に供されているため，その一部をなす連結財務諸表については，会社法の規定に基づいて，備置・閲覧・謄本・抄本の交付等・公告を要求する必要がないと考えられるからである。

9-2-11　臨時計算書類（441）

会社は，最終事業年度の直後の事業年度に属する一定の日（臨時決算日）における会社の財産の状況を把握するため（臨時計算書類の対象期間の損益および自己株式処分対価を分配可能額に反映させることができる。***9-4-1-2***(2))，臨時決算日における貸借対照表および臨時決算日の属する事業年度の初日から臨時決算日までの期間に係る損益計算書（臨時計算書類）を作成することができる（441 Ⅰ，計規 60）。公告あるいは電磁的方法による公開が要求されないことを除けば，臨時計算書類に関する規律は計算書類に関する規律とパラレルに定められている（備置については，***9-2-8***）。

すなわち，監査役を設置した会社や会計監査人設置会社では，臨時計算書類も，それぞれ監査役，会計監査人（指名委員会等設置会社では監査委員会および会計監査人，監査等委員会設置会社では監査等委員会および会計監査人）の監査を受けなければならない（441 Ⅱ）。そして，取締役会設置会社では，（所定の監査を受けた）臨時計算書類は，取締役会の承認を受けなければならない（441 Ⅲ）。また，臨時計算書類は，株主総会の承認を受けなければならないのが原則であるが，臨時計算書類が法令および定款に従い会社の財産および損益の状況を正しく表示しているものとして法務省令で定める要件に該当する場合（計規 135〔本章注 8〕）は，取締役会の承認を受けることで足りる（441 Ⅳ）。

9-3　純資産の部の計数とその変動

9-3-1　資本金

9-3-1-1　資本金の意義

資本金は，会社財産を維持するための基準となる金額であり（**視点 7**），会社の信用の基礎をなすから（会社債権者の保護，会社自身のため），一定の手続を経なければ，その額を減少することができない（資本不変の原則）。

9-3-1-2　資本金額の増加

株式会社の資本金の額は，会社法に別段の定めがある場合を除き，設立・株式の発行に際して株主となる者が会社に対して払込み・給付をした財産の額とされる（445 Ⅰ）。ただし，払込み・給付に係る額の 2 分の 1 を超えない額は，資本金

表 9-3 純資産の部の計数の変動

		資本準備金		その他資本剰余金			利益準備金	(プラスの) その他利益剰余金			欠損金(マイナスのその他利益剰余金)
		増加	減少	増加	剰余金の配当による減少	左以外の減少	減少	増加	剰余金の配当による減少	左以外の減少	減少
資本金	増加		株主総会普通決議			株主総会普通決議	株主総会普通決議			株主総会普通決議	
	減少	株主総会特別決議*		株主総会特別決議*							
資本準備金	増加				**	株主総会普通決議					
	減少			株主総会普通決議***							
利益準備金	増加								**	株主総会普通決議	
	減少							株主総会普通決議***			株主総会普通決議***
(プラスの) その他利益剰余金	増加									株主総会普通決議***	
	減少							株主総会普通決議***			

* 同時増減資の場合は，取締役の決定（取締役会の決議）
** 準備金（資本準備金＋利益準備金）の額が資本金額の 4 分の 1 に達するまで
*** 一定の会社において一定の場合には取締役会決議
〔452 条に基づいて，その他資本剰余金額を減少させて，欠損金額を減少させることができると解するのが通説であるが，会社計算規則 27 条 2 項および 29 条 1 項の規定の文言や 31 条 1 項 4 号とのバランスからは，できないと解するほうが自然かもしれない〕

として計上しないことができる（445 Ⅱ）。また，合併，吸収分割，新設分割，株式交換，株式移転または株式交付に際して資本金として計上すべき額は，法務省令で定められている（445 Ⅴ，計規 35 以下）。

なお，株主総会の普通決議により，資本準備金・利益準備金またはその他資本剰余金・その他利益剰余金の額を減少して，資本金額を増加することができる（448・450，計規 25 Ⅰ）。

9-3-1-3　資本金額の減少

資本金額の減少（減資）とは，剰余金の配当等にあたって会社に留保されるべき会社財産の基準額である資本金の額を引き下げることをいう。

資本金額の減少は，資本金という一定の計算上の数額を減少することであり，本来，計算上のものである。もっとも，資本金額の減少と同時に剰余金の配当を行うことは可能である。

9-3-1-3-1　利害関係者の保護

資本金額の減少が剰余金の配当と同時に行われる場合には，会社の財産規模を縮小し会社事業の基礎に重大な影響を及ぼし，株主の利益および会社債権者の利益に，そうでなくとも，将来の剰余金配当を容易にすることによって，将来の会社財産維持に重要な影響を与えるため，会社債権者の利益に，それぞれ重要な影響を及ぼす。

⑴　株主総会の特別決議

資本金額の減少[15]は，定款変更を伴わないが，株主の利害に重大な影響を及ぼすので，減少する資本金額等について，原則として，株主総会の特別決議を得なければならない（447 Ⅰ・309 Ⅱ⑨）。

他方，欠損塡補の場合には，将来の剰余金配当が容易になるだけであり，会社からの財産の流出には直ちにはつながらないため，株主にとって不利益はないので，減少する資本金額につき株主総会の普通決議を経れば足りる（447 Ⅰ・309 Ⅱ⑨かっこ書）。

また，株式の発行と同時に資本金の額を減少する場合であって，資本金額の減少の効力発生日後の資本金額がその日前の資本金額を下回らないときには，取締役の決定（取締役会設置会社では，取締役会の決議）によって資本金額を減少することができる（447 Ⅲ）。

⑵　債権者保護手続

会社債権者に対し，債権者は一定の期間内（1ヵ月以上）に資本金額の減少に異議を述べることができる旨，資本金額の減少の内容，会社の計算書類に関する事項として法務省令で定めるもの[16]を官報で公告し，かつ，知れている債権者に

15)　全部取得条項付種類株式の取得（***4-5-3-3-7***）や株式の併合（***4-11-2***）が行われても，資本金額が当然に減少するわけではない。

16)　①貸借対照表またはその要旨を公告している場合に，官報で公告をしているときは，その官報の日付およびその公告が掲載されている頁，時事に関する事項を掲載する日刊新聞紙

各別に催告しなければならない（449 Ⅱ）。ただし，事務負担軽減の観点から，会社が官報のほか定款に定めた時事に関する事項を掲載する日刊新聞紙または電子公告により，その公告をするときは，各別の催告をしなくともよいものとされている（449 Ⅲ）。債権者が異議を述べなかったときには資本金額の減少を承認したものとみなされるが，異議を述べたときは弁済もしくは相当な担保の提供または信託会社への相当な財産の信託をしなければならない。ただし，その債権者を害するおそれがないときは弁済等を要しない（449 Ⅳ Ⅴ）[17)]。

「知れている債権者」とは，債権者がだれであるか，またはその債権はどのような原因に基づくか，いかなる請求権であるのか，の大体が会社に知れている場合の債権者をいい，数額の知れた者である必要はない（大判昭和7・4・30〈79事件〉）。

9-3-1-3-2 資本金額の減少と株式

株式数を減少させることなく，単に資本金額のみを減少させることができる（***3-4-2*** も参照）。

9-3-1-3-3 資本金額減少の効力発生

資本金額減少の効力は，資本金額の減少決議で定めた資本金額減少の効力発生日（その日前はいつでも変更できる〔449 Ⅶ〕）または債権者保護手続がすべて完了した日のいずれか遅い日に発生する（449 Ⅵ①）。

登記事項（資本金額）に変更が生じるので，変更の登記（**制度B**）がなされるが（911 Ⅲ⑤・909），それは資本金額減少の効力発生要件ではない。

なお，資本金額減少の効力発生時期は，第1に資本金額減少無効の訴えの提起

で公告をしているときは，その日刊新聞紙の名称，日付およびその公告が掲載されている頁，電子公告により公告をしているときは，電子公告により公告すべき内容である情報について不特定多数の者がその提供を受けるために必要な事項であって法務省令で定めるもの（計規152），②貸借対照表を電磁的方法により公開しているときは，貸借対照表の内容である情報について不特定多数の者がその提供を受けるために必要な事項であって法務省令で定めるもの（計規152），③会社が有価証券報告書を提出しているときは，その旨，④特例有限会社である場合には，その旨，⑤最終事業年度がないときは，その旨，⑥ ①から⑤以外の場合には，最終事業年度に係る会社計算規則第6編第2章の規定に基づく貸借対照表の要旨の内容（計規138～142）。

17）大阪高判平成29・4・27判タ1446号142は，資本金の額の減少における「債権者を害するおそれ」は，当該資本金の額の減少によって抽象的に将来に向けて剰余金の分配可能性が高まる（会社財産に対する拘束が弱まる）というだけでなく，資本金の額の減少が債権者により具体的な影響を与えるかどうかを検討して判断すべきであるとした。

期間の起算点として，第2に会社の計算書類における資本金の表示について意義を有する。

資本金額減少の効力が発生した後，会社に対して債権を取得する債権者は会社に留保されるべき会社財産の額が資本金額減少前のそれではなく，資本金額減少後のそれであることが表示されるにつき正当な利益をもつ。そこで，資本金額減少の変更登記を懈怠すると取締役・執行役などに過料の制裁が科されるし（976①），対第三者責任の原因ともなる（429Ⅱ）。

9-3-1-3-4　資本金額減少の無効

資本金額減少の手続または内容に瑕疵がある場合（たとえば，資本金額減少の決議が無効であったり取り消された場合，債権者保護手続に瑕疵があった場合など）には，資本金額減少には無効原因がある（ただし，東京高判昭和59・6・28判時1124号210）。しかし，会社法は，資本金額減少の無効をめぐる法律関係の画一的確定と法的安定を図るために，資本金額減少の無効は訴えによってのみ主張できるものとしている（排他性）。

資本金額減少の効力発生前には，資本金額減少無効の訴えは提起できないが，資本金額減少決議取消しの訴えまたは決議無効・不存在確認の訴えを提起できる。他方，資本金額減少の効力発生後には資本金額減少無効の訴えのみ提起することができ，資本金額減少決議の取消しまたは無効・不存在確認の訴えは訴えの利益を欠く。なぜなら，資本金額減少の効力が発生し，資本金額減少無効の訴えを提起できるようになった以上，資本金額減少の手続の一部にすぎない資本金額減少の決議の効力のみを争うことには意味がないから，決議の瑕疵の主張はもっぱら資本金額減少無効の訴えによるべきだからである[18)]。濫訴防止のため，原告株主・債権者の訴えの提起が悪意によるものであることを疎明して，被告である会社が請求したときは，裁判所は担保提供を原告株主・債権者に命ずることができる（836ⅠⅡ）（***5-2-9-4***参照）。

法律関係の早期安定を図るため，資本金額減少無効の訴えの提起期間は資本金額減少の効力発生日から6ヵ月以内に限られ（828Ⅰ⑤），原告適格も株主，取締役，監査役（監査の範囲が会計事項に限定されている者を除く），執行役，清算人，破産管財人，資本金額減少を承認しなかった債権者に限られる（828Ⅱ⑤）。

資本金額減少の無効判決は形成判決であり，法律関係の画一的確定のため対世

18）　合併無効の訴えと合併承認決議の瑕疵を争う訴えの関係なども同じである。

効が認められるが（838），資本金額の減少は将来に向かって効力を失うものとされている（839）。

9-3-2　準備金

9-3-2-1　準備金の意義

資本金額に相当する会社財産に加えて準備金額に相当する会社財産を確保しない限り，剰余金の配当等を許さないことによって，企業経営に起因する会社財産の変動に対するクッションを法は設けている。資本準備金と利益準備金とに分けられる。

9-3-2-2　準備金額の増加

設立または株式の発行に際して株主となる者が会社に対して払込み・給付をした財産の額のうち，資本金として計上しないこととした額（払込剰余金）は，資本準備金として計上しなければならない（445 Ⅲ）。

また，剰余金の配当をする場合には，資本金額の4分の1に達するまで，その剰余金の配当により減少する剰余金の額に10分の1を乗じて得た額に相当する額だけ準備金額を増加させなければならない。その他資本剰余金を減少するときは資本準備金の額を，その他利益剰余金を減少するときは利益準備金の額を，それぞれ増加させなければならない（445 Ⅳ，計規22）。

なお，合併，吸収分割，新設分割，株式交換または株式移転に際して準備金として計上すべき額については，法務省令で定められている（445 Ⅴ，計規35以下）。

資本金額の減少（**9-3-1-3**）とともに，資本準備金の額を増加させることもできるし（447 Ⅰ②，計規26 Ⅰ①），株主総会の普通決議により，その他利益剰余金（446 Ⅰ）の額を減少させて，利益準備金の額を，その他資本剰余金の額を減少させて，資本準備金の額を，それぞれ増加させることもできる（451，計規26 Ⅰ②・51 Ⅰ）。

9-3-2-3　準備金額の減少

株主総会の普通決議により，準備金の額を減少させて資本金額を増加させることが認められる（448 Ⅰ②，計規25 Ⅰ①）。資本金額を増加させた方が会社債権者には有利なので，債権者保護手続を経る必要はない。

また，株主総会の普通決議によって，準備金額を減少して，剰余金額を増加させ，または欠損金の額を減少することができる（448）。準備金額の減少については，原則として，資本金額の減少の場合と同様の債権者保護手続が要求される

(449)。もっとも，定時株主総会決議（一定の定款の定め〔***9-3-3***〕があるときは取締役会決議〔459 Ⅲ〕）による準備金額の減少であって，減少後なお分配可能な剰余金が生じないときは，債権者保護手続を要しない（449 Ⅰ但書）。これは，実質的には，平成17年改正前商法の下における欠損塡補であり，会社からの財産の流出は生じないし，準備金額が欠損塡補のために減少することは会社債権者も覚悟すべきだからである。

さらに，資本金額の減少の場合と同様，株式の発行と同時に準備金の額を減少する場合であって，準備金額の減少の効力が生ずる日後の準備金額がその日前の準備金額を下回らないときには，取締役の決定（取締役会設置会社では，取締役会の決議）によって準備金額を減少することができる（448 Ⅲ）。

9-3-3　純資産の部のその他の計数の変動

会社は，株主総会の決議によって，損失の処理，任意積立金の積立てその他の剰余金の処分（資本金・準備金の額の増加，剰余金の配当その他会社の財産を処分するものを除く）をすることができる（452）[19]。なお，剰余金の配当等を決定する機関に関する特例については，***9-4-1-1***(3)参照。

9-4　剰余金の配当等

会社の営利性は，対外的な営利活動によって利益を得ることにとどまらず，構成員たる株主に分配することを含む（105 Ⅱ）。株主に対する利益の分配は，会社の解散の際の残余財産の分配という方法によってなすこともできるが，会社は存続中に剰余金の配当等を行うことができる。ここでいう剰余金の配当等には，平成17年改正前商法の下での，株主に対する金銭等の分配（利益配当，金銭の分配〔中間配当〕，資本金および準備金の減少に伴う払戻し）および自己株式の有償取得が含まれる。

19）452条からは，剰余金を財源とする役員賞与または寄付などはできないと解するのが自然である。もっとも，費用として支出せず剰余金を直接減少することによって債権者保護に欠けるとは考えられないため，禁止する根拠はみあたらない（なお計規29 Ⅱ③）。また，452条は，剰余金の配当等を決定する機関に関する特例（459）との関連で意義を有するとすれば，剰余金を財源とする役員賞与または寄付を株主総会以外で決定させることは適当ではないから，452条にそれらの事項が含まれないように規定されているのは当然である。

9-4-1 剰余金の配当等の決定手続と要件

会社は，分配可能額（461）の範囲内で，いつでも剰余金を配当することができる（453）。自己株式の有償取得については，***4-5-3-3*** 参照。

9-4-1-1 決定手続

⑴ 原 則

会社は，剰余金の配当をしようとするときは，そのつど，株主総会の普通決議（ただし，⑶）によって，配当財産の種類（その会社の株式，社債，新株予約権を除く）および帳簿価額の総額，株主に対する配当財産の割当てに関する事項，および，剰余金の配当の効力発生日を定めなければならない（454 Ⅰ）[20)]。これは，利益を会社に留保して，会社の維持・成長を期待するか，剰余金の配当を受けて当座の現金収入を得るかということについては，株主間で意見が異なるのが普通なので，剰余金の配当に株主は重要な利害を有し，株主のコントロールを及ぼすことが適当だからである（**視点 11**）。

⑵ 中間配当

取締役会設置会社は，一事業年度の途中において1回に限り取締役会の決議によって剰余金の配当（配当財産が金銭であるものに限る）をすることができる旨を定款で定めることができる（454 Ⅴ）。

⑶ 一定の監査役会設置会社および指名委員会等設置会社・監査等委員会設置会社

取締役の任期を選任後最初の決算期に関する定時総会の終結の日以前までと定めている監査役会および会計監査人が設置されている会社，指名委員会等設置会社または監査等委員会設置会社は，剰余金の配当（配当財産が金銭以外の財産であり，かつ，株主に対して金銭分配請求権を与えないこととする場合を除く）のほか，株主との合意による自己株式の取得（特定の株主からのみ取得する場合を除く）に関する事項，減少後なお分配可能な剰余金が生じない準備金の減少（***9-3-2-3***）に関する事項，損失の処理，任意積立金の積立てその他の剰余金の処分（資本金または準備金の額の増加，剰余金の配当その他株式会社の財産を処分するものを除く）に関する事項（計規 153）を取締役会が決定することができる旨を定款に定めることができる（459 Ⅰ）。さらに，この定款の定めがある場合には，会社は，これらの事項

---

20) 自己株式の有償取得は株主に対する剰余金の分配の一類型であるが，会計監査人を設置していない会社または取締役の任期がおおむね1年以下ではない会社においても，定款の定めに基づく取締役会決議による自己株式の有償取得が許される（165 Ⅱ）。

を株主総会の決議によっては定めない旨を定款で定めることもできる（460Ⅰ）。

これらの定款の定めは，最終事業年度に係る計算書類が法令および定款に従い会社の財産および損益の状況を正しく表示しているものとして法務省令で定める要件[21]に該当する場合に限り，その効力を有する（459Ⅱ・460Ⅱ）。

これらは，利益が発生している場合に，タイムリーに配当を行うためには，取締役会に剰余金の配当の決定権限を与えることに実益があるし，どの程度の剰余金の配当を行うか，内部留保をどのように行うかは，さまざまなファクターを考慮すべき経営判断の1つであり，株主よりも取締役が適任者であるという見方によるものである。定款の定めが必要なのは，株主総会の権限を減縮することになるからである。

なお，取締役の任期がおおむね1年とされている会社（ただし，監査等委員会設置会社の監査等委員である取締役の任期はおおむね2年とされている）に限定されているのは，取締役会の決定した剰余金の配当の方針に反対の株主が取締役の不再任という形で自己の意思を次の事業年度以降に反映させることを可能にするためである。すなわち，株主が取締役に対してコントロールを及ぼすチャンスを増やすことを通じて，適切な配当政策を動機付けようとしている[22]。

⑷　株主総会の特別決議によらなければならない場合

配当財産が金銭以外の財産である場合（現物配当）[23]には，株主に金銭分配請求権（その配当財産に代えて金銭を交付することを会社に対して請求する権利）[24]を与え

21）　計算書類についての会計監査報告の内容が無限定適正意見（計規126Ⅰ②イ）であること（計規155①），および，その会計監査報告に係る監査役会，監査委員会または監査等委員会の監査報告の内容として会計監査人の監査の方法または結果を相当でないと認める意見（監査役会設置会社では監査役会の監査報告と各監査役の監査役監査報告の内容が異なる場合の付記を，指名委員会等設置会社では監査委員の付記を，監査等委員会設置会社では監査等委員の付記を，それぞれ含む）がないことが要件とされている（計規155②③）。

22）　剰余金の配当等の決定手続の特例が認められる会社の事業報告には，剰余金の配当等の決定権限の行使に関する方針を記載しなければならない（会社規126⑩）。

23）　一定数の株式（基準株式数）を有しない株主に対し配当財産の割当てをしないこととすることもできるが（454Ⅳ②），この場合には，基準株式数にみたない数の株式（基準未満株式）を有する株主に対して，会社は，基準株式数の株式を有する株主が割当てを受けた配当財産の価額として定めた額にその基準未満株式の数の基準株式数に対する割合を乗じて得た額に相当する金銭を支払わなければならない（456）。

24）　会社は，金銭分配請求権を行使した株主に対し，その株主が割当てを受けた配当財産に代えて，その配当財産の価額に相当する金銭を支払わなければならない。配当財産が市場価

る場合[25]を除き，株主総会の特別決議によらなければならない（454 Ⅳ・309 Ⅱ⑩・459 Ⅰ④但書）。

また，特定の者からの自己株式の有償取得は株主総会の特別決議による（160・309 Ⅱ②・459 Ⅰ①）（***4-5-3-3-4***(2)**2**）②(a)）。

9-4-1-2 実質的要件（財源規制）

分配可能額の範囲でなされることが剰余金の配当の実質的要件である。

(1) 剰余金の額

剰余金の額は，最終事業年度の末日におけるその他資本剰余金の額とその他利益剰余金の額との合計額を基礎として，最終事業年度の末日後の剰余金配当額，剰余金の配当に伴う準備金増加額および剰余金額を減少させて増加させた資本金・準備金の額を合計した額，および消却した自己株式の帳簿価額を減算して算定する。さらに，最終事業年度の末日後の自己株式処分差益（吸収型組織再編の際に処分した自己株式に係るものを除く）を加算（差損のときは減算）し，資本金・準備金減少差益を加算し，吸収型組織再編を行ったときは，資本剰余金および利益剰余金の増加額を加算（減少額を減算）する（446，計規 149・150）。

(2) 分配可能額

臨時計算書類を作成しなかった場合には，分配可能額は剰余金の額から自己株式の帳簿価額[26]および会社計算規則 158 条に定められた額を減算し，最終事業年度の末日後に自己株式を処分した場合における自己株式の処分対価の額[27]を加算して求める（461 Ⅱ）。

格のある財産である場合にはその配当財産の市場価格として法務省令で定める方法により算定される額（計規 154）が，それ以外の場合には会社の申立てにより裁判所が定める額が，それぞれ，その配当財産の価額とされる（455 Ⅱ）。

25) この場合には，金銭分配請求権行使の機会を与えるため，会社は，金銭分配請求権を行使できる期間の末日の 20 日前までに，株主に対して，通知をしなければならない（455 Ⅰ）。

26) 会社計算規則 158 条 9 号では，最終事業年度の末日後に会社がその自己株式を取得した場合（その株式の株主に対してその会社の株式を交付した場合に限る）におけるその取得した株式につき会計帳簿に付した帳簿価額からその取得に際してその取得した株式の株主に交付したその株式会社の株式以外の財産（社債および新株予約権〔会社の有していたものを除く〕を除く）の帳簿価額およびその取得に際してその取得した株式の株主に交付したその会社の社債および新株予約権に付すべき帳簿価額の合計額を減じて得た額は分配可能額に加算することとされている。

27) 会社計算規則 158 条 10 号では，最終事業年度の末日後に吸収型組織再編または特定募集をした際に処分した自己株式の処分対価は分配可能額に加算することとされている。

まず，企業結合に関する会計基準が適用されることに伴い計上されるのれんの額が多額となることが予想されることから，正ののれんの額の2分の1と繰延資産の部に計上した額との合計額（のれん等調整額）が資本金と準備金との合計額（資本等金額）を超える場合であって，①のれん等調整額≦資本等金額＋最終事業年度の末日におけるその他資本剰余金の額である場合，または，②のれん等調整額＞資本等金額＋最終事業年度の末日におけるその他資本剰余金の額であるが，最終事業年度の末日におけるのれんの額の2分の1≦資本等金額＋最終事業年度の末日におけるその他資本剰余金の額の場合には，のれん等調整額から資本等金額を減じて得た額を，③のれん等調整額＞資本等金額＋最終事業年度の末日におけるその他資本剰余金の額であって，最終事業年度の末日におけるのれんの額の2分の1＞資本等金額＋最終事業年度の末日におけるその他資本剰余金の額の場合には，最終事業年度の末日におけるその他資本剰余金の額と繰延資産の部に計上した額との合計額を，それぞれ，分配可能額算定上控除すべきものとされている（計規158①）[28)]。

また，負のその他有価証券評価差額金（通常は，平成17年改正前商法の下での株式等評価差額金と一致する）および負の土地再評価差額金も控除することが要求されている（計規158②③）。

さらに，会社法458条の実効性を確保できるように，300万円に相当する額から資本金および準備金の額の合計額と株式引受権の額，新株予約権の額ならびに評価・換算差額の合計額（その額がマイナスである場合には，0）とを合計した額を減じて得た額（その額が0未満である場合には，0）が分配可能額算定上控除すべきものとして定められている（計規158⑥）。

以上に加えて，最終事業年度の末日後に会社計算規則21条または42条の2第5項1号の規定により増加したその他資本剰余金の額，および，最終事業年度がない株式会社が成立の日後に自己株式を処分した場合における当該自己株式の対価の額，を控除するものとしている（計規158⑧）。

なお，ある事業年度の末日が最終事業年度の末日となる時から当該ある事業年度の次の事業年度の末日が最終事業年度の末日となる時までの間におけるその会社の分配可能額の算定につき会社計算規則158条4号の規定を適用する旨を当該ある事業年度に係る計算書類の作成に際して定めた連結計算書類作成会社（連結

28)　他方，のれんや繰延資産の償却に関する規定は会社計算規則には設けられておらず，一般に公正妥当と認められる企業会計の慣行に委ねられている。

配当規制適用会社）については，おおざっぱにいえば，会社の個別貸借対照表上の剰余金額を基礎として算定された分配可能額を連結貸借対照表上の剰余金額を基礎として算定された分配可能額が下回る額を分配可能額算定上控除するものとされている。

また，臨時計算書類を作成したときは，さらに，臨時計算書類の損益計算書に計上された当期純利益額を加算（または当期純損失額を減算）し[29]，臨時決算日の属する事業年度の初日から臨時決算日までの期間に自己株式を処分した場合におけるその自己株式の処分対価の額[30]を加算した額が分配可能額となる。

9-4-2 違法な剰余金の配当

違法な剰余金の配当には，剰余金の配当の実質的要件（461 Ⅰ）が欠ける場合と決定手続に瑕疵があるか，株主平等原則に違反する場合とがある。通常，違法な剰余金の配当という場合には前者を指す。

9-4-2-1 株主の支払義務

9-4-2-1-1 会社に対する支払義務

分配可能額を超えて剰余金の配当がなされた場合には，株主（金銭等の交付を受けた者）は，会社に対し，配当財産の帳簿価額に相当する金銭を支払う義務を負う（462 Ⅰ）。***4-5-3-3-11*** も参照。

9-4-2-1-2 会社債権者からの支払請求

分配可能額を超えて剰余金の配当がなされた場合には，会社債権者が会社財産維持に重大な利害を有することに鑑み，会社債権者は株主に対して，交付を受けた金銭等（配当財産）の帳簿価額（その額がその債権者の会社に対して有する債権額を超える場合にあっては，その債権額）に相当する金銭を支払わせることができる（463 Ⅱ）。この規定は，会社債権者自身への支払請求を認めるものであると解されるが（江頭・ジュリ 1295 号 4），債権者代位権（民 423）と異なり，「自己の債権を保全する」ことは要件とされていないし，弁済期が到来する前であっても請求できる。もっとも，債権者は，自己の債権の弁済期が到来していなければ自己の

29） 会社計算規則 158 条 5 号では，最終事業年度の末日後に 2 以上の臨時計算書類を作成した場合に，二重に計上されることがないようにするための額が定められている。

30） 会社計算規則 158 条 7 号では，最終事業年度の末日後，臨時計算書類の対象期間内に吸収型組織再編または特定募集をした際に処分した自己株式の処分対価は控除することとされている。

債権の満足にあてることはできない（民505 I）。

9-4-2-1-3　支払請求を受ける株主の範囲

会社からの支払請求および会社債権者からの支払請求に対し，支払義務を負うのは悪意で配当を受領した株主に限られない。なぜなら，形式的には，463条2項は1項とは書き分けられており，実質的には，会社財産維持，会社債権者保護の重要性に鑑みると，財源規制に違反してなされた剰余金の配当は一律に無効と解すべきだからである[31)]。また，463条1項で業務執行者等の求償権の行使の対象が悪意の株主に限られるのは（***9-4-2-2-3***），自ら違法行為をした業務執行者等が善意の株主に対して求償することは不当であることに鑑みた一種の制裁と解すべきだからである[32)]。

31）461条1項違反の剰余金の配当等がなされた場合には，株主は交付を受けた金銭等の帳簿価額の支払義務を負うため，そのような剰余金の配当等を無効であると解する必要がないこと（平成17年改正前商法の下では，無効であると解することによって，会社の株主に対する不当利得返還請求〔平成29年改正前民703・704〕が認められると説明していた），463条1項は「効力が生じた日」と定めており，461条1項違反の行為が有効であることを前提としていると考えられること，および，株式の交付との同時履行が抗弁となるとすると，461条1項違反の自己株式の取得がなされた場合にも会社債権者が株主（譲渡人）に直接支払請求できるとしていること（463 II）の意義が失われることなどから，461条1項違反の行為は有効であるという解釈も成り立ちうる（相澤＝岩崎・商事法務1746号39）。また，461条1項柱書は合同会社に関する628条の文言とは異なる。しかし，461条1項柱書は「株主に対して交付する金銭等……の帳簿価額の総額は，当該行為がその効力を生ずる日における分配可能額を超えてはならない」と定めており，分配可能額を超える場合にはその行為は強行法規違反として無効であると解するのが自然であるし，違法な株主総会や取締役会の決議は無効であると解するのが私法の一般原則であり，明示的に有効であると定められていない以上は無効であると解するのが穏当であろう。また，純資産額が300万円を下回る場合の剰余金の配当等は458条の文言に照らしても無効と解さざるをえないこととのバランスからも無効と解すべきである。さらに，自己株式の取得が有効であるとすれば，譲渡人である株主が会社に対して株式の交付を請求する（会社計算規則20条は請求できることを前提としている）自然な法的構成は考えにくく（会社に利得があるとはいえないのではないか，「法律上の原因なくして」とはいえないのではないか），譲渡人の保護という観点から見すごすことができない問題が残る。なお，詳細については，弥永・演習⑥参照。

32）株主が経営から切り離されていることをふまえて株主保護の必要性を強調し，善意の株主も返還義務を負うとすると，そのような株主が不測の損害を被ること，取締役は会社の機関として会社に対する返還を株主に請求することによって自己の責任を軽減できることになり，平成17年改正前商法266条ノ2〔会社法463条1項〕で善意の株主を保護した趣旨が没却されることなどをあげて，善意の株主は返還請求を受けないとする立場があった（河本702）。しかし，支払請求を認めないことは会社財産の維持に反し（特に取締役・執行役が無

9-4-2-2 取締役・執行役の責任（罰則〔963 V②〕）

9-4-2-2-1 会社に対する責任

株主に対する支払請求は実効性が低い。すなわち，多数の株主にわずかの配当金について個々に支払請求をすることは，訴訟技術上困難であり，また採算にも合わない。そこで，その職務を行うについて注意を怠らなかったことを証明しない限り，業務執行者等も支払義務を負うものとされている（462 I）（詳細については，***5-12-1-4*** 参照）。

9-4-2-2-2 第三者に対する責任（429）

悪意または重過失により，財源規制に違反した剰余金の配当をし，それによって第三者（たとえば違法な剰余金の配当により債権の回収が不可能となった会社債権者など）が損害を被ったときは，業務執行者等は，連帯して賠償責任を負う。なお，計算書類の虚偽記載と同時に違法な剰余金の配当が行われるのが一般的である（***5-12-4-7*** 参照）。

9-4-2-2-3 悪意の株主に対する求償

剰余金の配当により，株主に対して交付された金銭等の帳簿価額の総額が剰余金の配当の効力発生日における分配可能額を超えることにつき善意の株主は，その株主が交付を受けた金銭等について，支払義務を履行した業務執行者等からの求償の請求に応ずる義務を負わない（463 I）。

たしかに，違法になされた配当は法律上無効であって，それを受領した株主は，違法な剰余金の配当であることを知っているか否かを問わず，会社に対する支払義務を負う（462 I 柱書）。そして，業務執行者等が弁済したからといって，株主が利得していること（民 121 の 2 参照）には変わりがないから，業務執行者等は株主に対し，当然その支払額を求償できるはずである（民 499）。しかし，違法な剰余金の配当を行った業務執行者に，違法な剰余金の配当であることを知らなかった（善意の）株主に対してまでも求償権行使を認めることは妥当ではないので，求償の対象を悪意の株主のみに限定している。

9-4-2-3 監査役・会計参与の責任（罰則〔963 V②〕）

9-4-2-3-1 会社に対する責任（423）

違法な剰余金の配当について，任務懈怠のあった監査役・会計参与は，会社に対し連帯して任務懈怠に基づく損害賠償責任（過失責任）を負う。

資力の場合には会社財産の十分な回復ができないこととなる），会社債権者を害することになるが，善意の株主が会社債権者より保護されるべき理由はないと考えるのが通説である。

9-4-2-3-2　第三者に対する責任（429）

9-4-2-2-2 参照。

9-4-2-3-3　悪意の株主に対する求償

文言上，423条に基づく責任には463条1項の適用はない。たしかに業務執行者等の責任は挙証責任の転換された支払義務であり，監査役・会計参与の責任は過失責任である損害賠償責任であるが，業務執行者等は過失等がある場合でも求償できるのに監査役・執行役はできないとするのは均衡を欠くし，どちらが責任を履行したかによって，株主が不当利得を保持できるかが変わるのはおかしい。他方，民法499条により，会社に代位できるのは当然であるとして，善意の第三者にも求償できると考えるのも妥当ではない。業務執行者等について善意の株主に対する求償を認めない趣旨は監査役・会計参与にも妥当するから，463条1項を類推適用すべきである。

9-4-2-4　無効の主張方法[33)]

剰余金の配当が株主総会決議に基づいてなされる場合には，違法な剰余金の配当に係る総会決議は内容が法令に違反するものとして無効となり，決議無効確認の訴え（830）を提起できるし，訴えによらなくとも主張できる（全集262）[34)]。なお，取締役会が剰余金の配当を決定する場合には，違法な剰余金配当決議は当然に無効なので，だれでもいつでもどのような方法によっても，決議の無効を主張することができると解される。

9-4-2-5　剰余金の配当と株主平等原則

株主に対する配当財産の割当てに関する事項についての定めは，原則として，株主の有する株式の数に応じて配当財産を割り当てることを内容とするものでなければならない（454 Ⅲ）。したがって，株主平等に反する剰余金の配当は，会社

33）　会社法462条1項によれば，461条1項違反の剰余金の配当等の効力にかかわらず，剰余金の配当等により金銭等の交付を受けた者は，会社に対して，交付を受けた金銭等の帳簿価額に相当する金銭の支払義務を負うから，財源規制違反の剰余金の配当が無効であることを主張する実益はない（本章注31も参照）。もっとも，**9-4-2-5** でみるような財源規制違反以外の理由に基づいて剰余金の配当が無効とされる場合には，無効の主張方法についての議論の実益がある。

34）　訴えによらなくとも無効を主張できるとすると，決議無効確認判決に対世的効力を認めた趣旨が没却されるとして，決議無効確認の訴えによらなければならないとする立場がかつてあったが，訴えによらない無効の主張を認めても，無効確認訴訟の対世的効力が害されるわけではないし，決議無効を訴えによらなければ主張できないと解することには問題がある。

法に違反するものとして，無効となる（なお，会社が一部の大株主に対して，無配損失の塡補の趣旨で毎月または盆暮の手当てとして金員を贈与する契約[35]は平成17年改正前商法293条〔会社法454条3項〕の趣旨に照らし無効であるとする判決〔最判昭和45・11・24民集24巻12号1963〕がある）。

35) たとえば，顧問という名称を与え，顧問料として払った場合には，配当色はうすくなり，461条違反や株主平等原則違反として無効とすることは困難になる（百選〔第6版〕74事件解説〔関〕）。また，120条との関係でも2項による目的推定が働かなくなることが考えられる。

第10章 解散と清算

10-1 解散と清算の意義

解散は会社の法人格の消滅をきたすべき原因であり，解散後に会社の一切の権利義務を処理して残余財産を株主に分配する手続を清算という。すなわち合併の場合を除き，株式会社の法人格は，解散によっては直ちに消滅せず，合併または破産手続開始の決定があった場合を除き，会社は清算の手続に入り，その結了によって消滅する（476）。なお，株式会社は，設立無効判決（***6-7-2***）または株式移転無効判決（***8-1-9***）が確定した場合には，清算しなければならない（475②③）。

10-2 解散と休眠会社の整理

10-2-1 解散原因

合併（合併により，その会社が消滅する場合に限る。以下，本章において同じ），破産手続開始の決定，存続期間の満了その他定款に定めた事由の発生，株主総会の決議（特別決議によらなければならない〔309 Ⅱ⑪〕）[1]，および，解散を命ずる裁判が株式会社の解散原因とされている（471）。

解散を命ずる裁判には，解散命令（824）と解散判決（833）とがある。

解散命令は，不法な目的に基づいて会社が設立されたとき，会社が正当な理由がないのにその成立の日から１年以内に事業を開始せずまたは１年以上その事業を休止したとき，あるいは，会社の業務執行取締役，執行役または業務執行社員が法務大臣から書面による警告を受けたにもかかわらず法令もしくは定款で定める会社の権限を逸脱し，もしくは濫用する行為または刑罰法令にふれる行為を継

1）ただし，銀行・保険会社・特殊会社などにおいては主務大臣の認可が必要な場合がある。

続または反覆したときであって，公益を維持するためその会社の存立を許すことができないと裁判所が認める場合に，法務大臣[2)]，株主（持分会社の場合は社員），債権者その他の利害関係人の申立て[3)]により，なされる。場合によっては，会社制度が濫用され，会社が期待された社会的任務を果たさず公益を害することもありうるため，裁判所が公益の代表者である法務大臣または利害関係人である株主等の申立てにより会社の解散を命ずることができることとしたものである（大阪地判平成5・10・6判時1512号44）。

申立てがあった場合には，裁判所は，法務大臣もしくは株主，社員，債権者その他の利害関係人の申立てにより，または職権で，その申立てにつき決定があるまでの間，会社の財産に関し，管理人による管理を命ずる処分（管理命令）その他の必要な保全処分を命ずることができる（825 Ⅰ）。裁判所は，その管理命令において，管理人を選任し（825 Ⅱ），会社がその管理人に対して支払う報酬の額を定めることができる（825 Ⅳ）。裁判所はその管理人を監督し（825 Ⅴ），その管理人に対し，会社の財産の状況の報告をし，かつ，その管理の計算をすることを命ずることができる（825 Ⅵ）。また，裁判所は，法務大臣もしくは株主，社員，債権者その他の利害関係人の申立てにより，または職権で，その管理人を解任することができる（825 Ⅲ）。

他方，解散判決は，会社が業務の執行において著しく困難な状況に至り[4)]，会社に回復することができない損害が生じ，または生ずるおそれがある場合[5)]あ

2）裁判所その他の官庁，検察官または吏員は，解散命令の申立てまたは会社の業務執行取締役，執行役または業務執行社員が，法令もしくは定款で定める会社の権限を逸脱しもしくは濫用する行為または刑罰法令にふれる行為をしたことを，その職務上知ったときは，法務大臣にその旨を通知しなければならない（826）。

3）株主，社員，債権者その他の利害関係人が解散命令の申立てをした場合に，会社がその申立てが悪意によるものであることを疎明したときは，裁判所は，会社の申立てにより，その者に対し，相当の担保を提供することを命ずることができる（824 Ⅱ Ⅲ）。

4）東京地判昭和63・5・19金判823号33は，「業務の意思決定権を持つ取締役会が同数に分裂して意思決定をなし得なくなったり，株主が分裂しているため，新取締役の改選すらままならず，その結果業務の執行が著しく困難になる場合のように，会社が営利法人として存在することをほとんど不可能にする程度の事実の存在をいう」とする。東京地判平成元・7・18〈95事件〉，東京高判平成3・10・31金判899号8，高松高判平成8・1・29判タ922号281なども参照。

5）下級審裁判例では，いわゆるデッドロック（対立する株主〔グループ〕がそれぞれ議決権を50％ずつ所有しており，株主総会で取締役等の選任決議などができないなど）の場合に，

るいは会社財産の管理または処分が著しく失当で[6)]，会社の存立を危うくする場合であって，やむを得ない事由（***11-2-7-2***参照）があるときに，総株主（株主総会において決議をすることができる事項の全部につき議決権を行使することができない株主を除く）の議決権の10分の1（これを下回る割合を定款で定めた場合には，その割合）以上または発行済株式総数（自己株式を除く）の10分の1（これを下回る割合を定款で定めた場合には，その割合）以上の数の株式を有する株主の請求によりなされる（833 Ⅰ）。本来，事業を継続中の企業においては，会社を解散するか否かの判断は，第一次的には株主の多数意思に委ねられているが，解散判決の制度は，企業の継続が株主共同の利益に反する場合や（少数派）株主の正当な利益を守るためには解散以外の手段がないような場合に解散を認めようとするものである。合名会社・合資会社の場合（やむことを得ない事由があれば足りる〔833 Ⅱ〕）に比べると厳格な要件の下でのみ認められている。

10-2-2　休眠会社の整理

事業を事実上，廃止している株式会社の登記が残存していると，他の者による商号選択の範囲が狭められるばかりでなく，そのような会社はいわゆる会社売買の対象とされるなど不当な目的に利用されやすいことに鑑み，ある会社に関する登記が最後にあった日から12年を経過した会社（休眠会社）が，事業を廃止していない旨の届出を2ヵ月以内に登記所にすべき旨の法務大臣の公告およびその公告があった旨の登記所の通知があったにもかかわらず，公告の日から2ヵ月以内に届出または登記をしないときは，その期間満了時に解散したものとみなされ（472），職権により解散登記がなされる。

10-2-3　解散の効果

合併または破産手続開始の決定の場合を除き，解散により，株式会社は清算手続に入る（475①）。解散により，指名委員会等設置会社・監査等委員会設置会社

会社に回復することのできない損害が生ずるおそれがあるとされることが多い（東京地判令和元・8・30金判1584号40，東京高判平成30・6・27金判1566号59など）。

6)　前掲東京地判昭和63・5・19は，「たとえば，取締役が会社財産につき不当な処分をし，それが，多数株主の支持を背景としている場合のごとく，会社の誤った経営又は取締役の非行があるにもかかわらず，その是正が期待できない場合をいう」とする。前掲高松高判平成8・1・29，大阪地判昭和57・5・12判時1058号122，前掲東京地判令和元・8・30，前掲東京高判平成30・6・27，東京地判平成28・2・1（平成25年（ワ）第17329号）なども参照。

はそれぞれ，指名委員会等設置会社・監査等委員会設置会社ではなくなる（477 Ⅵ Ⅴ参照)。解散後の株式会社は，その会社が存続会社となる合併および承継会社となる会社分割をすることができない（474)。

合併，破産手続開始の決定または解散を命ずる裁判による場合を除き，株式会社を代表すべき清算人が解散の登記をしなければならない（926)。

10-2-4　会社の継続

存続期間の満了その他定款に定めた事由の発生または株主総会の決議により[7)] 解散した株式会社は，清算の結了により，法人格が消滅するまでは（大決昭和 8・2・7 民集 12 巻 132)，株主総会の特別決議により[8)]，会社の継続を決定できる（473)。この場合には，将来に向かって，会社が復活する。休眠会社の整理によって，解散したものとみなされた会社も，その後 3 年以内であれば，株主総会の特別決議により，会社の継続をすることができる。いずれの場合にも，会社の継続の登記をしなければならない（927)。

10-3　清　算

10-3-1　株式会社の清算の特徴――法定清算

合併の場合には，解散した会社の権利義務を処理する必要がなく，また破産手続開始の決定の場合には破産手続によるから，清算が行われるのは，合併・破産手続開始決定以外の原因で会社が解散した場合である。株式会社の清算は，多数派株主の横暴を防ぎかつ会社債権者の利益を害しないために，必ず法定の手続によらなければならないが（法定清算)[9)]，法定の範囲内では私的自治が認められている[10)]。

7)　第三者の利益を害しないため，会社の継続が認められるのは，会社が自主的に解散した場合および休眠会社のみなし解散の場合に限定されている（473)。

8)　株主の利益保護のためである。

9)　合名会社および合資会社については，**11-3-4** 参照。

10)　ただし，清算の遂行に著しい支障をきたすべき事情があるかまたは債務超過の疑いがあるときは，裁判所の監督の下で清算を行わなければならない（特別清算）（510)。

10-3-2　清算手続の特徴

清算は会社の一切の権利義務を処理して残余財産を株主に分配することを目的とする[11]。したがって，清算開始後の会社（以下，清算株式会社という）には事業活動を行うことを前提とする制度や規定は，原則として，適用されなくなる。

すなわち，清算株式会社においては，取締役はその地位を失い，清算人が清算事務を遂行するが，株主総会は清算株式会社にも存在する。また，清算株式会社は，定款の定めによって，清算人会，監査役または監査役会[12]を置くことができる（477 Ⅱ）。ただし，監査役会を置く旨の定款の定めがある清算株式会社は，清算人会を置かなければならず（477 Ⅲ），清算開始原因が生じた時に公開会社または大会社であった清算株式会社は，監査役を置かなければならない（477 Ⅳ）。

10-3-3　清算株式会社の能力

清算株式会社の権利能力の範囲は清算の目的の範囲内に縮減される（476）[13]。したがって，営業取引をする能力は，清算の目的のために行われる場合を除き，認められない[14]。また，資本金や準備金の額の減少や増加も行われない（509 Ⅰ②）。さらに，株主に対する剰余金の配当もできないし（509 Ⅰ②），自己株式の有償取得は原則として許されない（509 Ⅰ①・Ⅱ）。これは，株主は，債務の弁済後，残余財産分配の形で会社財産の分配を受けるべきだからである。以上に加えて，存続会社となる合併，承継会社となる会社分割，清算株式会社が親会社または子会社となる株式交換，株式移転や株式交付を行うことはできない（474・509 Ⅰ③）。

10-3-4　清算株式会社の機関

(1)　清算人および清算人会

取締役はその地位を失い，清算人が清算事務を遂行する。迅速かつ低廉なコストでの清算手続が可能となるよう，機関の簡素化を図るという観点から，監査役

11)　特別支配株主による株式等売渡請求も認められない。

12)　清算株式会社となるときに定款変更を行ってそのような定めを廃止することはできる。

13)　判例は，解散前の会社の功労者に対して慰労金を与えることができるとしていたし（大判大正2・7・9民録19輯619），貸付けについてはそれが清算事務の遂行に必要であって会社の清算の目的の範囲内に属することを要するとしていた（最判昭和42・12・15判時505号61）。

14)　権利能力の範囲外の行為は無効であり，会社に帰属しない（前掲最判昭和42・12・15）。

会を置く定款の定めがある場合を除き（477 Ⅲ），清算人会の設置は義務付けられないが，清算人会を設置するには，清算人が3人以上いなければならない（478 Ⅷ・331 Ⅴ）。なお，清算株式会社に清算人会が設置されない場合には，清算開始原因が生じた時に取締役会設置会社であった会社にも295条2項の適用はなく，株主総会は，清算の目的の範囲内では，法令・定款に総会の権限として定められていない事項についても決議することができる（491・295 Ⅱ対照）。

解散を命ずる裁判により解散した清算株式会社については，利害関係人もしくは法務大臣の申立てによりまたは職権で（478 Ⅲ），設立の無効の訴えに係る請求を認容する判決または株式移転の無効の訴えに係る請求を認容する判決が確定したことによって清算をする清算株式会社については，利害関係人の申立てにより（478 Ⅳ），それぞれ，裁判所が清算人を選任する。

これ以外の場合には，原則として，取締役（清算開始原因が生じた時に監査等委員会設置会社であった会社では監査等委員である取締役以外の取締役，指名委員会等設置会社であった会社では監査委員以外の取締役〔478 Ⅴ Ⅵ〕）[15] が清算人となるが [16]，取締役以外の者を定款で指定し，または株主総会の決議で選任することもでき（478 Ⅰ②③）[17]，この場合には取締役は当然には清算人とはならない。また，これらの方法により清算人となる者がいない場合には裁判所が選任する（478 Ⅱ）。取締役と同様，法定の欠格事由のある者は清算人になることができない（478 Ⅷ・331 Ⅰ）。そして，裁判所によって選任された者を除き，株主総会の決議により，いつでも清算人を解任することができる（479 Ⅰ）。重要な事由があるときは，裁判所選任の者をも含め，少数株主の請求により裁判所が清算人を解任できる（479 Ⅱ）。なお，清算人については，任期の定めはなく（332対照），定款または総会の選任決議で特に定めない限り，清算の結了までが任期となる。

なお，清算人と会社との関係については役員に関する規定が準用され（478 Ⅷ・330），忠実義務，競業または利益相反取引規制，清算人に対する違法行為差止請求，報酬 [18] については，取締役に関する規定が準用されている（482 Ⅳ・

15）解散前に取締役としての権利義務を有していた者は，解散と同時に清算人としての権利義務を有することになるとする判例（最判昭和44・3・28〈66事件〉）がある。

16）同時破産廃止の場合には，従前の取締役が清算人となることは不適当なので，取締役が当然に清算人となることはない（最判昭和43・3・15民集22巻3号625）。

17）解散を命ずる裁判により解散したときは，清算の公正を確保するという観点から，裁判所が清算人を選任する。

18）ただし，裁判所が選任した清算人の報酬は裁判所が決定する（485）。

355・356・360・361)[19]。剰余金の分配に係る責任[20]や株主権の行使に関する利益供与に関する責任は定められていないし，清算人の責任は株主全員の同意によらなければ免除できないものとされているが，清算人の会社に対する責任はおおむね取締役の会社に対する責任とパラレルに定められており，第三者に対する責任も取締役の対第三者責任とほぼパラレルに規定されている（486・487・488・424・428 I）。清算人の責任追及訴訟の提起（847）または職務執行停止の仮処分の申立て（928 IV・917，民保23）も株主に認められている。

①　清算人会が設置されない場合

それぞれの清算人が清算事務の執行権（482 I）および，清算株式会社を代表する清算人（代表清算）その他清算株式会社を代表する者を定めた場合を除き，代表権を有する（483 I本文・II）。取締役会設置会社以外の会社についての規律（348 III）とパラレルに，清算人が2人以上ある場合には，清算株式会社の業務は，定款に別段の定めがある場合を除き，清算人の過半数をもって決定するが（482 II），清算人は，支配人の選任・解任，支店の設置・移転・廃止，株主総会・種類株主総会の招集の決定，清算人の職務の執行が法令および定款に適合することを確保するための体制その他清算株式会社の業務の適正を確保するために必要なものとして法務省令で定める体制（会社規140）の整備についての決定を各清算人に委任することはできない（482 III）。

清算株式会社は，定款，定款の定めに基づく清算人（裁判所が選任したものを除く）の互選または株主総会の決議によって，清算人の中から代表清算人を定めることができる（483 III）。また，定款の定める者も株主総会の決議により選任された者もないため，取締役が清算人となる場合に，代表取締役が定められていたときは，その代表取締役が代表清算人となる（483 IV）。なお，裁判所が清算人を選任する場合には，その清算人の中から代表清算人を定めることができる（483 V）。

②　清算人会が設置された場合

清算人会はすべての清算人で組織され（489 I），清算人会は業務執行の決定，清算人の職務執行の監督および代表清算人の選定[21]・解職[22]を行う（489 II)[23]。

---

19)　清算事務の性質上，剰余金の配当等を行わないため，違法な剰余金の配当等に係る責任についての規定は設けられていない。

20)　もっとも，不正の行為があった場合を除き，清算結了に際して，決算報告について総会の承認があったときには，清算人の任務懈怠による会社に対する責任が免除されたものとみなされる（507 IV）。

取締役会で決定すべき事項（362 Ⅳ）とパラレルに，清算人会は，重要な財産の処分・譲受け，多額の借財，支配人その他の重要な使用人の選任・解任，支店その他の重要な組織の設置・変更・廃止，募集社債に関する事項その他の社債を引き受ける者の募集に関する重要な事項として法務省令で定める事項（会社規 141），清算人の職務の執行が法令および定款に適合することを確保するための体制その他清算株式会社の業務の適正を確保するために必要なものとして法務省令で定める体制（会社規 142）の整備その他の重要な業務執行の決定を清算人に委任することができない（489 Ⅵ）。

他方，業務の執行には代表清算人および代表清算人以外の清算人であって，清算人会の決議によって清算株式会社の業務を執行する清算人として選定された者があたる（489 Ⅶ）。

(2) 株主総会および監査役

株主総会および監査役は清算中も存続し，また検査役を選任することもできるが（大決大正 13・7・28 民集 3 巻 381），会計監査人や会計参与は置かれない[24]。

清算人は，定時総会に貸借対照表および事務報告を提出してその承認を求めなければならない[25]。また，議決権を有する（種類）株主の数が 1000 人以上の清

21） 代表清算人は，清算人会が選定するのが原則であるが（489 Ⅲ本文），従前の取締役が清算人となるときは従前の代表取締役が代表清算人となり（483 Ⅳ），また裁判所が清算人を選任するときは裁判所が代表清算人を定める（489 Ⅴ）。

22） 清算人会が選定した代表清算人および従前の代表取締役であることによって代表清算人となった者を清算人会は解職することができ（489 Ⅳ），裁判所が選定した代表清算人を解職することはできない（489 Ⅴ）。

23） 取締役会の場合と同様，各清算人が清算人会の招集権を有するのが原則であるが，清算人会を招集する清算人を定款または清算人会で定めることもできる（490 Ⅰ）。そして，招集権者を定めた場合には，招集権者以外の清算人は，招集権者に対し，清算人会の目的である事項を示して，清算人会の招集を請求することができ（490 Ⅱ），その請求があった日から 5 日以内に，その請求があった日から 2 週間以内の日を清算人会の日とする清算人会の招集の通知が発せられない場合には，その請求をした清算人は，清算人会を招集することができるものとされている（490 Ⅲ）。このほか，招集・議事・決議等については取締役会に関する規定が清算人会に準用されている（490 Ⅳ～Ⅵ）。

24） 清算株式会社は剰余金の配当等をせず，その結果，計算書類の作成を要しないため，計算書類を作成する会計参与や，計算書類を監査する会計監査人を設ける必要がないからである。

25） 清算株式会社は，原則として，営業取引をなす能力を有しないことから，決算公告という方法によって広く利害関係人に対して清算株式会社の財務情報を開示すべき必要性は少ないという認識に基づき，決算公告は要求されない。

算株式会社には，書面による議決権行使の許容および議決権行使のための参考書類についての規制が及ぶ（491・298 II・301・325）。

他方，監査役会，社外監査役または常勤監査役を置く必要はないが，清算開始原因が生じた時に大会社または公開会社であった会社は，1人以上監査役を設置しなければならず（477 IV）[26]，監査役の任期については任期の定めがないものとされている（480 II）。これは，大会社における監査役に係る規定は，相当程度複雑かつ重厚であり，これらの規定を，原則として営業取引を行う能力を有しない清算株式会社にそのまま適用する必要性が乏しいからである。そして，清算開始原因が生じた時に公開会社でなく，大会社でなかったものには，監査役を設置することは要求されない。

10-3-5　清算事務

現務を結了し[27]，債権を取り立て[28]，債務を弁済し[29]，全債務の弁済後に[30]，定款に別段の定めがなければ，原則として，持株数に応じて，残余財産を株主に

26）解散時に指名委員会等設置会社であった会社または監査等委員会設置会社であった会社も，大会社または公開会社であった会社では，監査委員または監査等委員である取締役が，それぞれ監査役となる。このように監査役の設置が必要とされるのは，財産の換価などについては，会社と清算人・多数派株主との間で利益相反は生じやすいからである。

27）契約履行のため物品を購入するように，既存の債務を履行するために必要な新たな取引をすることを含む。

28）本旨弁済を受けるほか，和解をし，代物弁済を受け，または第三者に債権を譲渡することを含む。

29）直ちに弁済をすると，早い者勝ちになり債権の申立てが遅れた者が弁済を受けられなくなるおそれがあるので，清算人は，債権者に対し一定の期間（2ヵ月未満であってはならない）内に債権の申出をするように官報により公告し，知れている債権者には各別に催告しなければならない（499）。弁済しても他の債権者を害するおそれのない債権を裁判所の許可を得て弁済するほかは，その期間内は弁済をしてはならず（ただし，履行遅滞による損害賠償責任を免れない）（500），期間経過後にすべての債務を弁済してから残余財産の分配を行うべきものとされている。そして，知れている債権者を除き，債権者は期間内に申出をしないときは清算から除斥され（503 I），まだ分配されていない財産（ただし，すでに一部の株主に分配がなされたときは，他の株主に対し同一割合の分配をするのに必要な財産を控除する）が残っている限りで，それから弁済を受けることができるに止まる（503 II III）。なお，清算の進行を図るため，会社は弁済期未到来の債務を弁済することができる。

30）争いのある債務につき，その弁済に必要であると認められる財産を留保して，残余財産を分配することはできる（502但書）。これに違反して分配されたときは，会社は各株主に対してその返還を請求できる（大判昭和11・12・17新聞4081号15）。

分配することが清算人の主要な職務である（481）。もちろん，481条は主要な職務を列挙したにとどまり，列挙されたもののみに清算人の職務権限を制限する趣旨ではない。したがって，列挙されていないが，当然，財産を換価することはできる。また，清算開始原因が生じた日における財産目録および貸借対照表の作成（492 Ⅰ），貸借対照表・事務報告および附属明細書の作成・備置等および監査報告の備置等（494・496）などにつき規定が設けられている。

清算が順調に進行して，債務を完済し，残余財産の分配を終わったときは，決算報告承認のための株主総会が招集され（507 Ⅲ），決算報告の承認がなされて（本章注20参照），清算が結了すると，会社は消滅し，清算結了の登記が行われる（929）[31]。そして，清算結了後10年間は，原則として，清算結了時の清算人が会社の帳簿，その事業および清算に関する重要な資料の保存義務を負うが（508 Ⅰ）[32]，清算人がいなくなった場合などには，利害関係人は，帳簿資料を保存する者の選任を裁判所に申し立てることができる（508 Ⅱ）。

なお，清算株式会社の財産がその債務を完済するのに足りないことが明らかになったときは，清算人は，直ちに破産手続開始の申立てをしなければならない（484 Ⅰ）。そして，破産手続開始決定があれば，清算手続から破産手続に移行し，清算人が破産管財人にその事務を引き継いだときは，その任務を終了したものとされる（484 Ⅱ）[33]。また，清算の遂行に著しい支障をきたすべき事情があるか，または債務超過の疑いがあるために，特別清算の開始決定があれば，特別清算手続に移行する（510）。

31）この登記は，設立登記と異なり，創設的効力は有しない。会社が消滅するのは清算が結了した時であって，たとえば，清算結了登記後も会社財産が残っている場合には，その分配等が結了するまで会社は存続する（大判大正5・3・17民録22輯364）。

32）清算に関し，後日紛争が生じた場合に備えて，証拠を保存させることを目的としたものである。なお，最判平成16・10・4判時1880号115は，帳簿・重要資料の閲覧または謄写の請求に関する規定がないこと，および，帳簿・重要資料には，会計帳簿等はもとより，営業および清算に関する重要資料全般が含まれ，これらの資料の中には，その株式会社または第三者の営業秘密等の清算結了後においても秘匿することを要する情報が記載された資料が存在し得ることを理由として，清算の結了した株式会社の利害関係人は，保存者に対し，帳簿・重要資料の閲覧または謄写の請求をすることはできないとした。

33）この場合には，清算株式会社がすでに債権者に支払い，または株主に分配したものがあるときは，破産管財人は取り戻すことができる（484 Ⅲ）。破産法による否認権行使が認められない支払等や清算会社が支払不能にないときにされた支払等も取り戻すことができる（福岡高那覇支判令和2・2・27金判1593号14）。

10-4　特別清算と清算・破産

表 10-1　清算・特別清算・破産の異同

<table>
<tr><th colspan="2"></th><th>清算</th><th>特別清算</th><th>破　産</th></tr>
<tr><td colspan="2">適用対象</td><td>すべての会社</td><td>清算株式会社のみ</td><td>自然人・法人（すべての会社は含まれる）</td></tr>
<tr><td colspan="2">開始原因</td><td rowspan="15">裁判所の関与はない</td><td>清算の遂行に著しい支障をきたすべき事情があるか債務超過の疑いがあるときに，申立てにより（510）</td><td>債務者が支払不能または債務超過（破 16 Ⅰ）（合名会社・合資会社の場合は支払不能［破 16 Ⅱ・15 Ⅰ］）にあるときに申立てにより</td></tr>
<tr><td colspan="2">申立権者</td><td>債権者，清算人，監査役，株主（511 Ⅰ）</td><td>債務者・債権者・取締役（合名会社・合資会社の場合は無限責任社員）・清算人（破 18 Ⅰ・19 Ⅰ Ⅱ）</td></tr>
<tr><td colspan="2">申立ての取下げの制限</td><td>あり（513）</td><td>あり（破 29）</td></tr>
<tr><td colspan="2">他の手続の中止命令等</td><td>あり（512）</td><td>あり（破 24）</td></tr>
<tr><td colspan="2">包括的禁止命令</td><td rowspan="2">なし</td><td>あり（破 25）</td></tr>
<tr><td colspan="2">保全管理命令・保全管理人の選任</td><td>破 91</td></tr>
<tr><td colspan="2">開始決定前の財産に関する保全処分</td><td>あり（540 Ⅱ）</td><td>あり（破 28）</td></tr>
<tr><td colspan="2">手続開始の公告</td><td>あり（890 Ⅰ）</td><td>あり（破 32）</td></tr>
<tr><td colspan="2">他の手続</td><td>中止・失効等（515）</td><td>中止・失効等（破 42）</td></tr>
<tr><td colspan="2">担保権の実行の手続等の中止命令</td><td>あり（516）</td><td></td></tr>
<tr><td colspan="2">相殺の禁止</td><td>あり（517・518）</td><td>あり（破 71・72）</td></tr>
<tr><td colspan="2">裁判所による監督</td><td>519</td><td>破 75</td></tr>
<tr><td colspan="2">裁判所による調査・調査委員の選任</td><td>520・533</td><td></td></tr>
<tr><td colspan="2">裁判所への財産目録等の提出</td><td>521</td><td>破 153 Ⅱ</td></tr>
<tr><td colspan="2">裁判所の調査命令</td><td>522</td><td></td></tr>
<tr><td>機　関</td><td></td><td>清算人および（株式会社の場合）株主総会（必須），監査役・監査役会・清算人会（株式会社に限る。任意）</td><td>清算人および債権者集会［546］（必須），監督委員（任意・法人可［527］）</td><td>破産管財人（法人可。破 74）および債権者集会（破 135）（必須）</td></tr>
</table>

	報　酬	原則として株主総会が決定。ただし，裁判所が選任した清算人については裁判所	清算人・破産管財人などについては裁判所が定める（526 Ⅰ・破 87 Ⅰ）	
行為の制限			535	破 78 Ⅱ
事業の譲渡等の制限			536	
債務の弁済の制限			537	原則として，財団債権に弁済した後（破 151），破産債権については配当（破 100・101・193）
換価の方法			民事執行法等の規定による（538・破 184）	
担保権者の処分する権利			539	破 185
取戻権・別除権			規定なし	破 62–66
否認権				破 160–176
開始決定後の会社の財産に関する保全処分			540 Ⅰ	規定なし
株主名簿の記載等の禁止			541	
役員等の財産の保全処分			542	破 177
役員等の責任免除禁止の処分・責任の免除の取消し			543・544	免除の取消しは否認権による（破 160）
役員の責任査定決定		裁判所の関与はない	545	破 178–181
協　定	可決要件		出席した議決権者の過半数の同意かつ議決権者の議決権の総額の3分の2以上の議決権を有する者の同意（567）	
	裁判所による認可		必要（568・569）	
	影響を及ぼす範囲		債権者が有する担保権（先取特権，質権，抵当権または会社法・商法の規定による留置権），協定債権者が清算株式会社の保証人その他清算株式会社と共に債務を負担する者に対して有する権利および清算株式会社以外の者が協定債権者のために提供した担保に影響を及ぼさない	

担保権消滅			破 186-192
債　権		担保権を有するか否かの差があるのみ（ただし，565）	財団債権と破産債権（優先的破産債権と劣後的破産債権）の区別あり（破 97-100・148・194）
手続の終了		終結決定（573）	破産手続廃止決定（破 216-219），終結決定（破 220）
破産手続開始の決定	484	574	

第11章 持分会社

11-1 持分会社の意義

会社法は，株式会社以外に，合名会社，合資会社，合同会社という3つの会社類型を定めており，この3つの類型の会社をまとめて持分会社という（575 Ⅰ）。

合名会社は，会社債務について，一定の場合には，会社債権者に対して直接，連帯して無限責任を負う社員（無限責任社員）（580 Ⅰ）のみからなる会社である（576 Ⅱ）。合資会社は，一定の場合には，出資の価額（会社に対して履行した出資の価額を除く）を限度として会社の債権者に対して直接，会社の債務につき弁済責任を負う社員（有限責任社員）（580 Ⅱ）と無限責任社員とからなる会社である（576 Ⅲ）。他方，合同会社は，有限責任社員のみからなる会社である（576 Ⅳ）。

11-2 持分会社に共通に適用される規律

株式会社とは異なり，合名会社，合資会社および合同会社は，いずれも社員間の人的信頼関係と，多くの場合，社員の経営者としての能力と意欲とを前提としており，会社の内部関係についての規律はほぼ同じである。まず，各社員は，原則として会社の業務を執行し（590 Ⅰ），会社を代表する（599 Ⅰ）[1]。

また，総社員の一致により，社員の入社（604 Ⅰ Ⅱ・637），持分の譲渡（585 Ⅰ）[2]，会社成立後の定款変更（637）など各種の事項が決定されるのが原則であるが，定款でこれと異なる定め（別段の定め）をすることができ，業務執行その

1） 特に，無限責任社員の場合には，会社債務について限度額なく責任を負う可能性がある以上，他人に経営を任せておけないと考えるのが自然であるし，経営に参加するなら無限責任を負うのも不合理ではないからである。

2） ただし，業務を執行しない有限責任社員の持分の譲渡は，業務を執行する社員の全員の承諾で足りる（585 Ⅱ）。

図 11-1　持分会社と株式会社

（合名会社・合資会社）

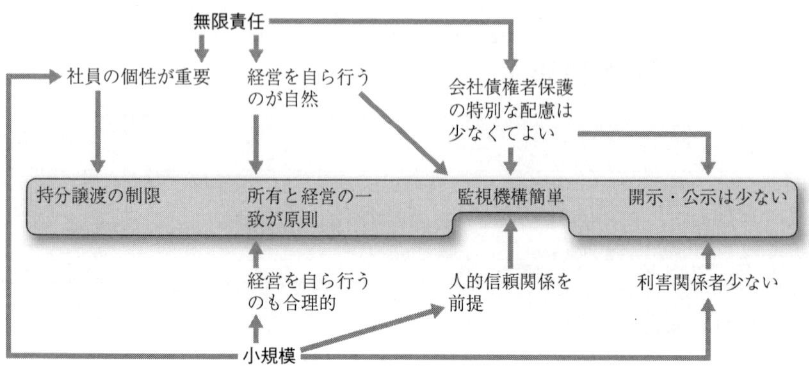

（合同会社）

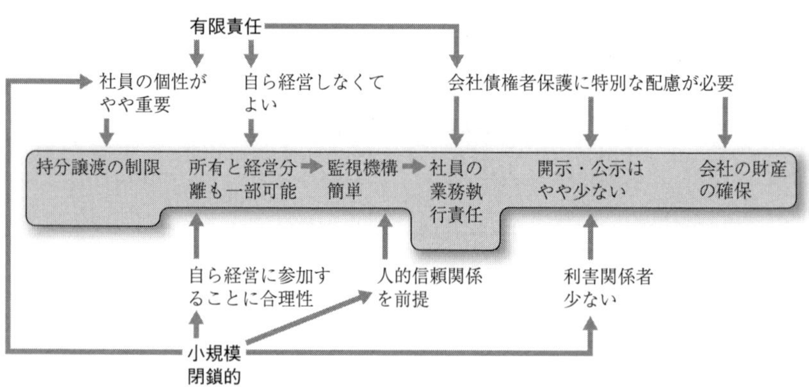

（株式会社〔公開会社〕）

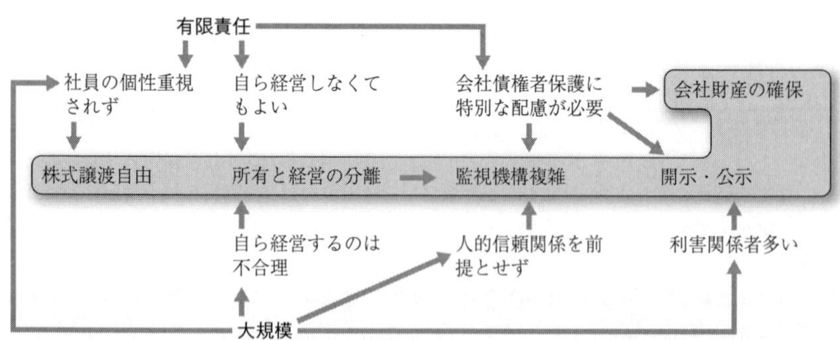

他の内部の規律に関しては，広く定款自治に委ねられている。

11-2-1 持　分

持分会社の社員の法律上の地位を持分という。社員は，出資義務を負い，利益配当請求権・出資の払戻請求権・残余財産分配請求権などと業務執行権・代表権または監視権とを有する。

11-2-2 社員の責任

(1) 責任の性質

一定の場合には，会社債権者に対して，社員は直接，連帯して，責任を負う[3)]。もっとも，この社員の責任は，第２次的責任（補充的責任）であり，会社が会社財産をもって債務を完済できないとき，または会社財産に対する強制執行が効を奏さないとき（会社に弁済をする資力があり，かつ，強制執行が容易であることを社員が証明した場合を除く）にのみ社員は会社債務を弁済する責任を負う（580 Ⅰ）。そして，従たる責任なので，会社の債務が消滅すれば，社員の責任は消滅し，また，社員が会社の債務を弁済する責任を負う場合には，社員は，会社が主張することができる抗弁をもってその会社の債権者に対抗することができ（581 Ⅰ），会社がその債権者に対して相殺権，取消権または解除権を有するときは，社員は，その債権者に対して債務の履行を拒むことができる（581 Ⅱ）[4)]。

(2) 商号等と社員の責任

会社は，社員の責任の状況に応じて，「合資会社」「合名会社」などの商号を用いなければならない（6 Ⅱ）。また，無限責任社員が有限責任社員となったこと（583 Ⅲ）を登記しなかった場合には，そのことを善意の第三者に対して対抗する

3）合資会社の有限責任社員は，履行した出資の価額については会社債権者に対して責任を負わないが，出資を完全に履行した場合であっても，有限責任社員に対して利益額を超えてなされた配当額（会社に対して支払義務を履行した額を除く）を限度として，会社債権者に対して責任を負う（623 Ⅱ・580 Ⅱ）。他方，合同会社の社員についても，履行した出資の価額については会社債権者に対して責任を負わないとされているが，合同会社の社員は，会社成立前に出資を履行しなければならないし，利益額を超えて配当がなされても会社債権者に対して直接責任を負うわけではない（580 Ⅱ・630 Ⅲ）。したがって，通常，実質的には間接有限責任を負うのと同じことになる。

4）すなわち，無限責任社員は会社が負担する債務と同一内容の範囲の債務を負担し，会社債務の全額について責任を負う（大判大正 13・3・22 民集 3 巻 185 参照）。

ことができない（908 Ⅰ）。さらに，合資会社の有限責任社員が自己を無限責任社員であると誤認させる行為をしたときは，その有限責任社員は，その誤認に基づいて合資会社と取引をした者に対し，無限責任社員と同一の責任を負い（588 Ⅰ），合資会社または合同会社の有限責任社員がその責任の限度を誤認させる行為をしたときは，その有限責任社員は，その誤認に基づいて会社と取引をした者に対し，その誤認させた責任の範囲内でその会社の債務を弁済する責任を負う（588 Ⅱ）。

(3)　弁済した社員の求償権

会社債権者に対し会社の債務を弁済した社員は，第三者弁済による求償権を会社に対し取得し（民 499），また，他の社員に対しその負担部分につき連帯債務者の求償権を有する（民 442）。

(4)　入社員および退社員の責任

内部における業務執行権・代表権の排除，損失の分担の免除などは，社員の責任に影響を与えない。

持分の全部を他人に譲渡した社員または退社員は，その旨の登記をする前に生じた会社の債務について，従前の責任の範囲内でこれを弁済する責任を負う（586 Ⅰ・612 Ⅰ）[5)]。ただし，この責任は，退社または持分の全部譲渡の登記後 2 年以内に請求または請求の予告をしない会社債権者に対しては，登記後 2 年を経過した時に消滅する（586 Ⅱ・612 Ⅱ）。

会社成立後に入社した社員も，入社前に生じた会社債務についても弁済責任を負う（605）。また，会社債権者保護のため，いわゆる擬制社員・自称社員も 588 条（(2)参照）と同様の表見責任を負う（589）。

11-2-3　業務執行権と代表権

11-2-3-1　業務執行

(1)　業務執行権と業務執行社員

持分会社の各社員は，原則として，業務執行の権利を有し義務を負うが（590 Ⅰ）[6)]，定款の定めによって，一部の社員のみを業務執行社員とすることができる

5)　大判昭和 14・2・8 民集 18 巻 54 は，退社の事実を知って債権を取得した者に対しても責任を負うとする。

6)　会社も他の会社の社員となることができ，持分会社の業務執行社員となることができる。しかし，業務執行社員が法人である場合には，その法人は，自然人を社員の職務を行うべき者（職務執行者）として選任しなければならない（598 Ⅰ）。職務執行者を選任したときは，

(591 Ⅰ)[7]。

⑵ 業務執行社員の辞任と解任

業務執行社員を定款で定めた場合には，その業務執行社員は，正当な事由がなければ，辞任することができないし(591 Ⅳ)，正当な事由がある場合に限り，他の社員の一致により解任することができる(591 Ⅴ)。もっとも，辞任および解任についても定款にこれらと異なる定めを置くことができる(591 Ⅵ)。なお，業務執行社員が出資の義務を履行しないとき，業務執行社員またはその職務執行者が他の社員全員の承認を得ることなく競業規制に違反したとき，業務執行社員が業務を執行するにあたって不正の行為をし，または業務を執行する権利がないのに業務の執行に関与したとき，会社を代表するにあたって不正の行為をし，または代表権がないのに持分会社を代表して行為をしたとき，そのほか，重要な義務を尽くさないとき，または，会社の業務を執行し，または持分会社を代表することに著しく不適任なときには，会社は，対象業務執行社員以外の社員の過半数の決議に基づき，訴えをもって対象業務執行社員の業務執行権または代表権の消滅を請求することができる(860)。

⑶ 業務執行の決定

定款に別段の定めがない限り，業務執行の意思決定は，社員(業務執行社員を定めたときは業務執行社員)の過半数(会議を開く必要はない)によってするのが原則であるが(590 Ⅱ・591 Ⅰ)，定款に別段の定めがない限り，支配人の選任・解任は総社員の過半数により決定しなければならない(591 Ⅱ)。他方，日常の業務は各社員(業務執行社員を定めたときは業務執行社員)が専断で決定することができ，他の社員が異議を述べたときに原則に戻る(590 Ⅲ・591 Ⅰ)。

⑷ 業務執行社員の一般的義務

業務を執行する社員は，善良な管理者の注意をもって，その職務を行う義務を

その氏名および住所を社員に通知しなければならず(598 Ⅰ)，職務執行者の氏名および住所を登記しなければならない(912 ⑦・913 ⑨・914 ⑧)。業務執行社員と同様，職務執行者は，会社に対して善管注意義務および忠実義務を負い(598 Ⅱ・593 Ⅰ Ⅱ)，競業避止義務を負い(598 Ⅱ・594)，利益相反取引規制の対象とされる(598 Ⅱ・595)。また，職務執行者は，会社に対する任務懈怠による責任(598 Ⅱ・596)を，業務執行社員が有限責任社員である場合には対第三者責任(598 Ⅱ・597)を，それぞれ負う。

7) 定款に別段の定めがある場合を除き，業務執行社員は，会社または他の社員の請求があるときは，いつでもその職務の執行の状況を報告し，その職務が終了した後は，遅滞なくその経過および結果を報告しなければならない(593 Ⅲ Ⅴ)。

負い（593 Ⅰ），法令および定款を遵守し，会社のため忠実にその職務を行わなければならない（593 Ⅱ）[8)]。

⑸ 競業規制と利益相反取引規制

定款に別段の定めがある場合を除き，業務執行社員は，他の社員全員の承認を受けなければ，自己または第三者のために会社の事業の部類に属する取引をし，または，会社の事業と同種の事業を目的とする会社の取締役，執行役または業務執行社員となってはならない（594 Ⅰ）。他の社員全員の同意を得ずに，業務執行社員が競業行為などをしたときは，株式会社の取締役と同様（***5-6-1-2***），その行為によってその業務執行社員また第三者が得た利益の額は，会社に生じた損害の額と推定される（594 Ⅱ）。

また，定款に別段の定めがある場合を除き，業務執行社員は，業務執行社員が自己または第三者のために会社と取引をしようとするとき，または，会社が業務執行社員の債務を保証することその他社員でない者との間で会社と社員との利益が相反する取引をしようとするときには，その取引についてその社員以外の社員の過半数の承認を受けなければならない（595 Ⅰ）。

⑹ 業務執行社員の責任

業務執行社員は，その任務を怠ったときは，持分会社に対し，連帯して，これによって生じた損害を賠償する責任を負う（596）。

また，株式会社の取締役と同様，業務を執行する有限責任社員がその職務を行うについて悪意または重大な過失があったときは，その有限責任社員は，連帯して，これによって第三者に生じた損害を賠償する責任を負う（597）。

⑺ 業務執行社員以外の社員の監視権など

業務執行権を有しなくとも，各社員は，業務執行について重大かつ正当な利害関係を有しているので，定款に別段の定めがない限り，裁判所の許可を得ることなく，会社の業務および財産の状況を調査することができる（監視権）。ただし，社員が事業年度の終了時または重要な事由があるときに調査をすることを制限する旨を定款に定めても無効である（592）。

また，株式会社の株主と同様（***5-12-2***），会社[9)]に対して社員の責任[10)]を追及

8）定款に別段の定めがある場合を除き，業務執行社員と会社との関係には民法 646 条から 650 条までの規定（受任者の受寄物引渡し等の義務，受任者の金銭消費貸借の責任，受任者の報酬請求権，受任者の費用前払請求権，受任者の費用償還請求権など）が適用される（593 Ⅳ Ⅴ）。

する訴えの提起を請求したにもかかわらず，会社がその請求の日から60日以内にその訴えを提起しないときは，その請求をした社員は，業務執行権を有していなくとも，その訴えについて会社を代表することができる（602本文。なお，602但書）。

11-2-3-2　代　表

原則として，業務執行社員は，会社を代表し（599Ⅰ本文），業務執行社員が2人以上いる場合には，業務執行社員は，各自，会社を代表する（599Ⅱ）。

しかし，業務執行社員の一部のみが会社を代表するものとすることもでき（599Ⅰ但書），定款または定款の定めに基づく社員の互選によって，業務を執行する社員の中から会社を代表する社員（代表社員）を定めることができる（599Ⅲ）。そして，会社を代表する社員は，会社の業務に関する一切の裁判上または裁判外の行為をする権限を有するものとされ（599Ⅳ），その権限に加えた制限は，善意の第三者に対抗することができない（599Ⅴ）。なお，一定の場合には，会社は，対象業務執行社員以外の社員の過半数の決議に基づき，訴えをもって対象業務執行社員の代表権の消滅を請求することができる（860）。

11-2-4　社員の変動・持分の譲渡

社員の氏名・名称および住所は定款の絶対的記載事項である（576Ⅰ④）から，社員の変動（入社と退社）には定款の変更（原則として総社員の同意が必要〔637〕）を要する（また，604Ⅱ）[11]。

11-2-4-1　退　社

退社とは，持分会社において，会社の存続中に特定の社員の社員としての資格が絶対的に消滅することをいう。社員が退社した場合（社員が退社したものとみな

9）会社が社員に対し，または社員が会社に対して訴えを提起する場合に，その訴えについてその会社を代表する者（その社員自身は会社を代表できない）が存在しないときは，その社員以外の社員の過半数をもって，その訴えについて会社を代表する者を定めることができる（601）。

10）責任の減免についての規定は設けられていない。これは，民法の一般原則に従って，責任を減免すること（たとえば，定款の定めによって責任額を限定すること）は可能であると考えられるからであろう。

11）合名会社および合資会社については，登記事項でもあるが（912⑤・913⑤），合同会社については，会社成立前に出資が履行済であり（578），社員は会社債権者に対して責任を負わないので（580Ⅱ），登記事項ではない。

される場合〔845〕を含む）には，会社は，その社員が退社した時に，その社員に係る定款の定めを廃止する定款の変更をしたものとみなされる（610）。

このような退社が認められるのは，社員の個性が会社に対してもつ影響力が大きいことから，場合により社員を会社関係から排除する必要があり，他方で，とりわけ，無限責任社員は会社債務について連帯して無限責任を負い，また，社員は原則として業務執行権・代表権を有するので，その意思に反して拘束するのは適当でないからである。

他方，社員相互間の信頼関係が重視されていることから，持分の譲渡が制限されており（585），とりわけ，無限責任社員は無限責任を負うことから譲受人を見つけることが容易ではないため，持分譲渡のみでは投下資本回収の方法として十分ではなく，直接会社から脱退し，持分の払戻しを受けることを認める必要があるからである。しかも，退社を認め退社員に持分の払戻しをしても，退社員は，退社登記をする前に生じた会社の債務については，従前の責任の範囲内で弁済する責任を負うので（612 Ⅰ）[12)]，会社債権者を害するおそれもないからである。

11-2-4-1-1　退社者のみの意思による場合（告知）

定款で会社の存立時期を定めなかったとき，またはある社員の終身間会社が存続することを定めたときは，定款に別段の定めがない限り，各社員は少なくとも 6 ヵ月前に予告して，事業年度の終わりにおいて退社できる（606 Ⅰ Ⅱ）。さらに，やむを得ない事由がある場合は，会社存立時期を定めた場合であるか否かや定款の別段の定めの有無・内容を問わず，各社員はいつでも退社することができる（606 Ⅲ）。

11-2-4-1-2　総社員の意思による場合

あらかじめ定款に定めた事由が発生したとき（607 Ⅰ①），または退社について，具体的に「総社員の同意」があるとき（607 Ⅰ②）は，606 条に定める場合でなくとも退社が認められる。

607 条 1 項 2 号の「総社員の同意」とは，606 条の要件をみたさない退社申出に対して，それを容認することについての同意と解するのが妥当である。事業年度の途中において予告なく退社されると，会社の計算・持分の払戻し等についての特別の措置をとる必要があるからである。そうだとすれば，数人の社員から同時に退社の申出があった場合には，残存社員が利害関係を有する。したがって，

12）　ただし，この責任は，退社登記後 2 年以内に請求または請求の予告をしない会社債権者に対しては，その登記後 2 年を経過した時に消滅するものとされている（612 Ⅱ）。

607条1項2号の総社員の同意とは残存社員の同意と解してよい[13)]。

11-2-4-1-3 **社員の債権者の意思による場合**

社員の持分を差し押さえた債権者は，会社およびその社員に対し6ヵ月前に予告[14)]をして，事業年度の終了時においてその社員を退社させることができる(609)（そして持分の払戻しを受け，債権の満足を得る)。

11-2-4-1-4 **その他の場合**

社員相互間の信頼関係が重要であるため，社員の死亡（607Ⅰ③）・合併（合併によりその法人である社員が消滅する場合に限る)（607Ⅰ④）・破産手続開始の決定（607Ⅰ⑤）・解散（607Ⅰ⑥)，社員についての後見開始の審判（607Ⅰ⑦)，除名（607Ⅰ⑧)（***11-2-4-1-5***）があったときは退社となる。ただし，会社は，社員の破産手続開始の決定，社員の解散または社員についての後見開始の審判によっては退社しない旨を定めることができる（607Ⅱ)。

また，会社は，その社員が死亡した場合または合併により消滅した場合に，その社員の相続人その他の一般承継人がその社員の持分を承継する旨を定款で定めることができる（608Ⅰ)。このような定款の定めがある場合には，社員以外の一般承継人は，持分を承継した時に，その持分を有する社員となり（608Ⅱ)，会社は，その一般承継人に係る定款の変更をしたものとみなされる（608Ⅲ)。なお，相続により持分を承継したものであって，出資に係る払込みまたは給付の全部または一部を履行していない一般承継人が2人以上ある場合には，それらの一般承継人は，連帯してその出資に係る払込みまたは給付を履行する責任を負う（608Ⅳ)。

---

13) なお，判例は反対説をとる（最判昭和40・11・11民集19巻8号1953)。合資会社の本質は組合的結合にあるから，社員の退社は組合的結合の基本的事項にかかわる問題であるとしたうえで，退社後も会社債務について一定の責任を負わなければならない各退社員としては，自己と同時に退社する者がだれであるか，いかなる者が残留して会社の企業維持運営にあたることになるかにつき，具体的な利害関係を有することを理由として，退社申出者自身を除く他のすべての社員（同時に退社を申し出ている者を含む）の同意が必要であるとする。しかし，総社員の同意がなくとも606条や607条1項1号にあたる場合には退社できることとの釣合いを考えると，同時に退社を申し出ている者の同意は必要ないと考えてよい。また，実質的に考えても，退社しようとする者が，同時に退社を申し出た者の退社を，それが自己の利害と関係することを理由に阻止できるとするのはおかしい。

14) 予告をした債権者は，裁判所に対し，持分払戻請求権の保全に関し必要な処分をすることを申し立てることができる（609Ⅲ)。他方，この予告は，その社員が，その債権者に対し，弁済し，または相当の担保を提供したときは，その効力を失う（609Ⅱ)。

11-2-4-1-5　除　名（607 Ⅰ⑧）

除名とは，ある社員について会社に対する重要な義務違反などの法定の事由（859）がある場合に，社員としての資格をその社員からその意思に反して剝奪することをいう。

除名が認められているのは，持分会社が純然たる資本の結合による団体ではなく社員の相互信頼に基づく組合的結合団体であるため，その信頼を裏切る行為をする社員が存在する場合に，その社員を会社から排除することにより，会社の内部関係を強固にしてその目的である事業の遂行を可能にするためである。

⑴　除名の手続

除名を行うには，法定の除名事由[15)]（859），対象社員を除く他の社員の過半数の決議および裁判所の除名判決が要件とされている。なお，法定除名事由のほかに，定款をもって除名事由を追加および除外することは認められないと解すべきである。なぜなら，社員の意思に反する社員資格の剝奪は最小限にとどめるべきである一方，信頼関係の失われた者の除名を困難あるいは不可能にすることは除名の趣旨に反することから，859 条は強行規定と考えられるからである[16)]。

⑵　除名をめぐる問題

①　一括除名

除名される社員が数人いる場合，他の社員の過半数の決議は一括した除名決議でよい[17)]。すなわち，除名の対象者の数が，他の社員の数より多くてもよく，1

---

15)　東京地判令和元・7・3 金判 1577 号 29（東京高判令和元・12・11 金判 1594 号 28 により是認）は「除名事由として問題とされている当該社員の行為が，形式的に除名事由に該当するというだけでは足りず，当該行為により社員間の信頼関係が損なわれる等により，当該合同会社の活動が成り立たなくなる（事業の継続に著しい支障がある）ため，当該社員を当該合同会社から排除することが，当該合同会社が存続して活動するためにやむを得ないといえるような事情を要する」とした。

16)　除名は会社内部に関するものであり，定款は総社員の同意をもって作成されることから，公序良俗に反しない限り，私的自治を尊重すべきであるという観点から，除名理由の追加・削除を認める見解があるが，会社または他の社員の利益と除名される社員の利益との 1 つの調整点を 859 条は定めたものと解され，定款でこれを変更することは許すべきではないように思われる（北沢 848）。

17)　判例は一括除名を認めない（大判昭和 4・5・13 民集 8 巻 470）。除名はその性質上個別的なものであり，一括除名を認めれば少数者が多数者を除名するという不都合が生ずることを理由とする（これに賛成するものとして，北沢 848）。また除名される社員の数より除名する社員の数が多いときは一括除名を認める見解がある（大隅＝今井・上 96）。これらの考

人で数名の社員を除名することも可能である。法律の明文でそれを妨げるものはなく，除名の当否は法定の除名事由があるかどうかにかかっているからである。また，もしこのように解さないと除名事由のある社員が通謀して容易に除名を阻止できるからである。このように考えても，除名には裁判所の判決を要する以上，不当な結果は生じないと考えられる。

② 社員が 2 名の会社における除名

社員の数が 2 名の会社においても，一方の社員が他の社員を除名できる。

たしかに社員 2 人の会社での除名に「対象社員以外の過半数の決議」ということは論理的にはありえない。しかし，「対象社員以外の過半数の決議」というのは，通常の場合を想定したものである。そして，除名は法定除名事由の存在を要件として裁判所の判決によって認められるものであるから，不当な結果は生じない。

⑶ 有限責任社員のする無限責任社員の除名

合資会社において無限責任社員と有限責任社員の会社企業への参与の程度を考慮した場合，無限責任社員が有限責任社員を除名するのはよいとしても，有限責任社員のみで無限責任社員を除名してよいかは問題となる。しかし，有限責任社員のみで無限責任社員を除名できると解すべきである。なぜなら，会社法の文言からは，このような除名は可能であり，このように解さないと，無限責任社員については，法定の除名原因があっても，除名が不可能になりかねないからである。

⑷ 除名と合資会社

除名による退社があった場合にも 639 条の適用がある（*11-4*）。

11-2-4-1-6 会社の解散および設立無効・取消判決の際の会社の継続と退社

まず，定款で定めた存続期間の満了，定款で定めた解散の事由の発生または総社員の同意による会社の解散後に，会社を継続することについて同意しなかった社員は，会社が継続することとなった日に，退社する（642 Ⅱ）。

また，設立無効（または，取消し）の判決が確定した場合に，無効（または，取消し）原因のあった社員を除いて会社を継続するとき，無効（または，取消し）原因があった社員は退社したものとみなされる（845）。

え方は，おそらく，少数者の側は解散請求または退社という途を選ぶことができるということを念頭に置いているのであろうが，会社を存続させ，そこに残って利益を受けるということを少数派といえども認められてよいように思われる。

11-2-4-2　持分の譲渡

持分は各社員につき1つとされ，社員によって持分の大きさが異なる。

定款に別段の定めがない限り，持分の譲渡については，他の社員全員の承諾が必要とされるのが原則である（585 I）。これは，持分会社では，原則として社員が経営に関与し，また，合名会社・合資会社では，他の無限責任社員の資力が実質的に無限責任社員自身の危険負担の限度を決めるというように，社員間の信頼関係が重要だからである。もっとも，業務を執行しない有限責任社員の持分の譲渡には，業務執行社員の全員の承諾があれば足りる（585 II）。

なお，株式会社と異なり，持分会社は，その持分の全部または一部を譲り受けることができないし（587 I），持分会社がその会社の持分を取得した場合には，その持分は，その会社がこれを取得した時に，消滅する（587 II）。

11-2-5　組織変更

合名会社，合資会社および合同会社の間での会社類型の変更は組織変更ではなく，持分会社と株式会社との間の会社形態の変更が組織変更にあたる（株式会社の持分会社への組織変更については ***8-3-1***）。組織変更をする持分会社は，定款に別段の定めがある場合を除き，効力発生日の前日までに，組織変更計画についてその会社の総社員の同意を得なければならない（781 I）。

また，組織変更をする会社は，組織変更をする旨および債権者が一定の期間（1ヵ月以上）内に異議を述べることができる旨を官報に公告し，かつ，知れている債権者には，各別にこれを催告しなければならない（781 II・779 II）。ただし，組織変更をする合同会社が同項の規定による公告を，官報のほか，定款の定めに従い，時事を掲載する日刊新聞紙に掲げてする公告または電子公告により公告するときは，各別の催告はしなくともよい（781 II・779 III）。組織変更をする会社の債権者は，会社に対し，組織変更について異議を述べることができ（781 II・779 I），債権者が異議申述期間内に異議を述べなかったときは，その債権者は，その組織変更について承認をしたものとみなされる（781 II・779 IV）。他方，債権者が異議申述期間内に異議を述べたときは，その組織変更をしてもその債権者を害するおそれがないときを除き，組織変更をする会社は，その債権者に対し，弁済し，もしくは相当の担保を提供し，またはその債権者に弁済を受けさせることを目的として信託会社等に相当の財産を信託しなければならない（781 II・779 V）。組織変更無効の訴えについては ***8-3-2*** 参照。

11-2-6　社　債

7-2 参照。

11-2-7　解　散

11-2-7-1　持分会社の解散事由

会社は，定款で定めた存続期間の満了，定款で定めた解散の事由の発生，総社員の同意，社員が欠けたこと，合併（合併によりその会社が消滅する場合に限る），破産手続開始の決定または解散を命ずる裁判（解散命令・解散判決〔**10-2-1**〕）によって解散する（641）。

11-2-7-2　解散判決

社員は「やむを得ない事由があるとき」（株式会社については解散判決の要件が限定されている。833 Ⅰ）（**5-2-8-2-2**⑸参照）は解散判決を求めて訴えを提起することができ（833 Ⅱ），その認容判決により会社は解散する（641 ⑦）。「やむを得ない事由があるとき」には，会社の目的を達することができない場合および会社の地位を維持することができない場合を少なくとも含む。

具体的には社員間の不和・対立などの事由それ自体が直ちに解散の事由となるのではなく，その結果，会社の目的たる事業の達成または会社の存続自体が困難となり，しかも，社員の意思による窮境打開の方法がないという状態になった場合に解散事由があるとされる。したがって，会社を解散しなくとも，社員の除名などの方法によって会社の存続を困難にしている事情を十分打開する途があるときは，「やむを得ない事由」は存在しない（もちろん，除名・退社等が公正かつ相当な手段であると認められないときは，「やむを得ない事由」が認められる）と解されている（最判昭和 33・5・20 民集 12 巻 7 号 1077）。

もっとも，判例（最判昭和 61・3・13〈82 事件〉）は「合名会社は総社員の利益のために存立する目的的存在であるから，会社の業務が一応困難なく行われているとしても，社員間に多数派と少数派の対立があり」，会社の「業務の執行が多数派社員によって不公正かつ利己的に行われ，その結果少数派社員がいわれのない恒常的な不利益を被っているような場合」に解散を認めている。

11-2-7-3　会社の継続

定款で定めた存続期間の満了，定款で定めた解散の事由の発生，または，総社員の同意により解散した場合には，清算が結了するまで，社員の全部または一部の同意によって，会社を継続することができる（642 Ⅰ）。この場合には，会社を継続することについて同意しなかった社員は，会社が継続することとなった日に，退社する（642 Ⅱ）。

11-3　合名会社・合資会社と合同会社との相違

11-3-1　設　立

11-3-1-1　設立手続

⑴　合名会社および合資会社

少なくとも1人以上の社員が，債権者に対して直接，無限責任を負うことから，会社債権者保護のために会社財産を確保する必要がなく，社員間に人的信頼関係があることと相まって，設立手続は簡略になっている。

合名会社および合資会社は，社員になろうとする者[18]が定款を作成し，これに署名または記名押印等し（575），本店所在地において設立登記をすること（912・913）によって成立する（579）。なお，定款の作成によって社員が確定し（576 Ⅰ④）[19]，その結果，会社の機関もおおむね確定するから（590参照），合名会社または合資会社の実体はそれで完成する（株式会社との比較，**6-2**参照）。

⑵　合同会社

⑴の手続のほか，合同会社の設立にあたっては，株式会社と同様（**6-6-2**），会社財産の確保という観点から，合同会社の社員になろうとする者は，定款の作成後，設立登記時までに，出資する金銭の全額を払い込み，または出資する金銭以外の財産の全部を給付しなければならない（578本文）[20]。しかし，株式会社と異

18）合資会社の場合は，無限責任社員と有限責任社員とが存在するので2人以上であるが，合名会社では1人でよい。これは，株式会社について一人会社が認められる根拠である潜在的社団性（**2-2-1**）は合名会社についても認められるからである。すなわち，合名会社の社員の持分についても，その一部を譲渡することにより社員が複数になる可能性が確保されていることには変わりがない。また，一人会社を認めないと，実務的にも，他の社員の死亡等により社員が1人となった場合に，直ちに解散するという不都合があるからである。

19）定款に社員の住所および氏名が記載される。これは持分の譲渡が自由とされていないため，社員が固定されているのが通常であることから合理性を有する。また，第三者もだれが責任を負うかを知りうるようにするためである。

20）ただし，株式会社の場合（34 Ⅰ但書）と同様，社員になろうとする者全員の同意がある

なり，現物出資についての目的物不足額塡補責任も定められていないし，変態設立事項についての検査役による調査なども要求されていない[21]。

11-3-1-2 設立の無効と取消し（6-7 参照）

株式会社の場合と同様の趣旨から設立無効の訴えが定められているが（828 Ⅰ①），主観的無効原因も認められる点で，持分会社は株式会社とは異なる。

客観的無効原因としては，定款の絶対的記載事項の不記載または無効，設立登記の無効などがあり，主観的無効原因としては，設立に加わった社員の1人の意思表示の無効がある。たとえば，意思無能力（民3の2），通謀虚偽表示（民94），心裡留保（民93 Ⅰ但書）による設立に係る意思表示の無効である。

また，株式会社にはない設立取消しの訴え（832）（提訴期間を含め設立無効の訴えと同様の規律に服する）が認められている（企業維持の要請は小さく，また，会社の継続〔845〕によって企業維持が図られる）。社員の制限能力または意思表示の瑕疵を理由とする設立に係る意思表示の取消しおよび債権者詐害が取消原因にあたる。これにより，持分会社の設立に対する民法424条1項但書の適用は排除される[22]。

ときは，登記，登録その他権利の設定または移転を第三者に対抗するために必要な行為は，合同会社の成立後にすることができる（578 但書）。

21） このことから，会社法の下では，株式会社の設立の際の変態設立事項の規制や募集株式の発行等における現物出資規制は引受人間の公平を図るためになされていると考えられる。合同会社における会社債権者保護の仕組みは株式会社に比べて弱く（とりわけ，立法論としては，429条2項にあたる規定が設けられていないことの合理性は疑わしい），会社債権者となろうとする者は十分に注意せよということなのだろう。

22） 832条2号（平成17年改正前商法141条）の規定は，民法424条の特則として設けられたと考えるのが判例（最判昭和39・1・23民集18巻1号87）・通説（全集553）である。この見解によれば，設立取消しの判決が確定すれば，設立無効の場合と同様，会社は清算されるから（644③），社員の債権者は，債務者である社員の残余財産分配請求権または持分払戻請求権についてのみその社員に対する他の一般債権者と同じ立場で権利を主張できるにすぎないことになる。すなわち被詐害債権者は会社債権者より後順位でしか救済を受けられないことになる。民法424条に基づく個々の設立行為または給付行為のみの取消しが可能であるとする見解もあるが，善意の会社債権者の保護，設立行為取消しによる混乱の可能性を考えると，判例の立場を支持したい（救済方法については**表 11-1** を参照）。

なお，株式会社については債権者詐害を理由とする設立取消しの制度がないから，民法424条の適用があると形式的には考えられる。実質的にも，不誠実な債務者がする財産の隠匿を防止する必要がある。また，51条および102条5項6項は民法の特則であるが，引受人のみがこの制限を受けるから，被詐害債権者は本条の制限を受けず，要件をみたす場合には取り消せると考えるべきである（もちろん，受益者たる会社に害意を認められるかは難しい問題である）。ただ，詐害行為の目的物が会社の重要な財産を構成している場合には，原

11-3-2　社員の出資義務

(1)　共通点

社員がすべて出資義務を負い，社員の出資の目的およびその価額または評価の標準は定款で定められる（576 Ⅰ⑥）。無限責任社員については，出資の目的物は，金銭その他の財産（現物出資）に限らず，信用（会社のために保証をし，物的担保を供する場合のほか，社員個人の資力や信用により会社全体の信用を高めるなど）や労務（会社のため一定の労務に服すること）（民 667 Ⅱ）でもよい。有限責任社員については，金銭その他の財産に限られる（576 Ⅰ⑥かっこ書）[23]。

なお，社員が金銭を出資の目的とした場合に，その出資をすることを怠ったときは，その社員は，その利息を支払うほか，損害を賠償しなければならない（582 Ⅰ）。また，社員が債権を出資の目的とした場合に，その債権の債務者が弁済期に弁済をしなかったときは，その社員は，その弁済責任を負う。この場合には，その社員は，その利息を支払うほか，損害を賠償しなければならない（582 Ⅱ）。

また，出資義務の不履行は，業務執行権・代表権の消滅または除名の請求事由となる（859 ①・860 ①）。

状回復の原則が適用されると，営業することが不能になることにより会社の解散がもたらされることになりかねないという欠点がある。東京地判平成 15・10・10 金判 1178 号 2［145］は，少なくとも株式会社の資本を毀損しない範囲では現物出資行為を詐害行為取消権を行使して取り消すことができるとした。

表 11-1　債権者詐害の目的によって会社が設立された場合の債権者の救済方法

	合名会社	合資会社	合同会社	株式会社
株式ないし持分	持分の差押えと出資の払戻し・退社に伴う持分払戻し（609・611 Ⅶ・624 Ⅲ）			株式への強制執行
設立取消しの訴え	832 ②			／
債権者取消権（民 424）	／	／	／	取消権の行使
法人格否認の法理	適用可能			

23）　なお，出資財産とは離れて，定款の定めにより，各種の権利に係る割合・内容を定めることは妨げられない（現実の財産をそれほど出資しない社員であっても，損益分配等の割合が大きくなるようにすることはできる）から，出資の目的物を限定しても不都合はないと考えられる。

(2)　合名会社および合資会社

出資は必ずしも設立段階または成立後の入社時に履行されなくともよく，履行の時期・程度は自由に定めることができる（会社債権者保護は，全部または一部の社員が無限責任を，直接，債権者に対して負うため，会社に財産が拠出されていなくとも図れると期待されるからである）。

(3)　合同会社

社員の出資については，会社成立時までに出資財産を全額払込・全部給付することが要求されている（578）。無限責任を負う社員が存在しない会社類型においては，社員の無資力のリスクをだれも塡補しないため，社員の無資力のリスクを会社債権者に負わせないため，あらかじめ会社債権者にとっての責任財産を会社に対して拠出させることが適当だからである。

11-3-3　会社の計算と利益の配当・出資の払戻し・退社に伴う持分払戻し

(1)　共通点

社員の計算書類閲覧・謄写等請求権が認められている（618）。持分会社は，損失の塡補のために，その資本金の額を減少することができるが（620 Ⅰ），減少する資本金の額は，損失の額として法務省令で定める方法により算定される額を超えることができない（620 Ⅱ）。

また，損益分配の割合について定款の定めがないときは，その割合は，各社員の出資の価額に応じて定めるものとされ（622 Ⅰ），利益または損失の一方についてのみ分配の割合を定款が定めるときは，その割合は，利益および損失の分配に共通であるものと推定される（622 Ⅱ）。そして，社員には，利益配当請求権が認められるが（621 Ⅰ），会社は，利益の配当を請求する方法その他の利益の配当に関する事項を定款で定めることができる（621 Ⅱ）。

さらに，退社員は持分がプラスなら，その払戻しを受けることができる（611 Ⅰ本文。ただし，611 Ⅰ但書）。会社は金銭で払い戻すことができる。

他方，退社員が負担すべき損失の額がその出資の価額を超える場合（持分がマイナスの場合）には，定款に別段の定めがあるなどの特段の事情のない限り，その社員は，会社に対してその超過額を支払わなければならない（合資会社の無限責任社員について最判令和元・12・24 民集 73 巻 5 号 457）。

(2)　合名会社および合資会社

直接無限責任を負う社員が 1 人以上存在するので，会社債権者保護のために，会社の計算および利益の配当を規律する必要が少ない一方，株式会社のような規制を加えることはコストなどの点から過重な負担であると考えられるため，合名会社・合資会社の計算については，商人一般に適用される規律と同様の規律が適用される（615 Ⅰ・617。商 19 Ⅱと対照）[24]。

また，利益の配当も利益額を超えてすることができるのが原則であるが，利益額（計規 163）を超えて有限責任社員に利益の配当を行った場合には，その利益の配当を受けた有限責任社員は，会社に対し，連帯して，その配当額に相当する金銭を支払う義務を負う（623 Ⅰ）。

さらに，社員は，会社に対し，すでに出資として払込みまたは給付をした金銭等の払戻し（出資の払戻し）を請求することができ，出資した財産が金銭以外のものであるときは，その財産の価額に相当する金銭の払戻しを請求することができるのが原則である（624 Ⅰ）。ただし，会社は，出資の払戻しを請求する方法その他の出資の払戻しに関する事項を定款で定めることができる（624 Ⅱ）。

退社に伴う持分の払戻しについては，退社した社員と持分会社との間の計算は，退社の時における会社の財産の状況に従ってしなければならないとされ，社員間の公平が念頭に置かれているにすぎない（611 Ⅱ）。持分も，その出資の種類を問わず，金銭で払い戻すことができる（611 Ⅲ）。

⑶　合同会社

①　会社債権者の計算書類閲覧・謄写等請求権

合同会社においては，通常，社員が会社債権者に対して直接責任を負うことはないので（580 Ⅱ），会社財産が会社債権者にとっての担保となる。そこで，会社の社員と同様，会社債権者は，会社の営業時間内は，いつでも，その作成した日から5年以内の計算書類[25]について，閲覧・謄写等の請求をすることができるものとされている（625）。

②　利益配当の規制と違法配当の際の責任

株式会社と同様，合同会社は，配当額が利益配当日における利益額（計規 163）

24）計算書類としては貸借対照表を作成すればよいが，損益計算書，社員資本等変動計算書，個別注記表の全部または一部を作成するものと定めることもできる（計規 71 Ⅰ①）。

25）利益額算定および会社債権者等への情報提供などのため，貸借対照表，損益計算書，社員資本等変動計算書および個別注記表を作成しなければならないが，附属明細書の作成は要求されない（計規 71 Ⅰ②）。債権者はそれらの閲覧・謄写請求権を有するが，株式会社と異なり，貸借対照表またはその要旨の公告は要求されないし，規模の大きな合同会社であっても，会計監査人の監査を受けることは義務付けられない。

を超える場合には，利益の配当をすることができないものとされ（628）[26]，利益額を超えて利益の配当をした場合には，その利益の配当に関する業務を執行した社員は，その職務を行うについて注意を怠らなかったことを証明した場合を除き，会社に対し，その利益配当を受けた社員と連帯して，その配当額に相当する金銭を支払う義務を負う（629 Ⅰ）。この義務は，利益配当日における利益額の範囲内でのみ総社員の同意により免除することができる（629 Ⅱ）。利益額を超えて利益の配当がされた場合であっても，利益配当を受けた社員は，配当額が利益配当日における利益額を超えることにつき善意であるときは，その配当額について，その利益配当に関する業務を執行した社員からの求償の請求に応ずる義務を負わないが（630 Ⅰ），会社の債権者は，利益の配当を受けた社員に対し，配当額（その配当額がその債権者の会社に対して有する債権額を超える場合には，その債権額）に相当する金銭を支払わせることができる（630 Ⅱ）（***9-4-2-1-2*** 参照）。

③ 利益配当と塡補責任

会社が利益配当をした場合に，その利益配当日の属する事業年度の末日に欠損額（計規 165）が生じたときは，その利益配当に関する業務を執行した社員は，その職務を行うについて注意を怠らなかったことを証明した場合を除き，会社に対し，利益配当を受けた社員と連帯して，その欠損額（その欠損額が配当額を超えるときは，その配当額）を支払う義務を負う（631 Ⅰ）。この義務は，総社員の同意がなければ，免除することができない（631 Ⅱ）。

④ 出資の払戻しの制限

合同会社の社員は，定款を変更してその出資の価額を減少する場合を除き，出資の払戻しの請求をすることができない（632 Ⅰ）。出資払戻額が，出資払戻し請求をした日における剰余金額（資本金の額の減少をした場合には，その減少をした後の剰余金額。以下同じ）または出資の価額を減少した額のいずれか少ない額を超える場合には，会社は，出資の払戻しをすることができない（632 Ⅱ）。

この財源規制に違反して出資の払戻しをした場合の出資の払戻しに関する業務を執行した社員の義務およびその免除ならびに出資の払戻しを受けた社員の義務などは違法配当の場合と同様である（633・634）。

なお，合同会社は，株式会社において資本金額の減少の際に要求される債権者保護手続（***9-3-1-3-1***(2)）と同様の手続（627）を経て，損失の塡補のために資本金

26） 株式会社の場合（461 Ⅰ）と異なり，このような配当は無効であることが明らかな文言となっている。

額を減少することができるほか，出資の払戻しのために，資本金額を減少することができるが（626 Ⅰ），減少する資本金の額は，出資払戻額から出資の払戻しをする日における剰余金額[27]を控除して得た額を超えてはならない（626 Ⅱ）。

⑤　退社に伴う持分の払戻し

退社に伴う持分払戻額がその持分の払戻日における剰余金額を超える場合には，会社債権者は，会社に対し，持分の払戻しについて異議を述べることができる（635 Ⅰ）。

そこで，会社は，剰余金額を超える持分の払戻しの内容および債権者が一定の期間（異議申述期間。1ヵ月〔持分払戻額が会社の純資産額（計規 166）を超える場合には2ヵ月〕以上）内に異議を述べることができる旨を官報に公告し，かつ，知れている債権者には，各別にこれを催告しなければならない（635 Ⅱ）。ただし，持分払戻額が会社の純資産額を超える場合を除き，会社が，官報のほか，定款の定めに従い，時事を掲載する日刊新聞紙に掲げてする公告あるいは電子公告により公告するときは，各別に催告する必要はない（635 Ⅲ）。

債権者が異議申述期間内に異議を述べなかったときは，その債権者は，その持分の払戻しについて承認をしたものとみなされ（635 Ⅳ），異議を述べたときは，持分払戻額がその会社の純資産額として法務省令で定める方法により算定される額を超えない場合に，その持分の払戻しをしてもその債権者を害するおそれがないときを除き，会社は，その債権者に対し，弁済し，もしくは相当の担保を提供し，またはその債権者に弁済を受けさせることを目的として信託会社等に相当の財産を信託しなければならない（635 Ⅴ）。

表 11-2　持分の払戻しと債権者保護手続

	債権者保護手続	異議申述期間	知れている債権者への各別の催告	異議債権者に対する弁済等
持分払戻額≦剰余金額	不要			
純資産額≧持分払戻額＞剰余金額	必要	1ヵ月	官報による公告に加えて，時事を掲載する日刊新聞紙に掲載してする公告あるいは電子公告によって催告する場合は不要	持分の払戻しをしても異議債権者を害するおそれがないときは不要
持分払戻額＞純資産額		2ヵ月	必要	

27）資産の額から負債の額，資本金の額および法務省令で定める各勘定科目に計上した額（計規 164）の合計額を減じて得た額をいう（626 Ⅲ）。

会社が債権者保護手続を経ないで，払戻額が剰余金額を超える退社に伴う持分払戻しをした場合のその持分払戻しに関する業務を執行した社員の義務およびその免除は違法配当の場合と同様である（636）。

11-3-4　清　算

⑴　法定清算

会社債権者保護と社員間の公平を確保するため，株式会社の場合とパラレルに清算手続が法定されている（法定清算）。清算事務は清算人（646）によって遂行され，清算人は，現務の結了，債権の取立て，債務の弁済および残余財産の分配を行い（649），清算持分会社の業務を執行する（650）。清算人と清算持分会社との関係（651），清算人の清算持分会社に対する損害賠償責任（652），清算人の第三者に対する損害賠償責任（653），法人が清算人である場合の特則（654），清算持分会社の代表（655），清算持分会社についての破産手続の開始（656），裁判所の選任する清算人の報酬（657），財産目録等の作成等（658）などは，株式会社の清算に関する規律とおおむね同じである。

また，債権者保護の観点から，清算持分会社に現存する財産がその債務を完済するのに足りない場合において，その出資の全部または一部を履行していない社員があるときは，その出資に係る定款の定めにかかわらず，その清算持分会社は，その社員に出資させることができるとされ（663），清算持分会社は，その存否または額について争いのある債権に係る債務についてその弁済をするために必要と認められる財産を留保した場合を除きその清算持分会社の債務を弁済した後でなければ，その財産を社員に分配することができないものとされている（664）。残余財産の社員に対する分配に関しては，残余財産の分配の割合について定款の定めがないときは，その割合は，各社員の出資の価額に応じて定める（666）。

⑵　合同会社

合同会社の清算は法定された清算手続により行われるが（法定清算→⑴），合同会社の清算においては，株式会社の清算の場合と同様，会社債権者保護の観点から，一定の期間（2ヵ月以上）内に会社債権者はその債権を申し出るべき旨を，債権者がその期間内に申出をしないときは清算から除斥[28]される旨を付記して

28）　合同会社の債権者（知れている債権者を除く）であって債権申出期間内にその債権の申出をしなかったものは，清算から除斥される（665 Ⅰ），清算から除斥された債権者は，分配がされていない残余財産に対してのみ，弁済を請求することができる（665 Ⅱ）。しかも，

(660 Ⅱ)，官報に公告し，かつ，知れている債権者に対しては，各別に催告しなければならない（660 Ⅰ)。債権申出期間内は，清算持分会社は，少額の債権，清算持分会社の財産につき存する担保権によって担保される債権その他これを弁済しても他の債権者を害するおそれがない債権に係る債務について裁判所の許可を得てなす場合を除き（661 Ⅱ)，債務の弁済をすることができないが，その債務不履行責任を免れることはできない（661 Ⅰ)。

(3)　合名会社および合資会社

定款で定めた存続期間の満了，定款で定めた解散の事由の発生または総社員の同意による解散の場合には，法定清算（→(1)）のほか，合名会社・合資会社の清算には，会社財産の処分の方法を定款または総社員の同意で定める任意清算（668）も認められる。

任意清算の場合にも，解散の日における財産目録および貸借対照表を作成しなければならないとされるほか（669），債権者保護手続を経なければならず（670），また，社員の持分を差し押さえた債権者があるときは，その解散後の清算持分会社がその財産の処分をするには，その債権者の同意を得なければならず（671 Ⅰ），清算持分会社が，その同意を得ないで，その財産の処分をしたときは，社員の持分を差し押さえた債権者は，その清算持分会社に対し，その持分に相当する金額の支払を請求することができるものとされている（671 Ⅱ)。また，清算持分会社が，これらの規律に違反して財産の処分をした場合には，会社債権者または社員の持分を差し押さえた債権者は，その財産処分がその者を害しないものである場合を除き，訴えをもってその財産処分の取消しを請求することができるものとされており（863 Ⅰ)，債権者保護が図られている。

(4)　共通点

持分会社の社員の責任は，清算持分会社の本店の所在地における解散の登記をした後5年以内に請求または請求の予告をしない清算持分会社の債権者に対しては，その登記後5年を経過した時に消滅する（673 Ⅰ)。ただし，この期間の経過後であっても，社員に分配していない残余財産があるときは，清算持分会社の債権者は，清算持分会社に対して弁済を請求することができる（673 Ⅱ)。

清算持分会社の残余財産を社員の一部に分配した場合には，その社員の受けた分配と同一の割合の分配をその社員以外の社員に対してするために必要な財産は，残余財産から控除するものとされており（665 Ⅲ)，除斥された債権者は社員にも劣後する場合がある。

11-3-5　組織再編行為

吸収分割・新設分割において分割会社となることができる持分会社および株式交換により完全親会社となることができる持分会社は合同会社に限られる（2㉙㉚㉛）。

また，持分会社は株式移転において完全親会社となる新設会社となることができない（2㉜）。

持分会社が，消滅会社となる吸収合併・新設合併または分割会社となる吸収分割・新設分割を行うためには，効力発生日の前日までに，吸収合併契約等について，定款に別段の定めがある場合を除き，総社員の同意を得なければならない（793Ⅰ・813Ⅰ）。他方，存続会社となる吸収合併，承継会社となる吸収分割，または完全親会社となる株式交換のうち，消滅会社の株主・社員，分割会社，完全子会社となる会社の株主がそれぞれ存続会社・承継会社または完全親会社となる会社の社員となるものを行うためには，効力発生日の前日までに，吸収合併契約等について，定款に別段の定めがある場合を除き，総社員の同意を得なければならない（802Ⅰ）。これは，入社あるいは持分の変動が生ずるからである。

また，債権者保護手続については，株式会社の場合と同様，官報における公告と知れている債権者に対する各別の催告が原則として必要であるが，合併により消滅会社となる持分会社（合併にあたり存続しまたは設立される会社が株式会社または合同会社である場合には，合同会社に限る）または分割会社である合同会社が，官報のほか，定款に定めた時事を掲載する日刊新聞紙における公告または電子公告により公告をするときは，分割をする場合における不法行為によって生じた分割会社の債務の債権者に対するものを除き，知れている債権者に対する各別の催告をする必要がない（793Ⅱ・789Ⅲ・813Ⅱ・810Ⅲ）。吸収合併における存続持分会社，吸収分割における承継持分会社または株式交換により完全親会社となる合同会社が，官報のほか，定款に定めた時事を掲載する日刊新聞紙における公告または電子公告により公告をするときは，知れている債権者に対する各別の催告をする必要がない（802Ⅱ・799Ⅲ）。

11-4　合名会社・合資会社・合同会社の関係

持分会社は，定款に別段の定めがある場合を除き，総社員の同意によって，定款の変更をすることができ（637），定款変更により，他の種類の持分会社となることができる（組織変更〔***11-2-5***〕と対照）。

合名会社は，有限責任社員を加入させる定款の変更またはその社員の一部を有限責任社員とする定款の変更によって合資会社となり，その社員の全部を有限責任社員とする定款の変更によって合同会社となる（638 Ⅰ）。合資会社は，その社員の全部を無限責任社員とする定款の変更によって合名会社となり，その社員の全部を有限責任社員とする定款の変更によって合同会社となる（638 Ⅱ）。合同会社は，その社員の全部を無限責任社員とする定款の変更によって合名会社となり，無限責任社員を加入させる定款の変更またはその社員の一部を無限責任社員とする定款の変更によって合資会社となる（638 Ⅲ）。

また，合資会社の有限責任社員が退社したことによりその合資会社の社員が無限責任社員のみとなった場合には，その合資会社は，合名会社となる定款の変更をしたものとみなされる（639 Ⅰ）。逆に，合資会社の無限責任社員が退社したことによりその合資会社の社員が有限責任社員のみとなった場合には，その合資会社は，合同会社となる定款の変更をしたものとみなされる（639 Ⅱ）。

合名会社または合資会社がその社員の全部を有限責任社員とする定款の変更をする場合に，その会社の社員がその定款の変更後の合同会社に対する出資に係る払込みまたは給付の全部または一部を履行していないときは，その定款の変更は，その払込みおよび給付が完了した日に，その効力を生ずる（640 Ⅰ）。また，合資会社の無限責任社員が退社したことによりその合資会社の社員が有限責任社員のみとなったことによって，合同会社となる定款の変更をしたものとみなされた場合に，社員がその出資に係る払込みまたは給付の全部または一部を履行していないときは，その定款の変更をしたものとみなされた日から1ヵ月以内に，合名会社または合資会社となる定款の変更をするか，その払込みまたは給付を完了しなければならない（640 Ⅱ）。

事項索引

あ 行

か 行

さ　行

た　行

な　行

は　行

ま　行

や　行

ら　行

わ 行

判例索引

〈略 語〉

民録＝大審院民事判決録，**民（刑）集**＝〔大審院または最高裁判所〕民（刑）事判例集，**集民**＝最高裁判所裁判集 民事，**高民集**＝高等裁判所民事判例集，**下民集**＝下級裁判所民事裁判例集，**裁時**＝裁判所時報，**新聞**＝法律新聞，**全集**＝大審院判決全集，**判時**＝判例時報，**判タ**＝判例タイムズ，**金判**＝金融・商事判例，**金法**＝金融法務事情，**商事法務**＝旬刊商事法務

大審院

最高裁判所

高等裁判所

地方裁判所

著者紹介

昭和 36 年生まれ
明治大学大学院会計専門職研究科教授

《主著》

企業会計法と時価主義（平成 8 年，日本評論社）
税効果会計（共著，平成 9 年，中央経済社）
デリバティブと企業会計法（平成 10 年，中央経済社）
商法計算規定と企業会計（平成 12 年，中央経済社）
会計監査人の責任の限定（平成 12 年，有斐閣）
監査人の外観的独立性（平成 14 年，商事法務）
「資本」の会計（平成 15 年，中央経済社）
企業会計と法（平成 7 年〔初版〕，平成 13 年〔第 2 版〕，新世社）
会計基準と法（平成 25 年，中央経済社）
リーガルマインド手形法・小切手法（平成 7 年〔初版〕，平成 30 年〔第 3 版〕，有斐閣）
リーガルマインド商法総則・商行為法（平成 10 年〔初版〕，平成 31 年〔第 3 版〕，有斐閣）
法律学習マニュアル（平成 13 年〔初版〕，平成 28 年〔第 4 版〕，有斐閣）
コンメンタール会社法施行規則・電子公告規則（平成 19 年，平成 27 年〔第 2 版〕，商事法務）
コンメンタール会社計算規則・商法施行規則（平成 19 年〔初版〕，平成 29 年〔第 3 版〕，商事法務）

リーガルマインド 会社法〔第 15 版〕

平成 5 年 9 月 10 日　初　版第 1 刷発行
平成 6 年 11 月 10 日　改訂版第 1 刷発行
平成 9 年 9 月 25 日　第 3 版第 1 刷発行
平成 10 年 10 月 10 日　第 3 版補訂版第 1 刷発行
平成 11 年 10 月 30 日　第 4 版第 1 刷発行
平成 12 年 9 月 30 日　第 5 版第 1 刷発行
平成 14 年 2 月 25 日　第 6 版第 1 刷発行
平成 15 年 1 月 30 日　第 7 版第 1 刷発行
平成 16 年 8 月 30 日　第 8 版第 1 刷発行
平成 17 年 9 月 15 日　第 9 版第 1 刷発行
平成 18 年 3 月 30 日　第 10 版第 1 刷発行
平成 19 年 11 月 30 日　第 11 版第 1 刷発行
平成 21 年 11 月 30 日　第 12 版第 1 刷発行
平成 24 年 9 月 15 日　第 13 版第 1 刷発行
平成 27 年 3 月 30 日　第 14 版第 1 刷発行
令和 3 年 4 月 15 日　第 15 版第 1 刷発行

著　者　弥永真生（やながまさお）
発行者　江草貞治
発行所　株式会社 有斐閣

郵便番号 101-0051
東京都千代田区神田神保町 2-17
電話 (03)3264-1314〔編集〕
(03)3265-6811〔営業〕
http://www.yuhikaku.co.jp/

印刷・株式会社理想社／製本・大口製本印刷株式会社

ISBN 978-4-641-13864-3